教育部高等学校外国语言文学类专业教学

非通用语种类专业教学指导分委员

东方语言文化论丛

第41卷

信息工程大学国别与区域研究中心　编

世界图书出版公司

广州・上海・西安・北京

图书在版编目（CIP）数据

东方语言文化论丛. 第 41 卷 / 信息工程大学国别与区域研究中心编. -- 广州：世界图书出版广东有限公司，2023.1

ISBN 978-7-5232-0077-3

Ⅰ. ①东… Ⅱ. ①信… Ⅲ. ①文化语言学－东方国家－丛刊 Ⅳ. ①H0-05

中国国家版本馆 CIP 数据核字（2023）第 006988 号

书　　名	东方语言文化论丛（第 41 卷） DONGFANG YUYAN WENHUA LUNCONG (DI 41 JUAN)
编　　者	信息工程大学国别与区域研究中心
策划编辑	刘正武
责任编辑	张东文
出版发行	世界图书出版有限公司　世界图书出版广东有限公司
地　　址	广州市海珠区新港西路大江冲 25 号
邮　　编	510300
发行电话	020-84184026　84453623
网　　址	http://www.gdst.com.cn
邮　　箱	wpc_gdst@163.com
经　　销	新华书店
印　　刷	广州市迪桦彩印有限公司
开　　本	787 mm × 1092 mm　1/16
印　　张	31
字　　数	682 千字
版　　次	2023 年 1 月第 1 版　2023 年 1 月第 1 次印刷
国际书号	ISBN 978-7-5232-0077-3
定　　价	88.00 元

咨询、投稿：020-84460251　gzlzw@126.com

（如有印装错误，请与出版社联系）

《东方语言文化论丛》编辑委员会

（按姓氏音序排列）

目 录

语言研究

文学研究

文化研究

其他研究

语言研究

从句类功能角度看韩汉句末助词的表现类型

上海外国语大学　赵新建　单清丛

【摘　要】韩汉语句末助词因与英语等特性相异而日益受到关注，但由于句末助词属性复杂，需要从不同角度进行不同解析。我们认为，韩国语因终结词尾四类句类形态清晰，显示出句类功能显赫的类型特点，而汉语因语气词句类功能并不显赫，显示出口气显赫的类型特点。而单以句类功能为标准，可以说，韩国语是地层式聚合型的语言，而汉语则是波浪式组合型的语言，韩国语终结词尾拥有口语体全功能形态和正式体单功能形态两种类别，而汉语则拥有口语体四功能词、三功能词、双功能词和单功能词四种类型。

【关键词】句末助词；句类功能；韩汉对比；地层式聚合型和波浪式组合型

一、问题的提出

伴随生成语言学和语言类型学等领域研究的深入，越来越多的语言学家都认为，汉韩语的句末助词（汉语语气词[①]和韩国语终结词尾的上位合称）以其新鲜且复杂的特征能够丰富相关的句法类型研究（Cinque，1999；Beeching & Detges，2014；蔡维天，2019；王珏，2021 等）。而汉韩语的句末助词研究历来是各自本体语言学的重要研究领域，研究时间长，积累了相当多的研究成果。在类型学等更宽大视野的关照之下，相关研究还可以得到进一步的提升，尤其是有助于解决汉语语气词定位困难、属性复杂等问题，本文即属于该方向的一次基础性操作。

我们知道，句末助词牵涉到语气、情态、句类等不同的特征类型，可以切入的角度众多，由于句类具有人类语言交际的共通性（许龙，金善贞，2021），因此，本文尝试从句类功能的角度考察韩汉语句末助词句类的表现类型，揭示韩汉句末助词的一些相关特征。我们还希望本考察也能对韩汉对比语言学和多义语法形态的研究在方法论上提供一定的参考。

二、句末助词与句类

韩国语和汉语都有处于句子右侧用于完句的句末助词，韩国语中称为终结词尾，汉语中称为语气词。就其属性而言，韩国语语法学界一般使用“서법（语气）

① 本文所指的汉语句末语气助词不包括来自时体等的“了、的、罢了”类广义语气词，而仅指较为纯粹的“啊、呀、吧”类狭义语气词。

/문장의 종류（句类）”等术语（김태엽，2001；남기심，2001；윤석민，2000；고영근，구본관，2008；이익섭，채완，2011；구본관 외，2017 等），汉语语法学界一般使用“语气、口气、句类”等术语（赵春利，石定栩，2011；邵敬敏，2021 等）。

虽然同处于句子右侧，但两种语言句末助词的内部下位属性是有着较大差异的。为了论证的清晰性，我们首先根据赵春利、石定栩（2011）的分析，将“情态、语气、句类、口气”等几个概念进行简单的整理：情态是与话者的主观态度相关的语义范畴，语气是通过语法形态表达情态意义的传统句法范畴，句类是从交际功能的角度对句子语用行为效果进行分类的功能范畴，口气则可以看作是语气表现的不同下位意义。由此可知，汉语的“语气”对应着韩国语的“서법”，而汉语的“句类”则对应着韩国语的“문장의 유형”。

由于两种语言的句末助词具有很多相类似的语法属性，因此，近年开展了较多该方面的对比研究（왕위령，2010；장혜청，2013；소남，2014；Zhang Yujiao，2014；곽양，2016；손설봉，김정남，2018；조계홍，2020），让我们得到了大量有益的结论。但以往的韩汉语气词对比研究存在着两种预设模式：

“一对一”模式（一个形态=一个功能，将这两类语法形态不做内部区分，而仅看作一个整体，做同层次对比）

“句末助词=句类”（以纯理论性句类为标准进行对比）

而这两种预设并不能完全反映韩汉句末助词的全部特征，由此，本文尝试在这些成果基础上再做引申，以句类为参照点，聚焦于讨论两个新的内容：一是更加关注由语言事实反映的句末助词的内部下位分类，二是由此反思两种语言句末助词的类型差异和个体实质。

我们知道，韩国语的句末助词不仅包括终结词尾，还包括众多的按一定顺序排列的语法形态（류패림，1981 等）：

[들-리-시]-[었-겠]-[습-디-다]（V）（손호민，2008）
[리-들-시]（X）
[겠-었[①]]（X）
[습-다-디]（X）
[들-었-시]-[리-겠]（X）
[었-습]-[겠-디-다]（X）

손호민（2008）指出，韩国语句末词尾语序井然，几类形态分别有序地对应着“小句内部关系-话者主观态度-话者观点”等的固定排列关系。如上所示，为突显

① 指表示“可能昨天吃过了”意思的“어제 먹었겠다”，一般不能说成“어제 먹겠었다”。

句末助词，我们可以将上述的句末形式大体分为三部分：小句内部的被动形式“词根+后缀+尊敬词尾（[들-리-시]）”，时体相关成分“时制词尾[었-겠[1]]”，话者主观性成分“尊敬词尾+传信词尾+终结词尾[-습-디-다]”。这三部分的内部语序和部分之间的语序如上所示，是不能改变的，如果改变就成为病句。

在传统的语法书中，大多会从三个角度来分析韩国语的终结词尾：阶称、传信、句类。韩国语敬语发达，终结词尾按阶称分类，这不必多言。韩国语中还有“+回忆”和“-回忆”（如“-습디다、-더라”的“-디-、-더-”）的区分，这就是现在一般所称的“传信”表达方式。我们还可以清晰地看到，韩国语终结词尾全部是对应特定的句类，如“-습니까”肯定不是陈述句，也不会是祈使句，而是疑问句。

汉语的语气词也出现在句末，按道理也会表现出与韩国语类似的各类功能。但简单地对比可以发现，两者并不完全相同。汉语中没有严格且复杂的阶称区分[2]，汉语的传信意义则体现在个别的语气词上，如“来着”，汉语语气词并不一定对应着独立的句类，而可能是一个语气词对应不同的句类，如“啊”可以对应四种句类：

慢走啊。（陈述）
真走啊！（感叹）
真走啊？（疑问）
快走啊！（命令）

仅凭我们的语感，就能够知道，汉语的语气语更多地重视相关的“语气”，而在韩国语终结词尾，“语气”并不如此显赫，因为上面提过分析韩国语终结词尾时使用的“3角度分析法”并没有包括“语气”。

我们需要系统地揭示韩汉语气表达法的类型特点，并做引申。而语言类型对比是需要一个参照点的，这个参照点就是我们所选择的句类。因为相较于汉语不曾有的阶称、内涵与外延难以把握的语气、极为简单的传信，句类具有极强的语言共性和如后所述的类型差异。

句类是语言交际功能的体现。根据言语行为理论，凡是作为言语的句子都是承担交际功能的语用行为的结果，所以，传统上，一般都将句子按功能分为陈述、疑问、祈使等类别。英语的 3—4 类句类划分法由来已久，如 Jespersen（1924）、Aiken（1933）、Herdon（1970）、Quirk et al.（1972）、Leech & Svartvik（1975）、Lyons（1977）等主张“陈述句、疑问句、祈使句、感叹句”的四分法，

① 暂按一般语法书所示，将“-겠-”看作是将来时称。

② 钱如新（1996）等称韩国语的敬语法体系是世界最复杂的尊敬表达法，至少是“之一”。

而 Curme（1924）则主张“感叹句、疑问句、陈述句”三分法。当然韩汉语的句类划分由于语言类型、分类角度等的不同而给出了不同的结果：韩国语句类划分呈现越划越多的倾向（4—8 类不等，转引自柳真，2020；윤광열，2020）。汉语的句类研究始于黎锦熙先生的“决定句、商榷句、疑问句、惊叹句和祈使句”的“五类系统”，而现在一般则改为通行的“陈述句、疑问句、感叹句、祈使句”的“四类系统”。（王建军，2011）

三、韩汉句末形态的对应性

在英语中，不同的句子类别分别使用不同的手段来表达，因此，英语完全展现“一（个表达形式）对一（个句类）”的语言类型。

表 1　英语句类的表现方式

编号	句类	表现方式	例示
①	陈述	标准语序	He is a teacher. / He went.
②	疑问	语序变化 疑问助词	Is he a teacher? / Do you want to go?
③	祈使	无主独词 无主固定句式	Be careful. / Go. / Let’s go.①
④	感叹	感叹助词	What a fine day it is! / How clever the girl is!

英语句类表达与韩汉语的一个最大区别是其“左缘性”，也就是说，韩汉语是通过变换右侧的语法形态等手段来展示句类的差异，而英语则如上表所示，主要②是通过左侧的语序变化（疑问句）、添加助词、主语省略等方式来表达句类差别的。

当然，这在语言类型学“轨层理论”（陆丙甫，金立鑫，2015：102）的角度来看，英语的左缘表现与韩汉的右缘表现的差异，并不是天壤之别，而是镜像对称的，一种特定的语言在选择表达方向时，会受不同因素的影响而出现截然不同的结果，但其中暗含的类型规律则是相同的，如英语和韩汉语的表达都是处于句子最外

---

① 英语中不区分完全“共动”和“命令”，但在形式上还是有所不同。

② 当然英语并不仅仅是通过句子的左侧变化，如下例所示，反义疑问句（附加疑问句）展示右侧的变化形式，英语的一般反义疑问句和表示感叹的反义疑问句等，采取的是在句子的右侧添加否定词、语序调整、谓语省略、使用助动词等表达方式。如：

He is a teacher, isn’t he?

I wish to have a word with you, may I?

What colours (they are), aren’t they?

How carefully Jim reads, doesn’t he?

侧的，而不是句子内侧，即 GCD（英语左缘，韩汉语右缘）=[+句子外缘]。由于其横向处于同一层面，纵向并无同类形式，因此，相对韩国语和汉语而言，我们可以称之为镜像式“地表式组合型”。

但从复杂度上看，韩汉语的句末表达就要比英语复杂得多了。按复杂程度来排序，我们可以得到这样的对比结果：“英语<韩国语<汉语”。

我们先来看韩国语的句末表达。

由于韩国语是黏着语，其语法关系总是会以不同的形态来反映，在韩国语中与谓词相关的词尾与体词相关的助词不同，根本不会出现可用可不用的隐现情况。作为其中的一个下位类别，终结词尾即反映这一特点：

表 2　韩国语终结词尾的下位句类

语体正式性[1]	阶称	句式				
		陈述	感叹	疑问	命令	共动
+	尊敬阶	습니다[2]	습니다	습니까?	십시오 (시지요, 시겠습니까? 等，国)	십시다(国) ㅂ시다(白[3])
–	准敬阶	아요	아요 (네요/군요)	아요	아요	아요
+	准平阶	네	네	나，는가	게	세
–	平阶	오	오	오	오 시오	ㅂ시다(国)
+	基本阶	다	구나	냐，니	아라	자
		지	지	지	지	지
–	不定阶	아 降调	아	아升调	아垂直调	아平调(白)
		지	지	지	지	지
+	极尊敬（白）	나이다	나이까		소서 시옵소서	
+[4]	中立阶称	다	—	는가	으라	자

① 韩国语语法称为“격식체（格式體）/비격식체（非格式體）”。

② 表格内不再添加表示语法词缀的小短横。

③ 不同语法书中给出的代表性语法形态不同，此处仅举两例：“国”代表“韩国国立国语院（2010）”，“白”代表“白峰子（2008）”。

④ 一般语法书中只讲前六个阶称，但根据确凿的形态差异，还可以划分出其他类别，如“中立阶称”来自韩国国立国语院（2010）。

（续表）

语体正式性	阶称	句式				
		陈述	感叹	疑问	命令	共动
+①	间接引用阶称	다	다	는가/냐	으라	자

终结词尾各方面的特点现在已是基础性的结论，除了由于标准不同而带来的类别划分的区分外，下面的特点是显而易见的：

终结词尾有阶称变体。韩国语是世界语言中少有的“敬语法显赫”的语言，这在终结词尾中充分地体现出来。不同的阶称，使用不同的语法形式，一种语法形式，对应特定的阶称。

终结词尾也有不同的文体变体。正式语体与非正式语体的划分反映了韩国语母语者对话语场合正式程序的高度敏感性，而这与敬语法是一脉相承的，因为不同的语体代表不同的正式程度，话语场合的正式程度不同，会促使敏感话者考虑选择不同的语言形式。

终结词尾对应不同的句类。一个终结词尾的句类属性基本是固定的，就像我们看到英语的“Do you–”句式就知道是疑问句式一样，我们看到“–냐”也会知道这是从属于基本阶的疑问句类。在这一点上，韩国语和英语是一致的。

一个句式会存在不同的形式，其区别就是前述的“口气”。如“–냐”和“–니”同为基本阶的疑问句类，但一个正式一些，一个更加亲切一些，在口气上表现出不同的区别性特征。

[어디 가니?] ≠ [어디 가냐?]

但我们还要稍加补充的是：

韩国语的句类并不是完全的“一对一”模式，会出现“一对全”模式。这是为英语所无的。如“–아요”“–오”“–지”“–아”这些形式，分别都可以对应所有句类。我们只能通过超音段的语调来对相应的句式加以区分：

가–요/오/지/아.（陈述句）

---

① 用于间接引用句中的终结词尾，其阶称和（除句类外的）语气意义弱化，甚至可以称为“无阶称无语气词尾”。如：

손자는 할아버지께 어디 가시냐고 물었다.

其中的间接引语“어디 가시냐”对应的实际问句大体是“어디 가세요?”，因为是孙子对爷爷说的话，其阶称必须是尊敬阶的“–세요”类终结词尾，而绝不会是卑阶的“–냐”类终结词尾，因此，我们认为，间接引用中的（准）终结词尾是异于实际话语的一种阶称，可以单列出来。当然，和中立阶称一样，异于实际话语“–아라”的命令句式“–으라”，其形态上的差异也是该类句式单列的依据之一。

가-요/오/지/아?（疑问句）
가-요/오/지/아.（感叹句）
가-요/오/지/아.（命令句）
가-요/오/지/아.（共动句）

另外，我们还要注意到，这种“一对全”模式是仅存在于非正式语体之中，正式语体是比较严格区分不同句式的。当然这也可以说是敬语法的一种体现：口语体相对于正式语体，由于较为随便，可以无需过于注重表达形式的明确性，只要通过语调就可以区分不同句类了。我们由此可以得到一个相应的象似性等比公式：

$$\frac{\text{非正式语体}}{\text{形态随便}}=\frac{\text{正式语体}}{\text{形式严格}}$$

但是汉语的语气词则表现出与英语和韩国语不同的特点。我们通过整理莫言小说《蛙》中九幕局的韩译本，得到了如下的结果[①]：

① 由于篇幅所限，在此仅给出汉语语气词“啊”的对应示例。另需说明的是，因与主题无关，本文仅显示对应句末语气词的用法，而不显示对应话题语气词的用法。

汉语语气词	类型	句类	韩语终结词尾	示例
啊	①	陈述句	-습니다	包大人，不能摘啊。（포대인, 벗을 수 없습니다.）
	②		-아/어/여요	但你们是我剧本中的角色啊！（하지만 모두 극본 등장인물이에요.）
	③		-지요	如果头皮全部烧坏了……那也比没毛好啊。 （두피가 모두 탓으면 쓸 수 밖에요. 머리가 없는 것보다야 낫지요.）
	④		-아/어/여	小母牛长大了可以繁殖小牛啊！ （암송아지는 자라면 다시 새끼를 낳잖아!）
	⑤		-지	来讨杯喜酒喝啊！不欢迎？（축하주 마시러 왔지! 반갑지 않아?）
	⑥		-야	她那双手真是巧啊。（그 여자, 그 여자 두손은 정말 환상적이야!）
	⑦	疑问句	-니	你在哪里啊？（어디 있는 거니?）
	⑧		-냐	你戴着面纱，我知道你是谁啊？ （베일을 하고 있으면 네가 누군지 내가 어떻게 알겠느냐?）
	⑨	祈使句	-십시오	包大人，您可要为民女做主啊！ （포대인, 소저의 억울함을 풀어 주십시오.）
	⑩		-세요	包大人，包青天，您可要为民女做主啊！ （소저의 억울함을 풀어 주세요.）
	⑪		-아/어/여	孩子，你快来啊……（아가야, 빨리 와...）
	⑫	感叹句	-구나	孩子们，你们哭得真是好听啊！ （애들아, 우는 소리가 정말 듣기 좋구나.）

表 3 《蛙》韩汉语对译文本中韩汉语句末助词的对应性

语气词	对译结果	
啊	陈述句	啊=습니다　啊=아/어/여요　啊=지요　啊=아/어/여 啊=지　啊=야
	疑问句	啊=니、냐
	祈使句	啊=십시오　啊=세요　啊=아/어/여
	感叹句	啊=구나
吧	疑问句	吧=죠、요　吧=나　吧=아/어/여、지、니、느냐
	祈使句	吧=세요　吧=오、마　吧=아/어/여라
	共动句	吧=ㅂ시다　吧=요
	感叹句	吧=군요　吧=구나
呢	陈述句	呢=습니다　呢=아/어/여、지
	疑问句	呢=습니까　呢=요、세요　呢=나 呢=아/어/여、야、(으)ㄹ까
	感叹句	呢=구나
吗	疑问句	吗=습니까　吗=요、나요、ㄴ가요、(으)까요 吗=소　吗=나　吗=아/어/여、ㄴ가、지、냐
嘛	陈述句	嘛=요
	疑问句	嘛=나
	祈使句	嘛=쇼
哪	陈述句	哪=∅　哪=오　哪=습니다　哪=아/어/여요
啦	陈述句	啦=아/어/여요　啦=아/어/여
	疑问句	啦=아/어/여요
	共动句	啦=자
呀	疑问句	呀=아/어/여요　呀=야
	感叹句	呀=∅
么	疑问句	么=(이)에요
呗	陈述句	呗=지요

由于话剧表达的丰富性，大规模的语料译比，为我们提供了较为圆满的对译结果，较好地反映了韩汉语气表达的重要区分，印证了我们的一些预设结论。除了显而易见的阶称差异之外，最大的一个差异就是汉语语气词对应的句类数量，除了一对一的几个次要语气词之外，最主要的几个语气词全部对应多种句式，根据其与陈

述句、感叹句、疑问句、祈使[①]句的对应数量，我们可以将其分为如下类型：

一对全：全对应型（4 对应型）
一对多：3 对应型 ＋2 对应型
一对一：单对应型

而这种从少到多的排列方式，类似水的波浪在一个河床上向外逐渐扩展，因此，我们称之为“波浪式组合型”表达法，而韩国语是在聚合方向上分为不同的阶称，类似不同地层叠加在一起，因此，我们称之为“地层式聚合型”表达法。

表 4　韩汉语句末助词表达的类型差异

<table>
<tr><td rowspan="2">类别</td><td></td><td colspan="4">无语气词</td><td></td></tr>
<tr><td>前语气词</td><td colspan="4">语气词</td><td>后语气词</td></tr>
<tr><td>编号</td><td rowspan="4">句类</td><td>1</td><td>2</td><td>3</td><td>4</td><td>5</td></tr>
<tr><td>补充手段</td><td>单句类</td><td>双句类</td><td>三句类</td><td>四句类</td><td rowspan="3">添加型超音段音位</td></tr>
<tr><td>类型</td><td colspan="4">大体固定语调</td></tr>
<tr><td>实例</td><td>吗等</td><td>嘛、呗、呢</td><td>吧、呀</td><td>啊</td></tr>
</table>

赵春利（2019：37）指出，英语可以构成一对一的对应结果，但把汉语的语气词与句类“对应起来既不符合事实，也不符合划分句子功能的逻辑”。

走？
走吗？

如上所示，汉语单句类语气词都可以在句中不出现[②]，因此，有无语气词就可以构成最小对立对，我们也可以以此为据，认为汉语的语气词表示的主要是语气，而不是句类意义，虽然语气词不能排除与句类意义的关系。

四、引申：汉语语气词的相对单义性和韩汉对比过程的再完善

我们上述的“汉语语气词的本质是语气，而不是句类”的结论，也是部分汉语学者的主张（武果，2005；温锁林，2013 等）。由此我们试提出一种针对韩汉功能复杂形态相对单义性的如下分析模式：

① 由于汉语中不区分韩国语中的“共动”与“命令”，我们将“祈使”作为共动与命令的上位范畴。

② 我们指主要的语气词，不包括“的、了”之类从左侧语法化而来的属性具有争议性的所谓语气词。

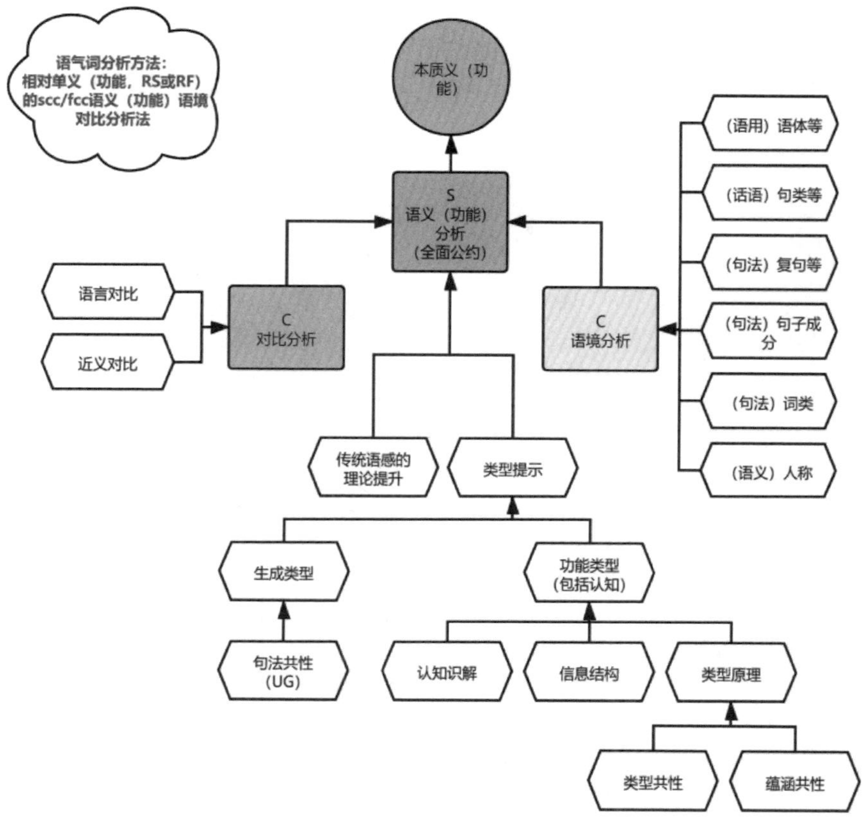

图 1　针对韩汉功能复杂形态的相对单义性分析模式

如果要得到复杂功能形态的本质属性，需要做三个方面的工作：一是注意对语境的分析，二是注意做两种对比，三是注意从各种理论中提取好的角度进行语义提纯。第一个工作即张光军（2000）提出的语法语境素分析方法，即要找到外显突出的表现形式做系统性的对比，其中可能包括不同的层面，如语义方面的人称问题，句法方面不同层级的特点（如词类、句子成分、句类、复句类型等），语用方面的文体等要素。第二个对比工作包括同一语种之内同属同一语法场的近义表现形式的系统对比，再就是如本文一样的语言间的对比，因为有时语种间的对比，会使一种语言的类型更为清晰，当然，这也是类型学研究的目的之一。第三个是并非易事的语义提取工作，既要注意传统研究的优势，又要注意从最新的理论中汲取灵感，现代语言学大体可以分为形式与功能两大领域，生成语言学研究和功能认知研究都会提供大量研究的分析工具，对个体语言学研究而言，尤其要注意从各种共性研究中提取类型特征。为方便起见，我们将这种模式简称为“S（语义）C（语境）C（对比）方法”。

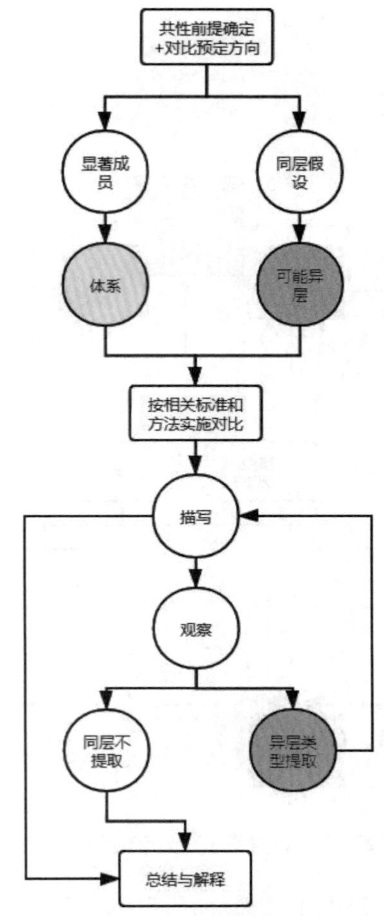

图 2　语义和语境对比方法（SCC）

由此，我们也可以思考前面所列韩汉对比论文，较少出现类型的总结，究其原因是仍然囿于常规的典型成员对比模式，而未能自觉地提取类型和利用类型研究的成果。因此我们也给出了一个增加包括典型成员在内的“体系对比”和不断在对比中提取类型的对比语言流程图。这里面突出的是两个方面，一是强调体系性对比，而不仅仅是显著性成员对比，这是依然不能丢弃的结构主义语言学的分析视角，一是强调类型中不同层次不同排序的可能性。如对汉语语气词而言，就需要注意语气词的不出现性与语调的关系，需要注意韩国语终结词尾显赫特征与汉语语气词显赫特征的不同句法位置。

五、结语

本文以句类为参照点，简要分析了韩国语和汉语（同时还包括英语在内）的句末助词的表现类型。通过上述分析，我们可以知道，英语与韩汉语的句末表现虽然一左一右，但属于镜像轨层一致现象，并未有太大差异。三种语言最大的差别是分别表现出了地表式组合型、地层式聚合型、波浪式组合型的不同句末表现特点。

我们由此需要重新认识韩汉句末助词的特点：

表 5　韩汉语句末助词的描写角度

语种	句末助词	情态	传信	句类	阶称	文体	语气
韩国语	终结词尾	+	+	+	+	+	+
汉语	语气词	−	−（+）	−（？）	−	+	+

以往分析韩国语终结词尾时，一般要从三个角度入手：式（句类），阶称，法（传信），但我们认为还要加三个要素，一个是语气，一个是文体，还有一个是由于语法化融合而带来的情态义。其排列顺序为：

1 情态+2 传信+3 句类（+4 阶称+5 文体）+6 语气

而对汉语语气词的区别性特征，也应该从语气单角度扩展到五分法：

（1 情态+）2 传信+（3 句类）+4 语气（+5 文体）

其中，相对韩国语而言，汉语语气词的情态并没有右缘语法形态，传信有一个“来着”，句类要与语气脱离，因为语气词多为多句类语气词，一个语气词跨多个句类，可以公约为一种语气（狭义的特指情态），语气词出现在特定文体之中，一般是口语之中。

对于功能复杂的多义语法形态，基于本文的分析，我们提出可以使用 SCC 的方法，从语义、语境和对比三个角度进行全面系统的分析，在进行语言对比时，我们也要注意不仅仅要做显著成员的对比，还要更加重视全面对比、类型的提取、异层或异质特征的总结。

由于时间与篇幅所限，文中多为理论性概括，还需更多的实例论证，当然还有理论的完善。我们将继续关注韩汉句末助词，继续关注相关的理论建设。

参考文献

［1］白峰子．韩国语语法词典（修订版）［M］．朱剑锋，译．北京：世界图书出版公司，2008．

［2］蔡维天．制图理论和汉语语法［J］．语言学研究，2019，（1）：28—44．

［3］韩国国立国语院．最新韩国语语法 2（用法篇）［M］．北京：民族出版社，2010．

［4］柳真．现代汉语感叹表达研究［D］．上海：上海师范大学博士论文，2020．

［5］陆丙甫，金立鑫．语言类型学教程［M］．北京：北京大学出版社，2015．

［6］钱如新．从语言看韩国人的尊卑意识［J］．解放军外国语学院学报，1996（6）：28—32．

［7］邵敬敏．构建以情态为标志的句子新系统“句态”［J］．华文教学与研究，2021（1）：1—7．

［8］王建军．句类研究的先驱 语用分析的典范：论黎锦熙先生在句类研究方面的贡献［J］．泰山学院学报，2011（33-1）：92—97．

［9］王珏．由语气结构确定语气词的上位范畴［J］．语言科学，2021（20-3）：225—245．

［10］温锁林．汉语中的语气与情态［J］．南开语言学刊，2013（2）：21—29．

［11］许龙，金善贞．对比语言学［M］．北京：外语教学与研究出版社，2021．

［12］张光军．韩国语语法语境素［J］．解放军外国语学院学报，2000（23-6）：21—25．

［13］赵春利，石定栩．语气、情态与句子功能类型［J］．外语教学与研究，2011（4）：483—500，639．

［14］赵春利．现代汉语句末助词研究［M］．北京：商务印书馆，2019．

［15］赵春利．汉语句末助词研究的方法论思考［J］．汉语学报，2020（2）：44—55．

［16］Aiken J R. *A New Plan of English Grammar* [M]. New York: Henry Holt and Co, 1933.

［17］Beeching K, Detges U. *Discourse Functions at the Left and Right Periphery: Crosslinguistic Investigations of Language Use and Language Change* [M]. Leiden: Brill, 2014.

［18］Cinque G. *Adverbs and Functional Heads: A Cross-linguistic Perspective* [M]. Oxford: Oxford University Press,1999.

［19］Curme G O. *English Grammar* [M]. New York: Barens & Novels Inc, 1924.

［20］Herdon J H. *A Survey of Modern Grammar* [M]. New York: Holt. Rinehart and Winston Inc, 1970.

［21］Jespersen O. *The Philosophy of Grammar* [M]. London: George Allen & Unwin Ltd, 1924.

［22］Leech G, Svartvik J. *A Communicative Grammar of English* [M]. London: Longman Group, 1975.

［23］Lyons J. *Semantics* [M]. Volume II. Cambridge: Cambridge University Press,

1977.

［24］Quirk R, et al. *A Grammar of Contemporary English* [M]. London: Longman Group Ltd, 1972.

［25］Wu Guo (武果). *The Discourse Function of the Chinese Particle ne in Statements* [J]. *Journal of the Chinese Language Teachers Associaton*, 2005, 40 (1): 47-82.

［26］손호민. 한국어의 유형적 특징 [J]. 한글, 2008 (282): 61-95.

［27］Zhang Yujiao. 한·중 명령문의 대조 연구 [D]. 경희대학교 석사논문, 2014.

［28］고영근, 구본관. 우리말 문법론 [M]. 서울: 집문당, 2008.

［29］곽양. 중국인 학습자를 위한 한·중 감탄 표현 대조 연구 [D]. 경희대학교 석사논문, 2016.

［30］구본관 외. 한국어 문법 총론 [M]. 서울: 집문당, 2017.

［31］김태엽. 국어 종결어미의 문법 [M]. 서울: 국학자료원, 2001.

［32］남기심. 현대국어 통사론 [M]. 서울: 태학사, 2001.

［33］류패림. 조선말토의 특성에 대한 연구 [M]. 평양: 김일성종합대학출판사, 1981.

［34］소남. 한·중 의문문 대비 및 교육 방안 연구 [D]. 건국대학교 석사논문, 2014.

［35］손설봉, 김정남. 한 중 문장 종결 유형 대조 분석 연구 [J]. 한국어 의미학, 2018 (59): 109-130.

［36］왕위령. 한·중 의문문에 대한 비교 연구 [J]. 문법 교육, 2010 (12): 299-319.

［37］윤광열. 한국어 구어 감탄문의 실현 양상 -화·청자 관계를 중심으로- [D]. 서울: 고려대학교 석사논문, 2020.

［38］윤석민. 현대국어의 문장종결법 연구 [M]. 서울: 집문당, 2000.

［39］이익섭, 채완. 국어문법론 강의 [M]. 서울: 학연사, 2011.

［40］장혜청. 한·중 문장 종결 표현에 대한 연구 [D]. 경남대학교 석사논문, 2013.

［41］조계홍. 한국어와 중국어 서법의 형식과 의미 대조연구 [D]. 전남대학교 석사논문, 2020.

基于语料库的越南语名物化标记 sự、việc、cuộc 对比分析及认知阐释

信息工程大学　曾添翼　陈妍君

【摘　要】 越南语中的 sự、việc 和 cuộc 都有名物化的功能，学习者容易辨析不清，导致误用频繁。本文基于自建语料库，运用定量、定性分析结合的方法，对比三者名物化用法在频数分布、类联接、搭配行为方面的差异，并从认知视角进行阐释，为越南语词汇、语法教学提供参考。研究发现：việc 的名物化功能最强，能够将多种语义抽象程度不同的光杆动词、形式复杂程度不同的动词结构名物化；sự 主要将形容词、抽象义光杆动词名物化；cuộc 的名物化功能有限，主要是将事件义光杆动词、少量述补结构名物化。三者语法化之前的词汇义差别和构式组配的语义兼容机理是导致名物化用法差异的主要原因。

【关键词】 越南语；名物化；语料库；对比；构式

一、引言

名物化是一种由非名词性结构向名词性结构转变的跨类操作，不同语言单位即构词语素（包括动词和形容词词根）、词（包括动词、形容词、名词）、短语、小句（句子）等语言单位均可以名物化①。越南语是孤立语，缺乏形态变化，但有一类特殊的词，能够置于动词（动词词组）、形容词或小句等非名词性结构之前，在不改变词形的情况下，使其成为名词性结构。这就是越南语中的“名物化”现象。例如：

例 1：dưới **sự** lãnh đạo của Đảng（在党的领导下）

例 2：phá vỡ **cuộc** tấn công của địch（粉碎敌人的进攻）

例 3：tác hại của **việc** đánh bắt cá quá mức（过度捕鱼的危害）

例 4：các tin đồn liên quan về **việc** chủ tịch FLC bị bắt tạm giam（有关 FLC 主席被拘留的传闻）

例 5：**sự** an toàn của các cầu thủ（队员们的安全）

例 6：thưởng thức **cái** đẹp của hoa（欣赏花的美）

例 7：vượt qua **nỗi** đau（克服痛苦）

---

① 邹雨橙，胡素华．名物化研究评述［J］．解放军外国语学院学报，2021（5）：91．

例 8：tràn đầy **niềm** vui（充满喜悦）

以上例句中的 lãnh đạo（领导）、tấn công（进攻）是动词，đánh bắt cá（捕鱼）是动词词组，chủ tịch FLC bị bắt tạm giam（FLC 主席被拘留）是小句，an toàn（安全）、đẹp（美）、đau（痛苦）、vui（喜悦）是形容词，它们之前加上不同的词之后，变成了名词性结构。学界对这一类词有不同的称法，如表 1 所示：

表 1　越南语学界对 sự、việc、cuộc 等词的称法

学者姓名	文献年份	称法
戴春宁（Đái Xuân Ninh）	1978	缀语素（hình vị nhánh）
丁文德（Đinh Văn Đức）	1986	专用语法要素（yếu tố ngữ pháp chuyên dùng）
黄敏中、傅成劼	1997	辅助单位词
阮氏顺（Nguyễn Thị Thuận）	2003	名物化要素（yếu tố danh hóa）
阮氏碧顽（Nguyễn Thị Bích Ngoan）	2013	名物化要素（yếu tố danh hóa）
胡明珠（Hồ Minh Châu）	2017	名词化标记
梁远、祝仰修	2019	构词前缀

黄批（Hoàng Phê）在《越南语词典》（*Từ điển Tiếng Việt*）中将其标注为名词。[①] 实际上，它们原本是具有实在意义的名词：sự 和 việc 都有“事情”的意思，cuộc 有“局”的意思，nỗi 有“地步”的意思，niềm 有“思念”的意思。经语法化之后，它们演变为语法标记，能够将动词、形容词转变为名词（即“名词化”），还能将动词词组、小句等非名词结构转变为名词结构。因此，我们认为，称作“名物化标记”更能体现其功能。不同的名物化标记用法各异，本文对比分析容易混淆的 sự、việc 和 cuộc。

二、相关研究

部分学者在“名词化”框架内描写 sự、việc 和 cuộc 的用法。丁文德认为它们的词义内涵很窄，本身没有意义，不能单独充当句子成分，使用时必须用非名词性定语弥补，才能构成名词性短语。[②] 黄敏中和傅成劼认为 sự 通常放在动词或形容词前，表示一种事情或一种状态；cuộc 放在动词前，通常表示一种有组织、有计

① Hoàng Phê. *Từ điển Tiếng Việt* [M]. Hà Nội: NXB Đà Nẵng, 2015: 372, 1373, 1471.

② Đinh Văn Đức. *Ngữ pháp tiếng Việt: từ loại* [M]. Hà Nội: NXB Đại học và Trung học chuyên nghiệp, 1986.

划、有一定过程的行为。[①] 梁远和祝仰修认为它们具有使动词、形容词名物化和可以计数的语法功能，只改变词性，不改变词义。[②] 胡明珠分析了后接动词的语义特点，认为 sự 与表示具体动作或表示社会、文化、经济活动的动词结合；việc 与表示抽象、概括动作或表示心理状态的动词结合。[③] 闫丹辉从认知角度解释“cuộc+动词”式名词结构蕴含的意义：将动词突显的过程、动作变成突显整个事件本身；通过概念隐喻将表示动作或行为过程的动词变成表示整个事件过程的概念；在篇章层面上，通过语篇隐喻将上文动词结构压缩成名词结构，充当下文的主位。[④]

部分学者在“名物化”框架内探讨 sự、việc 和 cuộc 的功能。阮氏顺把“名物化”定义为“通过添加特定名物化要素将动词、形容词或命题转变为名词性组合的语法手段”。[⑤] 她认为“việc+动词”表示某一类具体的、不确定是否真实存在的过程或行为；“sự+动词”可以表示真实存在的某种行为的动作或状态特征；“cuộc+动词”表示多人参与的有组织、有结果的行为。阮氏碧顽和阮氏顺的观点类似，她认为 việc 常用于将行为动词名物化，“việc+动词”做主语时，意在强调句子所述事件的真实性，其谓语动词多为使役动词；sự 将动词表示的过程或状态的特征进行抽象和概括，常用于将表示心理、言语活动的多音节不及物动词名物化；cuộc 可以将具体义、概括义行为动词名物化，且该动词表示的行为通常需要多人在确定的时间内完成。[⑥] 黄批在《越南语词典》中描写了 sự、việc 的“名词化[事物化]”（实为“名物化”）的功能。[⑦] 如下表所示：

表 2 《越南语词典》对 sự、việc 名物化用法的描写

词项	中越文释义	例句
sự	Từ có tác dụng danh từ hóa [sự vật hóa]	sự sống（生命）；sự đau đớn（痛苦）；

① 黄敏中，傅成劼．实用越南语语法［M］．北京：北京大学出版社，1997：51—52．

② 梁远，祝仰修．现代越南语语法［M］．广州：世界图书出版广东有限公司，2019：154．

③〔越〕胡明珠．汉、越标记性名词化现象对比研究［D］．南宁：广西民族大学硕士学位论文，2017：10—11．

④ 闫丹辉．对越南语“cuộc+动词”式名词结构的认知理解［J］．吉林广播电视大学学报，2011（8）：144，137．

⑤ 原文为：Danh hóa là một phương thức ngữ pháp dùng để biến đổi một động từ, một tính từ hoặc một mệnh đề thành một tổ hợp danh từ bằng cách kết hợp động từ, tính từ hay mệnh đề ấy với một yếu tố danh hóa nhất định. 详见 Nguyễn Thị Thuận. *Danh hóa trong tiếng Việt hiện đại* [D]. Luận án tiến sĩ Đại học Khoa học Xã hội và Nhân văn, 2003: 6.

⑥ Nguyễn Thị Bích Ngoan. *So sánh đối chiếu hiện tượng danh hóa động từ trong tiếng Việt và tiếng Anh* [J]. *Tạp chí Khoa học ĐHSP TPHCM*, 2013 (46): 16–17.

⑦ Hoàng Phê. *Từ điển Tiếng Việt* [M]. Hà Nội: NXB Đà Nẵng, 2015: 1373, 1471.

（续表）

词项	中越文释义	例句
	một hoạt động, một tính chất. 将某种活动、性质名词化[事物化]	sự thông cảm（同情）; sự cố gắng（努力）
việc	Từ có tác dụng danh từ hóa [sư vật hóa] một hoạt động, một hành động nào đó. 将某种活动、行为名词化[事物化]	việc học hành（学习）; việc dạy dỗ con cái（教育孩子）; chú ý việc phòng chống thiên tai（注意预防自然灾害）

总之，既往研究侧重对“sự/việc/cuộc+动词/形容词”结构的分析，对后接词组或小句的情况分析不多，研究内容多属于“名词化”的范畴。囿于篇幅或语料限制，语法教材中描写的语法规则能说明多数情况，但对一部分用法缺乏解释力，而词典虽然能提供词语解释，但无法提供充足的词汇使用信息。鉴于此，在语料库中观察近义词的搭配，结合定量和定性方法进行辨析，有助于克服内省分析的不足，更加客观地描写近义词的语义和语法功能。

三、研究设计

（一）语料来源

本文的语料主要源自新闻报道。新闻报道基于事实，用语规范、严谨，名物化现象普遍，sự、việc、cuộc 的使用频率较高。年轻人网（Tuổi Trẻ Online）是越南主流报纸《年轻人报》（*Báo Tuổi Trẻ*）的网络媒体，本文从中选取 10 个语体比较正式的专栏，每个专栏爬取 10 万字语料，建成包含 1374 个语篇、共计 100 万字、内容相对平衡的小型语料库。① 随后，在 Python 中调用 pvyi 工具包，对语料进行自动分词和词性标注。将语料库保存为原始语料、分词语料和词性标注语料三个版本，用于不同目的的检索。

（二）研究问题

本文借助语料库工具进行实证研究，试图回答以下三个问题：

1. sự、việc、cuộc 分别能够充当哪些表达式的名物化标记？
2. sự、việc、cuộc 分别同哪些动词高频共现，跟这些动词有何关系？
3. sự、việc、cuộc 的名物化用法有何差异，如何选择合适的名物化标记？

① 年轻人网的网址为：https://tuoitre.vn/，下设 17 个专栏。本研究搜集语料选取的 10 个专栏包括：THỜI SỰ（时事）、THẾ GIỚI（世界）、PHÁP LUẬT（法律）、KINH DOANH（经营）、VĂN HÓA（文化）、GIẢI TRÍ（娱乐）、THỂ THAO（体育）、GIÁO DỤC（教育）、KHOA HỌC（科学）和 SỨC KHỎE（健康）。

（三）研究方法

本文采用定量与定性相结合、描写与阐释相结合的研究方法。具体地，基于自建语料库提取一定数量的关键词索引行，观察索引行并参考现代越南语语法体系建立类联接，分析各词在类联接、搭配行为方面的差异，最后从认知视角对差异进行阐释。

（四）研究步骤

本研究按照以下步骤进行：（1）用语料库检索软件 AntConc 3.5.7 分别以 sự、việc 和 cuộc 为关键词在自建语料库中检索，观察它们在语料库中的频数，采用等距离抽样方法，抽取关键词的索引行；（2）参考现代越南语语法体系，建立 sự、việc 和 cuộc 名物化用法的类联接，结合统计数据，分析各词类联接的差异；（3）以 T 值（T-Score）为参考，提取各类联接中 sự、việc 和 cuộc 的显著搭配词，分析显著搭配词的差异；（4）基于步骤（2）和步骤（3），总结 sự、việc 和 cuộc 名物化功能的差异；（5）运用语法化、构式语法理论对上述差异进行阐释。

四、研究结果与讨论

（一）频数分布

用 AntConc 3.5.7 在语料库中检索 sự、việc 和 cuộc，其词性标注符号有 N、Nc 和 Np 三种。[①] 其中，sự 以 Nc 为主，N 和 Np 较少；việc 和 cuộc 以 N 为主，其次为 Nc，Np 较少。具体分布情况如表 3 所示：

表 3　sự、việc、cuộc 在语料库中的分布情况

	观察频数	百分比		观察频数	百分比		观察频数	百分比
sự/N	41	3.31%	việc/N	1755	85.90%	cuộc/N	838	87.20%
sự/Nc	1192	96.36%	việc/Nc	278	13.61%	cuộc/Nc	100	10.40%
sự/Np	4	0.32%	việc/Np	10	0.49%	cuộc/Np	23	2.39%
合计	1237	100%	合计	2043	100%	合计	961	100%

Sự、việc 和 cuộc 的词性标注符号理论上为 Nc。然而，观察发现绝大部分标注为 N、Np 的也属于名物化用法。为避免遗漏，我们将词性标注符号为 N、Nc 和 Np 的语料都列入考察范围。逐一检查索引行，发现存在以下用法：

Sự：（1）人名，如 ông Sự（事老爷）等；（2）名词，作“事情”理解，如

① pyvi 工具包词性标注集中的 N 表示普通名词（Common noun），Nc 表示单位名词（Noun Classifier），Np 表示专有名词（Proper noun）。

thấy mình bất lực trước mọi sự（觉得自己在所有事情面前都无能为力）等。

Việc：（1）名词，作“事情”理解，如 việc này（这件事）、việc gì（什么事）、việc sai（错事）、việc cá nhân（个人的事）、việc đau đầu（头疼的事）等；（2）名词，作“工作”理解，如 mất việc（失业）、kiếm việc（找工作）、tìm việc（找工作）、xin việc（求职）、ngừng việc tập thể（集体罢工）等。

Cuộc：（1）名词，作“局”“比赛”理解，如 người trong cuộc（局内人）、đứng ngoài cuộc（置身事外）、cuộc cờ（棋局）、thắng cuộc（赢得比赛）、thua cuộc（输掉比赛）等；（2）类词，将名词所指事物进行定性和分类，如 cuộc chiến tranh（战争）、cuộc cách mạng（革命）、cuộc tình（感情）、cuộc hôn nhân（婚姻）、cuộc điền dã（田野调查）、cuộc hành trình（行程）等。

将上述不符合本文研究内容的索引行剔除，重新统计得出 sự、việc 和 cuộc 的名物化用法在语料库中的频数分别为 1232、1892 和 906。可见，việc 的频数最高，sự 次之，cuộc 的频数最低，不足 việc 的 50%。[①]

（二）类联接

类联接（Colligation）即语法层面的搭配关系。换言之，类联接就是有关词类或语法类别的共现关系。研究类联接有助于从更抽象的层面探究语言结构间的组合关系。[②] 我们每隔 8 行抽取 sự、việc 和 cuộc 的索引行，分别得到 137、211 和 101 行索引。[③] 参考现代越南语语法体系，对这些索引行进行人工分类，得到节点词（Node）sự、việc 和 cuộc 在各个类联接上的使用分布。如下表所示：

表 4　sự、việc、cuộc 在各个类联接上的使用分布[④]

类联接		sự		việc		cuộc	
		频数	百分比	频数	百分比	频数	百分比
Node+V	Node+V(+MOD)	95	69.34%	32	15.17%	78	77.23%
Node+VP	Node+V+NP/VP	14	10.22%	138	65.40%	23	22.77%
	Node+ADJ+VP	1	0.73%	5	2.37%	0	0

① 本文语料来源仅限于新闻语篇，不涉及 sự、việc 和 cuộc 的语域差异。

② 许家金，熊文新．基于学习者英语语料的类联接研究概念、方法及例析［J］．外语电化教学，2009（3）：18—19．

③ 参考卫乃兴的做法，本文从语料库中抽取各节点词至少 100 行索引，用于建立 sự、việc、cuộc 的类联接。详见卫乃兴．语义韵研究的一般方法［J］．外语教学与研究，2002（4）：302，304．

④ 表 4 中的 Node 表示节点词，MOD 表示修饰成分，(+MOD)表示存在或不存在修饰成分。下同。

（续表）

类联接		sự		việc		cuộc	
		频数	百分比	频数	百分比	频数	百分比
Node+NP	Node+N+VP	0	0	36	17.06%	0	0
Node+A	Node+ADJ+MOD	27	19.71%	0	0	0	0
Total		137	100%	211	100%	101	100%

由上表可知，cuộc 的类联接最简单，sự 和 việc 的相对复杂。具体分析如下：

1. 节点词 sự 的类联接分析

（1）sự 多用于类联接“Node+V(+MOD)”（69.34%），V 多为不及物动词，可以是光杆动词，也可以跟修饰语。修饰语可以是名词、动词、形容词、代词，也可以是 cho、của、giữa、về、với 等引导的介词结构。例如：

例 9：Bản danh sách 23 cầu thủ đăng ký cho trận Campuchia chỉ có 1 **sự** thay đổi.（对阵柬埔寨的 23 人注册球员名单只有一处变动。）

例 10：Hội nghị sẽ có **sự** tham dự đầy đủ của những người đang làm văn hóa.（会议将有文化工作者的充分参与。）

（2）sự 有不少用于类联接“Node+ADJ+MOD”（19.71%），其功能是将形容词名物化，而这是 việc 和 cuộc 所没有的。形容词后的修饰语可以是名词、形容词、代词，也可以是 của、cho、trong、vì、về 等引导的介词结构。例如：

例 11：Điều này mang lại **sự** yên tâm ít ỏi cho các đối thủ tiềm năng của Mỹ.（这给美国的潜在对手带来了些许的安心。）

例 12：Rất nhiều người hiểu **sự** vất vả của chị trong mùa dịch.（很多人理解她在疫情期间的辛苦。）

（3）sự 还有少数用于类联接“Node+V+NP/VP”（10.22%）。例如：

例 13：đóng góp một phần không nhỏ trong **sự** phát triển kinh tế của TP. HCM（为发展胡志明市经济做出不小的贡献）

（4）sự 还偶尔用于类联接“Node+ADJ+V”（0.73%）。其中，ADJ 修饰 V，sự 将偏正结构的 VP 名物化。例如：

例 14：tạo ra sức cạnh tranh về **sự** minh bạch phục vụ doanh nghiệp của các tỉnh（在公开透明服务各省企业方面创造竞争力）

2. 节点词 việc 的类联接分析

（1）việc 多用于类联接“Node+V+NP/VP”（65.40%）。其中，V 多为及物动词，先带 NP 或 VP 构成述补结构，再被名物化。VP 甚至可以是兼语结构。例如：

例 15：**Việc** giải quyết những vấn đề đó sẽ khó khăn hơn.（解决那些问题将会更加困难。）

例 16：**Việc** tăng cường quản lý nhà nước là cần thiết.（加强国家管理是有必要的。）

例 17：**Việc** chỉ định gấu túi là loài nguy cấp sẽ giúp chính phủ có thêm nguồn lực bảo vệ chúng tốt hơn.（指定袋熊为濒危物种将有助于政府拥有更多资源，更好地保护它们。）

（2）việc 有不少用于类联接“Node+N+VP”（17.06%），而这是 sự 和 cuộc 所没有的。其中，N 是行为发出者，V 是具体行为，việc 的作用是将某个具体事件名物化。例如：

例 18：**Việc** giá đất tăng cũng có thể tác động đến lạm phát.（地价上涨也可能影响通胀。）

例 19：Bí thư Nguyễn Văn Nên bày tỏ lo lắng về **việc** số ca nhiễm COVID-19 trong trường học tăng cao.（阮文年书记对校园内新冠肺炎感染病例增加表示担忧。）

（3）việc 有少数用于类联接“Node+ADJ+VP”（2.37%）。例如：

例 20：**Việc** sớm phát hiện dịch là yếu tố quan trọng để ngăn nó lây lan.（尽早发现疫情是防止其扩散的关键因素。）

3. 节点词 cuộc 的类联接分析

（1）cuộc 多用于类联接“Node+V(+MOD)”（77.23%），V 多为不及物动词，可以是光杆动词，也可以跟修饰语。修饰语可以是名词、动词、形容词、代词，也可以是 của、giữa、trong、trước、tại、với 等引导的介词结构。例如：

例 21：Điều đó sẽ đẩy Đức và toàn bộ châu Âu rơi vào một **cuộc** suy thoái.（这将导致德国和整个欧洲陷入一场衰退。）

例 22：Rất khó nói đội nào sẽ có được kết quả thuận lợi ở **cuộc** đối đầu tối nay.（很难说哪支球队会在今晚的对抗中取得好成绩。）

（2）cuộc 有不少用于类联接“Node+V+NP/VP”（22.77%）。其中，V 多为及物动词，先带 NP 或 VP 构成述补结构，再被名物化。例如：

例 23：Đây có lẽ là lần đầu tiên một **cuộc** triển lãm thơ về Đại tướng Võ Nguyên Giáp được tổ chức.（这可能是第一次举办关于武元甲大将的诗歌展。）

例 24：tổ chức **cuộc** thi dự đoán Nhà vô địch AFF Cup 2020（举办 2022 年 AFF 杯冠军预测比赛）

由此可见，sự 主要将动词、形容词名物化，việc 主要是将述补结构、主谓结构的动词词组和动词名物化，cuộc 主要将动词、述补结构的动词词组名物化。其中，cuộc 是越南语中功能最纯粹的名物化标记，việc 是用法最多样的名物化标记。

（三）搭配行为

类联接是语法范畴间的结合，是关于句法结构的表述，而搭配则是类联接在词语层面上的具体实现，是习惯性结伴使用的词汇，能够反映语言内部的运作机制。[①] 本文采用基于语料库的分析方法[②]，参照已经建立的类联接框架，观察、概括节点词的搭配行为。

有些常见搭配不一定处于连续的位置上，比如在类联接“Node+ADJ+V”中，节点词和动词被形容词分隔。语料库证据驱动的词语搭配研究往往要根据词项在一定的跨距（Span）内共现的情况对客体进行观察和描述。[③] 跨距指由节点词左右词项构成的语境。根据 John & Sinclair（1974）的研究，跨距一般设定为 L4/R4，在该范围内，搭配词（Collocates）的分布与语法结构紧密相关。[④] 但是，考虑到 sự、việc 和 cuộc 都是前置标记，只需考察节点词右侧语境中的搭配词，本研究将跨距设为 L0/R4。用 AntConc 提取节点词的所有搭配词，根据 T 值确定各搭配词与节点词共现的显著程度。T 值越大，表明搭配词和节点词共现的显著程度越大，两者之间的搭配强度越大。为排除偶然搭配词，获得有意义的搭配，将最小共现频数（Min. Collocate Frequency）设为 3，将 T 值大于 2.0 的搭配词视为显著搭配词。以 sự 为例，图 1 显示了其在 L0/R4 跨距内的搭配词的统计信息。

---

① 卫乃兴．词语搭配的界定与研究体系［M］．上海：上海交通大学出版社，2002：102．

② 与之相对的是语料库驱动的方法，与基于语料库的方法不同的是，该方法不建立类联接，节点词的搭配行为不是参照传统的语法框架来研究，而是根据与之在一定物理环境内共现的显著搭配词项进行研究。所提取、计算和检查的搭配词不一定都和节点词具有语法上的相互限制关系，但它们的语义特点却揭示了节点词语境内所弥漫的语义氛围。研究者头脑里没有太多先入为主的观念，而是由数据引导进行研究和描述，人为因素较少，主要靠自动化程序进行检索、提取和统计测量。这种方法适用于大型语料库研究活动。参见卫乃兴．语义韵研究的一般方法［J］．外语教学与研究，2002（4）：304．

③ 卫乃兴．词语搭配的界定与研究体系［M］．上海：上海交通大学出版社，2002：93．

④ 参考自卫乃兴．语义韵研究的一般方法［J］．外语教学与研究，2002（4）：302．

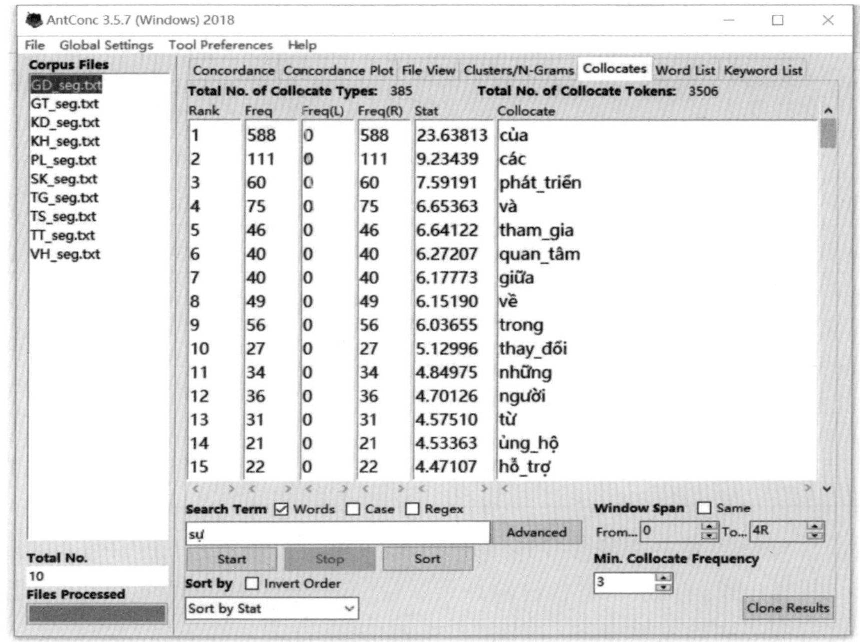

图 1 sự 在 L0/R4 跨距内的搭配词

因篇幅有限，表 5 中仅列出 T 值排在前 15 位的搭配词。[①]

表 5 sự、việc、cuộc 在 L0/R4 跨距内的显著搭配词

sự			việc			cuộc		
搭配词	搭配频数	T 值	搭配词	搭配频数	T 值	搭配词	搭配频数	T 值
của	588	23.63813	các	167	11.19803	thi	320	17.84043
các	111	9.23439	này	119	10.13178	họp	77	8.74919
phát triển	60	7.59191	và	142	9.54540	tại	84	8.65854
và	75	6.65363	cho	100	8.24027	với	87	8.60077
tham gia	46	6.64122	của	93	7.14753	nhà	73	8.24249
quan tâm	40	6.27207	thực hiện	52	6.90463	vô địch	68	8.20486
giữa	40	6.17773	có	81	6.89995	dự đoán	66	8.10491
về	49	6.15190	không	68	6.89087	giữa	67	8.09735

① 经统计，sự 在跨距内的显著搭配词有 147 个，其中动词 52 个，形容词 41 个，名词 24 个；việc 在跨距内的显著搭配词有 331 个，其中动词 162 个，名词 109 个，形容词 17 个；cuộc 在跨距内的显著搭配词有 108 个，其中动词 43 个，名词 34 个，形容词 9 个。

（续表）

sự			việc			cuộc		
搭配词	搭配频数	T 值	搭配词	搭配频数	T 值	搭配词	搭配频数	T 值
trong	56	6.03655	sử dụng	49	6.76278	thể hiện	63	7.90335
thay đổi	27	5.12996	xin	50	6.70558	cơ hội	63	7.88932
những	34	4.84975	học	47	6.58791	đây	64	7.83979
người	36	4.70126	sẽ	57	6.50840	có	78	7.81077
từ	31	4.57510	tổ chức	48	6.49587	tto	50	7.06237
ủng hộ	21	4.53363	nga	47	6.42371	đàm phán	44	6.60894
hỗ trợ	22	4.47107	vắc	45	6.39543	gặp	43	6.44423
…	…	…	…	…	…	…	…	…

由前文分析可知，类联接“Node+V(+MOD)”“Node+V+NP/VP”为 sự、việc 和 cuộc 共有。我们观察三者在这两种类联接中的搭配行为，分析显著搭配词的特征，对比它们之间的差异。

1. 类联接“Node+V(+MOD)”

观察样本索引行中 R1 位置上 V 的词形及其频数，依据 T 值提取显著搭配词。有的 V 虽然在样本中的频数大于或等于 3，但 T<2，不是显著搭配词，予以剔除。抽样导致 sự、việc、cuộc 索引行中 R1 位置上有不少搭配词的频数小于 3，但 T≥2，递补为显著搭配词。

表 6　sự、việc、cuộc 在“Node+V(+MOD)”R1 位置上的显著搭配词

sự		việc		cuộc	
搭配词	频数	搭配词	频数	搭配词	频数
tham gia phát triển quan tâm góp mặt kết hợp	5 4 4 3 3	dạy học	3	thi họp đàm phán gặp tấn công họp báo	22 7 5 4 4 3
chỉ đạo（2），dẫn dắt（2），điều chỉnh（2），đoàn kết（2），hỗ trợ（2），lây lan（2），phối hợp（2），sống（2），tham dự（2），thay đổi（2），trở lại（2），ủng hộ（2），xuất hiện（2）		chuyển đổi（1），điều chỉnh（1），học（1），kết nối（1），mua（1），kiểm tra（1），thanh toán（1），tiêm chủng（1），triển khai（1）		điện đàm（2），khủng hoảng（2），phỏng vấn（2），xung đột（2）	

分析表 6 中的显著搭配词，可知：

从种数来看，sự 最多（18 种），cuộc 其次（10 种），việc 最少（含递补的，一共 10 种）。从累计频数来看，cuộc 最高（58 次），sự 其次（45 次），việc 最低（12 次）。用累计频数除以种数，得出显著搭配动词的平均频数为：sự=2.5，việc=1.2，cuộc=5.8。这表明，在类联接“Node+V(+MOD)”中，sự 吸引动词的能力最强，与之搭配的动词种数较多；cuộc 吸引动词的能力不如 sự，但是与特定动词共现的频率较高，容易形成固定搭配；việc 吸引动词的能力最弱，与之搭配的动词种类最少。

从音节数来看，sự 有 17 个双音节词，只有 sống 是单音节词；việc 有 8 个双音节词，只有 học（学）和 mua（买）是单音节词；cuộc 有 7 个双音节词，只有 thi（考试）、họp（开会）和 gặp（见面）三个单音节词。但是，与 cuộc 搭配的单音节动词频数较高，仅 thi 的频数就大于所有双音节动词的累计频数。可见，sự、việc 的显著搭配动词以双音节词为主，而 cuộc 与单音节动词搭配的可能性大于双音节动词。

从词义来看，表 6 中的动词多属于行为动词，只有 xuất hiện（出现）属于存现动词。行为动词表示人和事物的行为，主要描述动态的事件或过程，可以识解为事件在时间轴上延伸的过程。其中，与 sự 搭配的动词大多词义比较概括、抽象，比如 tham gia（参加）、phát triển（发展）、quan tâm（关心）等；与 việc 搭配的动词既有词义抽象的，比如 chuyển đổi（转换）、điều chỉnh（调整）等，也有词义具体的，比如 học（学）、mua（买）等；与 cuộc 搭配的动词多表示有计划、有组织、有过程的具体活动，一般都包括比较明显的开始、持续和结束三个阶段，比如 thi（考试）、họp（开会）、đàm phán（谈判）等。

2. 类联接“Node+V+NP/VP”

类似地，观察样本索引行中 R1 位置上 V 的词形及其频数，依据 T 值提取显著搭配词。有的 V 虽然在样本中的频数大于或等于 3，但 T<2，不是显著搭配词，予以剔除。抽样导致 sự、việc、cuộc 的索引行中 R1 位置上有不少搭配词的频数小于 3，但 T≥2，也视为显著搭配词。

表 7　sự、việc、cuộc 在“Node+V+NP/VP”R1 位置上的显著搭配词

sự		việc		cuộc	
搭配词	频数	搭配词	频数	搭配词	频数
phát triển chung tham gia sum họp	1 1 1 1	sử dụng tổ chức tăng thực hiện mở cửa	5 4 3 3 3	thi	16

（续表）

sự		việc		cuộc	
搭配词	频数	搭配词	频数	搭配词	频数
		áp dụng（2），có（2），đưa（2），đăng ký（2），gia nhập（2），giảm（2），mua（2），quản lý（2），tăng cường（2），thanh toán（2），tiêm（2），triển khai（2），ứng dụng（2），xây dựng（2）		thảo luận（1） thăm dò（1）	

分析表 7 中的显著搭配词，可知：

从种数来看，việc 占据绝对优势（19 种），sự 和 cuộc 很少（分别为 4 种和 3 种）。从累计频数来看，việc 最高（46 次），cuộc 其次（18 次），sư 最低（4 次）。各显著搭配动词的平均频数为：sự=1，việc=2.4，cuộc=6。这表明，在类联接“Node+V+NP/VP”中，việc 吸引动词的能力较强，与之搭配的动词种类较多；cuộc 只是对个别动词有很强的吸引力，但总的来说 sự 和 cuộc 吸引动词的能力都很弱。

从音节数来看，việc 有 13 个双音节词，有 tăng（增）、có（有）、đưa（带）、giảm（减）、mua（买）、tiêm（注射）6 个单音节词。可见，việc 在该类联接中 R1 位置上出现单音节动词的可能性大大提高。

从动词及物性来看，与 việc 搭配的动词多为及物动词，其后可带名词（名词词组）充当补语，例如：việc sử dụng vũ khí hóa học（使用化学武器），việc tổ chức Liên hoan kịch nói toàn quốc 2021（举办 2021 年全国话剧节）等；也可以带动词（动词词组）充当补语，例如：việc tổ chức dạy học（组织教学）、việc triển khai dạy và học trực tuyến（实施在线教学）等。

五、研究结果的认知阐释

上述研究表明，名物化标记 việc 的频数最高，能够将光杆动词、否定结构、述补结构、主谓结构、小句名物化，高频搭配动词可以是及物动词，也可以是不及物动词，可以是抽象义动词，也可以是具体义动词。Sự 的频数仅次于 việc，能够将光杆动词、述补结构、形容词名物化，高频搭配动词主要是不及物、抽象义动词。Cuộc 主要将光杆动词、述补结构名物化，高频搭配动词主要是不及物、具体义动词，且与某些动词（如 thi）的共现频率非常高，有固化趋势。

Sự、việc 和 cuộc 本为名词，用作名物化标记是语法化的结果。Việc 为名词时，可以表示“需要花费精力去做的事情”“每天从事的、按劳计酬的职业”“已经发生的、需要解决的事情”。可见，việc 可以表示抽象的事情，突显事件类型，也可以表示具体的事情，突显事件实例。Sự 是汉越词，相当于“事”，做名词时，可以表示“事情”，但语义抽象、概括，倾向于突显事件类型。Sự 单用的场合不多，如：gây sự（惹事）、muốn quên đi mọi sự（想忘掉所有事情）等，经常跟其他汉越语素构成双音节词，如：sự kiện（事件）、sự cố（事故）、sự thật（事实）等。Cuộc也是汉越词，相当于“局”，做名词时，指“有过程、多人参与的事情、情况”，语义比较具体，倾向于突显事件实例。此外，cuộc 还可以语法化为量词，将动词（动词词组）表达的事件量化，例如：2 cuộc thử nghiệm（两次试验）、3 cuộc đoàn tụ（三次团聚）、7 cuộc tấn công（七次进攻）等。语法化的实质是实词语义虚化，获得新的语法功能。但是，语法化是有据可循的渐变过程。Sự、việc 和 cuộc 的名物化用法受制于语法化之前对应名词的词汇义。

为了分析名物化标记的用法，我们运用基于使用的模型（usage-based model），按照自下而上的方法，在真实语料中观察名物化标记与名物化表达式的共现关系，并以此建立类联接，在实际出现的语言表达式基础上抽象和提炼语法模式。可以说，这些名物化结构式也是具有抽象性、图式性、概括性的语言心智表征单位，符合构式的定义及特点。名物化构式由名物化标记和名物化表达式两部分构成，名物化标记是构式的核心，对整个构式的语法属性和语义突显起决定性作用。名物化表达式在构式中充当依存成分，对构式空位进行精细化描写。各表达式能否与 sự、việc 或 cuộc 组配，取决于它们之间的语义兼容情况。名物化标记 sự、việc 和 cuộc 由名词语法化而来，名词的词汇义对构式准入的名物化表达式的语义特征存在一定限制，从而对名物化表达式的句法形式存在一定选择性。

高航认为：“根据复杂程度和详细程度，名词化形式可构成一个等级[①]，光杆动词的名词化和小句的名词化分别处于该等级的两端。光杆动词的名词化凸显物化的事件类型，而小句的名词化凸显物化的事件实例。”[②] 因此可以说，在光杆动词到限定小句的连续统中，结构越复杂，信息越详细，事件越具体，越接近实例。

Việc 词义的多样性使其名物化的对象可以是抽象的事件类型，也可以是具体的事件实例，体现在句法形式上，既可以是最简单的光杆动词，也可以是最复杂的限定小句，且置于主谓结构、限定小句等名物化表达式之前，颇有充当先行词的意味。因此，可以认为 việc 的名物化功能最强。Sự 词义的概括性使其名物化的对象多为抽象的事件类型，体现在句法形式上，主要以光杆动词和述补结构为主，而将形容词名物化的功能，则是将“形容词的述谓义在语义平面转化为名物或事物”[③]，也就是将形容词表示的性质、状态转化为可以指称的实体。Cuộc 的词义比

---

① 根据文章内容，该等级为：光杆动词<被动结构<否定结构<动宾结构<动补结构<主谓结构<限定小句。

② 高航．认知语法框架下名物化的概念组织层面考察［J］．解放军外国语学院学报，2020（2）：72．

③ 高航．认知语法框架下名物化的概念组织层面考察［J］．解放军外国语学院学报，2020（2）：69．

较具体，对参与者、时间结构都有限定，其名物化的对象多为事件边界明晰、时间结构完整（包括比较明显的开始、续段和结束三要素）的光杆动词或述补结构。符合这一语义要求的动词种类较少，一旦进入以 cuộc 为核心的名物化构式，与 cuộc 共现的频数极高，容易固化为具有概括义的合成词，比如：cuộc chiến（战事）、cuộc chơi（游戏）、cuộc gọi（通话）、cuộc sống（生活）等。

六、结语

借助语料库真实语料和统计数据进行对比分析发现，越南语名物化标记 sự、việc、cuộc 的用法差异主要体现在名物化表达式复杂程度、搭配动词语义抽象程度两个方面。据此，可将名物化标记的选用原则归纳如下：（1）表达式越复杂，一般选用 việc；（2）对于简单表达式，如果搭配动词是及物动词，一般选用 việc；（3）对于简单表达式，如果搭配动词是不及物动词，需要考察动词的语义抽象程度，动词语义抽象，一般选用 sự，动词语义具体，一般选用 cuộc。

当然，基于语料库的分析、等距离抽样方法更多揭示了名物化标记与表达式、动词共现的概率和趋势。本研究使用的自建语料库规模有限、涉及语域单一，有待进一步完善。此外，如果能将搭配动词的语义抽象程度这一指标量化，将使研究结果更加精确。

参考文献

［1］高航．认知语法框架下名物化的概念组织层面考察［J］．解放军外国语学院学报，2020（2）：68—76，159—160．

［2］〔越〕胡明珠．汉、越标记性名词化现象对比研究［D］．南宁：广西民族大学硕士学位论文，2017．

［3］黄敏中，傅成劼．实用越南语语法［M］．北京：北京大学出版社，1997．

［4］李晓红．基于语料库的 EFFECT 搭配行为对比研究［J］．外语教学，2004（6）：21—24．

［5］梁远，祝仰修．现代越南语语法［M］．广州：世界图书出版广东有限公司，2019．

［6］陆军．基于语料库的学习者英语近义词搭配行为与语义韵研究［J］．现代外语，2010（3）：276—286，329—330．

［7］濮建忠．英语词汇教学中的类联接、搭配及词块［J］．外语教学与研究，2003（6）：438—445，481．

［8］束定芳．认知语义学［M］．上海：上海外语教育出版社，2008．

［9］卫乃兴．词语搭配的界定与研究体系［M］．上海：上海交通大学出版社，2002．

［10］卫乃兴．语义韵研究的一般方法［J］．外语教学与研究，2002（4）：300—307．

［11］许家金，熊文新．基于学习者英语语料的类联接研究概念、方法及例析［J］．外语电化教学，2009（3）：18—23．

［12］闫丹辉．对越南语“cuộc+动词”式名词结构的认知理解［J］．吉林广播电视大学学报，2011（8）：144，137．

［13］杨惠中．语料库语言学导论［M］．上海：上海外语教育出版社，2001．

［14］余江陵，马武林．汉英同情义近义名词语义韵对比研究［J］．外国语文，2022（1）：91—99．

［15］张继东，刘萍．基于语料库同义词辨析的一般方法［J］．解放军外国语学院学报，2005（6）：49—52，96．

［16］邹雨橙，胡素华．名物化研究评述［J］．解放军外国语学院学报，2021（5）：85—93．

［17］Đái Xuân Ninh. *Hoạt động của từ tiếng Việt* [M]. Hà Nội: NXB Khoa học xã hội, 1978.

［18］Đinh Văn Đức. *Ngữ pháp tiếng Việt: từ loại* [M]. Hà Nội: NXB Đại học và Trung học chuyên nghiệp, 1986.

［19］Hoàng Phê. *Từ điển Tiếng Việt* [M]. Hà Nội: NXB Đà Nẵng, 2015.

［20］Nguyễn Thị Bích Ngoan. *So sánh đối chiếu hiện tượng danh hóa động từ trong tiếng Việt và tiếng Anh* [J]. *Tạp chí Khoa học ĐHSP TPHCM*, 2013 (46): 13-22.

［21］Nguyễn Thị Thuận. *Danh hóa trong tiếng Việt hiện đại* [D]. Luận án tiến sĩ Đại học Khoa học Xã hội và Nhân văn, 2003.

泰语 hâj+Adj.与 dâj+Adj.意义的认知解释

南京工业大学浦江学院　卢鑫晖　刘 艳　Khumsat Teavakorn

【摘　要】泰语教学中，关于 hâj 与 dâj 副词化结构 hâj+Adj.与 dâj+Adj.意义的解释长期以来缺乏理据，传统的教学观无法为其提供明确的解释思路。本文运用认知语言学分析手段和操作模式，从分析 hâj 与 dâj 的原型意义出发，结合意象图式和概念隐喻理论，发现了 hâj 与 dâj 在[状态变化是位置变化]隐喻认知机制的驱动下，其原型空间位移意向图式从空间域映射至状态域，从而引申出表达状态的概念，其中，hâj 表示动作或者行为预期达到的状态，而 dâj 表示已经达到某种状态，有效地解释了 hâj+Adj.与 dâj+Adj.意义形成的认知过程，归纳总结出 hâj+Adj.与 dâj+Adj.形式和意义之间配对的理据，并以理据驱动教学，帮助学生加深对上述两个结构的理解，促进深度学习。

【关键词】认知语言学；意象图式；概念隐喻；泰语教学

一、引言

泰语教学中，hâj 与 dâj 为常见的高频词汇，均为多义词、多重功能词，可以与句中其他成分组合形成特定的语法结构。在过往研究中，大部分学者对 hâj 与 dâj 的探究主要围绕在句法和语义特征层面上，并将重点放在使役结构 hâj+NP+VP（Jung，2003、2018）、完成时态 dâj+VP（Jung，2005）上，而对于 hâj 与 dâj 置于形容词前将形容词副词化的语法结构 hâj+Adj.与 dâj+Adj.在句法和语义上的关联性并没给予合理的解释（Jung，2002），也就是说上述两个看上去互不关联的两个词汇在语法化过程中，却形成了结构一致、语义相似的两种语法结构，如例句（1）与例句（2），hâj 与 dâj 置于形容词 rîaprɔ́:j 前，将其副词化后修饰前面的动词词组 càt hɔ̂:ŋ，虽然它们在句法结构上表现出了一致性，但是其表达的深层含义却有所不同。

（1）chán　cà?　càt　hɔ̂:ŋ　***hâj***　rîaprɔ́:j　我要把房间整理干净。

　　我　（助动词）　整理　房间　***hâj***　干净

（2）chán　càt　hɔ̂:ŋ　***dâj***　rîaprɔ́:j　我把房间整理干净了。

　　我　整理　房间　***dâj***　干净

在传统泰语语法教学中，针对例句（1）hâj+Adj.与例句（2）dâj+Adj.意义与用法的讲解局限于语言形式上的差异，针对“为什么会在这种情况下使用 hâj 与 dâj?”这一问题却无法给予合理解释。因此，传统教学中对 hâj+Adj.与 dâj+Adj.的解释仅仅停留在结合注释讲解例句，归纳总结的阶段。这种教学方式明显存在着一定的弊端，导致学生对上述语言现象的理解只能依靠死记硬背，不便于学生理解与记忆，学生对上述两句话中 hâj 与 dâj 的使用也是知其然，而不知其所以然，难免会产生错误。Taylor（2008）认为，为了使学习过程变得有据可循，促进深层理解和记忆，关键在于对语言本质与结构的认识。认知语言学相关理论突破对语言本质与结构的认识提供了新手段和新角度。

认知语言学认为语言反映了人对现实世界的认知过程和认知结果，人们观察世界、体验世界的角度、方式不同，形成了不同的认知结构和概念化体系（文秋芳，2013），也就是说认知结构上的差异导致学生无法摆脱固化的认知结构，对泰语本质与结构的认识造成了一定的阻碍。认知语言学理论的应用就能在一定程度上消除这种障碍，为改变传统外语教学理念提供了可行性，能为一些相对困惑的语言现象做出合理的解释，提供了理据。Littlemore（2009）指出认知语言学指导下的外语教学倡导探索形式和意义之间建立起联系的理据，寻找规律，比传统的教学方式更加能拉进形式与意义之间的关系。

本文将在认知语言学相关理论框架内，对 hâj 与 dâj 副词化结构 hâj+Adj.与 dâj+Adj.意义给予合理的解释，以理据驱动教学。拟从 hâj 与 dâj 的原型意义出发，结合意象图式和概念隐喻理论探究 hâj+Adj.与 dâj+Adj.的隐喻化过程，找出形式与意义之间配对的理据，在帮助学生加深对上述两个结构的理解、促进深度学习，提高记忆和学习效果的同时，以本文为切入口尝试将认知语言学教学观运用于泰语教学，为泰语教学提供另一种可行的思路与途径，形成“一种比单纯记忆更自然和有趣的过程”（Langacker，2008：15）。

二、hâj+Adj.与 dâj+Adj.意义的认知解释

本文将在认知语言学框架内，运用意象图式和概念隐喻对 hâj+Adj.与 dâj+Adj.意义给予合理解释，了解 hâj+Adj.与 dâj+Adj.结构中 hâj 与 dâj 之间的相互联系，揭示意义生成的内部认知机制，找出内在规律，有助于学生更好地理解和记忆。

意象图式指日常生活中，人类与外界互相作用的过程中反复出现的表达容器、途径、空间关系等的认知结构。它是人类在对客观世界的身体体验和感知的基础上形成的。人们通过图式把抽象概念和具体意象结构联系起来（李福印，2007）。这样有利于范畴的构建、概念的形成、隐喻的分析、意义的解释、逻辑的推理（王寅，2007）。而概念隐喻是从一个比较熟悉、易于理解的、具体的始源域映射到一个不熟悉、较难理解的、抽象的目的域，从而认知和理解目的域。文秋芳（2013）指出，意象图式与概念隐喻之间有着密切的关系，隐喻中的始源域能够映射到目的域是因为始源域与目的域具有相似性，并且人们借助这一相似性，通过意象图式把具体的、容易理解的始源域映射到抽象的、难理解的目的域上，从而理解和掌握目

标域。

（一）hâj 与 dâj 原型义项

要进一步探究 hâj+Adj.与 dâj+Adj.意义的形成，首先要从 hâj 与 dâj 原型意义出发。基于原型范畴理论，hâj 与 dâj 作为多义词，它们的语义结构是以原型意义为中心的范畴，有原型意义与边缘意义之分。原型意义被认为是语义范畴中最具有代表性的，是泰语母语者首先认知的，其他意义以原型意义为认知参照点，运用意象图式，通过概念隐喻、概念转喻等认知模式，以家族相似性或相邻性不断向外扩展和延伸。hâj 与 dâj 原型意义的确定是理解 hâj+Adj.与 dâj+Adj.意义形成的基础。泰国皇家学术院泰语词典（2015 年版）对 hâj 与 dâj 的基本义项释义如下：

hâj: mɔ̂ːp“给”

dâj: ráp rɯ̌ː tòk maː pen khɔ̌ːŋ ton ʔeːŋ“接受或者成为自己的东西”

基于基本义项的阐述可知，hâj 与 dâj 的原型意义所表达的概念是：“所有物所有权转移，即所有物在原所有主范围和所有主范围之间的空间位移。”Kim（2021）指出，所有概念具有空间性，所有物必须存在于所有主范围内所有关系才得以成立，在领域内所有主可以对所有行使所有权，因此，谈到所有概念必须要考虑空间性。所以，hâj 与 dâj 的所有概念可以通过空间位移意向图式来展现。此外，我们认为，hâj 与 dâj 实际上是同一个场景内前后相互衔接的两个事件，我们可以借助同一个空间位移意象图式表达 hâj 与 dâj 的原型意义。如图 1 所示，该意象图式包含的构成元素有：LM1 指代原所有主范围、LM2 指代所有主范围、TR 指代所有物以及箭头（→）表示所有物所有权转移路径，此外，TR 是否能够向 LM2 位移还取决于原所有主是否向 TR 施加一定的力（Agent’s Force）。

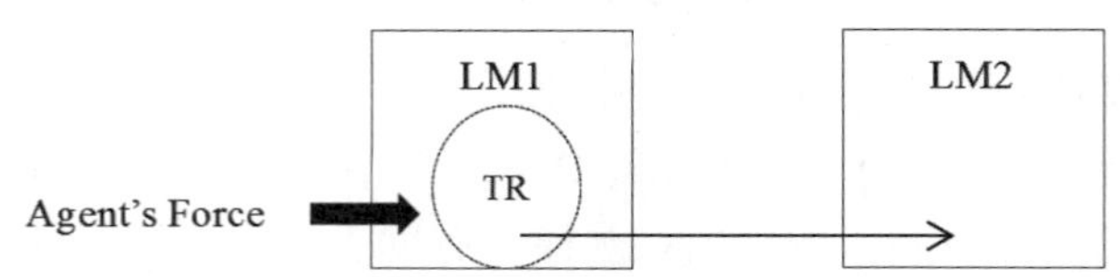

图 1　hâj 与 dâj 原型空间位移图式

接下来，我们来探讨一下所有物所有权转移的场景内作为认知主体的话者是如何选择性使用 hâj 与 dâj 作为语言表达形式的。借助注意视窗开启（Windowing of Attention）理论，认知主体可以对该场景选择不同的注意的视窗开启（Windowing）模式，也就是说，所指场景的一个或多个部分会被置于注意的前景位置并给予最大的关注，而余下的场景被置于背景位置（Talmy，2000）。我们在表达这种认知过程的最基本方式就是在句子中用词语把前景部分显化，把背景部分隐现，这便是导致话者可以选择性使用 hâj 与 dâj 这两种语言表达形式的原因。

我们具体来看下 hâj 与 dâj 的情况。在同一所指场景下，当认知主体选择位移的起点，即原所有主的范围和所有权转移的路径并给予最大注意视窗时，原所有主范围（LM1）、所有物（TR）以及路径将会被视窗开启并被置于前景位置，而 LM2 将被置于背景位置，如图 2 所示。

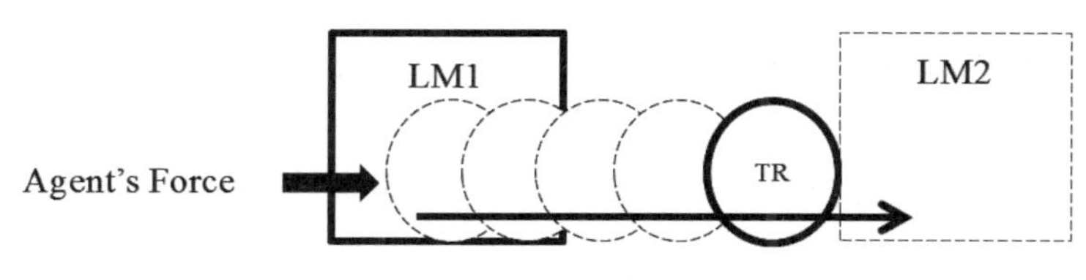

图 2　hâj 概念的视窗开启

（3）kháw ***hâj*** năŋsɯ̌: pha:sa:ʔaŋkrit kæ̀: chán 他给我英语书。
　　他　给　书　英语　（介词）　我

例句（3）中描述了“他”向“书（TR）”施加一定的力致使“书（TR）”从“他的所有范围（LM1）”向“我的所有的范围（LM2）”位移，但是并不能确认“书（TR）”是否已经到达“我所有的范围（LM2）”，是否成为所有主“我”的所有物，但是“书（TR）”的最终目的是到达“我所有的范围（LM2）”，成为“我”的所有物。在同一场景下，认知主体选择“他”“他与我之间所有物所有权转移路径”以及“书”并给予最大注意视窗。因此，认知主体选择性使用 hâj 作为语言表达形式。

同样，在同一所指场景下，当认知主体选择位移的终点，即所有主范围和所有权转移的路径并给予最大注意视窗时，所有主范围（LM2）、所有物（TR）以及所有权转移的路径将会被视窗开启并被置于前景位置，而 LM1 将被置于背景位置，如图 3 所示。

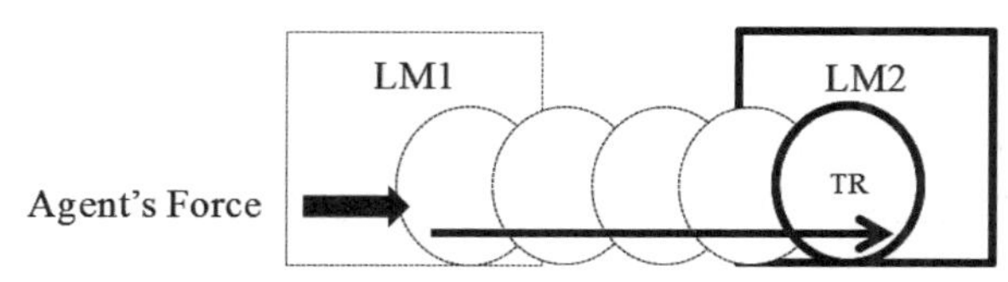

图 3　dâj 概念的视窗开启

（4）chán ***dâj*** năŋsɯ̌: pha:sa:ʔaŋkrit cà:k kháw 我从他那边得到英语书。
　　我　得到　书　英语　（介词）　他

例句（4）中也描述了“我”向“书（TR）”施加一定的力致使“书（TR）”从“原所有主所有范围（LM1）”向“所有主所有范围（LM2）”位移，但是能够确定“书（TR）”已经位移至“所有主所有范围（LM2）”，成为“我”的所有物。在同一场景下，认知主体选择“我”“他与我之间所有物所有权转移路径”以及

“书”并给予最大注意视窗，因此，认知主体选择使用 dâj 作为语言表达形式。

综上所述，作者认为，hâj 与 dâj 本质上是同一个所有物所有权转移的场景内相互衔接的两个事件，即 dâj 的发生需要前一阶段的 hâj 铺垫，也就说原所有者会自发、主动地向所有物施加一定的力，使所有物从原所有主范围位移至所有主范围。但是，在语言的表达形式上，认知主体可以在同一场景选择性视窗开启，进行前景和背景的置换，选择不同模式完成视窗开启，导致出现 hâj 与 dâj 两种不一样的语言表达形式。在原型意义的基础上，所有物所有权转移的空间位移意象图式各构成要素在概念隐喻认知机制的作用下空间域被映射到较为抽象的状态域。

（二）hâj+Adj.与 dâj+Adj.隐喻化过程

基于以上关于 hâj 与 dâj 的原型意义的讨论，我们将进一步讨论 hâj+Adj.与 dâj+Adj.表状态概念形成过程中隐喻认知过程。Lakoff（1987）认为，人类是基于一种意象图式来理解位移，意象图式的结构要素包括起点（source）、路径（path）、终点（goal）和方向（direction）。因此，空间位移沿途径向前或向后运动，可以映射到状态变化上。这涉及将空间位移途径映射到状态变化的各个阶段，具体如下：

源域（source domain） ⇒ 目标域（target domain）
起点（source） ⇒ 初始状态（Initial state）
途径（path） ⇒ 变化（transition）
目标（goal） ⇒ 最终状态（final state）
空间位移图式（motion schema） ⇒ 状态变化过程（state change process）

此外，Lakoff（1987）在概念隐喻 STATES ARE LOCATIONS（状态是位置）的基础上提出 A CHANGE OF STATE IS A CHANGE OF LOCATION（状态变化是位置变化）的合成隐喻，认知主体通过空间位移过程中位置的变化来理解状态的变化，因此，话者通常会使用运动或空间位置变化词汇来表达状态的变化。

比如，泰语里比较典型的位移动词 paj（去）被置于状态动词（形容词）后，语义发生改变，认知域从空间映射到状态（Park，2012），例如：

（5）khun bâ: paj lǽ:w 你疯了。

你 疯 去 了

Park（2012）指出 paj（去）在 A CHANGE OF STATE IS A CHANGE OF LOCATION（状态变化是位置变化）概念隐喻认知机制的作用下发生语义扩张，可以利用意象图式（图 4）解释。

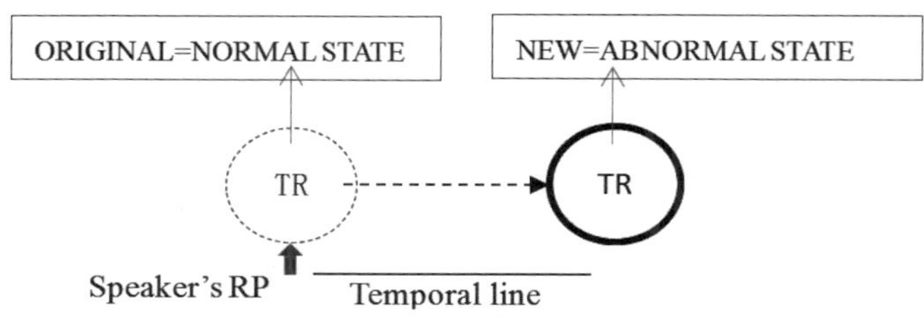

图 4　paj 表状态变化意象图式（Park，2012：172）

如图 4 所示，TR 的原先的位置指代的是初始状态，当 TR 发生位移时，位置发生变化，状态也发生改变。例句 khun bâ: paj lǽ:w（你疯了）中，话者的参照点（RP）是“疯之前”的初始状态，通过使用位移动词 paj（去），TR 发生位移，渐渐远离话者，前往一个最终状态，既“发疯了”。Park（2012）关于 Adj.+Paj 的相关研究对接下来探讨 hâj+Adj.与 dâj+Adj.状态概念形成原因起了一定的启示作用。

1. hâj+Adj.的认知解释

前面我们将 hâj 在同一个所有物所有权转移的场景内所有主向所有物（TR）施加一定的力致使所有物（TR）从原所有主所有范围（LM1）出发，通过原所有主与所有主之间的所有权转移路径，向所有主所有范围（LM2）位移的场面。需要注意的是，我们没办法确认所有物（TR）是否已经到达所有主所有范围（LM2），是否成为所有主的所有物，但是所有物（TR）的最终目的是到达所有主所有范围（LM2），成为所有主的所有物。在原型意义的基础上，受到 STATES ARE LOCATIONS、A CHANGE OF STATE IS A CHANGE OF LOCATION 等概念隐喻认知机制的影响，LM1 与 LM2 映射到状态域，LM1 为原始状态，而 LM2 为最终状态，具体如图 5 所示。

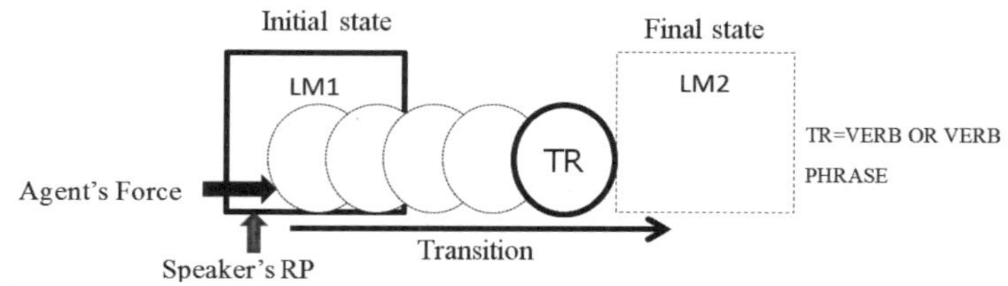

图 5　hâj+Adj.表状态概念意象图式

如图 5 所示，为了达到某种状态，TR 受到外部施加的力，有意识、有目的[①]

① Jung（2002）从句法特征和语义性质上对泰语/tham/、/hâj /以及/thamhâj/进行了对比研究，其中，关于/hâj/的语义特性，他认为该使役动词具有意图性、目的性，行为人有意图、有目的地做某件事情时会使用到/hâj/。

地从原始状态（LM1）出发，沿着变化（transition）路径发生状态变化，但是尚未达到最终预期状态（LM2），处于变化过程中。

这边需要注意的是 TR 指代的是句子中的动词或者动词词组（TR=VERB OR VERB PHRASE），即动词或者动词词组所指代的行为或者动作。当 TR 发生位移时，行为或动作所处的状态将逐步发生改变。从语言形式来看，V./VP.+hâj+Adj.结构中的形容词指代 LM2，即 TR 要达到的最终状态，话者发话的时间节点亦是 TR 现在所处的状态，TR 发生变化之前的原始状态。接下来我们将结合例句分析上述概念形成的理据性。

（6）chán　càʔ　càt　hɔ̂ːŋ　***hâj***　rîaprɔ́ːj 我将房间整理干净。

我　（助动词）　整理　房间　*hâj*　干净

（7）mâj　hǐw　kɔ̂ʔ　tɔ̂ːŋ　thaːn　***hâj***　mòt 不饿也必须吃完。

（否定词）　饿　（连词）　（助动词）　吃　*hâj*　完

（8）kòːn　tàk sǐn caj　tɔ̂ːŋ　khít　***hâj***　thìː thûan 下决心之前，必须仔细地思考。

（连词）　下决心　（助动词）　思考 *hâj*　仔细

上述例句均表示前面动词或者动词词组所指代行为或者动作要达到的状态，强调尚未达到预期状态，处于状态变化的过程中。

结合意象图式可知，以话者发话的时间点作为参照点，即 TR 所处的状态（LM1），例句（6）可以推测是“凌乱、杂乱无章、不整洁”的原始状态（LM1），例句（7）可以推测是“剩余”的原始状态（LM1），例句（8）指的是“尚未周密或仔细”的原始状态（LM1）。***hâj*** rîaprɔ́ːj、***hâj*** mòt、***hâj*** thìː thûan 后面的形容词指预期要达到的最终状态，即例句（6）干净（LM2）、例句（7）完（LM2）和例句（8）仔细（LM2）。TR 为了达到 LM2 所指的最终状态，TR 有意识地、有目的性地沿着变化路径发生状态变化，但是尚未达到最终预期状态，处于变化过程中。因此，在语言形式上，hâj 可以与表将来助动词 càʔ、表义务情态动词 tɔ̂ːŋ 连用。

综上所述，hâj+Adj.表状态概念的形成是结合空间位移意象图式和意象图式内部各要素与状态域内各要素之间的映射而形成。

2. dâj+Adj.的认知解释

前面我们提到 dâj 在同一所指场景下，认知主体选择位移的终点和途径并给予最大注意视窗时，所有主所有范围（LM2）、所有物（TR）以及原所有主与所有主之间的所有权转移路径将会被视窗开启并被置于前景位置，而原所有主所有范围（LM1）将被置于背景位置。所有物（TR）从原所有主范围（LM1）出发，通过原所有主与所有主之间的所有权转移路径，向所有主所有范围（LM2）位移的场面与 hâj 一致。唯一与 hâj 不同的是，能够确定 TR 已经位移至 LM2 范围内，成为所有主的所有物。在概念隐喻 STATES ARE LOCATIONS、A CHANGE OF STATE IS A

CHANGE OF LOCATION 作用下，LM1 与 LM2 映射到状态，LM1 为原始状态，而 LM2 为最终状态。具体如图 6 所示。

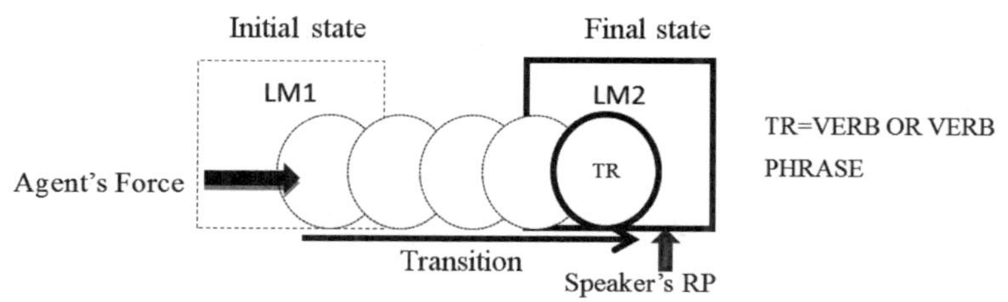

图 6　dâj+Adj.表状态概念意象图式

如图 6 所示，TR 受到行为人施加的力使其从原始状态（LM1）出发有意识、有目的性地沿着变化途径发生状态变化，最后到达了预期的最终状态（LM2），到达最终状态（LM2）的前提条件是 TR 通过前一阶段递进式的变化。从语言表达形式来看，dâj 与 hâj 一样，TR 指代句子中的动词或者动词词组，即所指代的行为或动作，而行为人施加的力指代句子中的主语。dâj+Adj.结构中的形容词指代 LM2，也就是最终状态，处于视窗开启的状态，而 LM1 指原始状态，处于视窗闭合的状态，并以话者发话的时间点作为参照点，也就是 TR 已经达到预期最终状态（LM2）。接下来我们将结合例句分析上述概念形成的理据性。

（9）chán　càt　hɔ̂:ŋ　***dâj***　rîaprɔ́:j 我把房间整理干净了。

　　我　整理　房间　*dâj*　干净

（10）tæ̀:láʔ　múu:　kháw　kinkhâ:w　***dâj***　jɤ́ʔ 每一餐他吃很多饭。

　　每　餐　他　吃饭　*dâj*　多

结合意象图式可知，以话者发话的时间点作为参照点，可知 LM2 指的是“干净”“多”的最终状态，TR 指代的是“整理房间”“吃饭”，该行为在主语“我”“他”施加力的推动下，向从原始状态（LM1=“不整洁、不干净”“不多”）出发发生递进式变化，最后处于“干净”“多”的状态。由于 dâj 的这种隐含性质，因此，dâj+Adj.不可以与表将来助动词 càʔ、表义务情态动词 tɔ̂:ŋ 等连用，在语义上具有一定的制约，也是教学中经常会遇到的难点问题。如下所示：

chán càʔ càt hɔ̂:ŋ ***dâj*** rîaprɔ́:j (X)

chán càʔ càt hɔ̂:ŋ ***hâj*** rîaprɔ́:j (√)

chán tɔ̂:ŋ càt hɔ̂:ŋ ***dâj*** rîaprɔ́:j (X)

chán tɔ̂:ŋ càt hɔ̂:ŋ ***hâj*** rîaprɔ́:j (√)

另外，dâj 本身隐含着动作已经完成意义，因此，严格上来说也不适合与表示动作完成的后置助动词 lǽ:w 连用，比如：

chán càʔ càt hɔ̂:ŋ ***dâj*** rîaprɔ́:jlǽ:w (X)

综上所述，dâj+Adj.表状态概念的形成是基于空间位移意象图式及意象图式内部各要素与状态域内各要素之间的映射而形成，需要区分 hâj+Adj.与 dâj+Adj.表示状态时的差异。hâj+Adj.强调预期要达到的状态，而 dâj+Adj.强调已经处于某种状态。因此，它们在与部分助动词或情态动词连用时具有一定局限性。

三、hâj+Adj.与 dâj+Adj.教学方法探究

hâj+Adj.与 dâj+Adj.是泰语教学的难点。按照传统的教学方式，由于其结构无法在汉语中找到相对应的类似结构，学生对该结构的用法也是知其然，而不知其所以然，无法和 hâj 与 dâj 基本义项联系在一起。大部分情况下，教师会要求学生死记硬背该类结构用法，耗时且效率低下，挫伤了学生的学习积极性。另外，在传统语言学观念的影响下，绝大多数教师都会认为 hâj 与 dâj 和 hâj+Adj.与 dâj+Adj.之间的关系是约定俗成的，语言形式与意义之间配对无任何理据可言。因此，教师只能单个地教授、学生单个地学，没有任何捷径可走。

此外，学生已养成的注意习惯使自身注意不到泰语与母语的不同之处，因此完全依靠自上而下进行归纳、概括的方法无法高效地习得泰语。因此，教学过程中，学生必须要摆脱汉语迁移的负面影响，克服汉语的识解习惯，学习泰语母语者的识解方式。文秋芳（2013）提出，需要通过显性教学中的解释、对比等方式，明确指出二语同母语的形式差别，以及二语识解的不同特点。相比其他语言观，认知语言学提供了目前最为准确、系统和完善的语言模型，能够帮助教师更好地进行显性教学（Tyler，2008）。

关于认知语言学运用于外语教学的有效性，Condon（2008）基于认知语言学的外语教学观，研究了母语为法语的大学生英语短语动词的习得情况，讲解动词短语形式与意义之间配对的理据的学生习得短语动词时要明显优于传统外语教学法的学生。该项研究表明，采用认知语言学教学法一定程度上能提高学习效率。如何在外语教学中采用认知语言学的外语教学观，Littlemore（2009）指出利用图式来帮助学习者体会情态动词、介词的意象图式，分析对比认知理据（隐喻和转喻等），培养学习者注意语言中的各种概念隐喻和转喻现象的习惯等。

因此，我们在讲解 hâj+Adj.与 dâj+Adj.的用法和差异时，可以尝试使用 Littlemore 提出的教学方式，借助意象图式开展基于概念隐喻的教学。教师通过意象图式解释意义隐喻化的过程，让学生找 hâj 和 dâj.与 hâj+Adj.和 dâj+Adj.之间的联系，可以提高长期记忆和该类结构的习得效果。首先，根据 hâj 与 dâj.所表达的原型意义展示空间位移意象图式，讲解 hâj 与 dâj.用法以及意义之间的细微差异，以便帮助学生理解 hâj+Adj.与 dâj+Adj.结构隐含的意义，帮助学生更深层次地学习。然后，基于概念隐喻，解释 hâj 与 dâj.如何被映射到状态域上。最后，请学生根据讲解的内容，讲解说明下列句子的不同意义。具体如下：

1. 整理用法，发现区别：教师首先给出下列四个句子，让学生根据注解尝试理

解句子中 hâj 与 dâj.之间用法以及意义的差异。

1）ผมให้เงินแก่เขา

2）เขาได้เงินจากผม

3）เขาควรอ่านออกเสียงภาษาไทยให้ชัดเจนหน่อย

4）เขาอ่านออกเสียงภาษาไทยได้ชัดเจนมาก

2. 理解原型意义：讲解 hâj 与 dâj. 的原型意义（“所有物所有权转移，即所有物在原所有主范围和所有主范围之间的空间位移”），然后利用 PPT 展示原型空间位移图式，接下来教师结合具体的例子来巩固学生对原型意义的理解。

3. 根据概念隐喻理论，推导 hâj+Adj. 与 dâj+Adj. 表状态意义的形成：根据上面讲到的原型意思，教师通过意象图式逐一展现 hâj+Adj. 和 dâj+Adj. 与 hâj 和 dâj. 之间的内在联系。

4. 重新理解例句 3）与 4）巩固对该知识点的理解。

四、结语

以上我们结合理论与例句系统地探讨了泰语 hâj+Adj.和 dâj+Adj.意义的认知解释及其教学方式。

首先，我们探讨了 hâj 与 dâj 原型意义，发现它们本质上属于同一场景内所有物所有权转移，即所有物在原所有主范围和所有主范围之间的空间位移，这点与 Kim（2021）观点一致，所有概念基于空间概念息息相关，在探讨所有概念时不可避免考虑到空间性的问题。此外，基于原型意义，我们将 hâj 与 dâj 所表达的概念是一个衔接整体，也就说原所有者会自发、主动地向所有物施加一定的力，使所有物移动至所有主所有范围。此外，在语言的表达形式上，认知主体可以在同一场景选择性视窗开启，进行前景和背景的置换，选择不同模式完成注意的是视窗开启，话者可以选择性使用 hâj 或 dâj 两种不一样的语言表达形式，两者之间有着密切的关系。

其次，我们基于 hâj 与 dâj 原型意义，采用概念隐喻理论探讨了 hâj 与 dâj 表达状态意义的认知解释。例句 chán càʔ càt hɔ̂ːŋ ***hâj*** rîaprɔ́ːj 与 chán càt hɔ̂ːŋ ***dâj*** rîaprɔ́ːj 中的也是事件发生前后相互衔接的两个概念，基于合成隐喻 A CHANGE OF STATE IS A CHANGE OF LOCATION（状态变化是位置变化），hâj 与 dâj 意象图式从空间域映射至状态域，因此，引申出表达状态的概念。需要注意的是 hâj 仅表示动作或者行为预期达到的状态，而 dâj 表示已经处于某种状态，但是 dâj 概念的形成需要 hâj 做前提铺垫。

最后，为了寻求更有效的教学方式，采纳 Littlemore 所提出的教学方式，利用图式来帮助学习者体会 hâj 与 dâj 意象图式，分析隐喻含义，培养学习者注意语言中的各种概念隐喻习惯等。

认知语言学发展至今，为许多语言现象提供了理据，改变了传统外语教学模式，为教学理念与方式的改革提供了可能性。但是，认知语言学运用到外语教学还存在一些局限性，比如，讲解需要涉及较多的专业术语，耗时较多也可能会产生负面的效果。

参考文献

［1］李福印．意象图式理论［J］．四川外语学院学报，2007，23（1）：6．

［2］王寅．认知语法概论［M］．上海：上海教育出版社，2007．

［3］文秋芳．认知语言学与二语教学［M］．北京：外语教学与研究出版社，2013．

［4］Condon N. *Cognitive Linguistics and learning phrasal Verbs* [G]// Boers F, Lindstromberg S. *Cognitive Linguistics Approaches to Teaching Vocabulary and Phraseology*. Berlin / New York: Mouton de Gruter, 2008.

［5］Jung Hwan Seung. *Modern Thai Grammar* [M]. Seoul: Samji Books, 2002.

［6］Jung Hwan Seung. *A Study on the Structural Characteristics of Causative Expression in Thai* [J]. *Studies in Foreign Language Education*, 2003, 17: 1–32.

［7］Jung Hwan Seung. *A Study on the Structure of Verb Phrases in Thai* [J]. *Southeast Asia Review*, 2005, 15 (2): 223–257.

［8］Jung Hwan Seung. *A Study on the Combination of /tham/ and /haj/ in Thai* [J]. *Southeast Asia Journal*, 2018, 27 (3): 1–32.

［9］Kim Ji Won. *Eine Analyse des Possession-Frames und der Possessivkonstrukionen* [J]. *Zeitschrift der Koreanischen Gesellschaft fuer Deutsche Sprachwissenschaft*, 2021, 44 (2): 51–68.

［10］Lakoff G. *Women, Fire and Dangerous Things: What Categories Reveal about the Mind* [M]. Chicago: University of Chicago Press, 1987.

［11］Langacker R W. *Cognitive Grammar: A Basic Introduction* [M]. Oxford: Oxford University Press, 2008.

［12］Littlemore J. *Applying Cognitive Linguistics to Second Language Learning and Teaching* [M]. New York: Palgrave Macmillan, 2009.

［13］Park Kyung Eun. *Grammaticalization of /gada/ in Korean in comparison to /paj/ in Thai* [J]. *Journal of Korean Association of Thai Studies*, 2012, 18 (2): 147 –180.

［14］Taylor J R. *Some Pedagogical implications of cognitive linguistic* [G]// de Knop S, de Rycker T. *Cognitive Approaches to Pedagogical Grammar-A Volume in honour of René Dirven (37-66)*. Berlin / New York: Mouton de Gruyter, 2008.

［15］Talmy L. *Towards a Cognitive Semantics, Volume I: Concept Structuring*

Systems [M]. Cambridge: MIT Press, 2000.

［16］Tyler A. *Cognitive Linguistics and Second Language Instruction* [C]// Robinson P, Ellis N C. *Handbook of Cognitive Linguistics and Second Language Acquisition (456–88).* New York / London: Routledge, 2008.

高棉语梵源词借用机制论考

信息工程大学　郑军军

【摘　要】梵源词是最早进入高棉语的异质成分，且在互动式顺应受语的历史流变中发展为高棉语的主体性词汇类型之一。基于公元4—14世纪碑铭的梵源词考释，在一定程度上还原了高棉语梵源词的借用机制：在借用动机和指向上，高棉语借用梵源词是以完善语言系统、强调梵语文化身份为主导的不平等接触，因而其借用指向为填补语义场空缺的梵源词；在借用路径与方式上，梵源词汇随着柬印文化的深度接触，主要以形译方式输入高棉语中；文字系统间的发生学关系以及高棉语和梵语间的语音相关性则构成高棉语梵源词的形译理据。

【关键词】高棉语；柬埔寨；梵源词

一种语言本身是一个独立的系统，但并非孤立、封闭的系统，因为“没有任何证据可以表明某个语言是在完全孤立于其他语言的情形下发展起来的”[①]。正如美国语言学家爱德华·萨丕尔（Edward Sapir）所言：“语言，像文化一样，很少是自给自足的。交际的需要使说一种语言的人和说邻近语言的或文化上占优势的语言的人发生直接或间接接触。”[②]因此，一部人类的历史也可谓是一部人类语言接触史。尤其在不同语言具有明显强弱之别，以及人类的互动愈加便捷的情况下，语言接触也随之越发频繁和深入。

高棉语[③]便是在与其他语言接触的过程中不断发展变化的。与高棉语最早发生接触的语言是梵语。早在公元1世纪，即柬埔寨历史上最早期的国家扶南王国建立之初，随着印度文化在柬埔寨的传播，高棉语便与梵语发生接触。受语高棉语因其灵活性、包容性、内化能力随之吸收了大量梵源词，具有异质性、变异性和商讨性的梵源词在互动式顺应高棉语的历史流变中逐渐发展为高棉语的主体性词汇类型之一。

---

① Sarah T. *Contact as a Source of Language Change* [M]// Joseph B D, Janda R D. *The Handbook of Historical Linguistics*. Oxford: Blackwell Publishing, 2003.

②〔美〕爱德华·萨丕尔．语言论［M］．陆卓元，译．北京：商务印书馆，1985：173．

③ 高棉语，柬埔寨主体民族高棉族的民族语言和柬埔寨王国官方语言。高棉语属南亚语系孟-高棉语族，是孟-高棉语族中最早有书面语言记载的语言，其起源与高棉族的形成紧密相关。

一、高棉语借用梵源词的动机和指向

高棉语对梵源词汇的借用始于高棉语和梵语接触阶段。在该阶段，高棉语和梵语产生接触但尚未发生借用，主要涉及借用动机及指向。

（一）借用动机

关于借用动机，西方主流观点认为，借用引发于以社会因素为主导的语言间不平等接触，强调弱势语言向强势语言借用。尤里埃尔·怀恩莱希（U. Weinreich）从语言内部因素将其概括为“需要论”，从语言外部因素将其概括为“声望论”。前者表示，借用是语言系统需要某些特定词语来指称新事物；后者表示，使用者很可能从某种公认为有“声望”的语言中加以借用，以彰显个人学识和社会地位。[①]豪根（E. Haugen）则将上述观点进一步阐释为：弱势语言向强势语言的借用是附着社会地位和社会名望的借用，反之则为必须借用。[②]

安德森（Andersen）认为，语言借用的动机常常是创新、标记性、时髦和新颖性，而随着其使用频率的增加，借用项逐渐成为主流语言的一部分，这些动机就会逐渐减弱。[③]奥尼斯科（Onysko）和温特-弗罗梅尔（Winter-Froemel）考察了远程接触环境下词汇借用的语用动机，包括奉承、侮辱、遮掩、禁忌/情绪标记、名望/时髦、世界变化/新命名的需要等和语言创新有关的因素。[④]由此表明词汇借用具有特定的文体和语用作用，可将其解释为借词与受语中的近似——近义词竞争时选择某一借词的动机。

语言系统内部存在借用的潜在机制，即语言接触中的“词汇空缺”。在高棉语和梵语的接触史中，高棉语相比梵语而言属相对原生态的弱势语言，因而其借用动因主要为“必须借用”，即填补高棉语词汇缺项。此外，强调梵源词内含的古印度文化身份是高棉语借用梵源词的社会和心理动因。例如，印度文化在扶南[⑤]的广泛传播直接推动梵语传入扶南，与当地语言高棉语并行使用：平民百姓仍操高棉语，梵语作为官方语言被贵族官僚使用，成为高贵身份的象征。并且在扶南王室及精英阶层的名号中也有许多梵源词。例如，继㤭陈如之后的扶南国王的名号中都带有

---

① Weinreich U. *Languages in Contact: Findings and Problems* [M]. The Hague: Mouton, 1953: 57.

② Haugen E. *Bilingualism in the Americas: A Bibliography and Research Guide* [M]. Tuscaloosa: University of Alabama Press, 1956: 210.

③ Andersen G. *A Corpus Study of Pragmatic Adaptation: The Case of the Anglicism [jobb] in Norwegian* [J]. *Journal of Pragmatics*, 2017 (7): 127-129.

④ Onysko A, Winter-Froemel E. *Necessary Loans-Luxury Loans? Exploring the Pragmatic Dimension of Borrowing* [J]. *Journal of Pragmatics*, 2011 (6): 1550-1567.

⑤ 扶南，柬埔寨历史上最早期的国家。

“វរ្ម័ន 跋摩”一词，即 គុណវរ្ម័ន（峙利陀跋摩）、ជ័យវរ្ម័ន（阇耶跋摩）、រុទ្រវរ្ម័ន（留陀跋摩）。“វរ្ម័ន 跋摩”一词便是源自梵语词“Varman”，意为“受婆罗门教的毗湿奴（保护之神）和湿婆（再生之神）保护的国王”。

梵语承载的古印度文化传播到高棉大地后，高棉民族体验到的是一种全新的宗教文化，它蕴含了丰富的智慧和哲理，它对宇宙的阐释、对人生的洞察，对人性的反思、对概念的分析等都有十分独特而深刻的见解。例如，在吴哥王朝时期，“高棉人的首领们得到的外部世界的消息是关于印度教诸神、印度教和佛教的各种形式的祈祷以及政治空间的宇宙论概念，这些消息都是用梵语讲述的。”① 高棉人需要用语言来表达他们接触到的这种全新的宗教文化，由于高棉语本族语词汇的空缺，他们只好借用梵语词加以表述，从而使高棉语词汇体系中出现了大量的梵源词。

（二）借用指向

接触语言学家托马森（Thomason）认为，只要有足够的社会压力，便可忽略语言内部结构限制去借用任何语言成分，并无具体借用倾向。② 之所以得此观点，是由于这些西方学者关注的语言接触区域多为近代曾遭受过西方殖民统治的国家和地区。桑考夫（Sankoff）就曾指出：“引发语言学家兴趣的接触现象主要源于两种社会过程：征服和移民。”③ 在西方殖民者语言的强烈冲击下，前殖民地区的语言有的发生极端演变甚至消失。然而，高棉语与梵语间的关系没有殖民属性，所以西方学者基于前殖民地语言借用现象所建立的某些借用论不适用于高棉语梵源词的借用指向情况。

借用动机决定借用指向。高棉语对梵源词汇的借用是以完善语言系统为导向的补缺借用，其借用指向为填补词汇空缺的梵源词。在高棉语和梵语接触阶段，高棉语补缺语义场主要为宗教、建筑与雕刻艺术、文学等领域，因此它们成为梵源词的重点借用指向。这可从公元 4—14 世纪 123 块代表性碑铭中得到佐证。

表 1　高棉语梵源词借用指向示例表

梵源词	释义	借用指向	析出碑铭
វិស្ណុ	毗湿奴	宗教	K.235 碑铭
សិវៈ	湿婆	宗教	K.580 碑铭

---

①〔新西兰〕尼古拉斯·塔林．剑桥东南亚史 I［M］．贺圣达，陈明华，俞亚克，等译．昆明：云南人民出版社，2003：129．

② Thomason S. *Language contact: an introduction* [M]. Edinburgh: Edinburgh University Press, 2001: 11.

③ Chambers J K, Natalie Schilling. *The handbook of language variation and change* [M]. 2nd ed. Oxford: Wiley-Blackwell, 2013: 503.

（续表）

梵源词	释义	借用指向	析出碑铭
ឥន្ទ្រ	因陀罗	宗教	K.292 碑铭
ភរវ៌្វន	艾梭拉跋摩	宗教	K.149 碑铭
ឥរុវេទ	梨俱吠陀	文学	K.283 碑铭
សាមវេទ	娑摩吠陀	文学	K.470 碑铭
អថពិវេទ	阿达婆吠陀	文学	K.117 碑铭
រាមក្យេត្រ:	罗摩克萨德	文学	K.221 碑铭
គន្ទីនី	芳香	文学	K.600 碑铭
អមរលយ:	仙境	建筑与雕刻艺术	K.393 碑铭
សុរឃ្យបរ្វិត	苏利雅宫	建筑与雕刻艺术	K.31 碑铭

二、高棉语借用梵源词的路径和方式

在受语对源语的接纳阶段即借用发生阶段，梵语语言成分正式输入高棉语中，该阶段主要涉及梵源借词具体如何进入受语高棉语的问题，即梵源借词的借用路径和方式。

（一）借用路径

外来词的借用路径源于不同文化的接触与影响，而文化接触是一种普遍现象。正如邢福义所言："人类社会的各种文化群体之间尽管有着各种各样的时空阻隔，以民族、国家、地域等等为区别特征的各个文化仍在种种条件下处于不可避免的相互接触中，从而不断地相互影响、相互交融。尤其在当今更为开放的世界环境中，即使某一个文化群体想自我封闭也挡不住其他文化的冲击。"① 语言是文化的基本组成部分，文化接触便包含着语言接触，并以语言接触为先导、为媒介，文化接触的过程便是语言接触的过程，语言接触在本质上也就是文化接触。

语言文化接触会引发语言借用。布龙菲尔德（Bloomfield）曾形象地说："各族语言是相互取长补短的。正像天然物体和人造物体要从一个民族传到另一个民族一样，一国的文化，包括技术、战术、宗教仪式、风俗习惯等也会传播出去。民族之间在交流实物和从事其他活动时，语言形式也随即从一个民族传到了另一个民族。"② 语言借用通常会涉及语音、词汇和语法等不同层面。其中，词汇因对社会生活的反映最为敏感，所以成为最活跃的借用元素。黄平文认为，"一个民族文化体

① 邢福义．文化语言学［M］．武汉：湖北教育出版社，2000：395．

② Bloomfield L. *Language* [M]. Beijing: Foreign Language and Study Press, 2002: 471.

系中的外借成分越多，其语言中的外来借词也就相应地越多"[①]。换言之，文化接触是语言接触的前提和共生物，为外来词构建了借用路径。

柬埔寨文化在其漫长的发展历程中，最早与印度文化[②]发生了深入、广泛的接触。相比同期的印度文化，柬埔寨文化是比较原生态的，且印度文化在古代柬埔寨被强势传播并产生深远影响，尤其是在扶南王国时期、前吴哥王朝时期、吴哥王朝时期形成三次传播高潮，因此大量的梵源词汇随着柬印文化的深度接触，源源不断地输入到高棉语词汇系统中，留存和流传于历经岁月洗礼的柬埔寨碑铭中。

（二）借用方式

在正式讨论之前，我们有必要厘清高棉语外来词的借用方式。"在普通语言学研究中，根据词汇借用的方式，学者们传统上把词汇借用分为以下几个大类：语音转写法（phonetic transcription），根据语音的发音、听觉特点，以系统的、前后一致的方式记录语音的方法，需在字母语言间才能实现；音译法（transliteration），将源语言的发音按本国语言的音位系统进行转写；意译法（translation），将源语言的词项按语义翻译到本国语言中。以上三种类型又包含若干小类，总之词语借用方式多种多样，且随着现实的需要还在不断产生新的'模子'。"[③]上述分类虽然较为符合字母语言的情况，却不能完全体现高棉语外来词的突出特点，因而不能原封不动地直接运用于高棉语。参考普通语言学的观点以及其他一些语言中通行的分类方式，并结合高棉语外来词的自身特点，我们将高棉语外来词的借用方式分为音译、意译和形译三种类型。

根据前文高棉文碑铭中梵源词与其源词在书写形式上的对应关系，我们发现历史上高棉语借用梵源词的主要方式是形译。首先我们必须明确形译与形译词的定义。"形译"这种借词方式严格说来应称作"借形"，因为词的外形是无法翻译的，但为了与"音译""意译"这两个术语相对称，故而学界又把这种借词方式称为"形译"。史有为指出，外族语言的语词进入本族语言的基本方法之一是，"借用字形并借义（简称'借形'）"，而"从日语借来的汉字词，即为'借形词'"[④]。张永言认为："所谓'形译词'指的就是'连形带义'从日语中搬到汉语中来的词语。"[⑤]杨锡彭认为："通过搬用文字书写形式借入的外来词，一般叫做借形词。这

---

① 黄平文．论文化接触对语言的影响：壮语演变的阐释［M］．北京：民族出版社，2010：55．

② 本文中的印度文化是指，公元 1—13 世纪流传于印度地区的婆罗门教和大乘佛教文化。

③ 方欣欣．语言接触三段两合论［M］．武汉：华中师范大学出版社，2008：31．

④ 史有为．汉语外来词［M］．北京：商务印书馆，2000：16—17．

⑤ 张永言．词汇学简论［M］．武汉：华中工学院出版社，1982：95．

种借词方式一般称之为‘借形’。”[①] 由此可见，有的学者将“形译”与“形译词”仅限于汉语词对日语词的借用范围中，这是不全面的。在此，我们更认可杨锡彭的观点。实际上，形译是用本族语言的文字书写形式记录外语词的词形以借用这个外语词，而以形译方式借入的外语词就是形译词。

根据高棉语形译词的内在差异，我们将其分为单纯形译词和形音兼借词这两类。单纯形译词是指，依照外语源词字母的构成用高棉文中相对应的字母加以转写，但根据高棉语的读音规则进行拼读的外来词。简而言之，这类形译词与外语源词同形、同义、不同音。单纯形译词在高棉语中为数较少，且多源自泰语词。由于这类形译词在高棉语形译词中不具代表性，并且泰语源外来词不在本文的研究范畴之内，所以在此不再展开讨论。

形音兼借词是指，按照外语源词字母的构成用高棉文中相对应的字母加以转写，且根据外语源词的读音规则进行拼读的外来词。简而言之，这类形译词与外语源词同形、同义，又同音。[②] 高棉语中的形译词多为形音兼借词。

1. 形译梵源词的碑铭考释

上文提到历史上高棉语借用梵源词的主要方式是形译，但若将高棉文碑铭中梵源词的语音和书写形式结合在一起与其源词做综合比对，我们便可进一步明确高棉文碑铭中梵源词的借用方式实则是形译中的形音兼借。通过对高棉文碑铭中梵源词的考释，我们整理出了其中一些外来词与其源词之间的音、形关系对照表，直观地展现出历史上高棉语的确是以形译方式，确切地说以形音兼借方式吸纳梵源词的。

表 2　部分梵源词与源词间的音、形关系对照表

梵源词	梵语源词	释义	析出碑铭
គីវគរភ	çivagarbha	湿婆的诞生	K.809 碑铭
វិស្ណុគ្រាម	viṣṇugrãma	毗湿奴的领地	K.521 碑铭
ឥសាន	içãna	伊奢那（湿婆神的别称）	K.314 碑铭
ភវ	bhava	发展；繁荣	K.939 碑铭
អមោឃ	amogha	富饶的，肥沃的	K.221 碑铭
ភទ្រ	bhadra	美丽的；美好的	K.852 碑铭
ហរ	hara	毁灭（坏事物）	K.175 碑铭

① 杨锡彭．汉语外来词研究［M］．上海：上海人民出版社，2007：144．

② 在进入高棉语后的实际使用过程中，一些形音兼借词的语音形式和书写形式可能会发生不同程度的变化，与外语源词不会完全同音、同形。但即便如此，这些词语的语音和词形与其源词间的关系依然清晰可见。

（续表）

梵源词	梵语源词	释义	析出碑铭
ព្រហ្មបុរ	vrahmapura	梵天的王都	K.235 碑铭
ឥន្ទ្រ	indraprua	因陀罗神	K.235 碑铭，K.292 碑铭
សោម	soma	俱毗罗神	K.918 碑铭
ចន្ទ្រៈ	candra	月亮神	K.117 碑铭
សុរ្យយ	suryya	太阳神	K.31 碑铭
កាម	kãma	爱神	K.467 碑铭
វរុណ	varuna	雨神；水神	K.262 S 碑铭
វគិន្ទ្រ	vagindra	善于雄辩的神	K.380 E 碑铭
មង្គល	maṅgal	幸福	K.205 碑铭
ប្រសាន្ត	praçãnta	和平	K.187 碑铭
អមរលយ	amaralaya	仙境；天堂	K.393 碑铭
អភយ	abhaya	无畏的	K.357 碑铭
ភោគ	bhoga	财富；财物	K.843 碑铭
ធន	dhana	财产；财宝	K.467 碑铭
វហ	vaha	车，车辆	K.467 碑铭
ប្រិយ	priya	令人愉快的	K.205 碑铭
វស្សន្ត	vassanta	春季，春天	K.221 碑铭
សិទ្ធិ	siddhi	成功	K.702 碑铭
វិក្រន្ត	vikranta	胜利的；凯旋的	K.697 碑铭
រង្គ	raṅga	生动的；别致的；多彩的	K.476 碑铭
ជ្យោតិ	jyoti	光芒	K.219 碑铭
មោក្ស	moksa	解脱；超升；涅槃	K.58 碑铭
វិទ្យា	vidyã	知识；学识	K.617 碑铭
កៃវល្យ	kaivalya	永远的幸福	K.868 碑铭
ស្រិនរេន្ទ្រ	çrinarendra	纳伦德拉神	K.276 碑铭
វីរេន្ទ្រ	virendra	维伦德拉	K.713 碑铭
មហេស្វរ	maheçvara	摩晒陀神	K.467 碑铭
ស្រេឞ្ឋ	çreṣṭha	美丽的；美好的	K.944 碑铭
រុទ្រ	rudra	楼陀罗神	K.9 碑铭

（续表）

梵源词	梵语源词	释义	析出碑铭
វិសវ	vishva	维萨神	K.91 碑铭
ជយក្សេត្រ	jayakṣetra	胜利广场	K.913 碑铭

在此，我们还可通过对古印度 Mandagappattu 碑铭的高棉文转写版形象地证实高棉语和梵语之间可借助形译方式实现对译。Mandagappattu 碑铭是一块雕刻于公元 7 世纪的古印度的婆罗米文碑铭，可完全转写成高棉文形式。

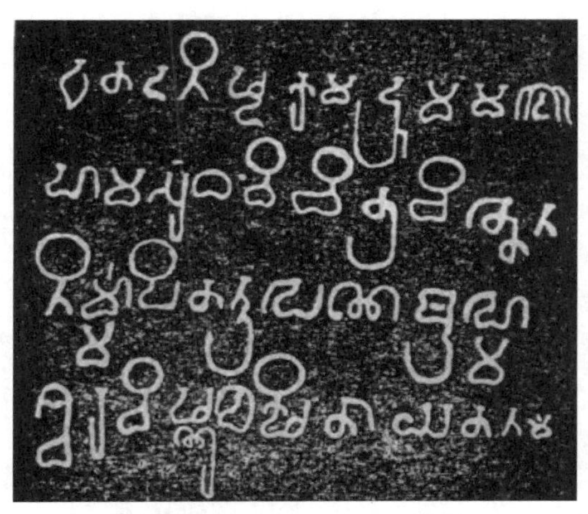

图 1　Mandagappattu 碑铭

Mandagappattu 碑铭的高棉文转写版：

១ ឯតទនិប្ដកម្យមមលោ

២ ហាមសុធំវិចិត្រ ចិត្តេន

៣ និម្មា បិតន្ឫបេ(ណា)ព្រហ្មោ

៤ គ្វរវិឞ្ណុក្សិតាយតនម៑

2. 形译梵源词的形音互动分析

若从词形和语音的互动角度分析，我们发现梵源词也确实是以形译中的形音兼借方式进入高棉语的，主要表现在以下两方面：

第一，相连双辅音字母未按高棉语读音规则拼读。

按照高棉语的读音规则，如果两个辅音字母直接相连，便构成一个音节：前一个辅音字母做首辅音，后一个辅音字母做尾辅音即阻声辅音，两者之间必添加元音/ɒː/或/ɔː/。例如，由辅音字母 ខ 和 ក 连在一起构成的高棉语词 ខក，其读音为/khɒːk/；由辅音字母 គ 和 ង 组成的高棉语词 គង，其读音为/kɔːŋ/。

然而，如果某梵源词也单纯由两个辅音字母构成，或包含由两个辅音字母构成的部分，其读音大多与高棉语拼读规则不相符，而遵循梵语读音规则，即这两个直接相连的辅音字母通常分别与元音/a/或/ea/相拼，构成两个音节。例如，在上表中，出自 K.939 碑铭的梵源词 ភវ 由辅音字母 ភ 和 វ 构成，该词并未按高棉语拼读规则读作/phɔːw/，却依照梵语源词的读音读作/phea(k)wea(k)/。再如，在上表中，出自 K.357 碑铭的梵源词 អភយ，词中后两个辅音字母 ភ 和 យ 连在一起并未按高棉语拼读规则读作/phɔːi/，却模仿梵语源词的读音读作/phea(k)jea(k)/。这明显说明这两个词的借入方式是词形和语音兼借。

第二，尾辅音字母未对前一音节起阻声作用。

按照高棉语的读音规则，位于某音节末尾的辅音字母即尾辅音字母应对该音节的读音起阻碍作用，此时尾辅音字母对应的音位称作阻声辅音，它与被阻声的音节仍构成一个音节，该音节称作阻声拼音。其基本构成形式是：辅音+元音+阻声辅音。在读音时，阻声辅音前的辅音和元音正常拼读，而阻声辅音则不同于正常的辅音发音，其读音已弱化，起阻声作用。例如，辅音字母 ទ、元音字母 ◌ុ 与尾辅音字母 ក 构成高棉语词 ទុក，其读音为/tu(k)/，即尾辅音字母 ក 做阻声辅音/(k)/，对 ទុ 的读音/tu/起阻碍作用。再如，高棉语词 អាច 由辅音字母 អ、元音字母 ◌ា 与尾辅音字母 ច 共同组成，尾辅音字母 ច 对 អា 的读音起阻声作用，即 អាច 读作/aː(c)/。

虽然一些梵源词也拥有与阻声拼音词面形式相同的书面形式，但其读音大多与阻声拼音相异。它的辅、元音正常拼读，但尾辅音字母不做阻声辅音，而是与元音/a/或/ea/相拼，构成另一个音节，从而使貌似应读作阻声拼音的字母组合变读为双音节。例如，在上表中，出自 K.918 碑铭的梵源词 សោម 由辅音字母 ស、元音字母 ◌ោ 与尾辅音字母 ម 构成。该词并未按高棉语阻声拼音的拼读规则读作/saom/，却遵循梵语源词的读音读作/saoma(k)/，尾辅音字母 ម 未对 សោ 的读音起阻声作用，而是与元音/a/相拼，构成另一个音节/ma(k)/。再如，在上表中，出自 K.843 碑铭的梵源词 ភោគ 由辅音字母 ភ、元音字母 ◌ោ 与尾辅音字母 គ 组成，其读音为/phokea(k)/，尾辅音字母 គ 未做阻声辅音/(k)/，而是与元音/ea/相拼，构成另一个音节/kea(k)/。在高棉语中，有许多梵源词的尾辅音字母都如上述情况一样，不做阻声辅音，而是与元音/a/或/ea/组成另一个音节，这充分表明梵源词的确是以形音兼借方式进入高棉语的。

三、高棉语梵源词的形译理据

在柬埔寨古代历史上，随着印度文化的广泛传播，大量的梵语词随之源源不断地涌入高棉语中。这些词主要涉及宗教、哲学、艺术、文学等领域，词义抽象、复杂，而高棉语在这些领域中的固有词是相对贫乏的，无法很好地意译上述梵语词，因此只能考虑采用其他借词方式来吸纳这些梵语词。

而形译这种借词方式一般使用于文字系统相同或相近的语言间。例如自 20 世纪初起，汉语就从日语中源源不断地借用了大量词语，其借用方式基本上采用的是形译。使用拉丁字母的印欧语系语言之间相互借用语词时，形译也是它们较为常用的词语翻译方式。至于高棉语，古高棉文与古印度文之间便存在着发生学关系。高棉族早在公元 1 世纪，即扶南王国建国之初就已在古代南印度婆罗米文字的基础上创制了本族文字。关于扶南文字，中国史书形容“有类于胡”①，这个“胡”显然是指印度，说明扶南文字与古印度文字是相类似的，两种文字之间是有深厚的历史渊源的。扶南文字后经由帕拉瓦文字的过渡而形成古高棉文。柬埔寨学者曾将柬埔寨最早期的碑铭之一——公元 6 世纪的翰界碑铭（សិលាចារឹកហាន់ជ័យ）中的古高棉文与婆罗米文字母加以比较（见下图），发现两种文字之间存在着高度的一致性。

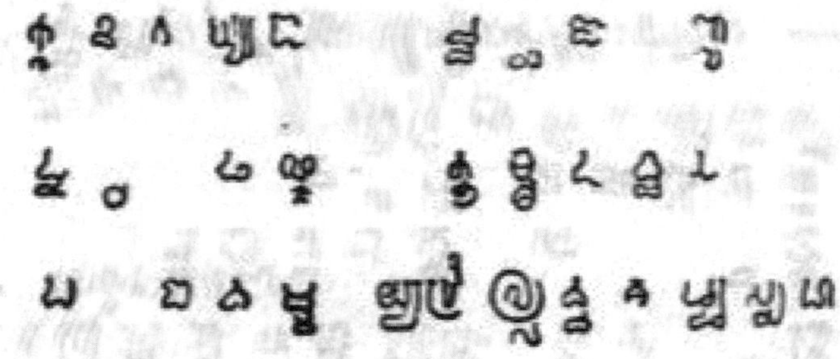

图 2　翰界碑铭中的古高棉文字母

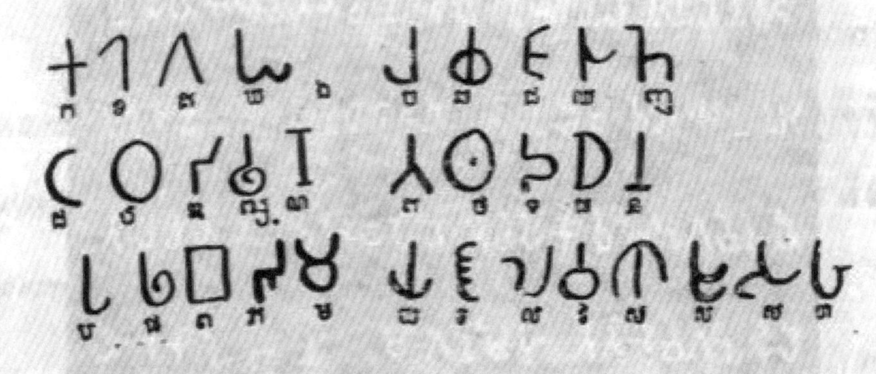

图 3　婆罗米文字母

显而易见，古高棉文字母 ឥ（第 1 行第 2 个）、ឋ（第 2 行第 6 个）、ឲ（第 2 行第 7 个）、ឃ（第 3 行第 5 个）、វ（第 2 行第 8 个）与婆罗米文字母极其相似。这形象地说明，古高棉文的确是在古印度文的基础上生成的。

---

①〔唐〕房玄龄，等．晋书［M］．北京：国家图书馆出版社，2014：689．

从图中我们还发现，两种文字字母表的排列方式一致，即高棉语的辅音按音位的同质性成组排列，其排列组合形式与梵语辅音非常相似。如图所示，古高棉文辅音字母和婆罗米文辅音字母的第 1 组都是舌根软腭音（舌面后音）/k/、/kh/、/ŋ/，第 2 组都是舌面硬腭音（舌面音）/c/、/ch/、/ɲ/，第 3、4 组都是舌尖齿龈音（舌尖前音），第 5 组都是双唇音/b/、/ph/、/p/、/m/。这说明两种文字的辅音字母之间存在语音上的相关性。

并且两者的大部分元音也可以相互比对。高棉语和梵语在元音方面的紧密联系也可通过公元 7 世纪的昂久尼碑铭（សិលាចារឹកអង់ជម្នីក）得以证实。由该碑铭可知，当时高棉语中使用的元音仅有 14 个，且这 14 个元音均源自梵语，它们便是今天独立元音的初始形态。而现代高棉语中的其余元音也是在这 14 个梵语元音的基础上逐渐生成的。

由此可见，文字系统间的发生学关系使借形方式成为高棉语借用梵语词的最佳选择。而高棉语和梵语之间的语音相关性，使梵语词的借入在借形的同时也可兼顾音译，最终梵语词以形音兼借的方式进入高棉语，高棉语中以形音兼借词为代表的形译词由此大量产生。正如柬埔寨学者龙辛（ឡុង សៀម）所言："用一套字母①代表两种语言，导致高棉语从梵语这种具有权威性的宗教语言中借用了许多词汇。"②

四、结语

鉴于语言结构的相对稳定性，本文对高棉语梵源词借用机制的论考主要是从语言内部维度展开。而若要更全面地解释梵源词的借用现象，还需辅以文化语境、思维方式等视角的研究补充。并且，梵源词被借入高棉语后尚有广阔的研究空间，如高棉语对梵源词的同化路径，梵源词对高棉语的多维影响，高棉语对梵源词的匹配回归机制，梵源词区别于高棉语固有词的显著词形特征和形译特征，等等，都是未来值得进一步探讨的课题。

参考文献

[1]〔美〕爱德华·萨丕尔. 语言论[M]. 陆卓元，译. 北京：商务印书馆，1985.

[2] 方欣欣. 语言接触三段两合论[M]. 武汉：华中师范大学出版社，2008.

[3]〔唐〕房玄龄，等. 晋书[M]. 北京：国家图书馆出版社，2014.

① 此处的"一套字母"并不是指高棉语和梵语使用一模一样的字母体系，而是指这两种语言拥有相似的文字系统。

② ឡុង សៀម. វាកស័ព្ទសំស្ក្រឹតដំបូងក្នុងភាសាខ្មែរបុរាណ. កម្ពុជសុរិយា លេខទី ១ ឆ្នាំ ១៩៩៦.

［4］〔新西兰〕尼古拉斯·塔林．剑桥东南亚史 I［M］．贺圣达，陈明华，俞亚克，等译．昆明：云南人民出版社，2003．

［5］邢福义．文化语言学［M］．武汉：湖北教育出版社，2000．

［6］杨锡彭．汉语外来词研究［M］．上海：上海人民出版社，2007．

［7］张永言．词汇学简论［M］．武汉：华中工学院出版社，1982．

［8］ឈុន លិះ. ជ្រិន ភាក់. ពាក្យកម្ចីពីបាលី សំស្ក្រឹតនិងបរទេស [M]. រោងពុម្ពបន្ទាយស្រី. ឆ្នាំ ២០១០. ទំព័រទី ២៩៣.

［9］ត្រឹង ងា.ប្រវត្តិសាស្ត្រខ្មែរ [M]. ភ្នំពេញ: គ្រឹះស្ថានបោះពុម្ពនិងចែកផ្សាយនៃក្រសួងអប់រំ យុវជន និង កីឡា, ២០០១.

［10］ត្រឹង ងា. អរិយធម៌ខ្មែរ [M]. ភ្នំពេញ: រោងពុម្ពសុខលាភ, ១៩៧៥.

［11］មីសែល ត្រាណេ. ប្រវត្តិសាស្ត្រកម្ពុជា [M]. ភ្នំពេញ: ពុទ្ធសាសនបណ្ឌិត្យ, ២០០២.

［12］មីសែល ត្រាណេ. វប្បធម៌ អារ្យធម៌ខ្មែរ: អំពីសាសនាខ្មែរតាំងពីសម័យបុរេប្រវត្តិសាស្ត្រ [M]. ភ្នំពេញ: បណ្ណាគារ ជឹង ងួនហ្វត, ២០០៤.

［13］យិន គឹមវាណ. ប្រភពវប្បធម៌ អរិយធម៌ចរិតខ្មែរ [M]. ភ្នំពេញ: រោងពុម្ពម៉េងហាវ, ២០១០.

［14］ឡុង សៀម. វាកស័ព្ទសំស្ក្រឹតដំបូងក្នុងភាសាខ្មែរបុរាណ [J]. កម្ពុជសុរិយា លេខទី ១ ឆ្នាំ ១៩៩៦.

［15］Andersen G. *A Corpus Study of Pragmatic Adaptation: The Case of the Anglicism [jobb] in Norwegian* [J]. *Journal of Pragmatics*, 2017 (7).

［16］Bloomfield L. *Language* [M]. Beijing: Foreign Language and Study Press, 2002.

［17］Chambers J K, Schilling N. *The Handbook of Language Variation and Change* [M]. 2nd ed. Oxford: Wiley-Blackwell, 2013.

［18］Haugen E. *Bilingualism in the Americas: A Bibliography and Research Guide* [M]. Tuscaloosa: University of Alabama Press, 1956.

［19］Onysko A, Winter-Froemel E. *Necessary Loans-Luxury Loans? Exploring the Pragmatic Dimension of Borrowing* [J]. *Journal of Pragmatics*, 2011 (6).

［20］Sarah T. *Contact as a Source of Language Change* [M]// Joseph B D, Janda R D. *The Handbook of Historical Linguistics*. Blackwell Publishing, 2003.

［21］Sarah T. *Language contact: an introduction* [M]. Edinburgh: Edinburgh University Press, 2001.

［22］Weinreich U. *Languages in Contact: Findings and Problems* [M]. The Hague: Mouton, 1953.

认知语法视角下缅甸语感叹词的词类转换现象

信息工程大学　张丽娇

【摘　要】缅甸语感叹词是缅甸语语法系统中特殊的一类词，在缅甸语中，感叹词与其他词类如语气词、拟声词、名词等在词形、用法等方面存在一些相似之处，它们之间存在着一些联系与区别，使得外语学习者在实际运用中常会出现错误分析现象。本文结合罗纳德的认知语法理论，以其概念语义学与语法范畴的核心思想，阐释感叹词与其他实词之间的词类流转机制，辨析其他词类与感叹词在语义学和语法范畴中的差异，掌握感叹词与某些实词之间的词类转换原理，以加深对缅甸语感叹词的认识。

【关键词】认知语法；缅甸语；感叹词

认知语言学是20世纪70年代语言学界兴起的一种研究范式，其特点是阐释语言和其他认知能力之间密不可分的联系。而认知语法是认知语言学的重要组成部分，狭义上来说，认知语法专指罗纳德所创立的语法理论，即通常所说的“认知语法”。认知语法是从人的认知特点这一角度来阐释语法结构，它注重寻找语法结构形成的理据，包含着人们对世界的感知体验，以及在此基础上所形成的种种认知方式是如何形成和约束语法构造的。进一步解释了语法规则背后的认知方式，以及语法与语义之间的关系，阐释了人脑在使用语言时和形成规则时的心智活动，人们掌握语言单位和构成更大构式的能力。认知语法尝试给语法范畴和语法构式做出一个较为系统的、一致的解释，从而为语法解释寻找经验和概念上的理据。而感叹词作为一类应用性较强的词类，以人类的声音来源为基础逐步演变成有代表文字的词语，其中的流转机制展现了人类对语言的认知到规范式语法化的历程，因此本文将从感叹词到缅甸语感叹词，阐述其在概念语义中的特点、在语法范畴内缅甸语感叹词的词类转换现象，进一步阐释缅甸语感叹词在人类认知中的共性和特性，为外语学习者提供一定的学习思路。

一、缅甸语感叹词的特点

缅甸文字委员会[①]将词汇划分为九类，分别是名词（နာမ်）、代词（နာမ်စား）、动词（ကြိယာ）、形容词（နာမဝိသေသန）、副词（ကြိယာဝိသေသန）、介词（ဝိဘတ်）、

① 即 မြန်မာစာအဖွဲ့ https://my.wikipedia.org/wiki

连词（သမ္ဗန္ဓ）、助词（ပစ္စည်း）和感叹词（အာမေဍိတ်）。感叹词在缅语中的表达为“အာမေဍိတ်”，缅甸文字委员会对“အာမေဍိတ်”的定义是“由于惊吓、高兴、经验等某种原因，心里激动、紧张而发出的一种声音”①。缅甸学者 ဦးသောင်းလွင် 则认为“အာမေဍိတ်”是“由于意外或内心的突然活动而发出的声音、词和句子”②。另有中国学者钟智翔认为“အာမေဍိတ်”是指“表示感叹或呼唤应答的词”③。商务印书馆出版的《汉缅大词典》中对“အာမေဍိတ်”的释义为“感叹词，感叹，惊叹”④。由此可看出，学者们对于“အာမေဍိတ်”一词的概念定义存在不同观点，同时也说明“အာမေဍိတ်”一词的范围比较广泛，可包含“词汇”“声音”“话语”范畴。作为“感叹词”来讲，是属于词汇范畴，而作为“感叹语”“感叹声音”来说，是属于话语范畴。就概念范畴而言，感叹词可以称为感叹语，但是感叹语不一定是由感叹词所构成的，比如说借助其他的语气助词等构成的感叹句也称为感叹语。本文主要围绕“词汇范畴”来进行分析，为确切定义到词汇这一单位，笔者以“အာမေဍိတ်စကားလုံး⑤”一词来表示。后文的探究阐述也是围绕缅甸语感叹词的词汇这一语言单位展开。

感叹词是人类语言系统里不可分割的一部分，因此所有语言的感叹词都会存在一些共性，但是基于国家间的民族、文化、宗教等差异，不同语言中的感叹词又具有一定的差异性，缅甸语中的感叹词也是这样，下面将从语义和语法两个角度来阐述缅甸语感叹词的特点。

（一）语义特点

感叹词源于人类一种心理和生理上的自然反应，是自然行为到核心语言的连续体。所以就意义上来说，它不像实词那样具有特定的所指意义，单独拿出来看我们无法判断这个叹词的含义，只有放在句子中才能判断叹词在其中表达的具体情感意义，同一个叹词在不同的句子中可能表示不同的情感意义，也就是缅语叹词的语义特点之一——“一词多义”现象。

例（1）：

① “**အား**၊ အဲဒါမှ ငါ့သားကွ။”

“**啊**！这才是我儿子！”

---

① မြန်မာစာအဖွဲ့၊ *မြန်မာသဒ္ဒါ*၊ ရန်ကုန်၊ တက္ကသိုလ်များနှိပ်တိုက်၊ ၂၀၁၃၊ စာမျက်နှာ ၃၁.

② သောင်းလွင်၊ ဦး၊ *နည်းသစ်မြန်မာသဒ္ဒါ*၊ ရန်ကုန်၊ သာသနာရေးဦးစီးဌာနပုံနှိပ်တိုက်၊ ၁၉၇၈၊ စာမျက်နှာ ၁၇၆.

③ 钟智翔，曲永恩．缅甸语语法［M］．广州：世界图书出版广东有限公司，2014：185．

④ 北京大学东方语言文学系缅甸语教研室．缅汉词典［M］．北京：商务印书馆，2015：1183．

⑤ စကားလုံး 在缅甸语中意为“词，词汇”。

② "**အား**၊ ကယ်ကြပါ။"

"**啊**……救救我！"

③ "**အား**၊ သေပါပြီ။"

"**啊**！痛死我了！"

例（1）中，结合三个句子我们可以看出叹词"အား"在其中所表达的不同情感意义。在句①中表示"自豪、骄傲"，向他人夸耀自己的儿子；在句②中表示"害怕、惶恐"，遇到危险困难时想要寻求帮助；在句③中表示"难受、痛苦"，可能是遭受了心理或者生理上难以承受的痛时发出的。

例（2）：

① "**ဟဲ့**၊ အဲဒါဘာလဲ၊ ကြောက်စရာကောင်းပါတယ်။"

"**啊**！这是什么？好害怕！"

② "**ဟဲ့** နည်းနည်း စောင့်ပေးပါဦး။"

"**喂**！请再等一下吧！"

③ "**ဟဲ့** မင်းက ဒီပြိုင်ပွဲမှာ အတော်ဆုံးပေါ့။"

"**嘿**！你是这场比赛中最厉害的啊！"

例（2）中结合三个句子可以看出感叹词"ဟဲ့"在句中代表了不同的情感意义。在句①中表示害怕、恐惧；在句②中表示呼唤，引起后面要讲的话；在句③中表示赞叹、祝贺。由此可以看出，同一个感叹词在不同的语境中可以代表积极的情绪也能代表消极的情绪，具体的含义我们应该结合语境来做出判断。

另外不同的叹词也可能表达相同的情感意义，即缅甸语感叹词中存在"近义词"现象。

例（3）：

"**အာ/ဟင်း/အော/ဟဲ့/အို** အဲလိုမလုပ်ချင်ဘူးကွာ။"

"**啊**……不想这样做。"

例（3）中根据叹词外的句子表达的意思是："不想这样做。"可知前面的叹词就是表达"不情愿"的情感意义，"အာ""ဟင်း""အော""ဟဲ့""အို"在这个句子中都能表达这样的意义。

例（4）：

"**ဟိုက်/ဟော/ဩော်/အား/အယ်** မဖေ့ ဘာဖြစ်လို့ မပြန်သေးဘူးလေ။"

"**嗯**？玛波为什么还没回来呢？"

例（4）根据叹词外的句子表达的意思是："玛波为什么还没回来呢？"可知前面的叹词表达的是"疑问"的情感意义，"ဟိုက်""ဟော""ဩော်""အား""အယ်"放在该句中都能表达"疑问"的语气，一定程度上可以相互替换使用。

因此，结合以上两点来看，缅语叹词的语义特点主要是存在"一词多义"和"近义词"现象，这也就说明缅语叹词没有具体固定的实际意义，它所表达的情感意义也是在具体的句子中才能分析得出，同时说明感叹词的使用不是唯一性的，是可选择可替换的。这与认知语言学中所认可的交互式意义观是一致的，语言的使用除了人为主体外，意义被视为动态地浮现于语篇与社会互动之中。意义并非固定不移、预先设定的实体，而是源自交际双方基于物理语境、语言语境及社会文化语境之上的积极协商。意义的方方面面植根于言语社区之中，植根于言语事件的语用环境及周围世界之中。[①] 同一个缅甸语感叹词可以在不同环境中充当不同情感意义角色，不同缅甸语感叹词也可以在同一环境中充当同一情感意义角色。

（二）语法特点

缅甸学者在做词类区分时，通常不做虚实的划分。但也有一些学者将缅语叹词称为“一种特殊的虚词”[②]，原因在于：一方面叹词本身没有实际的词汇意义，难以归入实词；另一方面叹词的独立性很强，一般不同别的词产生句法上的联系，经常充当句子的独立语，这一点与虚词依附性强无法独立使用的特点也不相同，因而也难以归入虚词中。另外，缅语叹词和其他词类也有很多共性，在使用过程中容易混淆，在一定程度上可以发生词类转换，这一语法特点将在下一章节着重介绍。

二、缅语叹词与其他词类的关系

根据罗纳德的认知语法观点，语法范畴的划分要摒弃传统的划分范畴，可以基于语义标准来分析其在句法结构中的成分，因此下文将先区分不同词类在语义和语法上的差异化，以便更加清晰地阐释它们的词类流转机制。

（一）缅甸语中感叹词与语气词的关系

在缅甸语中，感叹词（အာမေဍိတ်စကားလုံး）和语气词（စိတ်ခံစားမှုပြပစ္စည်း）的词汇构成较为相近，在语义上也存在着一定的联系，都是带有情感意义的词汇，强调一定的语气，因此两者的联系较为密切，在使用时也容易混淆出错。下面将从构词特点、词类归属、句法功能、语义特点四个方面来论述缅甸语感叹词与语气词的关系。

1. 构词特点

由于感叹词和语气词在句子中都能增强句子的情感语气，因而这两类词在发音特征上较为相似，很多词汇既可以是感叹词又可以充当语气词。如：“ဟ”“ဟင်”“ဟာ”“ဟေ့”等等。很多词汇单独罗列时无法判断其到底是感叹词还是语气词，只有在具体的语境中才可以判断该词的类别。

---

① 罗纳德·W. 纳兰克. 认知语法导论［M］. 北京：商务印书馆，2016：49.

② 钟智翔，曲永恩. 缅甸语语法［M］. 广州：世界图书出版广东有限公司，2014：185.

例（5）:

"မြန်မြန်သွား**ဟ**။"

"快去**啊**!"

句中的"ဟ"是语气词，译为"……啊!"，增强整个祈使句的语气，以表达催促得急。

"**ဟ**၊ မိုးမလင်းသေးဘူးလေ၊ မင်းဘယ်သွားမလို့လဲ။"

"**啊**，天都还没亮，你要去哪?"

句中的"ဟ"是感叹词，译为"啊!"，置于句首，表达的是一种惊讶的语气。

例（6）:

"ဒီသစ်ပင်တွေကို အစေ့က စိုက်ရင် ရသလား**ဟင်**။"

"埋下种子的话，会长成大树吗?"

句中的"ဟင်"是语气词，和一般疑问句的句尾助词"လား"表达疑问的语气，在此句中"ဟင်"可不译，起到增强该疑问句中的惊讶语气的作用。

"**ဟင်**၊ မင်း ဘာပြောနေတာလဲ၊ မောင်လူအေး။"

"**呀**，貌鲁埃，你说什么呢?"

该句中的"ဟင်"是感叹词，译为"呀"，表达一种不是十分强烈的不满的语气。

例（7）:

"မောင်ဖိုးကျော်ရဲ့အိမ်စာကို ငါ့ တစ်ခါမှ မတွေ့ဖူးဘူး**ဟေ့**။"

"貌坡觉的作业我是一次也没见到过**啊**!"

句中的"ဟေ့"是语气词，译为"……啊!"，表达一种愤怒的情绪。

"**ဟေ့**၊ လာကြည့်ကြည့် ဘာတွေလုပ်ခဲ့တာလဲကွာ။"

"**嘿**，快看看你都做了些什么!"

句中的"ဟေ့"是感叹词，译为"嘿"，目的是引起对方注意，为接下来要说的话做铺垫。

2. 词类归属

在缅甸语中，感叹词（အာမေဍိတ်စကားလုံး）是九大词类中单独存在的词类之一，而语气词（စိတ်ခံစားမှုပြပစ္စည်း）则是助词（ပစ္စည်း）中的一种。另外，也有学者认为二者都归属于虚词，但感叹词被视作是一种特殊的虚词。[①]

3. 句法功能

从句子中的分布来看，感叹词和语气词在句子中充当的成分是完全不一样的。

① 钟智翔，曲永恩．缅甸语语法［M］．广州：世界图书出版广东有限公司，2014：185．

语气词作为一类助词，依附性较强，是不可以独立存在使用的，一般处于句子的末尾，少部分也用在句中，但脱离了句子的语气词是没有任何意义的。

例（8）：

“ဒီရဲဘော်ပြောတာ မှန်ပါတယ်**ကွာ**။”

“这位同志说得对呀！”

该句中的“ကွာ”是表示劝导的语气助词，相当于汉语中的“……呀！”，加强劝导、感叹的语气，不可单独使用。

例（9）：

“လေ့ကျင့်ခန်းစာအုပ်အပ်**ကဲ့**ပြီလား။”

“作业交过了吗？”

该句中的“ကဲ့”是表示疑问的语气助词，使得疑问句的语气显得和缓而不生硬，还能起到加强语气的作用，相当于汉语中的“……吗？”，不能单独使用。

而感叹词较为特殊，它最大的特点就是独立于句子成分之外，一般出现在句子的句首，有时出现在句中时也会用“၊”①分隔，和句子中的其他成分不产生任何句法上的联系。

例（10）：

“**ကဲ**၊ ကျွန်တော်သွားလိုက်အုန်းမယ်။”

“**好了**，我要告辞了。”

该句中的“ကဲ”用于句首，表示提醒对方注意的感叹词，相当于汉语中的“好了”。

例（11）：

“ကလေးရယ်၊ **ဟင်း**၊ ဒါကလည်း ဖြစ်သင့်ဖြစ်ထိုက်တဲ့ ကိစ္စပဲလေ။”

“孩子，**哎**，本来就该是这东西啊。”

该句中的“ဟင်း”用于句中对孩子的称呼之后，表达一种遗憾难过的语气，将句子前后的感情基调串联起来，相当于汉语中的“哎”。

4. 语义特点

叹词和语气词在语义上具有一定的相似性，都是表达一定的语气，奠定整个句子的语气基调，但是二者的意义都是比较模糊的，需要借助句子来判断出该词的具体含义，在不同的句子中可以代表不同的词类。

例（12）：

① “**အင်း**၊ မင်းဆိုစမ်း။”

“**嗯**！你说吧！”

---

① 缅甸语中的标点符号只有两种，即“၊”和“။”。中间间断的句子用“၊”，完整的句子用“။”分隔。

② “**အင်း**၊ ကြားရတာ စိတ်မပျော်ပါဘူး။”

“**唉**！听了心里不舒服！”

例（12）①中的“အင်း”是表示应答的感叹词，相当于汉语中的“嗯”，②中的“အင်း”则是表示哀叹的感叹词，相当于汉语中的“唉”。

例（13）:

① “ဒီစကားသူပြောပါ**ကော**။”

“这话是他讲的**啊**？”

② “ဒီလိုလုပ်လို့မရပါ**ကော**။”

“这样做不行**呀**！”

例（13）①中的“ကော”是表示惊讶疑问的语气助词，②中的“ကော”是表示感叹的语气助词。

（二）缅甸语中感叹词与拟声词的关系

1. 语义特点

感叹词和拟声词都是对声音的描述，就语义方面来说，这两个词类都不具备确切的意义，但在实质上是不一样的。感叹词是对人的心情、感觉等描述的词语，而拟声词则是基于自然界的声音——虫鸣鸟叫、风吹草动、人类口鼻发出的声音等，模仿出类似音响的词语。[①] 另一方面，叹词和部分模拟人发出的声音的拟声词都以人口鼻发出的声音作为物质外壳，它既是一种音响，又可以是一种情感，意义上也容易建立起关联，所以大部分叹词都是叹词和拟声词的兼类词。例如“အင်း”“အေး”既可以表示叹气的声音，又可以表示人们“失落、无奈”的心情。叹气是表达无奈的一种象征，听到叹气声就容易让人联想到失落、无奈的心情。而拟声词“အင်း”“အေး”则是模仿人们在叹气时发出的声音。又如“ဟားဟား”和“ဟီးဟီး”既可以解释为人类发出的笑声，又可以解释为开心时所发出的声音，不管是作为感叹词还是拟声词，它们最终的来源是相同的。

例（14）:

① “သူက **ဟားဟား** ရယ်နေသည်။”

“他**哈哈**地笑着。”

② “**ဟားဟား**၊ တော်လိုက်တာကွာ။”

“**哈哈**，太棒了！”

例（14）①中的“**ဟားဟား**”是描述笑声，是拟声词，而②中则是由于开心所发出的声音，表达开心的情绪，是感叹词。很多感叹词根据不同情况也有拟声化用法，转换为拟声词。

---

① ခင်မင်၊ မောင်(ဓနုဖြူ)။ (၂၀၁၁)။ *ရေးဟန်ပညာနိဒါန်း*။ ရန်ကုန်၊ စိတ်ကူးချိုချိုစာပေ၊ စာမျက်နှာ ၁၇၈။

2. 语法功能

在缅甸语中，感叹词与句子中的其他成分没有任何的句法功能关系，可以单独成句，也可以放在句子中使用，但充当的是独立成分。而缅甸语中的拟声词除了可以独立使用外，也可以充当句子成分，充当句子中的谓语、定语、状语、补语等。

例（15）：

独立使用：

① "'**ဒေါက်**'၊ သာဓု၏ နဖူးသည် ချက်ချင်း ပူလာလေ၏။"

"'砰砰'，达度的额头一下子烫了起来。"

①中的"ဒေါက်"是用来描述弹脑门的声音，放在句首独立使用，解释后面达度额头烫起来的原因。

做定语：

② "**တဝုတ်ဝုတ်** ဟောင်နေသော ခွေးကို ကျွန်မ ကြောက်တယ်။"

"**汪汪汪的**狗令我害怕。"

"**ဒိုင်း**ဆိုသေနတ်သံ ကြားလိုက်ရ၏။"

"听到了**砰的**枪声。"

②中的两个例子是将拟声词置于定语的位置，分别形容"狗的叫声"和"开枪的声音"，作为修饰成分。

做状语：

③ "ဘဲများ **တဂတ်ဂတ်နှင့်** အော်နေကြသည်။"

"鸭子**嘎嘎地**叫着。"

"သူ **ဝုန်းခနဲ**[①] ပြုတ်ကျသွားသည်။"

"他**轰地**一下掉了下来。"

"ခွေး **ဝုတ်ဝုတ်** ဟောင်နေသည်။"

"狗**汪汪地**叫着。"

③中的三种情况是拟声词做状语时的典型情况，一是用"တ..."式的拟声词加上状语助词"နှင့်"来充当状语成分，二是"拟声词+后缀（ခနဲ/ကနဲ）"的形式作为状语，三是以拟声词的重叠形式直接充当状语成分。

三、缅语叹词的去叹词化和实词的叹词化现象

传统的语法把词类转换现象看作是一种构词现象，注重对不同词类间的转换现象进行描写式阐述，但没有深入描写制约转类发生的认知因素和语用因素。从认知语言学角度观察，转类在本质上属于语义引申。说话人为了交际需要而对一个语言单位的意义进行引申，并期望受话人能够在当前语境下推测出说话人的意图。下文

① "ခနဲ" 也可写作 "ကနဲ"。

中缅语叹词词类转换机制主要是基于前文对其特点以及和其他词类的辨析来进行阐释的，主要包含两大类，即缅语叹词的去叹词化现象和部分实词的叹词化现象。

（一）缅语叹词的去叹词化现象

在上一节的分析中我们发现，很容易与叹词发生混淆的两类词分别是语气词和拟声词。二者在词形上和感叹词具有一定的相似性，二者所代表的情感意义大多数也是一致的，但是从语法角度上来看，二者在句子中充当的句法成分是完全不一样的，在使用环境中是难以进行词类转换的。

而拟声词则有所不同，拟声词是基于自然界的声音，然后利用最贴近的词表现出来的词类。拟声词中有一类词是模拟人的声音的词，也称为拟人声词，主要包括描摹哭声、笑声、说话声和喘气声等。这些词与叹词在一定程度上是交叉的，上一节中说到缅语叹词是独立使用的，不能充当任何句法成分，但是当我们关注这些词的声音本身，它的物理属性而非它所代替的情感意义时，它其实已经变成了拟人声词，而不是叹词本身，可以认为是叹词的拟声化用法，也有学者将这种现象称为“叹词的去叹词化现象”①，下面将结合具体例子说明。

例（16）:

①“သူက **အင်း**မလုပ်**အဲ**မလုပ် ဖြစ်နေတယ်။”

“他**不哼不哈**的。”

②“ဘာလို့လဲ မသိ၊ မောင်ထွန်းက တစ်နေကုန် **အော်**ကြီး**ဟစ်**ကျယ် ဖြစ်နေတာ။”

“不知道咋了，貌通一整天都大**喊**大**叫**的。”

句①中的“အင်း”“အဲ”为表示应答的感叹词和句②中的“အော်”“ဟစ်”为表示咒骂的感叹词，在句中转换成为名词，和其他词缀组合在一起构成多音格词，共同充当状语成分。

③“ဒေါ်သန်းသန်းဝင်းက **အမယ်လေး**၊ **အမယ်လေး**နှင့် ရွှံ့ပွက်တွင် ရုန်းနေလေသည်။”

“杜丹丹雯在泥沼中**呼天唤地地**挣扎着。”

④“မေမေက **သာဓု**၊ **သာဓု**နှင့် ပြောရင်း ရေပက်ဖြန်းနေတယ်။”

“妈妈一边‘**善哉！善哉！**’地喊着，一边开心地泼着水。”

句③中的“အမယ်လေး”是表示惊讶害怕的感叹词，句④中的“သာဓု”是佛教用语中表示称赞的感叹词，在例句中二者都是将其重叠后与“နှင့်”搭配，在句子中充当状语。

⑤“မင်း **အင်း**မနေနဲ့၊ သဘောတူရင် လာအကူအညီပေး။”

“你别**嗯**了，同意的话就过来帮忙。”

⑥“မောင်လေးရယ် **အဲအဲအဲ** မနေနဲ့၊ နေမကောင်းရင် ဆရာဝန် သွားပြပါ။”

“弟弟啊，你别‘**哎哎哎**’了，不舒服的话就去看医生。”

---

① 刘丹青．实词的叹词化和叹词的去叹词化［J］．汉语学习，2012（3）．

句⑤中的“အင်း”是表示应答的感叹词，句⑥中的“အဲ”是表示叹气的感叹词，在例句中它们都是转换成了动词，充当谓语成分。

在上述三个例子中我们发现，叹词除了独立使用外，还能变为副词、动词等来充当句子中的谓语、状语成分，这似乎与我们一开始提到的“叹词的独立性很强，不与句子中的其他成分发生任何句法上的关系”这一说法相悖，但其实再分析以上三个句子我们会发现，我们关注的是句子中的叹词的发音特征，而不是它所代表的情感意义，这时的叹词已经被拟声化了，也就是说，叹词能够充当句中其他成分时，它已经是词类转换后的拟声词了，而不是以叹词的词类身份去充当句子成分。从认知语法角度来看，这时缅语叹词本身的语义含义已经向外延伸了，它表示行为方式、行为状态等，而不只是最初的表达情感意义的词汇，因此词类也就进行了自然而然的过程转换。句中的感叹词在使用过程中发生了概念转喻，从原本的单纯以叹词表达情绪变成了强调主体所发出的状态，由于施事者在心理、生理上发生了变化而产生的产物，导致原本的概念意义发生了转变。

（二）缅语中部分实词的叹词化现象

前面谈到感叹词的发出是“突然性的”“代表一定感情意义的”，因此很多时候在日常口语中，某些突发情况下，一些实词（主要是指动词和名词）单独发音时就变成了感叹词，也称“实词的叹词化”，主要体现在动词和名词中。

例（17）:

① “**ထ၊ ထ၊** အချိန် မရလောက်။”

“**起了！起了！**没时间了。”

句①中的“ထ၊ ထ”原本是动词的“起（床）”，在语境中则是以一种“慌忙、催促”的语气发出，这时动词“ထ”就被叹词化表达着急催促的心情，而不是强调“起床”本身这个动作。

② “**သွား၊ သွား၊ သွား၊** ပြန်မလာခဲ့။”

“**去去去**，别再来了。”

句②中的“သွား၊ သွား၊ သွား”原本是用来形容动作“去”，用在这里表达的是驱赶，强调厌烦的心情，也属于动词的叹词化用法。

③ “ကားလာတယ်...**ရပ်၊ ရပ်**။”

“车来了……**停！停！**”

句中的“ရပ်၊ ရပ်”原本是动词的“停”，语境中可以推断是有车来了，因此催促人先停下来避让车辆，表达一种着急迫切的心情，而非强调“停”这个动作，是动词的叹词化用法。

④ “**ပေးစမ်း... ပေးစမ်း**။”

“**给！给！**”

上句可以认为是动词“ပေး”和助词“စမ်း.”构成的一个叹词短语，所要强调的并不是说话人要发出“给”的这个动作，而是在提醒对方注意拿走，将“给”这个动作弱化，叹词化为表示“提醒”的含义。

⑤“**မြန်မြန်...မြန်မြန်။**”

“**快快……快快……**”

上句中可以认为是将意为“快”的形容词“မြန်”重叠使用，表达一种催促的心情，而不是强调“快”这个状态，因此也是将其叹词化的用法。

此类用法中，实际是话语发出者在使用语言时所产生的主观现象，在语言认知过程中，话语发出者本身认为将动词形容词等独立使用，再配合表达一定情绪的语气发出，所传达出的意思不是动作本身而是动作背后所代表的情绪意义，由于长时间使用同一语言的人拥有共同性，话语发出者已经默认受话人能够接收到话语背后的隐喻信息。

另外，缅语中的形容词相较于动词来说，使用时的独立性更弱一些，因此由形容词构成的叹词比较少，但是也有不少形容词可以和助词等构成感叹语，如：表示惊叹赞美的“ကောင်းလေစွ”“တော်လိုက်တာ”等等，这里涉及的是话语范畴，本文主要分析的是词类范畴，此类用法就不再赘述。

例（18）：

①“**မီး၊ မီး။**”

“**火！ 火！**”

②“**သူခိုး၊ သူခိုး။**”

“**小偷！ 小偷！**”

③“**ခွေးရူး...ခွေးရူး။**”

“**疯狗……疯狗……**”

例（18）中的“မီး”“သူခိုး”“ခွေးရူး”作为名词的所指意义是“火”“小偷”“疯狗”，在语境中将这两个名词单独重复使用两次，表现出当下情况的危急，表述讲话人内心害怕焦急且想要寻求帮助的心情，句子中已经忽略了原本的指代事物的名词本身，强调的是这个事物当下带给说话人的感受，注重表达的是情绪情感，它的概念语义已经发生了转化，从而导致语法范畴下的词类归属也发生了变化，因而这里是将名词叹词化的用法。

除了名词和动词可以叹词化外，缅语中有两类代词也和叹词存在一定的联系，分别是人称代词和指示代词，下面将一一列举说明。

缅语中的第二人称代词“ရှင်”（女用）“ခင်ဗျား/ဗျား”（男用）也是一个比较特殊的存在，除了单纯的指代人称外，一些情况下还能转化为语气词、叹词。

例（19）：

①“**ရှင်** ဘာပြောချင်သလဲ။”

“**你**想说什么呢？”

句①中的“ရှင်”指“你”（女性使用），是人称代词。

② “မလှမေ။”

“ရှိပါတယ်**ရှင့်**[1]။”

“玛拉梅！”

“**在**！”

句②中的“ရှင်”放在答句中的句尾，是一个语气助词，不译。

③ “မလှမေ။”

“ရှင်?”

“玛拉梅！”

“**嗯**？”

句③中的“ရှင်”是一个表示应答的感叹词。

另外一类就是表示方位的指示词，如表示“这儿、这里”的“ဒီမယ်/ဒီမှာ”、表示“那、那个”的“ဟိုဟာလေး”等，原本是用来指代方位的，但是有时用在句首是为了引起对方注意，然后开启下面的对话。

例（20）：

① “**ဒီမှာ**၊ ကျွန်တော်မေးစရာတစ်ခု ရှိတယ်။”

“**喂**！我有一个问题要问！”

② “**ဟိုဟာလေး**၊ သူ့ နာမည်က ဘယ်လိုခေါ်သလဲ၊ ငါ စဉ်းစားလိုက်ဦးမယ်။”

“**那个**……他叫啥名来着……我还得想一下。”

因此在本章节中可以发现，从认知语法视角来看，叹词发生了词类的转换，首先是因为词在句中的概念语义发生了变化，从而界定词类发生了转换，就是说我们是从词汇的概念意义出发，分析其在句中的成分结构来确定词汇的词类是否发生了变化，缅甸语感叹词在发生词类转换时，主要是依靠人类对语言认知能力中的概念隐喻及话语发出者对语言的主观化使用，使得词汇在意义层面发生转变，最终以在词类上的转换为结果导向。

四、结语

缅甸语感叹词在不同环境中使用时，人们对它的认知过程是有变化的，它最初的语义概念意义在不同的交际环境下是不断变化的，通过一定的转换机制，它可以充当句子中的谓语、状语等成分。当人的发音器官发出各种声音，比如发出“အင်း”时，如果关注的是“အင်း”这个词所代表的情绪意义，表达低落消极的情绪时，它是叹词。如果关注声音本身，它所描摹的是人类叹气时的声音，这时是将叹词去叹词化，变为拟声词；而发出叹气这个声音时本身是一个动作，如果强调发声这个动作，那么它是将拟声词活用为动词。另一方面，除了基于声音产生的叹词

① “ရှင့်”等同于“ရှင်”，下面的“့”是表示强调，增强语气。

外，还存在很多是基于人们的情绪情感使词类发生转换而产生的叹词，实词作为独立性较强的词语，尤其是动词、名词在很多情况下都能转化为叹词，代词的性质与名词相近，也可以转化为叹词，尤其是在缅语中第二人称代词可作为感叹词、语气词等兼类词的特殊性。

从认知语言学的观点来看，上述所说的缅甸语叹词的去叹词化和实词的叹词化两种词类流转机制，在本质上属于语义引申。说话人为了交际需要而对一个语言单位的意义进行引申，并期望受话人能够在当前语境下推测出说话人的意图。人类生活的世界纷繁复杂，不可能为每一个事物或事件都创造出一个语言符号来表示它，因此语义引申是对语言系统现有资源的自然的、最有效率的利用，缅甸语中感叹词作为一类交际性极强的词汇，语义概念非常丰富，最终的词类转换是作为话语发出者进行语义延伸之后的结果呈现。

参考文献

［1］高航．认知语法与汉语转类问题［M］．上海：上海交通大学出版社，2009．

［2］罗纳德·W. 兰艾克．认知语法导论：上卷［M］．北京：商务印书馆，2016．

［3］曲永恩．实用缅甸语语法［M］．沈阳：辽宁民族出版社，2000．

［4］汪大年．缅甸语汉语比较研究［M］．北京：北京大学出版社，2012．

［5］汪大年，杨国影．实用缅甸语语法［M］．北京：北京大学出版社，2016．

［6］钟智翔，曲永恩．缅甸语语法［M］．广州：世界图书出版广东有限公司，2014．

［7］ထွန်းမြင့်၊ ဦး။(၂၀၀၇)။ *ဘာသာဗေဒ*။ ရန်ကုန်၊ ရာပြည့်စာအုပ်တိုက်။

［8］မြန်မာစာအဖွဲ့။(၂၀၁၈)။ *မြန်မာသဒ္ဒါ*။ ရန်ကုန်၊ မြန်မာနိုင်ငံတိုင်းရင်းသားဘာသာစကားဦးစီးဌာန။

［9］မြန်မာစာအဖွဲ့။(၂၀၀၈)။ *မြန်မာအဘိဓာန်*။ ရန်ကုန်၊ မြန်မာစာအဖွဲ့ဦးစီးဌာန။

［10］Denise Bernot. *A Reference Grammar of Colloquial Burmese* [J]. *Bulletin of the School of Oriental and African Studies*, 1970.

老挝主流媒体对“中老命运共同体”的认知表征

信息工程大学　周舒航

【摘　要】从批评话语分析视角对老挝主流媒体涉及中老命运共同体的相关报道进行分析，探究老挝主流媒体对中老命运共同体的表征内容和方式，揭示其对中老命运共同体的态度和认知。研究表明：老挝主流媒体主要通过及物、互文、隐喻对中老命运共同体的相关经验活动进行表征；其对中老命运共同体给予了高度评价、表达了切实诉求、客观回应了民众的真切忧虑。

【关键词】批评话语分析；系统功能语法；老挝主流媒体；中老命运共同体；认知

老挝与中国毗邻、同属于社会主义国家，地缘相近、理想信念相通，是中国打造周边命运共同体的优先方向。自2013年9月26日，中共中央总书记、国家主席习近平在人民大会堂与来华访问的老挝人民革命党总书记、国家主席朱马里举行会谈时表示，中老关系不是一般意义的双边关系，而是具有广泛共同利益的命运共同体至今，习近平总书记一共在22个重大场合，35次提及中老命运共同体。特别是，2017年11月13日，习主席访问老挝之际，在老挝《人民报》《巴特寮报》《万象时报》发表了《携手打造中老具有战略意义的命运共同体》的署名文章，再次确认了中老具有战略意义的命运共同体的定位。2019年4月30日，习近平总书记和本扬总书记签署了《中国共产党和老挝人民革命党关于构建中老命运共同体行动计划》，这是中国党和国家领导人与其他国家领导人亲自签署的第一份“命运共同体”建设文件和为数不多的双边合作文件之一，也是我国首份以党的名义签署的构建人类命运共同体双边合作文件，具有重大的示范意义。2021年12月3日，习近平同通伦举行视频会晤，并以视频连线形式共同见证中老铁路通车。习近平表示中老要站在维护社会主义共同事业的政治和战略高度，推动两党两国关系不断迈上新台阶，持续构建牢不可破的中老命运共同体。可以说“中老命运共同体”理念见诸习主席上台以来与老挝的每一场重大外交活动中。

目前国内外聚焦“一带一路”倡议在老挝推行的研究多，关注中老命运共同体建设的研究少；对中老命运共同体应用领域的研究多，认知表征领域的研究少。鉴于此，本文在借鉴批评话语分析研究思路的基础上结合系统功能语言学，对新闻文本进行批评话语分析，深度解读老挝主流媒体涉及中老命运共同体报道的新闻语篇的表征内容和方式，揭示老挝主流媒体对中老命运共同体的态度与认知。

一、批评话语分析与系统功能语法

批评性话语分析（critical discourse analysis，简称 CDA）是一种从语言学角度对语言进行社会分析的方法。1979 年，Fowler 和 Hodge 等人在其著作《语言与控制》中首次提出了批评语言学这一概念，为批评性话语分析的研究奠定了基础。他们认为，语言不仅反映着社会，同时也建构着社会。以此为出发点，费尔克拉夫（Fairclough）在其著作《语言和权力》一书中明确提出了 CDA 这一研究范式。在批评话语分析的发展过程中，不同的研究者运用不同的理论从不同的视角对话语进行分析，揭示语言与社会的关系，这就使得批评话语分析领域产生了不同的流派和不同的分析方法。其中最具影响力的有以 Van Dijk 为代表的社会认知法、以费尔克拉夫（Fairclough）为代表的辩证关系法、以 Wodak 为代表的话语历史法。费尔克拉夫提出的三维框架批评话语分析理论，即他提出批评话语分析的三个向度："文本"向度关注文本层面的词汇、语言分析；"话语实践"向度特别阐明了文本生产过程和解释过程的性质；"社会实践"向度倾向于关注社会制度、文化语境方面的分析。

20 世纪 70 年代后期，韩礼德提出系统功能语法，它为批评话语研究提供了分析工具。系统功能语法认为语言是一种社会行为，通过社会学的视角解释语言，可以探讨话语的语言特征以及话语与社会语境之间的关系。系统功能语法将语言视作一个系统，选用何种语言形式取决于希望实现何种交际功能。韩礼德将语言的元功能分为概念功能、人际功能和语篇功能。语言从三个方面满足使用者的需求，即"表达主客观世界的经验、反映人与人之间的关系、遣词造句和组织语篇"。系统功能语法关心"语言作为社会符号受制于社会结构同时又反过来建构社会的现象"。这与批评话语分析关注语言、权力和意识形态之间的关系相契合，使其成为后者实施文本分析的理论工具。

本文关注老挝主流媒体对"中老命运共同体"报道文本向度、话语实践向度的分析，结合韩礼德系统功能语法，通过对老挝主流媒体关于"中老命运共同体"的报道，从语法、言语形式层面入手，研究报道文本的话语生产状况。探索及物性，主要分析物质过程、关系过程、心理过程，探索隐喻，关注言语形式，揭示话语生产者隐藏的立场和态度；二是话语实践向度，这一部分主要看重互文性的分析。本文将分析引语的消息来源，转述动词的运用，探析隐喻的运行情景，从而对报道文本的引语状况达到深入把握。

二、老挝主流媒体对"中老命运共同体"认知的表征分析

（一）及物性分析

韩礼德认为，人们可以通过及物性系统把人类的经验分成六种不同的过程：物

质过程、关系过程、心理过程、行为过程、言语过程和存在过程①。及物系统中不同的过程类型可以对同一社会现实进行不同形式的再现，过程中各成分的位置还可以被再调整（主被动语态），因此，话语生产者选择不同的方式再现社会现实，可以产生不同的话语效果，其背后隐藏了话语生产者的权力关系和意识形态。

中老命运共同体涉及中国、老挝两大主角，内含中老命运共同体建设行动。中老两国共同干了什么事情，对事情的定位，人们的心理反应都穿插在老媒新闻话语之间。鉴于此，下文对语料库中的物质过程、关系过程、心理过程进行整理以窥见隐伏其后的认知形态。

1. 物质过程

物质过程表示做某件事的过程，这个过程本身一般由动态动词来表示，“动作者”和动作的“目标”一般由名词或代词来表示②。在自建新闻语料库中，老媒70%以上的新闻标题都使用了物质过程小句，其以高度浓缩的方式概述中老两国共建中老命运共同体的实际行动，从标题入手，可以掘地三尺，直接鲜明地了解中老作为参与者在建设中老命运共同体过程中的作为，揭启话语中隐含的意识形态③。在与中老命运共同体相关的新闻标题中，出现的动作者主要有四类：老挝作为动作者（129 条）；中老两国作为动作者（122 条）；中国作为动作者（105 条）；省略动作者（52 条）。

（1）老挝获得实在的利益

将标题中老挝作为动作者的动词频次统计如下，表格只列出了频次大于 1 的结果。

表 1　标题中老挝作为动作者的动词频次统计表

动词	频次	动词	频次
ຕ້ອນຮັບ（欢迎）	19	ຈັດ（举办）	3
ໄດ້ຮັບ/ຮັບ（获得）	19	ພົບປະ（会晤）	3
ມອບ（捐赠）	7	ລົງຊຸກຍູ້（推动）	3
ຢ້ຽມຢາມ（参观）	6	ຈະສົ່ງ（送）	2

① 胡壮麟，朱永生，张德禄，李战子．系统功能语言学概论［M］．北京：北京大学出版社，2005：75．

② 胡壮麟，朱永生，张德禄，李战子．系统功能语言学概论［M］．北京：北京大学出版社，2005：75．

③ 李彬．符号透视：传播内容的本体诠释［M］．上海：复旦大学出版社，2003．

（续表）

动词	频次	动词	频次
ສະໜັບສະໜູນ（支持）	5	ສະຫລອງ（庆祝）	2
ເຂົ້າຮ່ວມ（参加）	5	ຍົກລະດັບ（提高）	2
ເຂົ້າອວຍພອນ（祝贺）	4	ໄປຮຽນ（留学）	2

如表所示，频次最高的两个词 ຕ້ອນຮັບ 和 ໄດ້ຮັບ/ຮັບ 表明老挝主流媒体在向读者传递政府态度的同时也在向其强调老挝的获得感，让民众看到通过与中国结成命运共同体关系而给老挝带来了实实在在的利益，从而说服大众相信政府政策的正确性和可行性，提升政府的公信力。其次，老挝媒体也在说明老挝在响应“一带一路”倡议、全球数字安全倡议等的过程中做了很多具体、细致的工作，领导人实地参观、调查，不断改进工作方案等。还需要指出的一点是，在中国疫情暴发之初，老挝也积极向中方捐赠多批物资，体现老挝支持中国抗疫的诚挚愿望。

1）ລັດຖະມົນຕີກະຊວງການຕ່າງປະເທດເຂົ້າຮ່ວມກອງປະຊຸມໜຶ່ງແລວໜຶ່ງເສັ້ນທາງສຳລັບອາຊີ-ປາຊີຟິກ（外交部长出席“一带一路”亚太区域国际合作高级别会议）

2）ສປປ ລາວ ສະໜັບສະໜູນຂໍ້ລິເລີ່ມກ່ຽວກັບຄວາມໝັ້ນຄົງທາງດ້ານຂໍ້ມູນຂ່າວສານສາກົນ（老挝支持全球数据安全倡议）

3）ກະຊວງພາຍໃນຮັບເຄື່ອງຊ່ວຍເຫຼືອຕ້ານໂຄວິດ-19（内政部获得抗疫援助）

（2）中老并肩合作

将标题中动作者为中老两国且出现频次大于1的动词统计如下：

表2 标题中中老作为动作者的动词频次统计表

动词	频次	动词	频次
ຮ່ວມມື（合作）	15	ໄປຄຽງຄູ່ກັນ（一起）	3
ພົບປະ（会晤）	11	ຫາລື（商量）	3
（ຈະ/ໄດ້）ສຳເລັດ（将/已完成）	11	ລົງນາມ（签署）	3
ຮ່ວມ…（一起）	10	ຄັດເລືອກ（选择）	2
ແລກປ່ຽນບົດຮຽນ（交流经验）	6	ສືບຕໍ່ຜັນຂະຫຍາຍ（继续发展）	2
ສົນທະນາ（交流）	4	ສຳມະນາ（研讨）	2
ຈັດ（举办）	4	ຈັດຕັ້ງປະຕິບັດ（落实）	2
ເປີດນຳໃຊ້（开始使用）	4	ເປີດ（开启）	2

一方面老媒大量使用 ຮ່ວມມື、ຮ່ວມ 等词客观反映中老两国各阶层在政治、经济、文化等多个领域开展了多项合作，中老合作呈现一幅欣欣向荣的图景；另一方面双动作者标题意在凸出合作目标的权重、释放政策信息，旨在增强民众对中老

合作的信心，调动社会力量加入到合作中。

如：

4）ຈີນ - ລາວ ຮ່ວມກັນຈັດຕັ້ງປະຕິບັດ ໜຶ່ງແລວ ໜຶ່ງເສັ້ນທາງ ເພື່ອການພັດທະນາ（中-老共建"一带一路"求发展）

5）ລາວ-ຈີນ ເປີດໂຄງການ 4x100 ຫຼຸດຜ່ອນຄວາມທຸກຍາກຢູ່ຊົນນະບົດຂອງລາວ ຊຸດທີ 1（老-中启动首批"四个 100"农村扶贫项目）

6）ເມືອງໄຊຍະບູລີ-ນະຄອນທົງເຣີນຮ່ວມເຊັນບົດບັນທຶກສ້າງຕັ້ງເປັນເມືອງມິດຕະພາບ（铜仁市与沙耶武里县签署建立友好城市关系备忘录）

（3）中国主动担当作为

将标题中动作者为中国且出现频次大于 1 的动词统计如下：

表 3　标题中中国作为动作者的动词频次统计表

动词	频次	动词	频次
ມອບ	31	ລົງທຶນ	3
ຊ່ວຍເຫຼືອ	15	ສະຫລອງ	2
ຊ່ວຍ	7	ເປີດ	2
ສົ່ງ	5	ແຈ້ງ	2
ຈັດ/ໄດ້ຈັດ	4	ໃຫ້ສຳພາດ	2
ມາຮອດ	3	ກັບຄືນ	2
ຍ້ຽມຍາມ	3	ສຳເລັດ	2

如表所示，排名靠前的 4 个动词 ມອບ、ຊ່ວຍເຫຼືອ、ຊ່ວຍ、ສົ່ງ 都与疫情有关，可见老媒关注中国在重大灾难来袭时中国对老挝的作为，中国也确实在做实事，老挝新冠肺炎疫情暴发以来，中国为老提供了大量的医疗援助，共建中老命运共同体不是喊口号而是抓实干，体现了中国在老挝的社会责任感。

7）ພັກກອມມູນິດຈີນ ແຈ້ງຜົນສຳເລັດຂອງ ກອງປະຊຸມຄົບຄະນະກຳມະການສູນກາງພັກກອມມູນິດຈີນ ເທື່ອທີ 6 ສະໄໝທີ XIX ຕໍ່ສູນກາງພັກ ປປ ລາວ（中国共产党通报第十九届六中全会成果）

8）ໂຊລູເຊິນລົດໄຟອັດສະລິຍະຂອງຫົວເຫວີຍ ແລະ ເຄືອຂ່າຍ 5G ຮັບປະກັນການເປີດໃຊ້ທາງລົດໄຟລາວ-ຈີນ ຢ່າງຫຍິ່ງໃຫຍ່（华为智慧列车解决方案和 5G 网络保障老中铁路隆重开通）

2. 关系过程

关系过程指的是反映事物之间关系的过程，表达"是什么""有什么影响"的过程，分为“归属”和“识别”两种模式，归属类指明事物的属性和所属，其公式是“a 是 x 的一种”；识别类指一个实体确定另一个实体的具体身份①。

中老命运共同体属于政治事件，政治事件的意义往往不在于它本身，而在于它将带来的后果和影响②。老媒用 ເປັນ、ໄດ້ເປັນ、ປະກອບສ່ວນ 这样的过程表达“什么是什么”“什么已经成为什么”“什么有助于什么”，用这种“标记+过程+价值”的方式，向大众定义了中老命运共同体的价值观。针对中老之间频繁密切的高层会晤、党政交流、贸易投资合作、疫情援助，老媒向公众解释道，中老命运共同体建设有助于加强中老关系，有助于深化中老两国在各个领域的合作，中老是全面战略合作伙伴，任何时候都走在“一带一路”合作的前列。针对“伙伴的”中国取得的成就，老媒告诉公众，中国的脱贫成就、改革开放的成功值得老挝借鉴学习，习近平是富有远见卓识的领导人，他的人类命运共同体思想造福世界人民。老媒使用关系过程肯定中老命运共同体建设成就、认可中国的发展道路，起到坚定民众共建中老政治命运共同体信念的作用。

9）ຜົນສຳເລັດຂອງການລຶບລ້າງຄວາມທຸກຍາກຂອງປະຊາຊົນໃນຂອບເຂດທົ່ວປະເທດຂອງສປຈີນໄດ້ກາຍເປັນແບບຢ່າງແລະເປັນບົດຮຽນທີ່ດີເລີດໃຫ້ແກ່ບັນດາປະເທດກຳລັງພັດທະນາໃນທົ່ວໂລກໄດ້ສຶກສາແລະຖອດຖອນບົດຮຽນ.（中国的脱贫成果已经成为全世界发展中国家学习借鉴的典范和优秀的经验。）

10）ເພິ່ນເປັນນັກສາກົນກຳມະຊີບແລະເປັນການນຳທີ່ມີວິໄສທັດມອງກວ້າງເບິ່ງໄກຢ່າງສັດຈະວິພາກ.（习近平是有全球担当、有远见的领导者。）

11）ໂຄງການດັ່ງກ່າວເປັນການຮ່ວມມືທີ່ສຳຄັນທີ່ສະແດງໃຫ້ເຫັນເຖິງຄວາມອາດສາມາດໃນການຮ່ວມກັນຜະລິດແລະການລົງທຶນຂອງລາວ-ຈີນ，ເມື່ອໂຄງການເລີ່ມເປີດການຜະລິດຈະເປັນປະ ຫວັດສາດໜ້າໃໝ່ຂອງສປປລາວ ຈາກທີ່ໃນເມື່ອກ່ອນມີແຕ່ການນຳເຂົ້ານ້ຳມັນເຊື້ອ ໄຟສຳເລັດຮູບແລະສິ່ງຜົນດີຕໍ່ການເຕີມເຕັມຊ່ອງວ່າງໃນຂົງເຂດການຜະລິດອຸດສາຫະກຳເປໂຕຣເຄມີຂອງສປປລາວ，ເປັນບົດບາດທີ່ສຳຄັນທີ່ມີຜົນຕໍ່ກັບການພັດທະນາອຸດສາຫະກຳ ແລະໂຄງສ້າງລະບົບອຸດສາຫະກຳຂອງສປປລາວ.（炼油厂项目是重要合作，体现了老-中共同投资生产的潜力，项目运营后将为老挝创造新的历史，且为填补老挝石化行业空白做贡献，对老挝工业发展和工业结构调整有重要作用。）

12）ພະຍາດໂຄວິດ-19ນີ້ແມ່ນບໍ່ໄດ້ມີການຈຳແນກເຊື້ອຊາດ，ສາສະໜາ，ເພດຫລືໄວເຊິ່ງທຸກຄົນໃນໂລກທີ່ຢືນຢັນວ່າຕິດເຊື້ອພະຍາດດັ່ງກ່າວແລ້ວແມ່ນສາມາດແຜ່ເຊື້ອໄດ້ຄືກັນເຊິ່ງບໍ່ ໄດ້ເຈາະຈົງວ່າຕ້ອງເປັນຄົນຈີນເທົ່ານັ້ນ.（新冠不分种族、宗教、性别或年龄，世界上每个感染上新冠的人都一样会传染给他人，不是只有中国人。）

---

① 胡壮麟，朱永生，张德禄，李战子．系统功能语言学概论［M］．北京：北京大学出版社，2005：78—82．

② 邵颖．马来西亚官方媒体对“一带一路”的认知［J］．中国外语，2018，15（3）：72—77．

13）ເຊິ່ງສິ່ງເຫລົ່ານີ້ອາດຈະສົ່ງຜົນການທົບເຮັດໃຫ້ເກີດມີພາບພົດຫລືການສະແດງພຶດຕິກຳທີ່ບໍ່ໜ້າປະທັບໃຈລະຫວ່າງປະຊາຊົນລາວແລະປະຊາຊົນຈີນຈຳນວນໜຶ່ງແຕ່ບໍ່ສາມາເປັນຢ່າງແນ່ນອນອຸປະສັກຕໍ່ການພົວພັນແລະການໄປມາຫາສູ່ລະຫວ່າງ ປະຊາຊົນສອງຊາດລາວ-ຈີນ, ຈີນ-ລາວ.（(在武汉暴发的新冠疫情使一些国家担心和过度焦虑）这使得一部分老挝人民和中国人民之间产生不令人满意的行为表现，但一定不能成为老–中、中–老两国人民往来的障碍。)

3. 心理过程

心理过程是表示“感觉”“反应”和“认知”等心理活动的过程，心理过程一般有两个参与者，一个是心理活动的主体即“感知者”，另一个是客体即被感知的“现象”①。在老媒的报道中，“感知者”主要是老媒，“现象”包括中老合作、中老关系、中国的作为。分析发现，当事人主要呈现出了三种心理感受：自豪、坚信、诉求。

一是对中老合作取得的成就感到自豪。领导人自豪地看到中老铁路建成通车此成就，参与其中的员工对自己能参与其中推动这一伟大成就的完成感到自豪。老挝政府、党、人民看到中老关系 60 年来从建交到全面战略合作伙伴关系再到提升为命运共同体关系，为中老关系的发展感到自豪。此外，令老挝感到自豪的是中老同为社会主义国家，共享意识形态，老挝政府看到中国的发展成就，感到欢欣振奋，对老挝未来的发展充满希望。

二是高度信任中国。文本中，中老双方肯定各行各业在中老关系发展中所做的贡献，对中老各领域的合作为中老关系的巩固、两国人民的获益坚信不疑，尤其是充分相信中老铁路未来在地区的竞争力。老方坚信中国能战胜疫情，快速恢复正常，坚信中国的抗疫援助在老将取得巨大成效。老媒通过心理过程小句向民众展示了中老双方具有较高的互信水平，展示了老挝各界对中老合作的高度认可，老挝民众的信心就来自社会各界对各自领域合作的坚定和认可。

三是诉求中国继续给予老挝更多的援助。希望华为继续为老挝经济社会发展带来现代化的技术。希望中国继续给予国家审计署援助，推动国家审计署向前发展。老挝希望，双方继续互帮互助，尤其是举办电影比赛和培养电影人才。呼吁中国给老挝媒体更多的援助和更多地报道宣传中老旅游年，邀请更多中国商人到老挝投资。

14）ໃນຖານະທີ່ເປັນພະນັກງານຂອງ ຫົວເຫວີຍ ທີ່ມີສ່ວນຮ່ວມໃນການສ້າງເຄືອຂ່າຍຕາມທາງລົດໄຟ ຂ້າພະເຈົ້າຮູ້ສຶກພາກພູມໃຈທີ່ລະບົບການປະຊຸມ HUAWEI CLOUD, ເຕັກໂນໂລຊີ 5G ແລະ ໂຊລູຊັ່ນ FTTX.（作为一名参与轨道网络建设的华为员工，我为华为云装

① 胡壮麟，朱永生，张德禄，李战子. 系统功能语言学概论［M］. 北京：北京大学出版社，2005：76.

配系统、5G 技术和 FTTX 解决方案感到自豪。）

15）ຕົນເອງມີຄວາມຮູ້ສຶກດີໃຈຫລາຍ ທີ່ເຫັນວ່າ ສປປ ລາວ ໄດ້ມີເສັ້ນທາງລົດໄຟຄວາມໄວສູງ.（众多民众和企业家接受采访时异口同声地表示：自己感到很高兴老挝拥有高铁。）

16）ເຊື່ອໝັ້ນຢ່າງໜັກແໜ້ນວ່າພັກ, ລັດຖະບານ ແລະປະຊາຊົນຈີນຈະສາມາດຄວບຄຸມເຊື້ອພະຍາດດັ່ງກ່າວໄດ້ຢ່າງສຳເລັດຜົນ.（坚信中国党、政府和人民一定能成功控制疫情。）

17）ຫວັງວ່າໂອກາດໜ້າກໍຍັງຈະສືບຕໍ່ໃຫ້ການຊ່ວຍເຫຼືອ ແລະ ສະໜັບສະໜູນ ອົງການກວດສອບແຫ່ງລັດ ໃຫ້ມີຄວາມເຂັ້ມແຂງ ແລະ ກ້າວໜ້າຕໍ່ໄປ.（希望今后继续为国家审计署提供援助。）

（二）互文性分析

互文性这一概念是由克里斯蒂娃（Kristeva）于 1967 年首次提出的①，它指的是“语篇的一个固有属性，即总是充斥着其他语篇的片段——要么将这些片段明显地割裂或融合，要么对其加以吸收、抵制、反讽或回应”。法国话语分析家在其基础上，将互文性区分为“明显互文性”和“建构互文性”②。明显互文性策略是指语篇中能够找到有具体来源的（有名有姓的或者匿名的）他人话语③。老挝主流媒体对中老命运共同体的新闻报道，使用最频繁的明显互文性策略是言语转述。转述言语是通过释放语境要素来引导读者理解和评价的。转述来源框定了语境前提，转述动词构成最直接的语境④。因此，分析转述来源和转述动词能进一步明确老挝主流媒体对中老命运共同体认知的权力和意识形态生产过程，即其认为应该听到谁的声音，希望预示或支配读者有什么样的理解。

基于此，就老挝主流媒体涉及中老命运共同体建设的新闻语篇进行互文性分析，旨在阐明老挝主流媒体如何根据需要选择信源，决定重组方式，从而窥见其对中老命运共同体的认知和意识形态倾向性。

1. 转述来源

辛斌、高小丽按照消息来源的声音主体，将消息话语转述来源分为党政机关、

① Kristeva J. *Bakhtine, le mot, le dialogue et le roman* [J]. *Critique*, 1967 (33): 438–465.

② Fairclough N. *Discourse and Social Change* [M]. Cambridge: Polity Press, 1992.

③ 辛斌．语篇研究中的互文性分析［J］．外语与外语教学，2008（1）：9．

④ 辛斌，高小丽．汉英报纸新闻中转述言语的语篇和语用功能比较研究［M］．上海：上海外语教育出版社，2018：17．

记者媒体、专家学者、社会团体、公司企业、普通民众 6 类[①]，对老挝三家主流媒体转述话语来源的阶层、国籍进行区分统计，结果如下：

表 4　转述来源统计表

	《人民报》		《巴特寮报》		《万象时报》		合计
	老挝	中国	老挝	中国	老挝	中国	
党政机关	92	47	86	23	39	7	272
公司企业	10	4	8	16	7	2	42
记者媒体	5	13	2	9	4	1	27
专家学者	7	3	4	5	2	1	17
社会团体	4	1	8	3	0	0	16
普通民众	2	1	4	1	0	0	15
合计	110	47	112	57	52	11	389

老挝主流媒体大量转述他人话语，541 篇报道中有近 77%的报道都引用了他人的话。呈现如下特征：

（1）老方是发声主体

图 1　信源国别饼图

根据信源所属国别来看，老挝主流媒体对中老命运共同体的报道主要引用老挝和中国的信源，老挝的消息源最多，达到 274 个，占比 70.4%；中国的消息源有 115 个，占比 29.6%。只有 1 篇文章引用了越南外交部发言人的讲话。这也与中老命运共同体本身的国别属性有关，它与中老两国的国家利益有关，两国对其的言说占主体地位；老挝主流媒体作为国家意识形态的生产机器，老挝的发声占比多于中国。

① 辛斌，高小丽．汉英报纸新闻中转述言语的语篇和语用功能比较研究［M］．上海：上海外语教育出版社，2018：32．

18 ）ທາງດ້ານໂຄສົກກະຊວງການຕ່າງປະເທດ ສສຫວຽດນາມກໍໄດ້ກ່າວວ່າ: ຫວຽດນາມເຄົາລົບແລະ ສະໜັບສະໜູນແນວທາງປະເທດດຽວສອງລະບອບ, ກົດໝາຍພື້ນຖານແລະກົດໝາຍ, ກົດລະບຽບທີ່ກ່ຽວຂ້ອງຂອງສປຈີນ, ຫວັງວ່າ: ປະເທດອື່ນກໍຈະໃຫ້ການເຄົາລົບເຊັ່ນດຽວກັນ.（越南外交部发言人也说：越南尊重和支持中国的“一国两制”路线、基本法和有关法律，希望其他国家也同样支持。）

（2）官方话语呈包裹之势

近七成的引语源自党政机关，对其他阶层的话语形成包裹之势。老媒借助中老双方官方部门的发言再辅以其他阶层的发声，支持两国官方达成的构建中老命运共同体的共识。中老命运共同体建设来源于中老官方共识，形塑于官方发声，老中两国政府担负着中老命运共同体生产者、传播者的角色。而精英阶层（公司企业、记者媒体、专家学者、社会团体）信源占比 26%，普通民众信源占比 4%。这两个阶层的发声主要是为了呼应党政机关的决定。总的来看，中老命运共同体建设在领导阶层和精英阶层都惊起“哇声一片”，他们或支持中国的倡议或为中国正名，只有少数普通民众对中国的作为持有负面的评价。

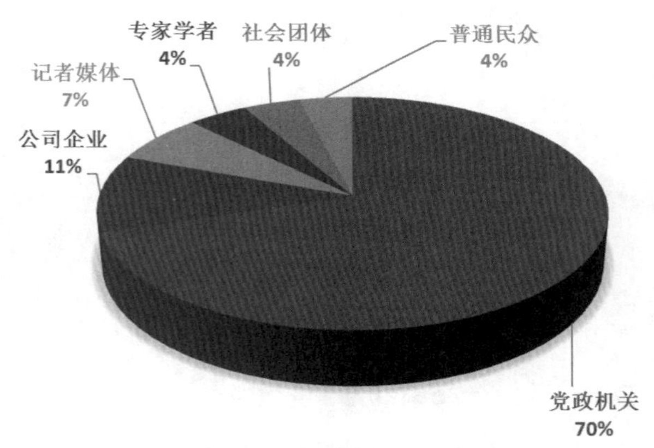

图 2　信源类别饼图

（3）新闻体量大的报纸转述信源更加完整

《人民报》和《巴特寮报》的转述信源更加完整，兼顾了六个分类、三个阶层，而《万象时报》缺少社会团体和普通民众的声音，以党政机关的发声为主，兼有部分精英的声音。这与老挝《万象时报》相较于前两家媒体新闻体量小有关。

2. 转述动词

唐青叶根据作者对被转述内容的态度将转述动词分为积极的、中性的和消极的三类[①]。现按照此分类，统计自建语料库中的转述动词使用情况，结果如下：

表 5　转述动词统计表

积极 (539)	ຂອບໃຈ（感谢）(156)，ຕີລາຄາສູງ（高度评价）(115)，ຊົມເຊີຍ（祝贺）(69)，ອວຍພອນ（祝愿）(35)，ເຊື່ອໝັ້ນ（坚信）(33)，ຢືນຢັນ（声明）(24)，ຫວັງວ່າ（希望）(21)，ສະເໜີ（提议）(19)，ເຫັນດີ（同意）(15)，ຍິນດີ（愿意）(14)，ເນັ້ນໃຫ້（强调）(12)，ໃຫ້ຄຳໝັ້ນສັນຍາວ່າ（承诺）(7)，ຮຽກຮ້ອງໃຫ້（呼吁）(5)
中性 (447)	ກ່າວວ່າ（说）(261)，ໃຫ້ຮູ້ວ່າ（表示）(48)，ລາຍງານວ່າ（报告）(33)，ໃຫ້ສຳພາດວ່າ（接受采访）(28)，ແຈ້ງໃຫ້ຮູ້ວ່າ（通知）(25)，ມີຄຳເຫັນວ່າ（认为）(19)，ຊີ້ໃຫ້（指示）(9)，ໃຫ້ກຽດປາຖະກາຖາ（发言）(7)，ເປີດເຜີຍວ່າ（透露）(7)，ຍົກໃຫ້ເຫັນ（举出）(7)，ອະທິບາຍ（解释）(3)
消极 (2)	ມີຫາງສຽງວ່າ（传言）(2)，ຮ້ອງທຸກ（抱怨）(1)，ປ່ອຍຂ່າວ（放出新闻）(1)，ມີການເຜີຍແຜ່ຂ່າວປອມເຊັ່ນວ່າ（有这样的假新闻传播）(1)

老媒在使用积极动词时，大多的场合是转引两国高层会晤、研讨会、论坛、合作会议等场合领导人的讲话、发言，一方面使用感谢、高度评价、祝贺等词表达对中国援助的感谢、对当前中老合作所取得的成就的高度赞赏，另一方面使用祝愿、坚信、提议、呼吁等词表达两国领导对未来中老合作的展望、建议。可以看出，老挝媒体在转述政治议题类官方话语时，在积极动词的使用方面不吝笔墨，积极还原中老双方官方的相关声音，在政治议题领域展现了中老双方互尊互信、命运与共的情感关联。

在中性动词的使用上，涉及的场合较为宽泛。“说”一词使用频率较高，给读者传递一种客观公正的态度，不带有媒体本身的感情色彩。总体来看，大多数中性转述词转述内容较为积极和中性，只有《巴特寮报》一篇文章中就曾用“说”转述 Facebook 上一部分网友的话，这部分网友对中国支援老挝抗疫的人员回国表示质疑，表示为什么疾病还没有控制住，中国抗疫人员就回去了。这也反映出，老媒对民众的质疑声持保留态度，只客观反映，不做评价。

19）ໃນຂະນະດຽວກັນ ກໍມີຈຳນວນໜຶ່ງ**ກ່າວວ່າ**: ການແຜ່ລະບາດຂອງພະຍາດດັ່ງກ່າວ ຍັງບໍ່ທັນຢຸດເທື່ອ ຄືກັບໄວແທ້ ຢູ່ຕໍ່ອີກກ່ອນບໍ່ໄດ້ບໍ.（同时，也有一部分人**说**：疾病的传播还没有停止，（中国的抗疫支援人员）怎么这么早就要回去，先继续待在（老挝）这边不行吗？）

老媒在使用消极类转述动词时，大多是在为中国正名的语境中。一种情况是引

① 唐青叶．学术语篇中的转述现象［J］．外语与外语教学，2004（2）：3—6，5．

述完直接对言论进行定性为假新闻或不实新闻，另一种情况是，后文中有老挝专业人士对此进行澄清、解答。文中虽然使用了消极的转述动词，但转述只是作为引子，整个语篇的语境消解了不实新闻的内涵，引导受众重新审视舆论。

20）ຂະນະທີ່ການພັດທະນາອ້ອມຂ້າງສະຖານີລົດໄຟທີ່**ມີຫາງສຽງວ່າ**ລາວຈະຕ້ອງຈັດຫາເນື້ອທີ່ດິນເພີ່ມອີກແມ່ນບໍ່ມີຄວາມຈິງເພາະໃນສັນຍາໄດ້ກຳນົດເອົາ4ຈຸດ ທີ່ມີເນື້ອທີ່ລວມບໍ່ໃຫ້ຫຼຸດ 3.000 ເຮັກຕາແລ້ວ.（在开发火车站周边时，**有传言说**老挝将不得不提供更多的土地是不实的，因为合同已经确定了四个点，总面积不超过 3000 公顷。）

21）ສຳລັບການລົງທຶນໃສ່ບັນດາທຸລະກິດທີ່ປິ່ນອ້ອມໂຄງການທາງລົດໄຟລາວ-ຈີນກໍ**ມີຫາງສຽງວ່າ**ລັດຖະບານຈະຕ້ອງໄດ້ຈັດຫາທີ່ດິນໃຫ້ເພີ່ມອີກ.（至于投资中老铁路项目周边的商业，**有传言说**政府将提供更多土地。）

22）ມີປະຊາຊົນລາວຈຳນວນໜຶ່ງ**ຮ້ອງທຸກ**ຕໍ່ສື່ສັງຄົມອອນລາຍວ່າ: ໃນໄລຍະຜ່ານມາບໍ່ດົນພາຍຫຼັງມີຝົນຕົກ, ໄດ້ເຮັດໃຫ້ເກີດມີນ້ຳຖ້ວມບ່ອກດາໂລ (ທາງລອດທາງລົດໄຟ) ທີ່ກຳລັງກໍ່ສ້າງຫຼາຍສາຍ.（有一部分老挝人在社交媒体**抱怨道**：最近大雨过后，多条正在建设的铁轨已经中断了。）

23）ໃນກໍລະນີທີ່ຫຼາຍເພດຫຼືສື່ອອນລາຍຫຼາຍແຫຼ່ງໄດ້**ປ່ອຍຂ່າວໃນເນື້ອຫາທີ່ວ່າ**ລັດຖະບານຈີນ ໄດ້ຍຶດເຂື່ອນໄຟຟ້າຫຼືໂຄງການສາຍສົ່ງຂອງລັດວິສາຫະກິດໄຟຟ້າລາວນັ້ນແມ່ນຂ່າວປອມຫຼືຂ່າວທີ່ບໍ່ມີມູນ ຄວາມຈິງ.（有很多论坛或网络媒体已经**放出新闻说**中国将强占电站或老挝输电项目是假消息。）

24）ໂດຍ**ມີການເຜີຍແຜ່ຂ່າວປອມເຊັ່ນວ່າ**: ຈີນຄວບຄຸມເຂື່ອນກັ້ນນ້ຳຢູ່ຍ່ານເໜືອແມ່ນ້ຳຂອງແຕ່ພຽງຝ່າຍດຽວອັນໄດ້ເຮັດໃຫ້ເກີດໄພພິບັດຢູ່ປະເທດລຸ່ມແມ່ນ້ຳຂອງຮຸນແຮງຂຶ້ນແລະອື່ນໆ.（**有这样的假新闻传布**：中国单方面控制湄公河三角洲大坝，加剧了湄公河下游地区的灾情等。）

（三）隐喻分析

中老命运共同体是中老两国领导人描绘中老关系发展图景时共同达成的政治构想，具有较强的权威性、政治性。“政治的世界是复杂和充满价值观的，无论在认知上还是在感知上都远离人们即刻的日常经验。”[①] 而隐喻的本质就是通过另一种事物来理解和体验当前的事物[②]。另类事物指的是始源域，是隐喻认知的基础，通常是人们所熟悉的、具象的东西；而当前事物指目标域，往往是人们陌生的、抽象的东西。为了将不可感知的转化为可感知的，媒体总是透过隐喻话语向受众传递意识形态观念，实现政治任务。鉴于此，以分析媒介对隐喻这一语言形式的使用为表可以进一步窥探其对相关问题认知这一隐喻的内里。

① 贺梦依．概念隐喻与政治的关系识解［J］．外国语文，2011，27（3）：48—52．

② Lakoff G, Johnson M. *Metaphors We Live By* [M]. Chicago & London: The University of Chicago Press, 1980.

本文以人工识别的方式细读新闻报道，发现老媒的报道中拟人类、自然类和建筑类这三类隐喻形式比较凸出。隐喻话语中，隐喻关键词能够激活整个隐喻框架，是隐喻分析的关键。因此，本文提取各类隐喻话语中的隐喻关键词，统计其频率，展示其语境，以期探寻老挝主流媒体向受众叙述中老命运共同体的方式。

1. 拟人类

人类的认知规律是由近及远、由实体到非实体、由具象到抽象的，这也决定了人本身是人类认识世界的基础[①]。拟人类隐喻是通过人类动机、特点以及活动等让我们理解各种非人类实体的经历[②]。老媒大量使用类人隐喻，形成“国家是人”的理解，中老两国被赋予亲戚、朋友、合作伙伴、邻居的身份。

表 6　拟人类隐喻关键词统计表

隐喻关键词	频次	隐喻关键词	频次
ອ້າຍນ້ອງ（兄弟）	89	ຄອບຄົວ（家庭）	8
ຄູ່ຮ່ວມມື（合作伙伴）	86	ບ້ານໃກ້ເຮືອນຄຽງ（邻居）	43
ເພື່ອນມິດ（朋友）	80	ພີ່ນ້ອງ（兄弟姊妹；同胞）	31

25）ຂໍຖືໂອກາດນີ້, ສະແດງຄວາມຂອບໃຈຢ່າງຈິງໃຈແລະຮູ້ບຸນຄຸນເປັນຢ່າງສູງຕໍ່ພັກ, ລັດແລະປະຊາຊົນຈີນອ້າຍນ້ອງທີ່ໄດ້ໃຫ້ການສະໜັບສະໜູນແລະຊ່ວຍເຫລືອອັນໃຫຍ່ຫລວງ ແກ່ປະຊາຊົນລາວ ມາໂດຍຕະຫລອດ.（借此机会，向兄弟的中国共产党、国家和人民一直以来对老挝人民的巨大援助表示衷心的感谢和高度的感恩。）

26）ໃນຄອບຄົວໃຫຍ່ທີ່ຮ່ວມກັນສ້າງຂໍ້ລິເລີ່ມ“ໜຶ່ງແລວໜຶ່ງເສັ້ນທາງ”, ບໍ່ວ່າເປັນປະເທດກຸ່ມເສດຖະກິດໃຫຍ່ຫຼືນ້ອຍ, ປະເທດຄູ່ຮ່ວມມືໃດໆລ້ວນແຕ່ສະເໝີພາບກັນ.（在共建“一带一路”倡议的大家庭中，不管是大经济体国家还是小经济体国家，任何合作伙伴国都平等。）

27）ສອງຝ່າຍ ໄດ້ມີການຮ່ວມມືກັນຢ່າງໃກ້ຊິດ ແລະ ແລກປ່ຽນຂໍ້ມູນ ຊຶ່ງກັນແລະກັນຢ່າງເປັນປະຈຳເຮັດໃຫ້ຊາຍແດນລາວ-ຈີນເປັນຊາຍແດນມິດຕະພາບ, ບ້ານໃກ້ເຮືອນຄຽງຕາມທິດ4ດີແລະຄູ່ຮ່ວມຊະຕາກຳອັນແທ້ຈິງ.（双方密切合作，定期互通信息，使老中边境真正成为友好、睦邻、命运与共的边界。）

在老媒的报道文本中，将支持共建“一带一路”倡议的成员、澜湄合作六国都视为了一个大家庭，老挝认同并将自己定位于中国的“家人圈”。老挝感谢“兄弟的”中国的援助，对“兄弟的”中国表示关切慰问，将中老双方的帮扶、关心视为

① 卢卫中．人体隐喻化的认知特点［J］．外语教学，2003（6）：23—28．

② Lakoff G, Johnson M. *Metaphors We Live By* [M]. Chicago & London: The University of Chicago Press, 1980.

家人之间的责任，各自对对方做其应做之事，尽其应尽之责，而不那么期望对方提供对等的回报（社会交换的预期低）[①]。同时，中国也是老挝的“合作伙伴”“朋友”“邻居”，熟人之间交往讲人情，以双方过去所储存的既有人情为基础，采取合适的方式和程度，做进一步的人情往来[②]。老媒对拟人类隐喻的使用充分体现了中老互为家人、熟人，双方交往既讲责任又讲人情，情感纽带深厚。

2. 自然类

老媒以自然规律作为源域，使用“开花结果”“茁壮成长”映射中老关系的培育过程。具体如下：

表 7　自然类隐喻关键词统计表

隐喻关键词	频次
ແຕກດອກອອກຜົນ（开花结果）	26
ຈະເລີນງອກງາມ（茁壮成长）	11
ເບັ່ງບານ（（花等）怒放、开放）	1

28）ຜັນຂະຫຍາຍສາຍພົວພັນທີ່ເປັນມູນເຊື້ອຂອງສປຈີນຄູ່ຮ່ວມມືຍຸດທະສາດຮອບດ້ານ, ໝັ້ນຄົງຍາວນານໂດຍສະເພາະຕິດພັນກັບການຈັດຕັ້ງປະຕິບັດແຜນແມ່ບົດຄູ່ຮ່ວມຊາຕາກຳລາວ-ຈີນ ໃຫ້ເກີດດອກອອກຜົນໃນທຸກດ້ານ.（扩大与中国的传统联系，长期稳定的全面战略伙伴关系，特别是推动中老命运共同体行动计划开花结果。）

29）ການເປີດສະຖານີວິທະຍຸCRIFM93MHzກໍຄືການເປີດສຳນັກງານຕາງໜ້າຂອງCRIປະຈຳລາວໃນປີ2006ນັ້ນ, ຖືວ່າເປັນຂີດໝາຍອັນສຳຄັນແລະເປັນການໃກ້ຊິດກັບຜູ້ຟັງລາວຫຼາຍຂຶ້ນ, ທັງເປັນການເພີ່ມທະວີການຮ່ວມມືລະຫວ່າງສື່ມວນຊົນລາວແລະຈີນໃນຍຸກໃໝ່ເພື່ອປະກອບສ່ວນເຂົ້າໃນການເສີມຂະຫຍາຍສາຍພົວພັນມິດຕະພາບລາວ-ຈີນໃຫ້ນັບມື້ນັບຂະຫຍາຍຕົວແລະຈະເລີນງອກງາມຍິ່ງໆຂຶ້ນ.（CRI FM 93 MHz 电台的启用，以及 2006 年 CRI 老挝分台的开设，被认为是一个重要的里程碑，其与老挝听众建立了更密切的关系，同时也增加了新时代老挝和中国媒体在老挝的合作，为推动中老友谊茁壮成长做出贡献。）

3. 建筑类

建筑物在日常生活中随处可见，嵌入人们生活的细微之处，建筑隐喻将抽象事

---

① 詹德斌．试析中国对外关系的差序格局：基于中国“好关系”外交话语的分析［J］．外交评论（外交学院学报），2017，34（2）：13—37．

② 詹德斌．试析中国对外关系的差序格局：基于中国“好关系”外交话语的分析［J］．外交评论（外交学院学报），2017，34（2）：13—37．

物最大限度实体化，将隐喻隐含表达的态度最大化，更容易触发受众情感共鸣①。本语料中包含的建筑隐喻关键词如下表所示：

表 8　建筑类隐喻关键词统计表

隐喻关键词	频次	隐喻关键词	频次
ຂົວຕໍ່/ຂົວເຊື່ອມຕໍ່（桥梁）	11	ໜັກແໜ້ນ（坚实稳固的）	69
ສ້າງ/ສ້າງສາ（建设）	103	ໝັ້ນຄົງຂະໜົງແກ່ນ（牢固的）	8
ບົນພື້ນຖານ（在……的基础上）	18	ແຕກແຍກບໍ່ໄດ້（牢不可破的）	2

由上表可以看出，老媒对中老命运共同体的隐喻表达构成要素丰富，包含“建筑物”“建筑动作”和“建筑材质”，旨在阐明“建筑什么”和“如何建筑”两个问题。ໜັກແໜ້ນ、ໝັ້ນຄົງຂະໜົງແກ່ນ、ແຕກແຍກບໍ່ໄດ້ 三个形容词对应着建设目标，即“中老共建中老命运共同体是共同建设一座坚不可摧的大厦”。ບົນພື້ນຖານ 和 ຂົວຕໍ່/ຂົວເຊື່ອມຕໍ່ 指明建设路径，“中老传统友谊是建设的地基”，“人文交流是发展中老关系的桥梁”。

30）ຂ້າພະເຈົ້າໃຫ້ຄວາມສຳຄັນຢ່າງສູງຕໍ່ການພົວພັນຂອງສອງພັກ, ສອງລັດຈີນ-ລາວ, ຍິນດີຮ່ວມກັບສະຫາຍຊຸກຍູ້ການຈັດຕັ້ງປະຕິບັດຄວາມຮັບຮູ້ທີ່ເປັນເອກະພາບກັນທີ່ສຳຄັນຂອງສອງຝ່າຍ, ຊຸກຍູ້ການສ້າງຄູ່ຮ່ວມຊາຕາກຳ ຈີນ-ລາວໃຫ້ໜັກແໜ້ນເພື່ອສ້າງຜົນປະໂຫຍດໃຫ້ແກ່ສອງປະເທດແລະ ປະຊາຊົນສອງຊາດໃຫ້ ຫຼາຍກວ່າເກົ່າ.（我高度重视中–老两党、两国关系，愿与同志们一道推动落实双方的重要共识，推动坚实稳固的中老命运共同体，为两国和两国人民带来更多的利益。）

31）ໄດ້ອອກມາດຕະການອັນສຳຄັນຢ່າງຮອບດ້ານເພື່ອສືບຕໍ່ສ້າງຄູ່ຮ່ວມຊາຕາກຳຈີນ-ລາວທີ່ແຕກແຍກບໍ່ໄດ້ຢ່າງບໍ່ຢຸດຢັ້ງ.（继续出台全面措施建设牢不可破的命运共同体。）

32）ພ້ອມກັນນັ້ນ, ກໍ່ເປັນການປະກອບສ່ວນເຂົ້າໃນການສ້າງຄູ່ຮ່ວມຊາຕາກຳລາວ-ຈີນ ບົນພື້ນຖານຜົນສຳເລັດຂອງສາຍພົວພັນ ລາວ-ຈີນ ຄົບຮອບ 60 ປີ.（同时，也有助于在老中建交 60 周年的基础上建设老中命运共同体。）

老挝主流媒体通过使用“建设中老命运共同体是建设一座坚固的大厦”的隐喻，将中老命运共同体实物化，向民众表明：中老两国作为“建设者”笃定地建设坚固的命运共同体，努力清除建设过程中的拦路虎，妄图摧毁该建筑的势力没有好下场。中老两国将传统友谊、“四好”关系、全面战略合作伙伴关系视为建设中老命运共同体的载荷，60 年的中老关系发展为建设稳固的命运共同体提供根基深厚。中老人文交流已经成为且将一直会成为两国关系发展的坚固连接。

① 杨红燕．政府重大态度的隐喻表达机制研究：以《抗击新冠肺炎疫情的中国行动》白皮书为例［J］．人文杂志，2021（8）：90—96．

三、结语

老挝主流媒体对中老命运共同体进行了大量的持续性报道。对新闻语篇从及物、互文、隐喻三个方面进行分析，其结果显示：首先，这些报道主要通过物质过程、关系过程和心理过程对“中老命运共同体”建设的相关经验活动进行表征，物质过程反映客观事实，意在告知民众：中老正在做大利益“蛋糕”；关系过程、心理过程表征老挝主流媒体对“中老命运共同体”建设的高度评价和重大关切。其次，老媒多采用官方话语作为新闻来源，转述动词多为积极、中性的，这体现了报道的权威性，表明了老挝官方对中老命运共同体建设的态度积极、正面。最后，老媒通过使用“中老是兄弟、朋友、伙伴”，“中老合作是双方共同培育的种子”，“中老命运共同体是坚固的大厦”等隐喻，把中老两国框定为有着亲密关系的合作者，从而引导老挝民众接受并参与推进中老命运共同体的建设。

参考文献

［1］胡壮麟，朱永生，张德禄，李战子．系统功能语言学概论［M］．北京：北京大学出版社，2005．

［2］李彬．符号透视：传播内容的本体诠释［M］．上海：复旦大学出版社，2003．

［3］辛斌．批评语言学：理论与应用［M］．上海：上海外语教育出版社，2005．

［4］辛斌，高小丽．汉英报纸新闻中转述言语的语篇和语用功能比较研究［M］．上海：上海外语教育出版社，2018．

［5］辛斌．批评话语研究中的互文性分析［J］．外语与外语教学，2021（3）：1—12，147．

［6］辛斌．语篇研究中的互文性分析［J］．外语与外语教学，2008（1）：6—10．

［7］邵颖．马来西亚官方媒体对“一带一路”的认知［J］．中国外语，2018，15（3）：72—77．

［8］唐青叶．学术语篇中的转述现象［J］．外语与外语教学，2004（2）：3—6，5．

［9］贺梦依．概念隐喻与政治的关系识解［J］．外国语文，2011，27（3）：48—52．

［10］卢卫中．人体隐喻化的认知特点［J］．外语教学，2003（6）：23—28．

［11］詹德斌．试析中国对外关系的差序格局：基于中国“好关系”外交话语的分析［J］．外交评论（外交学院学报），2017，34（2）：13—37．

［12］杨红燕．政府重大态度的隐喻表达机制研究：以《抗击新冠肺炎疫情的

中国行动》白皮书为例［J］. 人文杂志，2021（8）：90—96.

［13］Fairclough N. *Discourse and Social Change* [M]. Cambridge: Polity Press, 1992.

［14］Lakoff G, Johnson M. *Metaphors We Live By* [M]. Chicago & London: The University of Chicago Press, 1980.

［15］Kristeva J. *Bakhtine, le mot, le dialogue et le roman* [J]. *Critique*, 1967 (33): 438–465.

基于《缅英词典》语料库的缅文叠字词特征定量研究

广西民族大学　陈　宇　欧江玲　杜瓦底敦

【摘　要】在现代缅文中，叠字是一种比较特殊的现象，其在结构和发音等方面上都具有独特之处。本文通过对《缅英词典》语料库中所包含的叠字词进行遴选、去重和标注后，经过对叠字词进行分类，从语源、结构、语音等多个维度进行定量分析。分析结果表明，缅文叠字词具有词源丰富、结构特殊和发音复杂等特征，是缅甸语学习的重点，亦是缅甸语自然语言处理的难点。

【关键词】缅文；叠字词；语料库；定量分析；词特征

引言

（一）现代缅文

现代缅文最早起源于印度南部的婆罗米文字，不过并非婆罗米文字直接演变而来。缅文形成主要受到骠文和孟文这两种婆罗米文字的子文字系统的影响，同时在形成过程中也吸收了梵文和巴利文的部分符号。目前可考据的最早的缅文是镌刻于公元1058年的“雷德谢碑文”，此时正处于缅甸的第一个封建王朝——蒲甘王朝时期。不过根据主流观点，1044年蒲甘王朝建立初期，缅甸的官方文字为孟文。研究缅文历史发展的最重要史料无疑是1112年刻制的“妙齐提碑文”（又称“亚扎古曼”碑文），该碑文是王子亚扎古曼为感谢其父王江喜陀所刻制的，石碑呈四棱柱形，四面分别用巴利文、孟文、骠文和缅文共四种文字刻写着同样的内容。自此开始，缅文逐步取代孟文成为缅甸的官方文字，至今仍在缅甸处于主导地位。①

1963年，缅甸文学和翻译委员会成立，后于1971年改组为缅甸文委员会，隶属于教育部。委员会先后完成了缅甸语正字法、缅甸语词典出版等工作，在官方出台的法令配合下，逐步完成了现代缅文的统一工作。现在，缅文不只是缅语的文字，稍加改造后，缅文还被用来书写孟语、掸语和克耶语等缅甸少数民族语言。②

（二）叠字与叠字词

在现代缅文中，叠字是一种比较特殊的现象。“叠字”在缅语中称为

① ပညာရေးဝန်ကြီးဌာနမြန်မာစာအဖွဲ့။ (၂၀၀၆)။ *မြန်မာ-အင်္ဂလိပ်အဘိဓာန်*။ ရန်ကုန်၊ တက္ကသိုလ်များပုံနှိပ်တိုက်။ ၄-၁၆။

② 汪大年．缅甸语概论［M］．北京大学出版社，1997：489—504．

“ပါဠိဆင့်”，“ပါဠိ”是指“巴利词”或“巴利文”，“ဆင့်”则意为“重叠”，由此可见“ပါဠိဆင့်”的字面意思是指“巴利词”或“巴利文”的一种“重叠”的现象，这也同样印证了缅文的形成受到巴利文的影响这一事实。根据《缅甸语语法·第二卷·第六章·十年级》（မြန်မာသဒ္ဒါ အတွဲ(၂)၊ အခန်း(၆) ဒသမတန်း）的说法，叠字是指现代缅文中两个符号叠在一起的符号组合，而含有叠字的词则被称为叠字词（ပါဠိဆင့်စကားလုံး）。在国内学界亦有将“叠字”称为“重叠字符”或“重叠字”，这些说法均指向缅文中“ပါဠိဆင့်”这种书写现象，在本文中笔者将其统称为“叠字”。缅文中的叠字最早特指缅语中巴利语借词的一类书写现象，但是后来非巴利语借词也借用了这种书写方法。叠字词与缅语中的其他词不存在发音上的差别，并非一种语音现象或语法现象，其只是书写方式与其他词存在一些区别，是一种特殊的书写现象。①

（三）研究现状

目前，关于缅文叠字词，缅甸学界针对此的相关研究比较少，主要是在教材或语言学著作中对这一特殊的书写现象有所提及，如教育部基础教育课程、教学大纲和教科书委员会出版的《缅甸语语法》（မြန်မာသဒ္ဒါ）和宗教事务部宗教事务司出版的《佛教袖珍经典》（ဗုဒ္ဓဘာသာလက်စွဲကျမ်း）中都对叠字词有所介绍，并着重阐释叠字词的写法和读法；埃觉敏（အေးကျော်မင်း）著的《亟需重视的缅文》（အလေးထားစရာ မြန်မာစာ）中的部分章节对个别缅文中的叠字词进行了分析，如对英文借词中的叠字现象和叠字“ဿ”的分析等。

国内的相关研究则比缅甸更少，汪大年编著的《缅甸语概论》和钟智翔、曲永恩编著的《缅甸语语法》，以及国内的缅甸语教材，如北京大学版的《缅甸语教程》、洛阳解放军外国语学院版的《基础缅甸语》及广西民族大学版的《缅甸语语音快速入门》都对叠字词有简单的讲解，不过相对缅甸已有叠字词研究而言，篇幅较短。

（四）研究对象与研究目的

《缅英词典》是由缅甸教育部缅甸文委员会于1993年出版的缅甸语与英语互译的字典，是缅甸官方推出的第一本缅英词典，后于2006年进行了一个版本的修订，即《缅英词典（第二版）》②，该版本是目前市面上主要使用的版本。相对于由缅甸文委员会出版的主要面向缅甸国内读者的《缅甸语词典》，《缅英词典》的读者

---

① ပညာရေးဝန်ကြီးဌာနမြန်မာစာအဖွဲ့။ (၂၀၁၇)။ *မြန်မာသဒ္ဒါ အတွဲ(၂)၊ အခန်း(၆) ဒသမတန်း*။ ရန်ကုန်၊ အခြေခံပညာ သင်ရိုးညွှန်းတမ်း၊ သင်ရိုးမာတိကာနှင့် ကျောင်းသုံးစာအုပ်တော်မတီ။ ၁၇-၂၃။

② 本文中的《缅英词典》都特指2006年出版的《缅英词典（第二版）》，简称为《缅英词典》。

群同时涵盖缅甸国内外两个群体。因此，《缅英词典》收录的词更全，新兴词更多，基本能够覆盖缅甸人民和外国缅甸语学习者日常使用所涉及的缅甸语词汇。

因此，以《缅英词典》作为叠字词的研究材料，能够具有较强的代表性。叠字词作为缅文中的一种特殊的书写现象，在缅甸及国内的相关研究著作中都花了特别的篇幅甚至是专门的章节进行讲解，是缅甸语学习者学习过程中的难点；而在缅甸语自然语言处理中，叠字词一方面是分词和分音节的难点，另一方面又是语音合成和语音识别中准确率较低的一环。

笔者以《缅英词典》中所收录的叠字词作为研究对象，使用定量研究的方法，从语言学的角度，通过词源、结构、发音等多个维度对叠字词的特征进行分析。一方面，是希望加强缅甸语学习者对这一缅文中特殊书写现象的认识；另一方面，亦是希望为后面将涉及的缅文叠字词相关的自然语言处理研究提供语言学角度的参考材料。

一、叠字词的遴选与加工

（一）叠字词的遴选

语言学家 David Crystal 认为：“语料库是可以用于语言研究的数据，其作用在于可以验证已有的加深，也可以作为语言描写的起点。”缅甸教育部缅甸文委员会出版的《缅英词典》在互联网上具有开源的语料库，笔者下载后，并将原来 .db 格式的语料库文件转化为 .xlsx 格式的图表文件，可以得知该词典包括同义词在内一共收录了 31090 个词条，去除同义词后共有 29687 个词，即该词典收录的词总数。

id	word	phonetics	region	part_of_speech	meaning	refer	status	serial	img
59	ကညစ်	kanji'	ka-region-37	n	stylus [Mon ကျွေဟ်]		0		2.jpg
60	ကညွတ်	kanju'	ka-region-38	n	kind of asparagus Asparagus officinalis		0		
61	ကညွတ်နက်	kanju' ne'	ka-region-1851	n	black asparagus Curculigo orchioides		0		
62	ကညွတ်ပိုးတောင်မာ	kanju' pou: daun ma	ka-region-1852	n	asparagus beetle Crioceris asparagi		0		
63	ကဏန်း	ganan:	ka-region-39	n	crab [Mon ခတာံ]		0		
64	ကဏန်းမြင်း	ganan: mjin:	ka-region-40	n	kind of red salt- water crab		0		
65	ကဏန်းလက်မ	ganan: le' ma.	ka-region-41	n	[fig.] spanner; wrench		0		
66	ကဏန်းလက်မပန်း	ganan: le' ma. pan:	ka-region-1853	n	red heliconia Heliconia stricta		0		
67	ကတညုတ	katin nju.ta.	ka-region-42	n	gratitude [Pali ကတညုတာ]		0		
68	ကတိ	gadi.	ka-region-43	n	1 promise \n 2 agreement [Pali ကတိကာ]		0		
69	ကတိကဝတ်	gadi. kawu'	ka-region-44	n	Same as ကတိ n. [Pali ကတိကဝတ္တ]	ကတိ	0		
70	ကတိခံဝန်ချက်	gadi. khan wun gje'	ka-region-1854	n	pledge; undertaking; agreement		0		
71	ကတိခံဝန်ချုပ်	gadi. khan wun gjou'	ka-region-1855	n	promissory note; bond; surety		0		

图 1 《缅英词典》语料库示例

《缅英词典》语料库采用的是 Myanmar Unicode 字体，在使用该字体编码的缅甸文中，叠字词具有特殊的编码特征，如大部分叠字词都包含“္”（Myanmar Unicode 字体中的叠字符号）；而包含“ဿ”和“ယျ”的叠字词也可以进行直接检索等。笔者在对叠字词的编码特征进行总结后，使用 Excel 软件对第 2 列“word”中含有叠字词特征的词进行批量遴选。

但由于部分类型的叠字词的构词方式与非叠字词无异，无法通过计算机进行批量遴选。最后笔者采用人工的方式对第 2 列“word”中的所有词中进行补充遴选，最后共遴选出缅文叠字词 1714 个。

（二）叠字词的去重

遴选出缅文中的所有叠字词后，由于有些词是叠字词与其他词一起联结后衍生而来的合成词，只需要分析叠字词本身即可，如合成词“ကုန်ပစ္စည်း/kòʊɴpjiʔsí/（意为：商品）”由“ကုန်（意为：货物）”和叠字词“ပစ္စည်း（意为：东西）”联结后衍生而来，因此只需要对后者进行分析；但是，有些叠字词由于与非叠字词部分关系已经十分紧密，已经无法单独使用，只能对这些形式固定的合成词进行直接分析，如“လဆန်းပက္ခ/lḁzáɴpɛʔkḁ/（意为：月初）”由“လဆန်း（意为：上半月）”和叠字词“ပက္ခ（意为：月初和月末的 5 天）”两部分构成，后者在现代缅甸语中极少单独使用，一般往往会与前者配合出现，所以没有被单独收录至《缅英词典》中。笔者根据需求，使用 Python 编写的软件对上述遴选出来的 1714 个叠字词进行机器去重。

此外，部分词的叠字词虽不单独使用，但却有多种搭配形式，由于本文的研究对象为缅文叠字词，且主要针对叠字部分，只需研究其中一种搭配即可了解该叠字词的情况。如上述的叠字词“ပက္ခ”不止与“လဆန်း”搭配，还与“လဆုတ်”搭配构成“လဆုတ်ပက္ခ/lḁzoʊʔpɛʔkḁ/（意为：月末）”，此时由于研究对象仅为叠字词“ပက္ခ”，所以两种搭配后的形式只保留一种即可。因此，笔者针对这种不单独使用的叠字词多种搭配的情况，进行了人工去重。

经过两轮去重，最后剩余 654 个叠字词，即本文主要的定量研究对象。这些词基本覆盖了缅甸人民和缅甸语学习者日常能够用到的叠字词，具有比较强的代表性。

（三）叠字词的标注

由图 1 可知，《缅英词典》的语料库包含词（word）、发音（phonetics）、词性（part_of_speech）等信息。但是光依靠语料库提供的信息还不足以支撑本文对叠字词特性的研究，笔者根据研究需要，通过 Python 编写的软件与人工相结合，对叠字词进行了更多信息的标注。

首先，对叠字词的叠字部分的前一个音节进行单独的声调标注，用于了解叠字词的发音规律。笔者将叠字部分的声调分为高降调（52）、低平调（11）、高平调（55）短促调（4）和半音（亦称为轻音）共 5 类，如一个叠字词中存在多个叠字，则对每一个叠字的前一个音节进行声调标注，如“အတ္ထုပ္ပတ္တိ/aʔtʰoʊʔpaʔtḭ/（意为：

传记）”中共有 3 个叠字，这 3 个叠字的前一个音节皆为短促调。

其次，根据叠字词的声调、结构特征，对叠字词所属类别进行标注，用于了解各个类别下叠字词的分布情况，进而分析不同类别中叠字词的特征。笔者将叠字词主要分为“上下相叠”“相叠后构成新符号”和“共用符号”三大类，其中“上下相叠”又细分为“相同符号的上下相叠”和“不同符号的上下相叠”。

最后，对词源信息中不完善的部分进行了补充标注。笔者注意到《缅英词典》语料库中的词源存在许多疏漏的地方，如“သင်္ခမ်း/θìɴkʰáɴ/（意为：伽蓝）”本为巴利语借词，但语料库显示该词为缅甸本土词。因此笔者参考《缅甸语词典》完整版及精简版、《巴利语相关词词典》、《巴利缅甸语词典》和《缅汉词典》等资料，对语料库的不完善部分的信息进行了补充标注工作。

二、缅文叠字词的分类

上文提及，叠字是指两个符号叠在一起的符号组合，根据不同符号相叠的结构，可以将叠字词分为以下三种类别：

（一）上下相叠

上下相叠指的是前一个音节元音部分或全部的符号叠到了后一个音节的辅音符号之上，后省去作为第一个音节元音部分的“်（အသတ်）”（“င်”除外），且若有声调符号，即“း（ဝစ္စနှစ်လုံးပေါက်）”和“့（အောက်ကမြစ်）”，亦同时省去。

以词“သန္တာ/θàɴdà/（意为：珊瑚）”为例，如果正常拼写应该为“သန်တာ”，由“သန်”和“တာ”共两个音节构成，但是第一个音节中的元音符号组合中的“န”与第二个音节作为辅音符号的“တ”上下相叠在一起，而元音符号组合中的“်”则被省去，则构成了“သန္တာ”这一叠字形式；又如“လင်္ကာ/lìŋgà/（意为：诗）”，正常拼写应为“လင်ကာ”；“လက္ခဏာ/lɛʔkənà/（意为：符号）”，正常拼写应为“လက်ခဏာ”等等。

上下相叠一般又细分为“相同符号的上下相叠”和“不同符号的上下相叠”两类：“相同符号的上下相叠”，顾名思义指的是叠字的上下两个符号为同一个，如“တက္ကဗေဒ/tɛʔka̰bèda̰/（意为：伦理学）”和“တက္ကသိုလ်/tɛʔkəθò/（意为：大学）”为两个相同“က”上下相叠，“မဂ္ဂဇင်း/mɛʔgəzíɴ/（意为：杂志）”由两个相同的“ဂ”相叠，“ကိစ္စ/keɪʔsa̰/（意为：事情）”则是由两个相同的“စ”相叠而成；而上段中的“သန္တာ”是由“န”和“တ”这两个不同的字符相叠而成，“လင်္ကာ”是由“င”和“က”两个字符相叠，且因为前一个音节元音部分为“င”，所以相叠时“်”无需省略，而“လက္ခဏာ”则是由“က”和“ခ”相叠而成，这三个例子上下相叠的字符并不相同，属于“不同符号的上下相叠”类别。

（二）相叠后构成新符号

相叠后构成新符号是叠字词又一类型，指的是前一个音节部分或全部的元音符号与后一个音节的辅音符号上下或左右相叠后，构成带有两个符号共同特征的新符号，在构成新符号的过程中与上下相叠的模式一致，会省略第一个音节元音部分的“်（အသတ်）”及声调符号。

以“ဋ္ဌ”为例，“ဋ္ဌ”是由“ဋ”和“ဌ”两个符号上下相叠而成，如“ဆဋ္ဌ/sʰaʔtʰa̰/（意为：第六）”，正常拼写应该为“ဆဋ်ဌ”，作为第一个音节元音部分的“ဋ”和作为“ဌ”两个符号上下相叠的过程中，先省去了第一个音节元音部分的“်”，后构成了新的符号——“ဋ္ဌ”，该符号保留了“ဋ”上半部分的特征及“ဌ”下半部分的特征，使用这一新符号的词还有“ဧဋ္ဌ/ziʔtʰa̰/（意为：当然地）”“ပြဋ္ဌာန်း/pjaʔtʰáɴ/（意为：规定）”和“ဥက္ကဋ္ဌ/oʊʔkətʰa̰/（意为：主席）”等。

（三）共用符号

“共用符号”是指两个相同的符号上下相叠后，直接共用一个符号。对于“共用符号”是否属于叠字词的一种，目前学界说法不一。洛阳解放军外国语学院版的《基础缅甸语》和广西民族大学版的《缅甸语语音快速入门》教材分别将其命名为“缩写字”和“缩略字”，只是写法和读法跟叠字词一致[①]；另外，笔者针对此问题曾向在四川外国语大学任外教的哥雷博士咨询，哥雷博士也认为：“这是缅文书写中的一种缩略现象，不是叠字词。”但是在缅甸教育部出版的《缅语语法》中，虽然没有直接说明“共用符号”这一书写现象的归类问题，不过在《叠字的写法和读法》章节中，明确将书写上存在“共用符号”的词作为叠字词的例子进行讲解，侧面体现缅甸教育部的专家们认为其属于叠字词。[②]对此，笔者更认同后一种说法，认为“共用符号”应为叠字词的一种，是第3种叠字词的类别。

属于“共用符号”这一类别的词有“ကျွန်ုပ်/tɕənoʊʔ/（意为：我）”“သောကြာ/θaʊʔt͡ɕà/（意为：星期五）”和“ယောက်ျား /jaʊʔtɕá/（意为：男人）”等。以“ကျွန်ုပ်”为例，如果按照正常缅文的书写方法，应该书写为“ကျွန်နုပ်”；而作为叠字词，如果没有共用符号则应为“ကျွန္နုပ်”，出于书写方便的考虑，第一个音节元音符号中的“န”与后一个音节作为辅音符号的“န”合二为一，即书写为“ကျွန်ုပ်”。由此可见，“共用符号”可以说是“相同符号的上下相叠”类别的一种变体，不过书写起来更加简便。

---

① 钟智翔，尹湘玲．基础缅甸语（1）［M］．广州：世界图书出版广东有限公司，2012：68—71；唐秀现，欧江玲，朱君．缅甸语语音快速入门［M］．广州：世界图书出版广东有限公司，2011：162—169．

② ပညာရေးဝန်ကြီးဌာနမြန်မာစာအဖွဲ့။ (၂၀၁၇)။ *မြန်မာသဒ္ဒါ အတွဲ(၂)၊ အခန်း(၆) ဒသမတန်း* ။ ရန်ကုန်၊ အခြေခံပညာ သင်ရိုး ညွှန်းတမ်း၊ သင်ရိုးမာတိကာနှင့် ကျောင်းသုံးစာအုပ်တော်မတီ။ ၁၇–၂၃။

三、缅文叠字词特征分析

（一）词源丰富，以巴利语借词为主

从词源看，缅文叠字词的词源较为丰富。根据统计的数据，笔者将缅文叠字词的词源分为以下几类：巴利语借词、梵语借词、缅甸本土词、英语借词和其他借词（详见表 1）。其中，“其他借词”类别中包含孟语借词、阿拉伯语借词、马来语借词、印地语借词、泰语借词、葡萄牙语借词、中文借词和印度斯坦语借词共 8 种，以及一些明确为借词，但是来源无法确定的词。由于这些借词作为单一类别数量较少，统一归为“其他借词”。缅甸语中部分词是由两种借词组合而成的，如“သတ္တဝါ /θaʔtəwà/（意为：生物）”是由梵语借词和巴利语借词组合而成，此时则两种类别各记录一次。

表 1　缅文叠字词词源分布

词源	词频	百分比
巴利语借词	492	73.76%
梵语借词	77	11.54%
缅甸本土词	49	7.35%
英语借词	12	1.80%
其他借词	37	5.55%
总数	667	

如表 1 所示，缅文叠字词的主要词源为巴利语借词，超过总数量的 70%，这无疑与叠字这种书写形式的起源就是受巴利文影响后形成这一事实有直接的关系，上文也提及，缅文中的“叠字”本来就是指巴利文中符号相叠的书写现象，只是后来少部分缅甸本土词与其他外来词也借用了这种书写形式。

排名第二的为梵语借词，远远少于巴利语借词的数量，占到总数的十分之一左右，梵语借词借用叠字这一书写现象相对其他借词较多，这主要与梵语和巴利语在两方面的相近有关：一方面是语源相近，两种语言同属于印欧语系印度-雅利安语支，互为亲属语言；另一方面是对缅甸语的影响领域相近，巴利语和梵语先后作为佛典语言，随着佛教传入缅甸，两种语言对缅甸语的影响都主要集中在宗教领域。

紧接着是缅甸本土词和英语借词。值得注意的是，英国人最早进入缅甸要追溯至 1753 年英国东印度公司派遣一支军队占领缅甸的尼格莱斯岛（又称恒枝岛），而英语对缅甸的影响扩大主要是在 1824 年至 1885 年三次英缅战争之后，在缅甸逐步沦为英国殖民地的过程中，大量英语借词涌入缅甸①，其中一些词的拼写过程借助

① 贺圣达．缅甸史［M］．昆明：云南大学出版社，2015：219—260．

了叠字这一书写方法，如“ကုမ္ပဏီ/kòʊɴpənì/（源于：company）”、“တက္ကစီ/tɛʔkəsì/（源于：taxi）”和“မဂ္ဂဇင်း/mɛʔɡəzíɴ/（源于：magazine）”等。这也意味着缅文中叠字这一书写现象不仅存在于缅甸封建时期产生的词，亦对殖民地时期及以后的外来新词的书写有所影响。

（二）结构特征特殊，有多种形式

上文提及，缅文叠字词根据结构可以分为：“上下相叠”“相叠后构成新符号”和“共用符号”三类，而上下相叠还可以细分为“相同符号的上下相叠”和“不同符号的上下相叠”两类（详见表 2）。无论是上述三种类型中的哪一种，都具有与普通缅文书写方式不同的特殊结构特征：一方面，叠字部分音节间无明显界限，以正常拼写的词“မြန်မာ/mjàɴmà/（意为：缅甸）”为例，很容易可以看出其是由“မြန်”和“မာ”两个音节构成，但叠字词由于叠字部分是由前一个音节的元音及第二个音节的辅音相叠构成，导致无法直接对音节进行分割；另一方面，叠字又是一种缅文书写上的缩略现象，在书写的过程中，存在省略了元音符号的构成部分和声调符号的现象。

表 2　缅文叠字词结构分布

类型		情况	词频		百分比	
上下相叠	相同符号的上下相叠	14	279	588	39.08%	82.35%
	不同符号的上下相叠	30	309		43.28%	
相叠后构成新符号		4	100		14.01%	
共用符号		10	26		3.64%	
总数		58	714			

根据表 2 的数据可以得知，在《缅英词典》中，缅文叠字词以“上下相叠”最为常见，占到总数的 80%以上，而其中在数量上与词频上又以“不同符号的上下相叠”居多，情况最少的是“相叠后构成新符号”类型，收录词数最少的则为“共用符号”类型。

根据《缅英词典》收录的情况，缅甸 33 个辅音符号中，一共有 17 个可以构成相同符号的上下相叠，分别为：“က္က”“ဂ္ဂ”“စ္စ”“ဇ္ဇ”“ည”“ဋ္ဋ”“ဍ္ဍ”“ဏ္ဏ”“တ္တ”“ဒ္ဒ”“န္န”“ပ္ပ”“ဗ္ဗ”“မ္မ”“ယျ”“လ္လ”和“ဿ”，其中“ည”“ယျ”和“ဿ”属于“相叠后构成新符号”类别，详见下文。根据观察可以得知，位于缅甸语辅音表第 1、第 3 和第 5 列的辅音大多可以相同符号间进行上下相叠，位于这 3 列不能相叠的只有“င”和“ဠ”；而位于辅音表第 2 和第 4 列的辅音则皆不可进行相同符号间的上下相叠。而符合“不同符号的相叠”的情况更多，共有 30 种：位于缅甸语辅音表第 1 行的不同辅音符号相叠的情况有“က္ခ”“ဂ္ဃ”“င်္က”“င်္ခ”“င်္ဂ”“င်္ဃ”共 6 种；位于第

2行的有“ဠ္ဌ”“ဍ္ဍ”“ဍ္ဎ”和“ဍ္ဎ”共4种；位于第3行的有“ဠ္ဌ”“ဉ္စ”“ဏ္ဍ”“ဏ္ဌ”和“ဏ္ဍ”共5种，其中“ဠ္ဌ”为辅音“ဋ”“ဌ”属于“相叠后构成新符号”类别，详见下文；位于第4行的有“တ္တ”“ဒ္ဒ”“န္တ”“န္ထ”“န္ဒ”和“န္ဓ”共6种；位于第5行的有“ပ္ပ”“ဗ္ဘ”“မ္ပ”“မ္ဗ”“မ္ဘ”和“မ္မ”共6种；另外还有辅音字母跨行相叠的情况，有“ဘင်”“သင်”“လင်”和“ဟ္မ”共4种。通过观察这些符号相叠的情况，可以分析出其主要的规律为：位于辅音字母表第5列的鼻音一般可以叠于其他4个同行的辅音字母之上，如“မင်္ဂလာ/mìɴɡəlà/（意为：吉祥）”和“ဘဏ္ဍာ/bàɴdà/（意为：财产）”等；第1列的不送气清辅音一般可以叠于第2列的送气清辅音之上，如“ဒုက္ခ/doʊʔkʰa̰/（意为：灾难）”和“ဝတ္ထု/wuʔtʰṵ/（意为：小说）”等；第3列的浊辅音一般可以叠于第4列的浊辅音之上，如“ဗုဒ္ဓ/ boʊʔtʰa̰/（意为：佛）”和“မဇ္ဈိမ/miʔziʔma̰/（意为：中部）”等；部分位于第5列的鼻音可以跨行相叠，如“သင်္ဘော/θíɴbɔ́/（意为：轮船）”和“တနင်္လာ/təníɴlà/（意为：星期一）”等。

“相叠后构成新符号”的情况最少，只有4种，分别为“ဿ”“ည”“ယျ”和“ဋ္ဌ”，其中前面3种是由相同符号相叠后构成，而最后1种则是由不同符号相叠后构成。除了上文中提及的“ဋ္ဌ”外，“ဿ（သကြီး）”是由两个“သ”左右相叠构成；“ည（ညကြီး）”则是两个“ဉ（ညကလေး）”左右相叠构成，构成后的新符号“ည”与缅甸语中第10个辅音符号写法一致，最常见的例子是“ပညာ/pìɴɲà/（意为：学问）”；“ယျ”本来是由两个“ယ”上下相叠构成，符合“相同符号的上下相叠”理应写为“ယ္ယ”，但由于ယ作为缅甸语第21个辅音字母的同时，也可以作为搭配构成复辅音的符号，即“ျ（ယပင့်）”，此时两个符号相叠时，第二个“ယ”则拼写为其复辅音形式，即“ယျ”，也属于构成新符号的类别。需要强调的是，虽然此时第二个“ယ”拼写为复辅音，但是只是书写上的变化，实际仍然发挥辅音的作用[①][②]，与其后面紧跟的元音符号相拼，“ဥယျာဉ်/ṵjìɴ/（意为：公园）”则属于这一类别。

“共用符号”在词数量上是最少的，仅有26个词，但却有多达10种情况。根据对语料库中该类别词的观察，笔者总结出“共用符号”与其他类别两个不同之处：一方面，叠字中前一个音节元音部分的“ိ（အသတ်）”不一定会被省略，如上面的例子中的“ယောက်ျား/jaʊʔtɕá/（意为：男人）”并没有拼写为“ယောကျား”，“ကျွန်နုပ်”中第一个音节元音部分的“ိ”也得到了保留；另一方面，位于第2列和第4列的辅音符号，也可以为前后两个音节所共用，如“မုဆိုး/moʊʔsʰó/（意为：猎人）”和“မုချ/moʊʔtɕʰa̰/（意为：肯定）”，其中辅音“ဆ”和“ခ”皆位于缅甸语辅

① 这里的复辅音指的是为了方便教学，缅甸语从文字本位出发所确定的复辅音。这里的教学复辅音与音位学意义上的复辅音不完全一致。

② 钟智翔，尹湘玲．基础缅甸语（1）[M]．广州：世界图书出版广东有限公司，2012：28—31．

音表的第 2 列，而在“相同符号的上下相叠”中只有第 1、第 3 和第 5 列的辅音才可以在相同符号间相叠。

由此可见，叠字词具有相较于普通缅文词更为特殊的结构特征，并具有种类较多的相叠情况，不同类型的叠字词间亦存在较大差异，是缅甸语学习中的难点，也是缅甸语自然语言处理中分音节与分词难处理之处。

（三）发音规律复杂，遵循一定规则

根据上文描述叠字词所具有的复杂的结构特征，我们不难推出，符号相叠后，作为元音符号构成部分的“ိ”及声调符号的省略，将叠字词的发音规律变得较为复杂。因此，无论是缅甸还是我们国内的缅甸语教材，都会花单独的篇幅来介绍叠字词的发音问题。叠字部分的主要发音规律为：重叠的两个辅音字母中，上部作为前一个音节的元音或元音的一部分，而下部则作为后一个音节的辅音，而叠字部分上方的元音符号则与下部的辅音字母相拼组成音节，如“ပုဂ္ဂိုလ်/poʊʔgò/（意为：人士）”则应拼作“ပုဂ်”和“ဂိုလ်”两个音节。研究叠字词的发音规律，其中的关键是叠字词前一个音节的声调。

缅甸语中的声调一般被认为有 4 个，即高降调（52）、低平调（11）、高平调（55）和短促调（4）四类，半音（亦称为轻音）不作为一个单独的声调。缅文作为一种拼音文字，虽然存在语流音变的现象，但是这种语流音变大多数是有规律可循的，这就意味着大多数时候看到缅文，即可以直接朗读。上文提及，叠字在符号相叠的过程中，在书写上会对前一个音节声调符号进行省略，而如果是连续的叠字，如“အတ္ထုပ္ပတ္တိ/aʔtʰoʊʔpaʔtḭ/（意为：传记）”，则非最后一个叠字音节的所有音节的声调符号全部都会省略。这就意味着叠字词的叠字部分除了最后一个音节外，声调很多时候是无法确定的。

由此可见，通过对《缅英词典》所涵盖的叠字词中的叠字部分的前一个音节进行声调标注，有助于了解其背后的发音规律。又由于声调符号省略后，语流音变导致了部分词发半音，无法确定其原来的声调，因此在通过声调对叠字词的声调统计的过程中，将半音作为一个独立的类别进行标注。对含有连续叠字的词，则对每一个音节都进行统计，统计数据如下（详见表 3）：

表 3　叠字前一个音节声调分布

前一个音节声调	词频	百分比
低平调（11）	220	32.31%
高降调（52）	2	0.29%
高平调（55）	31	4.55%
短促调（4）	382	56.09%

（续表）

前一个音节声调	词频	百分比
半音	46	6.75%
总数	681	

有上表数据可知，缅文叠字词中叠字部分前一个音节的声调大多为短促调，占到总数的一半以上。短促调在叠字词中有明显的特征：一是没有声调符号，二是元音符号不包含“င”“ဉ”“ည”“ဏ”“န”“မ”和“လ”，因此，除部分短促调发半音外，其声调是没有歧义的。

声调上的歧义主要体现在缅文叠字词中叠字部分非短促调的情况，由于在符号相叠的过程中，声调符号将会被省略，因此原本代表高降调的“ ့（အောက်ကမြစ်）”和高平调的“ း（ဝစ္စနှစ်လုံးပေါက်）”两个声调符号被省略后，无法判断其声调。如“အင်္ကျီ /índ͡ʑì/（意为：衣服）”，按照正常缅文的书写方法应书写为“အင်းကျီ”，但是相叠后作为声调符号的“ း”则被省略了。但是根据统计数据我们可以得知：除了短促调外，占比最高的为低平调，其次是高平调，最少的则为高降调，且高降调只存在于“共用符号”这一结构类型之中，如“ပဉ္စတ်/pjɪ̰ɴɲaʔ/（意为：称号）”。

除了声调规律之外，叠字的前一个音节的发音还有一些特殊的规律：叠字部分上部（即第一个音节的元音部分）为“လ”时，发“န်/aɴ/（န-သတ်）”的音，如“တလ္လ/tàɴla̰/（意为：卑鄙）”，根据普通拼法则拼为“တလ်လ”，发音时则为“တန်လ”；元音部分含有“ေ（သဝေထိုး）”的情况下，如叠字部分上部为“က”“ဋ”或“တ”时，第一个音节发“စ်/ɪʔ/（စ-သတ်）”，如“မေတ္တာ/mɪʔtà/（意为：情感）”，根据普通拼法为“မေတ်တာ”，发音时为“မစ်တာ”；如叠字部分上部为“မ”“ဉ”“ဏ”“န”或“မ”，第一个音节则发“င်/ɪɴ/（င-သတ်）”。

综上所述，缅文叠字词的发音规律较为复杂，虽然遵循一定规律，但是由于前一个音节声调符号被省去，部分词的声调无法通过文字直接得出。因此，缅甸语学习者在学习的过程中，针对部分特殊的缅文叠字词的发音，只能通过死记硬背的方式进行记忆，如可以针对性地对省略高平调符号“ း”的 31 个词和省略高降调符号“ ့”的 2 个词进行单独记忆，剩下的除了易于区别的短促调外，则都拼读为低平调，这样可以在一定程度上降低发音错误的概率；[①] 此外，叠字词的发音在缅甸语自然语言处理中语音识别与语音合成时错误率较高，了解叠字词的发音规律对提高缅甸语音处理中的准确性亦有所帮助。

（四）词类较为单一，名词占绝对优势

根据叠字词的词源数据可以得知，叠字词的词源较为丰富，并且主要是由外来

---

① 半音则另需要根据现代缅语语流音变习惯进行变音，其语流音变与是否为缅文叠字词无关，而是现代缅语发音的共性。

词构成，其中梵语和巴利语占主要部分。根据语言间词借用的惯例，往往是一些名词，尤其是某种语言中原本不存在的概念性词，往往是被借用的对象。① 而叠字词的统计数据正是符合这一惯例（详见表 4），叠字词中，超过 90%的词为名词，而《缅英词典》本身的名词占比仅为 59.79%。除名词外，还存在少量的动词、形容词等实词，只存在极个别的助词，除此之外没有其他虚词类型的叠字词，实词比例高达 99.70%，略高于《缅英词典》中的 97.95%。总体上看，缅文叠字词从词类上看较为单一，又以实词中的名词为主。

表 4　叠字词词类分布

词类	词频	百分比
名词	610	92.85%
动词	22	3.35%
形容词	12	1.83%
副词	10	1.52%
代词	1	0.15%
助词	2	0.30%
总数	657	

（五）语义较为固定，以单义词为主

由于叠字词的主要来源是梵语和巴利语借词，以巴利语借词为例，其主要缅语的重要抽象概念空白，主要针对在宗教相关概念上②；而英语借词则主要是音译而来。另外，叠字词由于叠字部分音节相连，结构较为固定，因此，叠字词的语义较为固定，且大多数词为单义词，接近总数的 85%，派生新义的情况相对较少。

表 5　叠字词单义词与多义词分布

类别	词频	百分比
单义词	552	84.30%
多义词	102	15.60%
总数	654	

① 伍铁平，王庆．普通语言学概要：第 3 版［M］．北京：高等教育出版社，2014：151—158．

② 张哲．缅语巴利语借词研究［J］．亚非研究，2020（1）：96—104．

四、结语

由于本文对叠字词的分类及特征的分析，只是针对《缅英词典》的定量研究而来，因此本文所分析的结果只是参考值而非绝对值，这些数据会因为参考的语料库的不同而发生变化。不过由于《缅英词典》是由缅甸的权威机构——缅甸文委员会编写而成，因此具有一定的代表性。缅文叠字词具有词源丰富、结构特殊且发音复杂等特点，是缅甸语学习者学习过程中的难点。本文通过对叠字词特征的分析，希望对学习者学习这一书写现象有所帮助，也希望对缅文叠字词的自然语言处理研究有所裨益。

参考文献

［1］北京大学东方语言文学系缅甸语教研室．缅汉词典［M］．北京：商务印书馆，1990．

［2］蔡向阳．缅甸语言问题研究［M］．广州：世界图书出版广东有限公司，2011．

［3］贺圣达．缅甸史［M］．昆明：云南大学出版社，2015．

［4］唐秀现，欧江玲，朱君．缅甸语语音快速入门［M］．广州：世界图书出版广东有限公司，2011．

［5］汪大年．缅甸语概论［M］．北京：北京大学出版社，1997．

［6］伍铁平，王庆．普通语言学概要：第 3 版［M］．北京：高等教育出版社，2014．

［7］杨惠中，卫乃兴．语料库语言学导论［M］．上海：上海外语教育出版社，2002．

［8］易朝晖．泰语借用梵巴语外来词的方式和特点［J］．解放军外国语学院学报，2012（6）：5．

［9］尹骋翔．漫谈缅甸文字的历史与现状［J］．解放军外国语学院学报，1992（4）：6．

［10］张哲．缅语巴利语借词研究［J］．亚非研究，2020（1）：21．

［11］钟智翔，尹湘玲．基础缅甸语（1）［M］．广州：世界图书出版广东有限公司，2012．

［12］钟智翔．缅甸的佛教及其发展［J］．东南亚研究，2001（2）：7．

［13］ပညာရေးဝန်ကြီးဌာနမြန်မာစာအဖွဲ့။ (၂၀၀၆)။ *မြန်မာ-အင်္ဂလိပ်အဘိဓာန်*။ ရန်ကုန်၊ တက္ကသိုလ်များပုံနှိပ်တိုက်။

［14］ပညာရေးဝန်ကြီးဌာနမြန်မာစာအဖွဲ့။ (၁၉၇၉)။ *မြန်မာအဘိဓာန်*။ ရန်ကုန်၊ စာပေဗိမာန်ပုံနှိပ်တိုက်။

［15］ပညာရေးဝန်ကြီးဌာနမြန်မာစာအဖွဲ့။ (၂၀၀၈)။ *မြန်မာအဘိဓာန်အကျဉ်းချုပ်*။ ရန်ကုန်၊

နေလင်းပုံနှိပ်တိုက်။

[16] ပညာရေးဝန်ကြီးဌာနမြန်မာစာအဖွဲ့။ (၁၉၉၃)။ *မြန်မာစာမြန်မာစကား* ။ ရန်ကုန်၊ တက္ကသိုလ်များပုံနှိပ်တိုက်။

[17] ပညာရေးဝန်ကြီးဌာနမြန်မာစာအဖွဲ့။ (၂၀၁၇)။ *မြန်မာသဒ္ဒါ အတွဲ(၂)၊ အခန်း(၆) ဒသမတန်း*။ ရန်ကုန်၊ အခြေခံပညာ သင်ရိုးညွှန်းတမ်း၊ သင်ရိုးမာတိကာနှင့် ကျောင်းသုံးစာအုပ်တော်မတီ။

[18] သာသနာရေးဦးစီးဌာန။ (၁၉၉၁)။ *ဗုဒ္ဓဘာသာလက်စွဲကျမ်း ပထမတွဲ* ။ ရန်ကုန်၊ သာသနာရေးဦးစီဌာနပုံနှိပ်တိုက်။

[19] အေးကျော်မင်း။ (၂၀၁၇)။ *အလေးထားစရာ မြန်မာစာ-၂*။ ရန်ကုန်၊ Wisdom House စာအုပ်တိုက်။

[20] ထွန်းမြင့်၊ ဦး။ (၁၉၆၈)။ *ပါဠိသက် ဝေါဟာရ အဘိဓာန်*။ ရန်ကုန်၊ တက္ကသိုလ်များပုံနှိပ်တိုက်။

[21] ဟုတ်စိန်၊ ဦး။ (၁၉၉၉)။ *ပါဠိ-မြန်မာအဘိဓာန်*။ ရန်ကုန်၊ ချမ်းသာရောင်စုံပုံနှိပ်တိုက်။

蒙古语动词“ир–”语法化路径的历时构拟与共时验证[①]

信息工程大学　张建利

【摘　要】“Ир–”是蒙古语中“实词虚化”现象的典型代表。它既可作为实义动词充当句子的核心谓语，表达“来，来到，抵达”等空间位移义，也可作为助动词，在“Vx+ир–”联合谓语结构中对前动词附加“趋向”或多种“体”意义[②]。从历时角度将“ир–”的语法化过程划分为远古、中古和近现代三个阶段，充分描写其在不同阶段的多功能性，同时利用语义图模型对该语法化路径进行共时验证，明确“ир–”当前所处的语法化等级，不仅能够为考察蒙古语中类似语言现象提供思路参考，也可为语言类型学视角下的语法化研究提供一个语言个例。

【关键词】蒙古语；助动词；语法化；语义图

一、“Ир–”语法化的过程与路径

“Ир–”语法化路径的历时研究通常要结合蒙古语的历史分期来进行。针对蒙古语的历史分期问题，学界主要形成了二分法、三分法和四分法三种观点。[③]

持两分法的代表人物是嘎日迪。他从语言结构体系的视角出发，将蒙古语发展史划分以下不同阶段：

表1　蒙古语的发展阶段（嘎日迪，2006）[④]

<table>
<tr><td colspan="3">古代阶段</td><td colspan="3">近现代阶段</td></tr>
<tr><td rowspan="2">前古阶段（未知时代至使用文字之前）</td><td>中古阶段（使用文字起至14世纪中期）</td><td>中期阶段（14世纪中期至16世纪末）</td><td>前近代阶段（17世纪初至19世纪中期）</td><td>近代阶段（19世纪中期至20世纪初）</td><td>当代阶段（20世纪初、中至今）</td></tr>
<tr><td colspan="2">前经典阶段</td><td>经典阶段</td><td colspan="2">现代阶段</td></tr>
<tr><td>无文字阶段</td><td colspan="5">有文字阶段</td></tr>
</table>

① 本文系国家社会科学基金项目“语法化理论框架下的现代蒙古语助动词研究”（18CYY052）的阶段性成果。

② 在该结构中，V代表动词词干，x指并列、先行、共同、延续等蒙古语副动词的4种具体形式。

③ 双福（1996）曾提出过五分法的观点，但鉴于影响力有限，本文不做专门讨论。

④ 嘎日迪．中古蒙古语研究［M］．沈阳：辽宁民族出版社，2006：5—7．

持三分法的学者数量较多，主要代表有 Ж. Надмид（1967）、小泽重男（1979）、包·包力高（1983）、清格尔泰（1991）、陶高（1993）、Поппе（1995，1999）和乌·满达夫（1997）等。他们划分时期的依据和所用术语不尽相同。例如，Поппе 将 13 世纪以前的蒙古语称为“古代蒙古语”，而包力高则将“古代”定义为 12 世纪前至 16 世纪末期；Поппе 和 Ж. Надмид 等学者将 13—16 世纪称为“中期”，而小泽重男则将其称为“中世纪”；Поппе 和小泽重男将最后一个阶段称为“近代”，而 Ж. Надмид 则将其称为“新时期”等。

持四分法的主要有 Б. Я. Владимирцов（1988）和 Д. Төмөртогоо（1992），他们对蒙古语的分期划分并不相同，在各阶段命名上同样有所区别，如分别使用“原始蒙古语”或“共同蒙古语”、“古代蒙古语”、“中时期蒙古语”、“近代蒙古语”或“新时期蒙古语”等。[①]

蒙古语的发展是缓慢的，要进行历时研究，必须要回溯其在各发展阶段的不同特点，明确语言现象形成的连贯性。“Ир-”语法化的过程虽然也是渐进的，却与蒙古语的发展阶段并不完全吻合。只有对“ир-”语法化的过程进行科学分期，对相关语料进行相对全面搜集和观察，才能准确梳理“ир-”实词虚化的基本脉络，从而达到构拟其语法化路径的目的。

本文参考上述蒙古语的不同分期方法，结合蒙古文学作品的历史分期，大体上将“ир-”语法化进程划分为远古、中古和近现代三个阶段。远古阶段指从未知年代至使用文字前（13 世纪初）；中古阶段指使用文字起（13 世纪初）至 19 世纪上半叶；近现代阶段指 19 世纪下半叶起至今。其中，由于远古阶段文字记载极其有限，该阶段所用语料主要来自后人对神话、传说、英雄史诗等口头文献的书面整理。中古和近现代阶段语料主要引自蒙古国在线国家语料库（http://web-corpora.net/MongolianCorpus/）以及蒙、中公开出版过的各类文学作品，包括但不限于《*Жангар*》《*Монголын нууц товчоо*》《*Хан харанхуй*》《*Гэсэр*》《*Алтан товч*》《*Чингисийн эр хоёр загалын тууж*》《*Эрдэнийн товч*》《*Хөх судар*》《*Улаан уйлах танхим*》《*Цагаан сар ба хар нулимс*》等。共时语料主要摘取自参考文献和国际互联网。

（一）远古阶段

在远古阶段，“ир-”主要表示人或动物等生命体向说话人所处位置做近向移动，汉语中可译为“来，来到，抵达”等意，在小句或句子中可单独做谓语，也可与其他动词一同做并列谓语。此时，“ир-”前一般可出现形容词或副词等充当的方式状语，也可与时间或地点状语搭配，如例 1—2：

例 1：Цэнхэр цагаан хадны

---

① Д. Төмөртогоо. *Монгол хэлний түүхэн хэлзүй (1)* [M]. Улаанбаатар, 1992: 1–2.

Цүнхгэр цагаан агуйд ирээд... 来到蓝白色岩石山上凹进去的白色岩洞里……——《江格尔》（*Жангар*）

例 2：Шинжээч цагаан хүүхэн ирээд... 皮肤白皙的算卦姑娘来了……——《江格尔》（*Жангар*）

在与其他动词联合使用的过程中，“ир-”与其在位置上不断靠近，逐渐形成了“V+ир-”的连动结构。根据“ир-”在结构中的不同语义，可将该结构再分为 a、b 两类：

a 类：

例 3：Шарагч ингийг

Барьж унан хүрч ирэв. 抓住黄色的成年母骆驼，骑上而到来。——《罕哈冉惠传》（*Хан харанхуй*）

例 4：Амраг хаан ах минь

Амар сайхан морилж ирвээс та гээд... 说道：尊贵的大汗，欢迎您到来。——《江格尔》（*Жангар*）

例 5：Бурхан хар толгойгоороо

Бум сая мөргөөд ирэв гэнэ. 传说佛叩了千万次首才来到这里。——《江格尔》（*Жангар*）

例 6：Хондлой ясыг нь даруулан зүүгээд ирэв. 放在马屁股上驮来了。——《江格尔》（*Жангар*）

在 a 类句子中，“ир-”完整保留着实义动词的词汇意义，与前动词一起做并列谓语。如例 5 中，“ир-”同“мөргөөд”（叩首、磕头）并列，一起做句子的谓语，可译为“叩首而来”。为了区分其他用法，我们将该连动结构中表实在意义的“ир-”称为“$ир-_1$”。

b 类：

例 7：Халдаж ирсэн чи харвах уу? 入侵过来了，你射箭吗？——《江格尔》（*Жангар*）

例 8：Хөвгүүн дусаад гүйж ирээд... 孩子跑过来……——《江格尔》（*Жангар*）

在 b 类句子中，“ир-”的词汇意义则已经开始虚化过程，不仅表达着动作施事的空间位移，还在某种程度上表达说话者在观察某个动作或现象后，心理上感觉到该动作有“由远及近、由小到大、从无到有、从隐到现”的趋向。如在例 7—8 中，“ир-”在与“халдаж”（侵犯）和“гүйж”（跑）组成连动结构时，实际上构成“入侵过来”和“跑过来”之意。然而，由于动词“V”在语义上虽有较强的动作性和位移性，却没有明确的方向性，导致“ир-”在表达本身实在意义的同时，还要表达前一动词“由远及近”的趋向性，即开始脱离空间意义范畴，表达观察到某现象后，心理上的“从无到有，从小到大，从隐到现”等印象。由于词义的部分虚化，此时的“ир-”开始对前动词产生一定的依附性，无论是在语义还是功能上都无法再与前动词构成纯粹的并列关系。本文将已经开始虚化的“ир-”称为“ир-$_2$”。在远古阶段，“ир-$_2$”的用法尚不多见。

值得一提的是，早在远古阶段，“ир-”已经出现了表达时间意义的用法，可译为“（某一时刻）到来”，如下例：

例 9：Эд хүчээ гаргадаг цаг чинь ирэв. 使出你力量的时候到了。——《江格尔》（*Жангар*）

（二）中古阶段

进入 13 世纪前后，“ир-”在语义和所处句法结构方面继续发生变化。

首先，“ир-”动作的发出者不再局限于人和动物等有生命体，也可以是其他无生命体；表时间意义的用法仍旧存在，但并无明显增多趋势。见下例：

例 10：Гэсэр нутагтаа ирэв. 格萨尔来到了故乡。——《格萨尔》（*Гэсэр*）

例 11：Би Тэмүжиний харъяат буй. Их гэрт хонь хяргахаар ирлээ. 我是铁木真的部下。我是来大帐剪羊毛的。——《蒙古秘史》（*Монголын нууц товчоо*）

例 12：Шөнө бүр шар хүн ирж, хээл минь илбэж... 每天晚上都会有一个金黄色的人进来抚摸我的肚子…… ——《黄金史纲》（*Алтан товч*）

例 13：Хэрэв аянд явбаас өмнөөс ирж... 如果（主语是某人，此处省略）路上走时……迎面而来…… ——《智慧钥匙》（*Оюун түлхүүр*）

例 14：Хасар өмнөөс нь нууцаар сумаа онилон ирэхийг Бэгтэр үзээд... 博克帖看到合萨尔面前飞来了一支冷箭。——《蒙古秘史》（*Монголын нууц товчоо*）

例 15：Журын харвасан сум үд болтол бууж эс ирэв. 珠尔射出去的箭直到午时也没落下来。——《格萨尔》（*Гэсэр*）

例 16：Үдэш ирэв. 夜晚到来了。——《格萨尔》（*Гэсэр*）

例 10—13 中，“ир-”表示“阿澜豁阿、格萨尔、我、人”等有生命体的空间位置移动，在小句或句子中单独做谓语；例 14—15 中，主语可以是“箭”等无生命名词；例 16 中，主语为“夜晚”，“ир-”在该句中表达时间范畴意义。

其次，所搭配的状语在意义上开始变得越来越抽象。见例 17—19：

例 17：Алан гуа Добун мэргэнд ирж, хоёр хүү төрүүлэв. 阿阑豁阿来到朵奔莫尔干家里，生了两个儿子。——《蒙古秘史》（*Монголын нууц товчоо*）

例 18：Шөнө бүр цэгээн шар хүн гэрийн өрх, тотгын зайгаар орж ирээд, хэвлийг минь илж, гэгээ гэрэл нь хэвлийд минь шингэх бүлгээ. 每天晚上，都有一个金黄色的人从毡包的门框上方进来，抚摸我的肚子，还有白色的光进入到我肚子

里面。——《蒙古秘史》（*Монголын нууц товчоо*）

例 19：... Мөнлиг Дэй сэцэнд очиж өгүүлрүүн: «Есүхэй ах Тэмүжинийг маш их мөрөөдөж, өрөвдөх тул Тэмүжинийг авахаар ирэв» хэмээжээ. ……蒙力克去到德薛禅家中说道："也速该非常想念铁木真，此次来就是要带他回去。"——《蒙古秘史》（*Монголын нууц товчоо*）

起初，"ир-"作为实义动词在句中做谓语，主要与时间和地点状语搭配。如例 17 和 18 中，"ир-"的状语分别为"朵奔莫尔干的家""（从）窗户"以及"晚上"。但在例 19 中，"ир-"不再单纯地同地点或时间状语搭配，而是换为以目的副动词形式"-хаар"出现的目的状语。此时，"ир-"所表达的意义不再单纯表达空间位移，而是"来做某事"。总之，随着动作施事生命度的不断减弱，"ир-"在一定程度上开始有进一步语义虚化的趋势。

再次，在"Vx+ир-"结构中，不但 a、b 两类用法得到保留，出现次数大幅度增加，而且还出现了新的 c 类句子。如下：

a 类：

例 20：Добун мэргэн тэр чөх бугыг ачиж ирэх зуураа нэгэн яданги хүн хөвүүнээ хөтөлж явахтай золгож. 朵奔莫尔干驮着鹿回来时，碰到了一个穷人正领着孩子在走。——《蒙古秘史》（*Монголын нууц товчоо*）

例 21：«Чи сайдаасаа асууж хэлэх хүн буюу чи? Санаагаар хэлэх хүн буюу чи? Очиж асууж ир» гэв. 说道："你是要问过再说，还是想随意乱说？速去问来。"——《格萨尔》（*Гэсэр*）

例 22：Өвсний оройгоор

Өрвөлзүүлэн ирэхэд

Их загалыг унаж

Алтай ханыг авлан тавив. 骑着骏马，风驰电掣地掠过阿尔泰杭盖。——《成吉思汗的两匹骏马》（*Чингисийн эр хоёр загалын тууж*）

例 23：Түнхийн амсар хүрвэл хятадын цэргүүд газар хэмээн дагаж ирэв. 到达山口时，汉人的部队也跟着来到那里。——《黄金史纲》（*Алтан товч*）

例 24：Алгийн хоёрдугаар хөвгүүн алтан угтаж ирээд... 阿拉格的二儿子迎来…… ——《蒙古源流》（*Эрдэнийн товч*）

b 类：

例 25：Гэргий нь Хоо марал ажээ. Тэнгис гэтэлж ирэв. ——《蒙古秘史》（*Монголын нууц товчоо*）

例 26：Дүйрэн уулын араас Түнхэлиг горхи руу нэгэн бөлөг иргэн нүүж ирэв.

从都冷山的后面有一群人朝着同赫力格河迁徙而来。——《蒙古秘史》（*Монголын нууц товчоо*）

例 27：... гурван морьтон хошуу тойрон гарч ирэхэд, Чилэдү хурдан хулын гуяыг ташуурдан яаран дутааж, Онон мөрөн өөд одов. 当三个骑马的人包抄过来时，哲力特尔急忙快马加鞭，逃向鄂嫩河。——《蒙古秘史》（*Монголын нууц товчоо*）

例 28：Авай минь

Эмээлээ барьж яахин харъя би

Эргэж ирэх болов уу чи. 只剩下马鞍，可让我怎么回去啊？我的骏马啊，快回来吧！——《成吉思汗的两匹骏马》（*Чингисийн эр хоёр загалын тууж*）

例 29：Төдий Тэмүжин, Хасар Төрөл хаанаас харьж ирж гэртээ хүрч... 铁木真、合撒尔不知从哪里回来了，到了家中…… ——《黄金史纲》（*Алтан товч*）

c 类：

例 30：Зүс өнгийн улсыг минь

Эрт цуглуулж ир хэмээн зарлиг болов. 下令将同族的子民早点聚集到一起。——《成吉思汗的两匹骏马》（*Чингисийн эр хоёр загалын тууж*）

例 31：Хөтөлсөн морио оруулан ирэхүеэ. 把牵着的马放了进来。——《蒙古源流》（*Эрдэнийн товч*）

例 32：Сайн нөхөр бэрхдэж явсанд би нөхөрлөж яваад ирлээ. 好朋友身处困境时，我一直以友相待。——《蒙古秘史》（*Монголын нууц товчоо*）

在 c 类句子中，“ир–”所处的句法环境及其表达意义都发生了显著变化。“Vx+ир–”结构中，“V”不再局限于那些有明确位移义的动词，一些动作性不够强、没有位移方向性的动词开始进入连动结构。与此同时，结构中的“ир–”几乎完全失去原有的词汇意义，既不表达主语的实际位移动作，也不表达身前动作的趋向。而是脱离空间范畴，进入时间范畴，开始表达前动词“在某一时间内进行的情况（үйл хөдлөлийн болцийн харилцаа），即某种体意义”。[①] 如在例 30 中，“ир–”表达“цуглуулж”（聚集）这一动作的“完成”即“完成体”；在例 32 中，“ир–”和“нөхөрлөж яваад”这一组合形式连用，表达前面动作“нөхөрлөж”（交友）在对话开始前已经发生，并一直延续到对话发生的那一刻，并且仍有可能延续下去的含义，即“持续体”。本文将完成体和持续体用法分别用“$ир_{3}$”和“$ир_{4}$”表示。

需注意的是，除表达“体”意义外，“ир–”在中古阶段还演化出一种特殊用

---

① П. Бямбасан, Ц. Өнөрбаян, Б. Пүрэв–Очир, Ж. Санжаа, Ц. Жанчивдорж. *Орчин цагийн монгол хэлний үг зүйн байгуулалт* [M]. Улаанбаатар, 1987: 176.

法：当与个别及物动词连用时，构成并列谓语，表实在意义。但是，当变换该句子结构，做定语时，前动词语义指向不变，“ир-”语义指向发生变化，由原来指向动作施事，变为指向前动词的动作受事，这种情况下，“ир-”虽然语义指向发生变化，但仍然是实义动词用法。如下例：

例 33：Унаад ирсэн морь нь

Ухаа цавьдар морь юм. 骑来的马儿是银鬃枣红马。——《吐尔库特的十八首歌》（*Торгуудын арван найман дуу*）

（三）近现代阶段

进入该阶段以后，除继续作为实义动词使用外，“ир-”的语义虚化过程开始呈现更加鲜明的特点。

首先，以无生命物体、抽象名词做主语以及表时间范畴意义的情况较之前两个阶段大量增加。如下面例句：

例 34：Гэнэт нэгэн хуучин монгол үгс гарч ирхүл... 突然，（脑海里）想起来一句蒙古语老话…… ——《青史演义》（*Хөх судар*）

例 35：Дулаан хаврыг дахин ирүүлж цэцгийг дахин дэлгэрүүлбэй. 让暖春再来，花儿再开。——《泣红亭》（*Улаан уйлах танхим*）

例 36：Маргааш манайд Дашинчилэнгийн хэдэн юм ирнэ. 明天达希其楞寺的几件东西会到我们家。——《蹄下尘土》（*Малын хөлийн тоос*）

例 37：Миний хөгшин эгч бид хоёр таныг ирвэл их баярлана гэж хариу захидал иржээ. 回信中说：“你要能来，我和老姐姐两个会特别高兴。”——《信徒》（*Шүтэн бишрэгч*）

例 38：Дээд сургуулиа төгссөний дараа би ажилд орж, хөөрхий ээжийгээ амраах боломж ирсэн. 大学毕业后我参加了工作，让可怜的母亲好好休息一下的机会终于来了。——《母亲的八句谎话》（*Ээжийн минь найман худал үг*）

例 39：... тэсгэм хүйтний илч хариад, хаврын сайхан улирал ирж байгаа нь мэдэгдэн... ……发现刺骨的寒潮已经消退，美好的春天来了。——《白月与黑泪》（*Цагаан сар ба хар нулимс*）

其次，“ир-”同部分地点状语的关系逐渐紧密。在一些特定语境下，状语同“ир-”之间的词汇界限开始变得模糊不清，语言使用者倾向于将二者作为一个具有整体意义的固定词组来理解并使用。如下面例句：

例 40：Тэр цэрэгт ирээд барилгын ангид орж ажилласан нь өнгөрсөн гурван жилд барилгын олон төрлийн ажил хийж... 他参军后，进入了工程部队服役。在过去的三年里干过很多种建筑活…… ——《退役军人》（*Халагдсан цэрэг*）

例 41：... ирээдүйд цэрэгт ирэх залууст сайн сурталчилгаа болсон гэж боддог. 想着可以作为一个好的宣传送给未来入伍的新兵…… ——引自互联网

例 42：Өглөө хичээлд ирэх бүрд нь үүдний зарлалын самбарт мөнгө төгрөгний агуулгатай зар бүү байгаасай. 希望每天早上来上课时，门口通知板上都没有关于钱的通知。（引自互联网）

例 43：Гэвч тэд хуралд ирэх болов уу. 但是，他们会来开会吗？——引自互联网

例 44：Ажилд ирэх тухайгаа урьдчилан мэдэгдэлгүйгээр албан ёсны магадлалгүй гадуур ажлаар явснаа бүртгүүлээгүй бол... 如果事先未报告上班情况，且未登记在无官方许可时的因公外出情况，那么…… ——引自互联网

以“цэрэгт ир–”为例，“цэрэг”一词原义为“军队；军人”，加上名词的给在格标记“–т”后，表达“在……地方”的场所义。但在例 40—41 中，“цэрэгт ир–”并非“来到军队”之意，而是从整体上表达“参军，当兵”的含义。

再次，b、c 两类的“Vx+ир–”结构开始明显增多，使用频率明显增高。

b 类：

例 45：... эсрэг нэгэн салааны цэрэг нисэх мэт довтлон ирмүй. 对面一支分队飞一般地攻了过来。——《青史演义》（*Хөх судар*）

例 46：Алчуураа хүзүүндээ хийж гарч ирэв. 把毛巾搭在脖子上走了出来。——《一层楼》（*Нэгэн давхар асар*）

例 47：Завшаанаар Чүлтэм, Дагдангийн алтан босгыг алхан орж ирээд, Цэрмаагийн хамт түлээ хөрөөднө. 恰好，楚勒特姆跨过达噶丹家金色的门槛走了进来，和策尔玛一起劈了柴。——《白月与黑泪》（*Цагаан сар ба хар нулимс*）

例 48：Хүмүүсийн шувтарганд эх нялхсын эмч, сувилагчийн хамт онгоцонд орж ирлээ. 在人群最后，产科医生和护士一起登上了飞机。——《发生在乘务组的一件事》（*Нэгэн экипажид болсон явдал*）

例 49：Алимааг ангидаа орж ирэхэд багшийнх нь ширээн дээр сагс дүүрэн ягаан сарнай тавиастай байлаа. 阿丽玛进到班里的时候发现，老师的桌子上放着满满一束粉色的玫瑰。——《画上玫瑰香》（*Зурмал сарнайн үнэр*）

例 50：Гэнэт муу юм сэтгэлд орж ирээд «Хүү минь, Баатар минь хаа байна?» гэж тэднээс асуув. 突然，心里有（来）了种不祥的预感，便问他们：“孩子，我的巴特尔在哪儿呢？”——《不屈的脊梁》（*Хугараагүй ноён нуруу*）

例 51：Билэгт багшийн дөлгөөн царайд гэнэт л уууртай ширүүн төрх тодорч ирээд... 毕力格图老师平静的脸上突然呈现出一副愤怒的样子。——《贿赂》（*Авилга*） c 类：

1. 完成体

例 52：Халх голын байлдааны өдрүүдэд УАХБ–ын ажилтан анги, дивизийнхээ хамт тулалдаанд оролцох үедээ ч дайсны цэрэг, зэвсгийг гардан устгах, бичиг баримтыг олзолж ирэх үүргийг биечлэн гүйцэтгэж байв. 哈拉哈河战役期间，国家安全部门的工作人员同军队一起参加了战斗，完成了亲手消灭敌军并获取文件的任务。——《哈拉哈河战役与秘密行动》（*Халх голын байлдаан ба нууц ажиллагаа*）

例 53：Тэр маань бороотой өдөр болгон намайг ажлаас тарж, автобуснаас бууж ирэхэд энэ шүхэртэй буудал дээр хүлээн зогсдог байсан юм. 每个雨天，在我下班乘公交车下车时，他都会带着这把雨伞等着我。——《公交车站的老人》（*Автобусны буудлын өвөө*）

例 54：Зорьсон хэргээ бүтээгээд Эрээн хотод хөл тавихад эх нутгийн минь дотно салхи үл мэдэг сэвэлзэх мэт сэтгэл нэг л хөнгөрөөд ирэх шиг болов. 办好了事情后来到了二连浩特，刚一落脚，就感觉好像有故乡的清风微微拂过，心情一下子就轻松了。——《运输者》（*Тээвэрлэгч*）

2. 持续体

例 55：Дундад төвийг эзэлсэн улс бүхнийг харгалзан хамгаалсаар ирж... 一直保护着所有占领中心地区的人。——《青史演义》（*Хөх судар*）

例 56：... бидний өвөг дээдэс ёс суртахууны арвин баялаг сургаал, суртлын үлгэр домог, аман зохиол, ардын зан үйл цээрлэл, бэлгэдлээр дамжуулан өвлүүлсээр иржээ. 我们的祖先通过大量的道德箴言、训诫故事、口头文学以及民俗禁忌和象征将……传承下来了。——《礼仪》（*Хүндлэх ёс*）

例 57：Гучин жилийн турш тоо томшгүй хүнд бэрхшээлийг туулан давсаар ирсэн юм. 三十年里，持续地克服了数不清的困难。——《蒙古语虚词示例》（侯万庄，1990）

例 58：Сайн дүн авахын төлөө бид шургуу хичээсээр ирсэн билээ. 为了取得好的成绩，我们一直都非常努力、顽强。——《蒙古语虚词示例》（侯万庄，1990）

例 59：Олон улсын харилцаанд энэ зарчмыг жинхэнэ ёсоор хэрэгжүүлж биелүүлэхийн төлөө, бид шургуу тэмцсээр ирсэн билээ. 为了在国际交往中真正贯彻执行这一原则，我们一直在进行坚持不懈的斗争。——《蒙古语虚词示例》（侯万庄，1990）

3. 渐进体

在近现代阶段，“ир–”在表达时间范畴的“体”意义时，除上述“完成体”和

“持续体”外，又产生了新的义项，即“ир-”主要表达前动词动作“在状态上的逐渐改变”，本文称之为“渐进体”，用“$ир-_5$”表示。例句如下：

例 60：Оюу ч тайвшран бараг энэ байдалдаа дасаж ирэв. 连奥尤也平静下来，大概逐渐习惯了这种情况。——《我没疯》(*Би галзуураагүй ээ...*)

例 61：Хэдхэн тагш архи уусанд нүүр нь хөлс даваарлан нүд нь маналзаад ирлээ. 因为喝了几碗酒，脸上渐渐开始冒汗，眼睛也逐渐发亮起来。——《蹄下尘土》(*Малын хөлийн тоос*)

例 62：Түүнийг харахаар л хамаг бие нь чичрэн, царай нь улайж ирээд хөдөлж ч чадахгүй хөшчихнө. 一看他，只见他冻得整个身体都在发抖，脸色渐渐发红，动都动不了了。——《喜事连连》(*Үйл үйлээ дагаад...*)

例 63：Түүнийг улам илүү ойлгож ирлээ. 逐渐对他更加了解了。——《蒙古语虚词示例》(侯万庄，1990)

例 64：Монгол хэлийг сураад монголчуудтай нэвтрэлцэх болоод иржээ. 学习了蒙古语，逐渐能和蒙古人交谈了。——《蒙古语法》(清格尔泰，1991)

至此，可以将“ир-”语法化的过程大致构拟如下：

在远古阶段，一方面，主要用作实义动词，以“$ир-_1$”的形式出现，在句中作为核心谓语（之一），表动作实施的空间位移，动作实施一般为有生命体。另一方面，已经出现了语义泛化和虚化的趋势，在为数不多的“$Vx+ир-_2$”结构中，一定程度上表达实在意义的同时，兼而表达前动词“V”的趋向性，形成了助动词的最初用法；进入到中古阶段后，除保留远古阶段的主要用法外，“ир-”的语义进一步虚化和泛化。作为助动词，“ир-”开始衍生出时间范畴中的“完成体（$ир-_3$）”和“持续体（$ир-_4$）”意义；在近现代阶段，上述用法通过大量的重复使用得到了巩固，并增加了表“渐进体（$ир-_5$）”的功能。

上述过程清楚地呈现了“ир-”语法化的方向和路径：由空间的位移意义向心理趋向意义，进而向“体”这一时间范畴意义过渡，与之相应的是“ир-”从实义动词演变成为表达各种抽象语法意义的助动词。

二、“Ир-”语法化路径的共时验证

通过历时研究，本文构拟了动词“ир-”在不同时期的语义“虚化链”，明确了其所处的语法化阶段。上述过程体现了“ир-”各功能出现的先后顺序，但无法完全解释这些功能，尤其是“$ир-_2$”“$ир-_3$”“$ир-_4$”“$ир-_5$”之间的亲疏、远近关系以及相互之间的演化路径。与此同时，在共时平面下，“ир-”作为实义动词仍在高频使用；用作助动词时又保留了大量实义动词的特点，如可以进行副动词、形动词乃至人称、时和否定等形式变化等。这些共时特征在某种意义上是历时演变的截面和结果。

语法化是一个连续且渐进的过程。语法化研究本身就应该包括对语言现象的历时追溯和共时描写。通过共时研究，不仅能够对“ир-”的多功能性进行更为清晰的描写，还可以对历时构拟的语法化路径进行验证和补充。

（一）“Ир-”的概念空间及语义图

语义图模型是近年来语言类型学和认知语义学家广泛使用的一种语义分析方法，也是跨语言研究中研究多功能形式的重要工具。语义图以跨语言的语义比较为出发点，能够清楚地呈现多功能语素的不同功能在概念空间上的亲疏关系。而合理利用语义地图连续性假说，可以对某一语言中特定的多功能语素的语法化的路径做出预测，也可以反过来证明其真伪。

吴福祥等学者指出，语义图模型的基本假设是，不同语言对应或相关的多功能语素在语义组织上一定会具有相似性，并一定有共同的限制和制约。因此，通过语义图模型可以揭示多功能模式背后不同语言的共相和殊相，发现不同的多功能模式下的跨语言规律性。[①]

语义图模型的分析步骤依序包括：构建概念空间—绘制语义图—分析与阐释。功能的选择是构建概念空间时最重要的步骤之一。概念空间上的功能必须具有“基元”和“独有”两种属性。前者是指一个假定功能的“不可切分性”，后者指一个假定功能在至少一种语言中相对其他功能在编码形式上具有“可区别性”。因此，当假定的两项功能 A、B 至少在两种语言里用不同的形式来编码，那 A、B 就可被视为真正的功能置于某一概念空间之上。

如何将确定的功能合理地排列成概念网络是构建概念空间的另一个关键步骤。Haspelmath 认为，在语义图上，任何一个语言中编码形式的若干功能必须占据概念空间内的一个邻接区域。即多功能形式的不同功能在概念空间中的位置必须是毗连的。[②] Haspelmath（1997a，1997b，2003）、van der Auwera（1998）等将这种限制称为“邻接性要求”。Croft 则表述为“连续性假设”，即任何与特定语言或构式相关的范畴都必须映射到概念空间内的毗连区域。[③]

牛彬在前人研究的基础上，基于汉语普通话和建瓯话、万荣话、崇明话、陕西神木话、廉江粤语等不同方言中“来”的多义性，构建了直指趋向“来”的概念空间。如下：

---

① 吴福祥，张定．语义图模型：语言类型学的新视角［J］．当代语言学，2011（4）．

② Haspelmath M. *The geometry of grammatical meaning: semantic maps and cross-linguistic comparison* [G]// Tomasello M. *The new psychology of language*. New York: Erlbaum, 2003 (2).

③ Croft W. *Typology and universals (Second edition)* [M]. Cambridge: Cambridge University Press, 2003: 134.

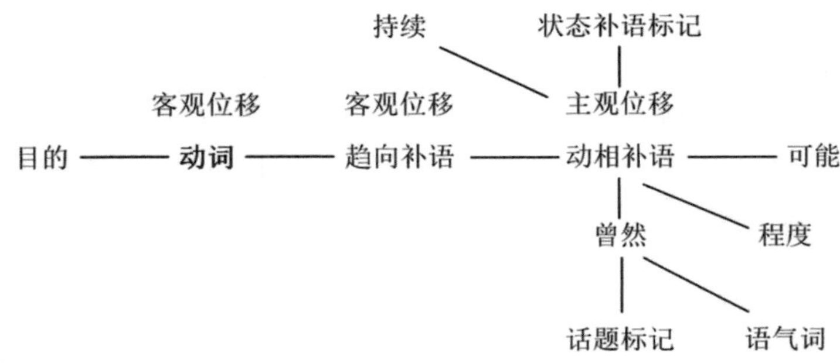

图 1 “来”的概念空间图示（牛彬，2014）[①]

事实上，在汉语普通话和不同方言中，“来”的多义性应包括“完成体”意义。因此，本文结合“ир-”的多义性，在上述概念空间增加了“完成体标记”和“渐进体标记”两个节点，并遵循连续性假设的要求，绘制了“ир-”的语义图，如下：

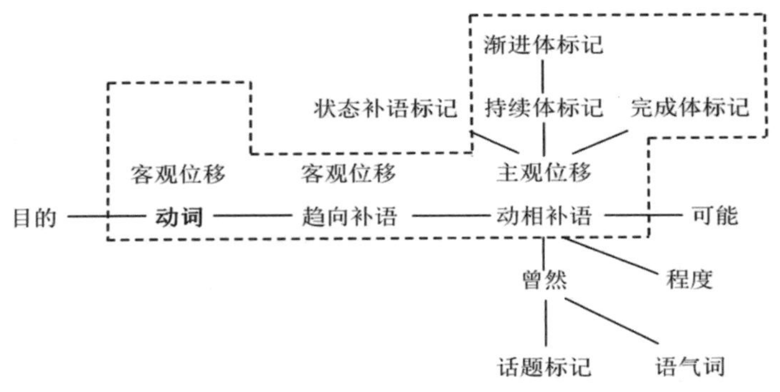

图 2 “Ир-”的语义图

由图 2 可知，“$ир-_2$”涵盖了图中“趋向补语”和“动相补语”两个阶段；“$ир-_3$”和“$ир-_4$”都是由“$ир-_2$”发展而来，但发生的时间略有不同；“$ир-_5$”则是由“$ир-_4$”进一步发展而来，同“$ир-_3$”并不存在直接关联。

（二）“Ир-”的语法化等级

在探讨语法化参数的基础上，诸多语言学家结合语法化斜坡，从不同的角度，在不同范围提出了语法化程度的等级。例如，Diehl 将广义的空间关系分成四个等级，四种空间关系都是以“自我”为参照点，其语法化程度表现为：社会空间

① 牛彬．基于汉语方言的直指趋向“来”语义地图［J］．科学·经济·社会，2014（4）．

（我）>物质空间（这里）>时间空间（现在）>逻辑空间（在这种情形下）①。Lehmann 将各种语法格排列成一个虚化等级（自左向右由低到高）：工具/伴随/方位>处所>与格>宾格/作格/领格>主格/通格。② Heine 把各个认知域按照由具体到抽象的顺序排成一个等级，即：人>物>事>空间>时间>性质。③ 该等级的前半部分（由人到空间）是实词变虚词的过程，后半部分（由空间到性质虚词）是进一步虚化的过程。

沈家煊曾归纳出在共时平面上判定实词虚化程度的五个标准：1. 与人相关的低于与人无关的；2. 表空间的语法成分是语法成分中虚化程度最低的；3. 三维（空间）低于一维（时间），一维低于零维（原因、方式）等；4. 特殊低于一般，如工具（特殊）低于方式（一般）；5. 与名词有关的低于与小句有关的，如介词低于连词。④

本文将之前历时研究得到的“ир-”的语法化过程与上述共时角度下的“等级”类型加以对照，将其中能够与之对应的部分用“加粗斜体”标出，如下表：

表 2 “Ир-”语法化过程的共时验证

	空间位移（生命体）	空间/心理位移（无生命体）	空间位移+心理趋向（开始虚化）	心理趋向（助动词）	完成体/持续体/渐进体（助动词）	
Diehl	***社会空间（我）***	***物质空间（这里）***	***时间空间（现在）***	逻辑空间		
Hopper & Traugott[1]	***实词***	***虚词***	***附着形式***	屈折词缀		
Hopper & Traugott[2]	***主要范畴***	中介范畴	***次要范畴***			
Heine	***人***	***物***	***事***	***空间***	***时间***	性质
沈家煊[1]	***与人有关***	***与人无关***				
沈家煊[2]	***三维空间***	***一维空间***	零维空间			

注：表格中序列的方向为左>右。

通过比较可以得出以下结论：

① Diehl, Lon. *Space case: Some Principles and their implications concerning linear order in natural Language* [D]. University of North Dakota, Summer Institute of Linguistics, 1975.

② Lehmann. *Rektion und syntaktische Relationen* [J]. *Folia linguistica1*, 1983 (7).

③ Heine B, Claudi U, Hünnemeyer F. *Grammaticalization: A Conceptual Framework* [M]. Chicago: The University of Chicago Press, 1991: 16.

④ 沈家煊. 语法化研究纵观［J］. 外语教学与研究，1994（4）.

1. 无论参照上述哪一个等级序列，本文对“ир-”语法化过程的历时构拟以及虚化程度的描写都是基本准确的，能够体现共时与历时相结合的方法在研究语法化问题时的相互补充作用；

2. 在多个对比项中，“ир-”的语法化过程与 Heine（1991）建立的语法化程度等级十分接近，说明“将语法化看作认知域之间的转移过程”对研究蒙古语中“ир-”类动词的语法化有重要的指导作用；

3. “Ир-”的语法化的路径与上述所有等级序列都无法完全吻合，突出表现为在语法化的最高程度不一致。蒙古语中“ир-”虚化的最高程度仅为表时间范畴意义的助动词，无论在形式（屈折词缀）还是意义上（零维空间、性质）都未达到语法化的最高程度。这说明：一方面，这有可能是以“ир-”为代表的一类实义动词虚化的普遍特点。另一方面，“ир-”目前只完成了从具体到抽象的演变，在形式和意义等维度还存在从抽象到更加抽象的倾向，即进一步语法化的可能性。

三、结语

在蒙古语中，实义动词语法化为助动词是常见而又复杂的语言现象。长期以来，学术界对该问题的研究呈现了明显的重描写而轻解释的特点。本文以语法化及相关理论为指导，将“ир-”语法化过程构拟为远古、中古和近现代三个阶段，结合大量历时语料对其在不同阶段呈现出的多功能性进行了充分描写。同时，以语义图模型等理论为指导对“ир-”的语法化路径进行了共时验证，指出了“ир-”语法化的等级和继续虚化的可能性，不仅为在类型学视角下解释蒙古语类似现象提供了一定参考，也有助于发现不同的多功能模式下的跨语言规律性。

当然，本文研究尚无法涵盖“ир-”语法化的全部问题。诸如“ир-”语法化过程中的伴随现象、“ир-”语法化的动因和机制、“ир-”的语义指向与语法化的关系等都值得关注和进一步研究。

参考文献

［1］嘎日迪．中古蒙古语研究［M］．沈阳：辽宁民族出版社，2006：5—7．

［2］侯万庄．蒙古语虚词示例［M］．洛阳，1990．

［3］牛彬．基于汉语方言的直指趋向“来”语义地图［J］．科学·经济·社会，2014（4）．

［4］沈家煊．语法化研究纵观［J］．外语教学与研究，1994（4）．

［5］双福．古蒙古语研究［M］．呼和浩特：内蒙古教育出版社，1996．

［6］吴福祥，张定．语义图模型：语言类型学的新视角［J］．当代语言学，2011（4）．

［7］Croft W. *Typology and universals (Second edition)* [M]. Cambridge:

Cambridge University Press, 2003: 134.

［8］Diehl, Lon. *Space case: Some Principles and their implications concerning linear order in natural Language* [D]. University of North Dakota, Summer Institute of Linguistics, 1975.

［9］Haspelmath M. *The geometry of grammatical meaning: semantic maps and cross-linguistic comparison* [G]// Tomasello M. *The new psychology of language*. New York: Erlbaum, 2003 (2).

［10］Lehmann. *Rektion und syntaktische Relationen* [J]. *Folia linguistica1*, 1983 (7).

［11］Hopper P J, Traugott E C. *Grammaticalization* (2nd) [M]. London: Cambridge University Press, 2003.

［12］Heine B, Claudi U, Hünnemeyer F. *Grammaticalization: A Conceptual Framework* [M]. Chicago: The University of Chicago Press, 1991: 16.

［13］Д. Төмөртогоо. *Монгол хэлний түүхэн хэлзүй (1)* [M]. Улаанбаатар, 1992: 1–2.

［14］Н. Поппе. *Алтай хэл шинжлэлийн удиртгал* [M]. Ulaanbaatar, 1999.

［15］П. Бямбасан, Ц. Өнөрбаян, Б. Пүрэв–Очир, Ж. Санжаа, Ц. Жанчивдорж. *Орчин цагийн монгол хэлний үг зүйн байгуулалт* [M]. Улаанбаатар, 1987.

俄语-吉尔吉斯语机器翻译评析

信息工程大学 云建飞

【摘 要】 随着全球化进程的加快以及信息技术的不断发展变革，各国之间的联系越来越紧密，语言渐渐地显现出其重要的作用以及在某些领域的不可替代性。机器翻译的诞生为语言的转换和互译提供了更加便利的条件，也为翻译工作人员以及其他需求人员提供了极大的便利。Google 网站与 Yandex 网站都推出了吉尔吉斯语在线翻译系统，但是由于机器翻译还处于不断深化和发展的过程中，而吉尔吉斯语词形变化复杂多样，因而翻译效果也有待提高。文章以这两个翻译系统中俄语到吉尔吉斯语的翻译输出文本为基础，对翻译中存在的问题从可读性与准确性方面对两种系统进行对比评析，并就翻译过程中的偏误进行了分析解读。

【关键词】 俄语；吉尔吉斯语；机器翻译；错误分析

一、引言

近年来随着世界各国全方位的合作，语言作为交际的工具在双边关系发展以及经济、贸易、文化等各领域交往中发挥着重要的作用。1954 年，美国乔治敦大学在 IBM 公司的协同合作下，首次实现了英俄机器翻译试验，向世界证明了机器翻译的可能性，从而拉开了机器翻译的大幕。随着互联网技术的发展以及广泛的应用，世界经济一体化进程的加速以及国际社会交流的日渐频繁，传统的人工翻译已经很难满足迅猛增长的翻译需求，在信息检索、学术翻译、语言学习及社会信息服务等领域的需求也急剧增长，机器翻译迎来了一个全新的发展阶段。

机器翻译（Machine Translation，简称 MT）是自然语言处理中一个最早被研究的课题。目前机器翻译的实现技术原理主要有两大分支：基于规则的方法、基于中间语言的方法和基于语料库的方法。①

基于规则的方法就是把源语的词或句子直接替换成目标语的词或句子，必要时对词序进行简单的调整，整个翻译过程可分为查原语词典、进行形态分析、同形词判别、复合词判别、词组识别、成语处理、译语综合和译语形态处理、译语词序调整等。② 这种方法的系统一般难以取得较高的翻译质量。其译文的可读性不太理

① 宗成庆．统计自然语言处理［M］．北京：清华大学出版社，2013：298．

② 李正拴，孟俊茂．机器翻译简明教程［M］．上海：上海外语教育出版社，2009：15．

想，整个句子结构及句子的完整性也无法保障。但在机器翻译界一直处于主导地位，直到今天仍然发挥着重要作用。

基于中间语言的方法是对源语言进行分析以后产生一种称为中间语言的表示形式，然后直接用这种中间语言的表示形式生成目标语言，基于中间语言的 MT 可以为多种语言之间互译的实现提供了一种经济有效的途径。

基于语料库技术就是把各类在现实生活中使用的真实文本收集到一起，并不对原来的语句进行修饰润色，基于语料库的 MT 系统包括基于统计的和基于实例的机器翻译系统，它们都是以大规模的真实文本的加工作为基础。

目前的翻译系统大部分都采用了混合方法，单一方法很难达到预期的翻译效果，因此目前的翻译系统中既可以看到基于统计的技术，也可以发现基于实例的思想，甚至可以发现基于规则的方法。

当前由于吉尔吉斯斯坦语言政策以及俄语的普及度，加上我国吉尔吉斯语人才的缺乏，目前不论是两国政府及各部门之间的合作交往还是两国企业之间的经贸交往大都用俄语作为交际语言。两国政府间的协议也都是签署俄语版和汉语版，而当前流行的 Google 翻译系统以及俄语国家使用率最高的 Yandex 大型网站的在线翻译系统都无法完成吉尔吉斯语与汉语之间有效的翻译，可读率与准确率极其低下。当前大量的吉尔吉斯语–俄语字典，以及俄语–吉尔吉斯语字典，外加上吉尔吉斯斯坦俄语与吉尔吉斯语并行的使用特点为吉尔吉斯语–俄语翻译的发展提供了语料保障。但由于俄语属于印欧语系斯拉夫语族，是屈折语，而吉尔吉斯语属于阿尔泰语系突厥语族，是黏着语，在构词、接格以及词形变换方面与俄语存在巨大的差异，因此，在机器翻译过程中，由于缺乏较高的神经性网络系统分析，当前翻译软件输出的译文存在诸多的问题。

本文选取 Google 全球最大、最高级的神经网络在线翻译系统以及俄语国家广泛使用的 Yandex 在线翻译系统作为研究对象，具有较强的代表性。同时在文本的选取方面选择中华人民共和国与吉尔吉斯共和国 2014 年签署的《中吉关于进一步深化战略伙伴关系的联合宣言》作为翻译样本，通过其俄语版本在两大系统中的输出译文与人工参考译文进行分析对比，分析其在翻译过程中所存在的主要问题。

二、对 Google 在线翻译系统以及 Yandex 在线翻译系统的输出评价

本文基于 Google 在线翻译系统以及 Yandex 在线翻译系统由俄语翻译为吉尔吉斯语文本的分析。就机器翻译评价而言本文仅涉及机器翻译中的输出评价，输出评价是一种对于翻译系统更一般性的、更广泛的评价，主要集中于译文的质量，应用一些更为可行的标准，如可读性、准确率等来对其进行评述，但是评分往往带有主观性。

（一）可读性分析

可读性是指机器翻译系统生成的目标语应该是一个语法正确的完整句子。准确性是指在多大程度上反映了原文。我们将根据这些标准来做出的评价即为“输出评价”。

本文将源语及机器译文语料分给六名懂目标语即吉尔吉斯语的学生对每一段的可读性做出评价。可读性的等级分为：①可读性高，表义明确，用词用法贴切；②通过修改可以理解，可读性较高；③译文质量差，基本看不懂，需要经过反复思考，实用性不强不如人工重译；④译文完全不可理解，需人工重译。

经过六名懂吉尔吉斯语的学生对两种翻译系统的可读率分析得出如下结果：

表 1　Google 翻译系统输出译文可读率分析表

自然段	一号	二号	三号	四号	五号	六号
1	②	①	①	②	①	①
2	②	③	③	③	②	④
3	②	③	②	②	③	②
4	③	②	②	③	②	②
5	②	①	①	②	②	②
6	②	②	②	①	②	②
7	③	①	③	②	②	③
8	②	②	②	②	②	②

表 2　Yandex 翻译系统输出译文可读率分析表

自然段	一号	二号	三号	四号	五号	六号
1	③	①	③	②	③	②
2	③	③	③	③	③	③
3	③	②	②	②	②	②
4	②	②	③	②	③	②
5	②	③	③	③	③	③
6	②	②	②	②	②	②
7	③	③	③	③	④	③
8	②	④	②	③	③	②

选取的译文共分为 8 个自然段，本样本按照每个自然段进行可读性分析的标

记，使得标记更加准确，更加贴近真实情况。从上面表格我们可以明显看出就这一篇文章而言可读性方面，Google 系统要比 Yandex 翻译系统更具有可读性，译文也比较贴近原文，基本上大部分内容可以通过分析整理得到想要的结果。而在可读性方面 Yandex 翻译的译文大多为基本读不懂的状态，综合而言这篇文章的这两个机器翻译版本在可读性方面 Google 是优于 Yandex 系统的。大部分人认为文章中的大部分内容在经过简单的分析处理后可以理解，可读性较高。

（二）准确性分析

本文在对译文准确率分析时采用 N-gram 精确率的 BLEU 方法。BLEU 测度的原理是计算待评价译文和一个或多个参考译文的相似度。N 元组指的是待评价译文或者参考译文中包括标点符号在内的词对或词组合体。常见的 N-gram 方法中选取 N=1, 2, 3，也就是如果待选译文和参考译文的 1 元（单个单词），2 元（连续词对）或 3 元（连续三个单词）相似度较高，那么译文的得分就高，质量就好。[①]

我们把源文本用“In”来表示，输出文本用“Out”来表示，参考译文用“Str”来表示，其中假设输出译文文本的 N 元组个数为 m 个，标准参考译文 N 元组个数为 n 个，分析得出的整体相同 N 元组个数为 x 个。我们选取文本第一句话为例，如下所示：

In: Совместная декларация Кыргызской Республики и Китайской Народной Республики о дальнейшем углублении отношений стратегического партнерства

Out1: *Кыргыз Республикасынын Кыргыз Республикасынын бирдиктүү арыз жана Кытай Эл Республикасы мындан ары да стратегиялык өнөктөштүк арттыруунун*

Out2: *Биргелешкен декларация, Кыргыз Республикасынын жана Кытай Эл Республикасынын жөнүндө андан ары тереңдетүү мамилелерди стратегиялык өнөктөштүк*

Str: *Кыргыз Республикасы менен Кытай Эл Республикасынын стратегиялык өнөктөштүк мамилелерин мындан ары тереңдетүү жөнүндө Биргелешкен декларация*

---

① 宗成庆．统计自然语言处理［M］．2 版．北京：清华大学出版社，2013：386．

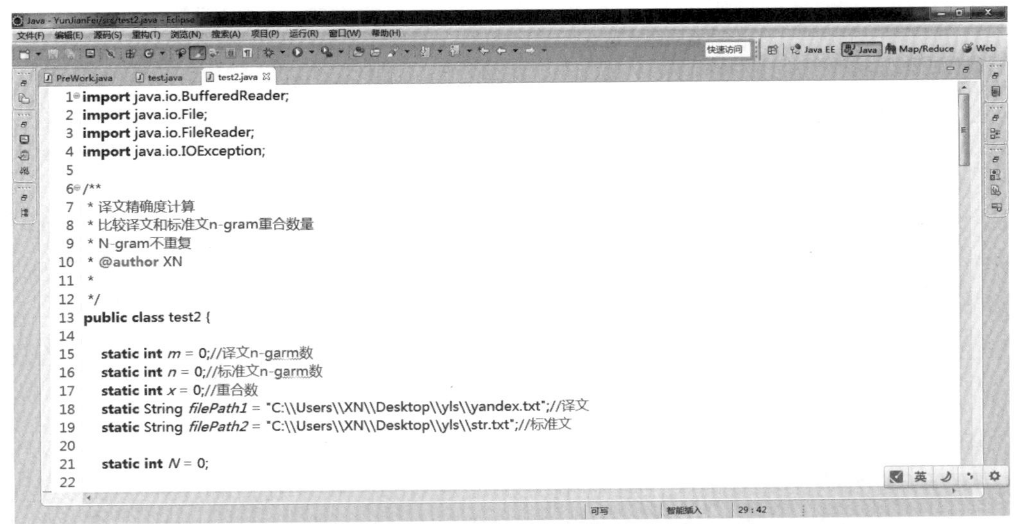

图 1　BLEU 准确率测算自编代码图

假设选取 N=3，其 N 元组即为 3 元组，Out1 中 3 元组个数为 14 个，Out2 中 3 元组的个数为 13 个，标准参考译文中 3 元组的个数为 13 个。

如 Str 中的 3 元组为：Кыргыз Республикасы менен, Республикасы менен Кытай, менен Кытай Эл, Кытай Эл Республикасынын, Эл Республикасынын стратегиялык, Республикасынын стратегиялык өнөктөштүк, стратегиялык өнөктөштүк мамилелерин, өнөктөштүк мамилелерин мындан, мамилелерин мындан ары, мындан ары тереңдетүү, ары тереңдетүү жөнүндө, тереңдетүү жөнүндө Биргелешке, жөнүндө Биргелешкен декларация。

因此 m1=14，m2=13，n=13，计算得出 x1=1，x2=3，计算 3 元组翻译视角下的准确率为 p1=2x/(m1+n)=7.4%，p2=2x/(m2+n)=23%。

图 2　生成代码示意图

根据以上要求我们对所选文章分别进行了 N=1，N=2，N=3 的 BLEU 准确度测算，得出如下表 3 所示结果。

表 3　两种翻译系统准确率分析

	Google 在线翻译系统				Yandex 在线翻译系统			
	m	n	x	p	m	n	x	p
N=1	489	551	303	58%	510	551	325	61%
N=2	488	550	134	26%	509	550	145	28%
N=3	487	549	54	11%	508	549	77	15%

通过对译文与原文的对比分析可以发现，Yandex 在线翻译系统中俄语到吉尔吉斯语翻译这一模块主要是基于规则的机器翻译，在对 Yandex 翻译系统输出文本进行分析，发现其与俄语文本基本上实现了单词的一一对应，部分为短语对应关系。并没有根据吉尔吉斯语本身的特点对译文进行语序调整及译文整编。从上表 3 中我们可以发现 Yandex 系统在 N 元组准确率分析中其准确率较高，这是由于目前吉尔吉斯语与俄语互译技术已经相对发达，单词的对应关系相对固定，目前我国并没有一部完整的吉尔吉斯语–汉语字典，在吉尔吉斯语学习过程中我们同样借助吉尔吉斯语–俄语字典进行分析研究。同时由于 N–gram 模型的 N 元组分析的准确率方面基于规则技术即基于单词、语法、词组识别与处理的 Yandex 机器翻译系统，比基于高级神经网络的 Google 系统高。

三、就 Google 系统俄语与吉尔吉斯语翻译错误分析

Yandex 系统中对于吉尔吉斯语的翻译仅仅是由俄语单词到吉尔吉斯语单词的转换，这一点我们可以从下面表 4 通过左右原文与译文的对比可以看出。具体情况如下表所示：

表 4　Yandex 在线翻译系统中俄吉译文的对比

俄语原文材料	Yandex 系统吉尔吉斯语译本
В Шанхае Президент Алмазбек Атамбаев и Председатель Си Цзиньпин в открытой и дружественной атмосфере провели обмен мнениями и достигли широкого понимания по вопросам двусторонних отношений, а также международным и региональным проблемам, представляющим взаимный интерес.	В Шанхае Президент Алмазбек Атамбаев жана Төрага Си Цзиньпин ачык жана достук атмосферада арасында пикир алмашуу жана жеткен кеңири түшүнүү маселелер боюнча эки тараптуу мамилелердин, ошондой эле эл аралык жана региондук проблемалар, өз ара кызыкчылык туудурган.

就系统输出文本的情况来看，我们可以发现是一一对应关系，但这样的译文可读性较差，词语翻译较为准确，对于翻译工作者具有一定的帮助作用，但在句子的

整体意义表达方面很难达到令人满意的程度，因为俄语和吉尔吉斯语的语法体系和句式结构等都有着很大的差别，所以完全按照俄语的句式结构进行翻译所得出的译文，无法满足吉尔吉斯语的语法特征及句式结构特点。因此本文并不对此翻译系统的输出文本进行错误分析。

（一）名词二格的翻译错误分析

在俄语中除形容词、数词等做定语直接修饰其后名词外，其他情况都需要借助名词二格来表示对中心语名词的限定意义。而吉尔吉斯语中对于名词即中心语的限定是通过名词、动词形容词化或者通过缀接属格的形式来表达所属意义的。由于表达方式的不同，机器翻译无法完全解读俄语及吉尔吉斯语格意义的翻译，如：

原文 1：Совместная декларация① Кыргызской Республики и Китайской Народной Республики② о дальнейшем углублении③ отношений стратегического партнерства④

译文：*Кыргыз Республикасынын Кыргыз Республикасынын бирдиктүү арыз жана Кытай Эл Республикасы мындан ары да стратегиялык өнөктөштүк арттыруунун*

原文 1 中②是修饰①的二格形式，后面的④是对③修饰意义的二格形式，而译文在处理②的二格形式翻译过程中将 Кытай Эл Республикасы 与前面的 КР 进行了分开处理，使得原本 бирдиктүү арыз 的定语从 КР 和 КЭР 转变为了 КР，从而在二格翻译过程中导致了定语缺失。而在④的翻译过程中本身 стратегичекого партнерства 修饰的是 отношение，而在译文中我们可以发现系统对前两个词的二格形式做了形容词化处理，但其修饰的中心语由原本的 отношение（关系）变成了 углублении（深化），在翻译处理过程中中心语缺失。

我们首先要明确这句话中的中心语是联合宣言即①，其后关于深化关系和中吉双方都是 декларация 的定语形式。

标准译文应为：*Кыргыз Республикасы жана Кытай Эл Республикасынын стратегиялык өнөктөштүк мамилелерин мындан ары тереңдетүү жөнүндө Биргелешкен декларация*

原文 2：По приглашению① Председателя Китайской Народной Республики② Си Цзиньпина③

译文：Кытай Президентинин чакыруусу боюнча КЭРдин Төрагасына

原文 2 中②和③是同位语，同是①的二格形式，而输出的译文中却把 Си Цзиньпина 对应成了一个独立的句子成分 КЭРдин Төрагасына，误认为其是缀接了第三领属性人称词尾的向格形式，而没有把其当作修饰 чакыруу 的定语形式。在翻译过程中无法完整识别人名的二格形式，因为吉尔吉斯语中缀接的第三领属性人称词尾的向格形式为 -на 形式，与俄语中以辅音 -н 结尾的二格形式相同，所以在机器翻译过程中没有对其二格形式进行正确的翻译转换。

原文 3：В соответствии с духом и принципами① Совместного заявления② Кыргызской Республики и Китайской Народной Республики④ об основах добрососедских отношений от 4 июля 1996 года и Совместной декларации③ Кыргызской Республики и Китайской Народной Республики⑤ об установлении отношений стратегического партнерства⑥ от 11 сентября 2013 года

译文：*Жакшы ко? Шулук келишимине ылайык негизинде 2013-жылдын 11-сентябрында стратегиялык өнөктөштүк Кыргыз Республикасынын Өкмөтү менен Кытай Эл Республикасынын боюнча 4-июлда кошуна өлкөлөр менен жакшы мамилелердин негиздери⑦, 1996 жана Кыргыз Республикасынын биргелешкен билдирүү менен Кытай Эл Республикасынын Өкмөтүнүн боюнча түзүлгөн биргелешкен билдирүүсүндө⑧ руху жана негиздери, ылайык*

原文 3 中②和③同是①的二格形式表示根据《联合声明》和《联合宣言》的精神和原则。而再细分④是修饰②的二格形式，⑤是修饰③的二格形式，⑥是修饰其前面 отношений 的二格形式，整个句子的主干为 В соответствии с духом и принципами Совместного заявления и Совместной декларации。主要通过二格的来对句子进行进一步的限定和说明。而在译文中对原文的主干①②③的翻译过程中将②的二格形式④作为了中心语，翻译为译文的⑦，而原文中的①在译文中仅仅是作为原文中③⑤中所表示的中吉联合宣言的精神和原则，如译文中⑧所示。由于本句中集中表现了俄语中二格的用法，在机器翻译过程中系统并没有充分地将句子的主干做出正确的提取，对二格的翻译做出了如译文中 стратегиялык өнөктөштүк 这类的形容词化处理，同时也做出了如译文中所示 Кыргыз Республикасынын 和 өкмөтүнүн 等吉尔吉斯语中通过缀接名词属格的形式处理。但是在处理中心语时并没有对原句的主干词语及所涉及的二格缀接词序进行准确的区分。

其标准译文应为：*Кыргыз Республикасы менен Кытай Эл Республикасынын ортосундагы 1996-жылдын 4-июлунда кол коюлган жакын коңшулук мамилелердин негиздери жөнүндө Биргелешкен билдирүүнүн① жана 2013-жылдын 11-сентябрындагы Кыргыз Республикасы менен Кытай Эл Республикасынын стратегиялык өнөктөштүк мамилелерди орнотуу жөнүндө Биргелешкен декларациянын② негизине жана принцибине ылайык③*

标准译文中①②③分别对应原文 3 中的②③①，为句子的主干部分，其他都是对①和②的限定成分。

原文 4：Стороны продолжат поддерживать развитие① обмена и взаимных визитов② руководителей③ Жогорку Кенеша④ Кыргызской Республики⑥ и Всекитайского Собрания Народных Представителей⑤ Китайской Народной Республики⑦, профильных комитетов⑧, групп дружбы и на других уровнях⑨

译文：*Тараптар Кыргыз Республикасынын Жогорку жана Кытайдын②, атайын комитеттердин, достук топторунун жана башка баскычтарда Эл Республикасынын Улуттук Элдик Конгресс③ жетекчилеринин өз ара сапарлары иштеп чыгууну жана алмашууну① колдоо көрсөтүүнү уланта берет.*

原文 4 中主干形式为①②实现发展交流互访，②是修饰①的二格形式，而③⑧⑨为同等成分为修饰②的二格形式；④和⑤同等成分共同为修饰③的二格形式，⑥和⑦分别为修饰④和⑤的二格形式。整个句子同样为一个二格应用形式为主体的句子。译文中对原文②实现交流和互访进行了做宾格处理，整体句式改为双边继续支持交流和互访如译文中①所示，而原文中其他的二格形式翻译都是通过缀接名词属格来实现的，由于其限定中心语是交流和互访，但译文中①并未缀接相应的第三领属性人称词尾形式，应改为 сапарларын иштеп чыгуусун жана алмашуусун。在对原文④进行翻译时系统丢失了 Кеңеш，因为这个词本身为吉尔吉斯语词语，在俄语词典中并未有相关的词语，翻译过程中系统无法对其进行翻译处理，所以造成了这一词的丢失。而对原文⑤⑦的翻译时，在译文中我们发现其将②和③进行了分开处理，翻译为中文，其意义就变为把中华人民共和国人民代表大会分为了中国和人民共和国全国人民代表大会两个部分。原文中④⑤为同等成分修饰③，而在译文中却只有⑤来修饰③，如译文编号③所示。在翻译过程中出现了定语缺失情况。

其标准译文为：*Тараптар Кыргыз Республикасынын Жогорку Кеңешинин жана Кытай Эл Республикасынын Бүткүл Кытай Жыйынынын жетекчилеринин, атайын комитеттердин, достук топторунун жана башка деңгээлдердегиөз ара сапарларын иштеп чыгуусун жана алмашуусун колдоо көрсөтүүнү уланта берет.*

由俄语中名词二格到吉尔吉斯语的翻译，我们可以发现其有以下几种处理方式：

1. 通过缀接属格词尾来表示俄语的二格名词。这一类也是最主要的处理方式，吉尔吉斯语属于黏着语，通过不断的缀接词尾来实现词汇之间的关系表达。如：

визита президента – президент***тин*** чакыруусу，декларация Кыргызской Республики – Кыргыз Республика***сынын*** декларация 等。

2. 通过名词或动词的形容词化来表示俄语的二格名词。如：

отношение стратегического партнерства – стратегия***лык*** өнөктөш***түк*** мамиле，принцип совместного заявления – биргелеш***кен*** билдирүү***нүн*** принциби 等。

3. 通过名词动词化来表示俄语的二格名词。俄语中常出现动名词缀接二格形式的现象，这种情况翻译为吉尔吉斯语的时候常常将动名词做动词化处理，通过分句的形式来表示原句中动名词二格的意义。如：

развитие обмена и взаимных визитов – өз ара сапарларды ***иштеп чыгуу*** жана ***алмашуу*** 等。

（二）对于日期表示法的错误分析

俄语中关于日期的表示方法与吉尔吉斯语中日期的表示方法有很大的差别，在俄语日期表示法中，表达在某年某月某日时，年、月用第二格，日用第一格或者第二格，顺序是：日、月、年，数词后面可注明格的词尾，例如：Сегодня 21 мая 2005 года。[①] 当日期与前置词 от 连用时，说明事物产生发生的日期，如：соглашение от 15-ого января 1945 года。当表示从某天到某天时需要借助前置词 с 和 по，如：с 5 по 10 апреля 2017 года。

而在吉尔吉斯语中表达年、月、日的时候，年与日用序数词表示，月用位格表示，如 2017-жылы 25-майда，而表示从某天到某天时需要借助从格和向格形式表达，起始日期用从格，截止日期用向格表示，如 5-майынан 10-майына чейин。

表 5 俄语与吉尔吉斯语在表达日期时的差异

	俄语	吉尔吉斯语
某年某月某日	21 мая 2005ого года	2005-жылы 21-майда
某年某月某日发生	от 15-ого января 1945 года	1945-жылы 15-январда
从某天到某天	с 5 по 10 апреля 2017 года	2017-жылдын 5-апрелинен 10-апрелина чейин

原文 1：с 18 по 21 мая 2014 года

译文：*18, 21-май, 2014*

原文 2：В соответствии с духом и принципами Совместного заявления Кыргызской Республики и Китайской Народной Республики об основах добрососедских отношений от 4 июля 1996 года① и Совместной декларации Кыргызской Республики и Китайской Народной Республики об установлении отношений стратегического партнерства от 11 сентября 2013 года②, на основе соблюдения Договора о добрососедстве, дружбе и сотрудничестве между Кыргызской Республикой и Китайской Народной Республикой от 24 июня 2002 года.③

译文：*Жакшы ко? Шулук келишимине ылайык негизинде 2013-жылдын 11-сентябрында ① стратегиялык өнөктөштүк Кыргыз Республикасынын Өкмөтү менен Кытай Эл Республикасынын боюнча 4-июлда② кошуна өлкөлөр менен жакшы мамилелердин негиздери, 1996 ③ жана Кыргыз Республикасынын биргелешкен билдирүү менен Кытай Эл Республикасынын Өкмөтүнүн боюнча түзүлгөн биргелешкен билдирүүсүндө руху жана негиздери, ылайык, достук жана Кыргыз Республикасынын Өкмөтү менен Кытай Эл-жылдын 24-июнунда④ Кытай*

① 何文丽，赵洁．俄语-2［M］．北京：北京大学出版社，2010：187．

Эл Республикасынын ортосундагы кызматташтык жөнүндө *2002-жылдын* ⑤ *ошондой эле башка эки тараптуу макулдашуулар, партиялар г болот.*

以上原文 1 中的日期在俄语表达中表示从 18 日到 21 日，在吉尔吉斯语中应如表格 5 中第三种表示方式，机器输出译文中并未将其准确意义翻译出来，而且年和月的表示方式也是错误的，正确译文应为 *2014-жылдын 18 - майынан 21 - майына чейин*。

原文 2 中表示的日期都是与前置词 от 连用，表示在协议或声明签订的日期。在语法结构上三个日期用法完全相同，从输出文本的形式来看，译文中只有①对年月日的表达方法进行了正确的表述，而②③④⑤则直接将一个完整的日期在输出过程中进行了拆分处理，使得年与具体的日期在表达过程中没有连贯性。

（三）位格词语的错误分析

吉尔吉斯语中名词位格形式通常表示时间、地点、状态等意义，主要通过缀接位格词尾来实现。如

原文中：**в Шанхае** четвертой встрече глав государств и правительств Совещания по взаимодействию и мерам доверия **в Азии.**

译文中：***Шанхай*** *төртүнчү саммитинин өткөн катышты* ***Азия.***

在机器翻译系统输出译文是并没有将俄语中表示地点、处所意义的表达方式转换为吉语中对应的位格形式，使本应为地点状语的词变身为主格形式。

（四）俄语前置词 по 在吉尔吉斯语中翻译的错误分析

在本文所选文本中有关于俄语前置词 по 的翻译情况同样存在诸多问题，在俄语中前置词 по 用法多样，在俄语汇总 по 做前置词可以接三格、四格和六格，表示“沿着，在什么上面，在……范围内、某方面，按照、遵照、根据，表示日期期限”等意义。

表 6　俄语前置词 по 在吉尔吉斯语中误译之处

俄语原文文本	译文文本
① По приглашению Председателя	… чакырруусу боюнча
② с 18 по 21 мая 2014 года	18, 21-май, 2014
③ Совещания по взаимодействию и мерам доверия в Азии	өз ара аракет жана ишеним жыйынына
④ по вопросам двусторонних отношений	маселелер боюнча
⑤ усилия по защите государственного суверенитета и территориальной целостности	мамлекеттик эгемендүүлүгүн жана аймактык бүтүндүгүн коргоо боюнча иштер

通过上表原文与译文的分析对比，本系统一般情况下把 по 对应为吉语中的 боюнча，在吉尔吉斯语中 боюнча 作为后置词，修饰其前面名词用主格形式，主要表达在什么范围内，在某方面。上表中①应用后置词 менен，表示“应……的邀请”。②中表示时间的范围，在上面第二部分关于日期表达中已经详细表述。③中将会议 жыйын 直接缀接了表领属意义的第三领属人称词尾，表直接修饰关系，没有表达出“原文在……框架下”或“在……范围内”这一意义。因此这一小句中应将 по 对应为 боюнча 修饰的在某框架下的会议，其译文为：Азияда өз ара аракеттенүү жана ишеним чаралары боюнча Жыйын。⑤中 по 表示“为了，因为”的意义，原文所表达的意思为维护国家主权和领土完整所做的努力，那么在吉尔吉斯语中 боюнча 不可以表示目的意义，所以在翻译过程中不能简单地将其直接对应，应该用一个表目的意义的后置词如 үчүн，或者用一个表达目的意义的形动词修饰后面的努力，其译文应为：*мамлекеттик эгемендүүлүгүн, коопсуздугун жана аймактык бүтүндүгүн камсыздоого багытталган аракеттер*。

在俄语前置词与吉尔吉斯语后置词对应翻译过程中，应注意到两种语言体系中并不是完全对应关系，所以在翻译过程中需要进一步分析其在句中的具体意义，从而选择合适的对应关系进行表述。

（五）句子结构错误分析

俄语语序相对灵活，可以通过句子的改变调整句子所表达的语气。一般而言有与汉语表达相一致的正语序即主语、谓语、宾语句型结构，当然在书面语中也有需要强调或者其他某种需求而出现的倒序结构，这时主语也可以位于谓语之后。而吉尔吉斯语属于黏着语，其语序结构为主语—宾语—谓语，因为吉尔吉斯语动词词尾变化形式的特殊性可以直接显示其所表达的主语，有时也可以省略主语，通过动词词尾的缀接情况进行判断。在翻译过程中不能完全按照俄语的具体句子进行转换，同时在吉尔吉斯语中不仅仅动词可以缀接宾格形式，动名词、形动词以及副动词都可以缀接相应格的形式，这就为吉尔吉斯语的句型结构增添了新的可能性，句子结构也更加多样。系统翻译过程中往往会在句式结构中出现问题，如：

表 7　俄语文本与译文文本句子结构错误对比

俄语原文文本	译文文本
① о дальнейшем углублении отношений стратегического партнерства	мындан ары да стратегиялык өнөктөштүк арттыруунун
② совершил государственный визит в Китайскую Народную Республику	Кытайга мамлекеттик сапар менен

（续表）

俄语原文文本	译文文本
③ Стороны будут и в дальнейшем содействовать развитию межправительственных и межведомственных связей, расширению и углублению сотрудничества в политической, торгово-экономической, гуманитарной и других областях, а также в сфере безопасности.	партиялар, өкмөттөр аралык жана эл аралык мамилелерди өнүктүрүүгө көмөктөшүү мындан ары да кеңейтүү жана саясий, соода-экономикалык, гуманитардык жана башка тармактарда кызматташтыкты күчөтүү, ошондой эле коопсуздук.

表中例句①，即名词二格翻译错误分析，如原文 1 所示，在原文俄语表达中“深化战略伙伴关系”为名词性短语，而在吉尔吉斯语中是一个动宾结构。译文中将动词放到了句末，但是缺乏修饰的中心语，没有将关系“мамиле”一词翻译出来，同时如上述标准译文所示这里的动词应该用形动词形式修饰联合宣言биргелешкен декларация。上表例句②译文没有给出句子的谓语，在翻译过程中造成了谓语缺失。例句③译文将动词 өнүктүрүүгө көмөктөшүү, кеңейтүү 和 күчөтүү 都放在了句中，而将本应做宾语的 коопсуздук 放于句末，对于原文中促进两国交往，扩大和深化各领域合作没有实现句子成分和结构的划分，从而在译文输出过程中出现了句子结构混乱的情况。其标准译文应为：*Тараптар өкмөттөр аралык жана ведомстволор аралык байланыштарды өнүктүрүүгө, саясий, сода-экономикалык жана башка тармактарда, ошондой эле коопсуздук тармагында кызматташууну кеңейтүүгө жана тереңдетүүгө көмөкчү болушат.*

结语

综合来看，目前俄语到吉尔吉斯语机器翻译还有较多问题，但也有其一定的作用，通过本文分析整理，我们得出在 Yandex 翻译系统中，我们可以实现俄语到吉尔吉斯语的词汇或者短语结构的对应，而 Google 系统可以基本实现俄语到吉尔吉斯语句子结构的转换，对于一般用于浏览的用户而言，通过可读性分析基本可以满足用户需求；对于翻译工作者而言，只要对译文进行简单整理，句式结构调整就可以得到满足需求的译文。

从美国乔治敦大学第一个机器翻译开始到现在近七十年中，机器翻译一直在曲折中发展，机器翻译作为一个科学问题在学术界不断地被深入研究的同时，也在逐渐应用于社会市场，服务于广大人民。目前机器翻译正处于持续深入研究发展阶段，许多的方法和技术都有待进一步的研究和探索，机器翻译系统也确实不能尽如人意，对于吉尔吉斯语这种典型的黏着语，词汇形态变化多样，意义用法繁多，在机器翻译系统处理过程中必然会导致出现诸多的错误。

机器翻译从某种程度上来说已经为我们提供了诸多的便捷，就简单获取信息而言，机器翻译为我们提供了一个良好的平台与网络环境，而计算机辅助翻译的人工翻译和译后编辑同样为人类的翻译工作提供了一定的帮助。在机器翻译中实现人机共生、人机互助比简单追求完全自动化、机械化的高质量翻译文本更加符合实际，更实用。就目前情况而言，机器翻译永远无法代替人工翻译，我们的目的就是要机器帮助人完成翻译工作，而不是要机器完全代替人的功能，也就是说机器与人在翻译这方面要实现互补、互助，而不是相互之间对立的关系。就俄语到吉尔吉斯语翻译而言 Yandex 的词语翻译准确率以及 Google 系统综合翻译程度，都为我们学习和工作提供了很大的帮助。当前已经实现了吉尔吉斯语与其他语种转换的在线机器翻译系统，已经取得了从无到有的巨大成果，但还需要进一步完善和发展，相信随着机器对自然语言处理能力的不断加强，以及吉尔吉斯语语言研究的不断深入，未来机器翻译将发挥其更大的作用。

参考文献

[1] 蔡欣洁，文炳．汉译英机器翻译错误类型统计分析：以外宣文本汉译英为例[J]．浙江理工大学学报（社会科学版），2021，46（2）：162—169．

[2] 何文丽，赵洁．俄语-2[M]．北京：北京大学出版社，2010．

[3] 李向东，张宇．机器翻译研究和机器翻译系统浅谈[J]．俄语学习，2005（1）：49—51．

[4] 李兴福．论在线翻译的利用原则[J]．上海翻译，2010（3）：72—74．

[5] 李正拴，孟俊茂．机器翻译简明教程[M]．上海：上海外语教育出版社，2009．

[6] 武斌．面向俄文信息处理的机器翻译实验研究[D]．北京：外国语学院，2007．

[7] 信德麟，张会森，华劭．俄语语法[M]．北京：外语教学与研究出版社，2010．

[8] 于昌利，罗艺．《翻译、人脑与电脑——神经语言学对机器翻译中歧义和复杂性问题的解决方案》述评[J]．外语教学与研究，2021，53（5）：787—792．

[9] 宗成庆．统计自然语言处理[M]．北京：清华大学出版社，2013．

[10] Акматова Азия. *Кыргыз тили* [M]. Бишкек: Бийиктик, 2007.

[11] *Кыргыз Республикасы менен Кытай Эл Республикасынын стратегиялык өнөктөштүк мамилелерин мындан ары тереңдетүү жөнүндө Биргелешкен декларация* [EB/OL]. [2021-12-25]. http://www.president.kg/kg/okujalar/zhanylyktar/7928_kirgiz_respublikasi_menen_kitay_el_respublikasinin_strategiyalik_nktshtk_mamilelerin_mindan_ari_teredet_ghnnd_birgeleshken_deklaraciya.

[12] *Совместная декларация Кыргызской Республики и Китайской Народной Республики о дальнейшем углублении отношений стратегического партнерства*

[EB/OL]. [2021-12-25]. http://www.president.kg/ru/sobytiya/novosti/2001_sovmestnaya_deklaraciya_kirgizskoy_respubliki_i_kitayskoy_narodnoy_respubliki_o_dalneyshem_uglublenii_otnosheniy_strategicheskogo_partnerstva.

哈萨克语名词从格隐喻的认知研究

信息工程大学　高　鑫

【摘　要】概念隐喻是人类重要的认知方式，也是实现语义拓展的重要机制。本文以哈萨克语名词从格为研究对象，在概念隐喻理论的指导下，探索哈萨克语名词从格生成不同语义的认知过程。研究表明，一方面，哈萨克语名词从格的不同义项之间既有区别，又有联系。它们在不同程度上与名词从格的核心语义发生联系，同时又具有目标域的特征，这些义项的生成与哈萨克族的认知特点密切相关。另一方面，哈萨克语名词从格的语义范畴以其原型义项为中心，呈现辐射状分布，从而构成一个多义性网络。对哈萨克语名词从格不同义项的生成过程进行研究，既有助于深入理解哈萨克语名词从格的认知特性，也有助于发掘哈萨克语名词从格不同义项之间的联系，从而为语言学习和研究提供参考。

【关键词】哈萨克语；从格；概念隐喻；语义拓展

一、引言

从格是哈萨克语名词格范畴中重要的下位范畴之一，在哈萨克语语法体系中占有重要地位。目前，国内外学界对于哈萨克语名词从格的研究并不充分。受结构主义语言观的影响，哈萨克语名词从格研究主要停留在语言的描写层面，鲜有学者对哈萨克语名词从格进行解释性研究。在国内，仅刁小卫、杨庆国的《关于哈萨克语从格与向格》对哈萨克语从格进行了专门的研究，作者从不同的角度对从格与向格的相似点以及二者共同表示的语法意义、语法功能及表现的形象性进行了有益的探讨。[①]

在语义研究领域，认知语言学中的隐喻理论在分析语义生成方面具有很强的解释力。在哈萨克斯坦，从事哈萨克语隐喻研究的研究者并不鲜见，如 A. Байтұрсынов 的《文学批评》（1926）、K. Аханов 的《哈萨克语词汇问题研究》（1956）和《语言学概论》（1956）、M. Балақаев, M. Томанов, E. Жанпейісов 和 Б. Манасбаев 合著的《哈萨克语修辞学》（1974）、Ә. Болғанбаев 的《哈萨克语词汇学》（1955）、I. Кеңесбаев, Ғ. Мұсабаев 的《当代哈萨克语》（1975）等研究中对哈萨克语的隐喻现象均有过深入探究。而在国内，仅有新疆农业大学的阿娜尔古

① 刁小卫，杨庆国．关于哈萨克语从格与向格［J］．伊犁教育学院学报，2006（4）：93—96．

丽·马哈提在其《哈萨克语隐转喻复合词的认知分析》中，通过概念隐喻理论对哈萨克语复合词的结构和语义特点进行了解析。[①]

目前，哈萨克语学界对于隐喻的研究主要分布于以下几个方向：1）揭示现代隐喻的语言学本质，根据现代语言对其进行科学定义；2）对隐喻的类型进行划分；3）阐述隐喻在语义引申中的认知功能；4）展示隐喻在识别语言世界观中的作用；5）隐喻在文学文本中表达民族认同的重要性；6）隐喻的概念功能和创造主格意义的功能。[②] 从当前哈萨克语隐喻研究现状可以看出，学者对于隐喻的研究多以本体论和认识论为指引，并逐渐将其上升为思想和认知的本质研究。这些研究表明，隐喻研究正在成为揭示哈萨克语本质的重要手段。鉴于此，本文将在认知语义学的关照下，以概念隐喻理论为指导，尝试对哈萨克语名词从格的多义性进行解释。

二、隐喻的概念及其分类

隐喻（Metaphor）作为历史悠久的研究话题，最早见于古希腊哲学家亚里士多德的经典著作。随后便成为思想家、哲学家关注的焦点问题。直至 20 世纪中叶，隐喻仍然被视为一种重要的修辞手段或文学作品惯用的艺术手法。自 20 世纪 70 年代起，随着西方科学理论不断发展壮大，隐喻的主要研究领域逐步从修辞学转向认知语言学。

近年来，认知语言学家对隐喻进行了全方位的研究。就隐喻的本质而言，曾有诸多学者提出了独到的见解。在隐喻研究的滥觞者亚里士多德看来，隐喻是对借来之词的使用，或者从这种借来用于属，或者从属用于种，或者从属借来用于属，或者通过使用类比。[③] 他认为，所谓隐喻实际上就是用一个词替代另一个词的修辞现象；[④] 而在隐喻认知研究的集大成者 L&J 看来，隐喻的本质就是通过另一种事物来理解和体验当前的事物；[⑤] 我国学者刘正光也曾指出，隐喻是以 A 的特征和结构去理解 B，是两种不同领域之间的映射。[⑥] 尽管不同学者对于隐喻给出了不同的解

---

① 阿娜尔古丽·马哈提．哈萨克语隐转喻复合词的认知分析［J］．大众文艺，2021（8）：153—154．

② Хожағайын Касипбек. *Метафораның зерттелу мәселесі жайында* [J/OL]. *Қарағанды университетінің хабаршысы*, 2014 (4): 16. (2014-12-30) [2022-03-25]. http://rmebrk.kz/journals/1689/69137.pdf.

③ 王文斌．隐喻的认知构建与解读［M］．上海：上海外语教育出版社，2007：18．

④ 束定芳．隐喻学研究［M］．上海：上海外语教育出版社，2000：3．

⑤ 乔治·来考夫，马克·约翰逊．我们赖以生存的隐喻［M］．何文忠，译．杭州：浙江大学出版社，2015：3．

⑥ 刘正光，李雨晨．认知语言学十讲［M］．上海：上海外语教育出版社，2019：154．

释，但其本质始终如一，通常都是通过具体的、熟悉的事物去理解抽象的、未知的新事物。

在隐喻研究中，范畴化思维为解决隐喻的分类问题提供了思路。亚里士多德曾将隐喻分为：以属喻种、以种喻属、以种喻种和彼此类推；Black 将隐喻分为消亡隐喻、潜伏隐喻和活跃隐喻；在 L&J 看来，所有隐喻均可称为概念隐喻，而这些隐喻又可通过三分法进一步划分为结构性隐喻（Structural Metaphors）、方位性隐喻（Orientational Metaphors）和本体性隐喻（Ontological Metaphors）。[①]

其中，结构性隐喻最为常见。它是通过两个概念域之间的结构性映射实现的一种隐喻类型。映射实现后，源域的概念结构被整体映射至目标域，原概念对应的各个节点也随之映射至目标域，从而保证了概念结构的完整性和对应性。

方位性隐喻主要是与空间方位具有密切联系的隐喻类型。如上—下、里—外、前—后、上去—下来、深—浅、中央—外围等。这些空间方位来自我们的身体以及它们在物理环境中所发挥的作用。

本体性隐喻[②]以人类熟悉的客观有形的现实现象或事物为基础，利用有形事物带给人类的具象经验理解和表达抽象概念。也就是说，将诸如思想、情感、心理等抽象概念视为一种具体的有形事物，以便利用熟悉的经验对其进行认知加工。[③]

认知语言学理论重视由人的一般认知能力出发，对语言现象做出统一的解释。作为人类的思维方式和认知机制，隐喻在各种语言中具有普遍性。但同时，隐喻的最终结果也往往受到不同民族文化、历史和风俗习惯的制约。在对哈萨克语名词从格隐喻进行认知解读时，同样需要考虑上述因素。

三、哈萨克语名词从格的认知分析

在哈萨克语中，从格的使用频率非常高。因此，除用于本义外，哈萨克语名词从格还被人们赋予了不同的引申义。这些引申义的出现与哈萨克人对于从格的认知程度具有密切的联系。以空间域为起点，从格被不断应用至不同的认知域，随之也生成了具有不同特点的关系意义。如何对这些语义的生成机制及其关系做出解释，成为重要的现实问题。作为人类基本的认知机制之一，隐喻在解释语言的多义性方面独具优势，为哈萨克语名词从格的多语义性分析提供重要的理论基础，也为探索哈萨克语名词从格语义拓展的认知过程提供了可能。

---

① 王寅．认知语言学［M］．上海：上海外语教育出版社，2007：411—430．

② 在部分文献中，本体性隐喻亦称为实体隐喻。

③ 赵亮．认知语言学理论和应用［M］．广州：世界图书出版广东有限公司，2017：109—119．

（一）哈萨克语名词从格本义的认知分析

哈萨克语名词从格的表达形式为词尾 –нан，共包含 6 种变体，分别为 –нан/–нен，–дан/–ден 和 –тан/тен。[①] 使用从格时，根据名词的不同结尾情况，缀接相应的从格变体。在哈萨克语中，从格的核心语义包括两部分，一是通过“空间名词–数（–人称）–нан+动”形式，表达缀接从格的名词是其后动作行为在空间方面的起点；二是通过“时间名词–数（–人称）–нан+动”形式，表达缀接从格的名词是其后动作行为在时间方面的起点。例如：

（1）Мектеп**тен** үйге қайтарда, Қынжылам қызға қарайлап. [②]

在放学回家的路上，肯热拉姆一直看着女孩。

（2）Ас үй**ден** лақтырылған бір омыртқа солардың нақ жанына келіп түсті.

从厨房扔出来的脊椎骨正好掉在了他们跟前。

（3）Болашаққа бүгін**нен** бірге ұшатын Мен де сенің кішкене жалауыңмын.

我是你的小旗，从今天起一起飞向未来。

（4）Ал бір апта**дан** соң арнайы жол белгісін ескермей тәртіп бұзғандар әкімшілік жазаларға тартылады.

一周后，违反规定、无视特殊道路标志的，将受到行政处罚。

在例（1）（2）中，从格缀接在表示处所意义的名词后，表达动作行为发生的空间起点，不涉及动作行为发生的路线、速度和方向等附加含义；例（3）（4）中，从格缀接在表示时间意义的名词后，表达动作行为发生的时间起点，同样不涉及动作行为发生的时长、频率等附加意义。上述 4 个例子为从格的最典型用法，表达了从格最基本的意义——时空起点意义。时空概念对于任何民族来说都具有基础性地位，随着哈萨克民族对时空认知的不断深化，这种认知开始逐步影响到语言的变化和发展，使用名词从格表达时空概念的核心语义是哈萨克族在长期使用哈萨克语后约定俗成的结果。这一语言现象同时揭示了哈萨克人的另一认知特点，即时间和空间概念在哈萨克文化中具有同等的重要性。

（二）哈萨克语名词从格引申义的认知分析

在长期使用的过程中，哈萨克语名词从格由“时空起点”这一本义逐步引申出多种新的语义，如“来源义”“因果义”“数量义”和“比较义”等。这些语义的出现与哈萨克人的思维特点不无关系，尤其是在隐喻认知机制的作用下，哈萨克人将名词从格的运用范围进一步扩大，从而使名词从格成为具有多种语义的重要语法范畴。

---

① 张定京. 现代哈萨克语实用语法［M］. 北京：中央民族大学出版社，2018：78.

② 本文所使用的例句均引自哈萨克斯坦国家语料库：https://qazcorpus.kz/。

1. 哈萨克语名词从格“来源义”的认知分析

在哈萨克语名词从格的多个引申义中，“来源义”与核心语义具有最大程度的关联性。因此，在进行范畴化的过程中，“来源义”也拥有更多下位范畴，包括来源起点、来源对象和来源范围三种语义分类。

1）来源起点意义

哈萨克语名词从格的来源起点意义通过“物质名词-数（-人称）-нан+动”的形式表示，其含义为从格所缀接的物质名词是制作或形成某事物的原料。例如：

（1）Көп қазақтың бірі ретінде мен де топырақ**тан** жаралғаныма сенімдімін.

作为众多哈萨克族的一员，我也相信自己是由土地生长起来的。

（2）Ағаш**тан** түрлі аспаптар жонып жасайтын шеберлігі де бар еді.

他还掌握了制作各种木制器具的技艺。

（3）Арбалеттің корпусы, әдетте болат**тан** жасалады.

弩的主体通常由钢制成。

（4）Темір**ден** жасалған өткір қару қолданады, адам өлтіру мен тонауды кәсіп етеді.

使用锋利的铁器，杀人和抢劫。

在上述4例中，从格所缀接的名词均为物质名词，这些名词构成了动词所支配客体的来源，在例（1）（2）（3）（4）中，土壤、木头、钢和铁分别是构成人、工具、弩和利器的物质材料，也是这些事体的来源。这种来源意义的生成是哈萨克人利用方位隐喻进行思维的结果。在现实生活中，客观实体通常都是由某种特定物质构成的。从事物发展的过程来看，物质先于客观实体而出现，再经过自身的不断演变或外力的作用后演变成为客观实体。因此，可以说这些客观实体的形成起始于特定物质。在认识客观实体的过程中，哈萨克人利用熟悉的空间概念，将从格的起点意义由空间域映射至物质域，从而使物质域也具有了起点的语义特征。而当某种物质被赋予空间起点特征后，也就成了由该物质所构成的事物的来源。这种以身体经验为基础而产生的隐喻意义，体现了哈萨克人在认知世界过程中的思维特点。同时，也证明了哈萨克人在认知过程中发现了空间与物质之间具有的相似性——二者均存在起点特征，构成某事物的物质即为该事物产生的“起点”。

2）来源对象意义

哈萨克语名词从格的来源对象意义通过“对象名词-数（-人称）-нан+动”的形式表示，其含义为从格所缀接的名词是其后动作行为所涉及的来源性对象。例如：

（1）Әсіресе, жақсы ұстаз**дан** білім алуым, жақсы адамдармен араласуым және жақсы отбасы тәрбиесінің болуы менің қалам ұстауыма, ақындық жолына түсуіме бірден бір себеп болды деп ойлаймын.

特别是，我认为从好老师那里接受教育，与好人交往，有良好的家庭教养，是我拿起笔并开始诗人生涯的主要原因。

（2）Ай, Қабасақал, сол пілдің тышқан**нан** қорқатынын білмейсің.

哎，大胡子老头儿，你不知道大象怕老鼠。

（3）Өлім**нен** қорқам, кете жаздаймын жынданып.

我怕死，都快疯掉了。

（4）Уақыт**тан** ұтылып жатқанымызға қарамастан, жағдайды әлі де түбегейлі өзгерту кеш емес!

尽管我们正在浪费时间，但现在改变局面还为时不晚!

上述4例中，从格所缀接的名词为其后动作行为涉及的对象，这些名词既包括表达具象概念的“老师”“老鼠”，也包括表达抽象概念的“死亡”“时间”，且均为其后动词产生的来源或来源性对象。例（1）中动作“学习”的对象是“老师”，例（2）中动作“害怕”产生的来源对象是“老鼠”，例（3）中，动作“害怕”产生的来源对象是“死亡”，例（4）中动作“浪费”的对象是“时间”。在上述例句中，每个动作行为涉及的对象都是缀接从格词尾的名词，这些名词具有双重身份，它们既是动作行为所关涉的对象，也是动作行为产生的起点。正是因为有了这些对象，其后的动作行为才得以出现或实施。从这一角度看，从格的来源对象意义与从格的来源起点意义具有更大的相似性。进一步分析，则是时空起点意义到来源起点意义，再向来源对象意义的多重映射与逐级抽象。这些名词被视为引起其后动作行为发生的源动力，也是动作的来源。因此，是从格起点义由时空域经物质域后，再次向对象域映射的结果。

3）来源范围意义

哈萨克语名词从格的来源范围意义通过“范围名词-数（-人称）-нан+动”的形式表示，其含义为从格所缀接的名词是其后动作行为或情形涉及的范围或领域。例如：

（1）Соның арқасында қазақ тілі**нен** диссертация қорғадым.

多亏了这一点，我通过了哈萨克语论文答辩。

（2）Орыс мектептерін бітіргендердің қазақ тілі**нен** жинаған балы есептелмейді.

俄语学校毕业生的哈萨克语成绩不计算在内。

（3）Картоп**тан** 2415,5 тонна, көкөніс**тен** 2500 тонна өнім жиналған.

收获土豆 2415.5 吨，蔬菜 2500 吨。

（4）«Президент боламын» дегендерден қазақ тілі**нен** емтихан алады.

那些说他们将成为总统的人将参加哈萨克语考试。

上述 4 例中，从格所缀接的名词规定了其后动作行为进行的范围，例（1）中的“论文答辩”、例（2）中的“得分”和例（4）中的“考试”这些动作行为的范围都被限制在“哈萨克语”这一范围内，例（3）中的动作“收获”则围绕两种农作物——“土豆”和“蔬菜”进行。此时，句中的动作行为被限制在特定范围内，动作行为的起始、持续和终止都限定在这一特定范围内。因此，缀接了从格词尾的名词在此亦被视为动作行为完整进行的起点和终点。与名词从格的空间起点义具有一定程度的相似性。换句话说，在这些用法中，缀接从格的名词被作为动作行为进行的范围，说明了哈萨克人把自身所从事活动的所属范围视为动作实现源头的认知特点。因此，来源范围意义可视为名词从格的核心语义由空间域向范围域映射的结果。

2. 哈萨克语名词从格“因果义”的隐喻分析

哈萨克语名词从格的另一重要引申义为因果意义，其表达形式是“原因事件名词–数（–人称）–нан+动”，这种形式表示缀接从格的名词性词语是动作行为的结果得以产生的原因。例如：

（1）Лагерьде үсініп, аштық**тан** ісініп, ауру**дан** әлсіреп өліп жатқан адам күн сайын емес, жүздеп саналады.

监狱里因为受冻、挨饿和疾病死亡的人并非每天都有，而是数以百计。

（2）Ер баласы болмағандық**тан** жалғыз қызын еркекшора етіп өсіреді.

因为没有儿子，他将唯一的女儿当成一个男孩来养。

（3）Аштық**тан** екі балаң кезек жылап, шығатын әлсіз даусы нан сұраған.

你的两个孩子饿得哭了，用微弱的声音说要吃馕。

（4）Осы құбылысты ата–бабамыз тап басып тани білгендік**тен**, осындай сөз орамы керек.

因为我们的祖先能够对这种现象进行认知，所以需要这样的言语表达。

上述 4 例中，缀接从格的名词构成了其后动作行为出现或现象存在的原因。例（1）中，饥饿与疾病是死亡的原因；例（2）中，把女儿当儿子养的原因是没有儿子；例（3）中孩子哭的原因是饥饿；例（4）中认知是言语表达存在的前提或原因。在事件关系中，因果关系用来表示两个事物之间的某种特定关系，这种关系是一种引起和被引起的关系，其中，先出现的事物往往是引起后出现事物的原因，整个事件由起因到结果相当于时空概念中的起点到终点。在哈萨克人的认知中，事件的起因与动作行为进行的起点具有同构性，因此在表达事件的起因时使用从格形式。正是这种起因意义与从格的核心义项之间结构上的相似性，构成了从格语义由时空域向逻辑域映射的经验基础，因而使从格得以实现其表达因果关系意义的功能，是结构性隐喻的典型代表。

3. 哈萨克语名词从格“比较义”的隐喻分析

在哈萨克语名词从格的诸多语义中，比较关系意义属于次典型语义范畴，其表达形式具有一定的特殊性，与其他名词从格用法的表达形式不同的是，这种语义表达形式中名词从格与其后的形容词联系更为紧密，这与形容词表达事物性质状态的词性具有一定关系。具体而言，比较义的表达形式是“比较参照名词–数（–人称）–нан+比较句谓语形容词”，这种形式表达了缀接从格的名词是句中某一成分对比或参照的对象。例如：

（1）Жаман жолдас**тан** таяғым артық.

与其和坏朋友在一起，不如独自一人。

（2）Мың естіген**нен** бір көрген артық.

百闻不如一见。

（3）Алтын**нан** кымбат сөз айтсаң, ақымақ көңіл коймайды.

比黄金都金贵的话，傻子都不会听。

（4）Сары алтынның белгілі наркы маған, Қайда, бірақ алтын**нан** артық адам?!

对我来说黄金是有一定的价值，但哪里又有比黄金还贵重的人呢？！

上述 4 例中，缀接从格的名词与其后出现的形容词共同完成了表达比较意义的功能，从而实现对句子中特定成分的描述。例（1）通过与“坏朋友”的比较，完成了对“一根棍子（独自一人）”的描述；例（2）中通过与“一千次听”的比较，完成了对“一次看”的描述；例（3）中通过与“黄金”比较，完成了对“话语”的描述；例（4）中通过与“黄金”比较，完成了对“人”的描述。上述缀接从格的名词具有被比较对象的身份，同时与其后形容词相结合，充当句中特定成分的修饰成分。此时，作为比较的对象，句中的特定成分具有了一种新状态。这种状态以缀接从格词尾的名词所固有的状态为起始点，经对比后，由缀接从格的名词与形容词共同参与完成表达，并赋予句中的特定成分。换句话说，缀接从格词尾的名词使得句子中的特定成分经对比后具有了不同的状态特征，这种状态的起点即为名词本身。从这一角度看，名词从格语义的比较意义是起点概念由时空域向抽象的状态域映射的结果。

4. 哈萨克语名词从格“数量义”的隐喻分析

在哈萨克语名词从格的所有义项中，数量意义的使用频率最低，属于从格的边缘语义范畴。其表达形式是“数量词–нан+动”，这种形式表达了缀接从格的数量词是其后动作行为进行的批量起点或批量关系意义。例如：

（1）Алмаларды үшеуі бес бес**тен** теңдей қылып бөліп жейді.

他们三个人把苹果五个五个地平分完吃掉了。

（2）Көрермендер қойылым өтетін алаңға екі екі**ден** келе жатты.

观众们正在两个两个地来到演出节目的广场。

（3）Әзірге аванс ретінде күнге бір кило**дан** астық алдық.

到目前为止，我们每天收到 1 公斤粮食作为预付款。

（4）Шаруашылық құру үшін үй басына 100 сом**нан** ақша берілді.

对于建立农场，每户给了 100 索姆。

上述 4 例中，缀接了从格的词语从词类角度称为数词/数量词。这些数词/数量词作为其后动作行为进行的标准对动词具有限定作用。例（1）动词分（苹果）的方式为五个五个地等分；例（2）中动词来到（广场）的方式是两个两个地来；例（3）中收（粮食）的方式以 1 公斤作为单位；例（4）中发（钱）的方式以 100 索姆作为单位。在上述例句中，数词/数量词作为动作行为进行的标准，在行为进行的尺度上发挥了约束作用。在哈萨克语中，这种约束意义主要应用于表示数量和价格的语义表达中，其实质是哈萨克人在表达数量和价格时将其视为数量起点和价格起点，即某动作行为以某种数量或价格作为标准或起点进行。上述例句中数量意义的获得都是通过跨域映射完成的，数量起点和价格起点正是从格的核心语义由时空域向数量域映射的结果。

结语

综上所述，哈萨克语名词从格的隐喻用法是哈萨克语词汇隐喻的重要组成部分。哈萨克语名词从格在隐喻认知机制的作用下生成多种义项，这些义项与从格的原型语义之间存在着不同程度的联系，并以原型语义为中心，形成了一个具有多向性的辐射型语义网络。在该网络中，原型语义主要表达时空起点关系意义，是哈萨克语名词从格最典型的语义用法，也是使用频率最高的语义用法。以此为基础，哈萨克人通过概念隐喻将这一典型语义向其他认知域进行映射，从而出现来源意义、因果意义、比较意义和数量意义等多种义项。由于始源域和目标域之间的相似性存在差异，因此这些引申义与从格的核心义项的关联程度也不尽相同。从另一角度看，这种同一语言形式表达多种语义的用法充分体现了哈萨克语的经济性特点，也体现了哈萨克族与其他民族在认知方式上存在的一致性。

通过概念隐喻分析，我们将哈萨克语名词从格抽象的、复杂多样的语义变化同一形多义的语言现象紧密联系起来，探索出各个义项之间彼此存在的内在关系，从而为哈萨克语名词从格的语义系统化研究提供了新的思路，也为进一步研究哈萨克语格范畴提供了借鉴。尽管我们在概念隐喻理论的指导下对哈萨克语名词从格的多义性及其语义拓展路径进行了初步探索，但关于该范畴原型义与边缘义之间联系程度的紧密性问题、概念映射是否具有双向性等问题依然有待深入挖掘，这些都将促使我们进一步思考哈萨克语同人类认知之间的关系，进而推动哈萨克语认知研究走向深入。

参考文献

［1］阿娜尔古丽·马哈提．哈萨克语隐转喻复合词的认知分析［J］．大众文艺，2021（8）：153—154．

［2］刁小卫，杨庆国．关于哈萨克语从格与向格［J］．伊犁教育学院学报，2006（4）：93—96．

［3］刘正光，李雨晨．认知语言学十讲［M］．上海：上海外语教育出版社，2019：154．

［4］乔治·来考夫，马克·约翰逊．我们赖以生存的隐喻［M］．何文忠，译．杭州：浙江大学出版社，2015：3．

［5］束定芳．隐喻学研究［M］．上海：上海外语教育出版社，2000：3．

［6］王寅．认知语言学［M］．上海：上海外语教育出版社，2007：411—430．

［7］王文斌．隐喻的认知构建与解读［M］．上海：上海外语教育出版社，2007：18．

［8］张定京．现代哈萨克语实用语法［M］．北京：中央民族大学出版社，2018：78．

［9］赵亮．认知语言学理论和应用［M］．广州：世界图书出版广东有限公司，2017：109—119．

［10］Хожағайын Касипбек. *Метафораның зерттелу мәселесі жайында* [J/OL]. *Қарағанды университетінің хабаршысы*, 2014 (4): 16. (2014-12-30) [2022-03-25]. http://rmebrk.kz/journals/1689/69137.pdf.

尼泊尔语致使结构的形式类型及句法语义研究

信息工程大学　何朝荣　孙瑜泽

【摘　要】致使结构是一个普遍的语言现象，在语言共性及语言类型研究中占据重要地位。尼泊尔语致使结构的形式类型有三种：形态型、分析型和词汇型，且以形态型和分析型为主，三者从分析型、形态型再到词汇型形成一个连续统。不同形式类型的致使结构，具有不同的句法特征。致使动词的语义特征决定着受使者的语义角色、论元数量和致使标记等的变化情况。在语义类型方面，直接致使和间接致使分别位于语义连续统的两端，越接近于分析型越适用于间接致使，而越接近于词汇型则越适用于直接致使。从认知角度看，分析型致使结构的语义类型除间接致使外，还可表达强制、劝服和允让等语义，且致使力从强制到允让依次递减。从总的情况看，尼泊尔语形态型致使结构不如印地语、乌尔都语两种语言发达，且没有第二致使形式，但其分析型致使结构却更发达，从而形成一种补充，这与尼泊尔语受到北部藏缅语的影响有关。

【关键词】尼泊尔语；致使结构；形式类型；句法特征；语义类型

“致使”是人类世界中普遍存在的概念和现象，其在人类语言中的承载形式体现为致使结构。Shibatani（1976）通过引入“致使情景”（causative situation）的概念定义致使结构，提出致使情景的产生需要满足两个条件：一是受使事件（caused event）必须发生在致使事件（causing event）之后；二是受使事件的产生完全依赖于致使事件的发生，致使事件不发生则受使事件不会发生。[①] 柯姆里（2010）也赞同这一观点，并将致使情景称为宏观情景，由成因和结果两个微观情景组成。柯姆里还进一步提出致使结构研究中的各类参项，主要可归结为三个：形式类型参项、语义参项和句法特征。宏观致使情景的表达方式与微观结果情景的表达方式之间的形式联系构成形式类型参项，实质上是对致使动词的考察。而对于语义参项和句法特征的考察则要深入至各微观情景的要素中，通过对论元、语义角色、致使标记，致使动词、施事者、受事者的各种属性以及致使者与受使者之间的相互关系（直接致使、间接致使/共同行动、协助、监督）等进行考察。国内外学者对致使结构的研究，通常也是从这三个主要参项着手。

---

① Shibatani M. *The Grammar of Causative constructions: a conspectus* [M]// Shibatani M. *The Grammar of Causative Constructions*. New York: Academic Press, 1976: 1–2.

尼泊尔语为尼泊尔的官方语言，在尼泊尔语最新版大词典中致使动词（प्रेरणार्थक क्रिया）作为一种词性被单独列出且数量庞大。然而对于尼泊尔语致使结构的上述三个参项，国内外学者的研究还处于起步阶段，现有研究主要集中于对尼泊尔语致使动词的简单分类，对致使结构的形式类型、语义类型和句法特征还缺乏系统的论述。因此，本文从语言类型学理论出发，对尼泊尔语致使结构展开研究，其主要目的首先是确定尼泊尔语致使结构的形式类型；其次是探讨致使结构的句法特征和语义类型，并分析尼泊尔语致使结构的致使力大小及其在语义连续统中的分布情况。同时，通过将尼泊尔语与印地语和乌尔都语进行对比，探究尼泊尔语致使结构与其亲属语言的共性，分析其个性及可能的成因。

一、尼泊尔语致使结构的形式类型

Comrie 将致使结构的形式类型参项看作从分析型到词汇型的连续体，整个连续体从分析型致使结构（Analytical Causative）到形态型致使结构（Morphological Causative），再到词汇型致使结构（Lexical Causative）。分析型表示致使概念和表达结果各有独立的谓语形式，形态型则一般通过词缀与非使成谓语发生联系，词汇型指结果表达形式和宏观表达形式之间的关系毫无规律，因而只能做词汇处理而不能做任何能产过程处理的情形。[①]

尼泊尔语的致使结构一般认为也有上述三种类型，其中以形态型为主；分析型的使用尽管比形态型少，但也是一种重要的致使结构；词汇型则极为少见，仅有少量几个。下面分别对这三种致使结构进行论述，并通过与其亲属语言印地语、乌尔都语进行对比，分析它们之间的异同，探究尼泊尔语致使结构的特点。

（一）形态型致使结构

Dixon（2012）通过跨语言比较，提出了包括内部变化、辅音重叠、元音加长、声调变化、重叠、前缀、后缀、前后缀和中缀九种标记致使结构的形态手段。尼泊尔语致使动词的形态标记也包含在这九种之中，如 पढ्नु（学）→पढाउनु（教）通过添加中缀“आउ”进行标记；उम्लनु（沸腾）→उमाल्नु（使沸腾、烧开）通过内部变化进行标记。

尼泊尔语形态型致使动词数量庞大，且形式多样。有的由及物动词派生而来，有的由不及物动词派生而来；有的表达第一致使义，有的表达第二致使义；不同的致使动词还会产生不同的句法特征和语义类型，因此有必要对形态型致使动词进行再分类。为此首先需要明确几个重要概念：一是基础动词（base verb）的概念及判定；二是派生不及物动词（derived intransitive verb）的意义及形式；三是第一致使

① 伯纳德·柯姆里．语言共性与语言类型：第二版［M］．中文版．北京：北京大学出版社，2010：195—197．

（first causal）和第二致使（second casual）的联系与区别。

首先是基础动词的判定，其本质上是研究致使动词与对应的非致使动词之间的原生-派生关系。Haspelmath（1993）在类型学的理论下提出了起动/致使动词的交替现象，并总结出五种交替情况：反致使交替、致使交替、等值交替、易变交替和替补交替。[①] 就尼泊尔语而言，大部分属于致使交替，即起动动词派生出致使动词，如 पढ्नु 派生出 पढाउनु，此时 पढ्नु 即为基础动词。然而尼泊尔语还存在一类特殊的起动/致使动词交替对，如 खुल्नु（被开）-खोल्नु（打开）-खुलाउनु/खोलाउनु（使……开），由于 खुलाउनु/खोलाउनु 语义相同，因此不能采取上述方法判断其基础动词是 खुल्नु 还是 खोल्नु。而 Haspelmath 通过排列动词自发性等级时发现，动词表示的动作越容易自发产生，该动词就越容易表现出致使的可能。[②] 因此根据自发性强弱进行判定，खोल्नु 为及物动词，其自发性要大于表示被动的不及物动词 खुल्नु。据此，本文认为 खोल्नु 为基础动词。进一步地，参照 Begum & Sharma（2010）的定义，本文认为 खुल्नु 这类动词为 खोल्नु 的派生不及物动词。综上，得出两类基础动词：

第一类：没有派生不及物动词的基础动词，其与致使动词的关系是：

基础动词→致使动词。例如：

पढ्नु（学）→ पढाउनु（教）

第二类：有派生不及物动词的基础动词，其与致使动词的关系是：

派生不及物动词←基础动词→致使动词。例如：

खुल्नु（被开）←खोल्नु（打开）→खुलाउनु/खोलाउनु（使打开）

其次，尼泊尔语是否存在像印地语和乌尔都语那样的第二致使动词？对此的判定也十分重要。在印地语和乌尔都语中，都存在与第一致使和第二致使对应的致使动词词缀：印地语中，第一致使动词通常包含词缀 आ 或 ल，第二致使动词通常包含词缀 वा 或 लवा；乌尔都语中，第一和第二致使变化最主要的词缀为“ا”和“وا”，可见印地语和乌尔都语主要根据动词形态的不同来对第一致使和第二致使进行区分。而在尼泊尔语中，आउ 是唯一的致使动词词缀（有变体），因此仅对形态型致使结构而言，其不足以支撑单个基础动词同时存在第一致使和第二致使动词。而从语义角度看，Saksena（1982）认为第一致使表示致使者对受使者产生的接触性、直接的致使，而第二致使表示致使者与受使者之间没有直接的接触，而是通过中介（intermediary）间接地接触。从这一意义上说，尼泊尔语同样存在第二致使动词，但由于词缀的数量限制，单个基础动词一般只派生出第一致使和第二致使其

---

① 参见朱琳．汉语使役现象的类型学和历时认知研究［M］．上海：学林出版社，2011：68．

② 黄雅一．乌尔都语使役范畴研究［D］．洛阳：解放军外国语学院硕士学位论文，2015：15．

中之一，不能同时派生出第一和第二致使动词。

厘清了上述几个概念后，我们便可以根据基础动词的及物性（不及物/及物）、带宾语的数量（单宾/双宾）、基础动词的自发性等级（无派生不及物动词/有派生不及物动词）以及致使动词的语义（第一致使/第二致使）等对尼泊尔语形态型致使动词进行再分类，得出四个小类：

类型一：基础动词为不及物动词。

尼泊尔语：致使动词表达第一致使含义。如：बस्नु（坐）→बसाउनु（使坐、安顿）。

（1）सेविका रोगीलाई बसाउँछे। 女护理安顿好病人。

印地语：可派生出第一致使和第二致使动词。如：सोना（睡觉）→सुलाना（哄睡）→सुलवाना（让……使……睡）。

（2）第一致使：आया बच्चे को सुलाती है। 保姆哄孩子睡觉。

（3）第二致使：माँ ने आया से बच्चे को सुलवा दिया। 妈妈让保姆哄孩子入睡。

类型二：基础动词为单宾及物动词，且无派生不及物动词。

尼泊尔语：基础动词通常含有“内向”“利己”的含义，致使动词表达第一致使含义，如 पढ्नु（学）→पढाउनु（教），सुन्नु（听）→सुनाउनु（告诉），देख्नु（看见）→देखाउनु（展示）等。这类致使动词隐含着致使者直接参与到受使事件的语义。例如：

（4）गुरु हामीलाई नेपाली पढाउनुहुन्छ। 老师教我们尼泊尔语。

致使者“老师”直接参与到受使事件“我们学习尼泊尔语”中。

印地语：基础动词通常表达“内向”“利己”的含义，基础动词可派生出第一致使和第二致使。如 खाना（吃）→खिलाना（喂）→खिलवाना（让……给……喂食）。

（5）第一致使：सीता ने राम को सेब खिलाया। 希达喂拉姆吃苹果。

（6）第二致使：माँ ने सीता से राम को सेब खिलवाया। 妈妈让希达喂拉姆吃苹果。

类型三：基础动词为单宾及物动词，且存在派生不及物动词。

尼泊尔语：基础动词具有“外向”“利他”的含义，其致使形式上体现为第一致使，但表达第二致使含义。如：ढल्नु（倒）←ढाल्नु（推倒、砍倒）→ढलाउनु（使……倒）。

（7）第二致使：हाकिमले कामदारद्वारा रूख ढलायो। 老板让工人砍倒了树。

印地语：这一类动词一般派生出第二致使动词，有时可见第一致使形式，但其与第二致使的语义相同。如：खुलना（开）←खोलना（打开）→खुलवाना（让……打开）。

（8）第二致使：मैं ने राम से दरवाज़ा खुलवाया। 我让拉姆打开了门。

类型四：基础动词为双宾及物动词。

尼泊尔语：由于基础动词为双宾及物动词，句中已有主语、直接宾语和间接宾语三个论元，进行致使交替后新增的论元只能以工具格的形式出现，因此致使动词表达第二致使含义。如 दिनु（给）→दिलाउनु（使……给）。

（9）रामले प्रमिलाबाट मलाई किताब दिलायो। 拉姆让普拉米拉给我送书。

印地语：一般派生出第二致使动词，有时可见第一致使形式，但其与第二致使动词的语义相同。如：लिखना（给）→लिखाना（使……给）→लिखवाना（使……给）。

（10）माँ ने मुझसे भाई को एक पत्र लिखवाया। 妈妈让我给哥哥写一封信。

下面将尼泊尔语、印地语两种语言的形态型致使动词进行对比。

表 1　尼泊尔语与印地语形态型致使动词对比

类型	语言	派生不及物	基础动词	第一致使	第二致使
类型一	尼	无	सुत्नु（睡觉）	सुताउनु（哄睡）	无
	印	无	सोना（睡觉）	सुलाना（哄睡）	सुलवाना（让……使……入睡）
类型二	尼	无	खानु（吃）	खुवाउनु（喂食）	无
	印	无	खाना（吃）	खिलाना（喂食）	खिलवाना（让……给……喂食）
类型三	尼	खुल्नु（被开）	खोल्नु（打开）	无	खुलाउनु, खोलाउनु（让……打开）
	印	खुलना（被开）	खोलना（打开）	无	खुलवाना（让……打开）
类型四	尼	无	दिनु（给）	无	दिलाउनु（让……给）
	印	无	देना（给）	无	दिलवाना, दिलाना（让……给）❶

注：❶ दिलवाना 与 दिलाना 都表达第二致使含义，但 दिलाना 为第一致使形式，दिलवाना 为第二致使形式。

此外，尼泊尔语还存在一部分无派生不及物形式的“外向”或“利他”动词，如 पिट्नु（打），धुनु（洗），सिउनु（缝）等，其致使动词 पिटाउनु, धुवाउनु, सिलाउनु 均表示第二致使含义。而在印地语中，此类动词存在派生不及物形式，即：पिटना（被打），धुलना（被洗），सिलना（被缝）。这一点是两种语言的区别所在，究其原因，很可能是在尼泊尔语中此类动词的派生不及物形式在语言演化过程中消失所致。

综上所述，尼泊尔语致使结构的形态型并不如印地语发达，就类型一、二而言，尼泊尔语无法像印地语一样，同时派生出第一致使和第二致使形式，只能表示第一致使含义；就类型三而言，尼泊尔语相较于印地语出现了某些基础动词的派生不及物形式缺失的情况。在类型四中，印地语 भेजना（送）、परोसना（端上来）等均有第二致使形式，而尼泊尔语中对应的 पठाउनु（送、寄）、पस्कनु（盛饭）等则没有任何形态型的致使动词。

（二）分析型致使结构

分析型致使结构表示致使概念和表达结果各有独立的谓语形式，在尼泊尔语中则体现为主动词的分词与助动词构成的复合动词，其中助动词表达致使概念，主动词的分词形式表达受使结果。Kaoru Horie 在《尼泊尔语致使结构》（*Causative Construction in Nepali*）一文中对尼泊尔语分析型致使结构进行了详细论述，提出了 लगाउनु, बनाउनु, गराउनु, दिनु 四个分析型致使助动词。① 这四个动词本身为表示具体意义的形态型致使动词或实词，此时则虚化为表示抽象意义的分析型助动词。除此之外，लाउनु 和 लगाउनु 也具有同等用法，बनाउनु 和 गराउनु 的意义接近，因此实际上有三种分析型致使结构。其中，लगाउनु/लाउनु 更趋向于强制性致使（coercion），गराउनु 和 बनाउनु 为一类，表达劝服或安排（convincing, arrangement），而 दिनु 则表示允许（permission）。② 例如：

（11）मैले रामलाई पाठ गर्न लगाएँ। 我让拉姆念书。

（12）मैले रामलाई बाहिर जाने गराएँ। 我说服拉姆出去走/我使拉姆愿意出去走。

（13）मैले रामलाई ढोका खोल्न दिएँ। 我允许拉姆开门。

就印地语而言，其是否存在分析型致使结构学界有不同看法。Hema（2018）提出印地语分析型致使结构包括强制式（Coercive）和允许式（Permission）③。例如：

（14）पिता जी ने शोभित को कोरिया जाने पर मज़बूर किया। 父亲强迫肖比特学韩语。

（15）पिता जी ने शोभित को टेक्वण्डो सिखने दिया। 父亲让肖比特去学跆拳道。

其中 मज़बूर करना 表示强制式，देना 表示允许式。然而大部分学者在论述印地

---

① Kaoru Horie. *Causative Constructions in Nepal* [J]. Linguistics Graduate Student Association University of Kansas, 1991: 102.

② 此处“强制”“劝服”“允许”等含义并非指动词实际意义，而是通过“受使结果实现的可能性”以及“致使方式”等语义参项引申出的含义。将在尼泊尔语致使结构的语义类型中详述。

③ Hema. *Morphological Causative Construction in Hindi: Its Phonological Conditions and Limitations* [J]. India's Higher Education Authority UGC Approved List of Journals, 2018: 95.

语致使结构时并没有指出印地语具有分析型致使结构。Kachru（1976）表示虽然印地语存在 मज़बूर 等表强制意义的动词，但并没有严格的迂回型（分析型）致使动词。[①]

这与尼泊尔语存在着明显的不同。尼泊尔语的分析型致使结构虽不如形态型的常见，但也是使用较多的一种形式。导致这种不同可能有三种原因：一是尼泊尔语使用分析型致使结构，可以使原本只能有第一致使的形态型致使动词（类型一和类型二）能够表达第二致使意义；二是使一些无致使形式的动词得以表达致使含义；三是与形态型相区分，表达间接致使意义。以下三个例句分别对应以上三种情况：

（16）डाक्टरले हरिद्वारा मलाई भात खुवाउन लगाए। 医生让哈利喂我吃了饭。

（17）उसले मलाई बिरुवामा पानी हाल्न लगायो। 他让我给树苗浇了水。

（18）श्यामले हरिलाई यो खबर सुन्न लगायो। 夏姆让哈利听到了这个消息。

例（16）中 खुवाउन लगाउनु 实际上对应了印地语中的 खिलवाना（让……给……喂食），这说明尼泊尔语分析型致使弥补了其形态型致使方面的不足。而对于例（17）和（18），印地语中通常用"主语（ने）+宾语（से）+动词根+带后形式（oblique form）ने+को+कहना"或"主语（ने）+宾语（को）+动词根+带后形式ने+देना"，表示"主语让宾语做某事"，其中 देना 表允许，含弱致使义；而 कहना 原意为"说、称"，在句中含有致使义。

综上，无论从数量抑或是功能角度看，尼泊尔语分析型致使结构都较印地语更为发达。其根本原因在于无论是直接致使还是间接致使、第一致使还是第二致使，印地语都可以用形态型致使动词表达。而尼泊尔语由于受到藏缅语的影响，其形态型不如印地语发达，在表达间接致使或第二致使时则需要借助分析型来弥补这方面的缺陷。

（三）词汇型致使结构

关于尼泊尔语是否存在词汇型致使结构学界仍然存在争议，Kaoru（1991）参照英语中 kill–die 的词汇型致使交替对，认为 मार्नु（杀死）为 मर्नु（死亡）的词汇型致使动词，但 मार्नु 与 मर्नु 显然存在形态上的联系，मार्नु 为基础动词而 मर्नु 为其派生不及物动词。Dixon（2000）在 Comrie 的基础上对词汇型致使结构的定义进行了扩充，认为词汇型致使结构和对应的非致使结构中的动词还存在"非能产非异干交替"关系，即两个动词形式相同，动词本身兼有及物和不及物两种词性，如 break, melt 等，但在尼泊尔语中其对应词汇为 फुट्नु–फोड्नु 和 गल्नु–गाल्नु，应该也不属于词汇型致使动词的范畴。因此，黑曼格·拉杰·阿提卡里博士在《实用尼泊尔语语法》中仅列举出了两对词汇型致使交替对：जानु（去）–पठाउनु（派遣、寄送），पुग्नु

① Kachru, Yamuna. *On the semantics of the causative construction in Hindi–Urdu* [M]// M. Shibatani. *The Grammar of Causative Construction*. New York: Academic Press, 1976: 367.

（到）-पुऱ्याउनु（带来）[①]，可见尼泊尔词汇型致使动词尽管存在，但数量极少。

二、尼泊尔语致使结构的句法特征

杨敏（2018）在总结前人对“句法-语义接口”研究中表示，探讨动词与句法结构之间的关系是“句法-语义”接口研究的主要类型之一，“其基本假设是动词语义和论元的句法实现之间有必然的联系”[②]，如进食类动词“吃（喝、嚼……）”的基本语义特征[+用口]，决定其包含施事和受事两个内层角色。[③]因此，对尼泊尔语致使结构的句法特征分析，可以从致使动词的语义特征着手，进而考察语义角色、论元数量以及致使标记（格缀）在致使结构句法实现中的变化情况。

（一）形态型致使结构的句法特征

Begum 等（2008）根据波你尼语法框架（Paninian Grammatical Framework），引入了“格关系”（karaka relations）这一概念，指出“格关系”是动词和其他句子成分之间的句法-语义关系，实际上是动词内部的语义特征向句法结构中各论元的投射。波你尼语法框架中包含着六个基本的格关系，即主格（karta，简称 k1）、宾格（karma，简称 k2）、具格（karana，简称 k3）、与格（sampradaan，简称 k4）、从格（apaadaan，简称 k5）和位格（adhikarana，简称 k7p）[④]。Begum & Sharma（2010）在研究印地语形态型致使动词和其他句子成分的句法-语义关系时，则进一步引入“致使者”（prayojak karta，简称 pk1）、“受使者”（prayojya karta，简称 jk1）和“中介致使者”（madhyastha karta，简称 mk1）[⑤]，并省去了与致使结构没有

---

① डा. हेमाङ्ग राज अधिकारी. *प्रयोगात्मक नेपाली व्याकरण (चौथो संस्करण)* [M]. ललितपुरः साझा प्रकाशन, 2011: 245.

② 杨敏．使令义兼语动词的“句法-语义”接口研究［D］．南京：南京大学硕士学位论文，2018：2．

③ 孙道功，李葆嘉．动核结构的“词汇语义-句法语义”衔接研究［J］．语言文字应用，2009（1）：135．

④ Begum, Rafiya, Samar Husain, Dipti M. Sharma and Lakshmi Bai. *Developing Verb Frames in Hindi* [C]// *Proceedings of The Sixth International Conference on Language Resources and Evaluation (LREC)*. Marrakech, Morocco, 2008: 1927.

⑤ jk1 和 mk1 的区别在于前者为受事性受使者（patientive causee），后者为施事性受使者（agentive causee）。如“老师教学生数学”，从字面含义看，“教”为及物动词，“学生”为动作的受事者。而“教”还隐含有“使学习”的致使含义，使得“学生”同时也是受使者，尽管“学生”同时也是“学习”的施事者，然而从根本上讲是在老师的指导下进行学习，因此综合来看“学生”为受事性受使者（jk1）；而在“主人让仆人打扫家里”一句中，仆人在致使事件“主人让仆人打扫”中为受使者，而在受使事件“仆人打扫家里”中为施事者，且打扫家里的过程并没有主人的参与，综合两件事件来看仆人即为施事性受使者（mk1）。

直接关系的语义角色，包括具格、从格和位格等。本文也遵循 Begum 的研究方法，并用 Vi 和 Vt 分别表示不及物动词和及物动词，V1 和 V2 分别表示第一致使动词和第二致使动词。根据不同类型的致使动词含有不同的语义特征，进而产生不同句法结构的原理，对前文形态型致使结构四种类型的句法特征分析如下：

类型一：基础动词为不及物动词，致使动词表达第一致使含义。例如：

（19）केटो(k1) रोयो(Vi) ।

男孩　哭

男孩哭了。

（19’）उसले(pk1) केटोलाई(jk1) रुवायो(V1) ।

他　男孩　使……哭

他把男孩弄哭了。

可见第一种类型的致使句法结构为“pk1+jk1+V1”，例（19）中“रुनु”所含语义特征仅为[+哭]，经过致使交替转为“रुवाउनु”后，增加了[+致使者][+受使者]的语义特征，由此引入“ऊ”（他）这一新论元表示致使者。“केटो”虽然仍为“哭”这一动作的发出者，但更强调是在致使者的致使下引发的动作，因此我们认为“केटो”为受事性受使者。

类型二：基础动词为单宾及物动词，无派生不及物动词，通常表达“内向”“利己”的含义，致使动词表达第一致使含义。例如：

（20）हरि(k1) कविता(k2) पढ्छ(Vt) ।

哈利　诗歌　读

哈利读诗。

（20’）श्याम(pk1) हरिलाई(jk1) कविता(k2) पढाउँछ(V1) ।

夏姆　哈利　诗歌　使学习（教）

夏姆教哈利学习诗歌。

可见第二种类型的致使句法结构为“pk1+jk1+k2+V1”，例（20）中“पढ्नु”所含语义特征为[+学习者][+学习内容]，经过致使交替转化为“पढाउनु”后，增加了[+致使者][+受使者]的语义特征，由此引入“श्याम”这一新论元表达致使者含义。而与第一类型相同的是，“हरि”虽仍为“学习”这一动作的发出者，但更强调是在致使者的作用下引发的，致使者参与到了受使事件“哈利学习”的过程中，因此我们仍认为“हरि”为受事性受使者。

类型三：基础动词为单宾及物动词，存在派生不及物动词，通常表达“外向”“利他”的含义，致使动词表达第二致使含义。例如：

（21）आगो(k1) बल्यो(Vi) ।

火　燃烧

火生起来了。

（21’）भान्सेले(k1) आगो(k2) बाल्यो(Vt/V1)।

厨师　　　火　　　点燃

厨师把火生起来了。

（21”）मालिकले(pk1) भान्सेद्वारा(mk1) आगो(k2) बलायो(V2)।

主人　　　通过厨师　　　火　　使……点燃

主人让厨师把火生起来了。

可见第三种类型的致使句法结构为“pk1+mk1+ k2+V2”，例（21’）中“बाल्नु”所含的语义特征为[+点燃者][+点燃物]，经过致使交替转化为“बलाउनु”后，增加了[+致使者][+受使者]的语义特征，由此引入“मालिक”这一新论元表达致使者含义。但与第一、二类型不同的是，“भान्से”为施事性受使者，主要是因为致使者并没有参与到受使事件中去，受使者独立完成受使事件中的施事动作“生火”。从格缀的角度也可以解释他们在论元层面存在的差异，例（20’）中“हरि”带宾格格缀“लाई”，而例（21”）中“भान्से”带工具格格缀“द्वारा（बाट）”。李静波（2020）根据 Song 提出的受使者句法和语义的互动机制，指出“在施事性、自控度方面，工具格最强，其次是与格，最后是宾格。而在受影响程度方面，宾格受影响最大，其次是与格，最后是工具格”①。

类型四：基础动词为双宾及物动词，致使动词表达第二致使含义。例如：

（22）श्यामले(k1) हरिलाई(k4) किताब(k2) दियो(Vt)।

夏姆　　　哈利　　　书　　　给予

夏姆给了哈利一本书。

（22’）रामले(pk1) श्यामद्वारा(mk1) हरिलाई(k4) किताब(k2) दिलायो(V2)।

拉姆　　　通过夏姆　　　哈利　　　书　　　使……给予

拉姆让夏姆给了哈利一本书。

可见第四种类型的致使句法结构为“pk1+mk1+k4+k2+V2”。例（22）中“दिनु”所含的语义特征为[+给予者][+接受者][+给予物]，经过致使交替转化为“दिलाउनु”后，增加了[+致使者][+受使者]两个语义特征，分别分配给新论元“राम”和旧有论元“श्याम”。“श्याम”同时为给予者和受使者，即施事性受使者，用工具格体现；“राम”则为致使者。

（二）分析型致使结构的句法特征

分析型致使句的句法结构所涉及的论元与形态型相类似，但由于分析型表示致使概念和表达结果各有独立的谓语形式，即致使助动词（简称 V）和含有主动词的受使事件（简称 C），使得分析型致使句的句法结构与形态型又有较大差别。而在

① 李静波．国内外致使结构的类型学研究述评［J］．江苏海洋大学学报（人文社会科学版），2020（4）：105—106．

分析型致使结构内部，致使助动词又可以从两个角度加以运用，即间接致使和第二致使的表达。从语义关系角度考虑，第二致使包含于间接致使当中，但对于论元的要求更为具体细致，而间接致使则更为模糊，从而导致两者在句法结构方面存在差异，因此本文从这两个角度对分析型致使句的句法结构加以考察。

1. 间接致使句的句法结构

（23）हरिले(k1) यो खबर(k2) सुन्यो(Vt)।

哈利　这个消息　听见

哈利听到了这个消息。

（23’）श्यामले(pk1) हरिलाई(jk1) यो खबर सुन्न(C) लगायो(V)।

夏姆　哈利　听到这一消息　使得

夏姆让哈利听到了这个消息。

由此可见，间接致使句的句法结构为“pk1+jk1+C+V”。例（23）向例（23’）的转化过程中引入了“लगाउनु”这一独立的谓语结构，使得原来的动宾结构整体转为间接致使句的补语，也即受使事件。而 लगाउनु 作为致使助动词，本身含有[+致使者][+受使者]的语义特征，因此例（23’）中需要引入致使者“श्याम”这一新的论元，而“हरि”则从主格转为受事性受使者。

2. 第二致使句的句法结构

（24）श्यामले(pk1) हरिलाई(jk1) यो खबर(k2) सुनायो(V1)।

夏姆　哈利　这一消息　告诉

夏姆把这个消息告诉了哈利。

（24’）रामले(pk1) श्यामद्वारा(mk1) हरिलाई यो खबर सुनाउन(C) लगायो(V)।

拉姆　通过夏姆　哈利　告诉这一消息　使得

拉姆让夏姆把这个消息告诉哈利。

由此可见，第二致使句的句法结构为“pk1+mk1+C+V”，同样，由于“लगाउनु”这一独立的谓语结构，使得原来的动宾结构转化为补语。“हरि”作为新的论元被引入，而“श्याम”原本作为致使者，与 लगाउनु 所含的受使者的语义特征相结合，成为施事性受使者。间接致使和第二致使句的句法结构存在差异的原因在于，间接致使句例（23’）没有指明“哈利从何处听到这个消息”，而第二致使句例（24’）中则有明确的施事性受使者，即“夏姆”告诉了哈利这一消息。

综上，可总结出致使结构句法实现过程中三方面的变化：其一，无论是基础动词派生为致使动词还是引入致使助动词，论元数量均会增加。其二，语义角色出现变化，如形态型致使结构中，类型一、二中施事者转为受事性受使者，类型三、四中施事者转为施事性受使者；在分析型致使结构中，间接致使句的施事者转为受事性受使者，第二致使句的施事者转为施事性受使者。其三，致使标记发生变化，原句的主格根据致使动词的不同转换为宾格或工具格。

三、尼泊尔语致使结构的语义分析

致使结构的语义类型一直都是国内外学者讨论的重点。柯姆里（2010）在《语言共性和语言类型（第二版）》一书中探讨了直接致使和间接致使的区别，并指出直接致使和间接致使分别位于一个语义连续统的两端，其与致使结构的形式类型所构成的连续统可大致对应，即越接近于分析型一端的结构越适用于间接致使，而越接近于词汇型一端的结构越适用于直接致使。Shibatani & Pardeshi（2002）进一步提出社交性致使（Sociative causation）概念，其位于直接致使和间接致使之间，包括共同行动（Joint-action）、协助（assistive）和监督（supervision）三种类型。李静波（2020）指出这是依据功能做出的分类，分别表示致使事件和受使事件在时空中的不同组合情况。由于这一分类无法对分析型致使/间接致使做进一步的细分，因此需要借鉴认知理论来划分分析型致使结构的语义类型。

因此，对于尼泊尔致使结构的语义类型，本文遵循上述原则，从功能的角度考察形态型致使结构的语义类型，而从认知的角度考察分析型致使结构的语义类型。

（一）形态型致使结构的语义分析

在形式类型的连续统中，形态型处于词汇型和分析型之间，其所表达的语义也会分布在直接致使和间接致使之间，部分偏向于直接致使而部分偏向于间接致使。由于不同的形式类型会产生不同的语义类型，因此语义类型也需要分类讨论。

类型一：基础动词为不及物动词。

（25）सेविका रोगीलाई बसाउँछे। 女护理将病人安顿好。

句中“女护理安顿病人”和“病人接受服务”两件事处于同一时空，且致使者与受使者发生直接接触，病人的自控度低，因此该类型为直接致使。

类型二：基础动词为单宾及物动词，不存在派生不及物动词。

（26）आमाले छोरालाई भात खुवाउनुभयो। 母亲喂儿子吃饭了。

（26’）गुरुले विद्यार्थीलाई कविता पढाउनुहुन्छ। 老师教学生诗歌。

例（26）中“母亲喂儿子”和“儿子吃饭”处于同一时空，致使者与受使者发生直接接触，但受使者仍保留一定的自控度和自主性，例如“儿子可以决定吃饭的快慢”。同理，例（26’）中学生也可以决定自己的学习态度或认真程度。因此这一类可以归结为社交性致使。

类型三：基础动词为单宾及物动词，存在派生不及物动词。

（27）मैले रामलाई मारेँ। 我杀了拉姆。

（27’）मैले रामलाई मराएँ। 我让拉姆死。

Kaoru（1991）指出，例（27'）除了表示“我让人杀了拉姆”之外，也可能表示“我策划了拉姆的死，但他死时我不在现场”，致使事件和受使结果不在同一时空且相差甚远，因此属于间接致使。

类型四：基础动词为双宾及物动词。

（28）रामले श्यामद्वारा हरिलाई किताब दिलायो। 拉姆让夏姆把书给了哈利。

句中“拉姆口头指示夏姆”和“夏姆给哈利书”不处于同一时空，且工具格格缀表明夏姆的自控度较高，夏姆可以决定何时何地以何种方式给哈利书，因此此类表达间接致使。

综上，尼泊尔语形态型致使结构既可以表达直接致使，又可以表达社交性致使和间接致使。其语义在直接致使-社交性致使-间接致使的语义连续统中几乎可以全覆盖。若要对形态型致使结构进行语义排序，则在直接致使向间接致使过渡的语义连续统中，（25）>（26）>（27'）≈（28），即（25）为直接致使，（26）为社交性致使，（27'）（28）为间接致使。

（二）分析型致使结构的语义分析

由于致使事件和受使事件的相互独立，分析型致使总体表达间接致使的含义，因此从致使事件和受使事件时空上是否存在重叠，致使者和受使者之间是否存在接触等角度进行考察已不具有意义。李静波（2018）借鉴认知理论，通过构建的致使语义系统对间接致使进行了进一步细化分类，即首先根据致使者是否具有意图性将其分为因果类和控制类；其次根据致使者的意愿性进一步将控制类分为允让类和指示类；再次根据致使者对受使者的控制力可将允让类分为许可类和放任类。还可根据致使者与受使者的地位等级关系将指示类分为请求类和要求类，最后根据受使者的意愿性将要求类分为强制类和非强制类。

这里，我们在 Kaoru（1991）提出的三类分析型致使结构的基础上，借鉴李静波的语义系统，对分析型致使结构的语义类型分析如下：

1. लगाउनु/लाउनु 类

（29）रामले भाइलाई पढ्न लगायो। 拉姆让弟弟念书了。

李静波（2018）认为，致使者为事件时为因果类致使，致使者为人时则是控制类。[①] 例（29）中致使者为有意图性的人，因此对于受使者有较强的控制度。与此同时，一方面致使者（राम）积极主动要求受使者完成结果事件，另一方面致使者对受使者为上对下或平级之间的指示，因此属于要求类致使。此外，Kaoru 指出 लगाउनु 所在的分析型致使句中不会出现以下情况：

① 李静波．致使的语义系统［J］．齐齐哈尔大学学报（哲学社会科学版），2018（9）：125．

（29'）*मैले रामलाई पाठ गर्न लगाएँ तर उसले गरेन। 我使拉姆写作业但他不写。

即表明在致使者要求下，不管受使者是否具有意愿，受使事件必然发生，因此 लगाउनु 属于要求类致使下的强制类致使。

2. बनाउनु/गराउनु 类

Kaoru（1991）指出 बनाउनु 和 गराउनु 的致使语义相近，一般表示“安排”“劝服”等，但同时他还认为在某些情况下，बनाउनु 的致使力要稍强于 गराउनु。例如：

（30）तिनीहरूले त्यो मसिन चाल्ने गराए।

（30'）तिनीहरूले त्यो मसिन चाल्ने बनाए।

例句（30）表示“只要有必要，他们就会让机器运作起来”，语义偏向于是否具备某种能力；例句（30'）表示“他们修理了那台出故障的机器，并使它运转起来”，语义偏向于能力向成果的转化。因此可以从某种程度上认为 बनाउनु 的致使力要强于 गराउनु。[①]

在这一类分析型致使结构中，致使者有较强的意图性，即致使者应为人而不是事件或其他无生命体。例如：

（31）तिनीहरूले घर ढाल्ने बनाए/गराए। 他们准备将房子推倒。

（31'）*हावाले घर ढाल्ने बनाए/गराए। *风准备将房子推倒。

例（31'）中的“风”不具有意图性，因此此句并不符合语法规范，而例（31）则可以试想以下这样的场景，即“在外景拍摄的电影中所做的安排”[②]。除此之外，它们并不强制受使结果的发生，而旨在做出安排或计划，或是让受使者具备按照致使者实施某一行为的能力，即以下句子仍符合语法规范：

（32）मैले रामलाई तरकारी खाने बनाएको थिएँ तर उसले खाएन। 我说服拉姆吃蔬菜但他没有吃。

“我说服拉姆”已经发生，表明致使者具有意愿性，而受使者在致使者的说服下也具有意愿性，只是他可能因为种种原因并没有按照致使者意愿实施受使结果。因此该类动词总体偏向非强制类。

3. दिनु 类

दिनु 作为致使助动词表示“允许、许可”等含义，这一类动词表明受使者的意愿性较强，往往是受使者先表明意愿以期获得致使者的许可，并非致使者主动要求

① Kaoru Horie. *Causative Constructions in Nepal* [J]. Linguistics Graduate Student Association University of Kansas, 1991: 103–104.

② Kaoru Horie. *Causative Constructions in Nepal* [J]. Linguistics Graduate Student Association University of Kansas, 1991: 104.

受使者实施受使结果，致使者意愿性较低，因此 दिनु 为允让类致使。如若致使者能够拒绝受使者的要求，则表示致使者对受使者仍有一定的控制度。例如：

（33）नेताले उसलाई घर जान दिए। 领导准许他回家。

此时 दिनु 为允让类致使下的许可类致使。如果致使者并没有表现出阻止受使者的意愿，则许可致使转为放任致使。因此，若要对上述三类分析型致使动词进行致使力大小排序，则可得出如下图示[①]：

致使力大小

——————————————————→

लगाउनु > बनाउनु > गराउनु > दिनु

强制类 （介于二者之间） 非强制类 许可类/放任类

综上，在尼泊尔语分析型致使结构中，लगाउनु/लाउनु，बनाउनु/गराउनु，दिनु 三类分别对应语义系统中的强制类、非强制类和许可/放任类，बनाउनु 在部分情况下介于强制类和非强制类之间。三类分别表达强制、劝服和允让义，致使力大小从强制到允让依次递减。

四、结语

本文运用语言类型学相关理论，对尼泊尔语致使结构的形式类型、句法结构和语义类型进行了初步探索，并通过与印地语、乌尔都语等亲属语言进行跨语言比较，得出以下几点结论：一是尼泊尔语致使结构的形式类型有三种，形态型、分析型和词汇型，且以形态型和分析型为主；二是尼泊尔语致使结构的形态变化不够发达，且缺乏第二致使动词，但分析型致使结构却比较发达，从而弥补了形态型致使结构的不足，并使第二致使意义得以表达；三是不同的形式类型具有不同的句法特征，致使动词的语义特征决定着受使者的语义角色、论元数量及致使标记等的相应变化；四是通过探究尼泊尔语致使结构的语义类型，可以发现尼泊尔语具有大多数语言具备的共性，即致使结构与致使语义相关，词汇型–形态型–分析型的结构连续统对应直接致使–社交性致使–间接致使的语义连续统，越接近于分析型越适用于间接致使，而越接近于词汇型则越适用于直接致使；五是从认知理论出发，分析型致使结构的语义类型由于致使者的意愿性、致使者对受使者的控制力、致使者与受使者的地位等级关系以及受使者的意愿性不同，其表达的致使力大小也不同，三种分析型致使结构分别表达强制、劝服和允让等语义，且致使力大小从强制到允让依次递减。以上通过类型学理论和语言对比得出的初步结论，解决了一些语言教学中长期存在的模糊认识，但仍需进一步验证和完善。随着大型的动词语料库在将来得以

---

① 图示参照 Kaoru Horie. *Causative Constructions in Nepal* [J]. Linguistics Graduate Student Association University of Kansas, 1991: 107.

建立，“致使”这一语法范畴将会得到更深入的阐释。同时，借助历史语言学相关理论，深入分析尼泊尔语致使结构与其亲属语言的异同，并对藏缅语对其的影响展开实证研究，将是未来的一个研究方向。

参考文献

[1] 伯纳德·柯姆里．语言共性与语言类型：第二版[M]．中文版．北京：北京大学出版社，2010．

[2] 李静波．致使的语义系统[J]．齐齐哈尔大学学报（哲学社会科学版），2018（9）．

[3] 李静波．国内外致使结构的类型学研究述评[J]．江苏海洋大学学报（人文社会科学版），2020（4）．

[4] 何朝荣．尼泊尔语语法：修订版[M]．广州：世界图书出版广东有限公司，2022．

[5] 闫元元．印地语语法[M]．广州：世界图书出版广东有限公司，2020．

[6] 杨敏．使令义兼语动词的“句法-语义”接口研究[D]．南京：南京大学硕士学位论文，2018．

[7] 黄雅一．乌尔都语使役范畴研究[D]．洛阳：解放军外国语学院硕士学位论文，2014．

[8] 姚肖莺．汉语三种致使句的致使性等级考察[D]．北京：北京语言大学硕士学位论文，2005．

[9] 朱琳．汉语使役现象的类型学和历时认知研究[M]．上海：学林出版社，2011．

[10] 孙道功，李葆嘉．动核结构的“词汇语义-句法语义”衔接研究[J]．语言文字应用，2009（1）．

[11] Bhatt Rajesh, David Embick. *Causative Derivations in Hindi* [D]. Ms. University of Texas at Austin and University of Pennsylvania, 2003.

[12] Dixon R M W. *A typology of causatives: form, syntax and meaning* [M]// Dixon R M W, Alexandra A. *Changing Valency: Case Studies in Transitivity*. Cambridge: Cambridge University Press, 2000.

[13] Dixon R M W. *Basic Linguistic Theory (3): Further Grammatical Topics* [M]. Oxford: Oxford University Press, 2012.

[14] Hema. *Morphological Causative Construction in Hindi: Its Phonological Conditions and Limitations* [J]. *India's Higher Education Authority UGC Approved List of Journals*, 2018: 93–106.

[15] Kachru, Yamuna. *On the semantics of the causative construction in Hindi–*

Urdu [M]// M. Shibatani. *The Grammar of Causative Construction.* New York: Academic Press, 1976: 353–369.

［16］Rafiya Begum, Dipti Misra Sharma. *A Preliminary Work on Causative Verbs in Hindi* [J]. Proceedings of the 8th Workshop on Asian Language Resource, 2010: 120–128.

［17］Rafiya Begum, Samar Husain, Dipti M. Sharma and Lakshmi Bai. *Developing Verb Frames in Hindi* [C]// Proceedings of The Sixth International Conference on language Resources and Evaluation (LREC). Marrakech, Morocco, 2008.

［18］Saksena A. *Contact in Causation* [J]. *General Linguistics*, 1980: 23–38.

［19］Shibatani M. *The Grammar of Causative Constructions: A Conspectus* [M]// Shibatani M. *The Grammar of Causative Constructions.* New York: Academic Press, 1976.

［20］Shibatani M, Pardeshi P. *The causative continuum* [M]// Shibatani M. *The Grammar of Causation and Interpersonal Manipulation.* Amsterdam: John Benjamins, 2002: 85–126.

［21］Kaoru Horie. *Causative Constructions in Nepali* [J]. Kansas Working Papers in Linguistics Volume 16, 1991: 99–110.

［22］डा. हेमाङ्ग राज अधिकारी. *प्रयोगात्मक नेपाली व्याकरण (चौथो संस्करण)* [M]. ललितपुर: साझा प्रकाशन, 2011.

［23］माधवप्रसाद घिमिरे. *नेपाली बृहत् शब्दकोष* [M]. काठमाडौं: नेपाल राजकीय प्रज्ञा–प्रतिष्ठान दसौं संस्करण, 2018.

［24］मोहनराज शर्मा. *प्रज्ञा नेपाली सन्दर्भ व्याकरण* [M]. काठमाडौं: नेपाली प्रज्ञा–प्रतिष्ठान कमलादी, 2014.

概念隐喻视角下普什图语谚语翻译研究

信息工程大学　包智俏　王　静

【摘　要】作为阿富汗普什图民族口头文学的重要形式，普什图语谚语形式简练、内涵丰富，是阿富汗地区和普什图民族历史、文化的鲜活载体。本文运用概念隐喻理论，分别从结构隐喻、本体隐喻和方位隐喻类型对普什图语谚语进行了分类，并结合谚语中的隐喻现象在原语和目标语两种文化之间的对应关系，提出了对普什图语谚语采取直译意象、直译加注、意象替换或意译等翻译策略。

【关键词】普什图语谚语；翻译；概念隐喻

谚语是人们在对日常所见所闻和实践经验进行规律性总结的基础上逐渐创造而成的一种意蕴丰富的语言形式。谚语在特定的地域、历史和文化背景中产生，通行和流传于一定地域范围内拥有共同社会文化经历的人群之间，因而具有明显的地域性和民族性。普什图语谚语是普什图民族在长期社会生产实践的基础上，以自觉或不自觉的方式总结、凝练出的经验和道理，能够反映普什图人民对于自然现象、历史事件和日常行为的思考和态度，是普什图人民族精神和社会观念的集合。本文在概念隐喻视角下对普什图语谚语进行分类，并据此找出更加准确、恰当的翻译策略，有助于人们深刻理解普什图语谚语内涵及其民族文化。

一、概念隐喻理论指导谚语翻译的可行性

普什图语谚语中经常会使用一些文化特色鲜明的意象，以承载该民族特有的社会传统和价值追求。这些意象之间常常存在一种巧妙，却又似乎缺乏规律性的联系——隐喻，它可以在语句中起到点缀语言文字的作用。但是概念隐喻理论认为这种联系过程是富有逻辑性的，这种“逻辑”就是映射。翻译中也存在相似的映射过程，并且这一过程比隐喻更加明显。因此，运用概念隐喻理论指导谚语翻译实践可以帮助我们理解“从意象到意象”、“从原文到译文”的多次映射过程。

（一）概念隐喻理论帮助理解谚语中的隐喻现象

在传统修辞学看来，隐喻的主要作用是对语言进行修饰，使表述更加形象生动。但这种观点将隐喻局限于文学层面，认为隐喻是特定场景下产生的语用现象，它更像是一种突发奇想的灵感，零散而缺乏系统性，因此其研究价值很容易被忽视。而认知语言学认为隐喻是一种认知活动，存在于生活的各个方面。人们在社会

实践中，总是通过某一种经验去理解另一种经验。随着社会的不断发展，这种认知模式逐渐根深蒂固为一种下意识的行动，于是人们不自觉地通过某些熟悉的事物去认知不熟悉的、比较抽象的事物，并且通过语言的方式加以说明，由此形成了隐喻。隐喻中的认知模式已经深刻根植于人们的内心，以至于人们总是自然地运用它，却忽略了分析其存在的原理。而认知语言学充分肯定了隐喻的价值，在分析并翻译谚语时运用相关理论——如概念隐喻理论，则能更加准确地把握谚语的内涵。

认知语言学中的概念隐喻理论首次出现于 Lakoff 和 Johnson 的《我们赖以生存的隐喻》一书，其中认为“人类思想和行为所依据的概念系统本身是以隐喻为基础”[①]的，隐喻就是利用另一事物理解当前事物的过程。隐喻不仅是语言中的词汇问题，更是思维中的概念问题。人们日常生活中的思考、交流和行动都依赖于同一个概念系统。语言作为解释概念的一种工具，能够帮助理解人们在认知模式中的下意识行动。而谚语是一种极为凝练的语言形式，它通过简短而富有内涵的句子传递着人们数百年的生活经验。很多谚语中都存在着隐喻现象，它们能够成为观察人们思维路线的媒介。认知语言学中的概念隐喻理论将隐喻看作从一个具体的概念域向一个抽象的概念域的系统映射，即源域到目标域的映射。如图 1：

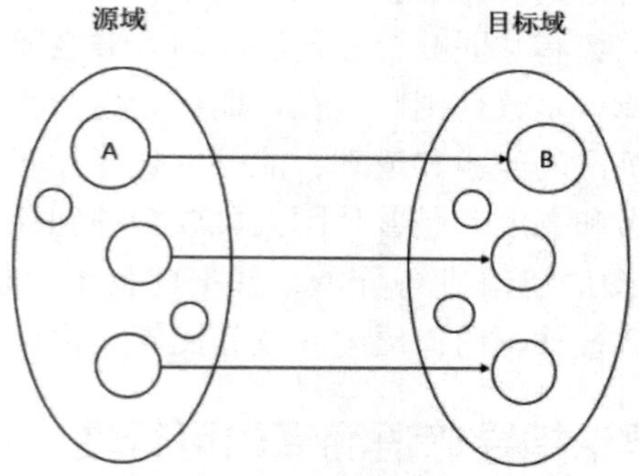
源域
目标域
A
B
隐喻就是由概念A向概念B映射的一种建立概念的过程

图 1　隐喻的映射过程

其中的 A 概念通常是某一已知的、具体的概念，而 B 概念则是模糊的、未知的概念，借助 A 概念理解 B 概念的过程就是隐喻的运行逻辑。基于特定文化背景知识，对这种映射关系进行分析，就能理解人们为何会将看似无明显关联的事物联系起来，从而更好地理解谚语的内涵，例如：

例 1：

د صبر میوه خوږه ده.

等待的果实是香甜的。

---

① 乔治·莱考夫，马克·约翰逊．我们赖以生存的隐喻［M］．何文忠，译．杭州：浙江大学出版社，2015：1．

这句谚语中的“等待”是指一种持续的状态或动作，而“果实”指的是植物的器官。这两个概念看似并无关联，但其实存在着必然联系：“等待”状态的终止是事件发展过程中的结果，而“果实”产生于植物成长过程中的结束时段，句中借助“果实”隐喻了“等待”过程的结果。这句谚语也借助“果实的香甜”解释了“耐心等待的结果是美好的”这一道理。

例 2：

انسان تر کاڼي کلک دی او تر ګل نازک دی.

人比石头坚硬，也比鲜花脆弱。

这句谚语是借助“石头”和“鲜花”两个意象来描绘“人”的特性，因为人具有耐性与毅力，顽强时比石头还要坚硬；但同时人也具有敏感与脆弱的一面，有时又比鲜花还要娇嫩。

（二）概念隐喻理论帮助理解隐喻的普遍性与特殊性

概念隐喻理论认为，隐喻具有系统性——在特定的文化背景下，人们对一些意象的定义具有系统性。以“争论是战争”这句话为例，“战争”和“争论”都是一场激烈的对抗，二者之间存在许多相仿的特质，例如：主体互为对手，利用一些工具或手段进行对抗，最终分出胜负。通过这种推理，可以逐渐由单个意象扩展到一个意象群，这些相似或相关的意象可以形成一个内部系统。如图 2：

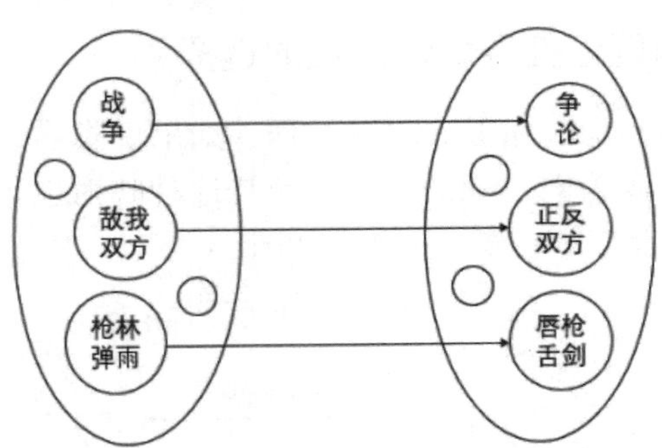

图 2　由战争术语向辩论术语的映射过程

在普什图语中，“توره”（宝刀）一词可以用来指代“勇气”或者“尊严”，因为它锋利而具有战斗力，在战场上挥舞宝刀就是英勇杀敌、捍卫尊严的象征。谚语中也经常会使用这一意象，例如：

例 3：

په توره مړ شي نه چې دښمن ته خړ شي.

宁愿死在刀下，也不要被敌人侮辱。

如果这种映射过程成立的话，那么战场环境中的其他武器也可以用来指代“勇气”，例如“توپک”（枪支）、“ګولۍ”（弹药）等。如果认为这些意象同处于一个内部系统中，那它们之间的内在联系就很容易被理解，这种隐喻联系也就是普遍存在的。比如“背上的伤痕”被认为是“懦弱”的象征——因为只有战场中的逃兵才会将背对战场，被宝刀划伤而留下背部的伤痕。基于这种系统性映射，人们也就能通过这样无数的隐喻构建起对世界的认知。

但由于这种系统存在于特定的文化背景之下，因此只有同样的使用对象才能够充分理解所表达的含义，这种概念间的联系又具有特殊性。对于谚语来说，只有使用它的民族才能完全理解其中的意义。比如在一种文化中，如果“石头”被看作是战场上制胜的武器，那它也有可能成为“勇气”的象征；又比如在另一种文化中，如果战争根本不存在，那么“宝刀”这类武器也就不会成为“勇气”的象征。再比如在普什图语中对“老马”的认识：

例 4：

زاړه اسونه ترپې نه زده کوي.

朽木不可雕也。

这句谚语的意思是“老马学不了跳跃”，马儿年老的体质导致它们无法掌握跳跃的能力——即一件事物的本质决定了它的一些其他特质。换成我们更熟悉的表达就是“朽木不可雕也”——“朽木”的本质决定了它已经无法被雕刻。但是普什图人心中认为“老马”已无法跳跃，我们却认为“老骥伏枥，志在千里”，这也反映了不同民族间对同一意象的认知差异。

（三）概念隐喻理论指导翻译方法的选择

翻译中存在一种和隐喻相似的映射过程，如果说隐喻是由源域向目标域的映射，那么翻译就是由源语向目标语映射，而且这种映射也包含了人们的认知活动——基于认知实现语言符号的能指关联。如图 3：

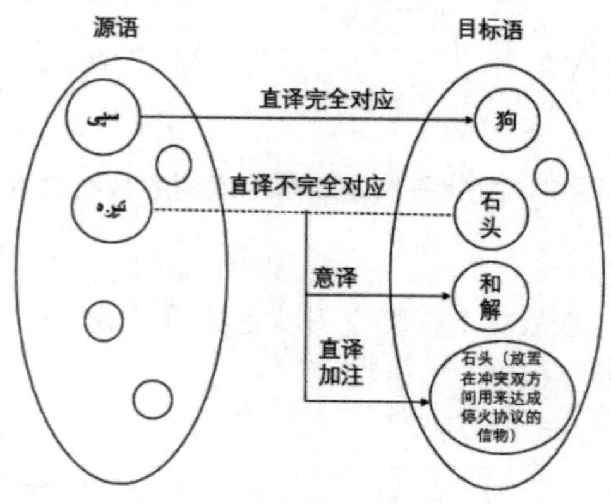

图 3　不同意象的翻译方法选择

在我们知道“سپی”和“狗”指代的是同一种事物的基础上，我们就能用这两个语言符号进行普汉互译，直译结果也是固定且明确的。但是有些词汇在特定民族中具有一些附加的文化属性，例如“تیږه”（也写作“تیګه”）一词可以用来指代“石头”这种事物。但在普什图社会中，这种“石头”还可以专门用来指代在冲突中经过调停后为了达成停火协议而在敌对双方之间放置的信物，即和解的标志。①如果仅用“石头”这一语言符号对“تیږه”进行指代，并不能准确地表述其内涵。因此在翻译时可以选择意译或者直译加注等方式使译文更加准确，如将其意译为“和解”，或译为“石头（放置在冲突双方间用来达成停火协议的信物）”。

这种利用已知概念解释未知概念的过程和隐喻的运作机制如出一辙，或者说翻译过程本身就具有隐喻性。在翻译普什图语谚语时，语句中的隐喻现象也需要基于文化背景进行理解。当某些概念间的隐喻关系在两种文化中完全对应时，在翻译结果中就可以选择保留这种隐喻意象；但当隐喻关系在两种文化中存在理解偏差时，在翻译结果中就需要对意象进行处理。因此，在概念隐喻理论的指导下对谚语进行翻译，能够选择出更加恰当的翻译方法，使翻译结果对应性更强、准确率更高。

二、普什图语谚语中的概念隐喻类型分析

概念隐喻理论认为，隐喻能够将抽象的、难以理解的事物具象化，并根据具象化的方式将隐喻分为三种类型：结构隐喻、本体隐喻和方位隐喻。在翻译实践中，如果能够准确理解谚语中隐喻的具体类型，就能帮助理解谚语的含义，并为谚语翻译提供适当的策略选择。

（一）普什图语谚语中的结构隐喻分析

结构隐喻指的是用一个人们更为熟知、清楚的概念去构建另一个模糊的、陌生的概念。结构隐喻是基于人们的认知能力和水平展开的，能够让人们从自己熟悉的领域跨越到陌生的领域。结构隐喻在普什图语谚语中的运用十分普遍，例如：

例 5：

وخت د هر غم دوا دی.

时间是一切悲伤的良药。

这句谚语是借用“良药”的概念来理解“时间”一词。因为在普什图人的经验中，“良药”是可以用来抚平伤痛、治愈心灵的。经历时间的流逝后，人们承受的许多悲伤会渐渐被冲淡。因此人们认为时间就和药物一样，有治疗悲伤的作用。“时间”是抽象的，而“良药”是具体的，借助结构隐喻能够帮助人们更好地理解“时间”这一概念。

例 6：

① 王静，缪敏，何杰．普什图语阅读教程：2［M］．广州：世界图书出版广东有限公司，2015：117．

د مشر لار د کشر پل دی.

前人之路，后人之鉴。

这句谚语通过结构隐喻将长辈行走过的“路途”和后辈迈出的“脚印”联系在一起，因为前人的经历可以成为指路的标志，会为后人指明前进的方向。

例 7：

په یوه ګل نه پسرلی کېږي.

一花独放不是春。

这句谚语中将“花”与“春天”联系起来是因为春天到来之时，万物生长，百花争相开放，因此用“花”这一意象来隐喻“春天”。

还有一些其他的结构隐喻类型的谚语。例如：

例 8：

خپله ژبه هم کلا ده هم بلا.

言语既是堡垒，也是灾难。

例 9：

دنیا د ارټ لوټکي ده.

世界就像水车上的桶。（生命循环，世界运转。）

例 10：

طبیب هغه چې په ځان ئې تیر وي.

经验是最好的老师。

（二）普什图语谚语中的本体隐喻分析

本体隐喻就是将一些生活经验理解成为一些物质实体，使许多无形的经验或情感变得具体，也就能够对其进行分类与量化，使之理解起来更加容易。例如：

例 11：

غر که لوړ دی، په سر یې لاره ده.

山再高，尚有径可攀。

这句谚语中的“山”用来指代人们遇到的困难，用“路”来指代解决的方法。人们遭遇困难时的处境就同前行路上面临高山一样，但即使再高、再陡峭的山峰，也总会有通往山顶的路。

例 12：

څه چې کرې، هغه به ریبې.

种瓜得瓜，种豆得豆。

这句谚语分别借“种下的东西”与“收获的东西”来指代事件发展过程中的“因”与“果”，开始时种下什么“因”，结束时就会收获对应的“果”。

例 13：

چه آسمان ته غونډې ولې، نو پخپله پرې لګېږي.

投石击天，反而打到自己。（搬起石头砸自己的脚。）

这句谚语中“投石击天”这一动作指代的是“害人”的行为，“打到自己”指代的是“伤己”的结果。

还有一些其他的本体隐喻类谚语。例如：

例 14：

بل ته یوه ګوته نیول، ځان ته څلور ګوتې نیول دي.

自身有短，勿批他人。

例 15：

آسمان ته د ختو لار نشته.

人生没有捷径。

例 16：

په یو تیکي کښې دوه توري نه ځائیږي.

一仆不侍二主。

（三）普什图语谚语中的方位隐喻分析

方位隐喻是人们利用自身对空间方位的感知，借助方位词来说明非空间概念。例如人们经常使用“上下”“前后”“起落”等空间方位来描述情绪或状态等概念。在大多数文化中，“上”这一方位具有向上的动势，通常用来指代的是积极向上、情绪高昂的状态；而“下”这一方位则具有下落的动势，通常用来指代的是消极低落的状态。在普什图语谚语中运用方位词来隐喻其他概念的情况也十分普遍，例如：

例 17：

له غرونو لوېدلي به پورته شي، خو له زړونو لوېدلي به پورته نۀ شي.

从山上跌倒的人还能爬起，从心上跌倒的人却无法再爬起。

这句谚语中的“跌倒”和“爬起”是空间概念上的“起落”对比，它们可以分别用来形容事件中的积极面与消极面。利用“跌倒”这种空间下落感的词语也能够让人们直观地感受到一种消极的状态，而“爬起”一词则反映了摆脱消极、奋力向上的状态。

例 18：

پر مخ ځه، تر شا ګوره.

向前走的时候也要注意身后。（做事应该深思熟虑。）

这句谚语中的“面前”指代的是“目光轻易所及之处”，“身后”指代的是“目光难及之处”，它们可以分别用来形容事件中容易被注意到的地方和不容易被关注到的地方。

例 19：

سر دې آسمان ته رسېږي، عقل دې تر پښو لاندې کېږي.

头顶碰到天际，智慧却在脚底。（光长个子不长见识。）

这句谚语中的“天上”与“脚底”也是空间中的上下位置对比，分别代表了“增长”与“不增长”的状态。

还有一些其他的方位隐喻类谚语，例如：

例 20：

د کبر کاسه نسکوره ده.

骄兵必败。

例 21：

خپل بد د ولو مینځ وي.

自己的不足在背后。

例 22：

د کلي ووځه، خو له نرخه مه ځه.

可以离开村庄，不能离开传统。

三、普什图语谚语中隐喻的汉译策略

当普什图语谚语中存在隐喻现象时，语句中的各个意象或概念背后的喻义是翻译的难点，需要认真和慎重地对待。根据概念间的映射关系、概念的延伸义在两种文化中的对应情况，谚语中的隐喻翻译一般可以从四种策略中进行选择——直译意象、直译加注、意象替换或者意译。

（一）直译意象

当谚语中出现隐喻现象时，必须要考虑到普什图语中各个概念/意象在汉语中的对应情况，以便确定这种意象能否在翻译结果中被保留。如果语句的隐喻逻辑在汉语语境中成立，且符合中文表达习惯，那么在翻译谚语时就可以选择直译法。以不同隐喻类型的谚语为例：在结构隐喻中，普什图语谚语会借助某一意象去理解另一意象，例如用“良药”这一概念理解“时间”。如果汉语也可以理解这一映射过程，那么这种意象就能在翻译中被保留。在本体隐喻中，普什图语谚语会借助某些意象传达“情感”或“经验”，例如利用“高山”隐喻“困难”、利用“耕种到收获的过程”隐喻“事情由始到终的发展全过程”。如果汉语里的这些意象能够抒发同样的情感或说明同样的道理，那么它们也能够在翻译结果中得到保留。在方位隐喻中，普什图语谚语会借助方位词指代某些状态，例如“上”与“下”通常用来指代增长和缩减的相反状态。如果这些方位词在中文里也可以用来隐喻同样的状态，那么翻译结果中就可以直接保留相同的方位词。下列这些谚语可选择直译法：

例 23：

ښه آواز د غوږو دوا ده.

优美的声音是治耳的良药。

这句谚语的意思是“悦耳动听的声音能让人感到享受”。因为“悦耳的声音”就像“良药”一样，能够治愈心灵、让人舒畅。汉语中的“药”一字起源于“乐”，也正是因为动人的乐声如药物一般，具有治病的功效。

例 24：

ځوک چه کوهی کيني، په کوهي کې لوېږي.

给别人挖坑的人，自己也会掉进坑里。

这句谚语的意思是“处心积虑地给别人制造麻烦，自己最终会遭到报应”。其中“坑”隐喻了“麻烦”这一概念，给别人挖坑就是在给别人制造麻烦。

例 25：

زر چه پاک وي د اور نه يې څه باک وي.

真金不怕火炼。

这句谚语通常用来形容物品“真材实料不怕检验”，或者人的“优秀品质不怕考验”。因为“金”这一物质的稳定性比较好，即使被火炼烤后也不会氧化变色。而只有“真金”才能具备这一特性，所以“真金”不怕被“火”验。而引申到其他人或物时，只要具备真正优良的品质，那么他（它）同样能经受住检验。

例 26：

تر پښو لاندې مځکه مه ګوره، ليرې حد ته ګوره.

不要只看脚下，要放眼长远。

这句谚语中的“脚下”隐喻了“当下”“目前”之意，语句旨在说明人们在人生的道路上前行时，不能只活在当下，也要展望未来的道理。

这些谚语的直译结果既能表达两种文化之间能够相互理解的延伸义，又保留了隐喻的修辞功能，可以作为合适的译文，而不需要进一步处理。

（二）直译加注

当谚语中的隐喻逻辑并不能很好地被理解，或者直译意象后表述不够明确，可以选择添加注释对谚语进行意义上的补充说明，或者附上更符合中文语境的语句来贴合读者的阅读习惯，以便提升翻译的准确度与流畅性。例如：

例 27：

پردی غم نيم اختر دی.

别人的痛苦是半个节日。（幸灾乐祸。）

这句谚语是通过“节日”这一概念去理解“别人的痛苦”，因为“节日”里充满着美好喜悦的气氛，但“痛苦”却代表了悲伤与消极的情绪。将他人的痛苦视为值得庆祝的事情，其实就是中文里“幸灾乐祸”之意，为了不舍弃“节日”这个意象，可以在括号里加注进一步阐释。

例 28：

خړ سپی، تور سپی، سپین سپی یو سپی دی.

灰狗、黑狗、白狗都是狗，都是一丘之貉。

这句谚语直译过来是“灰狗”“黑狗”和“白狗”都是狗。从汉语角度来理解，似乎所指不是很明确，因此需要补充说明。在普什图语中，此谚语借助不同颜色的“狗”隐喻表象不同，但本质一样的人，且带有贬义色彩。如果在直译后再加上一句“一丘之貉”，意义就瞬间明了了。

（三）意象替换

在普什图语谚语中，一些意象或概念带有自身的民族文化特色，不能被汉语读者所理解，如果直译过来则显得不伦不类。此种情况下，如果汉语里存在一些相似的、可以用来类比普什图语中的意象，在翻译时就可以用此类意象替换原意象，即选择意象替换的策略。

例 29：

په تلوار اوګره نه سړېږي.

心急吃不了热豆腐。

这句谚语的意思是“粥不会因为心急而变凉”，着急并不能解决问题。而中文里的相近表述为“心急吃不了热豆腐”，如果将“粥”这一意象替换为“热豆腐”，就能得到更加符合读者阅读习惯的译文。

例 30：

نیش پیاز دې وي، په نیاز دې وي .

千里送鹅毛，礼轻情意重。

这句谚语的本意是“怀着友好的情意，即使送一棵葱，也是一份厚礼”。厚重的并不是简单的一颗“葱”，而是礼物中承载的真心诚意。只要怀揣真挚的情谊，礼物不论是“葱”还是“鹅毛”，都会显得十分厚重。

例 31：

په شیدو سوی مستې پوکي.

一朝被蛇咬，十年怕井绳。

这句谚语的意思是“被牛奶烫到后，看到冰镇酸奶也要吹一下”，类似于“一朝被蛇咬，十年怕井绳”，都是对一些曾经遭遇伤害的事情产生应激反应，只不过对象分别为“烫牛奶”和“蛇”。

例 32：

مدام د پتاسو باران نه کېږي.

天上不会掉馅饼。

这句谚语表达的意思是生活中不会平白发生美好的事情，就像天上不会下糖果雨一样，其中的“糖果”隐喻的是生活中甜蜜美好的事情。而在中文里可以用“馅饼”一词对应这里的“糖果”一词，“天上不会掉馅饼”这一句话也同样劝诫人们不要想着不劳而获。

以上这些翻译利用更加符合中文语境的词汇，替换了普什图语谚语中使用的意象，尽管意象不同，但仍能准确传达原语的含义，因此依旧不失为好的译文。

（四）意译

还有一些普什图语谚语蕴含着特定的民族文化背景，根据字面意思难以理解谚语背后的意义，只有通过意译法才能将其内涵表达出来。

例 33：

پیسه د لاس خیری ده.

钱财乃身外之物。

这句谚语的意思是“金钱就是手上的污垢”，因为工作中挣到的钱会在工作结束后被花掉，就像劳作时手上积累的污垢会在工作结束后被清洗掉，不会永远停留在手中。句中“污垢”一词并不是想要表达金钱肮脏的意思，通过直译结果并不能准确地传达这一意象所蕴含的隐喻义，甚至可能造成歧义。因此在翻译这类谚语时就可以选择意译法明确地表达谚语的内涵，以消除歧义现象。

例 34：

اوبه چې تر ورخ تېرې شوې، بیا نه راګرځي.

机不可失，时不再来。

这句谚语的字面意思是“过闸流水不复回”，但延伸义并不是在感叹“时间如流水一般消逝”，而是暗指“时机难得，不要轻易错过”，即“机不可失，时不再来。”

例 35：

سر د پاسه سر شته.

强中自有强中手。

这句谚语字面意思是指“头上有头”，但这里的“头”隐喻的是“人”，能人之上还有更甚者，即天外有天，人外有人。

当这类谚语的字面意思生硬难懂时，可以选择意译法对其进行处理，确保谚语的内涵能够准确地传达给读者。

四、结语

普什图语谚语简短深刻、朗朗上口，以简练的形式传承着普什图人民的生产经验和价值观念，从各个层面指导着阿富汗普什图民族的社会生活实践。在普什图学者看来，谚语“蕴含着成熟的生活经验，已成为人们习惯性遵循的行动指南”①。

① پوهنمل شاه محمود کدوال. د پښتو متل سپړنه [M]. د افغانستان ملي تحریک،فرهنګي څانګه، ۲۰۱۵م : ۸ .

本文从概念隐喻视角出发，对普什图语谚语的隐喻类型进行了分类，深入分析了结构隐喻中新概念的构建、本体隐喻中经验与情感的蕴含、方位隐喻中状态的指代等，并且结合隐喻意象在普汉文化间的对应情况，提出了直译意象、直译加注、意象替换和意译四种翻译策略。当隐喻意象在普汉文化之间完全对应时，可以选择直译意象进行保留；当意象在两种文化间不完全对应时，就需要对意象进行替换、直译加注或干脆译出喻义等进行处理。总之，普什图语谚语的翻译要在尽可能保留意象的前提下，做到既忠实于原文，又能为读者所理解，符合读者的审美情趣和语言习惯。

参考文献

［1］曹丹红，许钧．试论翻译的隐喻性［J］．中国外语，2012，9（1）：71—76．

［2］车洪才，张敏．普什图语汉语词典［M］．北京：商务印书馆，2014．

［3］胡月．浅谈认知隐喻与修辞隐喻［J］．长江大学学报（社会科学版），2014，37（1）：2．

［4］乔治·莱考夫，马克·约翰逊．我们赖以生存的隐喻［M］．何文忠，译．杭州：浙江大学出版社，2015．

［5］王晶．汉语谚语中概念隐喻的认知语言学分析［J］．湖北开放职业学院学报，2021，34（2）：128—129．

［6］王静，缪敏，何杰．普什图语阅读教程：2［M］．广州：世界图书出版广东有限公司，2015．

［7］王怡．修辞学和认知语言学中隐喻的异同分析［J］．昭通学院学报，2021，43（3）：5．

［8］杨希英．试论修辞隐喻与认知隐喻的本质区别［J］．江西社会科学，2008（7）：3．

［9］赵艳芳．认知语言学研究综述：一［J］．解放军外国语学院学报，2000（5）：5．

［10］Edward Zellem. *Mataluna: 151 Afghan Pashto Proverbs* [M]. Kabul: Marefat High School, 2014.

［11］کهوال محمود شاه پوهنمل. د پښتو متل سپړنه [M]، د افغانستان ملي تحریک، ۲۰۱۵م. فرهنګي ځانګه.

文学研究

伦理视野下《退休将军》主人公的命运悲剧溯源

广西大学　张秋兰

【摘　要】文学是人类伦理的产物，是特定历史阶段的伦理表达形式。越南短篇小说《退休将军》被誉为越南革新开放以来文学创作的先锋，小说通过对主人公退休将军椿归家后经历见闻和命运悲剧的记叙，真实大胆地反映了越南革新开放初期社会中存在的一些问题。本文运用文学伦理学批评的方法，从伦理视角剖析越南短篇小说《退休将军》中主人公椿的命运悲剧，通过分析解读作品中伦理结和伦理线发展，认为导致椿的命运悲剧的主要因素在于社会变革大潮中旧的伦理秩序遭到破坏，新旧伦理道德冲突给人带来的灾难。

【关键词】《退休将军》；命运悲剧；文学伦理学批评

《退休将军》是“越南短篇小说之王”阮辉涉的短篇小说成名代表作，1987 年 6 月该小说首次发表在越南《文艺报》上便迅速引起了轰动，之后越南文坛就以该小说为代表的一批文学作品是夸大了社会阴暗面还是真实地反映了越南社会现实等问题，展开了长达三年的文学论战。

《退休将军》自发表以来一直备受专家学者们的关注，笔者查阅中外文献资料发现，已有众多学者从叙事、语言、后现代、存在主义、孤独意识等角度对小说进行了分析。其中详细探究主人公退休将军椿命运悲剧的文章较少，目前仅有越南学者阮文成的《阮辉涉短篇小说〈退休将军〉中的个人悲剧》一文，该文指出造成小说中个人悲剧的主要原因在于追求平均平等的个人理想与市场经济下实用主义社会环境的冲突。[①] 笔者认为，除阮文成的观点外，伦理问题也是造成退休将军椿命运悲剧的重要原因。

文学伦理学批评，以文学文本中的社会和人作为研究对象，通过分析解读文学作品伦理线上伦理结的形成或解开，阐释文学描述的道德现象，发现文学客观存在的伦理价值。该伦理体系中，术语“伦理”的含义与伦理学有所不同，其指人与人、人与社会以及社会体系之间客观存在的伦理关系和伦理秩序；[②] “伦理结”则

---

① Nguyễn Văn Thành. Bi kịch cá nhân con người qua truyện ngắn *Tướng về hưu* của Nguyễn Huy Thiệp [EB/OL]. (2019-12-11) [2022-06-19]. https://vinhvien.edu.vn/bi-kich-ca-nhan-con-nguoi-qua-truyen-ngan-tuong-ve-huu-cua-nguyen-huy-thiep/.

② 聂珍钊．文学伦理学批评：基本理论与术语［J］．外国文学研究，2010（1）：17．

指伦理混乱或秩序重构等问题，可由一条或多条伦理线连接起来。[①] 其中，伦理结的产生往往与伦理身份有关，伦理身份的变化往往直接导致伦理混乱。伦理混乱如果不能归于秩序或秩序重构，则形成悲剧。[②] 因此，本文将主要运用文学伦理学批评的方法，从小说中人物之间的伦理关系、伦理身份和伦理秩序着手，探析主人公退休将军椿命运悲剧背后的伦理道德因素。

一、亲子关系

小说《退休将军》中出现的第一个伦理问题就是亲子伦理问题，该问题主要体现为存在于椿将军夫妇与儿子阿纯儿媳阿水之间、老俸叔与儿子阿尊之间的伦理结，以下将以椿将军夫妇与儿子儿媳之间的伦理结为例进行分析阐释。

越南传统家庭文化与我国十分相似，根据越南学者武越鹏对越南家礼的研究，15 世纪之前，中国家礼就已随着文化交流之路开始传播到越南，之后《性理大全·文公家礼》《文公家礼仪节》等中国家礼文献正式通过官方或非官方的途径传入越南，对越南礼仪文化产生了巨大影响。[③] 因此越南家庭中不同伦理身份的人所遵循的伦理道德规范与我国十分相近。其首要要求都是“孝”。越南有一句家喻户晓的孝道俗语，“Công cha như núi Thái Sơn, Nghĩa mẹ như nước trong nguồn chảy ra. Một lòng thờ mẹ kính cha, Cho tròn chữ hiếu mới là đạo con”，意思是“父恩如泰山，母恩如涌泉。一心侍母敬父，方为人子孝道”，旨在说明父母对子女的深恩，劝导子女要孝敬父母。从越南的孝道俗语中，我们可以看出孝道在越南重养亲、尊亲，对母亲要注重侍奉供养，对父亲要注重恭敬尊重。同时，越南还有“Dâu dâu, rể rể, cũng kể là con”的说法，即“儿媳、女婿都是儿女”，尽管这句俗语旨在劝导家庭中的父母长辈要善待亲缘关系中的儿媳、女婿，反之也表明儿媳、女婿应当如同子女一般侍奉孝敬公婆、岳父母。

《退休将军》中的阿纯和阿水的伦理身份之一是子女，如果以上文越南孝道“侍母敬父”的要求为准绳，则小说中儿子阿纯、儿媳阿水并没有做到对椿将军夫妇的“孝”。

小说以儿子阿纯的第一人称视角展开叙事，因而故事中的亲子伦理问题主要集中体现在儿媳阿水与椿将军夫妇之间。阿纯的母亲得了老年痴呆症已有 4 年，几乎不会吃不会喝，必须要别人提醒才知道解手。阿水就让婆婆一个人住在楼下厢房，平日里让家里的佣人茉莉照顾，她自己很少过问。佣人老基叔和茉莉父女请假回乡期间，阿纯的母亲因子女照顾不周去世。婆婆去世之后，阿水没有任何悲戚之情，

---

① 聂珍钊．文学伦理学批评：基本理论与术语［J］．外国文学研究，2010（1）：21．

② 聂珍钊．文学伦理学批评：基本理论与术语［J］．外国文学研究，2010（1）：21．

③〔越〕武越鹏．越南汉喃家礼书籍研究：版本与特征［J］．现代儒学，2021（1）：259．

精打细算每一桌酒席花费，佣人茉莉给老人哭丧，她直接加以制止。作为儿媳，这是严重的不孝行为。对于椿将军，阿水同样缺乏关心和尊重。椿将军退休回家后看到自己的妻子单独吃住，他很不满意，于是向儿子儿媳提出要求，希望与妻子一起住楼下的厢房，阿水却以“母亲得了老年痴呆症”为理由拒绝，生生剥夺椿跟妻子团聚的愿望和夫妻恩爱的权利。阿水希望退休之后的椿将军像城里人那样养养鹦鹉和画眉，看到椿将军热心写信托人情帮村民们办事情，她很是不屑，让椿将军不要太卖劲去帮别人写信。阿水看人下菜碟，区别地对待椿将军夫妇。她把自己的公公视为荣誉的匾额高高悬挂，不让他接触到实际生活，虽然表面上看似对椿将军尊重维护，但是无论大事小事，她都按自己的意愿去做，完全不顾及椿将军本人的意愿和感受。作为子女，儿媳阿水未做好对婆婆的照顾奉养，未真正做到对公公椿的关心尊重，是为对父母的不孝。

儿媳阿水对椿将军夫妇不孝的原因其一在于血缘伦理的缺失。正如刘建军教授在《文学伦理学批评前沿性的三大特征》一文中指出，“所谓血缘伦理，就是以血缘关系为纽带形成的等级秩序：先有祖先，然后有父亲，再有儿子，儿子之后才有孙子，依此类推，形成了血缘意义上的等级次序或秩序构成——这也可以被看成一种天然的血缘关系结构”。[①] 血缘是孝道延续的保证，“不孝有三，无后为大”的观念深深根植于中国封建社会和越南封建社会。阿水跟椿将军夫妇没有血缘关系，对椿将军本人也不了解，她嫁入椿将军家门的时候椿将军并不在家，正在参加抗美救国战争。阿水接受过高等教育，生活方式新潮，思想比较独立，对社会问题的看法相对简单，看中的是经济利益和实际利益。当家庭关系和社会关系跟她的观念和利益冲突的时候，她按自己的思想特立独行。阿水和椿将军没有长期在一起生活的经历，没有经历过感情的磨合，缺乏价值观的互相关照，加上她的自我中心观念，在很大程度上导致了她对椿将军夫妇的不孝，让椿将军没有感受到退休后的家庭温暖，让椿将军应邀再次返回老部队，倒在演习场上的壮举带有浓重的悲剧色彩。

儿媳阿水对椿将军夫妇不孝的原因其二源于双方待人处世观念的差异。小说中从收留提供食宿到把家务交付给老基叔父女打理，阿纯一家跟老基叔父女保持着主仆关系。尽管阿水也有体恤他人困难的善良，收留了落难的老基叔父女，但在她眼中，依旧是主仆有别。老基叔称阿纯为“少爷”，阿水为“少夫人”，而自称则为“小人”，这是传统伦理身份定位在称谓语上面的体现。而阿水在跟老基叔的对话中，从来没有采用过尊称，甚至连称谓语都没有。阿水让他们父女俩住在楼下厢房，自己开伙，伙食费由阿水提供。阿水很自然地担当着女主人的身份，也享受着这个身份带来的优越感。而椿将军一生中大部分时间都在部队度过，部队讲究平等、奉献的生活作风对他来说早已深入骨髓，认为平等是“生活之道”。刚回到家

① 聂珍钊，傅修延，刘建军，等．文学伦理学批评与文学跨学科前沿（笔谈）[J]．华中师范大学学报（人文社会科学版），2022（2）：90．

时，他将带回来的军用布匹平均地分给所有家庭成员，包括佣人老基叔和茉莉；看见佣人老基和茉莉没日没夜地辛苦劳作，便提出想跟他们一起干活，减轻一些压力。对于椿将军提出的想要帮佣人分担一些家务，阿水坚决不同意，说“爸爸是将军，退休了还是将军。他是司令官，要是当士兵的话那就全都乱套了”①。在阿水眼中，主仆有别，阿水断然驳回椿将军提出的请求，尽管表面上是为了维护椿将军的身份地位，但实际上是为了维护自己心中的那块名誉招牌，完全不顾及长辈的个人意愿，是对长辈的不尊重。

尽管文中所描写的儿子阿纯与其父母椿将军夫妇之间发生矛盾分歧的场景较少，但阿纯明知自己的妻子阿水与自己父母之间存在隔阂和分歧，却没有尽力去协调解决，而是一味地沉默，而沉默又未尝不是一种纵容。

椿将军夫妇面对儿子儿媳的不孝行为，为了维护家庭的和睦与稳定，他们选择了退让和隐忍。

二、夫妻关系

小说《退休将军》反映的第二个伦理问题就是夫妻伦理问题，其主要体现为存在于阿纯与阿水夫妇之间的伦理结。

夫妻关系是伦理关系中的重要组成，俗语说，夫妇为人伦之始。越南有一句万家传唱的夫妻情义歌谣，“Vợ chồng là nghĩa phu thê, Tay ấp má kề sinh tử có nhau”，意思是“夫妻结义，相亲相爱，生死与共”；以及关于夫妻情义的俗语如“Thương nhau gặp khúc sông vơi, Khó khăn, gian hiểm chẳng rời thuỷ chung”等，意思是“相爱的人遇河段水位下降，困难、艰险也绝不分离”。此外，越南古代传说《望夫石》《槟榔与篓叶》等故事无不体现出大家公认的夫妻关系伦理规范，认为夫妻间应当彼此相爱、忠诚，患难与共。

《退休将军》中阿纯、阿水的另一重伦理身份是夫妻。阿水嫌弃自己丈夫阿纯不懂浪漫，她时常与邻居阿孔调情，两人之间关系暧昧。根据夫妻关系伦理规范，阿水的出轨行为是对其丈夫阿纯的不“忠”。

阿孔在一家鱼露厂工作，喜欢诗歌，他经常到阿纯家跟阿水在房间里窃窃私语。文中写到：

有一次在单位值班回家晚了，父亲在门口拦住我，对我说：“阿孔这家伙天没黑就过来了，跟你老婆在房间里嘀嘀咕咕的，现在还没走，太不像话了。”我说：“你去睡觉吧，管这事干什么？”父亲摇摇头，上楼去了……

阿孔有意躲着我。老基叔很讨厌他，有一天问我：“要不我揍他一顿？”我差点就点头，想了想说：“算了。”……

---

① 此处及下文中所引用短篇小说《退休将军》的译文，皆出自祁广谋教授的课堂授课翻译。

单位计划派我到南方出差，我跟妻子商量："我去吧？"妻子说："你别去，明天你把浴室的门修一修，门坏了。那天小湄在洗澡，阿孔那混蛋经过时要耍流氓，吓坏她了。这个流氓，我禁止他再上我们家了。"她哇的一声哭了起来："我实在对不起你，对不起孩子们。"我心里堵得慌，背过身去。要是小薇在场，她可能会问我，"爸爸，这就是鳄鱼的眼泪吧？"

从小说中描写的阿水对其丈夫的嫌弃，跟邻居的暧昧调情，以及之后对其丈夫的忏悔，可推断出阿水违背了夫妻伦理规范，确实发生过出轨行为，这极易造成伦理混乱，导致伦理悲剧的发生。古今中外的文学作品中不乏此类故事，中国古典名著《红楼梦》描写的贾家之败落，就与女性不守妇道、男性荒淫无度有一定关联。[①] 莎翁的悲剧《哈姆莱特》中，引发哈姆莱特人生悲剧的一个重要诱因，正是其母亲乔特鲁德嫁给了哈姆莱特的叔叔克劳狄斯，令主人公哈姆莱特陷入了艰难的伦理处境。列夫·托尔斯泰笔下的主人公安娜·卡列尼娜放纵自己的欲望，抛夫弃子，跟情人私奔，最终在前夫的虚伪和情人的冷漠自私面前碰得头破血流，卧轨自杀。福楼拜笔下的包法利夫人渴望上流社会生活，看不起自己的丈夫，两度偷情非但没有给她带来幸福，却使她成为高利贷者盘剥的对象，最终走投无路，只好服毒自尽。因此，《退休将军》中阿水对越南传统家庭夫妻伦理规范的背离，也极易造成伦理混乱和酿成悲剧。

《退休将军》中阿水出轨邻居阿孔，除了阿水自身追求浪漫激情的原因外，也与阿水和阿纯夫妻间缺少沟通交流，以及丈夫阿纯的纵容无视有关。小说中的阿纯木讷、性格懦弱，面对妻子的出轨行为，他从未与妻子就此事正面对话。椿将军提醒儿子阿纯，阿水跟邻居阿孔关系暧昧，儿子阿纯却让父亲不要管；阿孔故意躲着阿纯，佣人基叔感到气愤，提议揍阿孔一顿，阿纯起初有点心动，但想了想还是放弃了。可见，阿纯在其妻子阿水出轨的过程中，没有尽力去挽回这段关系，而是任其发展，选择了无视、忍耐，主动放弃了维护自身家庭伦理地位的权利。如果说阿水的出轨行为是对越南传统家庭夫妻伦理秩序的破坏，那么丈夫阿纯对妻子阿水出轨行为的放任与无视，则体现了他对传统家庭夫妻伦理秩序遭遇破坏的冷漠观望态度。

当然，小说中最后阿水选择断绝跟阿孔的关系，这是纲常伦理的回归，是对乱伦的返正。而断绝关系的触发，是阿孔偷窥阿水女儿洗澡。可见，血缘伦理的护犊与传统纲常的规范促使阿水维护了正常的家庭伦理秩序。

三、宗亲关系

小说《退休将军》反映的第三个伦理问题就是宗亲伦理，以及宗亲间交往过程

① 郑春．朱子《家礼》与人文关怀［M］．福州：福建教育出版社，2010：25．

中呈现的一些社会伦理问题，其主要体现为存在于椿将军一家跟堂叔俸叔一家交往中发生的种种问题。

费孝通先生在研究中国乡土社会结构时提出了“差序格局”的概念，即中国传统社会每一家都以自己作为中心，周围划出一个圈子，这个圈子的大小依着中心势力的厚薄而定，就像石子投入水中，“像水的波纹一般，一圈圈推出去，愈推愈远，愈推愈薄”[①]，其形成和影响主要跟血缘、地缘等因素相关。宗亲关系是中国传统家庭亲属关系网络中的重要组成部分，且与呈差序格局展开的家庭亲属关系网络的核心联系密切。从中国古典名著《红楼梦》中对贾、史、王、薛四大家族间姻亲关系的描述，“一损皆损，一荣皆荣，扶持遮饰，俱有照应”[②]，可以看出中国古代封建社会十分重视亲属关系家庭之间的帮扶，姻亲关系之间已然如此，更不必说宗亲关系之间。由于历史上长期受汉文化的浸润，曾自称“衣冠唐制度，礼乐汉君臣”的越南，也十分注重宗亲关系。

椿将军的同父异母弟弟俸叔与椿将军一家算是有血缘的宗亲关系。但双方之间的社会身份地位和伦理道德观念差距很大。正如作品中所描写的：

老俸叔跟我父亲是同父异母的兄弟，他儿子阿尊是赶牛车帮人干活的，父子俩都是厉害的角色，长得五大三粗，满嘴的粗话。……我们打心眼里不喜欢俸叔父子，无奈何血浓于水，逢年过节祭祀祖先都得来往，不过平时很少见面。老俸叔喜欢说：“那几个臭知识分子，看不起我们劳动人民！要不是看在他父亲的面子上，我连见都不见他们！”说归说，老俸叔还是会登门借钱。我妻子也不客气，每次都逼着老俸叔打借条。老俸叔憋了一肚子气，骂道：“我还是她叔叔呢，上她家借钱，她倒好，摆出一副地主的架势对待我。”他借的好几笔钱都赖着不还。

可见，尽管老俸叔接近无赖的一家人不受亲戚的待见，但血浓于水的伦理规范仍然让椿将军一家与老俸叔一家保持着相帮相助的来往。

老俸叔自知自己的社会地位低下，于是依靠与椿将军一家的宗亲关系，搬出椿将军，来提高自己的社会地位，并为自己的子女谋前程。在儿子结婚的时候，他请求椿将军出面主婚：“你要出面主婚，金枝的父亲是副局长，你是将军，这才称得上门当户对，将来孩子们能托你的福。像我这样，充其量就是一个车夫，上不了台面的。”出于对同族血亲兄弟的扶助，椿将军答应了担任主婚人，然而，婚礼上世俗、粗鄙、污浊混乱的场面令椿将军瞠目结舌又悲哀难堪。婚礼后，老俸叔家父子间令人啼笑皆非的闹剧，更是令他感到惊恐和难堪。老俸叔虽然无赖，但他或多或少仍保持着传统的道德观念，容不得儿媳的未婚先孕，所以在喝醉酒的时候把未婚先孕产下孩子的儿媳金枝赶出家门，他儿子阿尊因此拿刀要跟他拼命，整个家庭伦理颠三倒四。

---

① 费孝通．乡土中国［M］．北京：人民出版社，2008：30．

② 曹雪芹．红楼梦（上）［M］．北京：人民文学出版社，2021：59．

椿将军迫于无奈，只好让金枝带着孩子住到自己家，并为自己不知晓金枝怀孕这件事感到抱歉，儿媳阿水却说，“这种事很正常，这年头哪里还有少女，我在妇产医院上班，我清楚。”这也反映出社会中未婚先孕的情况十分普遍。

椿将军基于对传统宗亲关系的重视，竭力地帮扶老倖叔一家，尽管在这个过程中其自身遭遇了种种难堪境地，他却依然不计前嫌，选择一如既往地帮助他们。

四、伦理与价值观念

小说《退休将军》所反映的第四个伦理问题涉及伦理和价值观念的冲突，主要表现为椿将军与儿媳阿水两人对堕胎婴儿胎盘的态度差异。

文学伦理学批评认为人区分于兽的本质区别在于人的理性，人具有伦理意识。儿童成长的过程被认为是一个伦理选择过程，即做人的过程，儿童在完成伦理选择之前无异于斯芬克斯，无法理解人与兽的不同。[①] 对于婴儿胚胎的身份问题，根据文学伦理学批评的观点，则婴儿胚胎虽然逐渐形成并具有人的外形，但它还不是真正意义上伦理的人。但由于婴儿胚胎又是由一个有伦理意识的人产生出来，因此尽管它还不是真正伦理的人，却已经具有了虚拟的伦理身份（子）。

堕胎现象在人类中普遍存在，世界上大多数国家在一定历史阶段都曾将其视为违法行为并制定严厉的处罚制度，近代以来人们逐渐从人道主义和为妇女健康着想考虑，除了部分因宗教缘故严禁堕胎的国家地区外，大部分国家对堕胎违法的规定已有了调整。虽然堕胎行为在包括越南以内的大部分国家已经合法，但在老一辈人的眼中，妇女堕胎行为仍然被视为一种不道德的行为。

椿将军是一个性格开朗、乐于助人、有着良好传统道德观念的人，作品中他哭了两次，一次在妻子去世后入殓的时候，一次则是发现阿水从妇产医院拿回胎盘喂养狼狗，而这些狼狗是阿水饲养来出售赚钱的。文中写道：

一天晚上，我正在读苏联的《伴侣》杂志，父亲阴沉着脸走了进来，对我说：“我有事想跟你说说。”我给他倒上咖啡，他不喝。他问我：“你注意到阿水的工作了吗？我感到心里面发毛。”

我妻子在妇产医院上班，工作就是做人流，平日里打下的胎儿，阿水放在保温壶带回家，老基叔煮了喂狗喂猪。这个事情我知道但没当回事，觉得无关紧要。父亲把我拉到厨房，指着锅里的猪食狗食，里面还有已经成型的胎儿。我愣住了。父亲哭了。他把保温壶向狼狗砸过去：“混账东西！老子不稀罕这种钱。”狗群狂吠，父亲走回自己的房间。妻子责问老基叔：“为什么不用搅拌机搅碎了？你怎么能让爷爷知道？！”老基叔忙不迭地道歉：“我忘了，真的对不起，少夫人。”

十二月，妻子叫人来把狗全部卖了。

---

① 聂珍钊．文学伦理学批评导论［M］．北京：北京大学出版社，2014：39．

椿将军和儿媳阿水对婴儿胎盘有着不同的态度。对于儿媳阿水拿堕胎婴儿胎盘喂养牲畜赚钱的行为，椿将军感到愤怒和痛心，因为他眼中，那些婴儿胎盘是一个个孩子，把婴儿胎盘拿来喂养牲畜触及了他的伦理道德底线。而阿水是一名打胎医生，她的工作使得她对那些婴儿胎盘已经没有任何多余的情感，拿胎盘喂养狼狗的事被椿将军撞破后，儿媳阿水并没有表现出任何愧疚之情，只是责怪佣人老基叔“为什么不用搅拌机搅碎了？！”可见在她的眼里，那些胚胎仅仅是人体胚胎而非真正的人，在财富欲望自由意志的驱使下，那些丢掉的胎盘在她看来甚至可以是牲畜的粮食。两人对待婴儿胎盘喂养牲畜行为的态度差异，体现了双方激烈的伦理道德和价值观念冲突。

阿水迫于家庭和社会伦理道德的压力，最终还是选择将狼狗全部卖掉了。

五、逃离伦理困境

在小说《退休将军》中，七十岁的椿将军载着一身荣誉从部队退休回家，准备安享晚年，然而离开部队后的他在融入家庭和社会生活时却遭遇重重困难，经历和目睹了家庭和社会中存在的大量伦理乱象，并陷入了深深的伦理困境。

回归家庭生活后的椿将军首先遭遇了子女的不孝，在家庭中得不到子女的尊重，没有任何自主选择的权利，一切事务都得遵照儿媳阿水的规定，两个孙女也与他不亲近，椿将军在家庭中找不到自己的位置，存在感虚弱，时常感到孤独，没有归属感。之后，椿将军在目睹了儿子阿纯对阿水出轨事件所表现出的无动于衷，侄儿阿尊追杀其父亲俸叔的闹剧，儿媳对社会中未婚先孕的见怪不怪态度，以及儿媳阿水将堕胎后的婴儿胎盘带回家养狼狗赚钱等行为，他感到吃惊、害怕又难过，与身边人伦理观念的差异，令他感到自己与周围的环境格格不入。

从生活环境来看，退休前的他身处部队工作伦理环境，而退休后则主要处于家庭、社会伦理环境，不同的生活环境对人有着不同的伦理要求。部队工作伦理环境讲究平等、忠诚、服从，追求荣誉、牺牲奉献；家庭伦理环境注重孝顺、和睦；社会伦理环境要求尊老爱幼、诚信友善、互相帮助等。主人公椿将军一生中大部分时间都在部队度过，部队工作伦理思想对他早已深入骨髓。不讲究特权，看到妻子住在平房，也打算搬到平房；看到佣人老基叔父女整日劳碌，感到心里过意不去，想要帮忙。然而，部队的工作伦理观念并不完全适用于家庭和社会环境。

从作品产生的背景来看，作品产生的20世纪80年代中期，越南刚迈开革新开放的步子，世界上不同的社会思潮一下子涌了进来，整个伦理环境发生了深刻的变化。人们追逐经济利益，追逐个性解放，新的伦理观念向传统伦理观念发出了强劲的挑战。青年一代一味追求平等、自由，而忽视了对优良传统伦理道德的维护，在社会变革大潮中，伦理观念发生巨大变化。退休后的椿将军对眼前伦理环境的变化还来不及适应，面对伦理秩序的颠倒和新的伦理观念冲击，他感到无所适从，又无可奈何。

故事结局主人公椿将军决定跟随部下回到部队参与军事演习，最终牺牲在演习场上。笔者认为，椿将军的选择其实是他对家庭伦理环境和社会伦理环境的逃避。椿将军对家庭伦理秩序的混乱、社会伦理和价值观念的剧变感到困惑与不适，在家庭和社会中找不到自己的合适位置。为了逃离面临的家庭、社会伦理困境，椿将军选择回到自己熟悉的工作伦理环境。然而已经退休的他却也无法一直留在部队，因此，找不到困境出口的他最终选择走上演习场，牺牲在了自己熟悉和热爱的战场上。

结语

文学是人类伦理的产物，是特定历史阶段的伦理表达形式。越南短篇小说《退休将军》被誉为越南革新开放以来文学创作的先锋，小说通过对主人公退休将军椿归家后经历见闻和命运悲剧的记叙，真实大胆地反映了越南革新开放初期社会中存在的一些问题。从伦理视角来看，《退休将军》中主人公椿的命运悲剧的主要因素在于社会变革大潮中旧的伦理秩序遭到破坏，新旧伦理道德冲突给人带来的灾难。同时小说也揭示了时代变革时期社会观念变化引起的种种道德问题，引起人们对相关社会问题的重视。

参考文献

［1］曹雪芹．红楼梦（上）［M］．北京：人民文学出版社，2021：59．

［2］聂珍钊，傅修延，刘建军，等．文学伦理学批评与文学跨学科前沿（笔谈）［J］．华中师范大学学报（人文社会科学版），2022，61（2）：79—105．

［3］聂珍钊．文学伦理学批评：基本理论与术语［J］．外国文学研究，2010（1）：12—22．

［4］费孝通．乡土中国［M］．北京：人民出版社，2008：25—34．

［5］聂珍钊．文学伦理学批评导论［M］．北京：北京大学出版社，2014：32—49．

［6］〔越〕武越鹏．越南汉喃家礼书籍研究：版本与特征［J］．现代儒学，2021（1）：259—276．

［7］郑春．朱子《家礼》与人文关怀［M］．福州：福建教育出版社，2010：19—27．

［8］Nguyễn Văn Thành. Bi kịch cá nhân con người qua truyện ngắn *Tướng về hưu* của Nguyễn Huy Thiệp [EB/OL]. (2019-12-11) [2022-06-19]. https://vinhvien.edu.vn/bi-kich-ca-nhan-con-nguoi-qua-truyen-ngan-tuong-ve-huu-cua-nguyen-huy-thiep/.

仿写与创新之辩
——试论缅甸现代小说的诞生

信息工程大学　申展宇

【摘　要】缅甸古典小说经历了漫长的发展，先后出现了佛教小说和宫廷小说，主题和内容相对单一。20 世纪初期，詹姆斯·拉觉在摹写西方现代小说的基础上，创作了缅甸第一部现代小说《貌迎貌玛梅玛》。此后，围绕这部小说的争辩不断产生，批评主要针对小说的内容、主题。小说是仿写还是创新，更是引起缅甸文坛的巨大争论。佐基等人极力推崇小说《貌迎貌玛梅玛》，最终为这场争辩画上句号。现代小说的诞生，既是对古典小说的延续，也是对文风文体的革新，对缅甸后世文学影响巨大。

【关键词】缅甸；现代小说；仿写与创新；争辩

19 世纪末期，随着缅甸彻底沦为英国的殖民地，殖民地体制和殖民地社会逐步全面形成，缅甸社会、经济、文化、教育与宗教等领域都经历遽然变化。社会阶级结构变动，最早一批的知识分子在接触西方文学和外来文化后，进行文学翻译、编译、模仿乃至创新。报刊和印刷业的兴起，为文学作品的发表提供重要平台，加速了文学的传播。市民阶层的出现、娱乐消遣之风渐盛以及民众的文学审美能力提升促使文学功能从简单走向多样。20 世纪初期，缅甸文学经历重要转型，戏剧、诗歌、小说和散文四大文体都从传统逐渐走向现代，尤其是小说的转型最为典型和重要。最早一批尝试小说变革和创作的作家，迅速走出古典小说形式窠臼和创作束缚，他们在翻译引进西方小说的基础上，积极推动小说向现代变革，小说的文学性和独立性不断得以发展和增强，最终使得长期处于古典文学边缘之隅的小说走向文学中心，成为最为流行的文体，并对之后的缅甸文学发展产生重大影响。

一、古典小说的演进

缅甸现代小说与古典文学联系密切。在早期的口头文学中，一些传统故事就具有小说的情节和故事等基本要素。11 世纪中叶蒲甘王朝建立后，上座部佛教被确立为国教并成为缅甸人的普遍宗教信仰，佛教文学随之蓬勃发展，保留下来的蒲甘时期的砖文、釉片文、石刻和壁画中记录了大量的关于佛陀的生平故事和佛本生故事。到了阿瓦时期（1364—1555），佛教文学日臻兴盛，僧侣作家从浩瀚繁杂的佛经故事中汲取创作素材，尤其是佛本生故事，他们摘取 547 个本生故事中某些故事的主要情节或其中某个片段进行艺术再加工，对人物形象和故事背景进行改造，使作品的主题思想更加鲜明，感情色彩更加浓厚，努力实现作品内容和形式的本土化。阿瓦时期最流行的文体是被称作“比釉”的长篇叙事四言诗，这类诗歌的素材大多取自本生故事等巴利文佛经文学，目的是宣扬佛教教义、教化俗世之民。1484 年，信摩诃拉塔达拉法师根据第 543 号佛本生故事《布利达龙王本生》，写成了缅甸最早的一部长诗——《布利达》林加基，林加基，意即四律长诗。这部长诗讲述了布利达龙王在世间修道遭难的故事。1523 年，信摩诃拉塔达根据第 509 号佛本生故事《哈梯巴拉本生》创作了《九章》比釉诗，该诗描写了婆罗门的四个儿子先后讲法度僧的故事。全诗分九章 324 节，共计数万言。《哈梯巴拉本生》仅有 20 颂，信摩诃拉塔达凭借其丰富的想象力和超高的文学构思，把一则篇幅浅短的本生故事编译成数万言的长故事诗，且成为蜚声古今文坛的佳作。现代著名作家敏杜认为：“《九章》诗除了叙述佛教之精华外，在写作方面具有描写细腻、叙述简明、比喻生动、结构新奇等特点。”①

以《布利达》林加基和《九章》比釉为代表的诗歌作品，颇具故事趣味性，是缅甸古典小说发展中的重要阶段性表现，被认为是“诗歌体小说”（ကဗျာဝတ္ထု）。同样是在阿瓦时期，还出现了“散文体小说”（စကားပြေဝတ္ထု）。② 1501 年，信摩诃蒂拉温达法师创作了散文体小说——《天堂之路》，小说讲述了佛陀在世时的舍利弗长老、目犍连长老和质多居士等八位贤人如何通过自我品德修养通往轮回彼岸的故事，以此来宣扬佛教哲理，引导世人修德行善。尽管小说中的八位贤人的故事全部来自巴利文三藏文学，信摩诃蒂拉温达只是将这些故事根据创作需要进行翻译、择取和重新演绎，然而这部作品相较之前的诗歌文体已经有非常大的突破，即它的文本以诗歌和散文相间形式呈现，后来的文学家对这部作品评价颇高，认为这部散文体的本生故事小说开创了散文写作的先河。1605 年，良渊王朝时期的瓦耶毗顶伽他法师以第 537 号佛本生故事《大名阎罗本生》为基础，并根据需要糅入其他一些本生故事，创作了另一部质量上乘的散文体小说——《翠耳坠》。封建王朝时期，此类散文体小说数量颇丰，僧侣作家为教化众生，根据创作需要将巴利文三藏文学中的精华佛本生故事翻译、改写成缅甸语白话文的散文体小说，增深了古典小说的发展层次。

继“散文体小说”之后，又出现了不再依靠佛教经典素材，而是完全基于作家自我构思而作的宫廷小说，这类小说着重描写宫廷的王子与公主的爱情故事。18 世纪中后叶，贡榜王朝时期作家瑞当底哈都和吴达合作完成了第一部宫廷小说——

① 姚秉彦，李谋，杨国影．缅甸文学史［M］．广州：世界图书出版广东有限公司，2014：62．

② မောင်ခင်မင်(ဓနုဖြူ)။ ကိုလိုနီခေတ်မြန်မာစာပေသမိုင်း(ဒုတိယအကြိမ်)၊ စိတ်ကူးချိုချိုအနုပညာ(၂၀၁၄)။ စာ ၄ … မှ

《宝镜》，小说讲述了拥有神力的恩达贡马王子和惠如妙苏瓦公主相遇相知后两情相悦的爱情故事，作者用咖咙、神魔等诸多角色辅以故事陪衬，营造了小说天马行空般的玄幻意象。1826 年，妙瓦底敏纪吴萨翻译了泰国古典文学作品《恩达乌达》，作者创作该部小说的目的是服务王室人员精神娱乐，为了配合宫廷演出，吴萨在小说中插入了田园诗、二折诗、四折诗及鼓曲等，以配合小说情节发展和满足场景需要。1853 年，宫廷女作家莱太康丁创作了宫廷剧小说《恩达温达》，她结合自己在宫廷中生活和爱情经历，凭借想象生动地描绘了主人公恩达温达王子与多位公主之间的爱情和冒险故事，将恩达温达王子浪漫多情却又见异思迁的性格刻画得淋漓尽致。《恩达温达》小说中也有多类题材的诗歌和歌曲，以配合宫廷演出需要。相较于作品的小说性，以上两部宫廷小说的戏剧性要更加明显，将其归于小说稍有勉强。

封建社会后期，佛教传播深入人心，佛教经典中的譬喻、故事尤其受民众喜爱，其中最为人们熟悉的当属佛本生故事中的十大本生故事。佛本生故事的翻译，尤其是十大佛本生故事的翻译，极大地促进了缅甸古典小说的发展，学识渊博的僧侣作家和世俗作家，凭借娴熟的语言能力、巧妙的情节编排和生动的故事描绘，使得原本佛理精辟、情节感人的故事更加广泛地流传开来。贡榜时期戏剧大师吴邦雅依据佛本生故事创作了小说《萨丹象王》和《都欧玛基》，这些作品虽以宣扬佛教教义为宗旨，也有针砭时弊的委婉用意。吴邦雅对小说人物塑造时注重贴近缅甸人现实生活，通过角色的服饰衣着、动作和神态表情衬托人物的性格，使得人物形象不拘泥于原故事，显得更加鲜明生动。小说内容也反映了当时缅甸社会场景和人们的生活状态，这些创作经验无疑为现代小说的产生提供了借鉴和营养。佛本生故事与宫廷小说的翻译、改写和重新演绎，成为佛教的实化展现，是封建时期作家群体的心灵寄托和精神向往，为后世的文学艺术的发展产生了深远的影响。

二、现代小说的诞生

缅甸报刊历史悠久，至今已 180 余年。19 世纪早期爆发第一次英缅战争后，下缅甸的毛淡棉和仰光等城市就陆续出现了多份英文报纸。1874 年，在上缅甸的贡榜王朝首都曼德勒，出版了第一份缅文报纸《耶德那蓬京报》。截至 20 世纪的头十年，先后有十余份报纸问世。这些报纸除了刊登新闻外，还包括电讯、社论等，有的报纸文风新颖，所刊栏目还包括诗歌及其他文章，一些文章词汇丰富，句子也讲究押韵。缅历 1238 年（公元 1876 年）8 月 13 日，《曼德勒新闻报》刊登了一则社会新闻：一对青年男女的爱情因得不到家长的认可，双双吞食鸦片殉情。这则新闻的文风类似短篇小说，很富文学渲染力，读之令人动容。

与此同时，英国殖民者到来也给缅甸带来了西方的近代教育，在核心统治地区，传统的寺庙教育迅速瓦解，各类世俗学校相继开办，英文教育变得普遍，高等教育也有一定程度的发展。尽管殖民地教育体制不仅畸形且发展缓慢，但它却造就了最早一批近代知识分子，这个群体人数不多，大多出身于旧官僚、地主、新兴资本家和基层官员家庭。他们有一定的英文基础，甚至少数人还接受过新式高等教育，思想上受西方的自由、平等观念影响，但传统的上座部佛教思想仍占据主流。国外文学、文艺思想和文学作品随着殖民者的文化输出在缅甸迅速传播，尤其是西方近现代文艺思潮和文学作品的涌入呈现洪流之势，他们最早接触到了国外文学作品并选择性翻译成缅文介绍给读者，如古希腊寓言集《伊索寓言》、阿拉伯民间故事集《一千零一夜》以及英国作家约翰·班扬的宗教寓意小说《天路历程》和丹尼尔·迪福的冒险小说《鲁宾逊漂流记》等作品先后被翻译成缅文出版，《鲁宾逊漂流记》之类的冒险小说十分受读者欢迎。在进行翻译、鉴赏之余，他们也开始尝试编译和改写，缅甸现代小说也是在西方文学的直接影响下随之而生。

1904 年，詹姆斯·拉觉根据法国作家大仲马的《基督山伯爵》创作了缅甸第一部现代小说《貌迎貌玛梅玛》。小说共 36 章，包括吴波拉、貌迎貌、玛梅玛、貌妙达、玛素丁五个主要角色。故事发生在贡榜王朝沙亚瓦底王时代，主人公貌迎貌刚出生时，母亲便撒手人寰，生父吴波拉却抛弃襁褓中的儿子选择四方云游。貌迎貌被送给阿瓦城的船主吴坡欧夫妇收养。貌迎貌成年后，与妙龄少女玛梅玛成为情侣后结为夫妻，而另一位青年貌妙达也爱慕玛梅玛，视貌迎貌为情敌。貌妙达设计诬告貌迎貌谋反，致使他入狱。在监狱中，貌迎貌巧遇生父吴波拉。父子相认后，吴波拉将平生所学的医术、星相术、占卜术和魔术等奇巧知识尽授貌迎貌，并在临终前告知貌迎貌一则藏宝秘密。貌迎貌经历九死一生，逃狱成功并寻得宝藏，随后前往下缅甸化名谋生以逃避通缉。在下缅甸生活期间，结识了瑞波城镇守的女儿玛素丁，玛素丁对貌迎貌渐生情愫，貌迎貌心系爱人玛梅玛，不为所动。而留守在阿瓦、盼着丈夫归来的玛梅玛却遭受人生厄运，父亲离世后无依无靠，生活也愈发窘迫，貌妙达趁机与玛梅玛完婚。貌迎貌决意寻找貌妙达报仇，但当他遇到貌妙达时，已感染霍乱即将死去的貌妙达对貌迎貌表示悔过，坦白了当初的诬陷之举，貌迎貌放弃复仇。故事最后，新王登基，宣布大赦。貌迎貌返回阿瓦，与玛梅玛重新相聚。

詹姆斯·拉觉，原名貌拉觉。1866 年生于下缅甸东吁县瑞京镇。由姨母抚养长大，少年时皈依基督教，改名为詹姆斯·拉觉。在瑞京念书至 7 年级，转入仰光公立英缅文学校学习，直到 20 岁高中毕业。詹姆斯·拉觉曾为英军做过翻译，后在政府翻译馆做职员，同时攻读医学和法学，并通过律师考试。随后在英殖政府里历任银库专员、镇长、区长。在敏务区长任上，因健康原因离职，后在仰光法律学校教授法律学，同时从事律师工作，就在这个时期他创作并出版了小说《貌迎貌玛梅玛》。詹姆斯·拉觉晚年又皈依佛教。1921 年，他着手续写小说《貌迎貌玛梅玛》的时候，不幸因病去世。

在《貌迎貌玛梅玛》这部小说中，詹姆斯·拉觉的缅文描写平实、简洁，除了故事离奇之外，鲜有精彩之笔，仅能清晰地表达写作意图。以现代眼光来看，《貌迎貌玛梅玛》无论是在情节构造、语言运用和内容深度上都乏善可陈。但若将其置于当时缅甸社会和文坛等特定的历史环境中，便不难发现缅甸学者们为何视其为划时代的一部小说，甚至对其评价不吝溢美之词。当时英国统治者在缅甸推行畸形的殖民地经济，重点扶植稻米种植业优先发展，将缅甸变成工业商品输入地和原料输出地。对外贸易的繁荣也促进了港口城市的繁荣，市民阶层迅速壮大。小说《貌迎貌玛梅玛》的文风一改之前惯有的取材于佛本生经的讲道故事，也与神魔故事或宫廷小说大相径庭，体现着当时缅甸文学发展的最新水平。另外，它的内容描述也真实折射了当时的社会发展情况、民众的思想与传统风俗文化，可以说是一面反映万象社会的镜子。伴随缅甸稻米种植及对外贸易都有很大的发展，城市尤其是港口城市日益繁荣，市民阶层迅速扩大。市民阶层的消遣之风日盛，文学阅读的渴望急剧增长，小说《貌迎貌玛梅玛》恰好满足了这样的需求，它既有西方小说中冒险、惊悚的情节，也有缅甸民众熟悉的日常社会生活场景，在当时缅甸文坛可谓别开生面、独具一格。因此，《貌迎貌玛梅玛》一经问世便引起轰动，深受读者欢迎，这种形式的文学作品也成为作家竞相模仿的对象。缅甸文坛公认这部作品的出版对缅甸近代文学的发展起了极大的推动作用。因此，《貌迎貌玛梅玛》被缅甸文学界誉为第一部现代小说，它的出现对缅甸近代文学的发展起了极大的推动作用。

同样在 1904 年，吴基创作了小说《卖玫瑰茄菜人貌迈》。作者以波道帕耶国王时期的一个江湖浪人貌迈为原型描写了主人公貌迈在伊洛瓦底江一带多个城市的活动和追求女人的故事，他撒谎成性、道德败坏，但始终好运相伴，卑劣图谋一再得手。《卖玫瑰茄菜人貌迈》是一部按照缅甸古典小说传统创作而成的小说，小说中只有一个主要角色，故事情节也围绕单一的主人公展开。除了貌迈之外，小说中的其他人物的性格塑造得晦暗不明。作者在小说中适时插入佛言精理、历史教诲。尽管如此，作者的创作目的仍不明确，一般认为这部小说描写了贡榜王朝时期王公大臣的堕落生活，对这一阶层的生活方式进行讥讽。但这部小说采用白话文写作，又大量保留了古典小说中的押韵形式，故事叙述中诗歌与白话文杂糅，文风新颖是这部小说的一大鲜明特点。《卖玫瑰茄菜人貌迈》与《貌迎貌玛梅玛》这两部小说被缅甸文坛认定为现代小说诞生的标志。

三、仿写与创新之辩

小说《貌迎貌玛梅玛》作为第一部现代小说已被广泛接受，但它自出现起就伴随争议。这部文学作品出版后，就有一小部分人不认为它在文体划分上属于 နိုဗယ်（novel 的音译，意即小说），1904 年 9 月，仰光发行的《瞻部杰德耶》报纸中，将这部小说称为现代缅甸短剧。随后又出现七篇文章和两篇社论抨击这部小说的思想和内容。这些文章和社论中，具体的抨击主要表现在两方面。一方面是关于

“ဝတ္ထု”这个词的使用。ဝတ္ထု 这个词汇在古典文学中是指佛本生故事和佛陀故事，他们认为小说《貌迎貌玛梅玛》有大量描写男女爱情的内容，他们认为将《貌迎貌玛梅玛》与《维丹达亚本生》、《内米本生》和《德米本生》等同使用“ဝတ္ထု”来界定文体并不可行，有损“ဝတ္ထု”一词的庄重和威严。自《貌迎貌玛梅玛》这部小说诞生以后，同年又出现了另外一部小说《卖玫瑰茄菜人貌迈》，随后出现的小说《茉莉》《钦敏基》等小说都被称为 ဝတ္ထု。由此，ဝတ္ထု 一词逐渐代替 နိပယ်，广为读者接受，最终被用来指称现代小说。另一方面的批评是这部小说关于对男女爱情、别离与灾祸等场景的描写，认为詹姆斯·拉觉的语言使用犹如儿童呓语，显得琐碎无序。另外，作者的一些观点也值得商榷。小说第 18 章中，貌迎貌将寻得的宝藏重新藏好，并未告知母亲，理由是女人大都比较贪婪而且嘴快，有一点什么事总喜欢张扬出去。作者的这个观点代表了缅甸人传统意识中对女性的偏见。第 27 章中，玛素丁因貌迎貌不守约期消失不见，认为他是感情骗子。庙祝老者吴漂在劝慰玛素丁时开头便说，“你（指玛素丁）毕竟是个女子，女子往往见识浅、目光短。”这处描写再次印证了缅甸人传统思想中对女性的歧视。

相较于以上的批评，小说《貌迎貌玛梅玛》究竟是仿写还是创新更是引起了更大的争议。“从主题层面来说，《基督山伯爵》和《貌迎貌玛梅玛》这两部作品之间存在着明显的‘原型–摹本’关系，即摹本《貌迎貌玛梅玛》可视为对《基督山伯爵》这个原型的再认识”。[①] 马利卡认为，两部小说的主题不同，《基督山伯爵》的主题是报恩复仇，而《貌迎貌玛梅玛》描写男女爱情，主题是歌颂爱情和赞扬男子汉面对挫折和灾难表现出的坚忍不拔的勇气。《貌迎貌玛梅玛》的中文译本《情侣》的译者在前言中，从篇幅和内容层面展现二者的差异，即《基督山伯爵》全书 117 章，中文译文达 102 万字。而《貌迎貌玛梅玛》篇幅较短，仅有 36 章，其中前 9 章与《基督山伯爵》的前 22 章貌似相近，即故事开篇到貌迎貌逃离死牢并掘到财宝这一小部分情节框架是相同的。具体而言，《貌迎貌玛梅玛》中只有第 1 章和第 9 章中更似于原著情节，小说结尾几章中玛素丁乔装男子追寻爱人的情节似乎又受到马来民间故事《伊瑙》中情节的影响。另外译文也才 8 万字，小说人物也不多，充其量只能算作中篇作品。

缅甸文坛巨匠佐基认为，詹姆斯·拉觉在《基督山伯爵》部分情节的框架基础上，进行深度加工完善，巧妙地把缅甸的风土人情、伦理道德观念糅入小说。无论从形式上，还是内容上，都是一部划时代的作品，开创了缅甸现代小说创作的先河。这部小说的划时代性具体表现在：首先，小说内容贴近生活，反映社会现实。詹姆斯·拉觉在小说中对当时社会状况、生活环境及文化风俗都有详细的描写。小说人物是缅甸人，貌迎貌、玛梅玛等代表普通缅甸人的名字取代了恩达贡玛王子、

① 李英．作为摹本的《貌迎貌玛梅玛》：詹姆斯·拉觉对摹本再生意义的展现［J］．外语教育研究，2019（7）：81．

薇咙妙刹公主。故事发生的时间和地点也都在缅甸境内。商船在伊洛瓦底江游弋，人物活动的范围是缅甸的阿瓦、仰光、兴实塔、勃生等地区，取代了古典小说中所描绘的印度境内的恒河、波罗奈国。小说中有关于婚礼典礼的风俗习惯和日常生活用品也为缅甸人所熟知，如貌迎貌前往玛梅玛家向玛梅玛的父母提亲时送的白色包头巾、绸巾等礼品，举行婚礼时的接亲队伍的排列、女方家用象脚鼓助兴的场景、长辈问双方的生辰八字的习俗，以及玛梅玛家前屋铺着的细篾席，招待宾客的槟榔、烟、茶等物品，彰显出了浓厚的缅甸风格，这些缅甸人所熟知的场景、风俗更能引起读者共情。

其次，小说情节编排巧妙，激发读者的代入感。作者在一开始就制造悬疑，貌迎貌在毫不知情的情况下，意外卷入卜巴王子谋反一案，情敌貌妙达通过诬告设计陷害貌迎貌，貌迎貌和玛梅玛在婚礼当天便被抓进大牢。这便瞬间激起读者的好奇心，使读者对小说的情节发展充满期待。然后又制造貌迎貌神奇境遇，在狱中遇到生父，不仅学得一身高超本领，逃出生天后又获取宝藏，走上流亡之路。最后反转剧情，让恶人貌妙达感染霍乱身亡，最终貌迎貌与玛梅玛再续情缘。在小说叙述中，主人公的命运跌宕起伏、剧情高潮迭起、惊喜不断，令人读之爱不释手、读罢回味无穷。

再次，采用白话文的写作手法，语言简明生动。缅甸古典文学采用笔语体写作，还有很多晦涩难懂的佛教哲理，20 世纪前后的缅文报纸中，笔语体的文章仍未消失。这对普通读者而言很有难度，极大影响阅读的体验感。詹姆斯·拉觉在小说中，用口语体来描写情侣间思念和社会活动，尽管也有一些很明显的遵循押韵规则的传统诗歌进行辅助描写，但几乎通篇的白话文对于读者而言，极大降低了阅读难度，内容通俗易懂。小说中多处使用譬喻和俗语彰显佛教伦理道德观念，拉近和读者之间的距离。如在描写貌迎貌和玛梅玛举办婚礼却突然厄运骤临时，作者写道："名士贤哲们常教导人们：人生无常，时穷时富。好景一刹那，灾祸有尽头。"[①] 强调人生无常，要摆好心态正确面对人生。在描写东蓖拉寺吴菩提亚法师宽慰貌迎貌等场景时，作者常以"谁的肚子疼谁知道"之类的俗语开启人物谈话，引用缅甸人都熟知的俗语或成语，拉近与读者的感情，引起共鸣。

四、结语

20 世纪前后的一段时间，是缅甸现代小说诞生的关键期，小说创作领域出现了以译代作的文本，它是在缅甸近现代文学转型中产生的一种新文体。当时一些作家受到西方文学作品的影响，在故事情节编排、人物现象塑造和表现手法上不可避免地借鉴了西方文学作品。这个阶段经历了由模拟仿写到以译代作的过程，这些作

---

① 詹姆斯·拉觉. 情侣［M］. 李谋，等译. 太原：山西人民出版社，1985：24.

家在阅读、翻译外国小说的基础上，通过移植、过滤与改造等手段，创作出一种新的文本，并表现出本土化的特点。《貌迎貌玛梅玛》作为第一部现代小说，既与佛本生故事、宫廷小说等缅甸古典小说有着历史上的延续性，又以西方小说《基督山伯爵》为摹写对象，模仿、吸收了原著小说的创作思想和方法，将原著小说中的主题、情节和人物加以本土化改造，使小说文风新颖、别具一格。《貌迎貌玛梅玛》不是对原著小说的简单编译和仿写，而是在充分理解原著小说的基础上加以缅甸本土元素进行创新。以《貌迎貌玛梅玛》为代表的早期现代小说的诞生，不仅使得读者接受现代小说这一新问题，加深对小说概念和内涵的认知，也极大促进了缅甸现代文学的进步和发展，完成了对缅甸文学新的探索和诠释。此后，现代小说在内容上基本摒弃了古典小说中常见的佛陀故事、佛本生故事、王子公主们的爱情故事和神话魔幻故事等主题，转向描写现实生活，讲述社会各阶层中“人”的故事。小说语言中韵文和散韵杂糅现象逐渐消失，改为更加为读者所易接受的白话文。创作目的也从教谕训诫众生、为王公权贵歌功颂德转为从精神、知识等层面启迪或娱乐大众。现代小说作为一种表达缅甸人的审美心态和情感方式，它的诞生对后来的作家创作和文学发展都影响深远，缅甸小说从 20 世纪初期开始，也迈入与世界现代小说共通的崭新阶段。

参考文献

[1] 大仲马. 基督山伯爵 [M]. 周克希，译. 上海：上海译文出版社，2017.

[2] 贺圣达. 缅甸史 [M]. 昆明：云南人民出版社，2015.

[3] 李谋，林琼. 缅甸古典小说翻译与研究 [M]. 北京：北京大学出版社，2013.

[4] 姚秉彦，李谋，杨国影. 缅甸文学史 [M]. 广州：世界图书出版广东有限公司，2014.

[5] 尹湘玲. 20 世纪缅甸文学研究 [M]. 北京：国际文化出版公司，2008.

[6] 詹姆斯·拉觉. 情侣 [M]. 李谋，等译. 太原：山西人民出版社，1985.

[7] ဂျမ်း(စ်)လှကျော်၊ ၁၉၇၇(ဒုတိယအကြိမ်)၊ မောင်ရင်မောင်မမယ်မ၊ ရန်ကုန်၊ မြဝတီစာအုပ်တိုက်

[8] ပါမောက္ခဒေါက်တာချိုချိုတင့်(မြန်မာစာ)၊ ၂၀၁၁၊ မြန်မာစာသုတေသနစာတမ်းများ၊ ရန်ကုန်၊ Wisdom House

[9] မလိခ၊ ၂၀၀၇၊ မြန်မာဝတ္ထုအညွှန်းပေါင်းချုပ်၊ ရန်ကုန်၊ ပုဂံစာအုပ်တိုက်

[10] မင်းယုဝေ၊ ၂၀၀၃(ဒုတိယအကြိမ်)၊ ပထမမြန်မာများ၊ ရန်ကုန်၊ ရာပြည့်စာအုပ်တိုက်

[11] မောင်ခင်မင်(ဓနုဖြူ)၊ ၂၀၁၄၊ ကိုလိုနီခေတ်မြန်မာစာပေသမိုင်း(ဒုတိယအကြိမ်)၊ ရန်ကုန်၊ စိတ်ကူးချိုချိုအနုပညာ

柬埔寨蛇郎故事母题研究
——兼与中国蛇郎故事比较

广东外语外贸大学　罗佳楠

【摘　要】蛇郎故事是柬埔寨民间文学中的重要作品，在社会中流传甚广。与诸多异文杂糅的中国蛇郎故事不同，柬埔寨的蛇郎故事归属于始祖型，其与原始信仰紧紧相连，特点突出。本文将以母题视角为切入点，辅以比较文学方面的探索，对柬民间文学中具有典型代表性的蛇郎故事进行对比分析，借此探析其背后蕴藏的文化意涵，并在此基础上浅析中柬两国蛇郎故事的文化内涵异同。

【关键词】柬埔寨；民间文学；蛇郎故事

相较于其他文学形式而言，口耳相传的民间故事保存了较为质朴的下层民众意识，其所承载的民族文化因子与审美追求在经历岁月磨炼后更显纯粹。然而，由于各国文化发展进程各不相同，蛇郎故事也在文化变迁中经历了一定的流传和演变。除中国以外，蛇郎故事在日、韩等东亚国家，甚至越南、缅甸、柬埔寨等临近东南亚国家均有流传。在众多的蛇郎故事中，柬埔寨的蛇郎故事呈现出与别国蛇郎故事全然不同的面貌，更展示出柬埔寨独有的文化传统及习俗特征，存在至今的蛇郎故事有着其特殊的魅力和文化蕴涵等待探索。

一、蛇郎故事研究回顾

作为民间故事的典型题材，蛇郎故事经常重复出现在世界各国的民间文学中。据统计，世界各地的蛇郎故事异文多达 250 余篇①。20 世纪，美国教授斯蒂斯·汤姆斯对安蒂·艾马图斯·阿尔奈出版的《故事类型索引》一书进行了重要的补充和修订，于 1961 年出版了英文版的《民间故事类型索引》，形成了一套独立的民间故事分类体系。经过完善后，该用于民间故事的分类方法通常被称为“阿尔奈汤普森体系”或“AT 分类法”。在 AT 分类法内，蛇郎故事被归为 AT433 型，其中三个亚型分别为 A、B、C 型。在 AT 分类法的基础上，钟敬文、丁乃通等人针对中国蛇郎故事进行了搜集和分类工作。钟敬文所撰《蛇郎故事试探》②一文搜集了中国蛇

① 刘守华．比较故事学论考［M］．哈尔滨：黑龙江人民出版社，2003：453．

② 钟敬文．钟敬文文集：民间文艺学卷［M］．合肥：安徽教育出版社，2002：559—575．

郎故事 30 篇，丁乃通则在搜集蛇郎故事的基础上将中国蛇郎故事另立为 D 型。[①] 经过系列工作后，刘守华对蛇郎故事的分类进行了进一步的细致研究，归纳出中国蛇郎故事特有的 E 及 F 型。[②]

表 1　蛇郎故事分类及内容梗概

蛇郎故事类型	故事梗概
433A	公主亲吻蛇，蛇变身脱离魔法，变身为人。
433B	王后生下蛇形男孩，蛇男孩的人类妻子为其洗澡后/蛇蜕皮后变身为人。
433C	女孩与蛇结婚，蛇变身为人，引起旁人妒忌、模仿，结果模仿者被蛇咬死。
433D	妹妹嫁给蛇获得幸福，姐姐害死妹妹谋占蛇郎。妹妹灵魂不灭，不断变形（鸟、树等）与姐姐斗争，姐姐丑行败露后羞愧而死，妹妹死而复生与蛇郎团聚。
433E	美男子深夜潜入居民家室，与其女或妻私通，主人知后打杀之，变形为蛇，方知系一蛇精作祟。
433F	女子上山劳动遇蛇，与蛇婚配，子孙繁衍，诞生蛇氏族。

东南亚的蛇郎故事现有研究成果较少。寸雪涛在其研究中通过对缅甸和老挝流传的《蛇王子》《蛇儿》《大苍鹰》等民间故事和神话进行分析，认为其中蕴含蛇图腾和龙蛇崇拜的文化因子，体现了本地信仰与外来文化的结合，反映了当地的文化历史演变进程。[③] 韦惠玲则从比较文学的视野出发，对中缅蛇郎故事的各自文化和共同的普世价值观进行了探析。[④] 现有的柬埔寨蛇郎故事研究目前仅限于对于故事文本的翻译[⑤]，但未见有学者对其进行更进一步的研究。

通过上述回顾可以发现，东南亚地区的蛇郎故事研究开展有限，柬埔寨蛇郎故事更是亟待深入探讨。但中国蛇郎故事的研究可谓小有成就，相较之下，柬埔寨蛇郎故事的类型、故事情节的出现原因等问题都值得进行深入研究。

鉴于此，本文将借用中国蛇郎故事的现有研究成果为蓝本，对柬埔寨蛇郎故事

---

① 丁乃通，孟慧英．中国民间故事类型索引［M］．沈阳：春风文艺出版社，1983：45．

② 刘守华．比较故事学论考［M］．哈尔滨：黑龙江人民出版社，2003：453．

③ 寸雪涛．从民间文学看缅甸、老挝的龙蛇崇拜［J］．广西民族大学学报（哲学社会科学版），2017，39（5）：139—145．

④ 韦惠玲．中缅蛇郎故事之比较［J］．南宁职业技术学院学报，2011，16（1）：86—89．

⑤ 邓淑碧．柬埔寨民间故事［M］．沈阳：辽宁少年儿童出版社，2012：17．

中的母题做探析，并以此为依剖析蛇郎故事背后所蕴含的文化因子，对母题成因进行分析，以了解民间故事中蕴藏的文化内涵。

二、蛇郎故事梗概

蛇郎故事异文文本丰富，题材多样。据刘守华统计，仅中国的蛇郎故事就合计有 200 余篇，其多散落于各地的民间故事资料本中，并因其家喻户晓的特性而成了脍炙人口的民间童话精品。①

中国蛇郎故事多为 433D、433E 及 433F 型。433D 两姐妹与蛇郎型故事内容通常可概括为：老汉得到蛇郎帮助，回报一女给蛇郎做妻子，蛇上门后被姐妹拒绝，善良妹妹自愿嫁蛇→成亲后蛇变身为人，生活幸福美满→姐妹得知后心怀嫉妒，设计害死妹妹后冒充其与蛇郎生活→死后灵魂附身小鸟或其他物品，道出真相→真相败露，姐妹被赶出或自尽，蛇郎的妻子复活。433E 蛇精作祟型故事内容可大致归纳为：蛇精变身为美男子与无辜妇女进行婚配，后蛇精被逐出打杀死亡；433F 型则属于蛇始祖型蛇郎故事，其表现为人类女子与蛇进行异物婚恋，后被尊为蛇、人类或其他动物氏族的始祖。其中，又以 433D“两姐妹”与蛇郎型故事、433F 蛇始祖型蛇郎故事在中国最为流行。②

作为崇蛇的国度，柬埔寨敬蛇、爱蛇，喜欢将蛇作为创作题材。流传在民间的蛇郎故事则是柬埔寨人民在漫长的历史发展过程中留下的生动民俗，也是人们对蛇衷心喜爱的最佳见证。

目前，柬埔寨现存的蛇郎故事文本仅有一种，名为《经岗蛇传说》③，且其与典型的蛇始祖型蛇郎故事极为相似，故事情节可概括如下：

①已婚妇人上山砍柴，蛇帮助将其遗落的斧头归还，妇人答应与蛇婚配。

②应妇人要求，女儿将蛇带到家中。蛇与妇人夜夜相处，直到妇人怀孕，妇人的丈夫归来。

③丈夫经商归来看见妻子的孕肚心生疑虑，女儿和盘托出蛇与妇人的关系。

④丈夫让女儿上山继续带蛇来家中，并设计埋伏杀死蛇郎。蛇郎死后，头被悬挂在树上，蛇皮被剥，蛇肉被炖给妇人吃。

⑤小鸟（乌鸦）道出真相，妇人听后伤心不已。

⑥丈夫忍耐数天，终于决定将妻子杀害。

---

① 刘守华．两姐妹与蛇丈夫：“蛇郎”故事的中华文化特色［J］．湖北民族学院学报（哲学社会科学版），2001（1）：17—21，52．

② 刘守华．闽台蛇郎故事的民俗文化根基［J］．民间文学论坛，1995（4）：19—24．

③ ពុទ្ធសាសនបណ្ឌិត្យ. ប្រជុំរឿងព្រេងខ្មែរ ភាគ១ [M]. ភ្នំពេញ: ការផ្សាយរបស់វិទ្យាស្ថានពុទ្ធសាសនបណ្ឌិត្យ, ២០០១: ១៣. (〔柬〕佛教出版社．高棉传说故事集（一）［M］．金边：佛学出版社，2001：13．)

⑦妇人死后腹中爬出许多种类的小蛇，成了柬埔寨的蛇祖先。

以中国的蛇郎故事分类作为参照，可认为柬埔寨的蛇郎故事具有典型的“蛇始祖”式故事结局，即在于通过这个故事以解释某种类、氏族的诞生起源。因此，将柬埔寨蛇郎故事认定为是蛇始祖型蛇郎故事具有合理之处。但该故事情节丰富多彩，与上文所归纳的蛇精作祟型、两姐妹与蛇郎型故事也有相耦合之处，比如“蛇被打杀”“蛇帮助人类后要求回报”等关键情节尤为相似，下文将进一步地从柬埔寨蛇郎故事的母题内容出发，深入分析柬埔寨蛇郎故事杂糅多样的文化内涵。

三、蛇郎故事中母题探析

民间故事中的母题可以被认为是内容叙述中最小的叙事单位，其所体现的是民间对于现实世界中世俗事物的具体反应。[①]通常而言，蛇郎故事中经常存在“女嫁蛇”“异物婚”“变形复仇”等几个母题，并且母题之间构成组合，形成一个“母题链”，“异物婚”则是构成两国蛇郎故事中最基本的母题。

但“异物婚”母题本身却并不包含清晰的价值判断，也不存在强烈的情感倾向，若要上升到剖析蛇郎故事文化内涵的高度，就必须立足在该母题的基础上探索其他同时存在的母题。

（一）“人蛇婚配”“人蛇共育”母题

柬埔寨蛇郎故事中具备突出特征，能够概括出“蛇化身成人与人类生活”“蛇与人类孕育后代”等主要情节，即“人蛇婚配”“人蛇共育”母题，该母题使得蛇郎故事文本颇具神话色彩，呈现出了柬埔寨对蛇所具有的崇拜心理。

无论蛇郎故事异文种类丰富程度如何，其故事主旨均离不开蛇与人类进行婚嫁或共同孕育后代。如在中国较为流行的“两姐妹”类型蛇郎故事中，蛇郎正是因为向人类求取妻子，与人类成婚，才导致后续故事的发生，除此之外，蛇精作祟型、蛇始祖型蛇郎故事中妇女与蛇的婚配和共育环节更为突出，蛇精往往具备特殊的丰产能力，使得普通妇人能够违背常理地孕育蛇子蛇孙，甚至繁衍一族或某一部落。

尽管异文文本并不丰富，但该种“人蛇婚配”“人蛇共育”的情节也存在于柬埔寨蛇郎故事中。如前所述，在蛇郎故事中，经岗蛇本是远离人烟的一条大蛇，直到与妇人相见后则缠上妇人，甚至不惧妇人已婚事实与其同住共育，最终诞下蛇子蛇孙，成为蛇始祖和一族祖先。“妮倒地时，全是小蛇从妮的孕肚中爬出来。”（ពេលនោះ ឃើញសុទ្ធតែជាកូនពោះលូនចេញពីពោះនាងនីមក។）[②]当妇人死后，胎

① 刘魁立．刘魁立民俗学论集［M］．上海：上海文艺出版社，1998：376．

② ពុទ្ធសាសនបណ្ឌិត្យ. ប្រជុំរឿងព្រេងខ្មែរ ភាគ១ [M]. ភ្នំពេញ: ការផ្សាយរបស់វិទ្យាស្ថានពុទ្ធសាសនបណ្ឌិត្យ, ២០០១: ១៤. (〔柬〕佛教出版社．高棉传说故事集（一）［M］．金边：佛学出版社，2001：14.)

中爬出了许多的蛇子蛇孙，表现出蛇在繁衍方面的丰产能力。

民间文学作为一个民族共有的文化传统，包含了该民族各个阶层共同创造，但其创造主体主要仍为占人口大多数的下层人民。[①] 作为民间文学的重要组成部分，民间故事也承载了先民对于当时生产生活日常的记录和描述。若对蛇郎故事中的“人蛇婚配”“人蛇共育”主题进一步探索则可发现，该情节表明了当时人类对于蛇所具有的神奇能力的信仰和崇拜，明显地表达出了民众对蛇图腾的敬畏和尊重。

柬埔寨对于蛇的崇拜和信奉古已有之，在宗教信仰、传统仪式中，蛇经常作为一种神秘的象征物而存在。蛇不仅被高棉族视为族人始祖，也被奉为一国的神物。因此，先民对于万物有灵的崇拜使得蛇郎故事成了蛇图腾崇拜的伴生物。[②] 当人们的幻想映射入虚构的故事中时，“人蛇婚配”与“人蛇共育”母题便随之出现，人们对于借助蛇超自然的丰产能力及其他神力的愿望也一并借助蛇郎故事所体现出来，不仅展现出高棉民族对于生殖能力的崇拜和追求，也在深层展现了人们对于蛇图腾的崇拜。

柬埔寨蛇郎故事只有单一种类，仔细探究可以发现，柬埔寨的蛇始祖型蛇郎故事为最原始的蛇郎故事类型，其旨在表达原始蛇崇拜，即对于土生土长的柬埔寨蛇类表示尊崇。在柬版本蛇郎故事中，蛇郎除了生殖功力外其他神力并不凸显，与寻常蛇无异，其他特殊作用和能力的表现并不明显，即使是身为普通人的妮的丈夫也可以使用武力将神蛇置于死地：“妮的丈夫藏在门口等着，到蛇郎慢慢爬进门里时，丈夫持刀将蛇身砍断，把蛇郎的尾巴砍下来放在架子上，把它的头砍下来挂在树枝上，蛇身则拿去剥皮处理。（ឯឪពុក នាងអេតកាន់ដាវពួននៅមាត់ទ្វារចាំកាប់។ ពស់កេងកងលូនចូលមាត់ទ្វារបន្តិច ឪពុកនាងអេតកាត់ដាច់ ហើយកាត់មួយកំណាត់ខាងកន្ទុយយកទៅដាក់លើស្កាក មួយកំណាត់ខាងក្បាលយកទៅដាក់លើមែកពុទ្រា ឯកណ្ដាលខ្លួនឲ្យនាងអេតយកទៅពន្លះពន្លាត់ស្បែកចោល）”[③]

可以看出，柬埔寨蛇郎故事中神蛇的神力有限，表现的蛇图腾崇拜较为原始。但随着高棉土地经历印度化进程后，蛇崇拜也随之得到一定发展，土生土长的普通蛇类（ពស់）不再被当作神物，人们在此基础上把来自印度且形象特殊的“那迦（Naga）”即大蛇（នាគ）奉为神蛇，认为其具有掌管繁衍和生殖的权力。

周达观在《真腊风土记》中记载了蛇精与国主交媾的金塔蛇精传说，表示古代柬埔寨的国王不能不服从于蛇精的要求，否则王国将不再发展，甚至遭遇灾难和祸患。“土人谓塔之中有九头蛇精，乃一国之土地主也，系女身。每夜（则）见国

① 刘守华，陈建宪．民间文学教程［M］．武汉：华中师范大学出版社，2009：1．

② 张蕾．中国蛇郎故事浅议［J］．哈尔滨学院学报，2010，31（1）：74—78．

③ ពុទ្ធសាសនបណ្ឌិត្យ. ប្រជុំរឿងព្រេងខ្មែរ ភាគ១ [M]. ភ្នំពេញ: ការផ្សាយរបស់វិទ្យាស្ថានពុទ្ធសាសនបណ្ឌិត្យ, ២០០១: ១៣. (〔柬〕佛教出版社．高棉传说故事集（一）［M］．金边：佛学出版社，2001：13．)

主，则先与之同寝交媾，虽其妻亦不敢入。……若此精一夜不见，则番王死期至矣；若番王一夜不往，则必获灾祸。”[①] 该传说中记载的金塔蛇精长着九颗头，名虽为蛇，但实则是来自印度的蛇神那迦。它与国主交媾的过程反映的恰好是人类从神蛇身上获取生产能力的过程，正因“人蛇交配”，国家才能繁荣兴盛，国王的统治才能延续。

蕴含着禁忌意味的金塔蛇精传说足以证明，柬埔寨蛇图腾崇拜的对象在经历外来文明的熏陶后已然改变，蛇郎故事的发展风向也已有所不同：蛇精不再是本土蛇类，而是外来的那迦蛇神；本土蛇神拥有神力及其能够赋予女性丰产能力的历史已经过去，掌管生殖的权力已被转移至外来神蛇“那迦”的身上，人们对原始蛇类的信仰已被那迦信仰所取代。

本土蛇的信仰热度消退且信仰阶段较为原始，便直接导致柬埔寨蛇郎故事难以发展，即使已经历数年，其至今仍只有单一异文。但这并不意味着柬埔寨蛇崇拜就不再被人们所认可。相反地，它证明了在历史发展的进程里“人蛇婚配”和“人蛇共育”的母题已经得到了进一步的更新和拓展，人们对于蛇的信仰成了历史被记载于民间故事中，对于原始蛇的崇拜虽然被后来居上的那迦崇拜所取代，但是接替而来的那迦神传说也像原来的蛇神传说一般得到了广泛传播且被人们熟知。

（二）“诱惑”“道出真相”母题

除“人蛇婚配”母题以外，“诱惑”及“道出真相”母题均构成了故事情节发展的主要母题，两个母题之间相扣，形成推动主要情节发展的母题链。

“诱惑”这一母题存在于各类型的蛇郎故事里。如在中国的“两姐妹”与蛇郎故事中，杀害姐妹的情节正是因为大姐无法忍受荣华富贵的诱惑。姐姐冒充自己的亲妹妹干出坏事，下场则是被逐出家门或丢掉性命。在较为古老的蛇精作祟型及蛇始祖型故事中也离不开“诱惑”的关键推动。蛇精作祟型故事中，蛇郎往往被塑造成为勾引良家妇女的邪淫角色，家妇和未出阁的女子一不留神就会被蛇精幻化的美男子勾引而去。

对于柬埔寨蛇郎故事而言，“诱惑”则作为故事主旨而存在。在柬蛇郎故事中，“蛇郎说‘如果你做我的妻子，我就告诉你掉落的斧头在哪’，妮听到蛇郎这样说，自身淫欲难忍，便答应说‘好，如果你告诉我，我便隔天来叫你（到我家去）’。（«អើ! បើនាងឯងដោយអញធ្វើជាប្រពន្ធអញ ទើបអញឲ្យដឹង បើនាងឯងមិនដោយអញធ្វើជា ប្រពន្ធអញនោះ អញមិនឲ្យដឹងទេ»។ នាងនីលឺពស់កេងកងថាដូច្នេះហើយហោតុតែជាស្រីខូចក៏ព្រម ទទួលថា «អើ! លែងតែអ្នកឯងឲ្យដឹងមកចុះចាំល្ងាចឲ្យមេអេ

① 周达观．真腊风土记校注［M］．夏鼐，校注．北京：中华书局，1981：105．

តមកហៅ»ៗ)”[①]正因蛇郎主动提出结姻请求引诱妇人，妇人无法抗拒“诱惑”，答应与蛇交好后才诞下蛇子蛇孙，成为一氏族的始祖。

“道出真相”母题则在该母题链中扮演着极为重要的角色。其在大多数的异物婚恋故事中展开，用以揭穿和揭露故事中大出所料的事件。在蛇郎故事中，“道出真相”的媒介都是小鸟，其所起到的作用不容忽视。如在中国特有的“两姐妹”与蛇郎故事里，三妹死后其灵魂不灭，化身为小鸟向蛇郎道出了真相：“麻丫头，不害臊，跟着妹夫睡了觉。”[②]柬埔寨蛇郎故事中，主角不知蛇郎已被丈夫杀害并且肉被炖煮为食物时，小鸟这样道出真相：“吃吧吃吧，现在慢慢吃下自己丈夫的肉吧。（វាបូលថា «កឡូវៗក្លេមក្លូមលេបសាច់ប្ដីឯង»)”[③]

上述两个主要母题在蛇郎故事中的呈现各有原因。首先，“诱惑”这一母题多为批判而出现，但其批判的内容又有所差别。举例而言，在中国蛇郎故事中，其所起到的作用是警醒心术不正之人，告诫其不应贪图钱财和富贵。而柬蛇郎故事中的“诱惑”母题则具有浓厚的警示意味，无论其创作主旨如何，故事在流通中则逐渐被理解为一个充斥着训诫含义的故事，其警告女性不要背叛爱人，否则情郎和自身都不会有好下场。其次，“道出真相”母题则显然旨在说明蛇郎故事中存在着“正义化身”，其充当着揭露角色，说明着故事的转折之处，为故事传播提供了富有戏剧性的记忆点。

（三）“通奸与惩罚”母题

“通奸与惩罚”母题在柬埔寨蛇郎故事中可以说是整个故事的主旨。在别国蛇郎故事的蛇精作祟型故事中，“通奸与惩罚”母题的故事内容呈现为蛇精淫人妻女后被人识破或予以斩杀，而这种蛇郎故事的异文形态后多在日本流行。柬蛇郎故事“通奸与惩罚”的母题十分明显，相较在中国或日本，柬埔寨式蛇郎故事对于蛇郎淫人妻女的惩罚更为严肃和残忍。蛇郎与女主人公通奸后，妮的丈夫不仅将蛇郎砍断成三截，还让通奸的妻子将奸夫的肉亲口吃下。“他吩咐女儿‘不要让你妈妈知道了，一定要把蛇肉煮熟给她吃’。（ហើយផ្ដាំនាងអេតថា «កុំឲ្យម្ដាយហាងដឹង តែត្រូវ

---

① ពុទ្ធសាសនបណ្ឌិត្យ. ប្រជុំរឿងព្រេងខ្មែរ ភាគ១ [M]. ភ្នំពេញ: ការផ្សាយរបស់វិទ្យាស្ថានពុទ្ធសាសនបណ្ឌិត្យ, ២០០១: ១៣.（〔柬〕佛教出版社．高棉传说故事集（一）［M］．金边：佛学出版社，2001：13．）

② 刘守华．中国民间故事类型研究［M］．武汉：华中师范大学出版社，2002：407．

③ ពុទ្ធសាសនបណ្ឌិត្យ. ប្រជុំរឿងព្រេងខ្មែរ ភាគ១ [M]. ភ្នំពេញ: ការផ្សាយរបស់វិទ្យាស្ថានពុទ្ធសាសនបណ្ឌិត្យ, ២០០១: ១៣.（〔柬〕佛教出版社．高棉传说故事集（一）［M］．金边：佛学出版社，2001：13．）

ទុកសាច់ស្លឲ្យម្ដាយហាងឯងស៊ី»។）”[①] “女儿把蛇肉端给妮吃，妮看见碗里和锅里的肉泛着油光，便问女儿‘这是什么肉？’女儿回答说‘是猪肉’，妮没有多想便吃下了。（លុះព្រឹកឡើងនាងអេតយកសាច់ពស់ទុកឲ្យនាងនីជាម្ដាយស៊ី។ នាងនីឃើញសម្លខ្លាញ់រលើបទាំងចាននាំង ក៏សួរនាងអេតថា «បានសាច់អ្វីស្លអេត?» នាងអេតប្រាប់ថា «សាច់ជ្រូក»។ នាងនីនឹកគិតស្មានថា សាច់ជ្រូកមែនក៏ដួសសម្លយកមកស៊ីបាយ។）”[②]

各国蛇郎故事同一母题中呈现的“惩罚”程度却不尽相同。以中国蛇郎故事为例，大团圆式的美满生活是大部分民间故事的标准结局。蛇郎故事来源于社会，它与人们的日常生活息息相关，所反映的其实是纯粹的民间想象，表达了人们对理想生活的向往，以及对作恶、邪恶的抨击。因而，蛇郎虽淫人妻女，但其罪不连带至女性，通奸或错误行为的惩罚也不会施加到女性身上。但是精怪作恶是万万不能容忍的，因为其代表的邪恶本身就不为社会所容，故事里只需避免和驱逐精怪本身就可以赶走这一邪性，因此带有报复性地对精怪进行反击或主动惩罚故事里的女性则不多呈现。

而对于柬埔寨蛇郎而言，其获得惩罚的原因则可以这样解释：一是当时人们对于自然的操纵愿望有所增强。人们在某种程度上客观认识了自身的能力，在表达了意图与蛇类结盟、利用其丰产能力诞下神奇后代或始祖的同时，柬埔寨的蛇郎故事又表示了人类力量的逐步壮大——故事中的人类能够凭计谋战胜具有神力的大蛇，将其杀死后还将蛇头挂于树枝上、炖煮蛇肉以彰显自身的力量。二是虚构的异类婚不仅惩罚了作恶的精怪，还为被引诱的女性也安排了悲剧的结局。不难发现，该种故意的安排其实反映着当时人们对于女性保持专一和贞洁的呼吁。该情节并非柬蛇郎故事中独有，其与美洲平原地区的蛇情人故事极为相似，“一个丈夫发现自己的妻子离开帐篷与一条蛇通奸，他把这条蛇杀死并惩罚了妻子”或是“他用蛇肉或蛇的生殖器招待妻子，这样她就不知不觉地把蛇吃掉了”[③]。可见其训诫意味非常明显。

其次，在道德观念上而言，柬埔寨蛇郎故事的谴责色彩更为强烈。人蛇婚恋故事虽是虚构，却使得柬埔寨社会伦理规定特意显现在情节之中，目的是号召女性行

---

① ពុទ្ធសាសនបណ្ឌិត្យ. ប្រជុំរឿងព្រេងខ្មែរ ភាគ១ [M]. ភ្នំពេញ: ការផ្សាយរបស់វិទ្យាស្ថានពុទ្ធសាសនបណ្ឌិត្យ, ២០០១: ១៣.（〔柬〕佛教出版社．高棉传说故事集（一）［M］．金边：佛学出版社，2001：13．）

② ពុទ្ធសាសនបណ្ឌិត្យ. ប្រជុំរឿងព្រេងខ្មែរ ភាគ១ [M]. ភ្នំពេញ: ការផ្សាយរបស់វិទ្យាស្ថានពុទ្ធសាសនបណ្ឌិត្យ, ២០០១: ១៣.（〔柬〕佛教出版社．高棉传说故事集（一）［M］．金边：佛学出版社，2001：13．）

③ 王立．人兽通婚故事的人类学内蕴及积极质素［J］．漳州师范学院学报（哲学社会科学版），2000（1）：1—8．

为得当，不要轻易发生婚外恋情，否则结局将会非常悲惨。因此，柬埔寨民间故事里的蛇人结合可以看作是人们在传播中逐渐加入的抨击婚外恋情的扭曲化表达。

四、中柬蛇郎故事文化内涵比较

柬埔寨蛇郎故事与中国蛇郎故事在母题方面具有极大的相似性，均属于“人蛇婚配”或“异物婚”这类母题，在主要母题如“诱惑”及“道出真相”母题、“通奸与惩罚”母题方面均有相耦合之处。但两国对蛇郎故事的情节设置不同，故事文本的关键要素之间呈现方式不同，展现出两民族对于蛇郎塑造的差异及数年来当地人民对于故事发展偏好的不同，反映出了两国社会发展情况。

以中国蛇郎故事作为参考范本，本文对于柬埔寨蛇郎故事的母题探索才得以成立。民族文化之间存在差异导致中柬蛇郎故事的象征内涵有所转变，在文化蕴意及审美特色方面，中柬蛇郎故事又分别体现出两国的独到之处。因此，探索民族文化和民族心理的异同对厘清蛇郎故事的形成有一定意义。

（一）对于女性的道德要求

两国蛇郎故事诞生于民间，可看作是人们精神世界的现实反映，最大的文化相似性表现为蛇郎故事中不约而同出现的对于女性守孝、诚实和守妇道的教化要求。

在中国蛇郎故事中，尤为典型的是“两姐妹”与蛇郎中的“孝女”三妹，大姐、二姐均不愿意委身嫁蛇做妻，只有三妹自告奋勇帮助父亲解围，随后三妹便获得了好丈夫蛇郎及幸福生活作为回报。对于听众而言，这是一种潜移默化的警醒与教化，故事在无形中敦促社会中的女性们效仿故事里的三妹，谨记遵循妇道、孝敬父亲、听从命令，这样才会获得一个好丈夫和幸福的人生。

柬蛇郎故事对于女性的教化作用更为明显。蛇郎与妻子因婚内私通被丈夫双双杀害，像是以故事来宣告世人，切勿因一时寂寞酿下大错，从而导致悲剧诞生。但根据柬埔寨学者的研究，该故事也倾向于指责男性离家过久，让妻子独守在家，旨在教导夫妻和睦，有问题时应积极解决。① 柬埔寨蛇郎故事中似乎既指责了女性又指责了男性，但该故事背后的真实意义及蛇郎故事被赋予双重教化意义的特殊之处仍然在于劝诫女性。

柬埔寨的蛇郎具备“通奸”的想法和能力，其角色被赋予了“淫性”的本质是不容置疑的，但在古代柬埔寨，女性生性自由，妇女的行为也可算作具有“淫性”。周达观曾记载柬埔寨，“番妇多淫”，表现为“若丈夫适有远役，只数夜则

---

① តាន់សុភា. ប្រៀបធៀបរឿងមាយាស្ត្រីនិងរឿងពស់គេងកង [D]. ភ្នំពេញ: សាកលវិទ្យាល័យភូមិន្ទភ្នំពេញ, ២០២០: ៣.（〔柬〕丹索皮．经岗蛇故事和马依女故事的比较研究［D］．金边：柬埔寨金边皇家大学，2020：3.）

可，过十数夜，其妇必曰：‘我非是鬼，如何孤眠？’淫荡之心尤切。”[①]柬埔寨妇女在丈夫长时间外出远行时常有抱怨，表示自己无法容忍见不到丈夫的日子，被中国人贬斥为“淫”。且古代柬埔寨男性认为妻子受欢迎是值得引以为傲的一件事。当柬埔寨女子遇到喜欢的客人时，其会邀请客人留宿，丈夫不以为意，反而会高兴地自言自语道：“我妻有姿色且巧慧，故人人昵云。”[②]

柬埔寨妇女天性较为自由，男子又常年出家或在外征战，家庭中长期缺乏男性存在，容易导致女性不受约束，做出伤害家庭的事。因此，通过民间故事灌输社会需要的正确价值观念，教导女性遵守道德规范便显得十分重要。蛇郎故事或许正是在该环境下应运而生的。广大民众选择在故事中加入一些具有威慑力的情节以教化柬埔寨原有的母系传统，试图扳正柬埔寨女性的贞节观念，在蛇郎故事中就表现为外出多年的丈夫回到家中斩杀通奸的蛇郎与妻子以正风俗，以悲剧来教导广大女性听众在家要遵守妇道。由此可见，蛇郎故事中的杀蛇杀妻情节实则带有极为浓厚的规训色彩。

（二）所反映的当地习俗

首先，中柬蛇郎故事反映出了两民族各自的婚嫁制度。蛇郎故事中实行的中国嫁娶婚、柬埔寨访妻婚制度强烈地反映出了当时的社会现实风俗，使得蛇郎故事引人入胜，充满现实感，也成为其经久不衰的关键点之一。

刘守华认为，中国蛇郎故事中实行的是嫁娶婚制度，女子从夫而居。因而在故事情节中会出现父母主婚、一年一度回娘家探亲等具有中华民族生活习俗特色的情节。[③]那么相对而言，柬埔寨蛇郎则是夜出而居，宿在女方家中，体现了柬埔寨社会的传统访妻婚制度。

在柬埔寨婚礼习俗中有一个“牵衣角”仪式，即新郎需要牵着女子的衣服一角到女方家中，表示男方从此入女方家门，婚礼仪式才算完成。而蛇郎故事中，蛇郎夜宿女方家同牵衣角的形式一样，男方需要经女方家人引介，通过女儿“邀请”的方式才能入住至女方家中，体现出了当地特色。同时，该种夜出而居并宿在女方家中的成婚居住形式表现出了柬埔寨婚姻形式中男随女居的民族特点。值得一提的是，该种访妻婚一直延续至今。在现今的柬埔寨日常生活中，仍有许多男性坚持传统习俗，婚后同妻子一起居住在女方家。

其次，由于社会发展具有差异性，中柬蛇郎故事背后也体现了中柬文化发展的不均衡。正如贺圣达先生所说，由于社会经济发展落后于中、日、印等国，东南亚

① 周达观．真腊风土记校注［M］．夏鼐，校注．北京：中华书局，1981：105．

② 陈显泗．中国古籍中的柬埔寨史料［M］．郑州：河南人民出版社，1985：114．

③ 刘守华．比较故事学论考［M］．哈尔滨：黑龙江人民出版社，2003：460．

的文化也始终处于一个较为落后的阶段。[①]故中国的蛇郎故事发展带有先于柬埔寨蛇郎故事的特点，相对的，柬埔寨蛇郎故事则较为淳朴，不少地方仍带有原始信仰及万物崇拜的烙印，具体则体现为柬蛇郎故事中不可忽视的对于蛇始祖的强烈信仰遗风。

与柬埔寨蛇郎故事相似的中国蛇郎故事 433E、433F 型故事，是蛇郎故事中最为古老、原始的形态，是人类对自身最原初的想象之一[②]。由此可见，柬埔寨的社会发展水平不及邻域，尚未完全摆脱对于蛇图腾及蛇始祖的崇拜，对蛇有着又怕又敬的复杂心理。同时如前所述，柬埔寨在文化上并未受到中国的影响，其蛇郎故事中遵循的是本土文化中对于蛇类神力的崇拜，奉其为一氏族的祖先，后又接受了印度文化的熏陶，将蛇的生产能力放大及转移至那迦蛇神身上。因此，直到今日，柬埔寨的蛇郎故事仍然止步于经岗蛇传说，并没有更进一步地发展。

五、结语

柬埔寨蛇郎故事叙述了高棉民族想象中的“人蛇恋”异物婚母题，呈现了柬埔寨在面对蛇形象时由于敬畏和信仰所创造的蛇郎角色，其背后所蕴含的文化内涵及社会风俗对于了解柬埔寨的文化源流而言具有重要价值。

在世界众多蛇郎故事的亚型之中，柬埔寨蛇郎故事与中国蛇郎故事分别道出了本国内部的传统信仰及风俗习惯，具有极强的艺术感染力，也在日益发展中赋予了蛇郎故事生动形象的文学生命力，促进了本民族的文化传承。在广泛传播中，中柬两国的蛇郎故事具有强化传统信仰、巩固传统道德伦理的神奇能量，也正因如此，蛇郎故事才得以流传至今，在新时代下仍有其特殊的社会功能所在。

参考文献

［1］陈显泗．中国古籍中的柬埔寨史料［M］．郑州：河南人民出版社，1985．

［2］邓淑碧．柬埔寨民间故事［M］．沈阳：辽宁少年儿童出版社，2012．

［3］刘守华．闽台蛇郎故事的民俗文化根基［J］．民间文学论坛，1995（4）：19—24．

［4］刘守华，陈建宪．民间文学教程［M］．武汉：华中师范大学出版社，2009．

［5］刘守华．两姐妹与蛇丈夫：“蛇郎”故事的中华文化特色［J］．湖北民族学院学报（哲学社会科学版），2001（1）：17—21，52．

① 贺圣达．东南亚文化发展史［M］．昆明：云南人民出版社，2010：48．

② 余红艳．精［M］．上海：上海辞书出版社，2014：51．

[6] 刘守华．中国民间故事类型研究［M］．武汉：华中师范大学出版社，2002．

[7] 刘守华．比较故事学论考［M］．哈尔滨：黑龙江人民出版社，2003．

[8] 余红艳．精［M］．上海：上海辞书出版社，2014．

[9] 周达观．真腊风土记校注［M］．夏鼐，校注．北京：中华书局，1981．

[10] 钟敬文．钟敬文文集：民间文艺学卷［M］．合肥：安徽教育出版社，2002．

[11] តាន់សុភា. ប្រៀបធៀបរឿងមាយាស្ត្រីនិងរឿងពស់គេងកង [D]. ភ្នំពេញ: សាកលវិទ្យាល័យភូមិន្ទភ្នំពេញ, ២០២០.

[12] ពុទ្ធសាសនបណ្ឌិត្យ. ប្រជុំរឿងព្រេងខ្មែរភាគ១ [M]. ភ្នំពេញ: ការផ្សាយរបស់វិទ្យាស្ថានពុទ្ធសាសនបណ្ឌិត្យ, ២០០១.

从西化到世界大同

——苏丹·达迪尔·阿里夏班纳思想及其生平

上海外国语大学　黄跃民

【摘　要】苏丹·达迪尔·阿里夏班纳（1908—1994）是印尼著名作家，思想家，教育家，其思想对印尼民族文化身份的构建产生了重要影响。其思想主张随着其生平的不同阶段不断发展，最终由早期的全面西化转而为世界范围内的文化大同。

【关键词】苏丹·达迪尔·阿里夏班纳；文化现代化；生平

作为印尼文学史以及印尼语发展史上不可或缺的人物，苏丹·达迪尔·阿里夏班纳（Sutan Takdir Alisyahbana）的作品是每一个印尼语言文学研究者的必读之作。然而他的影响，并不仅限于文学和语言，而是越过了文学的边界，进入到了思想和教育的领域。总体而言，苏丹·达迪尔·阿里夏班纳在印尼的地位和影响大抵与中国新文化运动中的胡适类似，但又有着根本的不同。两者都面临着除旧布新的挑战，都将解决问题的目光投向了西方。但胡适的使命主要在于打破一个固有的一统旧文化对于新时代的束缚，而苏丹·达迪尔·阿里夏班纳的使命则要困难得多，他必须要在一个多元传统文化的碎片下，塑造出一个前所未有的新民族的内涵。本文试图通过对达迪尔的生平介绍，勾勒出达迪尔的成长历程及其思想变化轨迹。

一、背离传统的成长环境以及西学视角的初步形成（1908—1929）

1908 年 2 月 11 日，苏丹·达迪尔·阿里夏班纳出生于西苏门答腊的纳塔尔城。达迪尔一家具有王室的血统，达迪尔的父亲拉登·阿里夏班纳·苏丹·阿尔比（Raden Alisyahbana Sutan Arbi）是一位小学校长，母亲萨米娅（Samiah）是一位温柔的女性。到了达迪尔的父亲这一代，其家族地位已经大不如前。荷兰人对于原住民贵族阶层采取了有计划的削弱和抑制措施：在政治上逐步剥夺其政治权力，在经济上限制其发展，而在文化上则听凭其保留固有文化。

阿尔比对荷兰人的态度一直傲骜不逊。他很直接地拒绝了荷兰人要他当区长助理的要求，同时阿尔比也不惮于公开表示自己对印度尼西亚民族主义者的同情。1938 年，当苏加诺（Sukarno）被殖民政府流放到朋古鲁时，当地几乎无人敢于和他交往，而阿尔比却在这个时候坦然成了苏加诺的常客。

但阿尔比对待童年的达迪尔态度失之于粗暴。父子之间的关系略显疏远。而这种关系由于阿尔比的多妻婚姻，显得更加紧张了。尽管依照伊斯兰教，多妻制是合乎教规的。显然童年的记忆对达迪尔日后对传统文化的态度产生了影响。父亲作为传统文化的象征，对他来说，更多的是一种压抑而不是一种依靠。而母亲则在某种程度上成为传统文化的牺牲者。

阿尔比对荷兰人的态度并不妨碍他把达迪尔送进荷印小学。[①] 亚齐战争结束后，荷属东印度作为一个地理区域，第一次完整地置于荷兰的殖民统治之下。为了保持殖民地统治的统一性，开发荷属东印度作为一个新的市场，并为此准备合适的低级官员，从 19 世纪末开始，荷兰人在荷属东印度实施道义政策，其中现代教育计划的开展对当时的荷属东印度社会产生了深刻影响。

长期以来，印度尼西亚精英阶层对于西方文化有两种截然相反，然而却又是糅合在一起的态度。一方面，他们不可能不痛恨这种让他们失去原有优越社会地位的文化；另一方面，西方文化所展现在他们面前的强大的军事能力、先进的科学技术、无与伦比的经济实力，又让他们在震撼中夹带着向往，对西方文化产生了莫大的兴趣。

这也正是达迪尔的父亲一方面痛恨着荷兰人，一方面又自觉自愿地把自己的儿子送进荷兰人办的欧洲学校去学习的原因。很多原住民贵族，尤其是中下层贵族，也都抱着和达迪尔的父亲相同的心思。他们中的大多数人期待着自己的子女通过接受西方教育，获得地位上升的通道，取得和荷兰人相同的地位甚或成为荷兰人。

但是当原住民的精英们接受了西方的现代思潮，并学会用西方的思想审视本民族的命运时，一种全新的、不同于以往的认识也就随即产生了。如果说在此之前反抗荷兰殖民的斗争是大刀长矛和传统宗教的结合体，具有地区性的特征；那么从 20 世纪开始，这种运动就转为现代政党组织和民众动员的结合，并且迅速扩大到全国范围，形成一个规模和声势蔚为壮观的民族独立运动。

但在 1915 年，8 岁的达迪尔远离家乡，被他父亲送入了荷印学校。这意味着，达迪尔在尚未被传统文化塑造成型的时候，就要进入一个浸透着荷兰文化的氛围中生活，并持续到 1928 年。

达迪尔的求学生活十分清苦。他父亲月薪的一半都要寄给他作为生活费用。由于路途遥远，达迪尔收到钱往往要在很久之后。这经常令他处于经济中绝，无以为继的窘迫状态。

在姆瓦拉阿纳木（Muara Enam）小学，达迪尔成为名列前茅的优秀生。也正

---

① 荷印小学是荷兰殖民政府为原住民精英阶层子弟开设的用荷兰语教学的小学。以血统（是否贵族）、职位（区长助理以上）、经济能力（年收入在 100 荷兰盾以上）以及父母的教育程度（父母本身接受过荷兰教育）为入学标准。

是在这个时候，达迪尔第一次和印度尼西亚民族主义运动产生了联系。达迪尔通过表兄拉登·纳比斯（Raden Napis）成了苏门答腊青年组织的成员。回到学校，达迪尔成立了苏门答腊青年组织姆瓦拉阿纳木学校分部。该举动导致校长的严厉批评，几个卷入其中的学生被处以开除的严厉惩罚。但达迪尔因为成绩优秀，没有受到惩处。

1925 年，达迪尔因为学习成绩优异，获得推荐进入万隆高级师范学校进修。万隆是当时荷印殖民统治的行政管理中心，同时也是印度尼西亚民族主义运动的中心，在这里聚集了印度尼西亚民族主义运动的诸多领袖人物。这一时期印度尼西亚原住民的政治精英们流行组建各种研究俱乐部，每隔一段时期举行演讲或报告，探讨印度尼西亚民族运动的使命和未来。年轻的达迪尔也成为万隆中央研究俱乐部的常客，聆听苏加诺、伊萨克·佐克罗阿迪苏里约（Isak Zokroadisuryo）、安瓦里（Anwari）、佛纳尔（Fener）、吉普托·莽古库苏马（Cipto Mangukusumo）等人的演讲。作为苏门答腊青年组织的活跃分子，达迪尔的交往范围急剧扩大开来，在此期间，达迪尔还结识了苏丹·夏里尔（Sutan Syahrir）。

但与此同时，达迪尔却没有对当时伊斯兰联盟和工人运动表现出同等的兴趣。或许这和他在姆瓦拉阿纳木小学受过的警告有一定关系。虽然如此，他还是避免不了又一次遭到荷印殖民政府的警告。在一篇发表于苏门答腊青年机关刊物的文章中，达迪尔对帕蒂（Pati）领导的农民抗税运动表示赞赏。万隆学校当局为此发出开除他的威胁。

但显然以上这些都无法遏制达迪尔对当时各种社会运动的关注。达迪尔从一个懵懂无知的少年，成长为一个关心社会事务的青年，并开始展露自己的文学天赋，向世界发出自己的声音。

在万隆求学的第二年，他开始自己的处女作《命途多舛》的写作。由于缺乏对印度尼西亚民众悲惨命运本质原因的清醒认识，这部小说在立意上还显得有些肤浅，甚而有些迷茫。但其中所体现出来的西方式人道主义情怀，构成了达迪尔日后文学作品的基本特色。

也是在这一年，达迪尔的母亲萨米娅去世了。母亲的去世对达迪尔打击很大。一直以来，母亲是他和远在苏门答腊的家庭的联系纽带。母亲同时还是传统文化世界留给达迪尔不多的美好印象之一，维系着他和那个情感已经十分淡漠的世界的联系，但现在这个纽带不存在了。达迪尔和父亲的距离越来越疏远，父与子之间经常爆发激烈的争论。在母亲去世之后的第三年，在一次和父亲的辩驳中，达迪尔以进化论阐述了各大宗教的崛起和衰落。如此离经叛道的观点让拉登·苏丹·阿尔比·阿里夏班纳目瞪口呆，流泪说道："看来我们不仅今生不合，来世也永无见面之日。你的神和我的神不同，我们的世界也格格不入。"①

---

① Muhamad Fauzi. *STA dan Perjuangan Kebudayaan Indonesia* [M]. Dian Rakyat, 1999: 7.

二、《新文学家》的创立以及激进的西化主张（1930—1942）

从万隆师范学校毕业之后，达迪尔被任命为巨港联络官学校老师，但这份工作看来不太适合他。另外还有一点，1929 年达迪尔和拉登·阿贞·罗哈妮·达哈（Raden Ajeng Rohani Daha）结婚。罗哈妮的出现很好地填补了母亲去世之后达迪尔心中的空白。他们的第一个孩子萨米亚蒂（Samiati）很快出生了。为此，达迪尔必须寻找一份工资更为丰厚的工作。

寻找新工作很快有了头绪，隶属于图书编译局（Balai Pustaka）的《图书旗帜》杂志当时正好也正在招聘一名编辑。但达迪尔前去应聘时，职位却已经被刚从西方游学归来的阿迪尼哥罗（Adinegoro）获得。无论是从资历还是从名气而言，阿迪尼哥罗都比他适合这个职位。不过幸运的是，达迪尔获得了另一个职位，他被聘为马来语部的编辑。三个月之后，阿迪尼哥罗离开图书编译局，达迪尔接替他的职位。

1930 年，达迪尔一家从巨港搬到雅加达。达迪尔于此时进入图书编译局，一方面，作为荷式教育体系下毕业的知识分子，达迪尔以其文学天赋和开放的思想，尤其是对西方文化不加掩饰的赞赏，获得了图书编译局的荷兰高官们，尤其是德雷维斯（Drewes）和基廷（Hidding）博士的好感，从而和他们建立起了非常良好的私人关系。另一方面，达迪尔作为原住民贵族子弟的身份，又为他赢得了来自民族运动阵营的精英阶层的信任。两方面因素的结合，把达迪尔推到了一个十分独特的位置。

从 1930 年达迪尔进入图书编译局成为《图书旗帜》的编辑，到 1942 年，是达迪尔一生最重要的 12 年。他的主要文学成就是在这一时期完成的；他的文化观，以至文化现代化的主张，是在这一时期形成的；他关于印度尼西亚语法体系的规范和印度尼西亚现代术语体系的编撰，是在这一时期开始的。12 年间，达迪尔进一步深入了解了西方文学和文化，接触了更为广泛范围内的民族精英，同他们交流思想甚至展开激烈的辩论，从而使自己从稚嫩走向成熟，从舞台的边缘走向舞台的中心，从一个热血青年成长为文学领袖，从而使自己的影响达到了高峰。

《新作家》的创办无疑是这一时期达迪尔最为主要的成就和贡献。1926 年印度尼西亚共产党领导的爪哇民族大起义失败后，荷印殖民当局在政治上采取了严厉的镇压手段。各种政治组织，尤其带有印度尼西亚民族独立诉求的政治团体，包括苏加诺成立的印度尼西亚民族党在内，或被限制，或被强令解散。印度尼西亚民族独立运动陷入低潮。原先蓬勃发展，宣扬印度尼西亚民族独立主张的各种报纸杂志也同时进入沉寂期。图书编译局作为这一时期唯一由荷印殖民政府授权的文化出版管理机构，其作用是无可比拟的。在寻求独立的政治诉求遇到挫折之后，原住民的精英阶层们活动转向另外一个方向，不提独立，转而探讨未来的印度尼西亚民族的文化身份问题，从而为将来的民族和国家建设做好文化上、思想上的准备。

印度尼西亚民族独立运动是西方现代人文思想和印度尼西亚人民反抗荷兰殖民统治相结合的产物。1928 年的印度尼西亚青年誓言，鲜明地提出了“一个民族，一种语言，一个祖国”的口号。但是，这个时候的民族主义运动的共同基础，更多的是基于反对荷兰殖民统治的政治认同，而不是基于大家同属于一个民族的文化认同。印度尼西亚诸岛各自单线发展的历史，缺乏统一的中央王国的传统，文化形式的多元性，都导致一个核心问题：什么是未来的印度尼西亚民族国家的共同文化基础？但这样的讨论需要一个合法的场所以及一个合适的组织者。

达迪尔以其独特的身份成为大讨论的组织者候选人。在担任《文化旗帜》编辑期间，达迪尔同当时一批活跃的印度尼西亚文学家保持着密切的书信往来，其中包括阿米尔·哈姆扎（Amir Hamzah）和阿尔敏·巴奈（Armin Pane）。对印度尼西亚民族未来的关切，使他们产生了共同愿望，创办一份新杂志来探讨印尼民族文学乃至文化问题。

1933 年，《新作家》杂志由达迪尔、阿米尔·哈姆扎、阿尔敏·巴奈三人一起正式创办。尽管冠以新作家的名字，但达迪尔并未将杂志的内容仅仅限制在文学上。为此，《新作家》的副标题前后更换了数次。最初是“文学、语言、艺术及文化月刊”，而后改为“构建印度尼西亚统一新文化的活泼精神的引导者”，最后又拓展为“文学、艺术、文化以及社会问题新精神的领路者”。可以说，《新作家》副标题的改动体现了这一时期达迪尔对文学和文化要素对社会和民族的影响和作用的认识。

在《新作家》的三个创办者中，达迪尔是其中的灵魂人物，但这不意味着新作家时期的文学可以成为一个流派。对于文学需要革新这一点，达迪尔等三人认识是一致的。但对于如何革新，革新的内涵，以及文学的方向和使命，三个人的看法却又不尽相同，尤其是在达迪尔和阿尔敏·巴奈之间，有时甚至会产生激烈的分歧。

《新作家》是此后近 10 年间印度尼西亚最为重要的一份文学杂志。除了图书编译局的官方杂志之外，它成为当时为数不多的，印尼人可以公开而热烈地讨论有关印度尼西亚民族文学文化诸问题的舆论场所。在它的周围，汇集了当时最活跃的一批小说家、诗人、学者等等。后来印度尼西亚著名文学评论家雅辛将这一时期称为“新作家时期”。[①]

以《新作家》创办为发端，达迪尔个人的文学创作也进入一个高产期。其中包括：1932 年完成的《长明灯》和《匪穴中的少女》，1937 年完成的《扬帆》。与他的第一本小说里弥漫的悲伤和迷茫不同，达迪尔这一时期的文学作品充满了自信和

---

① 从 1933 年到 1942 年日本占领印度尼西亚，《新作家》共存在了近 10 年。尔后又在 1948 年 3 月印度尼西亚独立后复刊，但影响已经大不如前，坚持出版到 1953 年停刊。《新作家》也并不仅仅刊登印度尼西亚作家们的作品。在 1940 年的 9—10 月份的两期里，《新作家》刊登了基廷的文章，文章题目为《荷兰文学之于印度尼西亚新文学的意义》。

乐观的情绪。

除了个人的文学创作，这一时期，达迪尔的名字被人更多地提到还因为由他引发的文化大论战。论战的起源是 1935 年的印度尼西亚全国教育大会。[①]在这次教育大会结束之后，达迪尔发表了题为《鲜明的口号》的文章，指责教育大会主张给学生们提供传统价值观的教育是一种倒退，对大会的反西方文化主流观点提出了强烈的批评。达迪尔认为，印度尼西亚当前的主要问题不在于如何避免西方文化的缺点，而在于它还没有西方化就开始反西方化。印度尼西亚民族的出路，应该是向未来寻找，而不是向过去寻找。为此，有必要将西方的现代教育，西方的个人主义、物质主义、唯我中心主义和智识主义等价值观引入印度尼西亚文化，实现文化的现代化，以此为基础来构建新的印度尼西亚民族。

达迪尔的主张引起了广泛而热烈的反响，萨努希・巴奈（Sanusi Pane）、普尔巴查拉加（Purbacaraka）、阿米尔（Amir）、苏多莫（Sutomo）、基・哈加尔・德万塔拉（Ki Hajar Dewantara）等知识名流纷纷投入与达迪尔的文化大论战。

文化论战中，显然达迪尔处于少数派的地位。而以萨努希・巴奈为代表的东方主义则是当时的主流意见。这可以理解，在当时的情况下，文化论战包含了论战以外的不可言说的政治意涵：对传统文化的坚持和对西方文化的批判，某种意义上就代表了对民族独立运动的赞同和对荷兰殖民统治的否定；而对西方的全盘肯定和对民族文化的全盘否定，则意味着相反的选择。所以仅仅是从对荷印殖民政府文化奴役的警惕，保持民族文化的独立性，就足以让大多数人站到达迪尔的对立面来。从另外一点来看，当时有能力参与到论战中来的，都是原住民中接受过西方教育的精英分子。尤其是出身于爪哇的知识分子们，与苏门答腊不同，他们所出身的爪哇是现代文化教育中心，同时也是传统贵族汇集之地。他们接受的是传统和现代两种文化的双重影响。他们中大多数来自传统氛围浓重的贵族阶层，从而无法对传统做有效的扬弃。他们反对达迪尔将整个传统悉数否定，完全抛弃的激烈主张，更倾向于在传统和现代中寻找平衡，而不是革命性的推倒重来。

在大多数批评达迪尔的人看来，达迪尔对传统的否定，以及他试图割断印度尼西亚历史的过去与现在乃至未来的主张，极力提倡西方文化的立场，有文化虚无主义的危险。这样的主张容易掩盖和模糊西方文化在印度尼西亚所犯下的殖民罪行。然而就此指责达迪尔在政治上偏向殖民政府显然有失公允，赞扬西方文化和赞同西方的殖民统治是迥然不同的两件事情。达迪尔固然从小是在亲善荷兰的教育模式下成长的，但他对印度尼西亚民族运动，尤其是青年学生运动的关注和参与也是有目

① 这时期在印度尼西亚存在三种类型的国民教育形式：一类是殖民政府主导的荷印小学以及后续升学体系；一类是由原住民贵族阶层主导的私人世俗教育体系，以学生园为代表；一类是宗教组织，如穆罕默德协会和伊斯兰教师联合会主导的宗教神学教育体系，以伊斯兰经学堂为代表。教育大会是后两者联合组织，没有荷印殖民官方参与的教育大会。

共睹的。实际上，从根本上看，达迪尔全盘西化的最终目的和他的论战者是一致的，他们都想要让印度尼西亚成为一个先进的民族，摆脱过去数百年来被殖民被压迫的悲惨命运，只不过在如何实现这目标的方式和道路上产生了分歧。①

就达迪尔本人而言，传统又或者西方，都让他有过苦涩的经历。他的第一任妻子罗哈妮在 1935 年去世。可以说，罗哈妮是过往的传统社会赐予他的最后一个传统女性。罗哈妮和达迪尔的婚姻多少缓和了达迪尔自母亲去世后对传统社会的激烈否定态度。很难断定，罗哈妮的去世和达迪尔在之后对传统文化的激烈批评态度有没有什么联系。但有一点可以肯定，随着妻子的去世，达迪尔和传统文化之间的冲突减震器没有了。

不仅如此，他为三个孩子寻找一位新母亲的努力，也经历了一次传统社会封建等级观念的苦涩考验。达迪尔的第二任妻子苏吉亚尔蒂（Soegiarti）在双方认识开始时的学历要高于他，这让苏吉亚尔蒂的家庭对这桩婚姻持坚定的反对态度。直到达迪尔后来取得法学士的学位，他们的恋爱关系才获得苏吉亚尔蒂母亲的承认和祝福。

而在达迪尔最初获取高级教师证的努力中，荷兰人也给了他同样苦涩的经历。他通过了所有的笔试，却在口试中失败。当达迪尔试图列举，他领导的编辑部里几个荷兰的印度尼西亚语专家的口语一样糟糕，却依旧能获得工作机会时，荷兰主考官只是冷漠地回答说，那是另一回事。这一次失败和打击，使得达迪尔放弃了在荷兰语方面继续深造的努力，转向印度尼西亚语的研究。

三、日占时期以及语言学的转向（1942—1945）

达迪尔的文化活动在 1942 年被迫戛然而止。这一年，日本几乎不受任何抵抗就占领了印度尼西亚。为了联络关系，日本在印度尼西亚的占领军政府邀请了当地名流进行对话，达迪尔也在被邀请之列。一位名为富泽（Tomizawa）的日本文化学家做了一个主旨演讲。在演讲中，富泽称日本作为亚洲的解放者，将致力于消除西方数百年来强加于亚洲的以西方文艺复兴为代表的文化烙印。他要求印度尼西亚人转变思想，和日本紧密合作，回归到日本所领导的东亚文化中来。

这个演讲所表述的内容和达迪尔的主张完全背道而驰。在他看来，印度尼西亚需要的恰恰就是西方的文艺复兴，需要的是人的解放和自由，需要的是对科学和知识的学习，对自然的把握。但日本对荷兰的胜利，使得他看见了西方文化以外的另一种可能性，这使得他产生了对日本文化进行研究并将之与西方文化进行比较的兴趣。为此，当日本帝国大学需要印度尼西亚语教师到日本去教学的时候，达迪尔也递交了申请。但他的申请没有通过，理由是他太西方化了。这拒绝终止了他学习日

① Achdiat K. Mihardja. *Polemik Kebudayaan* [M]. Jakarta: Balai Pustaka, 1950.

语的热情。

达迪尔转而继续他对西方的研究。但他不能像以前那样公开自己的主张，《新作家》也被迫停刊。不过荷兰人的溃败使得他在图书文献上获益颇丰。溃败之前，许多荷兰人被迫将自己的藏书贱价销售，甚至是遗弃不顾。达迪尔以非常低廉的价格罗致了一大批西方语言、哲学、文学、文化、社会等方面的书籍，从而大大便利了他对西方文化的研究。

荷兰语的禁止导致印度尼西亚语在日本占领时期的广泛使用。为了推行政令，1942 年 10 月，日本占领军政府在雅加达专门成立了一个语言委员会，达迪尔被任命为委员之一。一年之后，又成立了语言室，达迪尔成为主任。由于过度倾向西方，达迪尔失去了在文学和文化领域的发言权。语言学成了达迪尔在日本占领期间的主要研究领域。

对于日本人，达迪尔始终心存疑虑。他相信，总有一天，日本人会强迫印度尼西亚人放弃自己的民族语言，改用日语。因此，达迪尔的印度尼西亚语言研究，在某种程度上成了一种变相的斗争方式。

达迪尔的办公室成为文化学者、文学家的新聚会场所。在众多访客之中，就有以后成为作家旗帜性人物的诗人安瓦尔。随着日本占领军政府对印度尼西亚的控制日益强化，苏加诺等领导人对日本的配合态度使得达迪尔深感失望。他辞去了身上所有的职务，远离各种社会政治活动，几乎是处于半隐居状态。

虽然达迪尔本人在政治上已经足够小心，但对于国家和民族的关切经常让他忘记以往的教训。随着日本在太平洋战争中的节节失利，印度尼西亚民众争取独立的活动也日益活跃起来。1944 年底，一群青年学生来找达迪尔，请他从文化和知识分子的角度，草拟一份宣言，作为建设未来民主国家的指导方针。达迪尔欣然同意，但这份宣言草稿很快落到日本人手中，达迪尔被日本宪兵拘押起来。

这一段牢狱生活，使达迪尔有机会对自己的生活道路进行反思，从而使自己对文化的认识进入到哲学的层次。在狱中，达迪尔给身边的牢友们上起文化课，把审讯室演变成了达迪尔和日本军官谈论文化问题的场所。这次讨论改善了达迪尔的处境，他开始可以在狱中阅读一些书籍，其中包括康德的《纯粹理性批评》。这一段经历成为达迪尔后来写关于太平洋战争的思想小说《优胜劣败》的一个引子，日本审讯官则成了小说中日本军官的原型。

四、短暂的政治生涯以及流亡期间对西学的实地考察（1945—1968）

1945 年 8 月 17 日，印度尼西亚宣布独立。这使得达迪尔又一次面临抉择。事实上他如果想要进入政界，此时有一个绝佳的机会。他的好友苏丹·夏里尔现在是印度尼西亚共和国的领导人之一，再加上他自己的名望，完全有可能使他获得一个相当不错的职位。但刚刚结束的牢狱生活令达迪尔决心远离政治漩涡，他准备把自己过去的文化现代化主张落实到实际行动上来。

独立之后达迪尔的文学创作活动暂时告一段落。他开始着手将自己在日本占领时期的语言研究成果集结成《印度尼西亚新语法》一书，这成为印度尼西亚语言规范过程中的一部重要文献。

在推动文化现代化过程中，达迪尔意识到出版业的重要性。他利用自己的稿酬收入买下了一家印刷厂，在此基础上成立了民众图书社。以后又通过收购一家荷兰人的印刷厂，扩大规模。1963 年，民众图书社改名为民众之光出版社。除此之外，达迪尔还同时经营着几家书店。通过书店，达迪尔进口了大量的西方图书，尤其是德国书籍。不过，他在图书经营方面不是很成功。进口的图书很少有人问津，反而是他自己的私人图书馆扩大了不少。

这或许在某种程度上反映了达迪尔文化现代化主张在当时的处境。对于大多数印度尼西亚民众而言，西方和他们的生活世界依然十分遥远。所谓的物质主义、个人主义、知识主义和唯我利论，只不过是一个个晦涩难解的名词。达迪尔需要为自己的文化现代化主张在印度尼西亚民众中培养出一大批追随者，尤其是青年。

教育问题因此成为达迪尔的另一个工作重点。他和阿卜杜尔·卡利姆（Abdul Karim）、苏米特罗·佐约哈迪库苏莫（Sumitro Djojohadikusumo）等人一起成立了科学文化促进会。他们又在促进会的名义下建立了一所高级中学，不久又建立了一所临时大学，用以填补共和国在高等教育方面的空缺。达迪尔本人任文学文化系主任。

达迪尔推广文化现代化主张的第三个途径是创办报刊，如《促进科学、技术和生活》《语言发展》等。其中也包括《新作家》的复刊。但复刊之后的《新作家》影响已经无法和它的黄金时期相提并论。这可以理解，因为《新作家》作为图书出版局控制之外唯一的民族文学刊物的独特历史地位的环境和背景已经发生了改变。1955 年，《新作家》停刊。达迪尔随即用另一本杂志《对峙》取代了它，但是《对峙》也只存在了 5 年时间。

另一方面，作为达迪尔现代化模板的西方文化，对达迪尔而言，在印度尼西亚独立之前一直停留在书面认识的层次。到西方世界去，从近距离考察和研究，以便更好地吸收借鉴，成为这一时期达迪尔的另一个重点。

1948 年，达迪尔第一次迈出国门，到荷兰参加由联合国教科文组织发起的世界哲学大会。这一次出访给达迪尔以强烈的震撼："从飞机上看，……（荷兰）是一个只有 15 分钟航程的国家。"这么一个狭小的国家，竟然可以统治远隔万里之外的印度尼西亚长达数百年之久。原因在什么地方？答案之一在于西方强大的生产和创造财富的能力。第二次世界大战结束仅仅三年，但是，达迪尔所到之处："就好像在人类历史上，从未发生过吞噬了数百万生命以及无数物质财富的战争一样。……当民族主义在我们国家还是一个新鲜事物的时候，民族主义在欧洲，却已经走到了尽头。”[①] 收音机、电话、飞机等产品，以一种前所未有的速度、深度和广度将世界紧密联系在了一起。在这里，达迪尔的文化观走向了一个更为广阔的境界。如果说此前他的文化现代化是为他的民族和国家服务的话，那么，现在他已经开始在认真考虑，有没有一种文化，一种超越了国家和民族而适用于整个世界的文化。

达迪尔为自己亲眼所见的西方文化而倾倒。此时的西方文化有两个中心，一个是美国，而另一个是欧洲。达迪尔决定从欧洲开始来考察西方文化，因为欧洲是文艺复兴的故乡，是西方文化的源泉所在。他开始频繁地出国访问，参加各种学术讨论会，和西方学者们交换观点；有目的地访问各个博物馆、文化中心。

与此同时，达迪尔在国内的事务也日益繁忙起来。他的主要精力放在出版社的经营管理上，但他的研究工作不能中断，同时还要在大学里兼课。在西方学界眼中，达迪尔几乎就是印度尼西亚文化的代言人。而在国内，达迪尔频繁进出于各种报告场所。1954 年，应共和国广播电台的请求，达迪尔在近一年间里做了 33 次关于文化和伦理的专题讲座。这些讲座成为以后达迪尔哲学博士学位论文的基本内容。

达迪尔在文化以及现代化领域的声誉使得他 1955 年至 1956 年当选为国会议员。达迪尔同时还是南苏门答腊省神鹰理事会革命议会的执行委员，负责文化和教育事务。这和达迪尔远离政治的初衷相违，但是达迪尔此时似乎有意通过涉足政治来加速推动自己的文化现代化主张。然而事实又一次表明，达迪尔此次涉足政治依然是一个错误。达迪尔加入南苏门答腊省神鹰委员会革命议会，参与到地方政府对抗中央政府的纷争中，遭到软禁，不得离开雅加达城，不得参与任何社会政治活动。

同样是这一年，经过特批，达迪尔离开雅加达，前往东京参加世界笔会。这实质上等同流亡海外。直到 1968 年，达迪尔才得以重返祖国。

达迪尔在日本待了将近一个月，而后从日本抵达德国，在那里达迪尔成为波恩大学和科隆大学的客座研究员并完善了自己的博士学位论文。在题为《价值：作为个人、社会和文化的黏合力量》的论文中，达迪尔确立了伦理道德观作为自己的哲学思想核心。在达迪尔的思想体系中，黑格尔、爱德华·斯普朗格尔、卡尔·雅斯贝尔斯对他的文化观的形成产生了至关重要的影响，而马克斯·韦伯则影响了他的现代化理念。完成博士论文后，达迪尔受邀成为斯坦福大学行为科学高级研究中心的客座研究员，之后又转到夏威夷东西方研究中心，继续客座研究员的生涯。

在欧洲和美国的客居生活，使达迪尔有机会比较深入地观察西方文化的方方面面，而不是仅仅停留在它辉煌的外表上。达迪尔关于西方文化危机的论述逐渐多了

---

① Muhamad Fauzi. *STA dan Perjuangan Kebudayan Indonesia* [M]. Jakarta: Dian Rakyat, 1999: 66.

起来。这一段生活经历和感悟也体现在他的小说《蓝色洞穴：爱情和理想的故事》里。

1962 年，达迪尔先是在马来国家语文出版局工作，而后又在 1963 年受聘担任马来国民大学马来研究中心主任一职。达迪尔致力于实现马来语言和马来文学的现代化。他把马来研究中心一分为四，设立了四个专业：语言专业、文学专业、社会学专业和公共专业。另外又在马来文学专业里引进欧美文学作为比较。但有相当一部分人不能理解达迪尔的举动：马来文学研究为什么要牵扯到英美文学？既然马来研究中心已经有了英美文学研究，那么英美文学系又该做些什么？

达迪尔的做法令学校当局陷入某种尴尬的境地，当合同期满之后，达迪尔与马来国民大学没有再续约。1968 年，达迪尔辞去马来国民大学的教职回到印度尼西亚。此时的印度尼西亚正处于新秩序时期初期，政治局势在经过激烈动荡后开始趋于稳定，国家建设逐步展开。

五、晚年创办教育以及对西学和传统的反思（1968—1994）

几乎整个 70 年代，达迪尔的主要精力都放在他自己创办的民族大学上面。这所大学花费了他巨大的心血。1969 年，达迪尔应雅加达市长阿里·萨迪金（Ali Sadikin）的邀请，担任雅加达艺术委员会主席一职。该委员会负责就文化和艺术事项向雅加达市长提供决策顾问，其成员包括当时最著名的几个学者和艺术家，如：阿凡提（Affandi）、波波·伊斯坎达尔（Popo Iskandar）、D. 佐约库苏莫（D. Djojokusumo）、H. B. 雅辛（H. B. Yassin）、莫赫塔尔·卢比斯（Mohtar Lubis）。

在拥抱西方文化几十年之后，达迪尔亲眼观察到了它所经历的危机，物质的、科学的、文化的，各个方面大大小小的危机。他的文化现代化终于开始走向另外一个思路。

1972 年达迪尔在巴厘岛建立多雅庞加文化艺术中心。在西方艺术走入后现代的死胡同以后，达迪尔尝试着从传统艺术中寻找答案。但达迪尔的目的不在于保存巴厘或者其他的传统艺术文化，而是有意试图以传统的艺术手段来承担现代意识和思想的表达和阐释功能。为此达迪尔还特地撰写了一个舞蹈诗系列：《站在十字路口的女性》。一直以来，女性在达迪尔的文化现代化构想中占有重要的地位。

1978 年，在达迪尔 70 岁时，人们用两本关于达迪尔的纪念文集来庆贺他的生日。这一年，在达迪尔的倡导下，成立了“艺术与未来国际协会”，达迪尔任主席。

在相隔了将近 30 年之后，达迪尔再次提笔写起小说。反映他在欧洲游学经历和感悟的《蓝色洞穴：爱情和理想的故事》在 1970 年出版，反映他对太平洋战争的文化反思的《优胜劣败》于 1978 年出版。这两本小说的出版，引起了文学界的论争。有人认为，这两部作品甚至不算是文学作品，而只是两本文化对话集。达迪尔自己则坚持认为，小说的形式可以是多种多样的，以表达思想为主的小说当然也是小说。达迪尔的小说一直有内容和思想重于艺术表达形式的倾向。这一倾向在他的后两本小说中体现得非常明显，他干脆就取消了人物形象的刻画和故事情节的交代，而直接长篇大论地铺陈自己的观点。

进入晚年的达迪尔以民族大学为依托，成立各种各样的研究机构：伊斯兰研究中心、未来学研究中心、东南亚研究中心、欧洲研究中心、海洋研究中心、哲学与人类未来学院。

其中，伊斯兰研究中心是他最为着力的机构。早年的达迪尔提倡世俗化，提倡个人主义和理性主义，但面对印度尼西亚 80%以上的人口为穆斯林的现实，以及印度尼西亚独立 30 多年以后的社会文化现状，还有西方社会不断出现的种种危机，他开始思考如何医治现代性自带的意义缺失疾病和不可避免的解构命运，以及如何使一亿多的印尼穆斯林走上现代之路。

达迪尔认为：伊斯兰完全可以做到与其他的宗教和文化和谐共处。伊斯兰曾经有过辉煌的时期，并且和欧洲文化息息相关。伊斯兰文化在源头上和产生了欧洲文化的希腊文化有紧密的传承关系。基于这一点，伊斯兰文化，完全有可能实现自己的现代化。和早期的全盘西化相比，这几乎是一个巨大的转变。但不能说这是达迪尔思想的一种倒退，达迪尔的目标仍然是将印度尼西亚民族带入现代社会，带到现代文化的世界中来。只不过在这个现代社会和现代文化中，东方或者是西方的区别，不再重要，重要的是它能否完成达迪尔所赋予它的使命。

在他的晚年，达迪尔的目光超越了民族和国家的边界，落在了一个更为广大的领域上。人类的未来是一个共同的未来，正如雅斯贝尔斯描述的，发生于公元前的人类文化历史轴心时期，完全有条件和可能在 21 世纪重现。作为世界四大文化汇聚之地的印度尼西亚，乃至整个东南亚地区，在飞速发展的现代技术条件下，有可能发展出一种前所未有的、充满活力的新文化来。不仅如此，甚至是整个世界，都有可能而且也应该发展出一种适应于现代发展，能够创造一个美好的全球社会的文化。一个国家，一个民族，一种语言，已经不足以装载他的文化期待，而应当是一个地球，一个人类，一种责任，一个未来。

结语

作为一个研究领域覆盖了语言、文学、文化、哲学的学者，作为一个活动覆盖了社会、政治、经济等各个方面的社会活动家，达迪尔身上挂满了各种各样的头衔。但达迪尔最为人们所熟知的、影响最大的，还在于他的文化现代化主张。他把文化现代化作为一面旗帜高高地挂在船上，召唤着水手和乘客跟随他扬帆出海。

达迪尔的心灵始终处于一种激奋的，随时准备辩论和说服的状态。他确信人类必须把握自己的命运，只有把握了命运的人，才是一个完整意义上的自由人；他坚信现代化必将到来，文化必将完满，社会必将进步，人类必将胜利。在他自己信仰的土地上，他是不可战胜的。挫折或者失败，固然是危机，但更多的是危机背后的机会。但遗憾的是在他身后，追随者始终不多。人们倾听他的见解，但更多的只是为了在听完之后反驳，或者有礼貌地转身离去。然而掌声或是嘘声的多少并不成为达迪尔是否继续言说的理由。他的心中始终充满责任，那是他对民族，对国家，甚至整个世界的一个承诺。

这让达迪尔的一生或多或少带了一丝英雄式悲怆的色彩。

1994 年 7 月 17 日印度尼西亚西部时间 6 点 45 分，达迪尔在雅加达逝世，时年 86 岁。在他死后一年，印度尼西亚爆发了有史以来最为严重的一次种族骚乱。这次骚乱表明，他的印度尼西亚，还在文化认同中挣扎。他的印尼文化现代化的航船还没下海，就面临着焚毁的危险；而他的世界文化的梦想，更是遥远。

参考文献

［1］梁立基．印度尼西亚文学史［M］．北京：昆仑出版社，2003．

［2］梁志明．殖民主义史：东南亚卷［M］．北京：北京大学出版社，2003．

［3］〔美〕本尼迪克特·安德森．想象的共同体［M］．吴睿人，译．上海：上海人民出版社，2003．

［4］Muhamad Fauzi. *STA dan Perjuangan Kebudayan Indonesia* [M]. Jakarta: Dian Rakyat, 1999.

［5］Pelangi: 70 Tahun Sutan Takdir Alisyahbana.

［6］Ratna. *Emansipasi Wanita dalam Angkatan Pujangga Baru Sebagai Tercermin dalam Layar Terkembang dan Belenggu* [M]. Dengpasar: Universitas Udayana, 1986.

［7］Mugijatna. *Sintesis antara Barat dan Timur dalam Novel Sutan Takdir Alisyahbana, Kalah dan Menang* [M]. Surakarta: Universitas Sebelas Maret, 2000.

［8］Alim, Burhanuddin. *Segi Inerkultural dalam Novel Kalah dan Menang* [M]. Jakarta: Dian Rakyat, 1989.

［9］STA. *Sejarah Kebudayaan Indonesia* [M]. Jakarta: Dian Rakyat, 1982.

［10］STA. *Indonesia: Social and Cultural Revolution* [M]. Kuala Lumpur: Oxford University Press, 1961.

［11］Achdiat K. Mihardja. *Polemik Kebudayaan* [M]. Jakarta: Balai Pustaka, 1950.

［12］H. B. Yassin. *Kesusateraan Indonesia modern dalam Kritik dan Esei* [M]. Jakarta: Gunung Agung, 1962.

［13］Teeuw. *Sastera Baru Indonesia* [M]. Jakarta: Nusa Indah, 1980.

［14］Teeuw. *Pokok dan Tokoh* [M]. Jakarta: Gunung Agung, 1972.

［15］Ignas Kleden. *Kebudayaan Sebagai Perjuangan–Perkenalan dengan Pemikiran STA* [M]. Jakarta: Penerbit P.T. Dian Rakyat, 1988: 183.

论18世纪早期印度《苏尔诗海》抄本插图中的"语-图"互文[①]

北京大学　王　靖

【摘　要】 18世纪早期印度梅瓦尔画派所制《苏尔诗海》抄本中有关"黑天诛妖"故事的诗文与插图交相辉映，互为解说，互相补充，为读者呈现出一个极为动人并有着持久感染力的"语-图""统觉共享"之情境，这种情境作为铭刻在印度人集体意识中的文化记忆而长久存在。本文以该抄本中有关"黑天诛妖"故事的一幅诗歌插图为例，主要研究梅瓦尔派《苏尔诗海》插图本的"语-图"互文关系，通过剖析诗歌插图手稿中"语象"与"图像"之间的互动，考察梅瓦尔派艺术家对于经典文本的理解和展现，从文学与艺术双重层面去客观审视近代印度教宗教思想传播的需要与宗教世俗化的倾向，以及印度古代艺术的传统精神和印度教宫廷贵族的审美情感。

【关键词】 印度艺术；黑天文学；梅瓦尔画派；"语-图"互文；《苏尔诗海》

印度梅瓦尔画派（Mewar School），属于印度拉其普特绘画中拉贾斯坦流派（平原派）的一个支派，是由以梅瓦尔土邦为主的王室贵族[②]赞助的宫廷画派。梅瓦尔（Mewar，约1300—1900年）位于印度拉贾斯坦南部，是当时拉其普特各土邦中最古老最强大的一支，其赞助的梅瓦尔画派是拉贾斯坦流派中历史最早最长的支派之一。[③]梅瓦尔派画作深刻体现了民间艺术与宫廷艺术的完美融合，代表了拉其普特绘画的本质——"贵族式的民间艺术"[④]，其艺术魅力深深地吸引着印度教传统社会中的各个阶层。[⑤]梅瓦尔细密画（约1550—1900年）大体上可分为早期（16世纪中期至17世纪初）、中期（17世纪中期至17世纪末）、晚期（18世纪初

① 本文为教育部人文社会科学研究项目"印度'早期现代'黑天文学研究"（项目批准号：19YJC752030）的阶段性成果之一。

② 梅瓦尔画派的赞助人主要以梅瓦尔土邦王公及与其有联姻关系的土邦王公 Rajas of Amber/Amer 为主。

③ 王镛．印度细密画［M］．北京：中国青年出版社，2007：142．

④ 王镛．印度美术［M］．北京：中国人民大学出版社，2004：457．

⑤ Coomaraswamy A K. *History of Indian and Indonesian Art* [M]. New York: Kessinger Publishing, 1927: 128.

期至 19 世纪末）三个阶段，题材多以印度教神话，尤其是黑天传说故事为主，其艺术风格融合了印度民间艺术、耆那教抄本插图和波斯细密画的特点，[①] 同时又受到莫卧儿宫廷贵族艺术风格的影响，质朴中带有精致。大部分梅瓦尔细密画以印度教宗教和文学经典的抄本插图形式存在，诗文与插图交相辉映，互为解说，互相补充，为读者呈现出一个极为动人并有着持久感染力的“语-图”“统觉共享”之情境，这种情境作为铭刻在印度人集体意识中的文化记忆而长久存在。

18 世纪早期，梅瓦尔细密画的风格已经定型，其人物基本遵循梅瓦尔画派传统的稚拙造型，动物以精细的写实技法描绘。[②] 这种风格在印度梅瓦尔画派所制《苏尔诗海》抄本中有关“黑天诛妖”的一幅诗歌插图中得到完好体现，本文以此幅插图为例，研究梅瓦尔派《苏尔诗海》插图本的“语-图”互文性，通过剖析诗歌插图手稿中“语象”与“图像”之间的互动关系，考察梅瓦尔派艺术家对于经典文本的理解和展现，从文学与艺术双重层面去客观审视近代印度教宗教思想传播的需要与宗教世俗化的倾向，以及印度古代艺术的传统精神和印度教宫廷贵族的审美情感。

一、印度梅瓦尔画派创作《苏尔诗海》抄本插图的背景

印度梅瓦尔画派的出现和发展源于梅瓦尔王室及与其联姻的王室成员的赞助和鼓励。这些王室成员信奉毗湿奴教，尤其喜爱毗湿奴大神的重要化身之一黑天。15 世纪的梅瓦尔土邦王公古姆帕（Maharana Kumbha，1433—1468 年）曾著有《牧童歌》（*Gita Govinda*）注释本，16 世纪的女诗人米拉·巴伊（Mirabai，约 1503—1573 年）相传是拉其普特公主，1516 年嫁给梅瓦尔王公波杰拉杰（Bhojraj），但她舍弃了王宫的荣华，献身于虔诚的信仰，在她的诗中梦想自己嫁给了她真正唯一的主人黑天。梅瓦尔画派最重要的赞助人之一梅瓦尔王公贾伽特·辛格（Jagat Singh I，1628—1652 年）造就了印度梅瓦尔画派的黄金时代，他是一位虔诚的毗湿奴派信徒，积极赞助并大力支持宫廷画师创作有关印度教经典的抄本插图，[③] 贾伽特·辛格雇用的穆斯林画家萨西布丁（Sahibdin）主持绘制了《薄伽梵往世书》组画（1648 年）、《乐调之环》组画（1650 年）、《罗摩衍那》组画（1649—1653 年）等作品。[④] 王公贾伊·辛格（Jai Singh II，the Raja of Amber，1688—1743）统治期

① 王镛．印度细密画［M］．北京：中国青年出版社，2007：145．

② 王镛．印度细密画［M］．北京：中国青年出版社，2007：153．

③ Shaktawat S. *The Golden Period of Mewar Painting* [J]. *Artistic Narration*, 2014 (6): 24.

④ 王镛．印度美术［M］．北京：中国人民大学出版社，2004：463．

间，梅瓦尔派画师创作了包括 122 幅《苏尔诗海》[①]抄本插图在内的近 5000 幅细密画作品。在梅瓦尔王朝统治的几百年间，产生了大量的细密画、宫殿、城堡等艺术作品，王朝统治者极力彰显王室的富裕和对艺术的钟情。“印度教绘画……插图手稿，作为视觉绘画与正文文本的完美结合，从小型的棕榈叶手稿演变为装订漂亮的书本，广受国王和私人收藏者的喜爱，因为它们既是他们宗教归属的标志，又是其财富和名望的象征。”[②]“梅瓦尔王公像莫卧儿皇帝一样把拥有藏书丰富的图书馆视为王室的荣耀。”[③]由此可见，这些王公贵族对于印度教经典抄本插图艺术创作的赞助主要出于宗教信仰、兴趣爱好、艺术外交和彰显实力的需求。

二、18 世纪早期梅瓦尔画派所制《苏尔诗海》“黑天诛妖”诗歌插图的表现特色

18 世纪早期梅瓦尔画派创作的《苏尔诗海》诗歌插图，继承了梅瓦尔画派“黄金时期”细密画（17 世纪中期至 17 世纪末）的特色，体现了民间艺术传统与莫卧儿宫廷艺术的融合。其背景是平涂的鲜艳色彩，动植物的呈现偏图案化，建筑结构没有景深，呈扁平化，人物额头狭窄，鼻子凸出，眼睛如鱼状，嘴唇不大，长方形的边框突出了景物和人物，背景中的大树、河流均为深色的背景，也为这幅色彩艳丽的作品增添了抒情诗般的美感，明暗对比，凸显叙事画面。梅瓦尔细密画后期的画师在创作时，既保留了印度教传统中的古老元素，“同时吸收了从莫卧儿大师那里学到的新元素，对大自然的艺术呈现尽管不太自然，但更加精致、细致，并与当地的戏剧和传奇故事的诗意保持一致。”[④]

在梅瓦尔画师所创作的一幅《苏尔诗海》“黑天诛妖”诗歌插图中，可以从构图模式、人物表现、空间设计三个方面考察此时期细密画插图的表现特色。

---

①《苏尔诗海》（*Sūrasāgara*）是印度中世纪宗教文学作品中的一块瑰宝，在印度影响深远。其作者苏尔达斯（Sūradāsa，15 世纪至 16 世纪）是印度民间虔诚诗人，崇拜毗湿奴大神的化身黑天，一生致力于创作唱颂黑天的诗歌，被认为是中世纪虔诚文学中“有形派”“黑天支”的杰出代表，他的代表诗作《苏尔诗海》，是苏尔达斯的诗歌全集，主要描写黑天的事迹，该诗集以《薄伽梵往世书》为蓝本，是一部用北印度方言伯勒杰语创作的带有叙事色彩的抒情诗，其中着重描写了黑天的童年和少年时期。《苏尔诗海》塑造出的牧童黑天形象成为后世的经典，体现了黑天大神人性与神性的完美融合。

② 苏西玛·K. 巴尔．印度艺术五千年［M］. 张霖源，欧阳帆，译．成都：四川美术出版社，2017：104．

③ 王镛．印度细密画［M］. 北京：中国青年出版社，2007：147．

④ 苏西玛·K. 巴尔．印度艺术五千年［M］. 张霖源，欧阳帆，译．成都：四川美术出版社，2017：103．

（一）构图模式

在这幅插图中，画师使用了多重空间叙事的“戏剧式”构图。“黑天诛妖”的故事属于“黑天本事”中的一部分，“黑天本事”通常被印度教各阶层作为戏剧进行演出，这是他们娱乐生活中不可或缺的重要部分。插图的构图也沿用了这种“戏剧模式”，但却并不是连续的叙事模式，而是通过景物和建筑，对图像进行了多重空间的区隔，各部分既有逻辑联系和时空联系，又各自成为独立的叙事单元，类似于在不同时空同时上演的多幕剧，而将不同时空的多幕剧联系起来的主角和线索就是黑天。诗歌的作者苏尔达斯在插图中，手持铙钹，在一个封闭独立的建筑物空间内进行唱颂，观者仿佛身临现场，听着苏尔达斯对“黑天诛妖”故事进行唱颂。我们在 18 世纪早期梅瓦尔派画师所绘的同一本《苏尔诗海》抄本中，可以看到“黑天出生”这幅诗歌插图，同样，作者苏尔达斯依然身处一个独立封闭的空间之内，密闭的四个边框，将苏尔达斯同整幅插图进行了绝对的隔绝，展现了苏尔达斯独立所在的一重时空。这种构图模式可以说是印度教细密画构图中的一抹亮彩。

（二）人物表现

此幅插图中各个人物的比例尺寸基本相同，动物、植物、景物和建筑也都依据相应的比例进行了缩减，突出了人物形象和人物行为动作的展现。图像中，所有人物都是扁平化描绘，人物面部只呈现二分之一的侧脸和一只眼睛，额头窄小，鼻子突出，眼如鱼形，继承印度拉贾斯坦梅瓦尔支派细密画的一贯传统，人物所穿着的衣衫是拉贾斯坦当地的传统印度服饰，女人身着纱丽，男人赤膊穿围裤，只有在马图拉城的国王、贵族以及侍从，除围裤外还穿着透明长衫。黑天杀死刚沙王，夺取王权之后，端坐在马图拉宫廷王座上，旁边有两个贵族男子，着装体面，穿衣戴帽。整体而言，在伯勒杰地区（郊区农村）的男子通常都光着上身，而在马图拉城的男子（除了摔跤场的大力士）都穿戴轻薄的长衫，并不裸露身体。黑天在诛杀刚沙，夺取王权之前的形象，也都是裸露上身的，由此可看出城市贵族与农村平民的衣着差异。

插图中除了色彩鲜艳的服饰，最明显的人物装饰，就是涂上的泥金，这种以金入画的人物造型中的用金比重在梅瓦尔画派发展后期日益加强。在一幅由贾伊·辛格赞助画师所作名为《贾伽特·辛格欢庆灯节，观赏黑天本事剧》的细密画中，牧女身穿的纱丽大多布满了道道金光，让人感觉所有纱丽仿佛是用金线绘就的。这体现了梅瓦尔画派后期艺术创新技艺的衰落，只能靠华丽的金银来装饰。另一方面，也体现出梅瓦尔宫廷的衰落。越是衰落，越是想要通过世俗绘画艺术上的金碧辉煌来彰显没落王室表面上的荣耀和财力。

插图中的人物造型略显稚拙，并不如莫卧儿宫廷绘画一般写实。作为传统的印度教细密画，这些非写实的人物造型源自印度古代传统绘画非同一般的理想和精神理念。在古代印度绘画理论著作《画相》(*Citralakṣaṇa*）中，记载着绘画的起源故事，绘画起源的叙事模型为：梵天（Brahmā）的恩赐（Grace）→那伽那吉特（Nagnajit，意为“裸体饿鬼的征服者”，原名 Bhayajit，意为“征服恐怖和危险的人”，后得梵天赐名 Nagnajit，被认为是掌握绘画知识的第一个人类，《画相》一书的作者）←（Viśvakarman）毗首羯磨的知识和技法（Vidyā）。① 而在《毗湿奴无上法往世书》(*Viṣṇudharmottara Purāṇa*）中，绘画起源故事的叙事模型为：那罗延（Nārāyaṇa）→毗首羯磨（Viśvakarman）→人类。②

这两个起源故事，体现了印度绘画的精神内核：是出于神祇影响人类灵魂的目的，而不是为了纪念一个人或是彰显人的名声。在梵天的神力恩赐下，那伽那吉特的一幅画能把死去的婆罗门青年带回人间，将青年的视觉存在以图画的形式投射进人类内心，进而召唤回他；那罗延的一幅画则通过创造出一种前所未有的超越“飞天”（天女）的形体，而使所有“飞天”相形见绌。这些故事都说明，印度传统肖像画从来都不是“直接从坐着的模特身上进行复制”的作品。印度绘画的艺术理想是：“艺术不应该是对模型的复制，而应该是对一种在易受影响的精神视觉材料上的投射（it should be a projection into susceptible materials of a mental vision）。”③ 印度教绘画的传统精神是以图像（肖像）为媒介，通过视觉存在，对人类内在的精神和灵魂产生直接影响（某种魔力）。因此，印度教传统细密画这种不重写实的人物造型应当得到应有的尊重和价值承认。

（三）空间设计

在这幅插图中，画师通过扁平化的自然景物、河流和植物，以及平面化的建筑物，分隔出了不同的空间，各个空间都呈现不同的叙事时空，插图由流淌的叶木拿河从中间一分为二，马图拉和伯勒杰的空间各占图像的一半，其他各个叙事空间的比例也基本相同。各个叙事空间又在一幅图像中同时展现，扁平化的绘图和比例基本相同的各个空间设计，表明了各个叙事空间有着同等的重要性。

---

① Citralakṣaṇa edited by Phananindra Nath Bose, Principles of Indian Śilpaśāstra, from the Punjab Oriental [Sanskrit] Series (XI). Lahore, 1926: 79. See Zimmer H. *The Art of Indian Asia: Its Mythology and Transformations (Vol. 1)* [M]. Kingsport: Kingsport Press, 1955: 383.

② Citralakṣaṇa edited by Phananindra Nath Bose, Principles of Indian Śilpaśāstra, from the Punjab Oriental [Sanskrit] Series (XI). Lahore, 1926: 80. See Zimmer H. *The Art of Indian Asia: Its Mythology and Transformations (Vol. 1)* [M]. Kingsport: Kingsport Press, 1955: 384.

③ Zimmer H. *The Art of Indian Asia: Its Mythology and Transformations (Vol. 1)* [M]. Kingsport: Kingsport Press, 1955: 384.

三、“黑天诛妖”诗歌抄本插图中的“语象”表达与象征意义

（一）诗歌“语象”的表达

在梅瓦尔画派所作的这幅插图上部，书写着有关“黑天诛妖”的一首诗歌，摘录如下：

।। राग आसाउरी ।। मईया नेंक बरो करि लैरी । बाढूंगो तब टहल करूंगो मारूंगो सब बेरी ।। दूध दद्यौ मांषन मधु मेवा जब मांगों तब दैरी ।। कंसें मारि अषारो जीतुं घीसिव हांउं नेंरी ।। असौ (ओसौ) सुबल कहांउं सब हिनतें जेसौ नांहिन कोरी ।। सूरदास की प्रांन प्रत्यंग्या बेठों मुथरा मेंरी ।। 29 ।।

上面这首诗文中，天城体文字的间隔符号“।”和“।।”，以及“राग आसाउरी”和数字编号“29”都是后期由画师的助手用红色笔触增添上去的，区别于诗文字体的颜色。这首诗文的拉丁转写体如下：

।। Rāg Āsāurī।। Maīyā neṅk baro kari lairī । Bāḍhūṅgo tab ṭahal karūṅgo sab berī ।। Dūdh dadyau māṃṣan madhu mevā jab māṅgoṃ tab dairī ।। Kaṃseṃ māri aṣāro jītuṃ ghīsiv hāṃuṃ neṃrī ।। Asau (esau/ osau) Subal kahāṃuṃ sab hinateṃ jesau nāṃhin korī ।। Sūradās kī prāṃn pratyaṅgyā beṭhoṃ muthrā meṃrī ।। 29 ।।

笔者尝试将整首诗歌进行汉译，如下所示：

（阿萨乌利调）

妈妈啊，请听我细细描述
我已长大成人，要做大事，诛杀一切敌人；
请给我牛奶、酸乳、奶油、蜂蜜和干果；
决胜摔跤场，我将刚沙拽下王座，杀死了他；
我让妙力众友讲述的这些事迹，无人能及；
苏尔达斯命之所系，声名赫赫，端坐在马图拉。

插图上书写的这首诗歌，首先注明了其演唱乐调为阿萨乌利调（Raag Asavari）。阿萨乌利曲调是在清晨演唱的一个调式，该曲调充满活力和热情，其演唱目的是要鼓励听众完成必要的任务。演唱该乐调时需表达内心的真情实感，展现勤恳和努力劳作的本性，而并非显示炫耀。①

诗歌使用的语言是拉贾斯坦语的梅瓦尔方言，跟苏尔达斯的《苏尔诗海》原作所使用的伯勒杰语有差别，其原因应是画师将流传在梅瓦尔地区的民间口颂诗歌进行了记录。诗歌内容非常简单，语言平铺直叙，使用白描的叙事手法，采用第一人称叙事，诗歌大意是：黑天托好友妙力将自己的话转达给养母耶雪达，主要是关于黑天在马图拉城诛杀妖王的伟大功绩。从诗歌文义可以看出，该诗的“语象”简单

---

① *Ragas in the Guru Granth Sahib* [EB/OL]. [2019-09-05]. https://www.sikhiwiki.org/index.php/Ragas_in_the_Guru_Granth_Sahib.

直接，主要讲述了黑天在马图拉摔跤场取胜，并诛杀妖王刚沙的故事。从上述诗文可以看出，除了押“-Rī”的韵脚之外，其“语象”显得苍白无力，而且诗文内容逻辑感极差，有生搬硬凑韵脚之嫌，毫无美感和艺术价值可言，这首诗歌很可能是一首流传在梅瓦尔地区的“苏尔诗文”的伪作。由此可以推测，梅瓦尔派宫廷贵族对于插图上所书诗文的艺术选择和价值判断并不十分在意，他们对表现黑天故事的插图本身倾注了更多的精力，他们更注重诗文故事内核所承载的精神信仰在视觉材料上的投射。

（二）《苏尔诗海》“黑天诛妖”诗歌的象征意义

尽管刚沙是黑天的舅舅，但黑天依然对刚沙毫不留情，坚决诛杀。这是因为刚沙乃是妖王转世，是阿修罗（妖魔）的首领，在“黑天本事”中，是作为黑天的敌人而存在的角色。从历史叙事的角度来看，妖王刚沙代表了城邦贵族对生活在城市周边林区牧民的欺凌和剥削，黑天诛杀妖王的故事可以反映出牧神黑天为维护牧民的利益做出的功行事迹。在历史记载中，黑天是部落英雄，作为军事领袖，在远古人遭受各种自然灾害、外来侵害或为争夺土地、资源等以谋求生存而进行的斗争中，起到了守护部落、开疆拓土的重要作用；与此同时，维护牧人部落安全和利益的“黑天诛妖”故事也在民间部落信仰中广为流传。不同于作为历史比照的文学叙事所蕴含的隐喻性，黑天诛妖故事在《苏尔诗海》中象征着具有“邪知”的“阿修罗命”的解脱，世间万物存在的目的，都是为了配合大神游戏人间，行“黑天本事”以及被大神施予恩赐解脱。

在印度“往世书”文学中，黑天诛妖故事的意义和目的是展现大神黑天消灭罪恶，拯救善人，救苦救难的慈悲。《苏尔诗海》作为中世纪印度教帕克蒂运动中的宗教文学经典之一，其作者苏尔达斯创作黑天诛妖故事的目的即是服务于宗教。苏尔达斯以《薄伽梵往世书》为蓝本，继承了师尊瓦拉帕的宗教哲学理念，创作了《苏尔诗海》。苏尔达斯的师尊瓦拉帕大师（Vallabhācārya，1478—1530 年）创办了布什迪派（Puṣṭi Mārga Sampradāya）。瓦拉帕认为大神具有“游乐的意愿”，世间万物由此产生，由大神（Bhagavān，主神薄伽梵）的游戏创造出了世间所有（有生命的和无生命的），由此形成（黑天）大神本事（Bhagavān Kī Līlā）。同时，他倡导“布什迪之道”（Puṣṭi Mārga，意为“恩泽之道”）的虔爱理论，主张信徒通过大神吉祥黑天的恩泽获得解脱。

布什迪派继承了《摩诃婆罗多》和《薄伽梵往世书》的宗教文学传统。苏尔达斯在《苏尔诗海》中主要唱颂黑天下凡游乐的故事，展现黑天作为至高大梵的化身，赐予众信徒福乐，充满情味的恩泽至上主形象，与此同时，他也描述了诸多黑天在牛村和伯勒杰诛妖降怪的故事。这些故事同属于一个主题，都是赞颂黑天的神力与仁慈，展现其正法至上者的大神形象以及慈悲的恩泽至上主形象。这与布什迪派的教义以及瓦拉帕有关于恩泽与解脱的宗教哲学理论密切相关。该派主要推崇的是黑天的游乐本事，大神是为了恩泽众生而化身下凡。相较于之前史诗和“往世书”文学中的黑天故事，大神下凡的目的改变了，主要是为了满足大神的游乐愿想，大神在下凡游乐的同时施予恩慈，使虔爱于他的信徒获得福乐和解脱。所以，黑天诛妖故事的主要目的不再是往世书时期的惩恶助善、救苦救难，而变成了大神在世间游乐，同时使参与其游乐本事的众信徒获得解脱。信徒们摒弃其他所有修行方式，只要参与黑天本事，心念黑天，虔爱黑天，皈依黑天，就能获得解脱。

瓦拉帕的宗教哲学理论将众生分为若干层级和类别：第一层是神性命和阿修罗命，神性命又分为第二层级的恩泽命与正法命两种，在恩泽命中又分为第三层级的四种命：纯净恩泽、奉爱恩泽、正法恩泽和轮回恩泽。这四种恩泽命是为奉爱大神而生的，生来就是为了参与大神的游乐，他们都能够依据自身不同的境遇，通过相应的虔诚方式奉爱于神而得到神的恩泽。正法命则是恪守吠陀中的正法和传统经典规定的业行，通过学习知识而获得智慧，以此为途径达到天国，获得与梵合一的解脱（sāyujya）。阿修罗命则一直处于轮回之中不得解脱。这主要是指那些拥有邪知（durjña）的不参与大神凡间本事的阿修罗命，他们会一直在生死轮回中受苦，不得解脱。但其中无知无智（ajña）的阿修罗命则能够通过参与大神的游乐本事，站在黑天的对立面，“扮演”黑天敌人这个角色获得解脱的机会。无智阿修罗在临死前的最后一刻能够觉醒，了解黑天作为大梵化身的真相，皈依黑天，他们能够通过被大神诛杀而获得大神的恩泽，跳脱轮回，升入天国，融入至上圆满梵，获得解脱。《苏尔诗海》中被黑天诛杀的妖怪都是如此，他们在临死前都皈依念颂黑天，因而获得了解脱。布什迪派认为，无论是动物，还是人，乃至世间所有生命，并非所有“有生物”都能得到黑天的恩泽，而需依据自身的命的种类施行相应的虔诚，才能获得黑天的恩泽，获得相应的解脱。概言之，世间各命，无论对于黑天是何种情感，慈爱中的亲子之情，情爱中的男女之情，愤怒中的敌我之情，恐怖中的诛杀之情，只要参与了黑天的本事，配合了黑天的功行，就能够获得解脱，只是各命的虔诚方式以及得到的解脱方式有分别。

这种黑天诛妖故事背后的精神象征意义，在这首“伪作”诗歌的文字叙事中没有得到体现，但在该诗歌插图的图像叙事中却得到了细致的展现。

四、“黑天诛妖”诗歌“语象”在“图像”中的诗意“绽开”

（一）“黑天诛妖”插图对诗歌“语象”的转译模式

1. 应文直译

丰子恺将自己依据鲁迅小说而创作的绘画称为“我把它们译作绘画，使它们便于广大群众阅读，就好比在鲁迅先生的讲话上装一个麦克风，使他的声音扩大”[①]。丰子恺认为，文学插图应为小说文字的转译，他是为了显示“自己对原作的忠诚；他同时提醒观者这些插图仅仅为了‘便于阅读’，而不是要‘代替阅读’，他的漫画‘图说’不能代替白纸黑字里的‘言说’”[②]。然而，在18世纪早期梅瓦尔画派观念中，诗文只是插图中有限的附属部分，只是对抄本插图传统的形式继承，对他们来说，诗文中所涉及的黑天故事，才是最值得关注的，他们通过自己的理解和图像叙事技巧，不仅将诗文中的“决胜摔跤场，我将刚沙拽下王座，杀死了他”，“妙力讲述”，“端坐马图拉”这些文字情节描写和“黑天”“刚沙”“耶雪达”“黑天好友妙力”以及唱颂者“苏尔达斯”等人物形象“应文直绘”[③]在插图中，而且还将“黑天诛妖”故事“直译”在插图绘画中。梅瓦尔派画师对“译”的理解、观点和目的与丰子恺不尽相同。同样是绘制插图，丰子恺是为了更好地扩大鲁迅小说的影响，他认为自己的插图是为了观者“便于阅读”，而不是要“代替阅读”；但梅瓦尔画派所制抄本插图却企图“代替阅读”，而非“便于阅读”文学经典原作，插图本身即是完整的绘画作品，而非诗文的附庸，而梅瓦尔画派所制插图中所用诗文正是采于民间的“过于直白”的口传诗歌，这种直白而毫无文采的语言表达符合民间百姓的审美特点，也为梅瓦尔画师的插图创作提供了“应文直译”的空间，这种宫廷艺术创作本身就是与本土民间文学和民间艺术的良好呼应。

2. 旁见侧出

赵宪章曾提出“旁见侧出”的诗意图像修辞类型，他认为，“旁见侧出并不是直接绘出诗语本意，而是将诗歌的语意延伸、旁逸，从而和源诗[④]形成了错彩互文的效果。”[⑤]在“黑天诛妖”诗歌插图中，画师将“决胜摔跤场”这一情节描画展现为黑天挥动着从大象“冠蓝莲”（Kubalayā 或 Kubalayāpīḍ，刚沙王最勇猛的一头战象）身上拔掉的两根象牙，显现出正欲诛杀的姿态，而手持武器的大力士早已匍匐在地，被黑天牢牢揪住，不得动弹，大象“冠蓝莲”也扑倒在地，口吐鲜血。“决胜摔跤场”这一文字不能直接画出来，所以画师增添了摔跤场上的人物“大力士”和动物“冠蓝莲”被黑天制服、被诛杀这种民众耳熟能详的故事情节，将诗歌的语意进行了延伸和拓展，向观者更详尽、更全面地展现了“决胜摔跤场”的语意情

---

① 丰子恺．绘画鲁迅小说·序言［G］// 肖振鸣．丰子恺漫画鲁迅小说集．福州：福建教育出版社，2005：5—6．

② 赵宪章．语图传播的可名与可悦：文学与图像关系新论［J］．文艺研究，2012（11）：33．

③ 赵宪章．诗歌的图像修辞及其符号表征［J］．中国社会科学，2016（1）：165．

④ 赵宪章认为，“诗意图只是取意于诗歌，或者说源自诗歌立意，并非诗歌的完整再现，也不是它的如实翻版，故本文用‘源诗’而不用‘原诗’。”参阅赵宪章．诗歌的图像修辞及其符号表征［J］．中国社会科学，2016（1）：163．

⑤ 赵宪章．诗歌的图像修辞及其符号表征［J］．中国社会科学，2016（1）：166．

节。

（二）“黑天诛妖”插图对诗意的填补

梅瓦尔派画师对“黑天诛妖”诗歌插图的构思在某种意义上可以运用赵宪章对中国古代“诗意图”的相关理论来解析。赵宪章认为，诗意图所依据的“‘原诗’意味着诗意图也是诗，但事实并非如此，它（诗意图）完全是另一种艺术——图像艺术，而不是诗歌那样的语言艺术”[①]。就“黑天诛妖”诗歌插图来看，插图作品本身完全是独立的图像艺术，而并不依据诗歌的语言艺术，不仅如此，正如“诗意图作为诗意的图像再现，表面看来是‘语象而图像’的符号切换和诗意转译，实则远非如此，更重要的还在于对意向性空白的‘填补’，从而使诗意的感觉得以‘完满’”[②]，“黑天诛妖”诗歌插图的图像叙事更是对诗歌“语象”中“意向性空白”的“填补”，画师刻意凸显图像叙事较之于语言文字叙事的重要性和优越性。诗歌的语意象征隐藏在诗歌的文字叙事中，成为“意向性空白”，刚沙是一个国王（人类）的形象，如何能跟“妖魔”联想在一起呢？除非熟知黑天故事的完整情节，否则只看、单听诗文，很难产生这种“黑天杀刚沙”即是“诛灭妖王”的语意联想。画师在创作插图时，通过添加“黑天诛杀鹤妖”这一图像叙事情节，将“鹤妖”“大力士”“大象”与“刚沙王”进行等同，显示了插图中被黑天诛杀的所有人物、动物皆为妖魔（Demons），显现出黑天作为“诛妖者”（Krishna as the Destroyer of Demons）的英雄形象，“填补”了诗歌文字中的“意向性空白”，使观者一目了然。

五、“黑天诛妖”插图对诗歌“语象”的“屏蔽”与转换

（一）“黑天诛妖”插图对诗歌“语象”的“屏蔽”

除了对“黑天诛妖”诗歌“语象”的“转译”与“填补”，诗歌插图亦存在对诗歌“语象”的“屏蔽”。这种“屏蔽”，具体表现在对于诗歌中叙事人称、叙事视角以及叙事时空的屏蔽。诗歌使用的是第一人称叙事，叙事视角展现的是黑天的视角，叙事地点在马图拉城，叙事时间是黑天诛杀刚沙，夺取王权之后，而这些故事要素在插图中都被画师进行了“屏蔽”，因为黑天作为故事的主人公，第一人称叙事和主人公视角在图像叙事中难以体现，即便勉强为之，很容易引起观者的误解和意识错乱。

① 赵宪章．诗歌的图像修辞及其符号表征［J］．中国社会科学，2016（1）：163．

② 赵宪章．诗歌的图像修辞及其符号表征［J］．中国社会科学，2016（1）：169．

（二）“黑天诛妖”插图对诗歌叙事视角及时空的转换

为了清晰地呈现黑天诛妖的伟大业绩，展现苏尔达斯对于黑天诛妖故事的唱颂和虔诚，插图改用第三人称叙事，将黑天的叙事视角转换为苏尔达斯的叙事视角，而插图运用了多重叙事时空。首先是苏尔达斯唱颂整个故事时所在的一重时空，其次是黑天功行故事的四重时空，有黑天去往马图拉之前在沃林达林中诛杀鹤妖的一重时空，有黑天去往马图拉诛杀大象、大力士以及刚沙王的一重时空，有黑天在马图拉夺取王权之后的一重时空，有以妙力为首的黑天好友在接受黑天委托之后，回到伯勒杰地区向耶雪达转述黑天话语的一重时空。与妙力等好友及耶雪达同在一个时空的，还有两位牧女，她们在一旁回忆思念黑天之前的诛妖功行——诛杀鹤妖，这正与诛杀鹤妖的另一重时空进行了关联，同时也对诗歌叙事情节及故事框架的添加和“填补”做出了合理的解释。叙事的时间各有不同，但整体的叙事空间被插图中间的叶木拿河自然地一分为二，河岸的一边是马图拉城，而另一边则是包含牛村、沃林达林在内的伯勒杰地区。梅瓦尔派画师通过自然景物——河流、植物以及建筑物将插图分成了不同的区块，这些不同的区块各自成为一重叙事时空，这是十分成熟而巧妙的艺术特色。

六、结论

通过考察和分析这幅 18 世纪早期梅瓦尔画派所制“黑天诛妖”诗歌插图，本文得出的结论有三。第一，通过对插图顶部所书诗文原文的考察和诗歌插图艺术特色的分析，我们可以发现，插图中的诗歌很有可能是传唱在拉贾斯坦梅瓦尔民间的口头诗作，并不是《苏尔诗海》诗歌中的精品，虽然诗歌本身并不具备任何艺术特色，语言描绘寡淡无味，但诗歌语言的直白有利于画家的描绘，有益于直接展现黑天诛杀妖魔故事的图像叙事。同时，插图故事的精神意涵主要继承自印度教古老传统。由此可见，18 世纪早期梅瓦尔宫廷细密画更注重与本土民间文学和民间艺术的融合，信奉印度教的梅瓦尔宫廷贵族更注重印度教精神信仰在画作本身的视觉材料上的投射，他们企图以此审美经验和精神信仰来坚守自己的印度教民族身份。

第二，18 世纪之后，梅瓦尔宫廷画师的创作观念在某种程度上随着其赞助人梅瓦尔王公贵族的审美变化而转变，梅瓦尔画派后期的绘画装饰愈加富丽堂皇，大量地使用金、银等贵重金属，以此来慰藉日趋没落的王室宫廷。同时，受莫卧儿王室画风的影响，经典抄本插图中诗文本身的书写更多是作为插图的附庸说明而存在，宫廷艺术更注重图像艺术所传达的直观、写实的世俗生活，而非诗文本身所蕴含的抽象艺术。作为印度教宫廷艺术的代表，梅瓦尔画派对于宗教文学题材的世俗化转变，在某种程度上展现了印度教宗教信仰和社会文化生活不可避免地受穆斯林文化冲击后的世俗化走向。

第三，尽管受到莫卧儿宫廷绘画艺术的影响，梅瓦尔画派的宗教文学经典抄本插图仍然继承和体现了印度传统细密画的特色。略显稚拙的人物画风不似莫卧儿的人物描摹那般精致，图像中的植物和建筑仍然保留平面化，忽略景深，只强调景物在图像叙事中间隔区分时空的功用。梅瓦尔画派彰显出的是印度教传统绘画的文化精神，即：不在于写实的模仿，而在于对人类精神灵魂的直接触及。

（论文涉及的三幅抄本插图附图请见后页）

参考文献

［1］丰子恺．绘画鲁迅小说·序言［G］//肖振鸣．丰子恺漫画鲁迅小说集．福州：福建教育出版社，2005．

［2］苏西玛·K. 巴尔．印度艺术五千年［M］．张霖源，欧阳帆，译．成都：四川美术出版社，2017．

［3］王镛．印度细密画［M］．北京：中国青年出版社，2007．

［4］王镛．印度美术［M］．北京：中国人民大学出版社，2004．

［5］赵宪章．语图传播的可名与可悦：文学与图像关系新论［J］．文艺研究，2012（11）．

［6］赵宪章．诗歌的图像修辞及其符号表征［J］．中国社会科学，2016（1）．

［7］Coomaraswamy A K. *History of Indian and Indonesian Art* [M]. New York: Kessinger Publishing, 1927.

［8］Shaktawat S. *The Golden Period of Mewar Painting* [J]. Artistic Narration, 2014 (6).

［9］Zimmer H. *The Art of Indian Asia: Its Mythology and Transformations (Vol. 1)* [M]. Kingsport: Kingsport Press, 1955.

附图一：苏尔达斯诗集《苏尔诗海》抄本中的黑天诛妖插图（Krishna as the Destroyer of Demons），18 世纪早期，印度拉贾斯坦，梅瓦尔画派，不透明水彩、墨水和泥金纸本画（插图），原画整体尺寸：36.5 × 25.4 cm，现藏于美国克利夫兰艺术博物馆（The Cleveland Museum of Art）

附图二：苏尔达斯诗集《苏尔诗海》抄本中的喜庆黑天出生插图（The birth of Krishna），18 世纪早期，印度拉贾斯坦，梅瓦尔画派，不透明水彩、泥金纸本画（插图），原画整体尺寸：37 × 25.4 cm，现藏于美国克利夫兰艺术博物馆（The Cleveland Museum of Art）

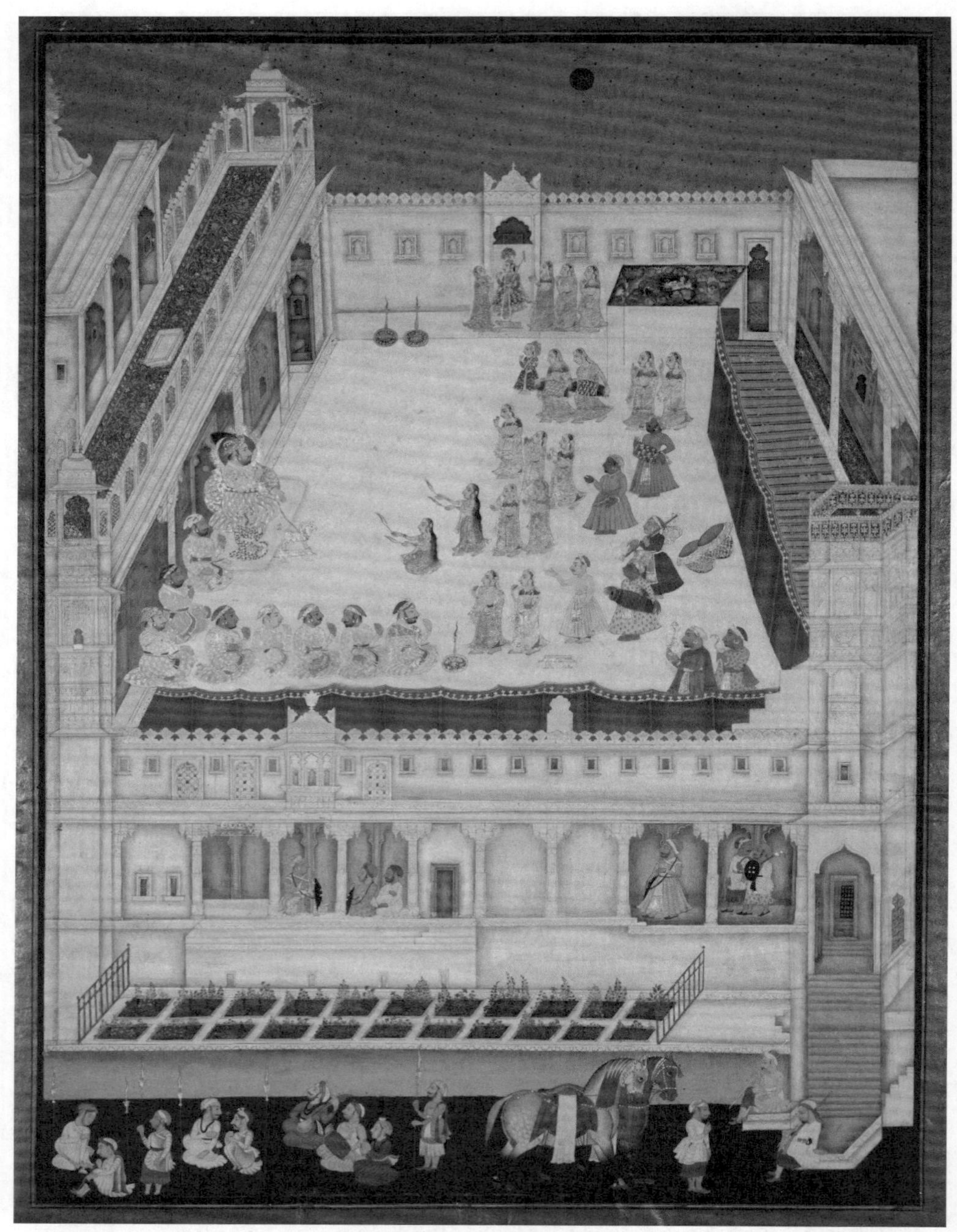

附图三：梅瓦尔王公贾伽特·辛格欢庆灯节，观看“黑天情味本事剧”（Maharana Jagat Singh Attending the Raslila, to celebrate the New Year festival of Diwali），1736 年，印度拉贾斯坦，梅瓦尔画派，不透明水彩、泥金、泥银纸本画，原画整体尺寸：67.5 × 49 cm，现藏于美国克利夫兰艺术博物馆（The Cleveland Museum of Art）

《午夜之子》中的隐喻解读

信息工程大学　王　泽

【摘　要】《午夜之子》是印裔英国作家萨曼·鲁西迪（Salman Rushdie）创作的一部魔幻现实主义长篇小说，享有很高的国际声誉。小说以印度1915年至1977年长达62年的社会历史为背景，通过书写一个家族四代人魔幻的生活故事折射出“后殖民”时代南亚次大陆的命运变迁。作者在小说中应用了大量的人物隐喻、姓名隐喻和物体隐喻，将现实与虚构、神话与历史巧妙地结合起来，展现了印巴分治前后动荡不安，政治、宗教、社会矛盾激化的印度社会，揭露出后殖民时代印度宗教政治化带来的混乱社会现实，尤其对英迪拉·甘地执政期内的政治黑暗进行了辛辣的讽刺和抨击。

【关键词】隐喻；后殖民；印度；魔幻；印巴分治

《午夜之子》是印裔英国作家萨曼·鲁西迪创作的一部魔幻现实主义长篇小说，曾连续三次获得“布克奖”以及“詹姆斯·泰德·布莱克纪念奖”“英国艺术委员会文学奖”和美国的“英语国家联合会文学奖”，享有很高的国际声誉。小说以印度1915年至1977年长达62年的社会历史为背景，通过书写一个家族四代人魔幻的生活故事折射出“后殖民”时代南亚次大陆的命运变迁。作者在小说中应用了大量的隐喻，这些隐喻与印度文化有密切的关系，其中许多人物、姓名及物体都富有深刻巧妙的象征意义。尤其故事主人公萨里姆·西奈（Saleem Sinai）、人物群像“午夜之子”、出自印度教神话的姓名“湿婆”（Shiva）、“帕尔瓦蒂”（Parvati）以及“窟窿”“裂缝”“痰盂”等的隐喻对于整部小说的思想表达非常重要。丰富的隐喻揭露出后殖民时代印度黑暗的宗教政治、畸形的发展历程和混杂的社会问题，表达出作者对黑暗宗教政治的批判和对世俗化的渴望，寄托了作者对多元共存的、民主的印度社会的向往。

一、《午夜之子》中的人物隐喻解读

（一）萨里姆的隐喻

故事主人公萨里姆·西奈（Saleem Sinai）是印度独立日午夜出生的一千零一位具有超能力的孩子之一，其命运自出生之时起便与新生的独立国家印度紧紧绑定在一起。萨里姆在书中既是一个具有魔幻色彩的虚构人物形象，同时人物本身又有着深刻的隐喻意义。萨里姆隐喻着整个南亚次大陆，其成长史就是印度独立后南亚次大陆的发展史。萨里姆坎坷魔幻的成长历程贯穿整个故事始终，是独立后印度畸形发展的生动隐喻。作者借此揭露出印度社会发展中存在的种种政治、宗教问题，批判了执政者的虚伪黑暗和对社会造成严重危害的政治化宗教，进而表达出作者对印度国家命运的深刻同情。对于萨里姆形象与南亚次大陆的隐喻关系，下文将从“萨里姆的神通鼻子”和“萨里姆的魔幻人生”两个层次对其进行解构。

1. 萨里姆神通“鼻子”的嗅觉变化

关于萨里姆的长相，书中“阿尔法和欧米加”一节中疯子地理老师扎加罗（Zagallo）这样向学生们描述他的脸：“你们看不出来，这个丑猢狲的面孔就是全印度的地图？瞧这里——印度半岛挂了下来！这些色斑是巴基斯坦！右面耳朵上的这块胎记是东巴，左边面颊这个丑得要死的斑痕是西巴！记住了，你们这些蠢家伙，巴基斯坦是印度脸上的斑痕！”（鲁西迪，2015：292）文中借用地理老师扎加罗之口直观地将萨里姆的脸与整个南亚次大陆的版图联系了起来。而萨里姆极富特色的南亚地图脸上最突出的是他与生俱来的具有读心功能的神通鼻子。书中共255次提到“鼻子”这一意象。从鼻子的形状来看，萨里姆有着“同他外公一模一样”（鲁西迪，2015：145）、“大的像疯长的黄瓜”（鲁西迪，2015：155）似的醒目的鼻子。地理老师扎加罗把萨里姆的鼻子说成是印度半岛，赋予了“鼻子”特殊的地理政治象征义。鼻子是小说中意义非凡的一个物象：首先由祖父阿齐兹的鼻子引发出了一系列宗教冲突问题，后来鼻子又“遗传”给了萨里姆。[①] 鼻子是萨里姆身上最突出的器官，也是主人公身上隐喻意义最深刻的一部分，鼻子嗅觉的变化伴随着萨里姆成长的几个阶段，隐喻了整个南亚次大陆的历史变迁。

萨里姆刚出生时，鼻子患有严重的鼻炎。然而这个对具体气味毫无反应的鼻子却能感知到事物进展的气息，嗅到抽象的情感态度以及危机的味道。在鼻子的帮助下，他可以读心，参透人们的想法，这也是作为午夜之子之一的萨里姆身上独有的神通，他甚至可以用这个神奇的鼻子召唤午夜之子大会。但这个天生有神通的鼻子在中印边界冲突那年犯起严重的鼻炎。在小说“引流和荒漠”这一节提到萨里姆的鼻窦发起炎来并在那年完全阻塞。在中印边界冲突的那段日子，“乐观的毛病”又一次像传染病一样蔓延开来，与此同时萨里姆的鼻窦也发起炎来。他的鼻腔如同印度人对战争充满信心、乐观到像充气过头的迅速膨胀起来的气球一样过分充血，直至完全阻塞。“在全国上下气壮如牛地鼓吹着，深信立刻就可以把那些小个子黄种人打得落花流水之时”（鲁西迪，2015：377），萨里姆的鼻窦炎将他的面孔扭成一副怪相。而到了十一月一日，印军在炮火的掩护下发动进攻时，他的鼻腔处在极大的危

---

① 翟慎药．论《午夜之子》中萨里姆形象的隐喻［J］．唐山文学，2019（2）：169．

机状态中。萨里姆的“鼻炎”其实是对民族危机状态下既惶恐不安又盲目乐观的印度心态的讽刺性书写。在中印军事冲突背景下，萨里姆的鼻炎发展到非常严重的地步，隐喻着难以抑制的对战争危机的恐惧。

在萨里姆收听到“中国人在控制了喜马拉雅高原之后突然毫无必要地停止前进”（鲁西迪，2015：380）的消息时，他的内心充满喜悦，萨里姆的父母也在此时带他去做了鼻窦炎手术，从此鼻子变得十分通畅，奇迹般获得超强嗅觉的同时也失去了原有的读心神通，使得他再也无法召开午夜之子大会了。1965 年的印巴战争中萨里姆失去了所有亲人，内心受到重创的他遗失了所有记忆。后来他来到巴基斯坦，在军队中充当起“狗人”，以鼻子超强的嗅觉在克提亚小分队中发挥着“狗”的作用。小分队在误入桑德班斯雨林后，萨里姆的鼻子在一次又一次绝望的迷幻险境中起着引路的作用。“鼻子”的灵敏与萨里姆的麻木呆滞形成了鲜明的对比。直到战争结束，泰格向萨姆投降，萨里姆被女巫帕尔瓦蒂带回德里，才慢慢恢复了知觉。①“鼻子”的神通以及嗅觉状态的变化贯穿了萨里姆的成长过程，也是整个故事情节推进的重要线索，隐喻了印度从独立到经历中印边界冲突以及三次印巴战争过程中的畸形发展。作者将自己对印度近代内政外交、宗教、社会问题的看法通过萨里姆鼻子知觉功能的变化体现出来：鼻子在中印边界冲突中的高度肿胀和引流是独立初的印度面对外来危机时社会心态的生动写照，表达了作者对这种盲目乐观心态的忧虑和讽刺；萨里姆在鼻子恢复灵敏嗅觉后却被当成狗人，带着受到战争创伤后失忆和麻木的心灵参与了印巴战争，也表达出作者对后殖民时代披上政治外衣的印穆宗教冲突导致的印巴战争的不满。除了忧虑、不满和批判，作者还表达了对印度独立后陷入战争及宗教冲突苦难的同情。

2. 萨里姆的魔幻人生与近代印度的历史现实

萨里姆自出生之日起，人生就充满了戏剧性。在医院护士基督徒玛丽·佩雷拉（Mary Pereira）的有意操作下，萨里姆一出生便与“湿婆”交换了人生。萨里姆本是英国人威廉·梅斯沃德（William Methwold）与贱民卖艺女凡妮塔（Vanita）的私生子，却在英国人玛丽的交换下成了穆斯林家庭阿赫穆德·西奈和阿米娜的孩子。萨里姆身上混杂了印度教、基督教、伊斯兰教的多重印记，一个英印混血的按照印度教律法来说是贱民身份的孩子却成长在穆斯林的家庭中。萨里姆的身份错位正隐喻了印度文化的多元混杂，萨里姆的身份认同问题也是后殖民时代的很多印度人面临的难题。印度，一个混合了多元人种、族群、宗教、语言的国家，在英国人分而治之的殖民统治策略的影响下，充斥着宗教和语言矛盾。英国人尤其热衷于挑拨印度教和伊斯兰教群体之间的关系，使得宗教问题政治化，为独立后的印度埋下

① 翟慎药．论《午夜之子》中萨里姆形象的隐喻［J］．唐山文学，2019（2）：169．

了印穆仇恨的种子。故事中英国护士玛丽故意调包导致了萨里姆身份混杂的问题，隐喻了英国人挑拨印度教徒和穆斯林之间关系的分而治之策略，使得后殖民时代的印度人不得不面对多元混杂的文化身份。身份认同问题在萨里姆身上的烙印，也是新生印度无法摆脱的困境。

此外，有着混杂身份的萨里姆其人生经历也紧紧与印度的命运绑定了。萨里姆出生的时间是印度独立的午夜十二点，他身上发生的事往往预示了国家大事的发生；参与的生活小事件，往往也成为印度历史大事件发生的导火索。萨里姆刚出生一段时期内生长速度极快，其生长速度的突飞猛进恰恰隐喻了印度独立后第一个五年计划时期迅猛发展的势头；而萨里姆的中指被门夹断这一事件，也预示了大规模流血冲突事件的发生。[①] 他曾误入游行队伍导致孟买分邦；凭个人力量影响了巴基斯坦军方政变；参与了印巴战争；最后还成为英迪拉·甘地针对的敌人。萨里姆已不单是个故事角色，在作者的塑造下成为了人格化的印度，饱受苦难，畸形发展。作者通过设置萨里姆鼻炎状况的变化与新生印度发展心态的呼应、萨里姆宗教身份的错位和萨里姆人生经历与印度历史现实事件的绑定，实现了萨里姆对印度的隐喻，也借此表达出自己对印度近代经历的战争苦难和存在的混杂社会政治宗教问题的感受和看法。

（二）午夜之子群体的隐喻

除了身为“午夜之子”之一的故事主人公萨里姆外，“午夜之子”这个群体也有深刻的隐喻意义。首先从“午夜之子”的数量上来说，诞生在 1947 年 8 月 15 日午夜的孩子一共有一千零一个。“一千零一”这个数字本身在英语语境中就有“无数”“非常多”的含义。一千零一个“午夜之子”其实不止一千零一个，而是隐喻了构成新生印度的多元、混杂的印度子民。“一千零一个孩子降生了，这就有了一千零一种可能性，也就会有一千零一个最终结局。”（鲁西迪，2015：254）“午夜之子”不仅是这些出生在独立夜的孩子，正如故事中叙述的那样：“可以将他们看成我们这个被神话所支配的国家的古旧事物的最后一次反扑，在现代化的二十世纪经济这个环境中，它的失败完全是件好事。”（鲁西迪，2015：255）午夜之子是被旧时代的宗教信仰、多元文化打上烙印的人民。印度独立了，需要迈进新时代，但是时代给人的烙印是无法抹去的，旧习俗沉淀于过去的历史中，神话的基因也印刻在印度人的血脉里，在现代化的二十世纪，继承了旧时代遗产的“午夜之子”们，会面临怎样的境遇呢？正如故事中所说：“午夜之子既要成为他们的时代的主人又要成为其牺牲品，他们既不能安宁地活着也不能平静地死去，这一切正是午夜之子的特权以及对他们的诅咒。”（鲁西迪，2015：580）不是每一个“午夜之子”都有幸存活下来，到 1957 年

---

① 翟慎莳．论《午夜之子》中萨里姆形象的隐喻［J］．唐山文学，2019（2）：170．

时，其中有 420 个“午夜之子”由于营养不良、疾病或其他意外事件而夭折了。“自从远古时代以来，四百二十这个数目就同欺诈、骗局和阴谋诡计有关。”（鲁西迪，2015：249），四百二十（चार सौ बीस）在印地语中是个成语，意为诡计多端、欺诈。这些早逝的午夜之子便象征了无法适应二十世纪印度现代化进程的旧传统继承者。

总之，“午夜之子”的寓意是深广的，不论是早夭的孩子还是存活下来的孩子，他（她）们共同构建了宏大的印度众生相。在这些“午夜之子”中，有天生美貌却惨遭毁容沦为乞丐的女孩孙达丽（Sundari）、浸水即可改变性别的孩子那罗陀（Narada）或摩根德耶（Markandaya）、会巫术的帕尔瓦蒂，还有与萨里姆交换了人生的有着强壮膝盖的“湿婆”等。这些孩子有着不同的出身，有着不同的超能力，有着不同的人生境遇，有的甚至遭遇了惨痛的折磨。“午夜之子”所代表的是印度多元广大的人民，形形色色的众生，那些身世悲惨的“午夜之子”不仅是故事中虚构的魔幻群体，在印度的现实社会中也普遍存在着。萨里姆通过他神奇的鼻子将所有午夜之子聚集在一起召开大会，让他们相互了解，同时为这个组织制定规则。“午夜之子大会”隐喻着印度宪法中描绘的世俗的、民主的国家。萨里姆在午夜之子大会上宣扬着人人自由发言，人人平等的理念，也隐喻了作者对自由民主的印度理想国的向往。但午夜之子大会里来自印度不同地区、不同种姓的孩子互相之间却充满了地域、种姓歧视和宗教仇恨，群体内部有着根深蒂固的矛盾，这也是当时混杂的印度存在的诸多社会问题的写照。作者通过午夜之子间的复杂关系揭示出印度的社会现实，表达出对从古旧陈腐的历史传统中继承而来的宗教仇恨和种姓歧视的不满，展现出对二十世纪新印度发展的思考。后来午夜之子群体在英迪拉·甘地政府的迫害下最终被集体阉割，午夜之子大会的失败也是作者追求的自由民主的国家理想在社会宗教、政治势力操控下的破灭，传达出作者对英迪拉·甘地铁腕政治统治下多元、自由、民主、世俗国家理想被阉割的不满。

二、《午夜之子》中的姓名隐喻

《午夜之子》中除了人物形象，诸多人物姓名在故事中也具有巧妙的隐喻义。这些名字出自印度教神话典故，和人物形象碰撞出强烈的魔幻现实主义色彩。在这些拥有印度教神话姓名的人物里，“湿婆”（Shiva）和女巫“帕尔瓦蒂”（Parvati-the-witch）是最核心的两位。

（一）“湿婆”的隐喻

“湿婆”是在护士玛丽偷换名牌的操作下与萨里姆交换了人生的午夜之子，是阿达姆·阿齐兹（Aadam Aziz）真正的孙子，阿赫穆德·西奈（Ahmed Sinai）和阿米娜·西奈（Amina Sinai）的亲生儿子。这个纯正穆斯林血统的孩子被调包后成为印度教贱民的孩子。他生活的家庭由一位卖唱艺人父亲维伊·维里·温吉（Wee Willie Winkie）和卖艺女母亲凡妮塔组成，温吉由于从来没有怀疑过妻子的贞操，便用生殖和毁灭之神湿婆的名字给孩子取了名。“湿婆”自出生起就有着强有力的大膝盖，由于和萨里姆在午夜十二点敲钟时同时降生，一开始便拥有和他一样的神通和影响力。湿婆神在印度教神话中是司毁灭和生殖的主神，湿婆林伽象征着强大的生殖能力。故事中的“湿婆”性格凶顽强势，在午夜之子大会中对于大会的管理和纲领问题与萨里姆意见相左，将萨里姆民主、自由、平等的理想视为笑谈，把资本、权力和物质作为追逐的目标。

“湿婆”长大后参加了印度陆军，在第三次印巴战争结束时成了少校。这位少校的出色战绩传遍大街小巷，被奉为战斗英雄。虽然出身低贱，但由于战绩获得了很高的社会地位，甚至混入政治圈成为英迪拉·甘地的支持者。少校“湿婆”在私生活方面非常混乱，与不计其数的女人都有染指，到处播种，制造出许多私生子。在1975年印度计划生育实施的时候，“湿婆”成为英迪拉·甘地的帮凶，协助执行阉割午夜之子的任务。这个和湿婆大神同名的孩子并没有神话中的湿婆神对众生广博的爱，反而是印度教群体中追逐政治利益的精英代表，成了英迪拉·甘地（Indira Gandhi）的忠实追随者和萨里姆日夜畏惧的敌人。“湿婆”隐喻着黑暗的宗教政治现实，是萨里姆内心追寻的自由、平等、民主、多元印度理想的强大阻碍。故事中用印度教伟大的湿婆神为其命名，与角色形成了强烈的反差：故事中的“湿婆”不同于宗教中伟大神圣的偶像神湿婆，而是经历了宗教政治异化的印度教政治精英。作者通过“湿婆”姓名的隐喻揭露出政治化的宗教带给社会的灾难。

（二）“帕尔瓦蒂”的隐喻

“帕尔瓦蒂”是午夜之子群体中的一个女孩，与印度教神话中湿婆的妻子雪山神女帕尔瓦蒂同名。故事中的“帕尔瓦蒂”出生在旧德里星期五清真寺台阶附近的贫民窟，她天生会炼金、能够先知先觉、会变戏法且精通巫术。当午夜之子大会上萨里姆与“湿婆”之间就领导权和纲领问题发生争执时，她站在了萨里姆一方，是萨里姆最大的支持者。25岁时，“帕尔瓦蒂”爱上了萨里姆，但萨里姆由于自身的性无能始终无动于衷。爱情受挫后“帕尔瓦蒂”用魔法召唤了“湿婆”并怀上了“湿婆”的孩子。为了保全“帕尔瓦蒂”的名誉，同时也为了使自己被阉割后无法拥有后代的问题得到解决，萨里姆最终接受了“帕尔瓦蒂”，两人于1975年2月23日结婚。后来“帕尔瓦蒂”的孩子在1975年6月25日午夜十二点钟声敲响时出生，取名阿达姆·西奈。这个孩子有着和印度教神话中湿婆神和帕尔瓦蒂雪山神女的儿子象头神伽内什一样又大又宽的耳朵，却又有着成长缓慢、无法发声的问题。

帕尔瓦蒂雪山神女在印度教神话中是湿婆神的配偶，小说中的女巫“帕尔瓦蒂”虽然最后与萨里姆结婚了，但怀的是“湿婆”的孩子，且这个孩子也有着与神话中湿婆神和帕尔瓦蒂雪山神女的儿子象头神伽内什十分相似的大而宽的耳朵。小说中人物的命运和印度教神话再次重合。“帕尔瓦蒂”虽然是印度教徒，但在故事中却一直是穆斯林萨里姆忠实的支持者和爱恋者，最后还成了萨里姆的妻子。“帕尔瓦蒂”虽然和“湿婆”都是印度教徒，但二者有本质的区别：与萨里姆相爱的“帕尔瓦蒂”不是追逐宗教政治利益的精英的共谋者，是和萨里姆一样追求自由、平等、世俗的印度社会理想的人。

萨里姆被阉割了，无法生育，“帕尔瓦蒂”只能和“湿婆”结合生下畸形的阿达姆·西奈（Aadam Sinai）。讽刺的是让萨里姆接受和“帕尔瓦蒂”婚姻的，是自己的性无能，妻子和别人的孩子没有成为婚姻的阻碍，反而成为接受妻子的原因。萨里姆爱惜“帕尔瓦蒂”，他们有着共同的社会理想，然而在残酷的社会现实中却百般无奈，爱情最终也没有结出果来，只能接受有着一半“湿婆”血统的阿达姆·西奈成为自己的孩子。“帕尔瓦蒂”和萨里姆在这个充满宗教政治权力游戏的国家都是受害者，他们的共同理想终究无法实现，只能妥协地接受理想和现实交合下的畸形产物。这个畸形产物就是阿达姆·西奈（Aadam Sinai），一个诞生在另一个“新印度”午夜十二点的、身份更为复杂的第二代午夜之子。“在主人翁萨里姆眼里，‘国家紧急状态’的重要性可以与印度的独立相提并论，二者都在印度的历史上具有分水岭的意义。同尼赫鲁宣布印度独立时一样，小说对英迪拉·甘地宣布‘国家紧急状态’也进行了精确的倒计时。”①1974 年起，印度在甘地政府的统治下陷入政治、经济的双重危机，于 1975 年 6 月 25 日宣布实行紧急状态。阿达姆·西奈出生后一段时间内紧闭双唇一声不发，隐喻了宣布进入紧急状态的印度民生一片萧条，民主被极大阉割，人民无法发声的惨状。在阿达姆·西奈三岁一个半月大的时候，终于发出声来，也正是那个时候，英迪拉·甘地下了台。阿达姆·西奈出声，隐喻了英迪拉·甘地政府下台后民主的恢复，人民恢复了发声的权利。如果萨里姆隐喻了 1947 年独立后新生的印度，那么发出声音的阿达姆·西奈就是摆脱了英迪拉·甘地政府黑暗铁腕政治统治后的“新印度”。作者通过书写“帕尔瓦蒂”、萨里姆、“湿婆”之间的纠葛，以及畸形的第二代午夜之子阿达姆·西奈的诞生，表达了对印度独立后国大党英迪拉·甘地执政时期民生凋敝社会现状的不满；辛辣讽刺了印度独立后黑暗的社会宗教政治现实；展现出印度自独立以来民主理想受到阉割，被迫妥协之下诞生出畸形新印度的辛酸成长史，饱含了作者对国家命运的痛惜与同情。

三、《午夜之子》中的物象隐喻

“痰盂”“裂缝”和“痰盂”是被反复应用在故事语境的三种物象，每一

①李泽生．想象的存在 命定的危机：《午夜的孩子》中印度的身份认同危机［J］．世界文学评论（高教版），2017（3）：119．

种都可以单独作为串联故事的重要线索，分别从不同的侧面突出小说深刻丰富的主题。

（一）“窟窿”的隐喻

首先是“窟窿”。书中共 42 次提到了“窟窿”，有一般意义上的窟窿，也有具有特殊隐喻义的“窟窿”——萨里姆的外公阿达姆·阿齐兹身上的“窟窿”、用来方便给纳西姆看病的床单上的窟窿以及充当贾米拉唱歌幕布的披巾上的窟窿。

阿达姆·阿齐兹是个不太虔诚的穆斯林，在德国留学学过医，回国后在当地成了有身份地位的名医。从那时起，阿达姆·阿齐兹身上便出现了一个窟窿，这个窟窿来自他对宗教的怀疑，他始终在信与不信的两难境地中彷徨，“永远卡在那个中间地带”（鲁西迪，2015：7），既无法崇拜真主，又不能完全不信。这个“窟窿”伴随他一生，直到他日益衰弱，老态龙钟也不曾消失。

回忆外公阿达姆·阿齐兹的一生，他年轻时与祖母纳西姆的相遇相爱也是通过一个“窟窿”。这个“窟窿”开在一条白色床单的正中央，大致圆形，直径七英寸。阿达姆刚从德国学医归来就被地主格哈尼（Ghani）看中为女婿的人选。为了让阿达姆爱上自己的女儿纳西姆（Naseem），便精心设计了让他透过床单上的窟窿给女儿看病的爱情陷阱。阿达姆每次只可以看到纳西姆身上的一个部位并为其诊疗，这个体弱多病的娇弱小姐总有不舒服的地方，这样几乎每周一次阿达姆都要前往地主格哈尼家中为纳西姆治病。起初，纳西姆只是露出一些常规的部位，后来，暴露的部位越来越露骨，甚至露出了臀部。阿达姆越来越渴望看到纳西姆小姐的脸，就这样“那条床单使窟窿的两边都着魔了”（鲁西迪，2015：26），阿达姆·阿齐兹爱上了这位小姐，“他正是透过床单见到了原先填在他身上那个窟窿里的东西”（鲁西迪，2015：27），原先填在他身上窟窿里的便是以往的宗教虔诚。他透过床单窟窿见到的纳西姆小姐是十分虔诚的穆斯林，一个身上没有“窟窿”的、不曾怀疑过真主的人。

此外，充当贾米拉（Jamila）唱歌幕布的披巾上的窟窿也是有重要隐喻意义的物象之一。贾米拉是阿达姆·阿齐兹的孙女，在她十五岁生日过后没多久，她天籁般的嗓音被已退伍的阿拉乌德丁·拉蒂夫（Alauddin Latif）少校看中准备将其捧为歌星。贾米拉是穆斯林女孩，因此在决定出道成为歌手时，受父母要求不能露面。为此候普夫斯大伯炮制出贾米拉惨遭车祸毁容的谣言，拉蒂夫少校发明了充当帷幕的中间开洞的白绸披巾，将贾米拉全身遮得严严实实，在公演时贾米拉只消将嘴唇凑在披巾的窟窿上唱歌。就这样，萨里姆家族的历史又一次与国家的命运紧密相连，贾米拉的歌声轰动了整个巴基斯坦，在印巴战争中，她为巴基斯坦的战士们唱起圣洁的爱国歌曲，极大地鼓舞了士气。无论是西巴还是东巴的人，都渐渐把她看成民族的英雄。充当贾米拉唱歌幕布的披巾上用金线绣满了伊斯兰教的图案和文字书法，直径三英寸的窟窿用金丝线绣了边，这样的披巾和金边窟窿营造了伊斯兰教的神圣感。贾米拉透过这样的窟窿唱歌，声音的圣洁与披巾的神圣交相辉映，加重了宗教的虔诚情节。同时，披巾上的“窟窿”也与阿达姆·阿齐兹与纳西姆邂逅的床单上的窟窿相互呼应。纳西姆通过床单上的窟窿对阿达姆释放出爱的信号，使阿达姆最终与她坠入爱河；而贾米拉透过披巾上的窟窿为巴基斯坦人民唱响爱国歌曲时，全巴基斯坦都爱上了这个有着天籁嗓音的女孩。纳西姆和贾米拉的共同之处在于她们都是虔诚的传统穆斯林，都在通过窟窿“净化”窟窿对面的人。贾米拉的歌声透过窟窿唤起了巴基斯坦人的宗教虔诚；纳西姆透过床单的窟窿使得卡在信与不信两难境地的阿达姆与她坠入爱河。

总体看来，阿达姆身体上的“窟窿”，隐喻的是后殖民时代印度人宗教身份认同的危机。“窟窿”是一种宗教身份认同感的缺失，是印度千千万万阿达姆们居身印度浓厚的宗教环境难以自我和解的缺憾。作者通过用“窟窿”隐喻受到西方先进思想影响的教徒心中对信仰的疑虑，揭示了后殖民时代一部分印度人心中存在的宗教身份认同问题。信仰的不坚定成了他们在群体中的软肋，“窟窿”便是内心疑虑在宗教压力的下的异化。此外“身份认同”“分裂的自我”是鲁西迪后殖民题材的文学作品中很重要的一个主题，在《午夜之子》中，作者通过“窟窿”的隐喻再次体现了后殖民时代个体对身份认同问题的探寻和思考。除了宗教身份的认同问题，贾米拉透过披巾窟窿唱起的爱国圣歌让巴基斯坦人民的宗教虔诚情感空前激发，被政治势力利用后，成为印巴分治的催化剂。这也揭示了造成印巴分治局面的，并不是宗教本身——宗教差异本身并不是造成分治的原因，而是当宗教掺入政治因素，被争夺政治权力的势力利用后，宗教情绪被极大煽动，最终成为造成分裂的工具。由此表达了作者对披上政治外衣的宗教虔诚的批判和对印巴分治的痛心。

（二）“裂缝”的隐喻

除了“窟窿”之外，“裂缝”是书中又一重要的物象。书中共 41 次提到了“裂缝”。“裂缝”无处不在，在印度的土地上，在萨里姆的皮肤上、内心里，在外公阿达姆身上、骨头中，也出现在印度国家内部。出现在不同地方的裂缝有着各自不同的隐喻义，同时又有着千丝万缕的联系，殊途同归构成了更宏大的寓意。

在“吐痰入盂”这一节，提到“哼哼鸟”（the Hummingbird）的手下玩着吐痰入盂的游戏，对地面上的裂缝视而不见。“哼哼鸟”是米安·阿布杜拉的外号，是自由伊斯兰大会（the Free Islam Convocation）的创立者，他“邀请了十几个穆斯林小派别的头儿，组织了一个松散的团体，同教条色彩浓厚、维护既得利益的穆斯林联盟唱对台戏”（鲁西迪，2015：51），他和他的手下们反对印巴分治，总是哼着乐观的调调，在他们的带动下，人们中间也充满了乐观主义情绪。这里的“裂缝”隐喻了在穆斯林联盟和国大党领导下的宗教政治化的印度社会中存在的印穆隔阂。而米安·阿布杜拉组建的自由伊斯兰大会不顾印穆之间的裂缝，蔑视穆斯林联盟虚伪的政治嘴脸，在人群中哼唱起乐观之歌。

在后殖民时代的印度，不仅印度教徒和穆斯林之间有裂缝，不同地区间也有裂缝。“人们普遍带有一种怀旧的渴望，忘记了自由这个新神话，又回归到他们古老的方式，像古代那样只是对自己的地区保持忠贞，对别的地区则充满偏见，国家作为一个整体出现了裂缝。”（鲁西迪，2015：310）印度的文化传统中充斥着各种各样不同的宗教、迷信、神话传说和风俗习惯，印度独立后从英国殖民地向独立国家转化的过程中充满了危机和挑战。印度作为一个国家处处存在着裂缝，有宗教的、语言的也有政治的，这也是印度在迈向现代化的二十世纪在国家重建和国族建构进程中面临的重大难题。

除了宏大的印度社会的裂缝外，故事人物阿达姆·阿齐兹身上也出现了裂缝。在儿子哈尼夫丧期第二十二天时，外公阿达姆·阿齐兹看到了“真主”。虽然这个真主并不是真的，但阿达姆将这个鬼影误认为是主，之后六十八岁的阿达姆身上便出现了裂缝。阿达姆一生都在和真主作斗争，作为一个对宗教充满怀疑的穆斯林，在遭遇儿子死亡打击后撞见了“真主”，这对他的内心有着颠覆性的冲击，此后身上遍布起裂缝，连骨头也开裂了，最终化为粉末，整个人都在分裂中死亡。阿达姆身体的碎裂是内心信念解体的象征，隐喻了后殖民时代怀疑宗教的受教育群体艰难的身份认同处境，卡在信与不信中间地带的阿达姆们至死都未能找到自我，也未能从信仰的矛盾中得到解脱。阿达姆见到“真主”后身上的裂缝也是千千万万同样和他一样对宗教持怀疑态度的人在身份认同上的裂缝，他们的命运是悲剧的，带着永远无法找到的信或不信的答案最终在时代的洪流中分崩离析。

而阿达姆·阿齐兹碎裂解体的命运也传到了萨里姆的身上。萨里姆身上的裂缝最开始出现在鼻子被引流后，后来他的下半身同样也遭受了引流，双重阉割使他身上的裂缝越来越严重，干透的身体最终在一生遭受的打击下垮掉了。在独立日这天，他再一次回到发生过“阿姆利则惨案”的贾利安瓦拉广场（Jallianwala Bagh），幻视到所有死去的亲人都出现在人群中，便最终在回忆的喧嚣中解体，肢体碎裂成块，在人群脚下被碾碎为尘土。萨里姆身上的裂缝也是1947年到1977年印度从新生到历经战争、分裂、政治变革摧残所产生的裂缝。裂缝一直都存在于这个命运多舛的国家，从被殖民起到故事收尾的1977年，历经磨难，千疮百孔。萨里姆生命解体的书写，折射出印度独立后国家发展充满动荡，在几次社会变革下遍布创伤，尤其英迪拉·甘地执政期间黑暗专制的铁腕政治和最后对国家实施的紧急状态法给社会造成了极大的灾难。“腐败、通货膨胀、饥饿、文盲、没有土地的状况，成了社会生活的主旋律。在一次采访中，鲁西迪表明《午夜之子》正是在‘国家紧急状态’时期开始酝酿和动手写的，并直接地表达了自己对国家紧急状态的不满。”[①] 故事结尾对萨里姆分裂爆炸的震撼描写，便是作者对英迪拉·甘地政府实行

① 李泽生．想象的存在 命定的危机：《午夜的孩子》中印度的身份认同危机［J］．世界文学评论（高教版），2017（3）：119．

的紧急状态法给印度造成深重灾难的猛烈抨击。

（三）“痰盂”的隐喻

此外痰盂也是非常关键的物象。故事第二节“吐痰入盂”（Hit-the-Spittoon）中首次出现了“痰盂”的物象。在这一节的描述中，1942 年自由伊斯兰协会的第二次年会要在阿格拉举行。哼哼鸟米安·阿卜杜拉的手下以及阿格拉的蒟酱卷铺子门口的老人、小孩们愉快地玩起吐痰入盂的游戏，他们精准地将痰喷吐入痰盂之中。吐痰入盂的古老游戏是生殖过程的模仿和象征。历史上的 1942 年 8 月，“退出印度运动”[①]在印度发起。小说本节的故事便是以 1942 年为背景，对“退出印度运动”发起前的在阿格拉举行的自由伊斯兰协会第二次年会举行时人们乐观心态的写照。精准地将痰吐入痰盂，象征了印度男性健康的生殖能力。文学作品中对男性生殖力表现出来的男性气概的书写往往是对处于动荡年代国家民族形象的写照。男性生殖力强，暗示了民族的强大；而男性受到生殖阉割、体现出性无能的书写则是民族受到欺凌压迫下贫弱的象征。小说中 1942 年时阿格拉的人们能够精准地吐痰入盂，隐喻了当时民族力量的崛起，1942 年的印度人民在反殖民和争取民族独立的斗争中充满信心。在人们玩着吐痰入盂游戏时，军队司令英国人道孙（Dodson）开着汽车将痰盂撞翻，隐喻了英国殖民者对人们反殖民情绪的压制和对印度民族自信的阉割；痰盂被佐勒非卡尔少校踩扁，也隐喻了与殖民者共谋的印度精英伙同殖民者对印度民族自尊进行的践踏；而后老头子们拿起被踩扁的痰盂，敲回了原样，则隐喻了民族不屈的尊严。

除了出现在街道上吐痰入盂游戏中的痰盂意象外，还有一只镶嵌着天青色宝石的银制痰盂在故事中有着十分特殊的地位。这只银痰盂（silver spittoon）最初是库奇纳西恩王公夫人客厅里高雅的摆设，后来作为新婚礼物送给了萨里姆的母亲。萨里姆的母亲阿米娜·西奈在和阿赫穆德·西奈结婚之前，曾和前夫纳迪尔汗（Nadir Khan）在家族房子的地下室用这只银痰盂玩着吐痰入盂的游戏。那只银痰盂一直被保留下来，后来成为被萨里姆视作生命的无价之宝。在 1965 年第二次印巴战争中萨里姆的亲人都去世了，空袭来临时萨里姆头部被母亲的传家宝银痰盂击中后失忆，之后便成了一个失去感情的毫无知觉之人。失忆后的萨里姆忘记了一切，却始终随身携带着银痰盂，即便在险恶的桑德班斯雨林迷失方向，面对生命危险时，也不曾将其丢弃。但是后来 1975 年印度实施计划生育，萨里姆被抓去阉割时银痰盂却被推土机碾碎。失去银痰盂的事件与萨里姆生殖能力的丧失同时发生，隐喻了计划生育政策对印度民主的阉割。同时“银痰盂”在生殖关系中象征着女性生殖器官“约尼”，更宏大的层面上也是对印度母亲的隐喻。小说中对于银痰盂的

---

① 1942 年 8 月由圣雄甘地发起的、以迫使英印政府谈判印度独立问题的非暴力不合作运动。

意义和重要性有这样一段评价：“它原先是库奇纳西恩王公夫人（The Rani of Cooch Naheen）客厅里高雅的摆设，后来又让知识分子练习人民大众的技艺，它在地窖里闪闪发亮，使纳迪尔汗的地下世界成为又一个‘泰姬陵’；它虽然在一只旧铁皮箱里面积满了灰尘，却在我人生的每一时刻伴随我，它暗暗地吸收了洗衣箱中的事件、鬼魂的出现、冰冻和解冻、引流、流放，它后来又像个月亮瓣儿似的从天空中掉落下来，从而使完成了转化。”（鲁西迪，2015：561）“银痰盂”承载了印度厚重的历史，是印度往事的见证，银痰盂被毁坏也隐喻了有着深厚历史传统的印度母亲遭受践踏。对银痰盂的保护，隐喻了对民族尊严的坚守。20世纪70年代中期，英迪拉·甘地政府修改宪法，推行强制性节育；在1975年印度全国紧急状态期间，其子桑贾伊·甘地发起的绝育行动让印度人民苦不堪言，小说通过萨里姆被阉割和银痰盂被毁坏遗失的书写隐喻了这一段痛苦的历史，表达出作者对乱政的痛恨和对印度国家命运的深刻同情。

结语

纵观小说全篇，故事时间跨度长达62年，转辗克什米尔、德里、孟买、巴基斯坦和孟加拉国等多个地域，背景覆盖了印度次大陆半个多世纪发生的种种重大政治事件。1919年4月英军在阿姆利则对手无寸铁的印度人的大屠杀、印度独立前的宗教冲突、印巴分治、中印边界冲突、巴基斯坦政变、孟加拉战争、英迪拉·甘地的铁腕统治、1975年6月25日在全印拉动的紧急状态以及桑贾伊·甘地在此期间发起的绝育行动无不囊括其中。[①] 鲁西迪通过隐喻的方式将宏大历史背景中的社会事件与人物魔幻的经历、神话化的姓名、琐碎的物象巧妙地结合在一起，对印度次大陆从英国殖民地向独立国家转化过程中的复杂社会政治、宗教等问题进行了深刻地写照。战争冲突、社会变革、政治动乱在作者高超的隐喻技巧下化成一幅魔幻又真实的印度社会立体图景呈现在读者眼前。同时每一种不同的隐喻都能够贯穿整个故事，成为重要的线索，共同构成作品丰富的主题，在不同维度表达出作者深刻的思想情感。

参考文献

［1］李泽生．想象的存在 命定的危机：《午夜的孩子》中印度的身份认同危机［J］．世界文学评论（高教版），2017（3）：114—120．

［2］萨曼·鲁西迪．午夜之子［M］．刘凯芳，译．北京：北京燕山出版社，2015．

［3］翟慎药．论《午夜之子》中萨里姆形象的隐喻［J］．唐山文学，2019

① 萨曼·鲁西迪．午夜之子［M］．刘凯芳，译．北京：北京燕山出版社，2015．

（2）：169—170．
［4］Rushdie S. *Midnight's Children* [M]. London: Jonathan Cap Ltd, 1981.

《雾与镜》：西式陈见与中式亲见的较量[①]

北京外国语大学　张　月

【摘　要】新世纪之初曾在中国工作和生活的印度记者帕拉维·艾雅尔，根据自己的采访和游历创作了集游记、纪实文学和回忆录为一体的作品《雾与镜》。本文通过对这部非虚构类作品的分析，展现作者在这一过程中从心怀“陈见”到“亲见”之后对中国态度的转变、对中国人和中国民族精神的重新认知；探究作者在新时期的中国，对性别、教育等社会问题进行中印对比的思考。虽然作者在初期是带有西方意识形态“陈见”的审视，但是其“亲见”之后的思考却为以东方思考东方做了良好示范。

【关键词】《雾与镜》；陈见；亲见；中印对比

帕拉维·艾雅尔（Pallavi Aiyar，1975—）在2002年以“外国专家”的身份入职北京广播学院（今中国传媒大学），后为《印度时报》《印度教徒报》担任驻华记者并撰写关于中国的相关报道。《雾与镜：在中国的经历》（*Smoke & Mirrors: An Experience of China*，2008，以下简称《雾与镜》）是艾雅尔用英语创作的一部纪实文学作品。作品获得印度国内的纵横字谜图书奖和新闻报道奖，足以证明作品在印度国内外产生的社会影响。目前国内学者研究认为，《雾与镜》对中国社会尤其是政治体制依旧有较深的“有色眼镜”观照下的误解。笔者对此有不同意见。细读文本，我们可以发现：作者在赞赏中国经济崛起的同时，已经开始意识到中国发展道路的特殊性。即使对中国的观察带有西方意识形态的痕迹，但是作品也充分展现了作者在中国生活和工作时期在思想和观点上发生的改变，这也是本文重点研究的内容。

一、西方意识形态与中国特色制度的碰撞

不论是维克拉姆·塞斯（Vikram Seth，1952—）还是帕拉维·艾雅尔，在书写中国时，都不约而同在思考一个问题：如果出生可以选择，你选择中国还是印度？虽然中国和印度地理位置上属于邻国，但是彼此之间因为文化、政治、经济等因素有着难以跨越的鸿沟。一如印度著名学者杰伦·兰密施指出：“直到今天，印度人

① 本文为国家社科基金重大招标项目（17ZDA280）的阶段性成果之一。

还不是通过中国人自己的声音，而是通过英语的信息来源去了解中国。”[①] 这也说明了中印之间在新世纪以后虽然逐渐恢复了正常邦交，有经济上的互通往来，但是印度对中国的文化印象一向来自西方（第三方）的介绍，并深受西方文化影响，再加上历史因素，整体形象更为消极和负面。虽然书中难掩西方政治意识形态的影响，但是在胡同生活的时光和在中国各地的游历和采访也让艾雅尔改变了对中国固有的刻板印象。

《雾与镜》正文以 12 个不同的主题串联，分别是："肥肉好过苹果""奥林匹克式的改造""SARS 冠状病毒""中印经济""老吴和他的家人""胡同时光""鸡爪和耆那教饮食""世界工厂""大众的精神鸦片""香格里拉""世界屋脊""化圆为方和周而复始"。作品讲述了作者在 2002—2007 年在中国生活、工作的真实经历。在作者零散的叙述中可以窥见她对于中国在改革之后经历的社会巨变进行的独特性思考，尤其是在中国式民主和言论自由两个方面。

作者最初对中国社会的了解、对北京的了解也仅限于媒体报道：中国一跃成为第四大经济体，在 2001 年加入 WTO（世界贸易组织）并获得 2008 年奥运会举办权。同时，中印关系在新世纪进入了新阶段，开通了北京—新德里的直飞航班。在书中，艾雅尔坦言她从未深入了解过中国这个国家——一种“中国式的空白”，她很难想象任何关于即将生活的城市的画面。“我对中国了解多少呢？一种陌生的、看似难以理解的语言；一个难以捉摸的民族，一种异国的食物。”[②] 但也正是这种空白，让作者能够在一定程度上接纳中国社会文化。

作者帕拉维·艾雅尔曾经在牛津、伦敦、洛杉矶生活和学习，并且出身婆罗门，自幼接受的是西方式的精英教育，所以思想层面难免受到西方思维模式的影响。作者在最初沿袭了以往西方审视中国的扭曲的政治视角，在字里行间难免会有西方陈见的痕迹，这一点在中国宗教和西藏政治问题的解读上尤为明显。书中将中国政治模式定义为“威权政治”，这也是西方以其自身模式为世界“标准模式”的视角下对中国政治的普遍误看。作者所说的所谓西方式“制度优势”在当时的确是一种普遍的国际舆论，但事实上每个国家的历史文化状况不同，与其相适应的制度必然不同。

实际上，《雾与镜》中探讨的一个核心问题不是中国“威权”体制本身是否符合西方的价值观，而是：中国的“威权”政治与自由经济的结合能否持续？许多西方学者认为中国政治经济模式难以长久地维系下去。对于“中国在新世纪的前路在哪里”这个问题，作者总结了两种西方观点：一种认为中国经济改革必然会走向西

---

① 杰伦·兰密施．理解 CHINDIA：关于中国与印度的思考［M］．蔡枫，董方峰，译．银川：宁夏人民出版社，2006：5．

② Pallavi A. *Smok and Mirrors: An Experience of China* [M]. New Delhi: Fourth Estate, 2008: 2.

方的市场自由，比较有代表性的是美国学者马丁·哈特-兰兹伯格和保罗·伯克特，其在《中国和社会主义：市场改革与阶级斗争》中写道："中国的市场改革并不通往社会主义的复兴，而是通往彻底的资本主义复辟。"① 另一种认为采用"经济自由加政治压制"②的方式，导致中国经济与现有政体相悖，社会最终会面临崩溃。作者并不赞同这两种说法，身在中国的"亲见"使她更加具体地了解了中国经济发展的模式，并进行更深入的探究和思考，对中国的一党执政有了不同于以往学者的看法。作者认为中国的"崩溃或民主化并不是无法避免，未来数年内，中国很有可能继续成功地延续其目前的经济增长和改革策略，同时伴以小幅度的政治改革。"③ 这个对比过程充分体现了这位作家本人的主观印象和客观印象之间的不同。此外，艾雅尔也在探寻中国发展过程中多具有的独特性。艾雅尔在书中试图总结和归纳有关"中国特色"的发展模式：中国政治虽然不具备"西式民主"的特征但是却敢于实验新想法和新理念，例如经济特区、在改革户口制度的同时试点合作医疗项目——在开始全面推行某项新政策之前进行试点以观后效。艾雅尔认为，一直到21 世纪中叶，中国都将继续成功地沿着这种经济增长和改革方式前进。从这一点可以看出作者对中国发展所持有的谨慎的乐观态度。

这种乐观态度在作者分析中国政治改革问题上也有所体现。作者认为中国在政党制度方面具有其灵活性：用多党合作制度执政代替西方的多党民主政治，依靠法律而不是资本治理国家。"这场改革的节奏和条件依据的是中国的历史和文化，而非依葫芦画瓢模仿西方的自由多党模式。……中国共产党进行政治改革的基础是法制建设。它不是搞多党民主制，而是在国家内部建立一个制衡机制，这么做主要是为了确保国家依法行政，而不是听从于来自资本的专横的、官僚的指令。"④ 作者这样的认知是比较深刻的，真切认识到了"中国式"民主的特色。作者认为中国的人民获得的民主不在于（西式）投票权，而是在于一系列的"合法权益"。这些权益包括就某些问题起诉政府机关的权利（信访制度），私有财产的保护以及宗教自由等。"尽管法律仍然被视为一个控制工具，但它同时也被视为对政府权力的监督，并且个人权利的保障也得到了加强。"⑤ 因此可以说，艾雅尔看到了中国制度的实质，意识到中国政治体制的特殊性，而不是一味地以西方标准衡量中国体制，体现了作者对中国式民主有独到的见解。

---

① Hart–Landsberg M, Burkett P. *China and Socialism: Market Reforms and Class Struggle* [M]. New York: Monthly Review Press, 2005: 9.

② Callick R. *The China Model* [J]. *The American*, 2007, 1 (7): 35.

③ Pallavi A. *Smok and Mirrors: An Experience of China* [M]. New Delhi: Fourth Estate, 2008: 246.

④ Ibid, 251.

⑤ Ibid, 252.

“言论自由”是西方最自我标榜的优越性，在扭曲的西式视角下，中国是“没有”言论自由的国家。艾雅尔在初期阶段也是抱有同样的西式陈见。艾雅尔在书中提到中国民众的法律意识也在不断提高，出现了一种社会运动——“维权”，目的有二：一是监督政府执行力，二是监督地方政府。虽然在西式民主自由的影响下，艾雅尔对“中国式”民主有一定的陈见：“中国政府曾经通过控制新闻信息传播和镇压规避这些控制的人群展现自身的合法性。”①但是，随着对中国了解不断深入，艾雅尔发现中国对言论自由相关的社会治理并不是一成不变的。新世纪互联网和智能手机的兴起使民众有更多的渠道关注社会信息，所以互联网的兴起对政府既是机遇又是挑战。所以中国政府顺应社会潮流，改变以往垄断式的处理方法，对社会言论处理更加灵活：将互联网作为公众参与政治的途径，同时又采取一定的举措去控制舆论。一如作者所写道：“互联网一方面打破了政府的信息垄断，另一方面也成为政府收集民意的有效场所。”②在作者看来，这是一种非常冒险的举动。但是中国共产党成功地实现了这其中的平衡。“中国共产党与其说是画一个圈对人民进行了圈禁，其实是将这个圈塑造成随意的形状，能够随意伸展。”③作者对中国政党的评论十分形象生动地写出了中国政府在舆论控制方面的灵活性，这种灵活性既赋予了民众舆论的自由度，又不至于让民众舆论因被人为操纵而失范。因此，可以说，艾雅尔通过“亲见”看到了“中国式”言论自由的实质，这是其他西方人在“西式陈见”的墨镜下很难看到的。

艾雅尔带着先入为主的主观色彩来看中国，尤其是受西方民主思想影响，认为中国是没有民主自由的；但看到真实的中国时，总体上还是比较客观的。一如她在书中写道：“中国改革的速度和条件取决于其历史和文化，而不是一味地遵循西方所奉行的自由主义多党模式。”④中国从来没有成为任何西方列强的殖民地，因此西式“民主自由”并不适用于中国，中国有着自己独特的民主自由模式。我们不能因为中国的“民主自由”模式不是西式模式就否定中国模式。总的来说，《雾与镜》中对于“中国亲见”的看法是：中国经济的不断崛起使中国社会各个层面都正在发生变革，同时由于中国走符合中国国情的特色道路，中国的“威权政治”不会像西方学者所断言的那样全面崩溃。

二、中印社会对照下的中国式平等

虽然中印在古代因为佛教传播在某一时期有着频繁的文化交流，但是现代以

① Pallavi A. *Smok and Mirrors: An Experience of China* [M]. New Delhi: Fourth Estate, 2008: 20.

② Ibid, 255.

③ Ibid, 256.

④ Ibid, 252.

来，尤其是1962年中印边境冲突以后，中印在文化交流上基本处于隔绝状态。“尽管所有的感觉良好的言辞都在吹嘘一种宗教的古老联系，而这种宗教现在在其原籍国几乎已经死亡，但事实上，印度人和中国人在文化上基本上无法相互翻译。”[1]作品通过印度的眼光描绘当代中国，解开21世纪以来彼此交流的迷雾，成为一面反映两个文明的镜子：两个国家在很多方面都展现了彼此不同的自我。在逐渐摆脱西式陈见以后，作者开始用印度视角进行观察和对比，从更深刻更广阔的角度去审视两国的发展问题——两国独特的文明或文化传统。作为中国仅一座喜马拉雅山之隔的邻居，难免将对方作为比较的对象。而艾雅尔正是在这种与印度的对比中加深对中国社会的了解。作者从职业平等和女性权益两个角度，展现中国与印度两种不同的社会文化价值观，论述中国社会总体上是一个比较平等的社会。这是与印度最大的不同之处，也是让艾雅尔最眷恋的地方。

首先是“劳动最光荣”和职业平等的问题。艾雅尔认为，中国的集体主义营造了一个“劳动不分贵贱”的社会环境，认为劳动彰显个人价值并且也是为集体主义贡献的重要途径。中国传统文化也提倡勤劳致富，认为“劳动最光荣”。“‘服务者’在中国更像是一个形容词而不是名词。它用来形容一份工作，而不是用来定义一个人的性质和特征。”[2]同时也相对应地产生了职业平等。但是，印度由于其历史上长期的种姓制度根深蒂固，导致对劳动有着截然相反的认知：工作是社会阶层的象征，只有低种姓甚至不可接触者的阶层才会进行劳动。以厕所清洁工为例，在中国清洁工和其他人在生活上没什么区别，只是工作内容不同，不会被歧视；但是在印度这是不可接触者的工作，带有明显的种姓烙印。

艾雅尔指出在职业平等的背后是能否平等获得基础教育权利的问题，即教育平等。艾雅尔认为，中国的九年义务教育的国家方针极大地改善了全民文化水平较低的问题，使中国百姓接受教育学习的普遍性相当高。但是在印度，女性和底层百姓依旧无法受教育、进到学校学习。“对女性受教育和某些特定种姓受教育的束缚，实际上是一个国家和社会对人民的一种不为人察觉的暴行。”[3]缺乏教育能够剥夺人们独立生存的能力并限制他们对生活多样性的选择，也只有这样才能稳定印度社会阶层，减少不同阶层之间的流动。这是印度长期种姓制度带来的顽疾，直至21世纪的今天也难以改变。以本书作者为例，艾雅尔出身婆罗门，自幼接受西方式的精英教育，获得受到高等教育的机会，甚至去欧美国家留学。而家中仆人的孩子则很难获得这样的机会，甚至成人后只能从事和父母一样的职业。艾雅尔敏锐地看到了中国社会在民众接受教育方面的平等状况。

---

① Pallavi A. *Smok and Mirrors: An Experience of China* [M]. New Delhi: Fourth Estate, 2008: 128.

② Ibid, 111.

③ Ibid, 112.

除了劳动和职业问题，男女平等也是作者在中印对比视角下探讨的一个核心问题。作者由中印女性社会地位引发对性别平等的思考，反思印度目前存在的社会问题。虽然印度已经有很多女性开始走向社会，甚至在一些政府部门担任要职，但是印度至今还存在深闺制度（purdah）。作者认为中国女性社会地位的提高得益于计划生育政策，一孩政策把女性从家庭生活中脱离，进一步解放了女性的劳动生产力。中国的计划生育政策得到了一些印度女性青年的肯定。作者认为，如果在印度实施计划生育，女性会有更多的生育选择权。作者对中国计划生育政策持肯定态度并不是在于计划生育这项政策本身，而是在女性权益。显然，作者看到了中国女性享有充分的社会权利，看到了中国是一个男女基本平等的社会，这显然是印度社会不具备的。

不论是教育、职业还是性别都体现了中国和印度两个国家当代社会的文化隔阂。如何消除这些隔阂，首先就要打破西方话语建构下的中国形象，让印度切身地感受中国的文化和思想。与西方对中国文化有着诸多的诟病相比，作者在中国生活以后并没有一味指责中国文化以及当下的社会环境，而是用心去了解并理解中国文化。其中，最重要的一点是语言的学习促进了作者对异国文化的理解。由于语言不通，艾雅尔坐公交时曾经看错公交牌号一直坐到了河北。这次乌龙事件让艾雅尔下定决心学习普通话，并给自己起了一个中文名字“艾蓓”（Ayair 的中文意思是“蓓蕾”），成了当时第一个也是唯一一个会说中国话的印度记者。民族语言是民族文化的体现，艾雅尔不仅是学习语言，更在这个过程中对中国的民族文化有了更深刻的体会。其次是在胡同生活的过程中，艾雅尔逐渐被胡同居民的热情与和睦所“同化”，对中国人的性格也有新的认识和了解。所以作者才会在作品最后感叹：“后来我深刻认识到：不去了解就盲目厌恶的做法是极其荒谬的。哪怕是一些表面上看来陌生、让人害怕的东西，亲近感的获得也会比你想的容易。”[①] 只有对双方文化的深入了解，才能有进行比较的可能性。同时作者自身携带的西式陈见时时刻刻也在左右着她的思考，而亲见的“中国特色”的合理性和优越性又对她的西式陈见产生某种矫正，乃至二者混合在一起，在作者脑海中形成一种奇妙的二元对立：“新世纪的中国是有着对立关系的国家：混乱和控制、改变与连续、富有与贫穷、好与坏，这是一种潜在的爆炸性混合。”[②]

虽然作者在作品中的中国经历，以及与印度所进行的文化比较中，充分展现了中国社会可圈可点之处，但是遗憾的是艾雅尔对其背后的中国文化内因的探寻则是浅尝辄止，即使她已经开始观察到了中国人的儒家性格。作者并未能深刻领会中国集体主义文化的精髓，对中国文化了解不够透彻，并在“陈见”左右下试图展现这

---

① Pallavi A. *Smok and Mirrors: An Experience of China* [M]. New Delhi: Fourth Estate, 2008: 261.

② Ibid, 246.

一文化所谓的负面影响，这是印度思维的体现——中国人有着被强加的、整齐划一的思想和态度。比如，作者认为："中国社会仍然存在着根深蒂固的反理性倾向……缺乏对思想的热爱，缺乏争辩本身所带来的快乐。"[①] 这样的认知显然对中国文化缺乏深刻的了解。因此，也难免会有中国学者认为作者对中国的社会观察是一种"雾里看花"，未能触及社会的文化本质。

三、非虚构类作品中的偏见与真实

《雾与镜》作为一部非虚构作品，获得印度国内纵横字谜文学奖的大众欢迎奖，这足见非虚构类作品也在逐渐进入大众视野。非虚构文学展现了大众传媒（例如新闻等）与文学创作的结合，尤其对于中国主题的关注，这使得中国社会制度的特殊性在一定程度上得到了合理探讨。在这种非虚构类作品中，作者通过对中国了解的不断加深，展现了对中国认知的变化，创造了一种能够改变在西式陈见下的"中国形象"的可能性，讲述了一个更为真实的中国。

无独有偶，在《雾与镜》出版的同一时期，也出现了另外两部关于中国主题的非虚构类作品，三部作品都展现了旁观者对中国传统与现代冲突的思考。一部是美国记者彼得·海斯勒[②]的作品集《奇石》。与艾雅尔创作不同的是，海斯勒的作品更偏向是一种文化游记，他的非虚构写作更具文学性和诙谐幽默的风格，更具文学性；而艾雅尔依旧把自己隐匿在报道之后，将新闻报道的方式引入到非虚构写作中。在创作内容上，海斯勒除了《胡同情缘》以外，其他内容更关注的是中国普通阶层甚至是小人物的生活中的酸甜苦辣。海斯勒认为已经有很多外国作家关注到中国大城市的飞速发展以及城市中的精英阶层。所以，他更加关注中国那些离家外出打工的人以及农民，认为更有社会研究价值，这也使得海斯勒的作品中并没有强烈的政治观点。艾雅尔对有关胡同生活经历的创作也受到海斯勒的影响，"海斯勒以他安静、不显眼的风格，帮助我以更深刻、更有意义的眼光看待老杨、王肇新和W.C. 俱乐部的其他人——不仅描写了充满烟火气息的寻常百姓，也展现了那些'平凡'的故事与中国21世纪充满活力和混乱的崛起的更大'非凡'故事相吻合的

---

① Pallavi A. *Smok and Mirrors: An Experience of China* [M]. New Delhi: Fourth Estate, 2008: 241.

② 彼得·海斯勒（Peter Hessler，1969—），中文名何伟，曾任《纽约客》驻北京记者，以及《国家地理》杂志等媒体的撰稿人。他成长于美国密苏里州的哥伦比亚市，在普林斯顿主修英文和写作，并取得牛津大学英语文学硕士学位。海斯勒曾自助旅游欧洲三十国，毕业后更从布拉格出发，由水陆两路横越俄国、中国到泰国，跑完半个地球，也由此开启了他的旅游文学写作之路。海斯勒散见于各大杂志的旅游文学作品，数度获得美国最佳旅游写作奖。他的中国纪实三部曲中，《江城》一经推出即获得 Kiriyama 环太平洋图书奖，《甲骨文》则荣获《时代周刊》年度最佳亚洲图书等殊荣。海斯勒本人亦被《华尔街日报》赞为"关注现代中国的最具思想性的西方作家之一"。

人生。”[①]

另一部是印度前驻华大使苏里（Nalin Surie）的夫人普南·苏里（Poonam Surie）写的关于中国的非虚构类作品：《寻找中国的灵魂》（*China, A Search for Its Soul: Leaves from a Beijing Diary*, 2009）。学者尹锡南评价普南·苏里的游记表现了“一种积极、客观的中国形象”[②]。与艾雅尔的作品相比，苏里的作品有更浓厚的文化色彩。作品涉及了艾雅尔作品中未曾深入的部分——中国传统文化，而艾雅尔的记者身份则让她更关注中国的政治和经济发展。

三位作家身份也有着相同或类似的经历，三人都曾在国外进行学习，有着多元文化视野。在到中国生活和工作以前，他们似乎都对中国没有较多的了解，这也更有利于他们接受中国社会现状和文化。作品中对中国的描写也有共通性：都关注到胡同中的小人物与风云变幻的时代之间的不易察觉的联系；书写由北京的拆迁与重建引发的对传统与现代的思考；惋惜因为城市发展而不得不拆除的传统历史建筑。他们对中国现实中都有深刻的分析和观察。相比较而言，苏里和艾雅尔的作品也比较具有印度的文化特色，不约而同地在书中提到了印度瑜伽在中国的流行和发展。

即使是力求真实的非虚构类作品，在创作过程中都难免打上作者独特的印记。与另外两部作品相比，《雾与镜》更能展现西方式的偏见与在中国亲身经历之后所带来的转变，同时也突出表现了对中国制度考察的客观公正价值。作者在五年的中国生活之后，自身对中国人的民族性格和社会的看法也都有所改变。“总而言之，这五年让我认识到矛盾是可以共存的……也让我认识到即使是最陌生的地方也可以变得可爱……还让我认识到由已知推断未知是非常错误的行为。”[③]这充分说明了作者的转变。然而，即使在陈见和亲见的较量中，艾雅尔对新世纪中国的发展有了自己的思考，但是其作品中依旧抱着谴责的态度审视中国的政治和经济。在赞誉中国改革开放以后取得的成就的同时，也在书中频频提到印度引以为豪的“民主”制度，时刻进行着中印对比。这些正是被中国学界所诟病之处，觉得她“雾里看花”。这一方面说明了作者脑海中业已形成的刻板的西式陈见的确在起作用，但我们更应该看到，作者在如此“陈见”的观照下，依然挡不住她对中国政治和文化独特性的认知和肯定，这足以证明了中国制度打动人心之处。

---

① Pallavi A. *Strange Stones By Peter Hessler* [J/OL]. (2013-07-15) [2020-01-30]. https://pallaviaiyar.com/2013/07/15/strange-stones-by-peter-hessler/.

② 尹锡南．印度学者普兰·苏里的中国观［J］．世界文学评论（高教版），2013（2）：161—165．

③ Pallavi A. *Smok and Mirrors: An Experience of China* [M]. New Delhi: Fourth Estate, 2008: 261.

四、结语

虽然作者曾经受到西方思想的影响，但是作为一个东方国度的记者，她依然有不同于西方陈见的角度。艾雅尔在这个过程中关注到了三个最核心的问题，即：中国式民主、中国式言论自由、中国式平等。作者在欧美国家经常被问到的一个问题是："中国的前路在哪里？"而在印度，则被问到："印度向中国学习什么？"很显然，对于印度来说，中国在某种程度上成了国家发展的衡量标准。作者对中国的批判立场在于试图脱离西方的政治语境，以印度作为参考。作者最初的中国印象是西方"陈见"模式框架中的"一片空白"，因此她在自由与民主等方面，也没有完全站在西方的立场，而是站在印度的立场，因此对中国尽管有批判但不敌视，这是作者作品中的一大特色。民主、自由、平等是西方价值观最看重的三大元素，其实在中国是完备的，只有模式的不同，并没有高下之分。然而大部分西方人和印度人受西方式舆论影响，认为中国没有这三大元素。艾雅尔却看到了中国制度的这三大元素，因此应当对艾雅尔充分肯定。她在作品中展现的不是中西对立也不是中印对立，而是寻求合作的可能——"Chindian"。

真实的中国究竟是什么样的？哪怕是在中国土生土长的中国人可能都无法回答这个问题。与虚构类作品相比，这种非虚构类作品更能够以作者自身在中国的游历去书写一个"真实"的中国。一如艾雅尔在《雾与镜》结尾所写的那样："匆忙得出来的结论以及人云亦云的东西都是不可信的。"①

参考文献

［1］杰伦·兰密施．理解CHINDIA：关于中国与印度的思考［M］．蔡枫，董方峰，译．银川：宁夏人民出版社，2006．

［2］尹锡南．"雾里看花"：印度记者的中国观察［J］．东南亚南亚研究，2013（4）：65—69．

［3］Callick R. *The China Model* [J]. *The American*, 2007, 1 (7): 35.

［4］Hart-Landsberg M, Burkett P. *China and Socialism: Market Reforms and Class Struggle* [M]. New York: Monthly Review Press, 2005.

［5］Pallavi A. *Smok and Mirrors: An Experience of China* [M]. New Delhi: Fourth Estate, 2008.

［6］Pallavi A. *Strange Stones By Peter Hessler* [J/OL]. (2013-07-15) [2020-01-30]. https://pallaviaiyar.com/2013/07/15/strange-stones-by-peter-hessler/.

① Pallavi A. *Smok and Mirrors: An Experience of China* [M]. New Delhi: Fourth Estate, 2008: 261.

试析《罗摩功行之湖》对《罗摩衍那》的情节改写

信息工程大学　陈乃铭

【摘　要】 在印度，梵语史诗《罗摩衍那》不断被印度其他语言改写。杜勒西达斯的印地语改写本《罗摩功行之湖》(也译《罗摩功行录》)则是其中最为成功，影响最大，也是流传最广的改写本之一。《罗摩功行之湖》在主要人物的形象及故事情节上较《罗摩衍那》均有明显的改动，其改写体现了罗摩故事在印度中世纪的传播流变和虔诚运动时期印度教罗摩崇拜的发展。

【关键词】《罗摩功行之湖》;《罗摩衍那》; 改写; 叙事情节

引言

《罗摩功行之湖》(*रामचरितमानस*, *Ramcharitmanas*)是印度中世纪诗人杜勒西达斯(तुलसीदास, Tulsidas, 1532—1623)以梵语史诗《罗摩衍那》为蓝本，用印地语加工改写而成的长篇叙事诗。梵语史诗《罗摩衍那》是印度两大史诗之一，相传创作于公元前4世纪至公元2世纪，由蚁垤仙人所著。该作品不仅是印度文学典范，同时也是印度教的宗教经典。在印度《罗摩衍那》深受大众喜爱，然而很多印度教徒因为不懂梵语无法直接阅读梵文原著，而是通过阅读各种方言改写本了解罗摩的故事。因此,《罗摩衍那》问世后的两千多年间，不断被不同时代、不同地域、不同语言的作家改写。杜勒西达斯的《罗摩功行之湖》则是其中最为成功，影响最大，也是流传最广的改写本之一。在印度中部和北部等印地语地区，其流行程度不亚于梵语本《罗摩衍那》本身。

据传杜勒西达斯现存的作品共有 12 部，较为确定是他所著的作品有《罗摩功行之湖》《谦恭书》《歌集》《双行诗集》和《黑天歌集》五部作品，其中《罗摩功行之湖》最负盛名。这一作品不仅被认为是伟大的文学杰作，而且被认为是具有最高灵感的宗教作品，被誉为“北印度的圣经”(the Bible of North India)[①]。该作品分为7个篇章，内有诗歌6074首，20000多颂，相当汉语4万多行。《罗摩功行之湖》同《罗摩衍那》的中心故事是一样的，只是篇幅近似史诗的二分之一，只有中心故事及主线情节得以保存。它并不是一部纯粹的翻译作品，而是杜勒西达斯依据当时社会的发展状况，使用印地语阿沃提方言对梵语史诗《罗摩衍那》文本进行的

① Philip Lutgendorf. *The View from the Ghats: Traditional Exegesis of a Hindu Epic* [J]. *The Journal of Asian Studies*, 1989 (2): 272–288.

创作性改写。杜勒西达斯在创作《罗摩功行之湖》时表现了极大的创造性，该书在对罗摩故事的剪裁，故事情节的取舍，冗杂插话的删减及人物形象的重塑等方面都体现出诗人自己的艺术特色和时代需求[①]。从《罗摩衍那》到《罗摩功行之湖》，传统史诗人物在新的文本中逐渐突破固有形象，不断被注入新理念、新思想，从而表现出新的性格特征。杜勒西达斯通过有目的、有选择性地改写故事情节，重塑了罗摩（राम，Rama）、悉多（सीता，Sita）、罗波那（रावण，Ravana）等特点鲜明的人物形象。该作品使罗摩等主人公的人物性格特点更为鲜明，更加“完美”且“神性化”，也更加符合印度教徒的宗教文化心理。

一、《罗摩功行之湖》关于罗摩的情节改写

《罗摩衍那》是一部歌颂刹帝利英雄罗摩的诗歌，《罗摩功行之湖》则是歌颂大神毗湿奴化身罗摩大神的圣歌。泰戈尔曾说：“《罗摩衍那》就是人的故事，而不是神的故事。”[②]评论家们认为：“诗人蚁垤仙人没有把自己描写的主角刻画成不生不灭的永恒的大神形象，而是把他刻画成一个伟大的凡人，他身上同样存在着喜怒哀乐、忌恨疑惧等普通人的感情。在罗摩身上，无疑体现了家庭、社会和政治等方面的理想，但是只是在人性许可的范围内，而不涉及任何超人的领域，与杜勒西达斯在自己的《罗摩功行录》中所表现的不同。”[③]

（一）塑造“完美王子”形象的情节改写

在《罗摩衍那》中罗摩是阿逾陀国王子，是一位典型的“史诗英雄”的形象。他英勇善战，孝顺父母，富有爱心，忠于妻子，追求英雄主义和浪漫主义，同时他也会像普通人一般自私，易怒，执拗。虽然罗摩兄弟感情深厚，但四人长大成年后陷入了王权的争斗中。罗摩与罗什曼那（लक्ष्मण，Lakshmana）关系亲密，婆罗多（भरत，Bharat）与设睹卢祇那（शत्रुघन，Shatrughna）更为亲近，四人隐隐形成分庭抗礼之势。罗摩为了信守十车王的诺言不愿回去继承王位，主动要求婆罗多代他执政，双方在王位继承问题上互相谦让，看似“兄友弟恭”。但罗摩在流放森林的过程中广结盟友，大肆宣传自己被流放的缘由，并在救回悉多之后率领猴军回到阿逾陀城，实际上形成了一种逼宫之势，对婆罗多形成威慑。而婆罗多在执政期间也

---

① 刘安武．印度中世纪的大诗人杜勒西达斯和他的《罗摩功行录》[J]．南亚研究，1983（2）：43．

② 泰戈尔论文学［M］．倪培耕，译．上海：上海译文出版社，1988：146．

③ 季羡林，刘安武编选．印度两大史诗评论汇编［M］．北京：中国社会科学出版社，1984：28．

大肆训练精兵强将，扩充军备实力。如此看来，一旦不能按照“达磨”[1]以和平的方式进行政权更迭，双方都做好了进行“武力商讨”的准备。在罗摩决心归天时他把国土分为两半，封自己的两个儿子为国王，而后带着曾与自己有王位之争的两个弟弟婆罗多和设睹卢讫那一同升天[2]，为自己儿子顺利继承王位扫清障碍。他嗔恚易怒，遇到违逆不顺的境遇或者事情，时常产生愤怒、暴躁、嗔恨、仇视的情绪和心理，甚至损害他人。悉多在森林中被掳走时，他把责任全都推卸到弟弟罗什曼那看护不周上，并狠厉斥责罗什曼那；被吉迦伊（कैकेयी，Kaikeyi）陷害流放时他也怀恨在心，甚至疑心婆罗多与吉迦伊同流合污；在千辛万苦救回被罗波那劫走的妻子悉多之后屡次怀疑她的贞洁，为了维护皇室的脸面、堵住众人之口将怀孕的悉多残忍抛弃在河边，致使悉多自尽以证清白。罗摩有时也有些是非不辨，黑白不明。为争取与猴国的结盟他扶持野心家须羯哩婆（सुग्रीव，Sugriva）上位，并暗箭伤人，这是不符合《薄伽梵歌》中武士道德标准的行为，也有损他坚守“达磨”的理想君主形象。

然而这些性格缺陷均在《罗摩功行之湖》中得到了修正：他的外表英俊潇洒，待人接物宽仁友善，兄友弟恭，遇事遵循正法，作为毗湿奴大神化身的神性也比《罗摩衍那》中体现得更为明显。在书的开篇就点明罗摩是毗湿奴大神的化身，在罗摩出生后母亲侨萨厘雅就发觉他具备神性，书中这样描写罗摩的神性：“圣洁而智慧的人都愿意听我的诗，因为这诗中的唯一优点世人皆知。这里面有罗摩这圣洁而高尚的美名，它是幸福之源，能逢凶化吉，解救苍生。”[3]在杜勒西达斯笔下，罗摩克服自私、易怒、执拗等负面情绪，孝顺父母，兄友弟恭。作为兄长，罗摩胸怀宽广，仁爱和善，以宽容平和的心态对待吉迦伊和婆罗多，为履行十车王的诺言拒绝回城执政，并相信婆罗多可以做一位好君主。他平静地接受了流放森林的噩耗，不抱怨吉迦伊在背后耍心机，也不因此迁怒婆罗多，始终笃信婆罗多高尚的品德和对自己的忠诚友爱；在罗什曼那疑心婆罗多来将他们赶尽杀绝时，罗摩否定了罗什曼那的偏激言论，绝对信任婆罗多的高贵品德；在持斧罗摩对罗什曼那发火时，罗摩主动道歉揽过责任。作为王子，罗摩坚守正法，无私无我。罗摩为了父亲十车王的名誉，信守诺言带领悉多和罗什曼那到森林中流放，以自己的苦修体现一国王子的责任与担当，以自己的退让换取父亲的威信与尊严；在遇见猴王须羯哩婆时，先

---

① Dharma（达磨），意为“法”“正法”，是古代印度的一个重要概念，指万事万物的内在法则，是印度人言行的最高标准，上至僧侣、贵族，下至平民百姓都必须以此为自己的行动准则。

② 闫元元．罗摩非至善，罗婆那非大恶：解构《罗摩衍那》中以达摩为准绳的道德观［J］．解放军外国语学院学报，2007（2）：117．

③ 杜勒西达斯．罗摩功行之湖［M］．金鼎汉，译．北京：人民文学出版社，1988：12．

是确认了他是正义一方再帮助他打败了兄长波林取得王位；到楞伽城后他进行的战争也是正义的战争，甚至愿意接受十首妖王的弟弟的投靠。在《罗摩功行之湖》中，罗摩兄弟四人都具备印度传统文化中“理想兄弟”的特征，体现出印度互爱互敬的传统。杜勒西达斯通过文学作品的创作，为当时执政的印度教封建王公们提供一个理想的榜样。“希望他们也能像罗摩一样，将道德放在首位，避免内部冲突，避免王室力量的削弱，在关键时刻自动退出内讧的舞台，保存实力，相互团结，一致对外。”[①]此外，罗摩尊敬长辈，爱护晚辈，尊敬各位牟尼和仙人，同时也对普通大众表现出极大的关注，宽宥低种姓的民众，让首陀罗也可以得到解脱。杜勒西达斯通过罗摩的言行传播了公平、平等和博爱的理念，也体现了以“达磨”治世的社会伦理道德理想。

（二）塑造“完美丈夫”形象的情节改写

《罗摩衍那》中罗摩与悉多是一对公认的模范夫妻，但罗摩的爱是包含等级差异和性别距离的爱，他需要悉多通过自己的行为维护他的形象、维护王室的形象，某些时候会出现罗摩将悉多物化、去人格化的倾向。罗摩虽然被称为真理的化身，却以“爱”的名义让悉多屡次面临尊严的凌辱，最后还将她抛弃，以至于最后让悉多愤然离世，其行为显得自私无情。《罗摩衍那·阿逾陀篇》中罗摩不想让悉多陪自己一起去森林里受罪，于是他说要把悉多送给自己的兄弟婆罗多，虽则罗摩是出于保全悉多的心理，然而将悉多物化、去人格化却是不争的事实；在妻子悉多被罗波那劫走时，罗摩对她失贞的忧虑和愤怒瞬时胜过对其安全的担忧；回国登基之后，他听到民众议论悉多的贞洁心生不满，认为悉多的贞洁问题有损王室的威严和形象，命令罗什曼那把有了身孕的悉多遗弃到恒河对岸；悉多被修道士蚁垤收留在净修林中育有二子，后来罗摩得知这两个孩子是悉多所生，便请求蚁垤把悉多带回来，仍要求她证明自己的贞洁；悉多虽然当庭作证，但是感到极为屈辱，于是跳入地缝自尽。罗摩不仅是悉多的丈夫，还是十车王的王子，阿逾陀的君主，因此对封建统治者罗摩来说，悉多被掠夺意味着其名声已蒙污损，再也不能捍卫王室的尊严，注定会成为牺牲品。

因此在《罗摩功行之湖》中为了重新塑造一位“完美丈夫”的形象，杜勒西达斯根据无名氏的《神灵罗摩衍那》中的剧情对原著做了改动，让罗摩提前知晓罗波那的阴谋，使计让罗波那劫走了悉多的幻影，从根源上杜绝了悉多失贞的隐患。悉多被劫期间也坚定捍卫自己的贞操，罗摩历经千辛万苦打败罗波那，与悉多在楞伽城顺利团聚。罗摩和悉多流放结束后回到阿逾陀城继承王位，励精图治，创造了辉煌的罗摩盛世。虽然罗波那劫走悉多的幻影，罗摩拼命去救回悉多的影子的行为有

① 薛克翘，唐孟生，姜景奎．印度中世纪宗教文学（上卷）［M］．北京：昆仑出版社，2011：249．

违常理，逻辑上不够通顺，但杜勒西达斯的改写使罗摩摆脱了“抛妻弃子”“冷血”“虚伪”的嫌疑，使得罗摩和悉多二人的爱情之花更加美丽，也更符合印度教徒心中理想君主的典范。罗摩的种种表现是印度教伦理最高道德的集中体现，是作者理想中的完美君主的形象体现，是坚持一夫一妻制高尚爱情的完美丈夫的形象体现，同时也是毗湿奴大神神性的体现。

二、《罗摩功行之湖》关于悉多的情节改写

（一）塑造“完美公主”形象的情节改写

《罗摩衍那》的女主角悉多是印度女性纯洁美好的完美典范，作为公主的她外貌出众美若天神，更重要的是她具有忠贞、善良、温柔、博爱、虔诚、自尊自爱等种种为人称赞的美德。但是在《罗摩衍那》中悉多会对丈夫罗摩抱怨、发脾气使小性子，会误会、责怪罗什曼那，她性格倔强、勇于自证清白，性情刚烈、遭受屈辱不惜以死明志……这些性格上的小缺陷使悉多的形象更加真实、更加生动立体。但这些特征在《罗摩功行之湖》中也都被摒弃了，《罗摩功行之湖》中女主角悉多随着男主角罗摩的转变也更加“完美”。书中说她是“美德的宝库，品貌双全，忠贞圣洁”[①]。杜勒西达斯让悉多宽容善良守礼知节，对罗什曼那也亲切友善，遇到委屈不抱怨，受到侮辱不愤恨，对丈夫罗摩百依百顺，时刻将丈夫视为自己的天神崇拜。

为将女主角悉多塑造成一位完美无缺的公主形象，杜勒西达斯首先改变了她的出身。在《罗摩衍那》中，悉多是遮那竭国王犁地时从田埂里捡来的女婴，起名为“犁沟”，实际上，在印度这样的种姓社会，捡来的婴儿的身世，不免会让人怀疑其出身和种姓。但到了《罗摩功行之湖》中悉多出场时就是高贵的遮那竭国公主，由捡来的弃婴变成了国王的亲生女儿。遮那竭王将她视为掌上明珠，而罗摩英俊的外表和贤良的名声使遮那竭王将其视为女婿的最佳人选。这样的安排使两人在身份上实现了门当户对，也洗清了悉多种姓出生的疑点，使悉多成为与罗摩相配的血统纯正的刹帝利公主。

此外，在《罗摩衍那》中，悉多是由大地养育，最终回归大地的地母之女。她被遮那竭王从大地中捡拾并养育，可以视为地母哺育了悉多。而悉多在一次次被罗摩怀疑贞洁后，请求大地女神露出罅隙让她进入大地。深坑、洞穴具有天然容器的形状，象征着人工打造的大地子宫——坟墓[②]，让悉多的灵魂能够重新回到生命本

① 杜勒西达斯．罗摩功行之湖［M］．金鼎汉，译．北京：人民文学出版社，1988：445．

② 叶舒宪．高唐神女与维纳斯：中西文化中的爱与美主题［M］．西安：陕西人民出版社，2004：98．

源——地母的腹中。从出生到死亡，悉多的命运与地母紧密关联。然而到了《罗摩功行之湖》中，悉多已不再是地母之女的身份，她已然成为“世界之母”。她由梵天创造，生来便是高贵的女神，是拉克希米在人间的化身，与雪山女神帕尔瓦蒂关系亲密，其美貌和品德都是世间之最，与毗湿奴的化身罗摩是天生一对。

从《罗摩衍那》到《罗摩功行之湖》，悉多通过血脉的改写完成了“完美公主”的身份的转变，王子配公主的模式使两个人在身份上达到一种对等的和谐。

（二）塑造“完美妻子”的情节改写

在《罗摩衍那》中罗摩、悉多二人虽则是夫妻的典范，但二者的结合颇具政治联姻的色彩，有政治利益交换的嫌疑，在这段婚姻中悉多身份特征的附属性非常突出。在《罗摩衍那》中悉多择婿一事并非自主选择，当时遮那竭王身处十支大军围城的困境，于是许诺谁能拉开弓箭，就把悉多相送。换个角度看，悉多实质上被当作了罗摩帮助遮那竭王解围的回报，是遮那竭国王与罗摩乃至背后代表的十车王的利益交换，因此书中罗摩、悉多二人的结合颇具政治联姻的色彩，悉多在选婿大典事件中被动的处境体现出印度女性在社会两性关系中的“失声”状态。因此，《罗摩功行之湖》中杜勒西达斯让罗摩与悉多由政治联姻转变为二人自由恋爱、两情相悦，让悉多的婚姻显得更加圆满美好、值得歌颂。罗摩在花园采花敬神时对悉多一见钟情，他跟罗什曼那诉说自己的心意：“她这非凡的美貌，使我不由得心烦意乱。”① 悉多也在女伴们的陪同下见到了罗摩兄弟，同样对罗摩一见倾心，书中道：“悉多用眼睛把罗摩收入心底，闭上眼睛，女友们默不作声，知道他二人一见钟情。”② 悉多还向雪山女神祈祷自己能嫁给这位英俊的王子，而罗摩也为了心爱的公主而努力拉开湿婆神的弓箭，最终在场上众人的祝福声中他们如愿走到了一起。罗摩悉多二人由政治联姻到“自由”恋爱的转变，体现了帕克蒂运动时期追求个人自由和婚姻自由的思潮，同时也使得罗摩悉多成为杜勒西达斯笔下恩爱夫妻的典范：门当户对，两情相悦。

此外，悉多的忠贞不渝是她在《罗摩功行之湖》这部作品中最突出的性格特点，作为高贵的遮那竭公主和大神罗摩的妻子，她的名誉不能有丝毫污点。而在史诗中悉多被劫的情节，无论怎么圆，悉多的贞洁都是一个疑点，这是传统印度社会伦理的大忌，所以史诗末尾才有悉多被迫投火自证清白的情节。在《罗摩功行之湖》中悉多被劫走的只是一个幻影，这样一来，关于她贞洁的疑点自然也烟消云散。为了对接史诗中悉多投火的情节，《罗摩功行之湖》也仪式感地安排了她的幻

---

① 杜勒西达斯．罗摩功行之湖［M］．金鼎汉，译．北京：人民文学出版社，1988：168．

② 杜勒西达斯．罗摩功行之湖［M］．金鼎汉，译．北京：人民文学出版社，1988：159．

影投火，郑重地为她涤清嫌疑。“她的影子和世人加在她名声上的污垢，都一齐在这熊熊的烈火之中化为乌有。”[①]

婚后悉多贤惠自持，温柔体贴，哪怕突遭巨变，她也甘愿陪伴罗摩流放森林十四年，历经艰难险阻也不离不弃，最终陪伴罗摩回到阿逾陀城建立“罗摩盛世”。悉多与罗摩的婚姻构成了一个理想的小家庭：二人能够相互扶持，同甘苦，共患难，忠于彼此，恩爱不离。杜勒西达斯通过塑造罗摩悉多的理想家庭，为印度教徒提供了一个典范。

三、《罗摩功行之湖》关于其他主要人物的情节改写

（一）关于罗波那的情节改写

十首魔王罗波那是作品中的主要反面角色，他劫掠悉多对剧情起到了重要的推动作用，但罗波那的形象在《罗摩衍那》与《罗摩功行之湖》中也有所区别。罗波那在《罗摩衍那》中并不是一个单纯片面的反派角色。“斯里兰卡在他的统治下正处于富裕和繁荣的顶峰。”[②] 史诗中描述的楞伽城美轮美奂，像天堂般美丽：“城里面大路四通八达，到处是成排的宫阙，柱子都是金银装成。”[③] 在他的治下人民安居乐业，生活富足，由此可见罗波那是个颇具治国之才的称职领袖。战场上他是一位足智多谋、英勇善战的统帅。他率领的军队威力惊人，给罗摩众人造成了巨大的威胁，甚至射伤了哈奴曼。虽然《罗摩衍那》中也有对罗波那草菅人命、蛮横残暴的描述，但大部分是在《童年篇》和《后篇》，很少出自中间的五篇。并且很多学者认为《罗摩衍那》的创作时间历时数百年，《童年篇》和《后篇》与中间部分情节和文笔不一致，很有可能是后人增补的内容。《罗摩衍那》中的罗波那实质上是“圆形人物”，具有明显的多面性和复杂性，心理活动复杂，也更类似于现实生活中的人。

而《罗摩功行之湖》中罗摩的对手罗波那，却基本被塑造成了一无是处的恶魔和昏君，变成了典型的“扁形人物”，即具备较为单一的性格和特征的人物。罗波那生来就神勇无比，加上大梵天的许诺获得不死之身，因此烧杀淫掠无恶不作，搅得天界人间民不聊生，最后逼得众神去乞求毗湿奴大神化身罗摩下凡惩治罗波那。书中先是描述他草菅人命的残暴：“罗波那手执格达棍，走动时大地抖颤，怒吼一

---

① 杜勒西达斯．罗摩功行之湖［M］．金鼎汉，译．北京：人民文学出版社，1988：613.

② Rathore B. *Life Skills In Ramcharitmanas* [R]. Vallabh Vidyanagar, 2016, 5 (3): 6–9.

③ 蚁垤．罗摩衍那（五）［M］．季羡林，译．北京：外语教学与研究出版社，2010：47.

声，使怀孕的女神仙纷纷流产。”[①]作为统帅的将领，他刚愎自用，认为战前提议投降的人都是长他人志气灭自己威风，甚至在大战来临之际仍没有警惕意识，在强敌压境之时他全然不知危险将近，只知道饮酒作乐。除此之外，罗波那践踏宗教信仰，破坏宗教仪式，不敬印度教。“他们违反《吠陀》经，做事情破坏宗教，发现了婆罗门和牛，就把村庄烧掉。因此，没有人尊敬神仙、师尊和婆罗门，也没有人修行、祭祀、施舍与敬奉天神。如果有人修瑜伽、出家、苦修、念经或祭祀，罗波那就会亲自跑去，把他们一一处死。”[②]使臣昂伽陀见过罗波那后回来跟罗摩说：“罗波那丢掉宗教，背离天神，遭到天谴，这些品德都离开了他，来到您的面前。”[③]

罗波那的形象改写本质是为了剧情服务，因为罗波那站在了罗摩的对立面，罗波那因此被塑造成了一个杀人放火、烧杀淫掠、蛮横无理的标准反派形象，与罗摩的“善”形成对立。杜勒西达斯认为罗波那的主要错行是不敬印度教，不敬婆罗门，而他种种劣行皆是因为不敬宗教而导致的。在楞伽城大战的最后罗波那的妻子、弟弟都投奔了象征着正义和“正法”的罗摩，罗波那因不守“正法”而众叛亲离。杜勒西达斯反复说明要将膜拜大神的化身罗摩作为个人的理想，虔信罗摩是印度教徒获得解脱的重要方式。以罗波那之败凸显罗摩之胜，虔信罗摩之胜。借此宣传罗摩崇拜的重要性和罗摩的神性，吸引更多印度人民信仰罗摩、信仰印度教。

（二）关于须羯哩婆的情节改写

罗摩为解救被罗波那劫走的妻子悉多，通过与猴王须羯哩婆结盟借猴国的兵力进攻罗刹国，但须羯哩婆却以请求罗摩协助其杀兄波林为联盟的条件。该情节在《罗摩衍那》中本身就容易引发读者对战争正义性探讨的争议，鉴于波林和须羯哩婆兄弟的行为举止，在这场王位的争夺中双方都称不上是正义的一方。须羯哩婆的行为是不符合伦理道德的，从王位的继承角度讲他是趁着波林与牛怪酣战之际使计篡夺了兄长的王位，在统治阶级内部进行了流血性政变，抢了波林的王位还霸占了他的妻子。波林除妖归来驱逐了须羯哩婆又霸占了须羯哩婆的妻子，在此情境下罗摩选择了须羯哩婆阵营并用暗箭射死了波林。虽然须羯哩婆在后面帮助了罗摩，成为战胜罗波那救回悉多的盟友，但从波林视角来看罗摩就是助纣为虐的帮凶，并且有违武士道德使用暗箭伤人，以不甚光彩的手段辅佐了一名野心家成功上位。

---

① 杜勒西达斯．罗摩功行之湖［M］．金鼎汉，译．北京：人民文学出版社，1988：129．

② 杜勒西达斯．罗摩功行之湖［M］．金鼎汉，译．北京：人民文学出版社，1988：130．

③ 杜勒西达斯．罗摩功行之湖［M］．金鼎汉，译．北京：人民文学出版社，1988：554．

而《罗摩功行之湖》中就针对此争议情节做了刻意的改写，让须羯哩婆不再是一个蓄意谋夺王位的野心家，而是阴差阳错下的受害者。在杜勒西达斯的笔下，罗摩是为了守护自己的信徒进行的正义战争，这场战争是按照君主的命令，为惩罚对方的不正当行为迫不得已时，以纠正对方不正当行为为目的进行的，完全符合托马斯・阿奎纳[①]的正义战争论。杜勒西达斯将须羯哩婆标榜为正义一方，须羯哩婆说波林让他在洞外等候半个月，如果他不出来，就说明他的生命已经完结。须羯哩婆在洞外等了一个月，见到鲜血从洞口往外直流就以为波林已被恶魔马雅维杀死。因国中无主，他才在大臣的拥戴下登基为王，没想到波林打死了恶魔，出洞回来见此情形便以为是须羯哩婆故意坑害自己。他殴打须羯哩婆，霸占他的妻子，把他的财产抢光，而须羯哩婆被迫在森林中提心吊胆地到处游荡。须羯哩婆摇身一变成了无辜的受害者、正义的王位候选人，由此凸显波林凶狠蛮横、不近人情。罗摩听到自己信徒的遭遇倍感同情，并发誓要杀害波林为他报仇。须羯哩婆也坚信罗摩可以帮助自己报仇，并愿意放弃享受、尊严、财产和家庭，时时刻刻诚心诚意地把罗摩敬奉。就连波林被射伤后也以自己死于罗摩箭下为荣，安详升入天堂，波林的妻子经罗摩点拨成为罗摩的虔诚信徒。在战争结束后罗摩还教给须羯哩婆很多治理国家的方法，尽心辅佐须羯哩婆成为一名合格的、遵守“达磨”的君主。罗摩坚守了自己的“达磨”，也通过此行收服了更多信众。

结语

16 世纪时，信仰伊斯兰教的民族已经相继入侵并在印度建立政权长达数百年。伊斯兰教的传入使印度教受到了冲击，一方面，伊斯兰教统治者采取政治、经济手段强迫印度教徒改宗。另一方面，伊斯兰教没有种姓制，主张一神崇拜，宗教仪式相对简单，再加上苏菲派通过多种途径在民间传播平等博爱的思想，与种姓制度倡导的严格的“分隔”形成鲜明对比，当时低种姓者特别是首陀罗纷纷加入伊斯兰教。“为了对付教徒流失、民众纷纷改宗的挑战，公元 6 世纪兴起于南印度的‘帕克蒂运动’[②]，于 14 世纪在北印度得到了进一步的发展，15 至 17 世纪达到顶

① Thomas Aquinas，中世纪经院哲学的哲学家、神学家。自然神学最早的提倡者之一，也是托马斯哲学学派的创立者，西欧封建社会基督教神学和神权政治理论的最高权威，经院哲学的集大成者，有“神学界之王”之称。

② “帕克蒂”的原文为“Bhakti”，前人经常把它意译为“虔诚”。Bhakti 由词根 Bhaj 加上后缀 Ktin(ti)构成，Bhaj 有“奉献”“遵从”“享受”“膜拜”“热爱”“成为……的追随者”等意思。就词义和该词的发展看，它并不是一个专有名词。不过，经过西方学者和印度本土学者的“努力”，该词具有了特定的含义，成为中世纪印度教改革运动的代名词。

峰。”[①]其目的是要进行宗教改革来完善印度教自身，重新争取改宗到伊斯兰教的印度教徒。杜勒西达斯也是出于抵制伊斯兰教和伊斯兰文化的需求创作了《罗摩功行之湖》。他通过学习、借鉴其他宗教文化中的进步成分，以不激烈的、温和的改革努力维护印度教的正统地位。“他通过融合帕克蒂运动和印度教，让人们实现行为、知识和宗教信仰之间的和谐。”[②]

相传杜勒西达斯于 1532 年生于北方邦阿拉哈巴德附近的一个农村婆罗门家庭。出生后不久父母去世，曾不得不沿门求乞，后来，他被福舍主人纳尔赫利（नरहिदास，Narhanidas）收留，纳尔赫利多次向杜勒西达斯讲述《罗摩衍那》的故事，将他改名为杜勒西达斯，杜勒西达斯在耳濡目染之下成为了罗摩神的虔诚信徒。他一生中大部分时间是在贝拿勒斯以及其他几处印度教圣地度过的。他曾云游过许多地方，接触过社会各种各样的人物，包括诗人、宗教家、修行人和贵族等，在云游四方的过程中宣扬了罗摩崇拜并积极组织宗教活动，目睹了当时统治者的昏庸和印度教信仰遭到破坏、人民丧失信仰被迫改宗的情形。于是在印度教圣地阿逾陀开始创作他最重要的作品《罗摩功行之湖》，歌颂全能大神毗湿奴。仔细对比《罗摩功行之湖》与《罗摩衍那》两个文本，我们可以发现蚁垤仙人描绘的罗摩是一位史诗英雄，尽管全文在赞扬罗摩，但行文中并没有过度美化他，而是让他具备正常人的情感反应和优缺点。但到了《罗摩功行之湖》中，杜勒西达斯完全在膜拜大神罗摩，他处处歌颂罗摩神爱护世间众人，只要信仰罗摩就可以消灾除厄，且罗摩是众神中最伟大的，堪称“众神之神”。两个文本中对罗摩的态度不同，实质上是因为观察罗摩的视角不同。蚁垤是林中仙人的身份，他以修行的世外高人的姿态叙述一个刹帝利国王的生平。可以说，蚁垤是在平视乃至俯视罗摩，客观地记录一位英雄国王的故事。而杜勒西达斯则完全将自己的姿态摆到最低，仰视罗摩，以虔诚信徒的姿态歌颂大神。从平视到仰视的视角变化，是罗摩神地位上升和“完美化”“神性化”的体现。

罗摩在史诗中的不完美之处是什么原因造成的呢？是否是蚁垤仙人刻意塑造了人物“真实且不完美”的一面？笔者认为不然，蚁垤仙人对罗摩的歌颂与杜勒西达斯的歌颂并无本质上的不同，我们对文本的解读应该与时代背景相结合。《罗摩衍那》的创作时代约为公元前 4 世纪至 2 世纪，正值奴隶社会向封建社会的过渡时期。蚁垤仙人笔下的罗摩是那个时期的遵守“达磨”的光辉正面的英雄形象，因此罗摩身上最为人诟病的缺陷——他对妻子和低种姓的残忍态度，在当时的印度教伦理道德范围内都是合理的。而到了 16 世纪杜勒西达斯生活年间，印度社会已经发展到封建社会晚期。经过千年的发展，印度教内部的伦理观也发生了变化。于是罗

---

① 薛克翘，唐孟生，姜景奎．印度中世纪宗教文学（上卷）[M]．北京：昆仑出版社，2011：43．

② आचार्य रामचंद्र शुक्ल. *हिंदी साहित्य का इतिहास*[M]. ज्ञान विज्ञान एजुकेयर, 2016: 129.

摩残忍抛弃悉多和随意杀害首陀罗的剧情就要被删减，否则影响一个完美的、遵守“达磨”的罗摩形象的塑造。

“杜勒西达斯在《罗摩功行之湖》中为执政者和普通民众指明了努力的方向，提出了理想国君、理想个人、理想家庭和理想社会的构想，为印度社会提供了理论上的样板和典范。”[①] 正是由于这部著作，杜勒西达斯才成为当时罗摩派的精神领袖，才有众多信徒追随，成为推动印度中世纪印度教帕克蒂运动继续发展的一代宗师，以他为师尊并形成了影响整个北、中、西印度的以罗摩和妻子悉多为主神的杜勒西达斯教派[②]。印度学者指出：“杜勒西达斯是印度帕克蒂运动的缔造者和优秀诗人。他给印度社会带来了多么深刻的影响，直到今天也无法估量。他为了消灭陈规陋习，为了人民觉醒创作了文学作品。杜勒西达斯这几个字不是一个简单的人名，而是整个印度最优秀传统价值观的维护者的代名词。”[③]

时至今日，《罗摩功行之湖》这部作品的意义已超越了一部优秀文学作品所起的作用，进入到社会生活的各个领域，具有极高的美学价值、时代价值与社会价值。作为一部长篇叙事诗，该作品语言优美，辞藻华丽，情感充沛，音韵和谐。诗歌中塑造的罗摩、悉多、罗什曼那、婆罗多等人物的人性之美和品德之美都成为印度教社会伦理的一部分。该作品对历史上虔诚文学的推动及对现代罗摩故事传播发展的推动都体现出这部印地语经典文学作品的时代价值。此外，《罗摩功行之湖》的社会价值主要通过作品中描述的社会问题、社会现状来体现。杜勒西达斯揭露了社会的黑暗现象，批判了统治者的不作为，并提出比《罗摩衍那》中更加详细而具体的“罗摩盛世”的构想。时至今日，“罗摩盛世”依然是印度教徒心中理想国家的模范。

参考文献

[1] 季羡林，刘安武编选．印度两大史诗评论汇编［M］．北京：中国社会科学出版社，1984：28．

[2] 刘安武．印度中世纪的大诗人杜勒西达斯和他的《罗摩功行录》[J]．南亚研究，1983（2）：41—52．

[3] 泰戈尔论文学［M］．倪培耕，译．上海：上海译文出版社，1988：146．

[4] 薛克翘，唐孟生，姜景奎．印度中世纪宗教文学：上卷［M］．北京：昆

① 刘安武．印度中世纪的大诗人杜勒西达斯和他的《罗摩功行录》[J]．南亚研究，1983（2）：48．

② 薛克翘，唐孟生，姜景奎．印度中世纪宗教文学：上卷［M］．北京：昆仑出版社，2011：256．

③ 薛克翘，唐孟生，姜景奎．印度中世纪宗教文学：上卷［M］．北京：昆仑出版社，2011：224．

仑出版社，2011.

［5］闫元元. 罗摩非至善，罗婆那非大恶：解构《罗摩衍那》中以达摩为准绳的道德观［J］. 解放军外国语学院学报，2007（2）：117.

［6］蚁垤. 罗摩衍那（五）［M］. 季羡林，译. 北京：外语教学与研究出版社，2010：47.

［7］杜勒西达斯. 罗摩功行之湖［M］. 金鼎汉，译. 北京：人民文学出版社，1988.

［8］叶舒宪. 高唐神女与维纳斯：中西文化中的爱与美主题［M］. 西安：陕西人民出版社，2004：98.

［9］Philip Lutgendorf. *The View from the Ghats: Traditional Exegesis of a Hindu Epic* [J]. *The Journal of Asian Studies*, 1989 (2): 272-288.

［10］Rathore B. *Life Skills In Ramcharitmanas* [R]. Vallabh Vidyanagar, 2016, 5 (3): 6-9.

［11］आचार्य रामचंद्र शुक्ल. *हिंदी साहित्य का इतिहास* [M]. नई दिल्ली: प्रभात प्रकाशन प्राइवेट लिमिटेड, 2020.

佛教传统与现代主义的融合
——斯里兰卡小说《无欲》解读

北京外国语大学　黄宇轩　江潇潇①

【摘　要】《无欲》是斯里兰卡杰出作家马丁·魏克拉玛辛诃笔下最伟大的作品之一，实现了从现实主义文学向现代主义文学的跨越，在现当代僧伽罗语文学史上具有划时代意义。魏克拉玛辛诃成功将内心独白、象征和隐喻等意识流技巧引入僧伽罗语小说创作中，在《无欲》中展示出意识流小说中常见的一种结构模式——立体交叉结构，而在这种表层结构之下，更深层次展示的是一场个人与社会、传统与现代、乡村与城市的无声交锋。运用“三重人格理论”对小说主人公佛教徒阿勒温德的性格和形象进行全新解读，可以发现在主人公身上体现出“本我”的薄弱与缺失、“自我”与“超我”的并存、冲突与融合的特征。

【关键词】《无欲》；佛教；现代主义；意识流；三重人格理论

《无欲》（විරාගය，1956）讲述了一名与世俗社会格格不入的普通男子孤独至死的平凡故事，是斯里兰卡杰出作家马丁·魏克拉玛辛诃（මාර්ටින් වික්‍රමසිංහ，1890—1976）笔下最伟大的作品之一，也是僧伽罗语长篇小说中首屈一指的代表作。《无欲》首次出版于1956年，一经发表便成为经久不衰的畅销经典，至今已再版30多次，还被翻译成英语、泰米尔语、俄语、日语、法语等语种，1987年被改编成同名电影搬上荧幕，一举囊括全国各项电影大奖。

在《无欲》问世之前，僧伽罗语文坛上几乎很少有人关注个体的精神领域。享有“现当代僧伽罗语文学先驱”之称的马丁·魏克拉玛辛诃在创作时侧重描写外部社会及各阶层人民，揭示西方殖民给斯里兰卡政治、经济、文化、社会等方面带来的多重影响，其代表作三部曲《乡村巨变》（ගම්පෙරළිය，1944）、《时代终结》（යුගාන්තය，1949）和《堕落时代》（කලියුගය，1957）都完美诠释了现实主义书写特色。但《无欲》的创作完全不涉及外部宏伟的大事件，注重向内探索平凡小人物的心理世界，它在题材、主旨、人物塑造和写作技巧等方面做出全新尝试，实现了

① 黄宇轩，北京外国语大学亚洲学院亚非语言文学专业硕士研究生，主要研究方向为僧伽罗语文学、斯里兰卡国别研究等。江潇潇，北京外国语大学亚洲学院副教授，北京外国语大学僧伽罗语教研室主任，主要研究方向为僧伽罗语语言文学、斯里兰卡社会文化等。

从现实主义文学向现代主义文学的跨越，当之无愧是斯里兰卡现当代文学史上具有划时代意义的经典作品。本文试图从现代主义视角出发，对《无欲》的情节、结构、人物形象、艺术手法等方面做文本分析和意义阐释。

一、情节与结构

《无欲》是一部关注个体精神世界的自传体心理小说，主体部分是阿勒温德生前记录自己生平的传记，由局外人赛弥重新整理后修订而成，旨在探索人生和人性之复杂。小说对故事发生的具体年代和地点只字未提，但根据书中对英语等级考试、公务员体系等细节的描写，可以推测出阿勒温德出生于殖民或后殖民时期斯里兰卡一个传统的僧伽罗族佛教徒家庭。阿勒温德是一个与现实世界格格不入的孤独患者，他先后经历父亲离世、与母亲分离、姐姐夺走房产、与初恋女友分手等悲惨事件，孤独情绪愈发增长，成了自己内心世界的孤儿。他在独居期间抚养女佣的女儿，对其产生复杂情愫。阿勒温德将自己平淡无奇的一生记录下来，最终在悟得人间大爱的释然中离开人世。

《无欲》不仅是一部心理小说，还受到了西方现代主义重要流派意识流小说的影响，初步具备意识流小说的基本特征。意识流文学兴起于 20 世纪 20 年代的西方国家，20 世纪 50 年代起被引入斯里兰卡。意识流小说的显著特征是从外部客观物质世界转向人的内心世界和精神领域，这必将导致情节的解体或淡化。《无欲》的故事情节整体较为平淡，没有跌宕起伏、一波三折，描写的都是阿勒温德的日常琐事，表现出阿勒温德的意识活动及其对自己、世人乃至人生的剖析。作家隐藏于作品背后不现身，除了第一章通过赛弥的视角介绍成书缘由之外，其他章节均以阿勒温德为第一人称展开叙述，摒弃了传统的全知叙述手法，很多侧面信息只能透过阿勒温德和其他人的互动中得以了解。尽管小说以阿勒温德的生平为基础，看似以线性时间展开叙述，但其实书中很少提到客观具体的“物理时间”，而是以阿勒温德内心主观的“心理时间”为序，许多故事情节毫无征兆凭空出现，因此各段落、章节间连贯性不强，常出现跳脱的情况，给读者造成晦涩难懂的印象。只有同时厘清表层结构和深层结构，才能帮助我们更好地理解小说。

（一）表层结构：围绕中心事件展开的立体交叉式结构

情节淡化使得小说的表层结构不再是情节结构，中心事件成为触发人物意识活动的外在因素，人物对故事主线的中心事件的感受和反应变得更加重要。《无欲》的中心事件包括专业选择、与萨罗基尼相爱和分手、父亲生病早逝、梅娜卡夺家产、与库勒苏利耶深交、抚养巴蒂长大并送她出嫁等，这些情节并非完全按照客观物理时间展开叙述，一系列回忆、联想、感受、思想和意识围绕中心事件展开，形成现实与回忆相互交织、事件与意识交叉混合的立体交叉式结构。

瞿世镜（2015：101—103）研究指出，伍尔夫通过短篇小说《墙上的斑点》的创作，创造出意识流小说中常见的一种结构模式——立体交叉结构或花朵般的放射型结构。在长篇小说《无欲》中也出现了类似的结构，只不过《墙上的斑点》是以外界事物和内心意识流动来回交叉构成，而《无欲》则是以主线情节及其触发的回忆、印象、感受、思考等内容交织而成。据此，以专业选择这一中心事件为例，A 代表中心事件，B 代表由中心事件联想到的各种回忆、感官、思考和感受。（见图 1、图 2）不同于传统现实小说的平铺直叙或顺叙与插叙相结合的手法，作者采取了主线情节与联想、回忆交替进行的方式，跨越时间和空间距离，使现在与过去融为一体。回忆和联想部分删去后对故事主体内容影响并不大，但正是通过“我”内心关注的那些看似不重要的一件件小事、一处处细节，通过这些背景信息的相互补充，从故事的一开始便暗示出“我”对肉体、女性甚至外部世界的无欲和无感。

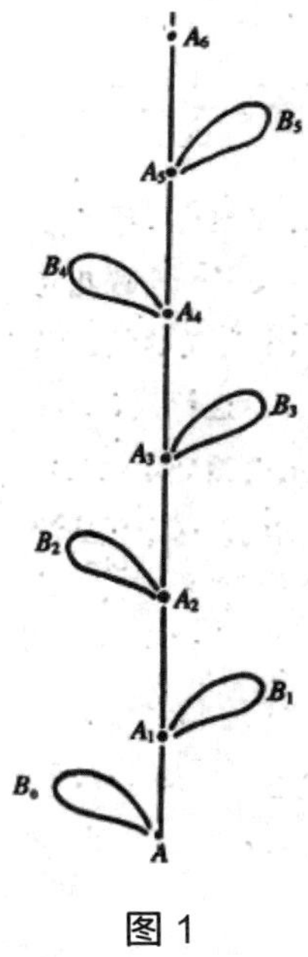

图 1

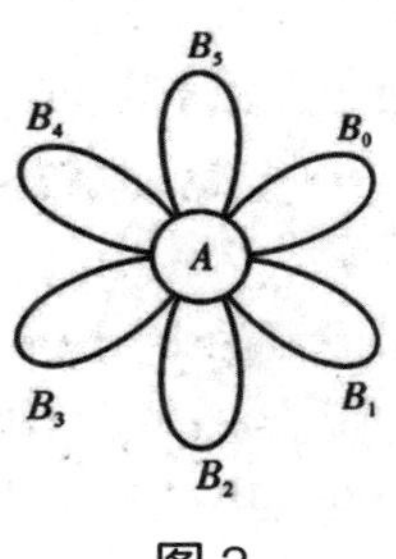

图 2

B0：翻阅医学教材产生心理不适的往事（回忆、感受）

A1：与父母就另择专业展开激烈争论

B1：对父母以及姐姐、姐夫的结婚照的描绘（感官）

A2：父亲外出行医，“我”与母亲单独就此沟通

B2：幼时晕血昏厥，剖析自己无欲的性格特点（回忆、思考）

A3：母亲表示尊重“我”的个人选择并宽慰“我”

B3：父亲、母亲和“我”三观不同之处（思考）

A4：“我”暗自决定改学其他专业，但又不愿忤逆父母

B4：父亲的日常生活和行医经历（回忆）

A5：某天姐姐、姐夫来家中商讨“我”专业选择问题之前的经过

B5：姐姐的省钱往事（回忆）

A6：同意“我”改学化学专业

（二）深层结构：揭示中心思想和价值取向

通过研究小说的表层结构或外在表现形式，可以迅速把握故事主线情节，了解人物内心世界和性格特征。但作家通过作品究竟想表达怎样的中心思想、传达怎样的价值取向，则必须揭示主线内容与意识活动之间的内在联系和深层结构。《无欲》表面上在讲述一个单身男子的凄惨故事，但更深层次展示的却是一场个人与社会、传统与现代、乡村与城市无声的交锋。它从本质上揭示了拥有佛心却身在凡尘的个人与物欲横流的社会之间存在的矛盾，一方面赞扬和讴歌淳朴自然的传统乡村培养出正直善良的佛教徒，另一方面暗讽和批判后殖民时期东西文化混合的斯里兰卡遭受资本主义和物质主义腐蚀，只是其表现形式远不如现实主义文学那么直白和激烈。

书名“විරාගය（viragaya）”一词包含复杂的深层意义，诸如没有欲望、没有兴趣、没有热情、没有羁绊、无欲无求、无牵无挂、超然、冷漠等词都只能算其中一面。在佛教文化中，විරාගය 代表的是一种超然、悟道、近乎涅槃的境界，而非消极状态。魏克拉玛辛诃在小说前言部分明确表示，如果读者对阿勒温德性格有着全面深入的了解，一定会得出“阿勒温德是一位证得斯陀含果[①]之人”的结论。他还进一步指出阿勒温德的罪过只有两点：一是他极力减少自己的欲望却不出家，仍过着凡尘生活；二是他在自传中以自我忏悔的方式坦露自己的过错。[②] 如此看来，阿勒温德一生无妻无儿、无欲无求、向往至善至美，更像是佛陀为佛教僧侣指引的道路。阿勒温德知足常乐、以德报怨，宁可折磨自己也不愿伤害他人，反而在小说里外都被评为傻子、疯子、愚人、弱者、伪君子，这恰恰是对现代社会的无情嘲讽。

在时代洪流中，每个小人物都不可避免受到社会大环境的影响和波及。斯里兰卡著名学者 Suraweera（1987：23）指出：“当代僧伽罗语小说反映出斯里兰卡过去几百年来一直推崇的社会和道德价值观正在经历一场危机，尤其是过去十五年来创作的小说将金钱至上的观念展现得更为淋漓尽致。”梅娜卡是一个唯利是图、耽于物质主义的人，她嘲讽库勒苏利耶一事无成，不赞成也不理解阿勒温德和他走得近，她理解的无欲状态仅有冷漠的一面。而阿勒温德和梅娜卡之间，以及他个人与

---

① 南传佛教中的四种果位：须陀洹果（初果）、斯陀含果（二果）、阿那含果（三果）、阿罗汉果（四果）。

② මාර්ටින් වික්‍රමසිංහ. *විරාගය* [M]. 23 වන මුද්‍රණය. රාජගිරිය: සී/ස සරස සමාගම, 2007: xiv.（说明：本文引用的《无欲》原文仅参考僧伽罗语版原著，由笔者翻译成中文，下同。）

外部社会之间矛盾形成的根本原因恰恰在于，他无法接受现代的物质主义侵蚀传统的极简主义，他用特立独行的生活方式捍卫东方传统佛教的正道，抵御西方现代资本主义的腐蚀。阿勒温德被赛弥类比为古代僧侣或隐士，“阿勒温德身上的虔诚感是与生俱来的。尽管他的一生都表现得像在家弟子，但实际上他更像吟唱《长老偈》直抒胸臆的古代僧侣，又像揭露自己世俗生活里不当行为的古代隐士。”① 这说明他还苦守古代的传统，跟不上也不愿跟上时代的发展潮流。如此说来，《无欲》堪称一首哀悼旧日简单至上的传统一去不复返的挽歌。

除此之外，小说处处暗藏作者对乡村和城市持有的不同价值取向。阿勒温德从小出生于乡村，对淳朴自然的乡村尤为欣赏和痴迷，不屑甚至鄙夷城市里追名逐利的气氛。“幼时随心而动不仅是我一个人的习惯，也是多数乡村孩子的习惯。乡村里才没有催促我们向往追求前途、财富或名气的环境。”② 而他与父母之间的价值观差异也导致了他对父母的情感有所不同，“母亲只和乡里人打交道，父亲特别重视与城里人结交，而我完全不在乎城市的人。”③ 再结合自传里阿勒温德的一段内心独白：“如果说有人憎恶我，那一定不是村民，而是几个受过良好教育的人，因为我像缩头乌龟避世不出，他们看不惯我……制造流言的人不是村民，而是上层社会中的有识之士，但散播流言的人是无知村民。”④ 可以看出相比之下，乡村里受教育程度低的贫贱之人心思澄明、品行高尚，而城市上层阶级有学识的人的行为反而失去纯真人性，另一例证是阿勒温德去世后，乡野匹夫、教育程度低的人、因循守旧之人、不谙世事之人、散播流言之人等络绎不绝地来参加阿勒温德的葬礼，因为他们本能感知到阿勒温德是一个好人。小说里乡村和城市的对立不仅体现在阿勒温德身上，在对父亲的评价上也可看出作者赞美乡村底层人民、批判城市上流人士的倾向。“我经常听到村民们说‘好医生’‘医生行善积德’‘不止给我送药，还免费送了奶粉’，这不是阿谀奉承，而是发自真心对父亲的赞美……我将那些有批判性思维的人视为导师，不料从他们口中得知，父亲的仁爱、同情心以及对大人物显示的尊重居然招惹猜疑。”⑤

二、人物形象

阿勒温德称得上是斯里兰卡文学作品中最具争议的角色，读者和学者们历来对其褒贬不一，评价两极分化严重，有人将之视为僧伽罗族佛教徒的典范，赞扬其正直善良、知足常乐、与世无争，也有人怒其不争，批评他是一个没有行动力的懦

---

① මාර්ටින් වික්‍රමසිංහ. *විරාගය* [M]. 23 වන මුද්‍රණය. රාජගිරිය: සී/ස සරස සමාගම, 2007: 11.

② මාර්ටින් වික්‍රමසිංහ. *විරාගය* [M]. 23 වන මුද්‍රණය. රාජගිරිය: සී/ස සරස සමාගම, 2007: 20.

③ මාර්ටින් වික්‍රමසිංහ. *විරාගය* [M]. 23 වන මුද්‍රණය. රාජගිරිය: සී/ස සරස සමාගම, 2007: 21.

④ මාර්ටින් වික්‍රමසිංහ. *විරාගය* [M]. 23 වන මුද්‍රණය. රාජගිරිය: සී/ස සරස සමාගම, 2007: 194.

⑤ මාර්ටින් වික්‍රමසිංහ. *විරාගය* [M]. 23 වන මුද්‍රණය. රාජගිරිය: සී/ස සරස සමාගම, 2007: 24–25.

夫、假清高的伪君子、人生的失败者。自《无欲》出版后，这场争论持续了半个世纪之久，直至今日也仍未消减，在主流报刊上仍载有针对《无欲》及其主角阿勒温德的讨伐或辩护之声，这不仅说明阿勒温德的人物形象是立体多面的，同时也说明这部作品经住时间的考验，具有超高的文学价值、社会价值和研究价值。

《无欲》的研究焦点主要集中于如何评价主人公阿勒温德，在书的开篇有这样一句话："读完这本自传后，如果您能回答'阿勒温德是个什么样的人'，您将看透人生和人性。"[①] 要想了解阿勒温德的想法和行动并非难事，书中有许多段落涉及人物的内心剖析和反思，但要想真正理解他想法和行动互相矛盾的内在逻辑，不妨借助弗洛伊德的"三重人格理论"。弗洛伊德（2011：197—231）认为，人的心理由"本我""自我""超我"三部分构成。本我位于人格结构的最底层，遵循快乐原则，是无意识、非理性、与生俱来、非社会化的结构；自我位于人格结构的中间层，是从本我中逐渐分化出来的，遵循现实原则，主要作用是调节本我、超我和外部世界之间的矛盾；超我位于人格结构的最高层，是从自我分化出来的，遵循道德原则，负责抑制本我的冲动、对自我进行监控、追求至善的境界。通常情况下，三重人格不断协调达成动态平衡状态，占据优势的一方可主宰个体的思维和行为。

（一）"本我"的薄弱与缺失

在阿勒温德身上很难看到三重人格的平衡状态，本我空间很小，有时甚至不存在，而自我和超我长期互相排斥，后期互相融合。阿勒温德的本我一面几乎只体现在幼时和玩伴一起玩耍时获得的快乐，长大后从本我进入自我是一个自然而然发生的过程。本我是欲望的体现者，但阿勒温德对世人信奉的那套成功标准毫无欲望和兴趣。"尽管我有学习天赋，但我完全没有兴趣为了通过考试或者谋求好工作而学习，我从来没有考虑过将来、工作和结婚。"[②]"我既不像崇尚物质世界之人追求财富，也不像耽于吃喝玩乐之人寻求感官享受。我内心不存在需要自控和压抑的欲望或兴趣，我致力于摆脱身体所在尘世，而这种欲望近乎无欲。"[③] 阿勒温德缺少本我的欲望一面，只有在对异性的情感方面展露出罕有的欲望。"巴蒂有着圆润的脸颊、大大的眼睛、饱满的双唇，就在过去两三年时间里，她的身体迅速发育成熟，如今就像一个盛满活力的容器。"[④] 不过这种本能的欲望也被其"超我"的道德一面所谴责，最终消失得无影无踪。

① මාර්ටින් වික්‍රමසිංහ. *විරාගය* [M]. 23 වන මුද්‍රණය. රාජගිරිය: සී/ස සරස සමාගම, 2007: 10.
② මාර්ටින් වික්‍රමසිංහ. *විරාගය* [M]. 23 වන මුද්‍රණය. රාජගිරිය: සී/ස සරස සමාගම, 2007: 20.
③ මාර්ටින් වික්‍රමසිංහ. *විරාගය* [M]. 23 වන මුද්‍රණය. රාජගිරිය: සී/ස සරස සමාගම, 2007: 35.
④ මාර්ටින් වික්‍රමසිංහ. *විරාගය* [M]. 23 වන මුද්‍රණය. රාජගිරිය: සී/ස සරස සමාගම, 2007: 136.

（二）“自我”与“超我”的并存、冲突与融合

阿勒温德一生中最主要的状态是行为由自我主导，思维由超我主导，因此经常出现行为和思维互相矛盾的现象。最早的冲突可追溯至阿勒温德上学时，有位老师因为阿勒温德功课不错对他青睐有加，因此很多同学巴结他，甚至甘愿在他犯错的时候当替罪羊，接受老师的惩罚。阿勒温德表面的行为是接受这些“朋友”的赞美和拥护，不得不与之为伍，而内心的真实想法却是鄙夷他们，反而对因老师偏爱而忌恨自己的同学另眼相看，并且对老师轻信谎言、不惩罚真正做错事的自己倍感失望。这说明阿勒温德活在被现实束缚的自我层面，但内心渴望摆脱这个表里不一的世界，对至善至美的超我境界心生向往。这种现实与理想、自我与超我、行为与思维的矛盾在后续的故事里随处可见，例如阿勒温德不想考虑就业和前路，尤其对探索宇宙和人生奥秘感兴趣，但最终还是不得不向现实世界妥协，按部就班参加考试成为一名政府文员，这与他清醒深刻的自我剖析是相符合的。“我的观念与传统世俗社会格格不入，但我的行为并未打破世俗常规。我在名为‘世俗’的河流里随波逐流，纵使内心无比渴望脱离此处，但真到适合上岸的地方时，我却丧失了行动力。只有在空想而无需付诸行动时，我才得以勇敢无畏地运用逻辑去思考；而一旦需要将想法落到实处时，我就沦为了情感的奴仆。如此看来，我也不过是个事事听命于世俗常规的奴仆罢了。”[①] 阿勒温德是一个羞耻心很强的人，他害怕世人异样的眼光，所以尽管心里知道自己信奉的价值观与世俗世界不一样，但他还是尽可能表现得和常人一样。

阿勒温德生性是个道德感非常强的人，他对现实世界里的丑陋阴暗面感到厌恶和反感，这也导致他更为关注自己的内心世界和精神世界，“像只把头和脚都缩进龟壳里的乌龟一般”。普通人在自我层面偶尔也会对现实感到不满，为自己犯的过错受良心谴责，但基本上能够与现实和谐共存，但阿勒温德显然无法容忍道德和精神上的不完美，更倾向于理想化的超我层面。“他（指阿勒温德）剖析自己性格中好的一面、坏的一面以及潜藏的丑陋一面，借由这种坦白忏悔的方式净化自我。”[②] 自从结束学业步入职场之后，他异于常人的孤独感显得越发突出。“毕业工作以后，我想起好友也会感到高兴，但我从来没有想过要去看望他们，就算这样想过，过段时间自然也打消念头了。从学校毕业后，我致力于打造专属于自己的内心世界，并生活于此间。”[③] 可以说从这里开始，他的超我开始有意识地觉醒，对亲情、友情等世俗感情感知不强。

他和萨罗基尼的柏拉图式爱情也仅停留在超我层面，无关本我的性欲和自我的

① මාර්ටින් වික්‍රමසිංහ. *විරාගය* [M]. 23 වන මුද්‍රණය. රාජගිරිය: සී/ස සරස සමාගම, 2007: 82.

② මාර්ටින් වික්‍රමසිංහ. *විරාගය* [M]. 23 වන මුද්‍රණය. රාජගිරිය: සී/ස සරස සමාගම, 2007: 11.

③ මාර්ටින් වික්‍රමසිංහ. *විරාගය* [M]. 23 වන මුද්‍රණය. රාජගිරිය: සී/ස සරස සමාගම, 2007: 35.

现实，这也可以解释为何他不曾或不敢考虑结婚、规划未来，他在乎的只是恋爱过程中汲取的精神养分和心灵慰藉。而从他看似听从姐夫建议、实则遵从自己内心做出了回绝萨罗基尼私奔的请求开始，他完全进入了与现实脱节的超我世界，可以说并不是他的懦弱和不作为导致二人分道扬镳，反而是他对理想超我的追求才主动结束这段感情。“我的冷漠是从上学时期开始的……和萨罗交往逐渐消减了我的冷漠，但她也无法完全消除我的冷漠……萨罗没有等我，而是选择了和西里达瑟结婚，这让我的心如释重负。”[①] 这里提的“冷漠”正是他对外部现实世界及其存在的人性、人际关系的态度。在萨罗基尼和西里达瑟结婚后，阿勒温德不修边幅，一心从事自己感兴趣的化学实验、炼金术试验。梅娜卡以为阿勒温德是因为受了情伤变得更为封闭，但实际上这正是他对外部世界存在的自我更加淡漠，转而沉迷于内心世界的超我。

尽管他活在超我世界里，但还是不免被世俗世界的评价体系所束缚，为现实世界的感情和人情所羁绊。阿勒温德一生没有结婚，也没有孩子，这在大众眼中是失败的、不合常理的。他和巴蒂非亲非故，却愿意花钱供她吃喝、接受教育，甚至为她出嫁妆钱，稍懂人情世故的人都无法理解他的这种行为，只会编排谣言诽谤他的清誉。阿勒温德的超我随着年龄和阅历增长也一步步壮大，“我觉得要想看清人性，必须积累足够长时期的生活经验。倘若在我读书上学那会，就能拥有现今我所拥有的人生经验的哪怕四分之一，我的生活该发生多大的变化啊？”[②] 最终他在临死之时发现自己苦苦追寻的真善美也存在于现实世界中，真正实现了自我与超我、现实与理想的融合。

（三）“自我”与“超我”的外在映射

阿勒温德的生父贾亚塞纳对他而言是“自我”的映射，是身体层面的父亲，而长者库勒苏利耶对他而言是“超我”的映射，是精神层面的父亲。父亲是一名师从东方阿育吠陀医学的传统医师，却想让阿勒温德学习西医，这并非因为他觉得西高东低，而是出于从众心理和现实因素考虑。“相比于传统医师，西医医生更受人尊重。父亲在看望自己诊治的病人时，如果有西医到来，父亲也会起身迎接，他这么做不是出于自愿，而是因为觉得其他人都站着而只有自己一个人还坐着不太好。因为担心伤了他人的心是件尴尬事，所以哪怕不喜欢，父亲也会跟随绝大部分人的步伐。他想让我当西医一是因为这种从众心理，二是因为西医赚钱，而不是因为瞧不起土医。”[③] 这种随大流的思维方式和实际行为让父亲显得尤为合群，他的自我人格处理好了与本我、超我和现实世界之间的关系。此外文中还有一处细节可加以佐

---

① මාර්ටින් වික්‍රමසිංහ. *විරාගය* [M]. 23 වන මුද්‍රණය. රාජගිරිය: සී/ස සරස සමාගම, 2007: 111.

② මාර්ටින් වික්‍රමසිංහ. *විරාගය* [M]. 23 වන මුද්‍රණය. රාජගිරිය: සී/ස සරස සමාගම, 2007: 207.

③ මාර්ටින් වික්‍රමසිංහ. *විරාගය* [M]. 23 වන මුද්‍රණය. රාජගිරිය: සී/ස සරස සමාගම, 2007: 15.

证，在一次卫塞节观看游行过程中，母亲和姐姐之间针对这场盛会究竟是为了行善积德还是娱乐开心而拌嘴，父亲则认为二者皆有，这体现出父亲在娱乐的本我和道德的超我之间选择了中立道路——自我。

库勒苏利耶是一位年长退休的邮递员，子女结婚成家之后没有和他住在一起，这与斯里兰卡的传统孝道和家庭观念相违背，经常遭受村民非议。但在他身上完全看不出被世俗常理拘束的烦恼和痛苦，他信奉的是活在当下的处世哲学，“永远也别去想过往，也不用考虑未来，世间一切烦恼都来自思虑过去和未来。”① 他不以寻常人的过去和现在区分时间，而以白天和黑夜划分时间。在夜晚观看盛大烟花时，库勒苏利耶说出这样一段富有哲理的话：“我们所有人的生活都是一场烟花。说实话我们只生活在白天，所以感觉不到生活本身是烟花。如果这场烟花是在白天盛放，又有谁看了会为之而高兴呢？”② 人都活在俗世里，但却难以感受到俗世如烟花般的美丽，“只缘身在此山中”，唯有跳脱出现实的自我层面，才能达到精神的超我境界。阿勒温德和库勒苏利耶越走越近，喜欢和他探讨形而上学以及和生命本质相关的哲学问题，库勒苏利耶关于水牛的言论给阿勒温德留下深刻印象。水牛在斯里兰卡文化里代表愚蠢执拗，但在库勒苏利耶眼中却是“一种智慧老成的动物”。他以独到的眼光将农民和水牛联系起来：“在忍耐力方面，水牛可与中年农民相提并论。同时，水牛又像隐士一般淡然，很少动怒。它的外形和内质都让人联想到中年农民。几千年来农民驯养水牛下地耕田，水牛继承了先辈的部分优良品质。”③ 库勒苏利耶是一种“超我”的映射，阿勒温德发自本能对“超我”的向往之情引起二人在价值观和精神层面的共鸣。

三、艺术手法

作为斯里兰卡杰出的小说家、文学评论家，魏克拉玛辛诃从小受到东西方文学的影响，是一位精通僧伽罗语、英语、梵语等多语种的学者。他在《无欲》创作中展现出描写人物心理的精湛技艺，率先将意识流小说里常用的内心独白、象征和隐喻等技巧引入僧伽罗语小说创作中。

（一）内心独白

内心独白是意识流作品的主要写作技巧之一，它指的是人物内心无声、独自表白的意识活动。《无欲》在运用直接内心独白表现主人公阿勒温德内心的隐秘世界尤为出色，相较于表现外部世界的动作、语言和环境描写，聚焦内部世界的心理描写在全书中占比更大，揭示的细节更多，蕴含的意义也更深刻。通过对阿勒温德内

① මාර්ටින් වික්‍රමසිංහ. *විරාගය* [M]. 23 වන මුද්‍රණය. රාජගිරිය: සී/ස සරස සමාගම, 2007: 96.

② මාර්ටින් වික්‍රමසිංහ. *විරාගය* [M]. 23 වන මුද්‍රණය. රාජගිරිය: සී/ස සරස සමාගම, 2007: 114–115.

③ මාර්ටින් වික්‍රමසිංහ. *විරාගය* [M]. 23 වන මුද්‍රණය. රාජගිරිය: සී/ස සරස සමාගම, 2007: 147.

心世界的细腻刻画，更能展现出这个人物的世界观和价值观。例如，当阿勒温德读完萨罗基尼提议二人私奔的信件之后，他不断通过内心独白展现出自己的心路历程。

第一阶段是在刚读完信后，他内心大为震撼，愉快、悲伤、害怕、羞愧等情绪交织，复杂不安，不知所措。“我是万千思绪里的一个弃儿。萨罗因为爱我做出了这样的提议，我打心底里佩服她。可是因为羞耻心和畏惧心，我的理智却告诉我要选择另一条路。我瞧不起世人遵守的那套世俗礼法，但我又无法为此付出实际行动。”①他虽敬佩萨罗基尼勇敢追求真爱和幸福的勇气和决心，但与此同时他又担心私奔带来的一系列后果，害怕一辈子都要忍受他人的异样眼光和羞辱。他本能想要拒绝，但又无法摆脱拒绝带来的耻辱感，所以无法轻易做出抉择。

第二阶段是在和姐姐探讨信件之后，他进一步从姐姐那里了解了萨罗写这封信的背景，原来姐姐已经私底下和萨罗的父亲沟通过双方婚事的事情，但得到否定的回复，因此萨罗不得不冒险提出私奔的建议。他得到姐姐的开导和宽慰，稍微感到心安。“梅娜卡的这番话深深地鼓励了我。她不像我考虑问题需要再三斟酌，她向来都是看准时机立刻行动，所以她的想法是建立在自身行动之上的。而我总是为了逃避行动而反复纠结，也正是因为这种恶习，我经常为自己做过的事情感到后悔。”②他同意姐姐所说的接受萨罗的提议，但仍心存疑虑，因为他并不想像萨罗设想的那样私奔到外省生活，于是提出带萨罗来家里住。

第三阶段是在和姐夫沟通后，姐夫指出萨罗基尼还不满结婚法定年龄，即便二人两情相悦想要住在一起，依法也会被判定为拐带妇女儿童的罪，于是阿勒温德认识到私奔问题的严重性，下定决心拒绝私奔的提议。“关于该如何给萨罗回信的问题，我已毫不犹豫下定了决心。达摩达瑟的这番话，像是往我的伤口上撒盐。”③其实姐夫的话并不是促使他做出这一举措的决定性因素，通过前文对阿勒温德性格的剖析以及阿勒温德的内心独白，不难看出他本就对婚姻、家庭、事业等不感兴趣，他追求的只是心灵上的契合与连结，因此一旦真正要落到实际、谈婚论嫁时，尤其还是违背世俗的私奔问题，他的直觉和本能就是否定和逃避。他选择主动结束这段感情，也就意味着逐渐远离现实世界，迈入自己的内心世界。

在阿勒温德人生的最后时光里，在巴蒂的悉心照料之下，他曾因巴蒂产生的妒忌、生气、失望等情绪消失不见。他终于摆脱了萨罗基尼、巴蒂两位女性之间的感情羁绊，从世俗的爱情上升至普世的大爱。在自传结尾处，阿勒温德通过一段内心独白诉说了人性善良美好的一面，展现出他对过往在现实世界里遭受的一切苦厄感到彻底释怀，以下引述的是这段内心独白的节选：

---

① මාර්ටින් වික්‍රමසිංහ. *විරාගය* [M]. 23 වන මුද්‍රණය. රාජගිරිය: සී/ස සරස සමාගම, 2007: 101.

② මාර්ටින් වික්‍රමසිංහ. *විරාගය* [M]. 23 වන මුද්‍රණය. රාජගිරිය: සී/ස සරස සමාගම, 2007: 105.

③ මාර්ටින් වික්‍රමසිංහ. *විරාගය* [M]. 23 වන මුද්‍රණය. රාජගිරිය: සී/ස සරස සමාගම, 2007: 107.

我的心就像一只折翼的燕雀。我待在家中时，是古娜瓦蒂为我张罗所需之物，她做事情就像一个牵线木偶。我卧病在床期间，我的心也像木偶一般，任由天马行空的思绪所牵引。

我偶尔觉得，我对巴蒂和萨罗基尼的情感像是将死之鸟扑棱着翅膀。这份徒留遗憾的爱如今对我来说并非伤心事，而是心生愉悦之事。我失去了自信。于我而言，古娜瓦蒂照顾我的那段独居时光就像生活在一片荒漠之中。我的病不会好了，但现在我生活在充满善意、爱意和情意等美好人性的环境里，我内心的绝望、失落和无奈因此离我远去了。我曾因巴蒂感到极度失望，但也是因为她，我的失望渐渐消失了。①

（二）象征与隐喻

综观《无欲》全书，作者运用象征和隐喻手法深化作品主旨，值得重点关注的是主人公阿勒温德的象征意义，以及阿勒温德和无欲之间的内在联系。“阿勒温德”（Aravinda）的名字取自梵语的“莲花”，莲花在佛教中象征纯洁与美好，阿勒温德作为莲花的化身，出淤泥而不染。小说英文版的书名采取音译和意译相结合的方法，译为 *Viragaya: The Way of the Lotus*（Viragaya：莲之道），“莲之道”不仅指代阿勒温德的道路，同时也体现出佛教的莲花观及小说的主题。《无欲》创作于 20 世纪 50 年代，当时斯里兰卡才刚独立不久，国内正掀起宗教民族主义运动，佛教文化和价值观复兴，以英国和英语为主的霸权主义西方文化遭到普遍质疑和抵制，出现一种将国家严格等同于僧伽罗族佛教徒的极端倾向。在这种创作背景之下，《无欲》蕴含浓厚的佛教哲学思想。正如学者 Chandani（2013：83—84）指出：“《无欲》的主题是阿勒温德从低层次的人类情感向更高层次的精神启蒙的上升，这种精神启蒙就是佛陀之路——通往至高无上真理之路。”

书中在各章节中均多次出现黑暗、光明、灯火等意象，这种隐喻的手法不禁让人浮想联翩。不同地方的“光与暗”内涵有所不同，例如赛弥用“黑暗洞穴里忽明忽暗的火焰”形容阿勒温德的仁慈善良之下还隐藏着另一面，这指的是阿勒温德光明性格的另一面是阴暗性格，而火焰之所以忽明忽暗，是因为他在这两种状态中摇摆不定。而下面这段更具代表性的话反复提及类似意象：

我的心灵在搜寻房间，宛如一只蝙蝠在黑暗中寻找栖息之所。我打开房门，走进房间。桌上点燃的灯火与黑暗展开殊死搏斗，却疲惫不堪，败下阵来。我把灯芯挑高，屋里重回光明。不一会儿，光再次暗淡。灯油燃尽了，此时我并不想添灯油，只想比平日里更早入睡。灯火还在苟延残喘。火焰前三次都顽强地向上生长，发出喷薄之声，直到第四次才终于熄灭。我的身躯与黑暗融为一体，可心灵却像一

① මාර්ටින් වික්‍රමසිංහ. *විරාගය* [M]. 23 වන මුද්‍රණය. රාජගිරිය: සී/ස සරස සමාගම, 2007: 207–208.

把燃烧的火，想要照亮黑暗。[①]

黑暗象征阿勒温德离开巴蒂后苦闷的心境，光明象征巴蒂给他带来的温暖和安心，灯火则象征他争取把巴蒂留在自己身边的努力。这段话的前情是阿勒温德一时冲动，许诺要将巴蒂嫁给基纳达瑟，他在与当事人一番交涉之后感到筋疲力尽。回到房间后，灯火与黑暗搏斗，象征着他之前千方百计想要挽留巴蒂，但灯火逐渐暗淡下来，表示不得不违心地成全他们二人。随后他挑起灯芯，对应在现实生活里他与巴蒂的母亲交谈时，拐弯抹角地试探能否让巴蒂嫁给办公室职员，得到了否定的回答。灯油燃尽，他的力气也已耗尽，眼睁睁看着灯火熄灭。灯灭后，在无边无际的黑暗中，阿勒温德开始思索自己对巴蒂情感的变化，最初对她只有同情和关心，但随着她的长大，这种同情心不知不觉发生变化，逐渐转变成对异性的眷恋，因此同意让巴蒂和基纳达瑟成婚只是他表面装大度的说辞。他的身体在黑暗里动弹不得，心灵困在阴郁愤懑之中，但还是想要驱赶黑暗，这也预示之后在巴蒂正式嫁人之前，他仍会再次做出挽留的试探。

四、结语

《无欲》是斯里兰卡本土具有现代主义色彩的一部优秀作品，通过上文对情节、结构、人物形象和艺术手法的分析，可总结出该小说的四大基本特征：第一，不关注宏观的社会大背景或外部环境，而是聚焦于微观的个体内心世界和精神领域，具有内倾性和主观性。第二，塑造非英雄和反英雄人物形象，选择从平凡小人物阿勒温德的内视角出发，折射出后殖民时期斯里兰卡普通的佛教徒在东方与西方、传统与现代、乡村与城市之间挣扎的孤独感和无力感。第三，故事主线情节被尽可能淡化，上下文连贯性和逻辑感不强，围绕主线情节展开的意识流成为理解人物性格和作品内涵的关键所在。第四，采用意识流小说常见的写作技巧，如内心独白、象征和隐喻、梦境和幻觉、自由联想、感官印象、时空错置、蒙太奇手法等，打破物理时间和客观空间的界限，展示全新的时空观念，形成了以中心事件为核心、以主观心理时间为脉络的立体交叉式结构。

尽管《无欲》的创作受到西方现代主义文学思潮的深刻影响，但值得注意的是，魏克拉玛辛诃的现代主义创作也浸染上鲜明的东方民族主义色彩。《无欲》讲述的是蕴含东方佛教哲学思想的本土故事，表现出僧伽罗族特有的传统文化、民俗风情、审美心理等，这也意味着它和西方现代主义存在本质上的区别。一方面，导致文学“向内转”趋势的时代背景不同。西方现代主义兴起于两次世界大战之后，在战争和死亡的阴影笼罩之下，人类的理性、道德、信仰等观念被解构重塑，再加上科学技术使人丢失主体性，于是西方人在非理性主义思潮和现代心理学影响之下

① මාර්ටින් වික්‍රමසිංහ. *විරාගය* [M]. 23 වන මුද්‍රණය. රාජගිරිය: සී/ස සරස සමාගම, 2007: 156.

开启了现代主义文学的创作。而斯里兰卡文学“向内转”的原因并非来自国外或国际影响，而是直接与本国政治社会情况挂钩。斯里兰卡学者在分析《无欲》的独特性时指出，自 1956 年班达拉奈克新政府上台，斯里兰卡社会出现“失声”现象，文学作品中的“社会-政治性对话”也逐渐消失，而《无欲》正是发展停滞的时代产物，其开创了文学作品“去政治化”的先河。（Liyanage，2018：61—63）去政治化和去社会化也是现实主义逐渐衰退的一种表现。《无欲》发表后，僧伽罗语文坛上开始涌现大批关注个体精神世界的内倾性作品，例如西里·古纳辛哈（සිරි ගුණසිංහ，1925—2017）的巨作《影》（*හෙවනැල්ල*，1960）、古纳达瑟·阿玛勒赛克勒（ගුණදාස අමරසේකර，1929—）的早期代表作《重生》（*යළි උපන්නෙමි*，1960）等。

另一方面，非英雄人物的心理特征和价值观念不同。Suraweera（1979：18）认为：“失望与幻灭、对生活的消极态度、自信力的丧失、无理由的厌倦感和失败感都是现代主义作家笔下常见的创作主题，（现代主义）小说里的主人公因上述情况感到痛苦。阿勒温德身上也体现出上述特征。”的确，阿勒温德和西方现代主义小说的主人公在表面上存在共通之处，但实质上因其成长环境不同，心理特征和价值观念也截然不同。魏克拉玛辛诃曾在某次采访中介绍《无欲》创作渊源时回忆称，他是偶然从亲戚那里得知一位独居单身汉的故事，这名男子在政府机关工作。作者对这位单身汉产生极大的好奇，亲自登门拜访并与之交谈，了解到他酷爱集书，身边无亲无故，时常沉迷于巫术、咒语等各种神秘幻想，此后便以该男子为原型创造出“阿勒温德”。① 以斯里兰卡普通人为原型创造的阿勒温德成长于东西方文化融合的环境，从小深受佛教和乡村文化的熏陶，哪怕遭受他人非议和折磨，也从不伤害他人，他为人处世的态度并非消极悲观，而是坚定维护内心的纯净，对外释放善意、悲悯和慈爱。

参考文献

［1］瞿世镜．意识流小说家伍尔夫［M］．上海：上海译文出版社，2015：101—103．

［2］西格蒙德·弗洛伊德．自我与本我［M］．林尘，张唤民，陈伟奇，译．上海：上海译文出版社，2011：197—231．

［3］A V SURAWEERA. Some Thoughts on *Gamperaliya* and *Viragaya* from the Point of View of Realism and Modernism [J]. *Vidyodaya Journal of Arts, Science, and Letters*, 1979, 7 (1&2): 15–21.

① රජිත බස්නායක. *සෙනෙහස සැඟවූ විරාගයේ අරවින්ද* [N/OL]. දිනමිණ, 2021-01-01 [2022-03-01]. http://www.dinamina.lk/01/01/2021//විශේෂාංග/112445/සෙනෙහස-සැඟවූ-විරාගයේ-අරවින්ද

［4］A V SURAWEERA. *Mordern Sinhalese Fiction and Social Change in Sri Lanka* [J]. *Vidyodaya Journal of Social Science*, 1987, 1 (1): 9–25.

［5］CHANDANI LOKUGE. Sinhalese Literary and Cultural Aesthetics: Martin Wichramasinghe's Novels *Gamperaliya* and *Viragaya* [J]. *Anglistica AION* 17.2, 2013: 77–87.

［6］LIYANAGE AMARAKEERTHI. Location of Cultural Value: Historicizing *Viragaya* as a Novel on Postcolonial Subjectivity [J]. *Sri Lanka Journal of the Humanities*, 2018, 42 (1&2): 54–85.

［7］මාර්ටින් වික්‍රමසිංහ. *විරාගය* [M]. 23 වන මුද්‍රණය. රාජගිරිය: සී/ස සරස සමාගම, 2007.

［8］රජිත බස්නායක. *සෙනෙහස සැඟවූ විරාගයේ අරවින්ද* [N/OL]. දිනමිණ, 2021-01-01 [2022-03-01]. http://www.dinamina.lk/01/01/2021//විශේෂාංග/112445/සෙනෙහස-සැඟවූ-විරාගයේ-අරවින්ද.

从象征主义手法的运用浅析《牛》的政治隐喻

信息工程大学 赵小玲

【摘 要】短篇小说《牛》是伊朗当代著名小说家、剧作家古拉姆侯赛因·萨埃迪的代表作之一，伊朗的文学评论多认为这是一篇现代主义作品、象征主义作品，关注其中的“魔幻现实主义”“异化”等元素。本文认为《牛》是政治题材小说，作家通过象征主义表现手法，隐喻巴列维王朝伊朗的内外环境，揭示了巴列维国王时期英美等帝国主义国家对伊朗实施霸权主义和国内波斯人政治、文化霸权主义政策对伊朗人民生存状况的恶劣影响。

【关键词】政治隐喻；象征主义手法；萨埃迪；《牛》

2017 年奥斯卡最佳外语片《推销员》中的一个片段，让人们注意到半个世纪前摄制的一部伊朗电影《牛》。《推销员》的男主角艾玛德兼职做艺术学校的老师，在一次课上他和学生们一起讨论影片《牛》的内涵——现行伊朗中学初中三年级文学课教材收录有电影原著短篇小说《牛》。《推销员》导演阿斯卡里表示，以此向《牛》这部影片致敬。原著入选中学教材、奥斯卡获奖影片向之致敬的电影《牛》，堪称伊朗新浪潮电影的代表作，拍摄于 1969 年，屡获国内外大奖。[①] 伊朗伊斯兰革命领袖霍梅尼也称赞它是“有教育意义的、有文化内涵的电影的典范”。[②] 这里笔者要讨论的是该影片的原著——短篇小说《牛》。

《牛》是伊朗当代著名小说家、剧作家古拉姆侯赛因·萨埃迪的代表作之一，自 1964 年问世以来一直广受关注，不仅被拍成电影，时至今日仍是伊朗国内文学研究领域的一个热点。伊朗的文学评论多认为这是一篇现代主义作品、象征主义作品，关注其中的“魔幻现实主义”“异化”等元素。我国学者对萨埃迪及其作品鲜有研究和介绍。笔者认为《牛》是政治题材小说，作家通过象征主义表现手法，隐喻巴列维王朝伊朗的国内外环境，揭示了巴列维国王时期英美等帝国主义国家对伊

① 1969 年获伊朗塞帕斯电影节最佳剧本奖，次年获伊朗文化艺术部电影节最佳影片，1972 年、1988 年、1999 年三次被伊朗国内影评人评为伊朗电影史上最佳影片。它也是最早受到西方关注和好评的伊朗影片之一，1971 年获得威尼斯电影节评委会大奖，之后在戛纳、柏林、莫斯科、伦敦、洛杉矶等国际电影节公映，1972 年获柏林国际电影节评委会特别奖，1994 年获法国拉罗谢尔国际电影节最佳影片。

② اظهارات خواندنی داریوش مهرجویی درباره امام خمینی (ره).https://www.bultannews.com/fa/news.

朗实施霸权主义以及伊朗国内波斯人政治、文化霸权主义政策对人民生存状况的恶劣影响。

一、作家与作品简介

古拉姆侯赛因·萨埃迪（1936—1985 年）来自突厥族的一个分支——阿扎里族，心理学博士。他出生在阿塞拜疆省省会大不里士，按他自己的话说，家庭条件“有点糟糕”。虽然他的外祖父是大不里士的立宪派，他父亲家是当时王储的幕僚，但是家庭经济情况并不太好，他父亲是政府职员，母亲是家庭主妇。萨埃迪中学就读于著名的曼苏尔中学，中学时代就在《小学生》周刊发表了短篇小说处女作。萨埃迪的前期创作以剧本为主，共出版了 20 部剧本单行本和 4 部电影剧本，是伊朗最具实力的剧作家之一。他关于立宪运动的 5 部剧作获得广泛好评，曾在伊朗长期上映。但他的主要成就在短篇小说，1953—1984 年的 30 年间他写了 60 多篇短篇小说。他的短篇小说塑造了伊朗现代文学史上最具感染力和最典型的艺术形象，因此萨埃迪有伊朗文坛“短篇之王”的美誉。1953 年“八月政变”后，萨埃迪被捕入狱数月，之后因参加反对巴列维政权的政治活动也多次被捕入狱。1979 年伊斯兰革命后离开伊朗侨居法国，1985 年病逝于法国。

《巴雅勒的哭丧人》被认为是萨埃迪最重要的、最具代表性的作品，是他文学创作的巅峰之作。小说集包括 8 个内容相互关联的短篇故事，它们有共同的人物、地点、氛围，每篇小说围绕巴雅勒村的一个村民展开。整部小说集成功再现了巴雅勒村人们的生活状况、偏远农村乃至社会的落后，深入剖析了巴列维政权时期的伊朗社会。该小说集出版后引起强烈反响。①

《牛》是小说集《巴雅勒的哭丧人》的第 4 篇小说。村民玛什哈桑养了一头奶牛，给村民们供应牛奶，以此为活计。玛什哈桑对牛的感情超乎寻常，全村人也都知道他爱他的牛甚于一切。一天他去邻村打零工，奶牛无缘无故地死了，玛什哈桑的妻子慌了手脚，和闻声赶来的邻居们商量怎么办。大家担心玛什哈桑无法接受牛死了的事实，一致决定把牛的尸体投进他家的井里，骗玛什哈桑牛走失了。玛什哈桑回来后虽然感觉到牛死了，但拒绝相信这个事实。他每天呆在牛圈里，像牛一样吃草，像牛一样叫唤，他把自己当成了牛。传统的祷告许愿等办法对玛什哈桑的癔症毫无效果，于是几个乡亲在伊斯兰②的带领下，决定用绳子拴着玛什哈桑把他送往城里的精神病医院。结尾处，伊斯兰面对村民的询问，只是含糊地回答：玛什哈桑没到城里……而玛什哈桑的妻子坐在房顶上哭泣，邻居家的院子里正在举办订婚仪式，吹吹打打好不热闹。

《牛》至今仍是伊朗国内众多文学研究者关注的话题。这篇小说的解读角度很

① 穆宏燕．伊朗小说发展史［M］．杭州：浙江工商大学出版社，2019：202—206．

② 小说里的人物名，是村里稍有知识的人，巴雅勒村的人们遇到问题时都找他咨询。

多，可以从异化和同化、宗教、社会、政治、文化、心理学、语言等许多角度进行分析。有人认为萨埃迪在这篇小说里表达了轮回的主题，包括灵魂轮回的动机、迷信思想、民粹主义等思想内核。[①] 有人从心理学、文化角度分析，认为作者萨埃迪作为一个阿扎里族人，不得不使用非母语的语言思考和写作，这种痛苦笼罩着整个阿塞拜疆省阿扎里族群体，在这篇小说里表达了作者本民族文化被剥离的痛苦。[②] 有人将这篇小说的风格与马尔克斯相比较，分析作品中的魔幻现实主义手法，如发表于《波斯文学文本研究》2011 年 2 月的《萨埃迪作品中的魔幻现实主义》、发表于《比较文学研究》2017 年夏的《萨埃迪与马尔克斯作品中的魔幻现实主义比较研究》。有人将之与卡夫卡的《变形记》相比较，指出《牛》表现的也是人的“异化”，如发表于《比较文学》2019 年秋冬季的《萨埃迪〈巴雅勒的哭丧人〉与卡夫卡〈变形记〉的象征主义对比研究》、发表于《波斯语言文学》2010 年春夏的《牛与甲虫：萨埃迪〈巴雅勒的哭丧人〉与卡夫卡〈变形记〉的人物塑造方式比较》、发表于《波斯语言文学研究》2021 年秋的《萨埃迪小说〈牛〉中异化涵义的谱系学研究》等。有人从神话学角度分析作品中的“牛”，如发表于《神秘主义文学与神话学》2020 年秋[③]的《萨埃迪剧本〈牛〉的神话学分析——牛在伊朗神话中的原型地位》等。中国学者穆宏燕在著作《伊朗小说发展史》中，把《巴雅勒的哭丧人》[④]列为现代派小说，指出作家“着重时代人物的内心状态和精神状态的分析，主要呈现小人物的精神状态”，作品中有“悲悯情怀”。[⑤]

二、象征主义手法

任何一部作品都是在作者的政治、社会、哲学、宗教观念的影响下诞生的，因此对一部作品进行社会学分析，就可以发现作者的世界观；反之，影响作者的时代的历史、文化、社会环境和世界观也会体现在他的作品中。[⑥] 笔者认为，萨埃迪的成长经历、所处的社会环境深刻影响了他的创作，同时《牛》这篇作品体现了作者时代的文化、社会环境，也表达了作者对政治、文化霸权主义政策的不满。萨埃迪的小说《牛》以及《巴雅勒的哭丧人》整部小说集的主题意蕴是政治隐喻，是对巴

---

① علی اکبری محبوبه، گاو مش حسن، مش حسن گاو (نقد و تحلیل قصه ی گاو از کتاب عزاداران بیل: اثر غلامحسین ساعدی)، گردهمایی انجمن ترویج زبان و ادب فارسی ایران، 1392، دانشگاه زنجان، دوره 8.

② صالحی مازندرانی، محمدرضا؛ گبانچی، نسرین. نقد روانکاوانهٔ باورها و کنش های عامیانه در مجموعه داستان عزادارن بیل غلامحسین ساعدی، ادبیات پارسی معاصر ، بهار 1395، شماره 1، صفحه از 25 تا 50.

③ 本段中的时间均从伊斯兰阳历时间换算而来。

④ 穆宏燕将作品名翻译为《巴雅尔的哭丧人》。

⑤ 穆宏燕．伊朗小说发展史［M］．杭州：浙江工商大学出版社，2019：206．

⑥ طایفی شیرزاد، عظیمی زهرا. نقد جامعه‌شناسانهٔ داستان "گاو"، اثر غلامحسین ساعدی، انجمن ترویج زبان فارسی ایران، دانشگاه محقق اردبیل، 1394 دوره 10.

列维王朝的政策进行批判，象征主义的表现手法使其在同时期政治小说中显得独树一帜。

象征主义，是欧美现代主义文学中的一个流派，最初产生于 19 世纪后半期的法国，是作为自然主义运动的对立而兴起的，先驱者是诗人波德莱尔。这个流派之所以称为象征主义，并不是仅仅因为喜欢用象征手法，而是因为他们对“象征”有独特的看法，归纳起来有三个方面：第一，客观为主观之象征。象征主义认为客观世界是虚妄的、不可知的，只有主观世界才是真实的，客观不过是主观精神的种种暗示和象征。第二，创作是苦闷的象征。象征主义者常常把“苦闷”抽象化，似乎是一种人生来就有的莫名其妙的东西，所以他们的作品虽然多少表现了一些对黑暗现实的愤懑不平，但往往伴之以对整个世界、整个人类的悲观绝望。第三，象征的基础是神秘。象征主义者主张象征本身就是目的，力图让象征“战胜思想”“摆脱内容”，连一点内在意义都不要。总之，象征主义的世界观是极端唯心主义的，其创作主张则是逃避现实、反对思想、强调直觉、崇尚神秘。

象征主义到 20 世纪 30 年代已经衰微没落，但它开创的象征主义手法影响很大，不仅被其他现代主义流派吸收，一些现实主义作家也受到影响。象征主义手法指重主观、轻客观、重直觉、轻理性、重暗示、轻描写的表现手法。它与象征手法既有联系又有区别。象征作为一种文艺手法，指用此物暗指彼物，用某种具体形象反映与之相近的现实关系，表达与之相似的思想感情。一般地说，传统的象征手法多用于描绘客观事物，所以注意象征物与被象征物之间的客观相似性，象征主义手法则直接表达主观感受，不需要顾及相似性，相反，有时恰恰需要歪曲客观性才能表达象征意义。它最适宜表现人们在特殊状态下的心情，如迷惘、恐惧、内心分裂、幻觉，以及其他变态的、病态的心理。①

象征主义手法的原型可以分为人、动物、物三类，其中“物”除了无生命的物体之外，还包括空间。下面将分析《牛》这篇小说的空间以及玛什哈桑-“牛”的象征意义。

三、空间的隐喻

20 世纪 40—50 年代伊朗的经济形势非常恶劣。一方面，英国通过英伊石油公司完全控制伊朗的石油生产，吮吸伊朗人民的血汗。另一方面，伊朗与西方的贸易使伊朗处于可悲的依附地位。战后美国的商品长驱直入伊朗市场，沉重打击了伊朗的民族工业，工厂倒闭，工人失业；伊朗进出口贸易严重失衡，继而导致财政困难。在此背景下，1950 年前后，伊朗议员摩萨台博士提出石油国有化，这一主张得到了人民党和教士的广泛支持。然而英国不但拒绝了伊朗的石油国有化建议，还

① 陈慧．象征手法、象征主义和象征主义手法［J］．河北学刊，1982（3）：121—125．

派了军舰到科威特和巴林岛，准备镇压伊朗石油工人的罢工。1951 年 4 月，摩萨台任首相，伊朗众议院和参议院通过了接管英伊石油公司的法令。但是英国政府发表声明，拒绝石油国有化法令。英伊谈判破裂后，伊朗单方面强行接管了石油公司，1951 年 9 月伊朗军队占领了炼油厂，至 10 月 4 日最后一名英籍职员离开，英国撤走了所有英国员工。伊朗石油生产停顿，石油收入减少，财政困难重重。摩萨台向国王施压获得军权，清洗了军队，积极准备推翻巴列维王朝。与此同时，英国政府在 1951 年 9 月 10 日发布向伊朗出口禁令，并冻结伊朗在英国的外汇。英、美控制下的石油卡特尔拒绝购买伊朗石油。先前曾表示支持摩萨台的美国看到摩萨台不肯接受美国的安排，转而同英国一起扼杀伊朗民族政府。美国通过伊朗的萨希迪将军联络了被摩萨台清洗出来的 200 名军官，准备军事政变。巴列维国王在萨希迪将军和美国中央情报局的克米特・罗斯福的支持下，签署命令免去摩萨台首相职务，任命萨希迪为首相。1953 年 8 月 17 日，萨希迪和克米特・罗斯福用 39 万美元收买的武装分子占领了议会，摩萨台掌握的武装力量土崩瓦解，萨希迪控制了德黑兰。这就是伊朗历史上有名的“八月政变”。①

《牛》以及整部小说集中压抑、落后、孤独、无助等感受正是“八月政变”后伊朗整个社会氛围的写照。政变推翻了摩萨台首相的政府，也颠覆了伊朗人民建立民主政权的理想，知识分子尤其是同情人民党的知识分子感到极度失望。萨埃迪通过虚构和现实相结合，成功刻画出村子的孤立、被忽视和陌生感。巴雅勒村对“灾难降临”的恐惧是萨埃迪这部小说集故事发展的推动力。

小说中出现的空间有巴雅勒村、普鲁斯村、郝屯阿巴德村和城市。总是笼罩着黑色的、悲哀气氛的巴雅勒村象征着伊朗。常常到巴雅勒村偷窃的普鲁斯人离巴雅勒村不远，普鲁斯村是英美两国的象征。而另一个村郝屯阿巴德则象征着俄罗斯（前苏联），那里的人虽然不像普鲁斯人般恶毒，但也偶尔对巴雅勒人做坏事。“城市”在小说里是一切问题的希望所在，但凡村里人遇到解决不了的事就去城里。城市象征着理想国，但是从伊斯兰的最终遭遇可以看出，这个理想国也幻灭了，它并不是巴雅勒人的出路。②在最后一个故事中，伊斯兰对巴雅勒村民的不知感恩心灰意冷，在一个陌生而神秘的呼声的召唤之下，离开村子去了城市，却进入了精神病院。

---

① 摩萨台被捕入狱，后被判服刑三年，1956 年刑满后被软禁在家，1967 年 3 月因咽喉癌去世。参见冀开运．伊朗现代化历程［M］．北京：人民出版社，2015：66—83．

② M. I. HajiAgha, A. Moshfeghi, A. H. Kahjuq. *The Comparative Semiology of Gholam-Hossein Sa'edi's "Azadaran-e Bayal" and Franz Kafka's "The Metamorphosis"* [J]. Journal of Comparative Literature Faculty of Literature and Humanities (21)-. Kerman: Shahid Bahonar University of Kerman, 2020.

四、精神异化的隐喻

《牛》以全知者的角度叙述，具有明显的荒诞色彩和象征意义，研究牛和主人公的象征意义是解读作品、抵达故事人物内心的关键。《牛》的故事情节很容易让人联想到“异化”这个词，毕竟卡夫卡的《变形记》里主人公变成了一只甲虫，这里的主人公以为自己是一头牛。但二者又有显著的不同：《变形记》的主人公发生了形体上的异化，而《牛》描写的是玛什哈桑精神上的异化。要理解精神异化蕴含的象征意义，应从精神分裂（也被称为多重人格）入手，分析多重人格是怎么形成的，萨埃迪通过玛什哈桑的精神分裂揭示了什么。

美国精神病大词典对于多重人格的定义是这样的：“一个人具有两个以上的、相对独特的并相互分开的亚人格，是为多重人格，是一种癔症性的分离性心理障碍。”某种特定的民族心理、某一阶层的特殊心理、某一历史时期的社会心理是作家双重人格形成的重要原因。在各国的历史发展中，我们都可以找到这样一个比较典型的历史时期，生活在这种历史时期的艺术家们，有些必然是内心充满了矛盾，他们的人格也最容易表现出双重性格的特征，他们的内心世界就充满了矛盾，而且这些矛盾深刻地反映在他们的作品中。[①]

萨埃迪就生活在这样一个重大转折时期。推翻恺加王朝建立巴列维王朝的礼萨·汗（1925—1941 年在位）强制推行世俗主义路线，并着力扫除封建势力和宗教势力，奉行威权主义路线。民族主义成为礼萨·汗政权的官方意识形态，其强调波斯民族构成和语言文化的单一性，奉行“波斯化”原则，并排斥少数民族，甚至国王还处死了几名少数民族议员。[②] 在议会方面，国王竭力削减各派席位并扶持复兴党，通过内务部牢牢控制议会选举，使议会形同虚设。1933 年，礼萨·汗实行“定居化”政策，迫使游牧民定居在国王政府为其量身打造的定居点，并任命将领统辖部落区，通过改良部落封建制，将部落区纳入中央政权的政治框架。1934 年国王命令废除部落选区，部落势力进而被排除在国家权力之外。

从 20 世纪 20 年代伊始，伊朗着手实施教育改革，主要内容有五个方面，首当其冲的是语言改革：全体学校一律使用波斯语为教学语言，向全国中小学推行用波斯语统一编写的教材，教师在课堂上必须使用唯一正确的标准发音，禁止使用地方方言。[③] 20 世纪 30 年代正值纳粹德国推行“血统外交”，纳粹分子在伊朗创办《古

---

① 徐挥．作家双重人格及其成因探析［J］．武汉大学学报（哲学社会科学版），1994（3）：84—88．

② 哈全安．伊朗通史［M］．上海：上海社会科学院出版社，2020：162—167．

③ 其余四个方面是：第二，挖掘和弘扬前伊斯兰时代的历史文化，增强民族自豪感。第三，在地理教学上努力培养学生的国家统一意识，强调伊朗各地区的联系。第四，清除波斯语中的阿拉伯语借用词汇，寻找“纯粹”的波斯语词汇替代。第五，宣扬爱国主义，培育学生对祖国的热爱是教育的核心主题。

老的伊朗》（*Iran-e Bastan*）等刊物作为社会达尔文主义的意识形态输出工具，强调日耳曼人和波斯人同属高贵的雅利安人。国王对此表示默许，不仅于 1935 年将国名改为伊朗（意为雅利安人的家园），还一直利用各种刊物、图书和广播宣扬民族沙文主义。[①] 礼萨・汗主张建构波斯民族的历史，宣扬古代波斯文化，波斯语作为国语通行全国，学校、政府、报刊和出版书籍禁止使用少数民族语言，公共场合不允许穿少数民族服饰。通过推行波斯语、弘扬古代波斯文化以及宣扬爱国主义精神，礼萨・汗缩小了伊朗各民族及社会各阶层的差异，促进了伊朗国民的同质化，强化了伊朗民族共同体意识。但另一方面，波斯人的政治霸权和文化霸权加深了波斯人与非波斯人的鸿沟。巴列维王朝的民族政策带有明显的波斯霸权主义特征，忽视或压制其他民族的语言文化权利。[②]

语言的学习过程同时也是民族对内塑造民族个性、对外塑造民族形象的过程。语言教学是民族文明传播的比较中性、温和，因而也是有效影响人类心理定式的方式。[③] 萨埃迪在上学前一直生活在母语环境里，可是从上学开始他被禁止使用阿扎里语，宣传阿扎里文化更要以罪论处。巴列维王朝时期的现代文化政策、语言统一政策压抑着作者的人格发展。于是萨埃迪的民族属性逐渐地混杂了异族的成分，他被迫否定本族文化而全盘接受异族的文化，这造成他内心的撕裂。这也是他选择研究心理学的主要原因，他试图从人格和心理的视角剖析自己和他的民族。而在写作中他也擅长运用心理学的分析，去展示人物的心理，特别是双重性格。

因此，实际上萨埃迪在《牛》中通过玛什哈桑精神“牛”化的故事，含蓄揭示了政治和文化霸权主义造成的少数民族的人格分裂。玛什哈桑在他的牛死了以后完全变成了“牛”，这个变化是他从双重人格到一重人格的回归。作者塑造的玛什哈桑是双重民族属性的化身，他变成牛的过程是阿扎里民族属性重建的过程。玛什哈桑变成牛后，以牛的口吻向它的守护者人形的玛什哈桑求助：“玛什哈桑，他们把铁锹扔在这里了，他们要把我偷走，要把我扔进井里，要割我的头，玛什哈桑，快帮帮你的牛！”这段话的含义是请求帮助一个被同化了的阿扎里人，拯救他的阿扎里民族属性。然而民族属性重建的结局是悲剧的，玛什哈桑和他的牛一起走向了死亡，即民族属性重建以失败告终。

除了萨埃迪，他同时代还有一些阿扎里族作家、诗人、知识分子也在为消除当

---

① M. Dowling. *Iran's Unholy Alliance with Hitler Enshrined in a Name* [EB/OL]. (2012-11-20). https://www.independentsentinel.com/irans-unholy-alliance-with-hitler-enshrined-in-a-name/.

② 冀开运，母仕洪．伊朗多民族统一国家认同的建构及启示［J］．阿拉伯世界研究，2019（4）：19—35．

③ 张文木．国家战略能力与大国博弈［M］．济南：山东人民出版社，2020：153—154．

时的文化暴政而努力。在农村地区由于没有接触到现代化、没有政府的教育介入，本土本民族文化没有遭到重创，而是依靠口口相传而较好地保持了原生态，实际不会感受到民族属性被抹杀的切肤之痛。但是在城市，口头文学、民间文学丧失了生存的空间，作家到德黑兰生活以后越发感受到民族属性被抹杀的痛苦，这种痛苦便在他的作品中以象征主义的手法呈现出来。

结语

萨埃迪的短篇小说《牛》及小说集《巴雅勒的哭丧人》描绘的恐惧、黑暗，以及看似神秘的、魔幻的、迷信的故事情节，是对落后农村客观现实的描摹，它不是象征主义的，而是使用了象征主义手法，整部作品充满着象征，整部作品的形象体系都具有象征性，它隐喻的是一个完整的世界。小说《牛》以象征主义的表现手法，通过小说的空间、氛围隐喻了伊朗被英国、美国剥削，百姓愚昧无知、迷信、生活在恐惧中的时代背景，通过玛什哈桑精神分裂为牛的故事，揭示了巴列维国王政治、文化霸权主义政策对少数族裔造成的精神伤害，表达了作家对霸权主义国家、霸权主义政策的批判。

参考文献

［1］穆宏燕．伊朗小说发展史［M］．杭州：浙江工商大学出版社，2019．

［2］陈慧．象征手法、象征主义和象征主义手法［J］．河北学刊，1982（3）：121—125．

［3］冀开运．伊朗现代化历程［M］．北京：人民出版社，2015．

［4］徐挥．作家双重人格及其成因探析［J］．武汉大学学报（哲学社会科学版），1994（3）：84—88．

［5］哈全安．伊朗通史［M］．上海：上海社会科学院出版社，2020．

［6］冀开运、母仕洪．伊朗多民族统一国家认同的建构及启示［J］．阿拉伯世界研究，2019（4）：19—35．

［7］张文木．国家战略能力与大国博弈［M］．济南：山东人民出版社，2020．

［8］M. I. HajiAgha, A. Moshfeghi, A. H. Kahjuq. *The Comparative Semiology of Gholam-Hossein Sa'edi's "Azadaran-e Bayal" and Franz Kafka's "The Metamorphosis"* [J]. Journal of Comparative Literature Faculty of Literature and Humanities (21)-. Kerman: Shahid Bahonar University of Kerman, 2020.

［9］M. Dowling. *Iran's Unholy Alliance with Hitler Enshrinedina Name* [EB/OL]. (2012-11-20). https://www.independentsentinel.com/irans-unholy-alliance-with-hitler-enshrined-in-a-name/.

[10] اظهارات خواندنی داریوش مهرجویی درباره امام خمینی (ره)[EB/OL].https://www.bultan.news.com/fa/news.

[11] علی اکبری محبوبه، گاو مش حسن، مش حسن گاو (نقد و تحلیل قصه ی گاو از کتاب عزاداران بیل: اثر غلامحسین ساعدی)، گردهمایی انجمن ترویج زبان و ادب فارسی ایران، دانشگاه زنجان، 1392، دوره 8.

[12] صالحی مازندرانی، محمدرضا؛ گباچی، نسرین. نقد روانکاوانهٔ باورها و کنش های عامیانه در مجموعه داستان عزادارن بیل غلامحسین ساعدی، ادبیات پارسی معاصر ، بهار 1395، شماره 1، صفحه از 25 تا 50.

[13] طایفی شیرزاد، عظیمی زهرا. نقد جامعه‌شناسانهٔ داستان "گاو"، اثر غلامحسین ساعدی، انجمن ترویج زبان فارسی ایران، دانشگاه محقق اردبیل، 1394 دوره 10.

伊朗小说《萨巫颂》性别民族象征下的潜文本[①]

广东外语外贸大学　唐艺芸

【摘　要】 伊朗当代长篇小说《萨巫颂》中存在着性别与民族的象征关系。以优素福为代表的男性投身于抵抗外族事业，与伊朗历史和文学中的民族英雄形象相呼应，是伊朗民族作为雅利安、穆斯林、什叶派等多种身份的象征。以扎丽为代表的女性逆来顺受，象征着深重苦难的伊朗国土，但却展现了对世界公民身份的认同。作者西敏·达内希瓦尔通过象征实现了个人故事向民族寓言的转换，在潜文本中表达了自身作为女性作家的民族观，揭示雅利安民族至上论的虚假性，暗示世界主义的政治理想难以颠覆伊朗人对民族身份的坚定认同，呼吁世界主义的实现应以民族的独立自强为前提。

【关键词】《萨巫颂》；性别象征；民族；潜文本

“萨巫颂”是古代波斯的一种宗教与巫术混杂的仪式，源于被图兰国所害的伊朗王子萨巫什的文学故事。萨巫什聪颖、勇敢、忠诚、正直、文雅、谦恭，却因后母诬陷而遭父亲驱逐，最终客死他乡。“萨巫什之仇”成为伊朗人国恨家仇的代名词。《萨巫颂》（1969）在此题名下，以 1941 年盟军为开辟二战战场物资运输通道而出兵占领伊朗的事件为时代背景，歌颂男主人公优素福为代表的不畏强权、反抗外敌的民族主义精神，以优素福之妻扎丽的视角，描写女性在民族意识觉醒中的迷茫、探寻过程，对两性人物的书写隐含了作者对伊朗民族与世界冲突的反思。

西敏·达内希瓦尔（Simin Daneshvar，1921—2012）因其女性作家的身份，其作品常被以女性主义的角度解读，而她独特的女性民族立场并未得到重视。事实上，《萨巫颂》表层文本只是一个普通伊朗地主家庭的故事，充斥了琐碎的乡土生活细节，作者的忧国情怀隐藏于表层文本下的潜文本，唯有通过解读象征的方式才能一览作者的民族观全貌。《萨巫颂》中将男性作为民族主体、将女性作为民族的空间进行塑造，在象征中潜匿了伊朗历史文化与意识形态的深刻内涵，以及在伊朗现代化过程中遭遇的民族与世界之深刻矛盾，作品超脱了普通女性作家个人化、家庭化的写作格局。对于第三世界的文学来说，“关于个人命运的故事包含着第三世

---

① 基金项目：广东省普通高校人文社会科学研究青年创新项目（2019WQNCX022）；广东省哲学社会科学“十四五”规划 2022 年度学科共建项目（GD22XWW03）。

界的大众文化和社会受到冲击的寓言”①。《萨巫颂》即是这样的一则寓言，通过象征策略实现了个人故事向民族寓言的转换，以一个普通伊朗家庭故事显示了整个伊朗千千万万个家庭的故事，展现了伊朗深厚的社会历史文化内涵。其中，作为本体的性别特征常常与作为喻体的民族意象产生某种契合，因此象征被用于民族主题的书写中，用于表达某种历史时期下不便表达的潜文本。阳刚、雄强的男性往往与崇尚武力的、勃发向上的民族英雄相呼应，而阴柔、弱势的女性，也通常与苦难深重、备受蹂躏的被殖民地具有相似性。本文从小说的正面人物中主人公民族意识觉醒的表现和原因两方面对小说男女两性进行对比分析，剖析男女角色对民族的象征指向，从而发掘作品中关于伊朗民族与世界之间的回答。

一、男性对民族身份的揭示

在《萨巫颂》中，一系列男性爱国者以实际行动展现出为民族奋斗、为国家而牺牲的无畏精神，使得它成了当今伊朗爱国主义教育的典范之作。以优素福为首的爱国者拒绝卖粮食给盟军，用对抗外族的态度、主动探求伊朗人民族身份的行为，展示了他们作为伊朗人的名片。这样的表现除了缘于他们作为民族话语权掌控者的身份以外，还缘于伊朗传统文化对男性英雄所塑造的角色期待。他们那“我是伊朗人”的无声诉说中，还暗含了伊朗人作为雅利安、穆斯林、什叶派多重身份内涵的潜台词。

小说中的男性爱国者对“伊朗人-外国人”的冲突持对立态度，将伊朗人与外国人进行截然对立的两分。在二战的大背景下，盟军在伊朗打着正义的旗号为二战战场开辟通道运送物资，却暗中从事非正义活动，例如，在伊朗划分各自势力范围、渗透殖民权力、安插间谍、挑动内战。优素福不顾兄弟汗卡卡的劝阻，拒绝与盟军合作，坚决不向盟军出售粮食。虽然优素福、伊儿部落兄弟、佛图西等人的政治主张并不相同（佛图西为社会主义者，伊儿部落为反政府且保守传统的游牧民族），但粮食紧缺时刻为着一个共同的目的走到了一起，号召其他城市的地主联合起来维护伊朗人的生存资源。佛图西不认同西方价值观，试图采用马克思主义为民族寻求出路。有勇无谋、见风使舵的游牧部落伊儿兄弟原本通过向外国人倒卖粮食换取武器，却在民族事业里找到了自己的价值，苏赫拉布“时刻准备着赴汤蹈火”②。可以看到，男性在民族事业中重振了男子汉气概，积极主动地为维护民族利益牺牲，成为民族的英雄。他们的动力来自对国家民族的归属感，这种归属感使他们不自觉地效仿伊朗传统文化中的男性英雄，主动成为民族的主体，先于女性确

① 詹明信．晚期资本主义的文化逻辑［M］．北京：生活·新知·读书三联书店，2013：429．

② 西敏·达内希瓦尔．萨巫颂［M］．穆宏燕，译．重庆：重庆出版社，2012：224．下文凡引自本书之处，仅标注页码，不再一一标注版本。

立自身的民族身份。

从人物原型上来看，优素福形象扮演着民族英雄的角色、承载着民族历史的记忆。学者们从伊朗民族与宗教发展史的角度确认了优素福的人物原型。如伊朗学者指出："优素福与被敌人包围、孤立无援的萨巫什相呼应"①，作者达内希瓦尔也曾提到："他的形象是雅利安英雄萨巫什、波斯史诗勇士鲁斯坦姆、伊斯兰什叶派的殉道者侯赛因以及《古兰经》中先知优素福形象的综合体。"② 优素福与鲁斯坦姆同背负了鞠躬尽瘁的民族勇士使命③，与侯赛因同归于遭强权者杀害的结局④，与《古兰经》中的优素福同样开仓济民，同有一个投机倒把的兄弟⑤，与萨巫什同有一个祸害家庭的后母名为苏达贝，同有一个誓报父仇的儿子名为霍斯陆⑥。历史、文学与宗教，就这样通过民族共有的记忆联系到了一起。民族形成的过程可以"视为对以前就存在的文化主题的重新阐释，以及对早先的族群联系和情感的重新建构"⑦。这些在伊朗文学史上与优素福形象产生互文的英雄名字无一例外都是男性，他们在历史和文学的故事中，无声地塑造了伊朗男性对自身角色的认同，也塑造了大众对男性作为民族英雄角色的期待。因此，民族的光荣归于男性，民族的主体是为男性。《萨巫颂》中的优素福集伊朗人关于雅利安民族和什叶派穆斯林的历史记忆于一身，重现伊朗的民族英雄形象，以民族身份的内涵唤起沉淀于伊朗读者心中的受害者意识。

优素福身上的混杂民族性，旨在引导读者反思伊朗 1941 年前极端的民族主义政策。20 世纪前半叶，专制的伊朗统治者鼓吹伊朗的雅利安民族优越性，意图通

---

① عابدینی، حسن میر. *صد سال داستان نویسی ایران*. تهران: نشر چشمه، 1998: 478.

② گلشیری، هوشنگ. *جدال نقش با نقاش در آثار سیمین دانشور (از آثار سووشون تا آتش خاموش)*. تهران: انتشارات نیلوفر، 1997: 74.

③ 鲁斯塔姆是古波斯史诗《列王纪》中的勇士，鲁斯坦姆生于一个勇士世家。在抵御外敌、保卫祖国的战斗中战功赫赫，始终对国王忠心耿耿，面对统治者的专横行为，他也敢于直言进谏，最后他死于同父异母的兄弟沙哈德之手。

④ 侯赛因（约 626—680）是伊斯兰教什叶派第三伊玛目，680 年，叶齐德世袭哈里发位后，他拒绝宣誓效忠，避居麦加。后不久，库法发生针对叶齐德的反抗，侯赛因被邀请前往主政，在途中遭遇倭马亚军队围困，在 10 月 10 日（伊斯兰教历 1 月 10 日）战死于卡尔巴拉。什叶派穆斯林每年在阿舒拉日为他举行纪念活动。

⑤ 优素福是《古兰经》中的先知之一。曾被兄长推入水井，死里逃生，后受重任主管粮仓，时值 7 年旱灾，就开仓济荒。兄长前来购粮，他不计前嫌，主动担起供养全家的责任。

⑥ 萨巫什是伊朗民族史诗《列王纪》中的勇士。他是伊朗国王卡乌斯之子，因年轻貌美，受到父王之妃苏达贝的引诱，他不为所动，反遭诬陷，萨巫什离开伊朗避居邻国图兰。图兰国王因听信谗言将其杀害。伊朗与图兰之间便由此结下深仇大恨。

⑦ 安东尼·史密斯．民族主义：理论，意识形态，历史［M］．叶江，译．上海：上海人民出版社，2006：86．

过宣扬伊朗的雅利安性来压抑伊斯兰性，将伊朗受到伊斯兰教影响后产生的文化元素进行丑化。达内希瓦尔在小说中巧妙地将雅利安性与伊斯兰性混合在一起，暗示伊斯兰文化也曾对伊朗的发展带来积极作用。在优素福身上可以看到，虽然伊朗人的血脉作为联结这个族群的纽带十分珍贵，但这种族群、血缘并不存在纯正性。正如斯图亚特·霍尔所说："文化身份决不是永恒地固定在某一本质化的过去，而是屈从于历史、文化和权利的不断'嬉戏'。"[①] 优素福面对德国纳粹问题的态度是公正的，他说："你们（指伊儿兄弟）曾把希特勒当做时代的伊玛目。这种把戏在这里已经行不通了。"[②] 暗指 1941 年前，许多伊朗人服从国王礼萨·汗的政策，把德国元首希特勒当作精神领袖，但随着盟军进入伊朗，这种鼓吹雅利安优越性的狭隘民族主义政策、借助德国摆脱英法控制而使伊朗尽快独立的企图已然破产[③]。

综上，优素福形象作为伊朗男性代表，其象征内涵在于，强调"我们是伊朗人"的同时，讲述伊朗人身份的内涵。在民族事业中，优素福用实际行动告诉读者，伊朗人既非西方人，也并非所谓雅利安血脉的人，而是一个雅利安、伊斯兰、什叶派等文化背景混杂的共同体。

二、女性对民族身份的探索

达内希瓦尔将小说中的男性表述为了伊朗人，也将女性象征化为了伊朗国土。小说中的男女，是国民与国家的象征，即：伊朗人/男性与伊朗/女性。女性在民族身份的探索中被动和迷惘，其原因在于其孕育后代的自然属性和长期在民族话语体系中的缺席。然而，基于女性视角的书写并不意在批评女性的局限性，而是为了表达女性对非暴力理想世界的向往，女性对伊朗人民族身份的探索与其民族意识的最终觉醒，昭示了其世界公民的政治理想难以颠覆伊朗人民族身份的坚定认同。

往常的文学批评认为，在小说的民族话语中，以扎丽为代表的女性是一种异质性的存在，与坚毅果敢的男性相反，她们表现得懦弱且任人宰割，缺乏爱国热情。软弱的扎丽不敢反抗外国强权者，即使自己的耳环、儿子心爱的马驹被总督家"借"去，也忍气吞声。与勇敢的优素福形成对比，她说："他们（外国人）想做什么就做什么，只是别把战争带进我的窝里来。"[④] 透过扎丽的视角，我们还看到病恹恹的庄园女人们——佛图西的妹妹曾参与妇女解放运动，却成了精神病院里的疯女

---

① 斯图亚特·霍尔．文化身份与族裔散居［G］// 刘象愚，罗钢．文化研究读本．北京：中国社会科学出版社，2000：211．

②《萨巫颂》第 57 页。

③ 礼萨·汗（1878—1944），伊朗国王，是一位强硬的民族主义者，1925 年通过政变建立巴列维王朝。曾为了对付英法而与德国暗中结交。二战爆发后，他宣布伊朗成为中立国，1941 年，在英美的逼迫下退位。

④《萨巫颂》第 19 页。

人。唯利是图的艾扎特杜勒夫人走私枪支。姑妈沉溺于毒品中，幻想到卡尔巴拉彻底投身于宗教的虚幻世界，逃离伊朗的现实社会。优素福的母亲，因丈夫被印度舞女苏达贝诱惑而被迫远走他乡。长期目睹女性的病状，扎丽不再像儿时那样勇敢，反而习惯性地选择懦弱。我们似乎发现，女性不仅民族意识微弱，并且眼光狭隘。她们只希望让自己的孩子在平和安静中长大，只关心亲戚邻里生活的鸡毛蒜皮，而将民族事业高高挂起，就连扎丽的最终觉醒也带有一定的被迫意味。但是，如果反思其背后原因，便能发现，她们虽然是民族主体的母体，却只能作为民族空间和场所的象征，长期在民族主体的话语体系中缺席。

从人物原型上说，以扎丽为代表的女性是肥沃富饶、包容万物、神圣不可侵犯的伊朗国土之能指。扎丽是一位典型的伊朗知识女性，也是孕育了三个孩子的慈祥母亲，她善良、聪慧、勤劳、美丽，她象征着《萨巫颂》故事的发生地设拉子，这片土地是伊朗辉煌灿烂文明的发祥地，培育了优素福等英勇正直、满腔热血的民族英雄，而今却被英苏联军无情地占领。她的身体被描述为民族的空间和场所。由于生育，她的肚子变成了一张“到处是褶皱和缝合疤痕的地图，优素福总是亲吻那些缝合处”[①]，她的身体进而指涉了被列强瓜分的伊朗国土。有学者曾探讨女性与国土间的关系：“从文化原型的角度而言，空间、土地、女体原本就互相指涉……当对‘祖国’的想象被具体化为广袤的民族生存地理空间、化育万物、丰饶的国土之时，‘祖国母亲’这一对祖国的易性想象也随之产生。”[②] 如果说优素福能以“抛头颅、洒热血”来显示自己的无私，那么她们就需要规避危险、孕育后代来实现自己的价值，就像千千万万的伊朗人愿意为国捐躯，但伊朗人的土地不可出让。美丽的女性虽是曾拥有辉煌灿烂文明的伊朗国土之象征，却始终作为一个消极的能指存在着，并未成为民族主体的部分。

女性在无意中还被排除在民族的话语体系之外，因而在民族身份的探索中迷惘失落。优素福和兄弟们在家中商讨革命事业，扎丽为他们斟茶倒水、忙前忙后，而优素福却用一句“别弄得那么吵”[③]请她回避，表明民族的主体根本上排斥女性，民族的空间根本上是一个男性的空间。优素福死后，她的第一反应是“把枪交到（她的儿子）霍斯陆手中”[④]，潜意识中依然认为解放民族的任务只能由男性来完成，扎丽的遭遇与伊朗的境况出现相似性，使得性别霸权与殖民霸权实现了同构。女性没有参与民族的事业，却必须承担培养、照顾男性的任务，为男性提供坚实的后盾。随后，扎丽的觉醒使其被动的境况得以改变，扎丽成了寡妇，相当于以某种

---

①《萨巫颂》第 19 页。

② 王宇．百年文学民族身份建构中的性别象征隐喻［J］．南开学报（哲学社会科学版），2008（6）：85．

③《萨巫颂》第 228 页。

④《萨巫颂》第 295 页。

方式否定了自己的女性身份，直接成了民族的一分子，亲自站上街头要求采用萨巫颂的方式来为优素福出殡，教育后人珍惜鲜血的价值，暗示伊朗也需要放下受害者的情结，不再把拯救的希望寄托于“第三国外交”[①]，主动改变任列强宰割的境遇。

手无寸铁的女性救国无门，将希望寄托于世界主义的实现，预设了一个比男性理想更高远的未来蓝图——她们并不需要民族，而需要一个没有性别压迫、没有战争、没有压迫、美美与共的乌托邦世界。扎丽认为，优素福们在民族主义外表的行动下所维护的本质是其自身的父权制话语。她说：“男人们正是因为不能生产，所以才让自己投身于水火之中。如果世界掌握在女人们手中，战争又何在？”[②]她教育儿子霍斯陆，不可将间谍的帽子扣在爱尔兰战地记者麦克马洪头上，她十分同情“做祖国独立梦”[③]的麦克马洪。在她心中，无论是否为伊朗人，只要热爱和平、尊重伊朗的领土主权，就值得被尊重和善待。扎丽因其“第二性”的地位而体验到世界被压迫群体共有的痛苦，以其天然的同情本能暗示了人类作为命运共同体的存在，这种对于共同体的认同感并不以血缘、国族等固有属性为捆绑，而以追求世界和平与民族平等的共同价值观为旨归。扎丽在本土与外来文化冲突中寻找文化教育的出路，肯定了西方教育的价值，为自己能讲流利的英文而骄傲，也并不干预养子库鲁转信基督教。在她的心目中，她的祖国不是伊朗，而是整个世界，她的名字不是“伊朗人”，而是“世界公民”。而在另一个父权制地域，在面对祖国认同的问题上也曾存在共鸣，英国作家伍尔芙说：“实际上，作为女人，我没有祖国。作为女人，我不需要祖国。作为女人，我的祖国是整个世界。”[④]因此，女性并非不能成为国家、民族的主体，而是支持着一种非暴力的、不争主义、世界主义的胸怀与理想。

女性作为伊朗国土的象征暗藏了对民族身份的迷惘与探索。与其说《萨巫颂》中的扎丽从懦弱变为坚强体现了女性民族意识的觉醒，倒不如说她从乌托邦式的救国梦中觉醒后，意识到自己对大同世界的设想暂不具备现实可能性。如果说对男性英勇牺牲行为的描写建构了《萨巫颂》关于民族主义的话语，那么以女性为视角的焦虑表述则潜藏了作者关于世界主义的思考。优素福的死亡无疑郑重宣告：在竞争残酷、成王败寇、弱肉强食的国际环境下，不争主义的政治理想、世界公民的身份想象，在主流的伊朗民族身份认同面前将分崩离析。

---

① 第二次世界大战期间，伊朗国王巴列维将美国势力引入伊朗，从而遏制英、苏在伊朗的势力。

②《萨巫颂》第 226 页。

③《萨巫颂》第 263 页。

④ 弗吉尼亚·伍尔芙．伍尔芙随笔全集：第 3 卷［M］．石云龙，刘炳善，李寄，黄梅，译．北京：中国社会科学出版社，2001：1141．

三、呼唤世界与民族的融合

《萨巫颂》的潜文本指涉了二战背景下伊朗人民族意识觉醒时的民族与世界之争：应该融入世界反法西斯战争的浪潮、接受帝国主义带来的后果，还是应该关起国门、奋起抵抗这场本与伊朗无关的战争？译者穆宏燕也认为“《萨巫颂》将世界反法西斯战争的需要与维护民族尊严的矛盾冲突表现得淋漓尽致”[①]。这样的矛盾之所以富有张力，是因为它恰好体现了伊朗人“雌雄共体”的心理：伊朗人既要寻找自己在父权制社会中的地位、强硬地维护自己的尊严，又感受到发自内心的、本能式的、如母亲般的人性关怀与热爱和平的心理。父权社会强调伊朗身份的认同感、民族独立自主的迫切性，母亲般的关怀使他们给予全人类无国界、无血缘、无性别、无阶级、无差别之分的同情感。在标榜超地域的国际视野和强调文化认同的民族情感之间，总存在着一种难以消融的张力。

也许部分读者会批评优素福道：如果伊朗人彻底放下与德国的暧昧关系、对雅利安种族的幻想，则能将伊朗人自我民族的命运置于世界的命运中思索，不必受限于受害者的心态，不必将盟军的占领视作外敌入侵，进而以更豁达的胸襟、理性的态度对待二战，将本民族的自由与世界的解放结合起来。但是，这种观点脱离伊朗历史文化语境，是对小说的一种误读。事实上，优素福的抗争并非为维护德国或雅利安种族而进行的抗争，并且，潜文本认为，即使伊朗帮助盟军获取了反法西斯战争的胜利，伊朗人所渴求的自由仍然遥不可及。

在小说中，作者一方面通过男性英雄的表层形象表明了她对伊朗人民族身份的认识，在潜文本中强调伊斯兰性在伊朗文化中也有积极的一面，对伊朗人真正的身份进行了重新确认。对应到历史中，统治者礼萨·汗狭隘的民族主义政策一味地对伊朗人雅利安种族纯正性进行虚假夸张，并未获得伊朗民众的认可。恰恰相反的是，民众需要的是政治的民族主义而非族裔的民族主义，对鼓吹血脉的虚假政治计划抱有警惕，认为它远超出用以培养公民的民族身份意识，而是用以塑造某种雅利安民族至上论。安萨里认为：“民族主义不是为了建造隔阂和进行区分，也不是表现一种优越感。它是为了进行思想上的革命，让伊朗人能够在国际联合体中自信地拥有一席之地。”[②]民族身份的塑造不应该以鼓吹这种身份为目的，而是以此身份团结伊朗人的力量，呼唤国际舞台上的公平与正义。在此问题上，小说中优素福的抗争并非为德国纳粹或为雅利安种族的抗争，而是呼唤民族的身份应该是政治的而非血脉的，从而希望伊朗人将民族的血脉与政治区分开来，站出来为伊朗人的未来奋斗，建立一个强大的独立国家。

①《萨巫颂》序第 2 页。

② Ansari A M. *Iranian nationalism and the question of race* [G]// Litvak M. *Constructing nationalism in Iran: from the Qajars to the Islamic Republic.* London: Routledge, 2017: 113.

另一方面，作者还通过利用逆来顺受的女性与饱受欺凌的伊朗国土之间的相似性，用女性的状态象征了伊朗在面对民族与世界冲突时的迷惘心态。女性既不愿意为国牺牲小家，又无法进入民族的事业去阻挡战争的发生，象征了伊朗人既不愿意参与反法西斯之战，又无力阻止战争进入自己土地的矛盾心理。女性并非对民族的事业漠不关心，而是本质上未享有民族的主体地位，伊朗人并非漠视世界的和平，而是以其警惕的本能预见到，帮助盟军本质上维护的是西方主导的世界体系，伊朗人所受的压迫并不会终止于反法西斯战争获得胜利那天。进一步，《萨巫颂》又在迷惘的主题下，潜存了民族觉醒的内容。在优素福的死亡将扎丽推向了真正的觉醒后，她终于明白女性正是因为一向委曲求全、避重就轻才被父权制社会所压迫，即使继续服从于父权，也无法获得男性的同情或帮助，她对优素福说："如果我想要不屈服，最先做的，应该是在你面前不屈服。"① 女性与伊朗同病相怜，伊朗正是因为将自己解放的希望寄托于帝国主义者身上，才被帝国主义者肆意利用，而即使帮助英苏取得了反法西斯战争的胜利，也缺乏与列强平等对话的机会。

作品以人物失败的表层文本带出了民族与世界关系的潜文本。在民族尚未实现自强的前提下，所谓的世界理想无从谈起。女性在毫无作为的被动状态下构想一个充满和平、没有性别和民族压迫、各美其美的世界，是痴人说梦，男人们在伊朗当时国力弱小的情形下，希求伊朗人能够与西方国家平等对话、在世界舞台上独立自决，本质上也是在做一个乌托邦的梦。早在一战后，伊朗人就已经对世界主义的真实面目有所认识，"知道列强当日所主张的民族自决完全是骗他们的。所以他们不约而同，自己去实行民族自决"②。在 1924 年同受侵略的中华大地也有同样的呼唤："其实他们所主张的世界主义，就是变相的帝国主义与变相的侵略主义。"③ 达内希瓦尔受到她丈夫、伊朗政治活动家贾拉勒·阿勒·艾哈迈德的思想影响，深知西方国家看似善意地对伊朗伸出援手，实则是在传染一种"西化瘟疫"④，不管英苏联合占领伊朗一事在法律与道德上如何评判，伊朗人都需要拥有独立自主地与帝国主义谈判的权利，以此摆脱受帝国主义压迫的地位，真正有权利谈论世界的自由和平等。

不管是伊朗的民族英雄，还是被寄托了民族深情的伊朗土地，这些古老的文化意象将小说中的小人物故事转化成了民族的寓言，参与了民族理想的建构。男性与女性，一个卫国，一个保家，一个在表，一个在里，男性确认了伊朗民族身份的内涵，即说清了"伊朗人是谁"，女性遭遇则否认伊朗人世界公民的理想，即说清了

---

①《萨巫颂》第 151 页。

② 孙中山．孙中山全集：第 9 卷［M］．北京：中华书局，1986：224．

③ 孙中山．孙中山全集：第 9 卷［M］．北京：中华书局，1986：223—224．

④ 贾拉勒·阿勒·阿赫迈德写过一本政论著作名为《西化瘟疫》，将西方以科学与技术为表征的文明传播比喻为一场瘟疫，指出它给伊朗带来了重重灾难。

“伊朗人何处去”，男女在民族身份的问题上殊途而同归。伊朗人记住了自己的伊朗人身份，正如安德森认为的那样：“民族属性是我们这个时代的政治生活中最具普遍合法性的价值。”[①] 伊朗人也没有忘记自己的世界公民身份，他们对盟军的抵抗并非出于对二战受害者的漠视，而是出于维护国家尊严的本能。

因此，作者在精神上仍然赞颂伊朗人为民族自身而进行的抗争，与世界反法西斯战争的正义与否无关。小说最后一句是这样写的：“风会把每一棵树的讯息传递给另一棵。树林会问风：在你来的路上，没有看见黎明吗？”[②] 表明作者鼓励后人继续投身于民族独立事业，使得伊朗有朝一日获得自由选择的能力。尽管优素福的行动最终是飞蛾扑火，但他在这条维护民族尊严的路上进行了一次虽败犹荣的探索，这样的探索，无疑发出了伊朗人的呐喊：当世界在实践全人类的理想时，也不应践踏民族的尊严，而应该以尊重民族的愿望和理想为前提，否则强权者永远会以各种借口不断向弱小者制造新的压迫。

四、结语

在此视角下重读《萨巫颂》，可看到达内希瓦尔作为一个第三世界女性作家，将民族观点贯穿于性别关系的写作中，从而在表层的个人寓言下暗藏其民族观的潜文本。有学者认为，《萨巫颂》是一部男性话语体系下的革命作品，“女性的议题总是服从于更重大的民族解放事业”[③]，但从潜文本看，该种观点忽略了作品字面下的深层含义，将达内希瓦尔与民族议题割裂开，忽略了她鲜明的民族立场。恰恰相反，《萨巫颂》女性民族意识的觉醒，并非直接建立在女性对民族的认同基础上，而是在女性认清了民族矛盾和性别矛盾的先后次序之后、暂时让性别矛盾为民族问题让步、接受自身在民族话语中无投票权的窘境后的选择，这样的阐释也许更能显示达内希瓦尔作为女性作家的宽广胸怀。

《萨巫颂》从一个普通伊朗家庭的表层叙述，以其象征展现了作者达内希瓦尔的民族理想在世界反法西斯战争与维护民族尊严冲突背景下的构建过程。男性作为伊朗人身份的象征，表述了伊朗人身份的深刻内涵，女性作为伊朗国土的象征则指向了伊朗被帝国主义蹂躏、在世界舞台中迷惘寻路的命运。因此，作品潜文本中体现了作者立体而多层次的民族观：民族主义情怀应基于对本国文化与自身身份理性、真实的认识，既非狂热的身份鼓吹，也非对大同世界虚无的盼望，伊朗人维护自身民族属性，既不可奉行雅利安民族至上论，也不应无为地寄希望于世界主义的

① 本尼迪克特·安德森．想象的共同体：民族主义的起源与散布［M］．吴叡人，译．上海：上海世纪出版集团，2005：2．

②《萨巫颂》第 354 页。

③ Kamran T. *Iranian women's literature: from pre-revolutionary social discourse to post-revolutionary feminism* [J]. *International Journal of Middle East Study*, 1997, 29 (4): 535.

实现。

参考文献

［1］安东尼·史密斯．民族主义：理论，意识形态，历史［M］．叶江，译．上海：上海人民出版社，2006．

［2］本尼迪克特·安德森．想象的共同体：民族主义的起源与散布［M］．吴叡人，译．上海：上海世纪出版集团，2005．

［3］弗吉尼亚·伍尔芙．伍尔芙随笔全集：第 3 卷［M］．石云龙，刘炳善，李寄，黄梅，译．北京：中国社会科学出版社，2001．

［4］斯图亚特·霍尔．文化身份与族裔散居［G］// 刘象愚，罗钢．文化研究读本．北京：中国社会科学出版社，2000：208—223．

［5］孙中山．孙中山全集：第 9 卷［M］．北京：中华书局，1986．

［6］王宇．百年文学民族身份建构中的性别象征隐喻［J］．南开学报（哲学社会科学版），2008（6）：81—88．

［7］西敏·达内希瓦尔．萨巫颂［M］．穆宏燕，译．重庆：重庆出版社，2012．

［8］詹明信．晚期资本主义的文化逻辑［M］．北京：生活·新知·读书三联书店，2013．

［9］Ansari A M. *Iranian nationalism and the question of race* [G]// Litvak M. *Constructing nationalism in Iran: from the Qajars to the Islamic Republic*. London: Routledge, 2017: 101–115.

［10］Kamran T. *Iranian women's literature: from pre-revolutionary social discourse to post-revolutionary feminism* [J]. *International Journal of Middle East Study*, 1997, 29 (4): 531–558.

［11］عابدینی، حسن میر. *صد سال داستان نویسی ایران*. تهران: نشر چشمه، 1998.

［12］گلشیری، هوشنگ. *جدال نقش با نقاش در آثار سیمین دانشور (از آثار سووشون تا آتش خاموش)*. تهران: انتشارات نیلوفر، 1997.

身份认同、创伤书写与空间关切
——阿瓜卢萨《遗忘通论》的多重解读

信息工程大学　宋文强

【摘　要】 在小说《遗忘通论》中，阿瓜卢萨通过主人公卢多维卡的视角，讲述了其在安哥拉动荡的近 30 年“自我隔离”的故事，并将卢多维卡的个人遭遇与安哥拉历史的宏大叙事巧妙联系在一起。本文通过文本细读的方式，尝试从三个角度对《遗忘通论》这部作品进行解读，认为拥有多重身份的卢多维卡在有关遗忘和记忆的冲突中，完成了自己和安哥拉人对历史中的身份和国家认同；卢多维卡的童年创伤、创伤反应、创伤后应激障碍和创伤疗愈为小说虚构的情节提供了符合常理的解释；此外，阿瓜卢萨文学创作独有的空间关切，又将《遗忘通论》文本解读延伸到其文学创作的浩瀚宇宙中，意象在不同作品的互文中愈加鲜活。

【关键词】 身份；认同；创伤；疗愈；空间；互文

引言

阿瓜卢萨全名若泽·爱德华多·阿瓜卢萨，1960 年 12 月 13 日出生于西非国家安哥拉万博市。他曾进修过农业和林业，后成为一名全职作家。他曾在葡萄牙、罗安达、里约热内卢、柏林以及莫桑比克岛定居以收集灵感并开展文学创作。他是一位小说家、故事家、专栏作家以及儿童文学家。他的短篇小说囊括了包括国内和国际各种文学奖项，其中《克里奥尔国度》（*Nação Crioula*）于 1998 年获得葡萄牙广播电视大奖；2004 年《贩卖过去的人》（*O Vendedor de Passados*）获得独立报外国小说奖，阿瓜卢萨也成为该奖项创办以来首位获此殊荣的非洲作家。阿瓜卢萨其他的作品还获得了葡萄牙作家协会小说大奖以及卡洛斯特·古本江基金会儿童文学大奖。其创作于 2012 年的作品《遗忘通论》于 2016 年曾被提名布克国际文学奖，并于 2017 年获得国际都柏林文学奖，由此，阿瓜卢萨在英语世界声名鹊起，成为当代安哥拉乃至整个葡语世界的代表作家，其作品已被翻译成 30 多种语言出版。

《遗忘通论》全书以卢多维卡·费尔南德斯·马诺的角色讲述了一个关于在安哥拉有关记忆和遗忘的故事。卢多维卡是一名葡萄牙人，在安哥拉和姐姐、姐夫生活在一起，由于安哥拉独立前夕的骚乱，她和姐姐失联，为了保护自己，她决定将自己隔离在罗安达的一所公寓里，通过竖起一堵墙，她将自己的公寓与大楼的其他部分和整个世界隔离开来，开始一场历经近三十年的城市流放。在这近三十年的时间里，她艰难地生存下来，就像一个在荒岛上遇难的人，在幽闭空间里克服了常人难以企及的孤独，最终，在偶然的机会下，她得到了萨巴鲁的救助，通过萨巴鲁的关爱获得了生命的救赎，打破了自己的心魔，从“艳羡之楼”走出，融入城市生活。在卢多维卡自我隔离期间，安哥拉也经历了国家独立、内战的历史动荡，作为冷战的前线，直至 2002 年，才最终归于和平。阿瓜卢萨表示，《遗忘通论》源自完全的虚构，卢多维卡的故事并非基于真实的事件写就，但令人惊讶的是，当这本书写好后，在莫桑比克发现了一对夫妇，他们像卢多维卡一样，30 年生活在莫桑比克一个与世隔绝的封闭之处。

《遗忘通论》得以让阿瓜卢萨真正进入西方主流文学的视野中，其文学性受到了英美文学的肯定。学界对于《遗忘通论》作品的研究日益增多，主要集中于葡语文学研究，国内尚无深入的相关研究。传统研究主要聚焦于后殖民理论，从文化视角对作品进行解读。本文以《遗忘通论》已有研究为出发点，辅以创伤叙事和空间理论，以文本细读为基础，以期对作品进行多角度的解读。

一、混杂性认同：身份、殖民及国家

在《文化的定位》中，霍米·巴巴询问如何在现代时空中反思身份问题，其标志是非固定性、不断运动、具有流动性。在后殖民背景下，这一命题将变得更加复杂，混杂性理论成为理解运动和流动身份的关键。在殖民主义和民族文化的混杂中，不同种族和文化集团的二元对立被打破，多重身份在混杂的文化中获得新的身份定义。

作为当代葡语作家，阿瓜卢萨出生于安哥拉内陆万博市，父亲是葡萄牙人，母亲是巴西人。多元的家庭背景，让其从小就对不同的文化有着别样的认识。年少时，阿瓜卢萨常常会跟随父亲沿着铁路旅行，对于各个地区的亲身接触，让阿瓜卢萨体会到身份的流动性和认同的复杂性①。多重身份贯穿他的生活和作品之间，多元性和位移构成了他的传记，并出现在他的文学话语背景中。他的出生与安哥拉去殖民化运动相吻合，被血腥冲突和不断战争所震撼的安哥拉历史将密切地标记他的经历和记忆，这些经历和记忆将以阅读或解释的形式出现在他的文本中。

在《遗忘通论》中，主人公卢多维卡是一名葡萄牙人，跟随着父母来到了安哥拉。随着自我隔离的开始，卢多维卡在“艳羡之楼”所见和所感与安哥拉独立、骚乱、战争的历史融合在一起。但是她一直想忘记自己的过去，也想被公寓外的世界所遗忘。根据霍米·巴巴的说法，“通过忘记或被迫忘记的方法，一个民族的有问题的身份认同变得显而易见”②。在阿瓜卢萨《贩卖过去的人》这部作品中，作家叙述了通过伪造证件以掩饰身份，通过忘记个人经历和安哥拉历史来获得短暂心灵

① 阿瓜卢萨．遗忘通论［M］．王渊，译．上海：上海人民出版社，2020：274．

② Bhabha. *O Local da Cultura* [M]. Belo Horizonte: UFMG, 2003: 226.

安宁，以此达到作品中人物多重身份的和谐。然而，在《遗忘通论》中，作家面对历史，面对记忆和遗忘的关系，给出了更为积极的呼吁——遗忘是不可能的，多种记忆的坚持和杂合会带来统一的身份认同。在书中，尽管时间流逝，卢多维卡面对着封闭的空间，公寓阳台的装饰和植物带给她有关葡萄牙的记忆，房间内的藏书带给她巴西和全世界的想象，而屋内的白化狗“幽灵”，阳台外的枪声、尸体、逃亡和无花果树时刻赋予着她安哥拉特质。在流动的时间里，卢多维卡不断对自己、周遭和安哥拉进行定义，在幽闭空间中，她在文学作品的阅读中找到了多重身份最终的归属，也在这漫长的挣扎中建构了自己的安哥拉人身份。故事的最后，卢多维卡不愿意从安哥拉离开回到葡萄牙，更表示“我的家人是这个男孩，外面的大树，还有一条狗的幽灵。我的视力越来越差。我的邻居有个朋友是眼科医生，他来家里给我做过检查。他说我永远不会完全失明。我还会有周边视觉。我将一直可以有光感，而这个国家无疑是光的盛宴。不管怎样，我别无所求：有光，有萨巴鲁替我读书，还有每天吃一个石榴的快乐[①]。”卢多维卡重获新生的淡然与其最开始对于世界极大的恐惧形成对比，她最终选择了安哥拉人作为其身份的代表，她从隔绝的幽闭空间中的自我解放，也象征着具有多重身份的安哥拉移民一代在面对过往的踟蹰和迷茫，但最终勇敢地完成身份认同，从历史走向未来的坚定决心。

书中的另一位人物——葡萄牙雇佣兵热雷米亚斯也发生了身份认同的转化。他在安哥拉革命者针对殖民者的清洗中，遭枪击而侥幸存活，逃到南方的游牧民族聚居区——安哥拉最脆弱、最失语、最边缘化的群体。然而，热雷米亚斯竟然在隔绝于世的部落中获得宁静，并扎根在那里。他作为一名地道的葡萄牙人，在安哥拉的历史洪流中，在经历生死危机之后，作为安哥拉“人民”整体的一部分得到了重生。此外，作为社会主义宣扬者的秘密警察蒙特，在安哥拉内战中夺取了很多革命者的生命，书中每一桩迫害和命案几乎都与他有关，当他亲手建设起的社会主义体系又在资本主义的反噬中瓦解时，他拥有的是理想主义者的愤怒和失意。然而，他最安宁的时候是他被其他人遗忘的时刻，他对于身份的定义也在安哥拉历史发展中不断流动。

巴西社会主义家吉尔伯特·弗瑞勒（Gilberto Freyre）曾提出了“葡国热带主义”（lusotropicalism）的概念。“葡国热带主义”的基本思想是说葡萄牙殖民统治是独一无二的，因为它在任何根深蒂固的地方创造了一种混合的重新融合的社会形态。弗瑞勒认为，葡萄牙殖民地的特点是和谐统一，因为殖民统治者适应了被统治领土的文化，并拒绝了诸如英国“殖民主义”之类的种族纯洁观念。根据“葡国热带主义”意识形态，葡萄牙人对热带土地和人民有一种与生俱来的和渴望的同理心。但同时也有学者对该理论提出批判，认为这个论断或多或少有意识地试图回避

① 阿瓜卢萨．遗忘通论［M］．王渊，译．上海：上海人民出版社，2020：237．

葡萄牙殖民地的种族压迫问题[①]。非洲葡语作家对殖民历史的认识处于"葡国热带主义"和"排外主义"的纠葛之中，非常复杂。

《遗忘通论》中对于殖民历史和去殖民化影射着作者的态度。从卢多维卡童年被强暴的遭遇来看，施暴者是一个她认识的人，并且和她的父亲玩过牌，可以推测出是一名居住在安哥拉的葡萄牙人；施暴的过程中，"他拽下我的内裤，进入了我……他打我的脸，力气很大，能把人打昏，但他的动作里并没有恨，没有怒火，就好像他在享受。"[②]作者以卢多维卡的遭遇暗指葡萄牙对于安哥拉的殖民过程——也就是这样的一次强暴的过程，葡萄牙用其积累的国家实力毫无感情地对安哥拉进行殖民，享受着其暴力获得的快感。书中更是用"我们的天空是你们的地面"[③]的表述来凸显出在殖民者面前安哥拉人身份低微的历史过往。

这种对于殖民历史态度的间接书写也同样出现在很多葡语文学作品中。莫桑比克作家米亚·科托曾在《杀死大海》（*Matar o Mar*）一文中描写了一位得了癔症的父亲，带着冲锋枪在海边想要杀死大海的故事，文中的海洋隐喻着西方殖民者带来的厄运和灾难，带给安哥拉人民深深的恐惧；安哥拉首任总统兼作家阿戈什蒂纽·内图也在短文《恶心》（*Náusea*）中描绘了葡萄牙殖民者到达安哥拉以后，主人公在经过海边棚户区，在感官刺激和精神回忆的双重伤害下，造成身体和心灵的双重恶心，来控诉殖民者对于安哥拉人民的奴役和虐待。阿瓜卢萨的作品往往带有着政治色彩，他敢于用书写去主动发声。2019 年，由于不满巴西总统博索纳罗对于亚马逊森林大火的不作为，阿瓜卢萨在葡萄牙《视野》（*Visão*）杂志专栏上撰文《O Triste Fim do Bolsonaro》[④]以戏谑的虚构故事强烈抨击、辛辣讽刺巴西领导人，并将博索纳罗比喻成一种存在于地球上的"病毒"。这种直率的政治表达在非洲葡语作家中十分少见。

阿瓜卢萨挖掘自己国家动荡的过去，展现了一个小国家的内部冲突如何被其他国家所利用。福柯说"我们处于一方对于另一方的战争中；一条战线贯穿着社会内部"。回顾历史，安哥拉长久以来都是葡萄牙的殖民地，1974 年 4 月 25 日，葡萄牙爆发了"康乃馨"革命，推翻了萨拉查政府的独裁统治，与此同时，葡萄牙海外殖民地纷纷宣布独立，安哥拉也是其中独立的一国。然而，独立以后的安哥拉要走向何方却成了难题，安哥拉人民还未从独立的喜悦中脱离出来，来自国际冷战的环境就裹挟着安哥拉人民进入到长久的内战之中。"安哥拉人民解放阵线"（FNLA，

① Helgesson. *Same and other: Negotiation African identity in Cultural production* [M]. Elanders, 2001.

② 阿瓜卢萨．遗忘通论［M］．王渊，译．上海：上海人民出版社，2020：261．

③ 阿瓜卢萨．遗忘通论［M］．王渊，译．上海：上海人民出版社，2020：13．

④ Agualusa. *O Triste Fim do Bolsonaro* [J]. (2019-09-26) [2022-06-30]. https://visao.sapo.pt/opiniao/a/nem-tudo-e-ficcao/2019-09-26-o-triste-fim-de-jair-messias-bolsonaro/.

简称“安解阵”）、“安哥拉人民解放运动”（MPLA，简称“安人运”）以及“安哥拉彻底独立全国联盟”（UNITA，简称“安盟”）多股势力展开战斗，安哥拉全面内战拉开帷幕，代表不同利益的团体在安哥拉土地上角逐，而安哥拉人民的利益诉求却被忽视。直到 2002 年，安盟领袖萨文比被击毙，安盟与安人运签署和平协议并解除武装，安哥拉最终结束内战。在此过程中，几十万的安哥拉人民在这场浩劫中丧生，国家与经济发展几乎停滞。

安哥拉独立初期，社会主义阵营和资本主义阵营在安哥拉都以军事政治的形式存在，古巴人进入安哥拉的街头，南非挺进安哥拉。安哥拉在外国势力的争斗中成为最终的受害者。“我害怕窗户外面的东西，害怕喷涌进来的空气，害怕它带来的响声。”[①] 作者暗指造成安哥拉无休止的内战是来自外部的、让人恐惧的势力。隐喻着社会主义的“切·格瓦拉”猴子，由于卢多维卡的饥饿，被她亲手用小刀杀死了，“它在那里停了下来，靠着墙，一边哀号，一边流血。女人坐在地上，筋疲力尽，她同样在哭泣。”[②] 这代表着作为社会主义阵营的势力在安哥拉意识形态斗争中的式微。而与此同时，天线“有三根也朝向了南边”，暗示资本主义势力的短暂强盛（安哥拉南边为南非）。阿瓜卢萨以卢多维卡封闭的公寓为参照，将安哥拉的社会主义和资本主义阵营对立的宏大叙事放在一个女人的目光所及之处。而这场冲突给安哥拉带来的阵痛，作者有意掩盖在小说的人物和情节中，凸显了安哥拉人不愿意回忆起那段苦痛伤疤的心理。正如书中所写“犯错能让我们改正。也许需要忘了这件事。我们需要练习遗忘”。可是，拥有多重身份的热雷米亚斯以作者口吻发声，表示“我不希望遗忘。遗忘就是死亡，他这么说。遗忘就是投降”。[③] 阿瓜卢萨明确了记住历史，拒绝遗忘来进行国家认同的方式，通过面向未来，来建构更加美好的安哥拉，以此来消解历史带给安哥拉人民的精神创痛。

二、创伤书写：源头、反应、症候及疗愈

创伤文学并非只描写战争、大屠杀、恐怖袭击或是自然灾害等摧残人类肉体和精神重大时间的宏大叙事文学。现代心理学的发展将创伤的范围拓展，并认为创伤更多时候来自普普通通的日常生活[④]。“心理创伤”常指日常生活中的与精神状态相关的负面性影响，常由躯体伤害或精神事件所导致，它可以以时间的当事人为载

① 阿瓜卢萨．遗忘通论［M］．王渊，译．上海：上海人民出版社，2020：37．

② 阿瓜卢萨．遗忘通论［M］．王渊，译．上海：上海人民出版社，2020：87．

③ 阿瓜卢萨．遗忘通论［M］．王渊，译．上海：上海人民出版社，2020：254．

④ 魏懿．凯瑟琳·安·波特小说中的创伤叙事研究［M］．北京：光明日报出版社，2020．

体，但也可能因目睹事件而诱发。[①]创伤文学关注创伤的源头、创伤反应、创伤症候及创伤疗愈。

《遗忘通论》以非线性和片段化的叙事结构构建起整部小说，以此来体现创伤叙事的内涵。作品以卢多维卡为第一视角，穿插日记的形式构建整个故事，它主要呈现为简短故事、生活片段、场景描述、俳句和诗句。菲利浦·勒热纳在《自传契约》中讲到："自传首先包含一种非常经验化的记忆现象学。叙述者重新发现了自己的过去，但是依靠的是无法预见的记忆的作用……记忆没有故事的结构，它非常丰富也非常复杂，线性叙事无法传达这种丰富性和复杂性。"[②]在这种非线性的叙事中，作品从卢多维卡创伤的源头、创伤反应、创伤症候及创伤疗愈方面对整个自我隔离事件进行了情节的补充。

《遗忘通论》中卢多维卡的创伤来自多个方面。卢多维卡在最开朗的年纪里遭受了父亲牌友的奸污，在父亲得知女儿的遭遇后，父亲用歇斯底里的反应加深了卢多维卡的创伤。"他气昏了头。他打我耳光。他一边用皮带抽我，一边对着我高喊：'婊子，妓女，贱货。'直到今天我还能听见他的声音：'婊子！婊子！'妈妈抓着他。姐姐一直哭。"[③]至此，父亲从未再和卢多维卡说过一句话。这样的遭遇让年轻的卢多维卡开始感到"可耻"，因此她开始自我与外界的隔离，将自己关在自己的房间里，而父母也同样把她关到房间里。更为悲惨的是，卢多维卡在自己的房间里生下了女儿，而未见一眼就被父母从她的身边带走、抛弃。紧接着，卢多维卡的父母双双去世，卢多维卡"开始遗忘，但每天我都在想我的女儿。每天我都在练习不要在想她"[④]。

创伤是一个得与失的概念，是指外界刺激的极度情感投射，这种外界刺激破坏了受害人的感知意识系统，也破坏了受害人的自我[⑤]。此外，弗洛伊德发现，心理创伤会通过某些外在表征表现出来，如过度警觉和紧张、意识闪回、焦躁、噩梦等。"每次照镜子的时候，我都看见侵犯我的那个人压在我的身上。"[⑥]作品中，卢多维卡因为身体的创伤开始对开放空间感到恐惧，创伤破坏了卢多维卡自我的完整性。她梦见"数以千计的人生活在地下""既是蜘蛛又是猎物的苍蝇"；甚至养成了自言自语的习惯。由于害怕自我隔绝的状态被几个安哥拉小孩打破，她大胆地扣动了扳机，杀死了一名安哥拉孩子。创伤理论家朱迪思·赫尔曼认为这种无助与恐惧

---

① 林玉华．创伤治疗：精神分析取向［M］．台北：五南图书出版股份有限公司，2007．

② 菲力浦·勒热纳．自传契约［M］．杨国政，译．北京：北京大学出版社，2013．

③ 阿瓜卢萨．遗忘通论［M］．王渊，译．上海：上海人民出版社，2020：260．

④ 阿瓜卢萨．遗忘通论［M］．王渊，译．上海：上海人民出版社，2020：261．

⑤ Simon. *Ethics, Politics, Subjectivity* [M]. London: Verso, 1999: 191.

⑥ 阿瓜卢萨．遗忘通论［M］．王渊，译．上海：上海人民出版社，2020：260．

之感是由于“创伤撕裂了精密复杂、原本应统合运作的自我保护系统”[①]所导致的强烈情绪反应，这种反应会令受创者因为危险的存在而时刻在身体和心理上保持警戒。

创伤会给人造成心理创伤症候。创伤后应激障碍（PTSD）是指个体经历、目睹或遭遇到一个或多个涉及自身或他人的实际死亡，或受到死亡的威胁，或严重的受伤，或躯体完整性受到威胁后，所导致的个体延迟出现和持续存在的精神障碍。小说中主人公由于身体的创伤导致恐惧范围的扩大，从出逃被强暴的记忆中拓展到不能去往开放空间的障碍。一般来讲，在创伤性事件后，患者对与创伤有关的人和物采取持续回避的态度。回避的内容不仅包括具体的场景，还包括有关的想法、感受和话题。患者不愿提及有关事件，避免相关交谈，甚至出现“选择性失忆”，患者似乎希望把这些“创伤性事件”从记忆中“抹去”。[②]小说中不止一次提到卢多维卡对于开放空间的恐惧，“没有一把巨大的黑伞保护，她就拒绝去学校”“非洲的天空比我们的天要大得多……它会把我们压死的”“我害怕窗户外面的东西，害怕喷涌进来的空气，害怕它带来的响声”“卢多上露台时极少不带雨伞，雨伞会让她感到安全。后来她改用一个长纸箱，在眼睛的高度挖了两个孔以便窥视，还有两个孔开在两边，位置更低，这样可以深处双手”“击退她的是那片蓝，是无边无际的空间”。[③]

卢多维卡最终打破了心魔，在萨鲁多的帮助下救治好了摔断的腿，从而感受到了时隔多年以来以爱的名义的关心和温暖，最终走出了自我流放近三十年的“孤岛”，重新走上安哥拉的街头。反观卢多维卡的心灵疗愈，大体来自两个方面，一是积极想象，二是爱的温暖。积极想象，荣格称之为“睁着眼睛做梦的过程”也是“通过一定的自我表达形式吸收来自梦境、幻想等无意识内容的方法”[④]。卢多维卡之所以能熬过近三十年的自我隔离，与公寓中成山的书籍脱不开关系，“烧掉若热·亚马多之后，她再也不能回到伊列乌斯和圣萨尔瓦多了。烧掉乔伊斯的《尤利西斯》之后，她失去了都柏林。拆散了《三支悲伤的老虎》，她等于烧毁了老哈瓦那。”书籍为卢多维卡创造了不同的世界，她遨游在作家建构的宇宙中，充满着对世界的想象，这种想象是黑夜里支撑卢多维卡坚持下去的动力。正如小说中所说

① 朱迪思·赫尔曼．创伤与复原［M］．施宏达，陈文琪，译．北京：机械工业出版社，2017．

② Rosen, Frueh. *Clinician's Guide to Posttraumatic Stress Disorder* [M]. Hoboken: John Wiley & Sons, 2010: 65.

③ 阿瓜卢萨．遗忘通论［M］．王渊，译．上海：上海人民出版社，2020：5，8，37，83，130．

④ 荣格．荣格文集：积极想象［M］．高岚，主编．长春：长春出版社，2014：184．

“有好故事的人简直就是国王”①。

小说中，蒙特的妻子和情人间互相传递信息的鸽子名字叫作“爱”。这只信鸽被卢多维卡捕获，当她看到信鸽上“明天。六点，老地方。小心。我爱你”的字条时，她在极度缺少食物的情况下，居然将“爱”放生，最终这只信鸽落在小酋长的手里。是“爱”在小说的人物中构建起了联系，也是因为爱的主题，让每一个人物都获得新的特征：当蒙特的心在回忆中隐隐作痛、唯有被人遗忘才能感到幸福时确终因为爱而死；小酋长也因为其正义感获得了意外的财富；而我们的卢多维卡也因为萨巴鲁的关爱得到了人生的救赎。“在梦里，卢多还是个小女孩。她坐在一片白沙滩上。萨巴鲁躺在她怀里，望着大海。他们谈着过去和未来，互相交换着回忆，笑谈起他们怪异的相识方式。两个人的笑声在空气中震荡，就好像一团鸟儿照亮了平静的早上”②。

三、空间关切：处所、叙事与互文

阿瓜卢萨对于空间的书写拥有别样的执念。一方面，其作品在谋篇布局往往倾向于选择一个封闭的空间展开事件；另一方面，其文学作品中的互文性，让其自我创作相互连接，形成更为广阔的文学宇宙。

《贩卖过去的人》的故事聚焦于费利什·文图拉的房间，以一只能说话的壁虎作为叙述者和亲历者，从而谋划这个小说的架构；《遗忘通论》则以卢多维卡自我隔绝的公寓作为整部小说的起点，将个人流放和历史叙事深度结合；《生者与余众》将整个故事放在莫桑比克小岛上，讲述了一颗核弹在耶路撒冷爆炸的危机下，一群作家在与外界失联后突破各自文学创作瓶颈的故事。阿瓜卢萨对于作品中空间的设定，具有继承性的偏好，其文学创作的空间转向暗合 20 世纪以来西方文学创作的一个趋势。法国文学批评家布朗肖认为文学空间并不是一种外在的景观，而是一种深度空间，其生成来自作家对于生存的内心体验③。因而，空间不再只是几何学物理空间的再现和心理空间的表征，而是一种身存体验的空间，触及人类内心的深层感知。在幽闭的空间中，人物内心的深层感知更容易漂浮在深沉的自我凝视中。《遗忘通论》中，卢多维卡首先通过日记探讨回忆、梦、死亡等众多意象的意义，而后用碳在公寓的墙上书写日记，将空间和个体融于一体，仿佛是公寓这个处所在叙述故事，更有一种深层次的神秘感和生命感。在巴什拉看来，空间是生命无意识和存在之秘密的藏身之所，“房屋是人的第一个世界，从房屋开始，人立即成为一种价值……若不写出房屋的历史就无法写人的无意识史”④。处所意识是阿瓜

① 阿瓜卢萨．遗忘通论［M］．王渊，译．上海：上海人民出版社，2020：178．
② 阿瓜卢萨．遗忘通论［M］．王渊，译．上海：上海人民出版社，2020：269．
③ 布朗肖．文学空间［M］．顾嘉琛，译．北京：商务印书馆，2003：138．
④ 巴利诺．巴什拉传［M］．上海：东方出版中心，2000：358—359．

卢萨对于文学创作偏爱的关切。

作为我们身居的环境，空间长期以来只存在于我们生活的背景当中，被视作空洞的容器。在很长一段时间里，空间仅仅作为社会关系与社会过程运行其间的既定处所而存在。西方长时间重视历史的宏大叙事，而忽略个体的总体性方案。直到20 世纪后半叶，空间问题才真正成为社会理论研究的一个重要主题。列斐伏尔所著《空间的生产》成为空间理论的经典文本，开启了空间理论研究的先河。阿瓜卢萨对于空间和历史地位优先性的创造性颠覆，创造出了独具魅力的文本叙事。

现代主义小说善于打破传统的线性叙事模式，追求以并置为特征的空间化效果，时空交叉或时空倒置成为现代主义小说典型的创作技巧。阿瓜卢萨的小说几乎全部打乱线性的时间叙述方式，以空间为背景，将不同人物的故事通过不同的结点相连，从而构建更为宏大的历史背景。《遗忘通论》里，卢多维卡通过阳台这个连接幽闭空间和开放世界的桥梁，通过所见、所听将小酋长、热雷米亚斯和蒙特人物联系起来；同时，信鸽“爱”也成为他们之间构建联系的媒介。阿瓜卢萨对于幽闭空间或是孤岛的关注，得益于其对于时间线和故事线的完美拼接，给读者创造出了无与伦比的阅读感受。

哈维认为，美学理论紧抓的一个核心主题：在一个快速流动和变迁的世界里，空间构造物如何被创造和利用作为人类记忆和社会价值的固定标记。回忆是静止不动的，并且因为被空间化而变得更加坚固……对于认识内心空间来说，比确定日期更紧要的是为我们的内心空间确定位置。当我们凝神于日常生活中的空间时，便可以逃离巨大的历史时间之网，远离尘嚣的纷繁复杂，从而进入广袤的宇宙空间。阿瓜卢萨的多部作品都通过一个空间展开叙事，以多条故事线杂糅并行，以碎片化的拼接方式将时间线上的故事黏结在叙事空间的躯体上，构成其文学创作的叙事空间转换。

高度的互文性也是阿瓜卢萨文学创作的一大特点。“一个年轻人蹲在墙边等我。他张开双手，我看见他手上覆满一道隐晦的青光，那是某种很快便消散于阴暗中的魔法物质‘萤火虫’。”(《贩卖过去的人》)《遗忘通论》中对萤火虫这个意象进行解释：“萤火虫的光辉，在房间里发散着萤火。我像美杜莎一样，在这被光照亮的浓雾中移动。我潜入我自己的梦。也许这个过程可以叫作：死亡。”热雷米亚斯看到的“那只壁虎”是展开《贩卖过去的人》作品中故事的首要叙述者；小酋长在监狱遇到的女诗人在其另一部作品《雨季》(*Estação das Chuvas*)作为主人公莉迪亚·杜·卡莫·费雷拉出现，她是一名女诗人和历史学家；秘密的政治警察“蒙特不喜欢审讯”[①]，分别出现在《雨季》和《我父亲的妻子们》(*As Mulheres do Meu Pai*)中，除了担任特务和私人侦探外，他还是诗人和企业家，业余时间喜欢收集蝴蝶和甲虫；记者丹尼尔·本希莫尔喜欢“收集安哥拉的失踪故事。他更偏爱飞行

① 阿瓜卢萨．遗忘通论［M］．王渊，译．上海：上海人民出版社，2020：71．

器的失踪"[①]，而这个人物在 2017 年的《不情愿的做梦者团体》（*A Sociedade dos Sonhadores Involuntários*）以及 2022 年的《生者与余众》中，他都以记者和作家的身份重新构建起属于他自己的全新故事。[②]

除此之外，小说中还有很多意象也可以在阿瓜卢萨的其他作品中找到关联。比如，《遗忘通论》中不止一次提到的非洲无花果树，其学名叫 Ficus Thonningli，在其专栏文章《吞掉时间的树》（*A Árvore que Engoliu o Tempo*）中，描写人类在大树面前犹如草芥一般，暗含着人类应该对时间和非洲传统的敬重。反观在《遗忘通论》中，大树作为静物的客观参照，无感情地观察时间的消逝，这里既淡化了卢多维卡自我隔离时间的长度，也淡化了安哥拉内战时间的长久，隐藏起时间背后历史的波诡云谲；又比如，《遗忘通论》中蒙特的妻子喜欢收集蝴蝶和甲虫，这两种意象也在其作品《训蝶师》（*O Domador de Borboletas*）和《绿色圣甲虫》（*O Escaravelho Verde*）中出现。如果是对于阿瓜卢萨作品熟悉的作者，他们很容易就会从一部作品中跳跃到另一部作品中，完成别具风格的阅读空间跳跃。阿瓜卢萨独特的互文性书写拓宽了其文学作品的深度和广度，其文学宇宙也在不同的互文中得以构建。

结语

《遗忘通论》作为阿瓜卢萨获得最高文学奖的代表作，蕴含着作家对文学创作风格和创作主题的偏向。本文以文本细读为基础，从身份认同、创伤书写和空间关切三方面对作品展开讨论，丰富了对非洲葡语文学突出代表的作品研究，为整体把握当前非洲葡语文学关切主题提供一定的借鉴。在阿瓜卢萨最新作品《生者与余众》中，作家表达了对于非洲作家如何冲破西方文学垄断地位，开展本土创作，如何平衡非洲传统与文学现代等问题，给出了自己深刻的见解。借文学作品发声，关切非洲作家创作的未来，阿瓜卢萨走在了为非洲葡语文学乃至非洲文学发声的前列。

参考文献

［1］阿瓜卢萨．遗忘通论［M］．王渊，译．上海：上海人民出版社，2020．

［2］王渊．抗争、独立与超越：论非洲葡语文学的嬗变［J］．外国文学动态研究，2018（5）：85—92．

［3］Lisa A. *Migration, Diasporas and Citizenship* [M]. UK: Oxford, 2018.

［4］Freyre G. *Casa-Grande e Senzala* [M]. Rio de Janeiro: Maia & Schmidt, 1933.

① 阿瓜卢萨．遗忘通论［M］．王渊，译．上海：上海人民出版社，2020：115．

② 阿瓜卢萨．遗忘通论［M］．王渊，译．上海：上海人民出版社，2020．

文化研究

华侨华人与妈祖信仰在越南的传播及影响

——以碑刻文献和汉喃典籍为中心[①]

信息工程大学　谭志词

【摘　要】 从越南碑刻文献和汉喃典籍记载来看，妈祖信仰最早在元、明朝时期由广东、福建籍华侨华人传播到越南。此后，华侨华人在越南修建了大量的妈祖庙，成为妈祖信仰在越南传播的历史见证。妈祖信仰在越南的传播呈现出移民传播、馆庙同处和佛教化等特点。通过妈祖庙的修建，中国福建、广东地区和越南经济、社会形成了互动，产生了共赢。20 世纪之前，妈祖信仰在越南影响的范围主要限于华侨华人社会，造成这种现象的原因：一是古代越南海洋意识和海洋活动相对滞后；二是古代越南神祇信仰庞杂，尤其是以越南民族女神柳杏公主崇拜为主的越南母道教的迅猛发展；三是越南民族独立意识的发展和妈祖信仰的外来性。

【关键词】 妈祖；信仰；越南；碑刻

妈祖，又称天后、天妃、天上圣母、天后圣母等。原名林默，福建莆田湄洲屿人。两宋时期是妈祖信仰的形成和初步发展期，在这一时期，妈祖信仰主要分布在福建省莆田一带，并且逐渐向全国沿海地区传播。元朝时期，政府通过褒封等形式确立了妈祖的“海神”合法地位，使妈祖信仰产生了突破性的传播和发展。明清以降，妈祖信仰的传播随着经济的发展和人口的频繁迁徙迅速地扩张，不仅在地域的广度上大大超过前代，在发展的纵深度上也是前所未有的，并随着商人和移民传播到了海外。到近现代社会这一信仰仍然在蓬勃发展。20 世纪 80 年代，妈祖被联合国教科文组织授予“和平女神”称号。2006 年妈祖祭已列为国家首批《中国非物质文化遗产保护名录》，意味着这是国家认定的中华民族共同的宝贵文化遗产。至今妈祖信仰日炽日烈，呈“烈火烹油”之势。传说故事、国家政治力量和流动人口成为推动妈祖信仰发展的三种主要力量。

流动人口，尤其是福建移民成为推动妈祖信仰发展的重要力量。起初福建人在国内流动，将妈祖信仰传播到福建以外的地区。后来，福建人和接受了妈祖信仰的

① 本文系谭志词主持的国家哲学社会科学规划项目“‘一带一路’视域下越南汉字碑刻发展史研究”（19BSS045）的阶段性成果。

广东人等大量向海外移民，将妈祖信仰带向世界。海外华人在海外建妈祖庙作为与祖国联系的精神纽带。妈祖信仰在国际上也得到了较广泛的传播。据不完全统计，妈祖庙宇“分布至日本、朝鲜、马来西亚、新加坡、越南、菲律宾、泰国、印尼、柬埔寨、缅甸、文莱、印度、美国、法国、丹麦、巴西、阿根廷等 26 个国家和地区，全世界妈祖庙达 2500 座左右”，[①]信众超过 2 亿人，从而使中国海洋女神的信仰形态带有某种世界性。

一、华人修建妈祖庙——越南妈祖信仰的历史见证

妈祖信仰是由福建和广东籍移民传播到越南的。在古代，从福建、广东到越南主要走水路。“行船走马三分命”，在航海技术尚不发达的古代，为了乞求航行平安，移民们常把象征仁义救助的妈祖作为航船的保护神，称其为“船菩萨”。从越南碑刻和汉喃典籍的记载来看，福建和广东籍华侨华人在越南修建了大量的妈祖庙。主要有：

（一）北部兴安省兴安市天后庙——越南最早的妈祖庙

越南北部地区的兴安省兴安市在 13、14 世纪的元、明朝时期已有广东潮州人到此经商，16、17 至 18 世纪初时，这里被称为宪庯，成为享誉东亚、东南亚的重要国际商埠，繁华异常。17、18 世纪的越南流传着一句妇孺皆知的俗语：“第一京畿，第二宪庯。”也就是说，就社会经济的繁荣程度来说，京畿升龙居首位，贸易港宪庯次之。《大南一统志》兴安省之“古迹·宪南故宫条”亦载：“风物繁盛，瓦屋蝉联。北圻大都会，惟升龙与此耳”。[②]关于“宪庯”这一名称的来源，越南著名历史学家潘辉黎先生认为，庯字来源于越南人对华人贸易中心的称呼，如会安庯、清河庯、柴棍庯等，宪则来自山南镇的驻地宪营或宪南，17 世纪初，山南镇驻于宪庯地区，从那时起有了宪庯一名。[③]

根据越南史籍《兴安省一统志》记载，历史上的宪庯曾有两座天后庙，分别建在宪庯的北和上庯、下庯。“天后祠，在金洞北和上、下二庯二祠，原前清商所建，雕刻颇称工巧”。[④]据说，在越南后黎朝时期，华人商船不能直接在越南国都升龙城停泊，他们便把船停在宪庯并在此买地、建房，以便经商。久而久之，这里便

① 汤童家洲．略论日本、东南亚华侨华人的妈祖信仰［C］．中华妈祖文化学术研讨会论文．莆田：中华妈祖文化学术研讨会组委会，2004：223—233．转引自：闫化川．妈祖信仰的起源及其在山东地区传播史研究［D］．济南：山东大学博士学位论文，2006：6．

② 兴安省·古迹［M］// 大南一统志（抄本）．越南汉喃研究院藏，编号 A.69/10．

③ 转引自闫彩琴．17 世纪中期到 19 世纪初越南华商研究［D］．厦门：厦门大学博士学位论文，2007：61．

④ 兴安省一统志（抄本）［M］．越南汉喃研究院藏，编号 A.963，25a．

形成了华人街。[①]笔者在越南汉喃研究院抄得一碑文，从碑文看，北和下庯的天后祠称天后宫，至今犹存。碑文撰者不详，碑题为“潮州府重修碑记”，碑额饰以双龙朝“天后宫”三字，另三面饰以花、叶。碑文部分字体脱落，立碑年代不能辨认，从内容看，应在 19 世纪左右。碑曰：“北和下庯古宪南北，我天后圣母祠在焉，元明时列祖来商所肇建也，蕃盛根荄，慈恩是赖，祠传世远，中间有黄万泰重修正宫，然而塑法像则黄英玄氏悉心当之，数年间李开勋叶与府内重□前堂嗣而风雨有年，间多毁漏，逮今黄（永盛文炳、永泰文第）商与本府同心叶力整顿一番，崇祠壮丽，数月告竣，人人睹其成功，皆曰：圣母在天之声灵所阴扶，而我先祖奕代之夹灵所呵护也，爰并题供芳名用铭于石，铭曰：奕奕祠宇，前创后因，既□以固，由旧而新，香传世代，护有风云厰斯神界，启我后人。”[②]从碑文内容可知，该天后宫始建的确切年代已无从稽考，但也并不是越南史籍《兴安省一统志》所说的为“清商所建”，其最初应为元、明时期移居越南的广东潮州籍商人所建，此后曾由黄文泰出资重修过一次，此碑乃立于第二次重修之时（约在 19 世纪）。此碑是我们见到的越南妈祖庙最早的记载，由此可见，越南的妈祖信仰是在元朝、明朝时期由广东潮州籍华人传播到越南的。碑刻可正史籍之谬，此一例也。该碑共列为此次重修捐资者 78 人/家商号，共捐资 737 元，其中，潮州府 35 人和商号，捐 517 元。

（二）河内华人街的福建会馆

19 世纪时，在河内福建籍华人主要聚居在还剑湖附近的福建街，后来华人迁去其他地方后，这条街改名为懒翁街并沿用至今。这条街上有一座“福建会馆”，至今犹存。馆内有一碑刻，碑题为《福建会馆兴创录》，碑文作者是“柴山遗老旧进士大夫裕庵谦受甫”，该碑立于嘉隆十六年（1817），碑额饰以双龙朝日，碑底饰以双龙朝“寿”字，两沿饰以花。该碑在汉喃研究院碑铭拓片库中有两张同样的拓片，编号分别为 13548、277。碑文先对妈祖的生平及其供奉情况做了回顾：

尝闻宇宙间人以类聚，而阴騭相协，惟神所司。厥有肃雍显祀，芬苾隆仪，莫非冲漠中灏气鉴格而庇佑之者欤。恭惟天后宫圣慈，水德储灵，坤仪裕化。宋建隆初降诞于我闽之莆田县林都延公家，光香室瑞毓出英奇，侍护井符悟成玄妙，寻以道法圆完，飞升于湄洲岛，逍遥碧汉，镇帖沧溟，济人利物之恩，随祷辄应，声灵赫濯，具载简书，殆非可以缕数也。宋自宣和以后，神庥显者封典优褒。元至元间，晋封天妃，历朝增加徽号，荣貤崇锡，诰册焜煌。迨大清康熙中加封天后，鸿称巨典，允配昊穹。至若湄洲，殿阁与所在飨祀之处并旼给公帑、差官，制造炜烨，灵光将遍于墺埏矣。

①〔越〕吴德寿．从汉喃史籍和碑铭看古代都市——宪庯［J］．汉喃杂志，1993（2）．

② 潮州府重修碑记［O］// 越南汉喃铭文拓片总集．编号 26856．

接着，碑文阐述了福建会馆的建制沿革：

我闽地滨于海，惯以艚舱载货贾贩诸海国，上荷圣慈诃护，巨浸安澜往无不利，世世沐恩久矣，靡不俎豆而祈，赛马商舶南来相就昇隆城居住，岁时飨祀，轮次排设瞻拜荐献之仪殊觉歉如，屡欲别建祠庙，旋付耽搁，岁乙亥（1815）灯节，因会中商议各捐赀应给买地建庙，众□欣然同辞。爰于旧东华门处买土一区，分划基宇，适有义安良木船驾海而来，即以善价购之并驰书回闽造神像，采石料，规式既定，乃分董其事，以仲夏起工，迨仲冬告竣，屹做一大宫宇，粤丙子（1816）春奉像。船飞帆适至，蠲吉奉迎入庙安位，会庙貌落成，举同欢木下，且以庙外拜亭为本庯会谈之处，亦属妥便名会馆云。是役之始创也，工费浩繁，咸恐财力弗继，而恭虔一念，莫或少懈，竊会各中矩矱，无违繞八月间，迄完积年经始之思，留为永世祝釐之所，虽系众情之有孚，实灵贶之默相感应之理，其渊乎，从今焄高陟降，神享于诚溟渤，往来人赖其庆，延安宁之完福，臻蕃庶之丕庥，人烟日聚，货源日洪，将见事力愈昌，瞻礼愈虔，即轮奂初基，必有崇饬而拓大之，尤有望于我后者，爰纪事实，勒之贞砥以垂不朽。

从上述碑刻记载可以看出，福建籍华人来到河内以后，早就想修建天后庙，但是由于种种原因，未能如愿。直到乙亥（1815）年，他们才捐资在河内东华门处买了一块地，修建天后庙。庙中所奉妈祖像是在福建制作完成后用船送到河内的，不仅如此，修建天后庙所用石料是从福建运来的，所用木料是越南义安省的好木料。他们还在天后庙外修建了一座拜亭，作为福建籍华人聚会洽谈的场所，于是取名为福建会馆。由此可见，从建筑方面来看，该天后庙是中越文化交流的结晶。通过天后庙的修建过程，中国福建地区和越南经济、社会形成了互动，产生了双赢的效果。该会馆起初是供福建籍华侨华人祭祀之用的天后庙，后来才成为会馆，可谓先庙后馆。

该碑刻还列出了修建天后庙的捐资人名单，如下：

晋江王新合银壹千壹百两
长春杨万记银五百四十两
晋江王焕文银壹百柒拾两
诏安沈福山银壹百伍拾两
诏安沈象山银柒拾两
海澄林合兴银伍拾陆两
同安沈南利银叁拾柒两
海澄陈天赐银叁拾两
龙溪郭瑞源银式拾式两
同安林永享银式拾两
南安侯英美银拾捌两
龙溪蔡如松银拾伍两

安溪陈玉峰银五百四十两
同安王济隆银式百伍十两
龙溪黄金发银壹百伍拾两
晋江王焕章银壹百式拾肆两
诏安沈年春银伍拾陆两
同安黄振宝银伍拾两
同安黄丰胜银叁拾两
海澄郭昇银式拾伍两
同安许金成银式拾两
安溪黄新盛银式拾两
龙溪郭广义银拾伍两
晋江杜承恩银拾伍两

平和石文鳌银拾伍两　　　　　海澄黄宝盛银拾肆两
龙溪叶恒茂银拾弍两　　　　　诏安沈集利银壹拾两
同安苏万顺银陆两　　　　　　闽县陈松盛银肆两

从捐资人名单中可以看出，他们主要来自福建省的 10 个县，其中晋江 4 人；诏安 4 人，海澄 4 人，南安 1 人，平和 1 人，闽县 1 人，安溪 2 人，560 两；长春 1 人，540 两；同安 7 人，410 两；龙溪 5 人，214 两。共捐银 3476 两。从捐款的数量来看，捐资最多的是晋江的王新合，共捐银 1100 两。

越南文人裴叔谦曾作诗咏赞天后的神功曰："神女当机啮宝梭，通灵万里护风槎；扇开双凤三元夕，正是南天海不波。"①

（三）河内华人街粤东会馆的天后殿

河内华人街粤东会馆是移居河内的广东籍华人所建的会馆，建于越南阮朝嘉隆二年（1803），起初会馆内没有专门设立供奉天后的场所，仅与其他神灵共奉一处而已。至明命元年（1820），会馆重修时专门建了一个小阁楼来供奉天后。随着广东籍华人移居越南的不断增多，小阁楼已经不能满足他们祭拜天后的要求，于是，到绍治四年（1844），广东会馆又进行重修，专门修建了一座供奉天后的天后殿，并立碑纪念，碑文作者是谢元。碑文内容如下：

重修会馆后座碑记

窃念前人鼎建固已成世守之规模，而后辈增修亦足增日新之盛举，大抵运意匠以造初基，原责经营有自然壮观，瞻而臻美，备尤宜式廓加增，韩昌黎公有言：莫为之前，虽美弗彰，莫为之后，虽善弗长，此前后人之所以先相须甚殷而相得益彰也。我粤东会馆之建，肇自嘉隆年间，诸前辈贸易南来，足踵相接，每际岁旹伏腊，思联梓里以肃瓣香于以劇金创建，迨明命初年，人日俞稠，利日俞美，爰复集班输之巧技，选杞梗之良材，丹雘载施，址基益广，既已鬲皇壮丽，金碧焕然矣，惟向来原在后座建阁，奉祀天后元君圣像，每届祭献之期，颇歉趋跄地隘，未足以昭尊敬，而肃冠裳，遂同酌议增修，果喜争先启橐，材庀鸠匠，易后阁为宫廷，又于馆傍度地新建财帛星君楼，楼下为厅，所以便乡里同人聚晤焉，所幸众擎易举，百堵皆兴，自癸卯冬月起工，越甲辰冬月告竣，恰朞岁而观望一新，梁横蝃蝀以蜿蜒，瓦叠鸳鸯而迤俯雕，甍披绣闼，神宫整肃，斤事宽舒，从此声灵显而物阜人安，乡谊和而财丰业盛，寺序奏格之余藉是以叙枌榆雅好，联桑梓深情，庶几四海兄弟之欢，天涯比邻之乐，与诸前人后先辉映，历千古而常新，岂不善哉。是为叙厥端委以泐于石。②

此次修建天后殿的负责人如下：

---

① 升龙古迹考并绘图 · 祠庙［M］. 越南汉喃研究院藏，编号 VHv.2471.

② 重修会馆后座碑记［O］// 越南汉喃铭文拓片总集. 编号 199.

大总理庸目陈宏宽　行长关元吉　通言李联芳

余炯超　潘成昌　潘隆盛　万源栈　汤进记　冼友忠

李悦隆　陈和合　刘同德　周臣隆　关富源　刘兴记

萧盈发　关炳伦　李和成

此次修建天后殿，共有 170 家商号，共题银 2508.5 两，外加钱 100 贯。具体如下：

潘成昌　银一百两正　　万源栈　银一百两正

潘隆盛　银一百两正　　汤进记　银一百两正

潘有源装银五十两　　广昌利装　全益公司

顺利公司　昌兴公司　　胜兴公司　周泗记

瑞兴装　合泰装　　同兴装　万隆装

冼友忠　李悦隆　　陈和合　刘同德

巨昌号　银五十两　　周巨隆　银五十两

宏记栈

以上五十两

徐富昌　银四十五两　　陈宏宽　银四十两

陈敦记　银四十两　　关富源　银四十两

刘兴记　银四十两　　恒源号

关元吉　银三十五两　　李联芳　银三十五两

同安号　银三十两　　德兴号　银三十两

李顺兴　银三十两　　潮州顺裕公司银二十五两

潮州兴茂公司银二十五两　　潮州合发公司银二十五两

梁怡记　银二十两　　周万利　钟昌栈

萧盈发　潘集英　谦泰号　闭合源

以上二十两

蔡长泰　银十五两　　李东昌　银十五两

余同合　银一十两　　潘益盛　李和成

萧泽芳　胡美记　陈凤昌　潘美源　梁同昌

梁联泰　潘微典　关俊记　李信惠　陈怡泰

关炳利　萧成泰　潘盛记　卢殿松　杨步记

何天和　区参合　陈昌合　符荣记　温益昌

林旺利　区昌记　朱廷记　余元升　许广发

罗和合　周逊昭　陈文什

以上银十两

梁恒丰　银八两　刘广生　银六两

邱在记　银五两

陈华宽　陈荣芳　曾和昌　黄万兴　生源号
潘福成　关岐记　高觐国　大利号　余德隆
潘巨成　何荣联　吴锦盛　陈广元　刘永隆
潘永典　关鸿秀　潘俊华　陈伟光　黄德志
以上银五两
陈泗通　银四两五钱　　冯利源　银四两
黄广安　银四两　　　　邓恒信　银三两
陈善长　李庆源　岑成利　李琪芳　黄合盛
林坚成　陆文珠　周德进　李文成　苏得利
以上银三两
关胜庄　黄桂合　李滋元　冯明记　黄胜兴
蒋记号　张珠记　潘顺典　杨德记　梁炳记
关和记　陈万宁　罗明记　李心记　李万兴
甘文记　庞祥发　陈英合　关永合　何益记
冯宏基　关广盛
以上银二两
阮顺记进香资钱一百贯
陈杏堂　万生堂　徐庆记　布文成　古文珍
潘会文　关和发　谭翼廷　李文满　潘广奥
黄和隆　何宜贞
以上银一两五分
区燕记　廖吉泰　黄信义　刘长发　张永隆
李恒胜　区鑑记　李合利　陈有恒　唐顺记
吴义利　关亮记　关富昌　陈永祥　王锦芳
潘永记　零洪记　刘洪忠　伍南记　徐达魁
潘位业　郑福记
以上银一两[①]

（四）中部会安中华会馆、福建会馆和海平宫等

越南中部的会安在 17、18 世纪成为著名的国际贸易港口，大量的华人来这里经商。这里建有许多华人会馆，其中以妈祖为主祀神的会馆主要有中华会馆、福建会馆和海平宫。广肇会馆以关公为主祀，以妈祖为配祀。

---

① 重修后座签题录［O］// 越南汉喃铭文拓片总集．编号 200．

1. 中华会馆

中华会馆，亦称五帮会馆，由广东帮、福建帮、潮州帮、海南帮、嘉应帮（客家帮）五帮华人捐资共建，位于会安市陈富街，是会安建立最早的华人会馆，相传建于明朝成化年间（1465—1487 年），1741—1855 年间称“洋商会馆”，也曾称“江浙会馆”。馆内现存年代最早的碑刻是《洋商会馆公议规例》[①]碑。该碑由各省船长众商公立于永佑七年（1741），碑体无花纹装饰，碑题为小篆体，正文楷体。碑文称：

夫会馆之设，由来久矣，虽谓会同议事之所，实为敦礼重义之地。吾人于此存公道，明是非，息争讼，固不比别事例相同者也。

内崇奉天后圣母，春秋朔望或祈或庆，诚称异国同堂会计经营，不公不正相与同心戮力，至于疾病，相扶患难，相助福因善果，不胜枚举，缘公费浩繁，旧有两叁厘庙缘之例，船长扣交，兹年久例懈有例无缴，在客疑船长有染指之私，收而不缴，而船长实召青蝇之污，未收何缴，是以有名无实，将来香火难充，况前手兴建内址，华焕新基，功虽创始，实未完成，兹重协同整肃，玉成胜举并将渊源始末勒石，以垂永远。规例无倚无私，尽善尽美，庶锡类于无疆云尔。

今将公议规例列左：

——议庙缘每两叁厘会馆设立印簿，每传壹本，送交公司开抽分单，随开随誊，抽分单出日，其簿即交理事人，如簿停留，即有欺隐，其钱仍归船长，随收随缴。

——议会馆内设立大柜台壹口，当事人收钱及数簿悉存于柜，若临用时，当事人公同开取一人，不得擅专至船头至齐日，船长会集公查数目，每年壹次。

——议各港门不足抽分，小船并空船没船应题缘五贯。

——议失水落难客住会馆厝，每月每人给伙食钱叁陌，至叁个月为期，如收风尚。有货船果无亲戚可依者，暂许安歇，不给伙食钱，俱限唐船，起身止不得久住。

——议收风孤客无亲病，在会馆内，每月给伙食叁陌，痊日即出，不得久住。积尚香供，必须先问病人籍贯、姓名、附搭何船以杜诈伪，如有不幸病故，给钱二贯以为殡葬之资，及葬在何处，报知理事人登记，俟其亲属得查，不致旅魂无托。

——议棍徒不事生业，素习赌博并食鸦片非类等事者不准居住会馆厝，如有违拗，理事人即禀父母官究治，逐出。

——议新客到此娶妻有孕，必须登记何省籍贯乡里壹单付妻收执，至分娩之日，或男或女，嘱令妻党戚属赍单赴会馆报明理事人何月何日分娩并其妻姓名、居住何处，明白登簿，无致后日流落。

---

① 洋商会馆公议规例［O］// 越南汉喃铭文拓片总集．编号 30474．

——议会馆若有剩余之钱，不准借名生利，即或暂移，一概概不准以便防早晚失水收风等事，恐临时应付不及。

——议会馆置办家伙器皿并名客供物，必须登记壹簿，或有年久朽坏者，理事人验查修葺，或有借用损坏者，即着经手人向借者整补，或有失落乃系和尚香供、赔补，理事人更宜不时查检，和尚香供不得辞典守之劳。

——议会馆理事人不得欺隐，不得借事推委，亦不得通同赞入明香社，必须秉公料理，或有他往，或要回唐，当合理事人酌议，相替一新唐诚实的办理，不得任意荐举，切勿荒废前人创建之基业。以上数款尚慎旃哉。

碑文开篇就阐明了华人建立会馆的目的不仅是用于商议大事，更重要的是祭祀的场所。接着，碑文明载该会馆主祀的神灵是“天后圣母”。

咸丰五年（1855）洋商会馆得以重修，所立碑刻《重修头门埠头碑记》载：

窃思：洋商会馆崇祀

天后圣母赫濯声灵，平清海宇，由来久矣。实乃群商聚处，百货通洋而舟车辐辏之所，珠履盈深之会也。睹思栋宇巍峨，深慕前贤之善构规壮丽景，仰先哲之良谋缘，经年深世远，几乎栋折榱崩，踵而览者，莫不为之踌躇悽怆，使不有整故何以维新。兹幸各帮众清商等群力以斋，故有重修益增先贤之矩度，爰今谊友同志捐囊，既得集腋以成裘，咸舒共勷乎美举，抑亦天长地久，传固绵延乎山海，神悦人欢，桢祥发庆乎春秋，诸君芳名谨志金石，光前裕后，万福攸同者矣。

该碑还列出118个华人和商号名单，共题钱2695贯，为我们研究会安华人提供了颇有价值的依据材料。这些华人和商号名单如下：

值年嘉应帮帮长　杨义合　　潮州帮帮长　陈德胜

广东帮帮长　　沈顺记　　经理广东黄仁昌号

蔡和发公司题钱三百贯　　杜联顺公司题钱三百贯

隆盛公司题钱一百贯　　合隆公司题钱一百贯

联安公司题钱一百贯　　吕珍美题钱一百贯

李兴隆公司　永泰公司　朱振顺　杨锐源　蔡福胜　长顺泰　黄顺和　林同德

朱大美　陈昌利　谢协记　郭合记　陈兴发　王福顺

以上题钱五十贯

许益胜　李植记　许捷记　李德记

以上题钱三十贯

许福美　邓美丰　杜裕具　李嘉禾　林具源　林玉成　游容光　利济堂　陈吉昌

朱新顺　梁德济　杜胜和　刘文思　何友记　林氏富　许氏仲　陈氏娥

以上题钱二十贯

阮氏女市　题钱十五贯

何同盛　蔡玉戊　蔡友明　石济和　王福顺　冯成章　乾冒号　蔡福利　石弟合

沈合利　谢天合　林万育　冯祺昌　蔡顺记　蔡顺泰　蔡长兴　冼英信　陈捷泰

林义和　陈和利　林隆盛　翁利记　蔡安和　蔡裕丰　黄鼎志　苏盛隆　林进利
罗东记　杨赏记　李谦德
以上题钱十贯
陈贵悦　杜成兴　柯盈昌　洪合源　存济堂　王让记　合盛号　林崑源　沈振成
曾合源　汤李济　蔡丰盛　林谦记　陈丰利　陈万兴　吴新记　谢益利　洪顺兴
何生和　杨光和　邓永茂　赵全利
以上题钱五贯
王粒记　钟逢登　王安和　韩鸠翼　韩芳翼　叶仕华　欧锦荣　赵和合　钱恒记
周宝记　黄杏春　钟合胜　陈义正　陈义厚　陈义记　陈义壬　杨义合　吴源利
罗保昌　陈性堂
以上题钱四贯

1928 年，洋商会馆再次重修，改名为“中华会馆”并立碑纪念，碑文称：

中华会馆，古洋商会馆也。今只颜之曰中华，示不忘祖耳。夷考会安一埠，为广南重镇，前属占城，后归越南，日趋繁盛，竟成通商口岸；南渡华侨，首推江浙，而闽粤次之；风帆往来，乃馆斯土。当朱明失守，抱首阳采薇之慨者，亦接武而来，衣冠聚会，竞斗繁华，馆之所以著名也。无如时局变迁，重修改隶，轶事茫寻。永佑所存碑，迄如陈迹，风霜愈阅历，奂轮旧物转盼萧疏。五百年遗鼎，自将磨洗，认前朝曷胜于邑。侨胞有感乎此，丁卯春，公推工商十人董其事，捐赀增修大殿前基。[①]

值得注意的是，该碑中提及中华会馆的镇馆之宝“五百年遗鼎”之事。据说以前曾有人在会馆见到一大铁鼎，有“江浙会馆”字样，推测“洋商会馆”可能就是“江浙会馆”。然而，目前尚无别的材料提及会安曾建有“江浙会馆”之事，故此事尚待进一步研究。

2. 福建会馆

福建会馆位于会安市陈富街，是会安建立较早的华人会馆之一，约建于 17 世纪末，起初为一茅庙，供奉妈祖，取名“金山寺”，至乾隆丁丑年（1757）改为瓦庙，更名为“闽商会馆”，其后曾多次重修，1900 年重修时改名为“福建会馆”并沿用至今。福建会馆内年代最早的碑刻是立于乾隆丁丑年的《会安福建会馆石碑》，碑文除赞颂妈祖“化商救难”之事，还叙述了福建会馆的建制沿革。碑文曰：

念光彩不忘慈心，化一商船，扶救光彩，众安金身，飘中困苦年余。娘娘焉得何罪受此之厄。无化弟子求财故也。午时请从水中扶抱金身登山到占城锦安之地，

---

① 重修会安中华会馆碑记．转引自陈荆和．会安史要（英文）[M]．美国南伊利诺斯大学越南研究中心，1974：142—143．

就此重建六十余年，因茅庙不能长久，于兹三月间遗众兴瓦庙，灵慈扬名济世，非图财求利至此也。[①]

1971—1974 年，福建会馆再度重修并立《本会馆重修及增建前门碑记》，[②]该碑叙述了福建会馆历次重修过程。

现在，福建会馆外门为一两层牌楼式建筑，二层标写“金山寺”字样，一层中间挂篆体“福建会馆”匾额，两边题写对联：“福泽八闽威仪万里，建基百越文物千秋”。会馆主殿为“天后宫”，供奉妈祖。有启定三年（1918）十月敕赐“好义可嘉”、光绪庚子年（1890）潮州众商赠“海天慈航”等牌匾及同年该庙沐恩弟子叶顺成所赠对联“此地优游万里海天臣子，吾侪觞咏一堂辛梓兄弟”。主殿大门挂着“福建会馆”匾额，两边有对联：“航海梯山南越独成都会，铸坤陶坎东湄共沐恩波”，此一匾一联均为清代福建省状元吴鲁（1845—1912）所书。

3. 海平宫

在会安，除了中华会馆和福建会馆主祀妈祖外，会安西北的海平宫也主祀妈祖，立于 1894 年的碑刻云：

先朝尊文皇帝丙寅年，卜筑锦、海二宫，盖日锦铺夹青霞地而迁于此也。贞乎哉，亥水朝尊财源，会江河之宝，辛沙高耸，文笔铺锦绣之章。锦霞居其左也，祀保生长大帝，以封深三十六将配焉。海平剧其右也，祀天后圣母，以生胎十二仙娘配焉。基址既宏，规模更古，为南来创立之先，而祖亭、婺姥之称实本诸此。越嗣德戊申乡秀才张至诗先生重起前关，增兴苑表，门对峙而巍峨，月当中而光大。不日二宫增壮而睹此杰构，足以表一乡文化之雄，欧亚博古学家游览到此，莫不口焉称之，影焉摄之，以为广南第一建筑……[③]

可见，历史上锦霞、海平二宫规模非常大，堪称“广南第一建筑”。《广南省志略》载，“天妃祠，在延福县会安庯明乡社，清商会立，香火甚盛。明命六年（1805）驾幸广南，过其祠，赏银一百两”[④]，这里的“天妃祠”可能就是海平宫。

（五）中部顺化天妃祠

顺化是越南中部的一座城市，曾是越南阮朝的国都。从史料记载来看，顺化市

---

① 会安福建会馆石碑．转引自陈荆和．会安史要（英文）[M]．美国南伊利诺斯大学越南研究中心，1974：144．

② 碑文内容参见李庆新．17—19 世纪会安的华人、唐帮会馆与华风[M]．华人研究国际学报（创刊号），2009 年 6 月．

③ 锦霞、海平二宫碑记．转引自陈荆和．会安史要（英文）[M]．美国南伊利诺斯大学越南研究中心，1974：136—137．

④ 广南省志略[M]．越南汉喃研究院藏，编号 A.26:10．

曾有两座妈祖庙，“天妃祠，在（香茶）县明乡社”[①]。“天妃祠，在南海龙王庙之右，国初在天姥寺之右，绍治五年（1845）移至今所，制与关公祠同，春秋二仲巳日夏冬二仲涓吉水师管卫致祭”[②]。

（六）南部地区大量的妈祖庙

越南华侨华人（90%）主要集中在南部地区，其中，胡志明市是华人最为集中的地方，也是妈祖庙最多的地方。

越南南部胡志明市共有 11 座华人会馆，所供奉的神灵如下表：

表 1　胡志明市华人会馆

所属方言区	会馆名称	所在地址	主祀神	配祀神
福建人	霞漳会馆	第 5 郡阮廌街	天后	关公、马援等
福建人	温陵会馆	第 5 郡老子街	观音	天后、关公等
福建人	三山会馆	第 5 郡赵光复街	天后	关公、主生娘娘等
潮州人	义安会馆	第 5 郡阮廌街	关公	天后等
广东人	穗城会馆	第 5 郡阮廌街	天后	金花娘娘、关公等
广东人	广肇会馆	第 1 郡章阳渡口	天后	金花娘娘、关公等
海南人	琼府会馆	第 5 郡陈兴道街	天后	108 兄弟、水尾娘娘等
客家人	群宾会馆	鹅浮郡李常杰街	天后	金花娘娘、财神
明乡人	嘉盛会馆	第 5 郡陈兴道街	诸位先贤	大乡长等
明乡人	义润会馆	第 5 郡潘文康街	关公	关平、周昌、天后
明乡人	丽朱会馆	第 5 郡陈兴道街	第一祖师高庭度 第二祖师高庭香	堤岸、藩切第二代祖师

资料来源：本表系笔者根据〔澳〕李塔娜、〔越〕阮锦翠主编：《胡志明市华人会馆汉字碑铭》（河内：社会科学出版社，1999 年）一书内容制成。

从上表可以看出，胡志明市的华人会馆主要集中在第 5 郡，在全市的 11 座华人会馆中，以天后为主祀神的有 6 座，即福建人所建的霞漳会馆和三山会馆、广东人所建的穗城会馆和广肇会馆、海南人所建的琼府会馆以及客家人所建的群宾会馆。以天后为配祀神的有 3 座，即福建人所建的温陵会馆、潮州人所建的义安会馆和明乡人所建的义润会馆。

除胡志明市外，据越南汉喃典籍记载，南部的平顺省、安江省亦建有妈祖庙，

① 大南一统志［M］. 越南汉喃研究院藏，编号 A.853/1，卷二：41.

② 大南一统志［M］. 越南汉喃研究院藏，编号 A.853/1，卷一：21.

平顺省的妈祖庙香火颇旺，庙会亦极热闹，吸引观众颇多。“天后圣娘祠，在禾多县，祀天后圣娘之神，祠前小江一条，北江沙一堆。其沙赤色堆成沙岗，为祠前第一重案。……清商崇奉。祠极壮丽，第年七月望日设会，观者如堵”①。安江省龙川市的妈祖庙香火也很旺，河仙省龙川县（今安江省龙川市）有天后祠，“在龙川县芋屿之麓，祀天后灵神，商船往来，香火不绝”。② 根据现代越南学者统计的结果，越南南部地区共有 59 座妈祖庙，最南端的金欧省就有 6 座。③

由上得知，在我们掌握的材料范围内，越南的妈祖庙主要分布在越南 19 个省、市，共约 67 座庙宇，且大多分布在华人聚居的三大城市：河内（2 座）、会安（3 座）、胡志明市（6 座）。

二、妈祖信仰在越南传播的特点

妈祖从中国福建东南一隅的地方神，发展成为跨越五大洲的世界华人的海洋女神，其根本原因是妈祖满足了中国先民开拓海洋的精神需求。由于各国历史、文化的不同，妈祖信仰在海外各国的传播又呈现出不同的特点。从越南来看，妈祖信仰传播的特点有三：一是移民传播。所谓移民传播，指的是妈祖信仰是由福建、广东籍移民传播到越南的。到越南以后，妈祖信仰仍然随着华侨华人的足迹主要在华人社会圈传播，很少得到越南社会的认同。妈祖信仰的信徒主要是越南华侨华人。20 世纪之后，妈祖信仰才逐渐向越南社会拓展，为部分越南人所接受。二是馆庙同处。指的是妈祖信仰传播的主要场所既是妈祖庙，同时又是华人会馆。一般来说，庙的功能是宗教信仰，馆的功能是商谈议事、叙抒乡情。但从妈祖信仰在越南传播情况来看，庙承载着馆的功能，馆亦承载着庙的功能，亦庙亦馆，馆庙同处一所。对广大华人来说，他们来到会馆，既能商议大事，洽谈商务，又能瞻拜妈祖，了却心愿，一举两得，颇为便利。三是佛教化趋势。④ 指的是妈祖信仰逐渐与越南佛教融合，这也是中国文化在越南本地化的过程。有的妈祖庙改名为佛寺，如会安的福建会馆改名为金山寺，胡志明市平盛郡的妈祖庙除了供奉妈祖，还供奉观音，故被称为婆寺（chua Ba），类似的现象有关公庙被称为翁寺（chua Ong），均是中国文化越南化的体现。

三、妈祖信仰在越南的影响及原因

从上述妈祖信仰在越南传播的特点可以看出，妈祖信仰在越南影响的范围主要限于华侨华人社会，20 世纪之后才逐渐向越南社会拓展。所以，从影响层面看，

① 平顺省・祠庙［M］// 大南一统志（抄本）. 越南汉喃研究院藏，编号 A.69/10.
② 河仙省・祠庙［M］// 大南一统志（抄本）. 越南汉喃研究院藏，编号 A.69/11.
③［越］阮玉诗. 越南南部的天后信仰［J］. 岘港经济社会发展杂志，2012（2）.
④［越］阮玉诗. 越南南部的天后信仰［J］. 岘港经济社会发展杂志，2012（2）.

妈祖信仰在越南信徒并不多，影响较小。造成这种现象的原因：一是古代越南海洋意识和海洋活动相对滞后，限制了妈祖信仰传播发展的机遇；二是古代越南神祇信仰庞杂，尤其是以越南民族女神柳杏公主崇拜为主的越南母道教的迅猛发展分散了妈祖信仰的影响力；三是越南民族独立意识的发展和妈祖信仰的外来性限制了妈祖信仰的影响。

任何文化在异域的传播和发展，都需要与当地文化融合和适应，妈祖信仰在越南的传播和发展亦不例外。随着华侨华人与越南社会的不断融合发展，作为华侨华人文化重要组成部分的妈祖信仰也被一部分越南人所接受，融入了一些越化的元素，① 其影响范围也逐渐扩大到越南社会，但总体来看仍非常有限。

四、结语

从碑刻文献和汉喃典籍记载来看，妈祖信仰由福建和广东籍移民传播到越南。华侨华人在越南修建了大量的妈祖庙，是妈祖信仰在越南传播的历史见证。妈祖信仰在越南传播呈现出移民传播、馆庙同处、佛教化等特点。通过妈祖庙的修建，中国福建、广东和越南经济、社会形成了互动，产生了共赢。20 世纪之前，妈祖信仰在越南影响的范围主要限于华侨华人社会，造成这种现象的原因有：一是古代越南海洋意识和海洋活动相对滞后限制了妈祖信仰传播发展的机遇；二是古代越南神祇信仰庞杂，尤其是以越南民族女神柳杏公主崇拜为主的越南母道教的迅猛发展分散了妈祖信仰的影响力；三是越南民族独立意识的发展和妈祖信仰的外来性限制了妈祖信仰的影响。

参考文献

[1] 潮州府重修碑记 [O] // 越南汉喃铭文拓片总集．编号 26856.

[2] 陈荆和．会安史要（英文）[M]．美国南伊利诺斯大学越南研究中心，1974.

[3] 重修会馆后座碑记 [O] // 越南汉喃铭文拓片总集．编号 199.

[4] 重修后座签题录 [O] // 越南汉喃铭文拓片总集．编号 200.

[5] 河仙省·祠庙 [M] // 大南一统志（抄本）．越南汉喃研究院藏，编号 A.69.

[6] 李庆新．17—19 世纪会安的华人、唐帮会馆与华风 [J]．华人研究国际学报（创刊号），2009 年 6 月.

[7]〔越〕阮玉诗．越南南部的天后信仰 [J]．岘港经济社会发展杂志，2012（2）.

①〔越〕阮玉诗．越南南部的天后信仰 [J]．岘港经济社会发展杂志，2012（2）.

［8］升龙古迹考并绘图［M］. 越南汉喃研究院藏，编号 VHv.2471.

［9］［越］吴德寿．从汉喃史籍和碑铭看古代都市——宪庯［J］. 汉喃杂志，1993（2）.

［10］兴安省一统志（抄本）［M］. 越南汉喃研究院藏，编号 A.963.

［11］向大有．越南封建时期华侨华人研究［M］. 北京：中国社会科学出版社，2016.

［12］徐善福，林明华．越南华侨史［M］. 广州：广东高等教育出版社，2011.

［13］洋商会馆公议规例［O］// 越南汉喃铭文拓片总集．编号 30474.

［14］闫彩琴．17 世纪中期到 19 世纪初越南华商研究［D］. 厦门：厦门大学博士学位论文，2007.

［15］叶少飞．诚荐馨香：越南阮朝河内的关帝信仰［J］. 南方华裔研究杂志，2021，9.

越南村社文址碑初探[①]

信息工程大学　韦宏丹

【摘　要】越南自李朝起便官设文庙祭祀先师孔子，后黎朝初期在文庙立进士题名碑以表彰科举人才。随着儒学和科举制度的发展，府、县、总、村社也修建地方文庙、文祠、文址祭祀先师先贤，并立石碑记事，与京都文庙内题名碑不同的是，地方文庙内的碑刻内容要丰富得多。在《越南汉喃铭文拓片总集》中收入了不少与地方文庙、文祠、文址祭祀有关的汉喃碑刻拓片。从内容上看这些碑刻的性质并无二致，都属于先贤祠祀性质，其中村社文址碑刻占多数。这些碑刻内容丰富，真实记录了有关儒学的发展、先师先贤祭祀习俗、文址沿革、先贤题名、斯文会组织、祭祀仪式及程序、文址捐功情况、文会券约、保置后贤等内容，为了解越南儒学的传播和影响提供了重要参考。文址碑刻反映了文址在村社中具备重要的教化功能，是儒学义理、道德伦常在基层社会的一种渗透形式。

【关键词】越南村社；先贤祭祀；文址碑刻；文址功能

儒学作为一种思想学说于很早时期便传播至东亚日本、朝鲜、越南各国，在这些国家的封建社会时期长期占据意识形态领域主导地位，产生深远影响。与中国山水相依的越南对儒学的吸收广泛而深刻，儒学在越南经历逾千年的发展，已经根植于其民族思想，融入民族文化中。越南不仅学习儒家经典、开科取士，亦受中国影响，通过祭祀先师先贤形式表达尊孔崇儒，实施教化。李圣宗时期便“修文庙，塑孔子、周公及四配像，画七十二圣贤像，四时享祀”[②]。随着儒学教育发展及科举制度的完备，先师先贤祭祀亦日益受到重视，不仅在京师设有国家级文庙，在地方府、县、总、村社也兴起修建文庙、文祠、文址。后黎朝初期，黎圣宗下旨“定各路镇文庙春秋二丁祭，止十哲”[③]，黎中兴（1533—1788）后在各府、县、总、村社均出现了文祠、文址，至阮朝时期出现了一村一邑皆设有文址的盛况。越南科举

① 本文系谭志词主持的国家哲学社会科学规划项目“‘一带一路’视域下越南汉字碑刻发展史研究”（19BSS045）的阶段性成果。

② 吴士连，等．大越史记全书（卷二）[M]．重庆：西南师范大学出版社，2015：185．

③ 吴士连，等．大越史记全书（卷三）[M]．重庆：西南师范大学出版社，2015：608．

制废除多年后，先贤祭祀习俗仍保留并继续发展，村社修建文址的活动一直持续到20 世纪 40 年代。在现存的史籍文献中主要记录的是国家级、省级文庙的祭祀活动，而省级以下的地方行政单位所举行的祭祀活动则多铭刻于石碑，石碑大多被竖立于文祠、文址或少数被竖立于村亭处或寺庙内。这些碑铭内容十分丰富，为我们了解越南儒学的传播、科举发展、先师先贤祭祀习俗等情况提供了丰富的一手材料。

一、越南文庙系统简况

自李朝于 1070 年在都城升龙修建越南第一座文庙起，至阮朝末期，越南自北到南，从都城、府到县、总、村社各级行政单位发展形成了一整套祭孔祀先贤的文庙系统[①]。越南文庙是按照地方行政单位设置的，它们行政级别不同、大小规模不等，其称法也不尽相同，多种多样，但性质并无二致，即都是指祭祀先师孔子、先哲和本地先贤的场所。对它们不同的称法有文庙、文祠、文址、祠址、祠宇、先贤祠、启圣祠、文圣庙等等。据史籍和碑刻文献记载，较常见的称法是国家级和省级文庙均使用"文庙"称法，县、总级称"文祠"，村社级则多称"文址"。文庙建筑规模最为宏大、庄严，规制完整、壮丽，县、总的文祠次之，村社的文址则简单、朴素。文庙、文祠为祠庙性质建筑，文址则包括规制简单的砖瓦结构和木制茅屋祠宇，或是露天祭坛。

越南历史上修建的国家级文庙有河内文庙和顺化文庙，这两座文庙均有确切修建年代记载。目前笔者涉猎所及，关于地方文庙最早修建的年代尚未见有较充足的文献可考证确定，仅见有若干处史籍、碑刻文献简要提及。据碑刻记载，结合史籍分析，越南地方文庙的出现至晚在 16 世纪末 17 世纪初。位于建安省先朗县宁维总宁维社的县文祠内，题为《先贤祠碑》的碑刻记录了该县文祠修建的过程，碑刻落款时间为崇康九年（1574 年）。

"夫先贤所以传道其功大矣。今斯文文长特进金紫荣禄大夫保迪公上□国莫琼；特进金紫荣禄大夫快州府天施县知县端阳伯柱国阮庆洋，字迳斋；特进金紫荣禄大夫阳京太仆少卿文美子范朋来兴礼，……黄迪逊等想其功，于崇康六年状告户部等官。尚书临溪伯阮柬、左侍郎阮亮采、付县官知县阮文运等给墱鸡处三篙（笔者注：'篙'为越南土地计量单位，相当于一分），东近安罔社金鸡寺，西近个带田，南近本墱，北近路，建立先贤祠得便祭祀。因书于碑以传永久叙。

逐年祭用二月二十五日。

崇康九年二月二十五日造。"[②]

---

① 此处泛指越南祭祀孔子、先哲、地方先贤的场所，包含国家文庙、省级文庙、县和总级文祠以及村社文址。

② 先贤祠碑［O］// 越南汉喃铭文拓片总集．编号 09382．

此外，位于海阳省荆门府阳岩总阳岩社文址的碑刻《先贤碑》载："峡山县文会监生阮盛名、阮莹等人写立先贤碑事。"[①] 附有列位先贤姓名、官职、科场名次、籍贯，共计 141 人。落款时间为弘定万万年之七（1606 年）。海阳省青河县遊罗总仙枣社文址内题为《兴功/先贤碑》的碑刻记录了仙枣社斯文会创立文址的过程。

"先贤即先觉诸儒先正。诸公接道统之传，任宗师之责。文章学术前世无以加，事业功名后人有可继。且又淑教于人心，传道于曩日□□，有功于后学多矣。此后学所以追思而祀之，春祭年年奉行矣。而祠宇未创，今始以陈文长、阮监□所助之田而创之，科第比比继登矣。而碑铭未立，今始以先贤号，后辈名，爰勒之石而立之。斯道自是而发挥，斯文从兹而振起。所谓肇建自古所无之制作，缵述自古所无之事功，孰有大于此者乎！遂述此记以为千万世之龟鉴云。

一先贤官职、姓名（自陈朝以前，世传有翰林供奉御史台官，但姓名未详。今秖以□）……"[②] 后面列有先贤姓名、字号、官职、科场名次，共计 45 人。碑刻落款时间为弘定十六年（1615 年）闰八月二十五日。

17 世纪以后地方文庙、文祠、文址不断涌现，以 18、19 世纪为多见。据越南学者阮有味的统计，越南村社文址有 221 处，分布在全国 21 个省市[③]。文址在越南整个文庙系统中数量最多且分布广泛。据阮朝的有关碑刻记载，到阮朝中期，几乎每个村社都设有文址奉祀先师先贤。此外，由于越南在 1724 年便开设武举科考，武举中格者故后亦获先贤资格享祀于文址，后到阮朝时期武举较后黎朝更发达，文武先贤便分别设址祭祀，文科先贤奉祀于文址，武科先贤奉祀于武址，两者作为奉祀先贤场所的性质是一样的。由此可见，越南村社文址（武址）不在少数。

二、文址碑的内容

越南不仅仿照中国修建文庙奉祀先师先儒，还在文庙中设立进士题名碑，以表彰和鼓励金榜题名的进士，以示重道崇儒。地方亦效仿中央修建祠宇祭祀孔子先师和本邑先贤，"邑有文址古矣。今奉圣世文治光昌，京国省城均有文庙，至于乡邑亦立文址崇先圣也。"[④] 此外，在祠宇处亦竖立有石碑记录祠宇沿革及祭祀的相关内容。如上文所述，越南村社文址是文庙系统中数量最多的一类，因此村社文址的相关碑刻数量是颇丰的。这些碑刻的碑题多种多样，如先贤碑、斯文碑、文址碑、文庙记、先贤祠碑、造立文庙碑/先贤列位、修造圣祠碑、重斯文科目/造立石碑、创立先生贤碑/本县斯文兴功、创立斯文碑、本社本会/圣贤碑记、斯文先贤祠宇碑

---

① 先贤碑［O］// 越南汉喃铭文拓片总集．编号 11993/11994．

② 先贤碑［O］// 越南汉喃铭文拓片总集．编号 11626．

③ Nguyễn Hữu Mùi. *Hoạt động khuyến học ở Việt Nam thời quân chủ* [M]. TP. Hồ Chí Minh: Nhà xuất bản Hội nhà văn, 2021, tr.147.

④ 桐乡社礼舍村斯文文址碑记［O］// 越南汉喃铭文拓片总集．编号 16522．

记、构作祠宇碑、无题、后贤碑等，碑刻所记载的内容十分丰富。为行文方便，本文拟以“文址碑”统称竖立于越南村社文址内或村亭的（包括少数竖立于其他地方）记录有关祭祀先师先贤活动、儒学教育等内容的碑刻。如在阐述过程中引用碑刻，则按碑刻原文述之。

村社在文址建成后竖立文址碑，目的是将本邑崇尚儒学、祭祀先师先贤的相关事实勒于碑以寿其传。“盖闻碑所以记事，民之有碑犹国之有史，将以备述始终，垂诸以远者也。”[①] 越南地处热带地区，常年多雨湿润，在立碑者看来石碑质地坚硬，相较于纸张更容易长期留存，以碑为书记录本邑之事可传世万代。据碑刻文献所见，每处文址的碑刻数量多寡不同，有一通碑一面碑文，一通碑多面碑文，亦有多通碑多面碑文。年代较早的碑刻保存完好则字迹仍清晰可辨，亦有部分碑刻受人为损毁严重或遭受风化腐蚀，碑面脱落，字迹模糊难辨。年代较晚的碑刻多保存较完好，碑刻内容完整，字迹清楚。有的碑刻内容丰富，清新雅致，有的则较为简短质朴，仅罗列记录；有的附有铭文，有的则没有。这些与碑文撰写人的文化水平高低有关。有的碑文出自朝廷高官名臣手笔，如武宗藩、范廷琥、阮文超、何宗权等人都撰有文址碑文传世。有的碑文则出自普通儒士，或是稍通文学的读书人。各处的文址碑内容都是各村社根据本邑具体情况所撰写，内容上没有统一的模板。总体概括起来，文址碑大致记录和反映以下几个方面的内容：（1）赞颂儒学的治世功用和先师先贤的传道、教化之功；（2）关于儒学的发展与传播；（3）祭祀先师先贤的习俗；（4）文址的沿革；（5）先贤题名；（6）文址功德；（7）文会券约、条例；（8）保置后贤等。这些丰富、翔实的文址碑内容为我们了解越南儒学的发展传播、村社文址营建与先贤祭祀情况等提供了可信的依据。

（一）赞颂儒学与先贤

文址是祭祀先师先贤的场所，旨在通过祭祀表达对儒学的崇尚、对先贤的崇敬。文址碑通常开篇便会引用他文起兴，歌颂儒学的治世功德和先贤传道的圣德，强调儒教对政治、风化的重要性。如“夫道在天地之间如一元之气，周流磅礴，未始一日不存。是故为天地立心，为生民立极，为前往继祀学，为天下开太平，何莫由斯道也”[②]；“窃闻：圣道磅礴天地间，上自朝廷下至闾阎，君君臣臣、父父子子、夫夫妇妇、长长幼幼，皆功用所及然也”[③]；“大哉。孔圣之道以孝、悌、忠、信为本，徵诸实学则格致诚正，修齐治平万世文明，皆道之显然也”[④]；“夫道原于天地，周流磅礴，无处不在，无日不存。其备则在于人，然其追寻往辙，熟究遗

① 文址碑记［O］// 越南汉喃铭文拓片总集．编号 17851．

② 斯文会造碑记［O］// 越南汉喃铭文拓片总集．编号 06714．

③ 来成村文址碑记铭［O］// 越南汉喃铭文拓片总集．编号 16562．

④ 无题［O］// 越南汉喃铭文拓片总集．编号 17891．

编，商确前言，开示后学，则先贤之功居多”[①]。像这样内容的碑文不胜枚举。

后黎朝独尊儒学，是越南儒学发展的极盛时期。儒学思想成为统治者治理国家政治，固结人心，维护社会秩序，教化百姓，敦化风俗的根本指导。黎太祖立国之初即制礼乐，设科目，收图籍，创学校，大兴儒学，广开科举。黎圣宗颁布《二十四训条》，倡导忠孝节义，以儒家伦理确定人与人之间的等级尊卑、社会纲常秩序，以儒家礼教教化民众。阮朝时期虽然儒学已经走向衰微，但阮朝在实现国家统一之后为巩固封建统治秩序，历代皇帝都十分重视发展儒学的治世和教化功能。

（二）儒学的发展与传播

随着儒学教育和科举制度的发展，国家培养出来的儒学人才日益增多，儒士阶层不断扩大。作为尊孔崇儒的表现形式，上至国都的文庙祭祀，下至村社的文址祭祀都有广泛的群众基础。文址碑所记载的儒学教育、村社登科及文址设置情况反映了儒学在越南封建社会时期发展、传播概貌，尤其是后黎朝以后，儒学从社会上层到基层的传播和浸润可见一斑。

位于兴安省东安县二美社下村村亭，碑题为《立祠址碑》的碑刻载：“尝闻：我国通天下称为文献，盖始于士王之立教，显于李陈之建学，而大备于圣朝光顺洪德年间。维□崇祀至圣，学修前贤，国则学而郡则庠，礼文郁郁乎哉。圣继神传，规重矩袭，肆惟今上光贲前猷，凡生圣人之世之国皆继濡圣人之化，户弦家诵，天下无不学之里焉。我南路郡九，县三十六，社数千七百五十有出。一县之地一社之民，即一村之微各有庙宇、祠址，以追尊其先觉。”[②]“吾乡名地英俊所兴，登进士第者相接武，多为名臣，……黎景治之五年月日有碑记其事，……”[③]“惟圣朝文运奎开，学徒斗列，家孔孟而户程朱，人稷契而乡邹鲁。虽盖名窃字之徒，而崇师重道之心，人人弥笃也。于京师监胄、诸府文庙春秋丁祭之后，凡宗于其道先知先觉之贤者，悉皆肇称设礼，诸县总社无地不然也。”[④]

上述碑刻反映了越南儒学发展的大致脉络。越南成为文献之邦，通诗书识礼仪始于东汉时期士燮在交州开设学校，教民以诗书、熏陶以美俗。越南史家吴士连言：“我国通诗书，习礼乐，为文献之邦，自士王始。”儒学在越南李、陈时期逐渐被统治阶层所重视，并有意识发展当地的儒学教育，建设科举制度，至后黎朝时期儒学进入繁盛阶段。在国家的大力推崇下，以儒学为核心的社会文化、教育有了长足发展，学校遍布各府、州、县、总、社，出现了家家学经典、人人诵圣贤书的盛况，科举事业发达，村社里科榜叠中，科举人才辈出。祭祀先师先贤的习俗亦随着

---

① 崇祀先贤碑［O］// 越南汉喃铭文拓片总集．编号06498．

② 立祠址碑记［O］// 越南汉喃铭文拓片总集．编号08123．

③ 兴功碑记［O］// 越南汉喃铭文拓片总集．编号02714．

④ 始造祠宇石碑［O］// 越南汉喃铭文拓片总集．编号08371．

儒学的发展成为民众普遍认可的精神文化活动。心会道源的儒学先贤成为富有学识与崇高道德的楷模，上至国都下至最基层的村社都兴起追尊先贤之风，修建文祠、文址进行祭祀，以示重道崇儒之心。文址碑对儒学、科举、先贤祭祀情况的记录一定程度上反映出越南儒学呈现自上而下的传播和影响态势。

（三）祭祀先师先贤习俗

《斯文碑记》载："古者乡先圣没则祭于瞽宗，此乡祭之义也。本国乡村设为文址以祀其乡之科榜诸公。"[①] 位于河城行帆庯白马神祠先哲家的《文址碑记》载："社祀乡先生古礼也，后人崇其礼，敦其俗也。"[②] 河东省青池县永宁总月盎社文址碑《兴功碑记》载："古之乡先生没则祭于其社，高山仰止于俎豆间见之，凡以厚风俗启□人者深矣。"[③] 碑文中所记乡先生即为本地在科举考试中获得科场名次的儒士和追崇儒学的读书人，这些儒士在考取功名后朝廷根据其考取的名次任命为不同阶品的官员，派到地方上任职。落第者亦可被乡学聘为教授儒学的教师或成为村社自治组织的成员，参与村社管理。他们学习儒家经典，通晓礼乐诗书，或荣登科榜任官一方，或为人师表传道授业，因此被后人所敬仰。为表崇敬之心，在其故去后，村社修建文址奉祀为先贤，"道之传在圣贤，文址所由设也。"[④] 据碑刻记载各村社祭祀先贤的习俗一般早于文址的修建，但文址的修建使得先贤享祀有其所，先贤祭祀得以更加物化。

（四）文址沿革

文址碑的竖立是为记事，因此文址沿革是其主要内容之一。碑刻记叙了文址修建的缘起、过程、规制、修葺、参与者等信息，使后人知晓本邑文址之变迁，同时也为体现本邑是文献之地，有着优良的好学传统。"白鹤县为府中文献之甲，黄舍下其县中学道之区。大哉道乎，释奠先圣古礼也，露天文坛古制也。今访前修复旧谱。嗣德丙寅春，耆老、乡里、士人等商议，出资厰构祠宇，铁材瓦覆，墙砌以砖。以仲春起工粤孟夏既望祠成，规制一新，备前人之未备，春秋右享庶，吾道之阴扶。"[⑤] 从碑刻内容可知，黄舍社文址旧时为露天祭坛，规制简陋，后于嗣德丙寅（1866年）经本社众人商议，筹资扩建，经数月完工，修成祠宇一座，旧文址经重修扩建后规制一新。

清化省寿春府广安总安场社文址碑载："我邑文址肇自黎朝之始，立于灵庙之

① 文址碑记［O］// 越南汉喃铭文拓片总集. 编号 00712.
② 文址碑记［O］// 越南汉喃铭文拓片总集. 编号 00186.
③ 兴功碑记［O］// 越南汉喃铭文拓片总集. 编号 02714.
④ 文会碑记［O］// 越南汉喃铭文拓片总集. 编号 17338.
⑤ 文祠碑记［O］// 越南汉喃铭文拓片总集. 编号 14037.

西堂，寝二座，并用茅盖，春秋望祀。……国朝嗣德十四年辛酉夏四月日，被火残灰。是年□试□□亦发乙酉科。爰商协士会，赎田在本社更仙处，扫地备祭，□得数年。嗣德十七年甲子，迁于伊处，筑墙瓦盖，望祭如之。至嗣德二十三年庚午再发乙科。自此迄今科途稍逊，且以址在田间，风雨泥泞，往来欠便。民仕再谋曰：'不如仍旧之为善。'以成泰六年仍于旧址创立新规，砖砌门墙，装塑班陛，以为望祀之所。其旧宇将为右庑，至十二月日落成。"[①] 该碑刻详细记载了本社文址的沿革。该社文址设于后黎朝初年，规模较小且简陋。嗣德年间遭遇大火焚烧损毁未再重修，社内祭祀先贤只能于露天扫地祭祀。三年后社里将旧文址迁至现址并修建砖瓦式祠宇。后因文址在田间，风雨天不便来往祭祀，但经社内商量决定仍于原址重修扩建，修成现祠。从文址两次营修的时间上看，每次祠宇经过修缮之后，社内的科举事业就会迎来发展，再发乙科，社中有科举中格者。当然这并非如撰碑者所言，是因为先贤冥冥中保佑，给参加科考的士子带来好运气的结果。而是修建文址的具体行为，强化本社学子对儒学的崇尚与仰慕，对先贤的瞻仰和崇敬，激发了学子们追崇圣道的斗志，奋发求学，实现科榜题名，社内文风振起。

（五）先贤题名

先贤题名是村社文址碑中很重要的一项内容。先贤题名主要记载的是本邑历代科场出身的儒士的姓名、字号、官职、科场名次等个人信息。有的先贤题名分朝代先后列写，有的则根据科场名次自高至低排名记录。在儒学教育发达的村社，先贤人数十分客观，一个村社能出数十位先贤，有些村社则要少一些，十几位或若干位不等。如海阳省青河县遊罗总仙枣社文址内《先贤碑》[②]载有先贤姓名、官职，共计 45 人。在科举人才辈出的村社，历朝历代不乏出身进士、举人等儒士，他们当中有人官至大理寺少卿、翰林院东阁学士、国子监教授、知府、县丞、督学、训导等，也有人只有村社职策、社长的身份或是只有儒士身份而没有官职。

立于海阳省荆门府阳岩总阳岩社文址的《先贤碑》[③]中有"名臣进士"一栏载有诸位先贤姓名、官爵、科场名次、籍贯，共计 35 人。其中就有范迈、范遇和范师孟等陈朝名臣，范迈和范遇为亲兄弟。范迈原名祝固，陈仁宗赐姓范，后常称范宗迈，陈明宗时期（1314—1329）曾同阮忠彦出使中国明朝。范遇原名祝坚，陈仁宗赐姓范，改名范宗遇，陈明宗时期曾官至知政事同知尚书左司事。范氏兄弟俩都有诗作流传后世，被收录在《越音诗集》《全越诗录》等诗集中。范师孟是被称为越南儒宗的朱文安的得意门生，他于陈明宗时期大庆十年（1323）考中太学生，后授补任官，经历陈朝四位皇帝。范师孟曾任掌簿书兼枢密参政、入内行遣知枢密院

---

① 文址碑记［O］// 越南汉喃铭文拓片总集. 编号 17851.

② 先贤碑［O］// 越南汉喃铭文拓片总集. 编号 11626.

③ 先贤碑［O］// 越南汉喃铭文拓片总集. 编号 11993/11994.

事、行遣左司郎中、知枢密院事、入内纳言等职，是陈朝名臣，其以文章显世，撰有诗作《峡石集》等。

从先贤题名可见在越南一些村社中出现了一些科举世家，父子联登、叔伯间登、兄弟叠中、堂兄弟同科的情况屡现。这些科举世家大多拥有良好的儒学教育传统，他们通过科举考试登科入仕，位极人臣。通常这些科举世家在当地有很高的社会地位和名望，是为当地的儒学楷模。

（六）文址功德

文址的修建、修葺、日常维护及祭祀等相关费用主要来自民间众筹。一为社内村民自发捐功钱缗、田产及其他相关物品如木材、砖瓦等。二为集体集资，由文址修建组织者策划，向本邑文会和村民筹取。三为后贤捐功。无论以何种形式筹集，其捐功行为都被认定是一种功德，值得赞颂，可为后来者做榜样。因此将捐功者姓名、所出赀财数、恒产数悉数刻于碑上以垂永久，以表对捐功者的感恩之心。功德情况主要记录的是捐功者姓名、官职、爵位、捐资数、田产大小、位置等信息。有的村社捐功数目十分可观，参与捐功的个人和组织数量众多，捐功者多为本邑文会成员和经济实力较强的官员、绅豪、总目或村社里的职役等人，也有部分为白丁百姓。组织则有文会、士会、武会、义会等村社自治组织。有的村社捐功数量则少些，仅有少数几个人或只有文会参与捐功筹建，甚至只有一个人捐资的情况。义安省莫山府纯忠总纯忠社美玉村文址内的碑刻《纯忠社碑记》载："一款钱照丁每兵率八贯，共四百五十六。一供钱：文会三百贯、士会六百贯、武会三十贯、义会一百贯。故黎国子监监生春试中三场，升授景淳县知县陈尹佺（子），国子监监生春试中三场陈尹仲供田五高。故黎国子监监生阮仕二高。校生陈尹仪、校生陈尹优、校生陈尹条、校生陈尹侪二高，钱十贯。翰林院编修举人吴致玿、秀才阮春桂各一高。秀才阮世享二高。秀才王曰预三高，扁一幅。秀才王曰熙、秀才王曰召各二高。……"[①] 由上述记载可知参与该社文址修建捐功的组织和个人及捐功情况。此外下文还记载了其他儒士、职役、社长、老饶、耆老等九十八人，每个人的捐功情况，各人捐资六贯到五十贯不等，田产则一至三高不等。纯忠社此次捐功人数共有167人，4个组织，捐得钱缗2467贯，田产十亩二高。由此可见纯忠社对修建文址的支持力度甚大，村民参与积极性高。

另有南定省美禄县江左总报答社阮村《文址碑铭》载："圣朝崇祀正学，□□□敷，故社民皆得而崇祀。吾邑从前未有文址，递年二祭扫地立坛。今春，文会长会阮文璷、范文静等谋与本会各款钱二贯。再原会前丕受里长阮贵公，字仲断，号刚直府君；阮贵公，字文美，号福忠府君；范贵公，讳重，字福整，号敦莊府君；范贵公，字文立，号福游府君，其子范文收、阮文松、阮文普、范文开各应出钱文

① 纯忠社碑记［O］// 越南汉喃铭文拓片总集．编号 02657/02658．

一百二十贯以资其事。于是相斯土筑斯址，夏起之秋成之，聐拜有所神，其□以相之，是记。”[①]

碑刻记录了阮村从前祀先贤并无定所，春秋二祭唯有打扫一块净地进行祭祀，后由阮村文会长组织文会成员筹集资金，同村内里长及子弟等人捐资修建了本村文址。从捐功者的身份不难判断出他们都是接受过儒学教育的知识分子，受到儒学的熏陶，出于对儒学的仰慕崇敬而慷慨解囊，捐家私修文址，崇正道、祀先贤。

此外，不乏官员、儒士出于对儒学的仰慕，感念先圣贤人的传道教化功德，甚至独自捐资修建文址奉祀先贤，如南定省义兴府大安县清溪总清溪社北村文址碑载：“前代本村人副总郑得逘自出家赀设立文址一座于神祠之西，坐壬向丙。从前□祀，文运未亨，至壬辰年仝村会合随力捐资……”[②]

（七）文会条例

乡村祭祀先师先贤活动于每年春秋二期举行，这是村社里的一项重要精神文化活动。文会条例是文会组织祭祀及相关管理工作的依据，经文会集体商议制定形成定例，逐条记录于贞珉。文会条例通常记录祭祀活动的仪节、祭品、参与祭祀的人员、文址的日常维护、祀田的耕种和管理、贺例和望例、加入文会的条件和程序等信息。“从来我炎邦在在乡村称文会者吾正学也……”[③]，村社文会是由村社内追崇和学习儒学的人自发组织形成的文人团体，据有关资料记载，文会出现的时间至晚在 16 世纪，文会又称斯文会、文属、斯文等。俗例《东寿例簿》“斯文会序”中载：“会何为而立也？盖君子以文会友，而天下之理统之□宗，将欲简以行之可无会乎哉？”[④]可见文会设立的目的，一为知识分子之间的交流，二是认为天下之理归宗于儒学，作为学习圣道的君子、文人，有义务、有责任将这些天理简而化之并践行。根据文会条例，通常只有能读书识字者、儒士才有资格加入本邑文会。文会人数不是固定不变的，其规模会随着邑内科场登榜情况、儒士人数的变化有所变动。文会设斯文会会长、书记，到阮朝时期还出现了文唱和典祀。通常科场中举的儒士都会被纳入文会中，加入文会可被视为对崇正道者的一种身份认可，对入会者而言是一种骄傲，只有尊圣教、崇正道、有学识的人才可入会。文会条例中多记载有关加入斯文会的条件，如预斯文还须经过一套程序，准备谒礼、纳望钱、办犒望宴，然后文会将其姓名载入文会簿，这才算正式成为文会成员。北宁省超类县姜寺总公河社文址碑《文会事例》载：“望入本会先用芙蔔徧报。谒礼：猪一口，价古钱一贯五陌；粢米十二官钵；酒一坩；芙蔔五十口；古钱三贯。若有脚色、饶荫而无科

---

① 文址碑铭［O］// 越南汉喃铭文拓片总集. 编号 16283.

② 北村文址碑记［O］// 越南汉喃铭文拓片总集. 编号 18116.

③ 文址碑记［O］// 越南汉喃铭文拓片总集. 编号 16664.

④ 东寿例簿［O］. 越南汉喃研究院，书号 A.1944.

场，其钱用倍，白丁者不许。其祭文科场名在先，监生以上照品而坐，生徒以下以齿，行文读祝，并在科场不得妄争。”[①] 从此入会条件可见加入文会对不同身份的人要求不同，其中对科场中举者要求最低，所需缴纳的礼钱最少，文会对儒士身份的认同可见一斑。此外，文会还参与村社的“自治法律”——乡约民规的制定和编撰。文会在一定程度上参与了所在村社的自治管理工作，特别是在教育、风俗、教化等方面，文会的作用不可替代。

祭祀先贤是一项庄严的仪式，为表对先贤的崇敬，祭祀的仪节要有所讲究。祭祀时间通常选择在每年春秋二期，多用农历二月、八月，不同的村社举行祭祀的具体时间不尽相同，有的在望日举行，有的在丁日后择吉日举行。祭品用猪或鸡、粢[②]、米酒、茶水、芙蕾[③]、香烛、金银，有专门的祭官、陪祭人员。祭拜过程包含迎神、净手、上香、俯身祭拜、读祝文、饮福、受胙、献茶、焚祀文等多个步骤，须有条不紊逐一进行，整个祭祀仪式方才完整。

江北省洽和县桂棹总同津社陵《敬事祠宇碑记》载有关于先师先贤祭祀仪式的详细内容。“一祭纪时序、仪节、品物等条寿其传。祭时序：仲春一期，仲秋一期，并用上丁后择日行礼。祭品物：猪二口，炊四盘，酒一圩，茶炉洁净，芙蕾、香灯、金银用足，春秋并同。祭仪节：陪祭就位，祭官就位，迎神鞠躬拜兴（凡四），平身。盥洗，诣香案前，跪，上香，俯伏，兴，平身。初献礼，跪，奠酒，俯伏，兴，平身，诣读祝位，跪，读祝，俯伏，兴，平身，分献。亚献礼，跪，奠酒，俯伏，兴，平身，分献。终献礼，跪，奠酒，俯伏，兴，平身，分献。复位，跪，饮福，受胙，俯伏，兴，拜兴（凡二），平身，献茶，送神鞠躬拜兴（凡四），平身，焚祀文，礼毕。”[④]

关于文会祀田的耕种、管理及功德钱的使用等规定亦是文会条例的重要内容。碑刻《田主立碑》载：“先贤祭田二亩二篙留与杨柳、茂和二社文会甲耕种以供祭祀。”[⑤] 其后记录了七处文址祀田的面积和具体位置。条例对祀田的领耕对象及用途进行了规定，二亩二分祀田将由杨柳社和茂和社的文会分别认耕，祀田收获所得用作祭祀支出。《集云文址碑记》载：“约例：一丁祭二月、八月望日正祭；一祝文从祀先达宜详写；一入会系实学方可（钱一贯，并美酒）；一祀田许耕限三年换领；一或因会日赌博者禁止；一贺寿科员六十馀七十（对联、美酒）。”[⑥] 该条例对文址祭祀时间、祝文书写、加入斯文会的条件、祀田耕种办法、禁忌和贺寿等方面进行

① 文会事例［O］// 越南汉喃铭文拓片总集. 编号 03611.

② 指糯米饭。

③ 指槟榔与篓叶。

④ 敬事祠宇碑记［O］// 越南汉喃铭文拓片总集. 编号 08570.

⑤ 田主立碑［O］// 越南汉喃铭文拓片总集. 编号 01667.

⑥ 集云文址碑记［O］// 越南汉喃铭文拓片总集. 编号 02425.

具体规定。文会条例为文址祭祀相关活动常态化提供了既定仪轨依据。

（八）保置后贤

文址的修建和日常维护通常需要数目不小的费用，在众人的捐功中包含有较为特殊的一类捐资即后贤捐功，捐功者通过给本邑文址捐资、田产、捐物，获得文会保置为后贤的机会，配享于文址，与先圣先贤同享乡民的供祭。立后是 16 世纪以后在越南农村地区才出现的一种习俗，“这个习俗的来源是佛教轮回思想与东方奉祀习惯的结合，认为人死后还存在有另一个生命即灵魂。这个灵魂似乎也有如生人一般的生活，而他的生活需要和享受是靠在世人的供养，即奉祀”[①]，“所谓的‘后贤’，指的是立于先贤神位后方的受祭者，为与先贤相对应的祭祀对象”[②]，保置后贤属立后习俗的一种。碑刻《流传万代》载：“（注：捐功名单）以上本甲尊保诸名公为后贤，企自戊戌己亥至兹庚申辛酉等年，其钱田若干本甲照认依数。故立石碑二座置于祠址之左，是碑也。刻以永传留为事迹。兹因文甲有营缉祠址，敬保后贤，照取钱田均用各役……”[③]该碑刻记录了本村 14 位乡老、耆老每人为本村斯文会捐钱五至十贯，田产一至二高不等，斯文会照认，并保他们为后贤。保置后贤配享文址是先师先贤祭祀与越南本土民间信仰融合的产物。村民的捐功为文址的修建与营葺提供了经费保障，同时文会保置捐功者为后贤满足了其信仰需求。

三、文址的功能

文址是村社祭祀先师先贤的场所，也是儒学思想的外化形式，封建统治阶级教化的表征。文址对越南儒学在社会基层传播和影响方面有其特殊作用。它使得儒学思想通过先贤祀的形式实现对社会基层的浸润，深入基层民众的精神生活，贯彻到他们日常生活的伦理关系中，维持封建社会的纲常秩序，这些都与文址的功能密切相关。

（一）祭祀功能

文址作为祭祀场所，其修建的首要目的便是使奉祀先贤有定所，以示崇敬之心，“尝谓：祠宇之立所以崇祀先哲而振文风，岂徒为美观也哉。”[④]在未有文址之前，每年春秋二祭，只有扫地而祭，或于人家，或于茅舍作为祭拜先贤的场所。如碑文所载：“我邑旧有文会崇祀先圣，每届丁祭期或尊设在乡亭，或权于干事家致

---

① 阮文原．越南铭文及乡村碑文简介［J］．成大中文学报，2007（17）．

② 林姗妏．越南“后贤碑”初探：以两种特殊的后碑类型为例［J］．彰化师大国文学志，2016（32）：53—89．

③ 流传万代［O］// 越南汉喃铭文拓片总集．编号 01943．

④ 创立祠宇碑记［O］// 越南汉喃铭文拓片总集．编号 12215．

敬，未有定所，□惧其渎。”[①] “我公河之有祠址何自始乎？老之前代文章科甲恒不乏人，然丁祭未有其所，每于轮次家中，仍然简陋。”[②] “□我内从前事神奉佛祠寺各已有所，文圣祀所阙如也。递年春秋祭期，每于私家权设……”[③] 由此可见村社兴起祭祀先师先贤风俗之初并未修建有固定祭祀场所，未形成规制，祭祀场所多潦草、简陋。随着儒学教育兴盛、科举事业的发展、儒士阶层的扩大，后黎朝、阮朝立国后十分重视儒学，大力振兴科举，独尊儒术。后黎朝、阮朝时期祀乡先生风俗在越南北部、中部平原地区的村社已经较普遍存在，文址规制日趋完备。“本社自成邑以来，神祠、佛寺则有之，而文址则未见也。兹仰见皇上有教化横被，上之所好，下必甚焉。乃着会计，卜得吉地构成文址三间。”[④] 此外，文址的修建还十分注意选址堪舆，通常选择在爽垲的高地，延请风水先生相地，确定文址的位置、朝向。修建者认为这不仅是对先贤的崇敬，相信通过奉祀先贤于风水宝地便会获得先贤的护佑，实现振兴本邑道脉，使社内村里儒士能科榜连登，使本邑成为人杰地灵的文献之地。

（二）劝学、振作文风功能

“尝谓：祠宇之立所以崇祀先哲而振文风，岂徒为美观也哉。”[⑤] “春秋丁祭崇祀本社先贤，一以表斯文之鼻祖，一以标后学之宗师，由是而儒学大行文风日盛。”[⑥] 本邑先贤被村民奉祀于文址，受后人瞻仰，这既是对先贤的崇敬和表彰，也是对后学的一种精神鼓励，激励后人努力学习圣贤大道，他朝学有所成、荣登皇榜、光耀门楣之时亦可获众人敬仰。“唐家广筑学基，当世起斯文之盛，宋室增培祠宇，斯时振儒道之风，自古已然。于今再见建营庙殿，春秋经祭祀之仪，仰荷圣贤，夙夜扶后人之学，循循学进，稍稍儒兴，佩其道德，服其义仁，咸趋归于圣域，发为科目，举为事业，皆寔赖于神功。于以振文运之蝟兴，于以垂后来之竜鉴。”[⑦] 奉祀者认为中国唐朝大力发展儒学教育，宋朝广修祠宇尊崇圣贤，因此圣道崇隆、斯文振起，文化繁盛。如今村社修建文址祭祀先贤，使后学佩服其学识、瞻仰其道德，村社定会文风振起，举业发达。

此外，先贤题名于文址亦是实现劝学目的的一项有效举措，先贤不仅享祀于文址，其姓名还被刻在文址碑上名垂“石”史、流传万代。进士可题名国家文庙进士

---

① 义武社文祠碑记［O］// 越南汉喃铭文拓片总集. 编号 17613.

② 文会碑记［O］// 越南汉喃铭文拓片总集. 编号 03610.

③ 功德碑志［O］// 越南汉喃铭文拓片总集. 编号 15379.

④ 无题［O］// 越南汉喃铭文拓片总集. 编号 15357.

⑤ 创立祠宇碑记［O］// 越南汉喃铭文拓片总集. 编号 12215.

⑥ 富儿社文会碑［O］// 越南汉喃铭文拓片总集. 编号 07138.

⑦ 建祠宇碑记［O］// 越南汉喃铭文拓片总集. 编号 13424.

碑，乡先生题名先贤碑亦是流芳千古，因此，这是对后学的一种莫大鼓励。如碑文所载："夫文学之贵于天下久矣。乡先以文学由科目出，高山景行，其贵于乡，可知乡有碑焉，表而出之。凡有耳目孰不希之，将必曰：'某某吾族之先达耶！'曰：'某某吾乡之望族耶！'将益敦素业，展新心以相激励而光大之者耶。然则是碑之立其有关于人心、风俗不小，而其一乡文物之盛从此亦可卜矣……"[①] 在封建社会时期，由于国家选拔和任用人才的机制，士人被视为精英，具有很高的社会地位。通过读书走上仕途是一件极为不易的事，因此读圣贤书高中科榜的先贤成为众人仰望的对象，先贤所在的宗族、所居的村社都因其而感到自豪。将先贤作为劝学榜样能起到良好的效果，对振作本邑文风，形成良好的崇儒尚道氛围大有裨益。

（三）教化功能

自陈朝以后在越南封建社会时期，儒学思想是统治者实施国家治理和政治教化的重要指导依据。修文庙、文祠、文址奉祀先师先贤是以祭祀仪式的形式强化了儒学的教化功能，是对教化的一种补充，是国家实施教化的一种重要手段。国家对地方实施的教化是实现国家影响和渗透的重要方面，敦厚风俗是核心目标，先师先贤祭祀作为传统的祭祀活动在其中发挥着重要作用。碑刻记载："文祠乃风化之原，衣冠之地，名教纲常于是乎在矣。"[②]"盖闻：祠址，文明之地，国学党庠之外别成一宇宙也。春秋之享在此，士子之陶成在此，实为首善也。"[③] 由此可见文址作为奉祀先师先贤的场所被视为儒学教化义理和道德伦常的一种载体，反映了文址作为教化设施的本质。文址内奉祀的先贤都是本邑村民所熟悉的有道有德之人，对百姓而言，他们代表风化、衣冠、圣道，是节孝道德操守的模范。先贤有学识有道德，百姓视其为泰山北斗，自然感慨羡慕，感发风励，敬仰尊崇，敦厚风俗。"吾邑从前文学视郡县中稍逊，近来渐渐兴起于此，固关乎运会而斯文扶持之用黙有以启之欤。今而后使人观斯山而愍仰止之思，见此水而动取斯之意，则是文址。为吾乡之教化良甚远矣，谨记。"[④] 由此可见一邑之文学能兴起是靠儒学圣道所扶持，文址乃是斯文所在，后人看到文址便会想到崇敬先贤，景仰圣道，心向往之。因此祭祀先贤于文址是实施教化非常重要的一种形式。

落款于嗣德二十九年（1876 年）的碑刻《无题》载："本社自成邑以来神祠、佛寺则有之，而文址则未见。兹仰见皇上有教化横被，上之所好，下必甚焉，乃着会计，卜得吉地构成文址三间，再□前□三间，礼门、义户为之一新。"[⑤] 上行下

① 万代瞻仰［O］// 越南汉喃铭文拓片总集．编号 18182．
② 兴安文祠碑记［O］// 越南汉喃铭文拓片总集．编号 17423．
③ 文会碑志［O］// 越南汉喃铭文拓片总集．编号 06525．
④ 云龙文址碑记［O］// 越南汉喃铭文拓片总集．编号 16919．
⑤ 无题［O］// 越南汉喃铭文拓片总集．编号 15357．

效，国家上层推崇儒学，修建国家级文庙祭祀至圣先师，实施儒学教化手段。地方上的百姓必然跟随效仿，文址的教化功能和目的到了阮朝时期更加突显，这种教化功能被统治者所认识并充分发挥。这也是目前所见文址碑刻中记载修建于阮朝时期的文址数量居多的原因之一。落款于维新三年（1909）的碑刻记载："奉我皇朝重道敦笃化，原京外建文圣庙，树风化也，复议，旹準府、县、总、社设文址，听而起之，在人之天其感发欤。"① 此时的越南社会危机重重，民生凋敝，内忧外患，在意识形态方面面临巨大挑战，而儒学、科举已经日薄西山，统治者此时仍寄希望于在各级行政单位设立文址来实现教化的目的，文址的教化功能可见一斑。

四、余论

以汉字为载体、儒学思想为核心的中国传统文化对越南文化的形成和发展影响至深。越南自李朝开始便仿效中国修建文庙祭祀先圣，历代王朝都十分重视儒学的治世和教化功用。统治者实施开科取士、培养儒学人才政策，同时辅以文庙祭祀形式推动儒学发展，实现对民众的教化目标。传统史籍文献记载的主要是国家级和省级文庙的情况，对于曾经较普遍存在于地方的文祠、文址记载不多。事实上在越南还存在像碑刻这样真实可信的珍贵文献，它们记录了越南民众文化生活的原貌，可丰富我们对相关问题的认识。数量颇丰的文址碑作为越南基层社会先贤祭祀活动的记录载体，记录着丰富的内容，可为我们更全面、深入地了解越南儒学、越南基层社会民众的精神生活乃至中越文化交流提供丰富的一手材料。

参考文献

[1] 陈文．越南科举制度研究［M］．北京：商务印书馆，2015．

[2] 东寿例簿［O］．越南汉喃研究院藏，书号 A.1944．

[3] 林姗妏．越南"后贤碑"初探：以两种特殊的后碑类型为例［J］．彰化师大国文学志，2016（32）：53—89．

[4] 阮鸿峰．越南村社［M］．梁奋红，文庄，译．昆明：云南省东南亚研究所，1983．

[5] 阮文原．越南铭文及乡村碑文简介［J］．成大中文学报，2007（17）．

[6] 谭志词．17—19 世纪的越南广东籍华侨华人：以碑刻史料为中心的分析［C］//暨南大学华侨华人研究院会议论文集．2009 年 5 月：3—13．

[7] 吴士连，等．大越史记全书［M］．重庆：西南师范大学出版社，2015．

[8] 越南汉喃研究院，法国远东学院，法国巴黎高等研究实践学院．越南汉喃铭文拓片总集（22 册）［O］．河内：越南河内出版社，2009．

① 无题［O］// 越南汉喃铭文拓片总集．编号 17762．

［9］于向东，等．东方著名哲学家评传：越南卷［M］．青岛：山东人民出版社，2000．

［10］朱云影．中国文化对日韩越的影响［M］．台北：黎明文化事业公司，1981．

［11］Đinh Khắc Thuân. *Văn miếu Việt Nam khảo cứu* [M]. Hà Nội: Nhà xuất bản Đại học Quốc gia Hà Nội, 2021.

［12］Nguyễn Hữu Mùi. *Hoạt động khuyến học ở Việt Nam thời quân chủ* [M]. TP. Hồ Chí Minh: Nhà xuất bản Hội nhà văn, 2021.

［13］Phan Kế Bính. *Việt Nam phong tục* [M]. TP. Hồ Chí Minh: Công ty Văn hóa và Truyền thông Nhã Nam, 2014.

［14］Trịnh Khắc Mạnh chủ biên. *Từ điển tác gia Hán Nôm Việt Nam* [M]. Hà Nội: Nhà xuất bản Đại học Quốc gia Hà Nội, 2021.

近代越南西化知识分子阶层的形成

信息工程大学　杜佰航

【摘　要】19 世纪末 20 世纪初，法国殖民者在越南建立起基本的统治秩序后，逐步将殖民政策的重心转移到殖民地开发活动。为了培养殖民开发所需人才，法国对越南的教育制度进行了两次较大规模的改革，使西式教育体系更加完善。由此，汉学走向衰落，西学逐步兴起，越南知识分子也随着社会主流知识体系的转型而逐步西化。这种西化有两种情形：一种是传统汉学知识分子的转型，他们虽成长于汉学教育体系，但选择接受西方文明，潘魁是其典型代表；另一种是新式教育体系所培养的西学知识分子，他们虽然是越南人，但对西方文明抱有与生俱来的好感，范琼是其典型代表。正是西化知识分子阶层推动了近代越南社会公共文化空间的形成，“西学东渐”才得以可能。

【关键词】近代；越南；西学；知识分子

19 世纪下半叶，伴随着法国侵略者的到来，越南从清王朝的宗藩体系进入到法国的殖民体系，开启了近代越南“西学东渐”的历史进程。然而，越南作为汉文化圈国家，历史上长期受汉文化浸淫，殖民者可以凭借一纸条约在政治上将越南划入自己的势力范围，但在文化上，却很难如同签署条约一般，在短期内实现越南的全盘西化。从侵略者所带来的域外文明，到为越南知识分子所追捧的新兴文明，再到为普罗大众所接受的现代文明，西方文明在近代越南经历了漫长的“本地化”过程，这一过程也即近代越南的“西学东渐”。法国殖民者推动的教育改革，可谓是近代越南“西学东渐”的起点。在汉学衰落、西学兴起的大背景下，西化的越南知识分子阶层可谓是“西学东渐”的中坚力量。

一、法殖时期的两次教育改革

1897 年至 1902 年，保罗·杜美（Paul Doumer）担任法属印度支那总督。在杜美任期内，法国开始对越南进行大规模开发，并一直持续至第一次世界大战结束，越南史称“第一次殖民地开发”。为了配合开发活动，殖民者改变高压统治政策，采取“与当地人合作”的策略，使越南人更多地参与到殖民政府当中。殖民政策的转型，缓解了法国与越南的民族矛盾，为教育制度改革和越南社会中西化知识分子阶层的出现提供了相对宽松的政治环境。在杜美的继任者保罗·博（Paul Beau）任职期间（1902—1907）和阿尔贝特·萨罗（Albert Sarraut）第二次总督任期内（1917—1919），法国对越南的教育制度进行了两次改革，“以培养为西方殖民事业效力的‘本地合作者’和训练有一定文化知识的廉价劳动力为宗旨的殖民教育制度”[①]便在近代越南应运而生。

（一）教育改革的背景

殖民时期，法国对越南进行过两次大规模的开发。第一次从 19 世纪末开始，延续至一战后；第二次则从一战后到 20 世纪 20 年代末。虽然第一次开发在规模上不可与第二次同日而语，但在越南社会现代化的进程中却更具时代转折意义，正是第一次开发“使资本主义生产方式开始向越南移植，并使越南与资本主义世界市场联系起来，越南的封建的自然经济受到强烈的冲击，日渐瓦解，这引起越南社会的深刻变化”[②]。具体而言，第一次开发“改变了殖民地的社会经济结构，造成阶级分化，进而引入了外部世界的新思想，使越南的民族运动从封建主义的范畴进入到了资产阶级民主的新范畴”[③]。

1897 年 2 月，杜美就任法属印度支那总督，开启了第一次大开发活动。上任伊始，杜美就提出了包括七个方面内容的行动纲领，具体是：重组各级各地政府、设立税收系统、修建交通基础设施、增加生产和商业活动、加强殖民地军事防御、平定北部边界的反抗、扩大法国在远东的影响力。[④]杜美以改革政治、发展经济为核心的大开发政策影响深远，从杜美到一战结束后的萨罗，第一次大开发期间的主要四任印度支那总督[⑤]的政治、经济措施，都在杜美所定政策的延长线上。让·谢诺（Jean Chesneaux）曾评价道：“正是杜美将殖民的制度从‘手工’探索阶段带入了有组织的系统阶段，他建立的财政系统和政治体制几乎一直延续至 1945 年。”[⑥]

然而，大开发活动招致了越南人民的强烈不满，殖民者不得不改变统治方式，采取“与本地人合作”的策略。对于殖民地的统治策略问题，法国国内一直有同化（Assimilation）和合作（Association）两种理论。同化理论是法国传统的殖民信

---

① 梁志明，李谋，吴杰伟．多元交汇共生：东南亚文明之路［M］．北京：人民出版社，2011：132．

② 梁英明，梁志明，等．东南亚近现代史［M］．北京：昆仑出版社，2005：357．

③ Tạ Thị Thúy chủ biên. *Lịch sử Việt Nam tập 7 – Từ năm 1897 đến năm 1918* [M]. Hà Nội: Nhà xuất bản Khoa học Xã hội, 2017: 25.

④ Paul Doumer. *L'Indo-Chine française (souvenirs)* [M]. Paris: Vuibert et Nony, Éditeurs, 1905: 286.

⑤ 分别是杜美（1897—1902）、博（1902—1908）、克洛布科夫斯基（1908—1911）、萨罗（1911—1914、1917—1919）。

⑥ Jean Chesneaux. *Contribution à l'histoire de la nation vietnamienne* [M]. 转引自 Tạ Thị Thúy chủ biên. *Lịch sử Việt Nam tập 7 – Từ năm 1897 đến năm 1918* [M]. Hà Nội: Nhà xuất bản Khoa học Xã hội, 2017: 28.

条。尽管对于同化的含义有不同理解，但在本质上，同化意味着将殖民地变成法国不可缺少的一部分，使殖民地的人口和社会看起来与法国无异。但 19 世纪末 20 世纪初法国殖民地的事实证明，同化理论对于高度多元化的法国殖民帝国是“僵硬、不科学、有害”的。于是，希望获得本地支持、愿意尊重当地风俗习惯的新一代殖民主义学者提出了“更为现实、灵活的本地化政策”，也就是合作理论。①

在合作理论的影响下，杜美之后，继任的博和萨罗在越南采取了“与本地人合作”的策略。这一策略的主要内容是“在社会中制造一个上流阶层，依靠上流阶层拉拢当地民众，以实现殖民政府的经济、政治、社会目标”②。以博为例，1902 年，博接替杜美任印度支那总督时期，为落实“与本地人合作”的策略，博主要提出了四点：一是在确保法国殖民统治的前提下，给予本地人适当的自由；二是尽可能地将本地人吸纳进入政权；三是按照本地人的愿望、需求和德智水平开展教育；四是使本地人的人身财产安全免受盗贼、疫病和贫穷的威胁。③

当然不能忽视的是，相对柔和的“与本地人合作”的政策也不是每一任印度支那总督的选择。法国执政党的更替，越南人民的反法斗争，甚至国际局势的风云变幻等等，都可能会引发殖民地政治环境的紧张，使殖民者转而选择更为保守的策略。但不管是殖民地大开发，还是“与本地人合作”，客观上都要求越南要有相应的人才参与。越南传统教育制度与零星的法越学校显然已经无法满足需求，教育改革势在必行。

（二）第一次教育改革

鉴于传统汉学在越南的影响力，以及北、中、南三圻制度的差异，殖民时期越南的教育制度改革并不是一蹴而就的。在殖民统治时期，越南的教育制度经历了两次大规模的改革。通过两次改革，系统性的法式教育在越南正式形成。

第一次改革是在保罗·博担任总督期间（1902—1907 年）。19 世纪下半页，随着法国对越南的占领，法式教育制度在越南逐步建立起来。与此同时，传统封建教育制度并没有废除。旧式封建教育制度与新式西方教育制度并存，是 19 世纪下半页到 20 世纪初越南教育制度的主要特征。两种教育制度并存导致各地的教育制度差别较大，不统一。在南圻，法越学校的建立已有较长时间，汉学废除时间较长，导致社会道德水平下降。所以对于南圻而言，教育改革必须“恢复儒教道德和汉

① Raymond F. Betts. *Assimilation and Association in French Colonial Theory, 1890–1914* [M]. Lincoln: University of Nebraska Press, 2005: 8–9.

② Tạ Thị Thúy chủ biên. *Lịch sử Việt Nam tập 7 – Từ năm 1897 đến năm 1918* [M]. Hà Nội: Nhà xuất bản Khoa học Xã hội, 2017: 30.

③ Paul Beau. *Situation de l'Indochine de 1902 à 1907 Tome I* [M]. Sai Gon: Imprimerie commerciale Marcellin Rey, 1908: 61–62.

学”[①]。在北圻和中圻，问题则完全相反，法越学校虽然得到了建立，但是与传统教育，即汉学私塾相比，仍处于劣势。[②]

1902 年，“主张开化民智、注重发展教育”[③]的保罗·博接替杜美担任总督。为了落实“与本地人合作”的政策，博在任期内对越南的教育制度进行了改革。

1904 年，殖民政府颁布《法越教育章程》，主要内容是推广法语在教育中的应用。1905 年，印支学政总衙成立。1906 年，印支议学会成立。这两个机构，是推进教育改革的核心。特别是议学会，在整个印支之下，南、北、中三圻还分别成立了委员会，负责对本圻内的教育问题进行改革。[④]

法越学校在改革后分为小学和中学两级。小学分为四个年级，主要教授法语，越语和汉语仅占极小的比例。中学分为第一级和第二级两级，第一级学制四年，第二级学制一年。第二级又分为文科、理科两类。总而言之，改革后的法越学校较改革前变化不大，只是更加完善，以便培养政治、经济和师范领域的人才。[⑤]传统教育则在第一次改革中经历了较大的变化，主要围绕两个问题开展。“在尚无条件完全废除的情况下，应在多大程度上保留传统汉字教育？如何增加科学类课程，而且还要用国语字翻译？”[⑥]在改革后，传统教育分为幼学、小学、中学三级。幼学学制按不同地区有一到三年之别，学制一年的仅学越语，学制两年或三年的学习汉语，法语不做强制要求。小学设在各府县，学制两年，越语所占学时最多，汉语次之，法语最少。中学设在省城，所有课程中，法语、越语最多，汉语则最少。伴随着学校的改革，尚未废除的科举考试也增加了越语和法语的内容。[⑦]

此外，1906 年，殖民当局决定建立印度支那大学，这是越南历史上的第一个大学。1907 年，印支大学正式开课，彼时有 193 名学生，分属法律与行政学院、

---

① Tạ Thị Thúy chủ biên. *Lịch sử Việt Nam tập 7 – Từ năm 1897 đến năm 1918* [M]. Hà Nội: Nhà xuất bản Khoa học Xã hội, 2017: 155.

② Tạ Thị Thúy chủ biên. *Lịch sử Việt Nam tập 7 – Từ năm 1897 đến năm 1918* [M]. Hà Nội: Nhà xuất bản Khoa học Xã hội, 2017: 156.

③ 陈重金. 越南通史［M］. 戴可来，译. 北京：商务印书馆，1992：423.

④ Tạ Thị Thúy chủ biên. *Lịch sử Việt Nam tập 7 – Từ năm 1897 đến năm 1918* [M]. Hà Nội: Nhà xuất bản Khoa học Xã hội, 2017: 157–158.

⑤ Phan Trọng Báu. *Giáo dục Việt Nam thời cận đại* [M]. Hà Nội: Nhà xuất bản Khoa học Xã hội, 1994: 65.

⑥ Phan Trọng Báu. *Giáo dục Việt Nam thời cận đại* [M]. Hà Nội: Nhà xuất bản Khoa học Xã hội, 1994: 65.

⑦ Phan Trọng Báu. *Giáo dục Việt Nam thời cận đại* [M]. Hà Nội: Nhà xuất bản Khoa học Xã hội, 1994: 65–69.

科学学院、医学院、建筑学院和文学院共五个学院。[①]

经过第一次改革，以西学为核心的法式教育制度已由南圻推广至北圻和中圻，覆盖了越南全境。然而，以汉学为核心的传统教育制度没有废除，这不仅导致了教育系统内部的矛盾，更引发了不同教育背景的知识分子之间的矛盾。“夫汉学、法学而既为对峙之两途，则国中之学派歧而为二，一新一旧，其性情思想绝不相同。”[②] 更重要的是，改革教育制度，培养所需人才的目标没有达到。所以，第一次教育改革是一场不彻底的改革。

（三）第二次教育改革

1917 年，萨罗再次担任印度支那总督后，殖民当局颁布《学政总规》，标志着第二次教育制度改革的开始。《学政总规》规定，学校分为普通学校和实业学校两类。普通学校分为小学、中学、大学三级，其中中学又分为两班，第一班为高等小学，第二班为中学。实业学校则分为初等实业学校、具体实业学校两级。[③]

普通学校中，小学设在各社，可分为具体小学和初等小学。具体小学是完整的小学，学制五年，教学必须使用法语[④]；初等小学则只求教学生“足记姓名”[⑤]，不为升学，所以学制只有两至三年，不必全用法语教育。中学则分为高等小学和中学。高等小学学制四年，取得高等小学文凭（通常称为 lấy bằng thành chung）；中学学制两年，取得秀才文凭。按规定中学毕业后方可进入高等学校学习，但实际上中学并未组织起来，故取得高等小学文凭即可。[⑥] 高等学校各校章程，在《学政总规》中，“则尚未详细拟定。”[⑦] 实业学校中，小学一级设有杂艺学校、家政学校、耕农学校、工艺美术学校等。中学一级设有实业具体学校，较小学一级的学校更为完备。

第二次改革仍然有诸多问题。《南风杂志》就曾在 1923 年专门刊文，讨论《学政总规》施行以来越南教育中的问题。比如上文提到的小学教学所用语言问题，虽然殖民政府在 1918 年就将“小学全部使用法文”修改为“小学三年级以上使用法

---

① Tạ Thị Thúy chủ biên. *Lịch sử Việt Nam tập 7 – Từ năm 1897 đến năm 1918* [M]. Hà Nội: Nhà xuất bản Khoa học Xã hội, 2017: 163.

② 范琼．我国现在之教育问题［J］．南风杂志，1918（12）：296．本文中对《南风杂志》的引用，若原文为越文，则以越文标明出处，所引内容为笔者的翻译；若原文为汉文，则以汉文标明出处，所引内容为汉文原文，非笔者翻译。

③ 范琼．我国现在之教育问题［J］．南风杂志，1918（12）：301．

④ 后改为三年级以上必须使用法语。

⑤ 范琼．我国现在之教育问题［J］．南风杂志，1918（12）：305．

⑥ Phan Trọng Báu. *Giáo dục Việt Nam thời cận đại* [M]. Hà Nội: Nhà xuất bản Khoa học Xã hội, 1994: 85.

⑦ 范琼．我国现在之教育问题［J］．南风杂志，1918（12）：314．

文”，但是《南风杂志》仍然认为法文使用过多而越文太少，要求大部分人学习法语是浪费时间。“于高等学一层，当以法文为主，此固无疑义。然国中之有志于高等者，特不过千人之一二，而国中仅赖普通小学以成为国民者，则几达十人之八九矣。以千人中之一二人所造之途，而尽策一国人皆由此途而进往，无怪乎十人之八九，终至半途而废，徒费青年宝贵之辰日，毫无结果者也。”[①]

虽然还存在问题，但是经过第二次改革，殖民政府废除了越南的传统教育，特别是第二次改革期间，中圻也在 1918 年废除了乡试[②]，1919 年顺化的最后一次会试则标志着越南科举制的终结。自此以后，新旧教育制度并立的局面成为历史，现代教育制度在近代越南得到巩固。王汎森在谈到近代中国科举制度的废除时曾说：“科举制度原来是举国知识精英与国家功令及传统价值体系相联系的大动脉，切断这条大动脉，则从此两者变得毫不相干，国家与知识大众成为两个不相联系的陆块，各自漂浮。社会上也出现了大批的‘自由流动资源’（flee floating resources），他们为了维持社会精英的地位，不能再倚赖行之一千多年的这条大动脉，而须另谋他途。”[③] 对于越南同样如此。越南科举制度的废除，切断了越南知识分子与阮朝朝廷的联系，使他们不得不投入法式教育的怀抱，从而扫除了西方文明传播的最大障碍，对于近代越南的“西学东渐”有着至关重要的意义。

二、汉学的衰落与西学的兴起

经过两次教育改革，传统教育制度几近废除，以法越学校核心的现代教育制度基本定型，汉学由此不可避免地走向衰落，西学则进一步兴起。然而，汉学在衰落之中，越南社会亦有保存汉学的呼声；西学在兴起之时，越南社会亦有对其仅为西方文明之皮毛的担忧。在新旧交替之时，越南知识界一直有关于汉学、西学问题的争论。

（一）汉学的衰落

汉学的衰落，在近代越南的城市、村社都有所体现。在城市，汉字印刷物的读者越来越少。以汉文版《南风杂志》为例，创办初期，其文章数量尚能与越文版持平，20 世纪 20 年代在黎惧等人的努力下勉强维持，然而到了 1931 年便聊胜于无了，不得不告知读者：“本志汉文部分，照之现在情势，读者颇少。随时之宜，只

① 南风．试法改定后之教育问题［J］．南风杂志，1923（72）：109．

② 科举制在越南的废除是渐进的过程。早在 1867 年，南圻的乡试就已经废除。1915 年，北圻南定省的最后一次乡试标志着科举在北圻的废除。

③ 王汎森．中国近代思想与学术的系谱（增订版）［M］．上海：上海三联书店，2018：265．

留许多页数，抄登诸诗文佳作及重要典故，以便他日稽考。”[①] 在村社，文会则面临青黄不接的局面。古代越南各府县均设有文会，及第之人均可入会。文会具有“维系人心、影响风化”[②]的社会功能。科举废除之后，文会为维持存在，允许新学知识分子入会，但文会繁文缛节甚多，为新学知识分子所不喜，导致他们不愿意入会，文会便走向了衰落，以至于越南学人提出变卖文会的田地以资助贫困学子的主意。[③]

面对汉学的衰落，范琼直言道：“汉学家今日似乎已到了穷途末路。”[④] 阮伯卓更是无奈地写道：“汉学至今已成为残花秋叶之光景，其对于我人群之任务，直不啻老宦归闲，菊径松扉，与之终古。辰会兴衰，应不负责任也。噫！汉学乎！汉学乎！诚今日我国社会上之江湖散人哉！”[⑤] 随着西学的推广，汉学几无生存空间，衰落已是不可避免。然而，汉学对于维护越南社会秩序的作用，却是西学一时无法替代的。阮伯卓虽然将汉学比作“江湖散人”，但他同时也知道，“汉学之输入我国者，千数百年以久，道型德范之所熔铸，既能造成我国有秩序之社会，故无论今日我国之新学格致理化如何进步，机器技艺如何精巧，而一言及伦常礼义之遗传，家庭亲族之交际，及冠婚丧祭人生所必要之种种事是，则势不得不取准于旧学之规则，以为处世之道。”[⑥] 从阮伯卓对待汉学的态度我们可以看到，近代越南知识分子明白，学习汉学已经不能经世致用，但是作为社会道德秩序之根基的汉学，仍然在近代越南社会中发挥着重要作用。

汉学即使无用，也不可轻易弃之。于是，汉学便由经世致用之学变成了古典学。“今日政府新学政章程，已支配汉学于适当之位置，照章程中所叙，则非惟各小学有留教汉文一课，以为学生学习字音及补助国文之用，即将来高等中学及大学行将别设亚东古文学一科，俾我国人之治汉学，无异欧洲人之治希腊罗马等古学。盖直视汉文为一古典学，而汉学之问题可以如是解决矣。”[⑦]

（二）西学的兴起

萨罗之后，梅林（Martial Merlin）在任总督期间（1923—1925 年），为平复民众对于取消汉学教育的怨气，主张施行“横向发展”的教育政策，扩大小学教育的

---

① 南风．本志启事［J］．南风杂志，1931（160）：8．

② H.T.B. *Một cách liên-lạc khổng-giáo với tân-học* [N]. *Báo Trung lập*, Ngày 29-01-1932: 3.

③ H.T.B. *Một cách liên-lạc khổng-giáo với tân-học* [N]. *Báo Trung lập*, Ngày 29-01-1932: 3.

④ Phạm Quỳnh. *Nhà nho* [J]. *Nam phong tạp chí*, 1932 (172): 449.

⑤ 阮伯卓．我南汉学之古后观［J］．南风杂志，1918（17）：240．

⑥ 阮伯卓．我南汉学之古后观［J］．南风杂志，1918（17）：240．

⑦ 阮伯卓．我南汉学之古后观［J］．南风杂志，1918（17）：240．

同时，导致中学、大学教育的规模有所缩减。[①] 梅林之后，瓦雷纳（Alexandre Varenne）在任职期间（1925—1928 年）对于梅林的政策进行了修正。总之，第二次改革以后，西学在越南全面兴起。无论是北圻、中圻还是南圻，上千所小学得以建立。较大的城市普遍设立了中学，许多省份设立了技术学校。[②] 无论是学校数量还是学生人数，都获得了较大的增长。

西学兴起，不仅体现在学校、学生的数量上，更体现在西学和西学知识分子在知识界的地位。较早接触西学的阮伯学（Nguyễn Bá Học）曾自陈："余初学国语字之辰，在家常不敢高声读，有客至则以书藏之衣袋中。盖视此二十四字母之书，几若为违禁犯律之秘密书也。"[③] 而在教育改革以后，"钢笔取代了毛笔的地位"[④]，西学派在知识界的地位便发生了变化。1919 年，阮伯卓就曾说道："今后学界之进取，必以欧洲学说思想为归宿。"[⑤] 到了 20 世纪 30 年代，知识分子的责任便已经全在西学派的身上了，阮仲述（Nguyễn Trọng Thuật）说道："长久以来，在亚东学海，求学之舟已转向大西洋，领悟新学术以开化民众、改造社会的责任，不在于西学派，又在于谁？孔丘的门徒已经不像从前那样在学界独领风骚，已将上述责任的很大一部分让给了苏格拉底、笛卡尔的门徒。民族不指望西学派，又能指望谁？"[⑥]

西学的兴起产生了广泛的影响，其中最主要的影响，便是国语字的普及。在新的教育制度中，虽然殖民者将法语作为主要的授课语言，极力推广法语，但是效果不佳，前文提到，《南风杂志》曾专门刊文指出这一问题。在汉字教育几乎被废除，法文教育又推进缓慢的情况下，被殖民者作为过渡工具的国语字越文在新的教育制度中获得了极大的发展。黎文风（Lê Văn Phong）在考察国语普及会（Hội truyền bá quốc ngữ）的历史时曾指出："20 世纪初，国语字得到广泛的普及，逐渐取代了汉字在越南社会中的地位。之所以国语字能够获得快速发展，是因为在两个完全相反的潮流中都得到了使用。一是法国殖民政府将国语字作为同化越南人的工具，以减少中国文化对于越南的影响。二是爱国知识分子将国语字作为开民智、普及新学的工具，以传播爱国思想，从而实现民族解放。"[⑦]

---

① Tạ Thị Thúy chủ biên. *Lịch sử Việt Nam tập 8 – Từ năm 1919 đến năm 1930* [M]. Hà Nội: Nhà xuất bản Khoa học Xã hội, 2017: 224.

② Tạ Thị Thúy chủ biên. *Lịch sử Việt Nam tập 8 – Từ năm 1919 đến năm 1930* [M]. Hà Nội: Nhà xuất bản Khoa học Xã hội, 2017: 236.

③ 阮伯卓. 阮伯学先生之略史及其遗言［J］. 南风杂志，1921（50）：70.

④ Nh. T. NG. *Có nên dạy toàn quốc–văn ở các trường hương–thôn không* [J]. *Nam phong tạp chí*, 1933 (185): 547.

⑤ 阮伯卓. 答某友人书［J］. 南风杂志，1919（21）：96.

⑥ Nguyễn Trọng Thuật. *Cùng ai trong bạn Tây–học* [J]. *Nam phong tạp chí*, 1933 (182): 236.

⑦ Lê Văn Phong. *Lịch sử hội truyền bá Quốc ngữ (1938–1945)* [M]. Hà Nội: Nhà xuất bản Chính trị Quốc gia Sự thật, 2018: 42.

国语字的普及几乎是近代越南最为重要的政治文化事件。国语字的普及，使越南语发展成为书面语，从而不仅在西学兴起的初期调和了殖民者推广法语与传统越南知识分子坚守汉语的矛盾，还在后期调和了新一代越南知识分子传播西方文化与继承东方文化的矛盾。正是国语字越南语这种天然的调和主义属性，才促使范琼将其作为调和主义的工具。

（三）保存汉学与担忧西学

汉学在衰落的同时，越南知识分子之中也不乏为汉学摇旗呐喊之人。

有以汉学为越南国粹者。阮伯卓的岳父阮伯学就以“保存国粹”四字作为临别遗言。何谓国粹，阮伯卓后来说道：“汉学之渐染于我国人心者已久，已成我国之国粹。”[①]有认为汉学仍可经世致用者。前文提到，阮伯卓将汉学仅视为古典学，对此就有汉学知识分子不赞同，阮伯卓的一位友人就认为：“汉学对于开化国民，亦具有健全能力。但昔辰用之非其道，故无良好结果耳。使能废辞章之虚文，尚理义之实学，则安知汉学界不能步骤乎欧学之文明！即如中国现日多出新学人才，日本之名人哲士，亦都从汉学中来，汉学岂是世间腐败之学问哉？今唱保存汉学，而仅视汉学为学界中之古董，况只设一考究班，则将来这班人物老死后，谁为之继？无乃坐听汉学之日就消灭者。”[②]阮伯卓的这位友人以中日两国的新学人才为例，证明汉学仍有用武之地，同时批判视汉学为古典学的“保存汉学”是假的保存，非真保存。还有认为无汉学越南则将“国之不国”者。“当新旧时代之交，乃国家固有文化断续关系之日也。一国之文化而绵绵不绝，互相联续，则国家之为国家，乃有精神。若反此而中断，则其名为国家云者，不过一种形式而已。一国而至于仅存形式，则其国之不国，已可知矣。”[③]

不但是摇旗呐喊，汉学派学人还将翻译汉学经典当作传承汉学精神的重要途径。随着国语字的逐渐普及，熟谙汉字之人已经越来越少，文字成为横亘在越南近代学人与汉学经典之间最大的障碍。汉学派也认识到了这个问题，于是他们将《论语》《孟子》等儒家经典翻译为国语字出版发行。[④]

西学在兴起之时，也有对西学的担忧。1921 年，永安省巡抚阮文彬（Nguyễn

---

① 阮伯卓．答某友人书［J］．南风杂志，1919（21）：96．

② 阮伯卓．答某友人书［J］．南风杂志，1919（21）：95-96．

③ 南风．孟子国文解释出现［J］．南风杂志，1932（170）：20．

④ 越文版《南风杂志》就曾分别刊登过《论语》《孟子》的越文版本，即阮有进、阮敦复所译《论语国文解释》和阮有进所译《孟子国文解释》。此外，杨伯濯（Dương Bá Trạc）也曾翻译过《论语》，1922 年在河内出版（Dương Bá Trạc dịch. *Luận-ngữ* [M]. Hà Nội: Vĩnh-thành công-ty, 1922）。杨孟辉（Dương Mạnh Huy）翻译了《孟子》，以《孟子体注》为名，1930 年在西贡出版（Dương Mạnh Huy dịch. *Mạnh-tử thể-chú* [M]. Saigon: Tín-đức thư-xã, 1930）。

Văn Bân）摘录儒家经典编为《圣贤格言》一书，并翻译为越南语，刊发在《南风杂志》和《中北新闻》。在《圣贤格言》的序言中，阮文彬就表达了对于越南仅学得西学皮毛的担忧。他写道："今国民见欧学能至富强，倾心慕之，慕之诚宜矣。然仅得欧学之皮相者其数多，而求得其精神者其数尚少。"① 前文讲到阮仲述认为越南知识界的重任都在西学派身上，而他所说的西学派，是指去西方游学之人，并非在越南国内学习西学之人。在阮仲述看来，"在国内学习，凡是中学以下者，毕业以后若能发表些什么，也都是自学的成果，不是西学的最终目的。"② 对于越南国内西学派的不屑溢于言表。黄叔抗（Huỳnh Thúc Kháng）也对西学知识分子只注重应用、不关注西学哲理的现象表达过不满，他说道："说到西学，不是这学校就是那学校，不是这毕业证就是那毕业证，今日之西学比往日之科举更为荣耀。但实际上，除了写税单、立字据、在公家办事外，谁留心过哲理？谁曾找到过西学的精髓，掌握后向民众传播？只不过以前说孔孟，现在说希腊罗马、孟德斯鸠、卢梭而已。之乎者也换成了ABCD，都只是皮毛。如此之学界，论及人才，就像西湖先生（即潘周桢）说的，以前从事汉学是腐儒，现在从事西学是腐欧！"③

可以看出，尽管汉学衰落和西学兴起是近代越南的大势所趋，但是处在其间的越南知识分子，无论出身西学还是出身汉学，其迷茫、彷徨、不甘、懊恼，都不是衰落和兴起可以表达的。越南知识分子需要为自己找到一种安身立命的主义。

三、越南知识分子的西化

在教育改革、西学兴起和汉学衰落的背景下，越南知识分子不断西化。所谓西化，是指越南知识分子接受西方文明，认可西方文明的现代性，并以其作为推动越南社会改革、国民进步的主要动力。对于西方文明在越南的传播和接受，法国殖民者的推动仅是外因，教育改革所培育的西化知识分子才是内因。正是借由西化知识分子，西方文明才完成了在越南的"本地化"过程。

（一）越南知识分子西化的类型

越南知识分子的西化，以学术出身而言，有两种情形。一种是传统汉学知识分子的转型。他们成长于汉学教育体系，但面对时代变局并没有故步自封，而是主动"开眼看世界"，接受西方文明，利用西学更新知识体系，以适应时代的变化。一种

---

① Nguyễn Văn Bân. *Thánh-hiền cách-ngôn* [J]. *Nam phong tạp chí*, 1921 (50): 106.《南风杂志》所刊《圣贤格言》为汉文越文双文版，此处笔者所引为汉文版内容，并非笔者翻译。

② Nguyễn Trọng Thuật. *Cùng ai trong bạn Tây-học* [J]. *Nam phong tạp chí*, 1933 (182): 236.

③ Huỳnh Thúc Kháng. *Lối học khoa-cử và lối học của Tống-nho, có phải là học đạo Khổng Mạnh không* [N]. *Báo Tiếng Dân*, 1931 (437): 2.

是新的教育体系所培养的西学知识分子。他们虽然是越南人，但成长于法式教育体系，对西方文明抱有与生俱来的好感，传统汉学于他们而言比西学更像是外来文明。

这两种西化的类型，以时间来看，19 世纪末和 20 世纪初，主要是前者，此时西学还未确立统治地位，国语字还未普及，汉学仍是越南教育和知识界的主流，所以出身汉学的西化知识分子中，多数对于汉学仍抱有极大的热忱。而到了教育改革，特别是第二次教育改革以后，出身西学的知识分子越来越多，成为西化的主要类型。在他们之中，随着时间的推移，对于汉学的重视程度也越来越低。

在出身传统汉学的知识分子中，因为西化程度的不同，不同个体之间的立场有着极大的差异。西化程度较轻者，如《南风杂志》的撰稿人之一阮伯学。阮伯学出生于 19 世纪中期的北圻，彼时崇尚西学的大环境还未形成，阮伯学虽被誉为“旧学新学之结合体”，[①]但对西学仍只是初步掌握，多限于语言和文学领域。西化程度较重者以潘魁（Phan Khôi）为代表。潘魁作为儒学出身的知识分子，在学术上却偏向西学。时人评价潘魁时，曾将儒学比喻为潘魁的“糟糠之妻”，而西学是其“新情人”。[②]从这一评价中可以看出潘魁转型之彻底。

在出身西学的西化知识分子中，因为对汉学的认知不同而立场又不全一致。赞成汉学者，典型如范琼、陈仲金等。时人在评价范琼时曾说道：“范琼可以说是好古守旧之人。他出身西学，为西学所感化，却又喜欢孔孟的君子之道、老庄的浪漫哲学、村野歌谣的诗意、国家旧有文化的平静。他认为这些前人所留下的精神家产，我们应该发扬光大，以此为国家文明的根本，正如古希腊、古罗马对于西方文化一样。”[③]与范琼类似，陈仲金“原为西学家，而专治东方学说”[④]。陈仲金关于儒家学说的《儒教》一书，更是成为其代表作。排斥汉学者，典型如自力文团。在自力文团的十条宗旨中，第八条清楚地写道：“使人民知道，孔教已经不合时宜。”[⑤]

两派西化知识分子中，最具代表性的无疑是潘魁和范琼。自力文团所办《风化报》在 1932 年曾以《“新学”“旧学”徒有虚名》为题，对新学派行文喜用汉字而旧学派多用法语的现象进行批判。两派的典型代表，在作者看来，便是潘魁和范

---

① 阮伯卓．阮伯学先生之略史及其遗言［J］．南风杂志：1921（50）：71．

② Thiếu Sơn. *Lối văn phê bình nhơn vật: ông Phan Khôi* [N]. *Phụ nữ tân văn*, 1931 (94): 9.

③ Thiếu Sơn. *Lối văn phê bình nhân vật: ông Phạm Quỳnh* [N]. *Phụ nữ tân văn*, 1931 (93): 6.

④ Phan Khôi. *Đọc cuốn Nho giáocủa ông Trần Trọng Kim* [N]. *Phụ nữ tân văn*, 1930 (54). 转引自 Lại Nguyên Ân sưu tầm, biên soạn. *Phan Khôi: Tác phẩm đăng báo 1930* [M]. Hà Nội: Nhà xuất bản Hội nhà văn, 2006: 181.

⑤ Tự Lực Văn Đoàn. *Tự Lực Văn Đoàn* [N]. *Phong hóa*, 1934 (87): 2.

琼。[①]所以以下笔者以潘魁和范琼为个案，分别讨论汉学、西学出身的西化知识分子。

（二）传统知识分子的转型——以潘魁为例

潘魁（1887—1959），别号章民（Chương Dân）、秀山（Tú Sơn[②]），1887 年出生于广南省奠盘府。潘魁出身望族，父亲曾任奠盘知府，外祖父黄耀（Hoàng Diệu）曾任阮朝嗣德年间河宁总督，法国攻占河内期间以身殉国。1905 年，潘魁考中秀才，其后自学国语字和法语。1907 年，潘魁参加东京义塾，遭镇压后逃回广南，抗税运动期间曾被捕入狱。《南风杂志》创办以后，受阮伯卓推荐，潘魁以章民为笔名，在《南风杂志》发表多篇文章。以《南风杂志》为开端，潘魁在八月革命前的越南报界，特别是 20 世纪 30 年代，发表了内容广泛的各类文章，与很多人开展过激烈的笔战，如在"国学案"中就越南是否有国学的问题，与黎惸、范琼等曾展开时间长达两年的论战。[③]因而，潘魁是考察越南近代文化史不可忽略的重要人物。长期以来，潘魁作为鲁迅作品在越南的传播者而被中国学界熟知，而潘魁在越南近代文化史上的地位则鲜有人提及。

潘魁初学汉学，后又学习法语，故而早期著述所展现的思想仍与《南风杂志》相同，同为调和主义。比如潘魁 1917 年用汉语所著的《论我南百年来学术之变迁及现辰之改良方法》中便认为："吾国今日之学术，其犹可以勿新乎？新之道奈何？夫亦曰：取儒学西学两者而调和之，以铸成吾国之一新学术而已。"[④]

然而到了 20 世纪 20—30 年代，潘魁已经逐渐放弃汉学，转向西学，对汉学多持批判立场。对此，少山（Thiếu Sơn）评价道："因为转向西学，潘魁的文章得以清晰而富有变化，而不是像那些'老古董'的文章一样，华而不实，愚昧混乱。这是因为潘魁采用了科学的方法，但是潘魁太过于沉迷其中，太过死板，像是要完全丢弃所学儒学。"[⑤]最能体现其思想改变的，莫过于潘魁与陈仲金关于陈仲金所著《儒教》一书的争论。1930 年，陈仲金出版了《儒教》的上半部，潘魁读后发表了《读陈仲金〈儒教〉一书》，推荐该书的同时，做了部分批判。[⑥]其后，双方你来我

---

① Trần Khánh Giư. *Tân học Cựu học chỉ là hai tiếng* [N]. *Phong hóa*, 1932 (1): 6.

② Tú Sơn 为法语 tout seul 的越南语音译，意为独自一人。

③ Thanh Lãng. *Phê bình văn học thế hệ 1932* [M]. Sài Gòn: Phong trào Văn hóa xuất bản, 1972: 145-167.

④ 章民．论我南百年来学术之变迁及现辰之改良方法［J］．南风杂志，1917（6）：331．

⑤ Thiếu Sơn. *Lối văn phê bình nhơn vật: ông Phan Khôi* [N]. *Phụ nữ tân văn*, 1931 (94): 9.

⑥ Phan Khôi. *Đọc cuốn Nho giáo của ông Trần Trọng Kim* [N]. *Phụ nữ tân văn*, 1930 (54). 转引自 Lại Nguyên Ân sưu tầm, biên soạn. *Phan Khôi: Tác phẩm đăng báo 1930* [M]. Hà Nội: Nhà xuất bản Hội nhà văn, 2006: 181-192.

往，有批判，有回应。最具代表性的是潘魁的《请陈仲金先生与孔子、孟子到逻辑家中，我们在那里聊天》[①]和陈仲金的回应文章《请潘魁先生回到我们的学问的家中聊天》[②]。但争论之后，其实可以看出，除了具体的学术问题，在如何对待汉学的问题上，两人的立场差别不大，陈仲金强调“追随科学的同时不忘自己的心学”，而潘魁也认同“不放弃心学，但要挑选，不合时宜的要废除”。[③]

潘魁曾说：“我是纯粹的汉学家，现在无论如何改头换面，仍是完全的汉学家。”[④]但是其深厚的汉学素养在其思想西化以后，俨然已是其批判汉学的武器。所以，潘魁即使是完全的汉学家，也是持调和主义立场的汉学家。

（三）新学知识分子的回归——以范琼为例

潘魁是从汉学转型到西学的代表，与之相对应的，范琼则是从西学回归汉学的代表。范琼，别号尚之、华堂等，祖籍海阳省平江府。1892 年，范琼出生于河内。1908 年，16 岁的范琼从翻译学校毕业后，进入法国远东学院工作。1913 年，由阮文永（Nguyễn Văn Vĩnh）担任主编的北圻第一份国语字杂志《东洋杂志》创刊，范琼是撰稿人之一。1917 年《南风杂志》创刊，范琼担任杂志主任和主编，开始了其人生中最精彩的创作生涯。1919 年，范琼在殖民当局的支持下创办开智进德会（Hội Khai trí Tiến đức）并担任秘书长。1932 年，阮朝保大皇帝继位，范琼赴顺化任职。1945 年八月革命期间，因与法国殖民者和阮朝政府的关系，范琼被处以死刑。

虽然范琼出身西学，但他并不认为西学能够完全代替汉学。在范琼看来，“越南民族并非一张白纸，而是已经写了字的纸，不能够按照某个人的意愿在上面想写什么就写什么。”[⑤]故而范琼十分重视儒家精神为越南社会所锻造的价值观，并视其为越南的国粹。在悼念阮伯学的文章中，范琼写道：“国粹正是国家贤人君子的修身处世之道，国粹正是矜持谨守，修身以无愧于前人，实现国家古之圣贤的理想道

---

① Phan Khôi. *Mời Trần Trọng Kim tiên sanh đi với Khổng-tử Mạnh-tử đến nhà M. Logique chơi, tại đó, chúng ta sẽ nói chuyện* [N]. *Phụ nữ tân văn*, 1930 (63, 64).

② Trần Trọng Kim. *Mời Phan Khôi tiên sanh trở về nhà học của ta mà nói chuyện* [N]. *Phụ nữ tân văn*, 1930 (71, 72).

③ Phan Khôi. *Mời Trần Trọng Kim tiên sanh đi với Khổng-tử Mạnh-tử đến nhà M. Logique chơi, tại đó, chúng ta sẽ nói chuyện* [N]. Phụ nữ tân văn, 1930 (64): 17.

④ Phan Khôi. *Mời Trần Trọng Kim tiên sanh đi với Khổng-tử Mạnh-tử đến nhà M. Logique chơi, tại đó, chúng ta sẽ nói chuyện* [N]. Phụ nữ tân văn, 1930 (63): 13.

⑤ Đỗ Đức Hiểu v.v. chủ biên. *Từ điển văn học: bộ mới* [M]. Hà Nội: Nhà xuất bản thế giới, 2004: 1365.

德。”[①]1932 年，范琼还专门撰文，鼓励儒士振奋精神，有所作为。他说道：“当此青黄过渡时期，旧文化已褪，新文化未兴，正是调和融合之时。儒士更应该努力，不能消极，对国家命运冷眼旁观。”[②]

出身西学又重视汉学，所以，温和的范琼主张调和主义，融合东西方文化，以建立越南自己的国学。范琼的这一立场，也是《南风杂志》一以贯之的立场，在国学论战中又表现得尤为明显。1930 年至 1931 年，围绕越南是否有国学的问题，范琼、潘魁、黎惧三人展开了激烈的论战。对于如何发展国学的问题，范琼认为，越南如果按照与中国文化同化的方式与西方文化同化，那么越南将在三百年后再次面临无国学的困扰。因此，越南应该有意识地“同化”，择其善者而从之，择己缺者而补之，以西方科学批评考证的方法来分析东亚的学说和义理，再与西方科学的真理对比分析，而分析的结果，便是日后建立国学的材料。[③]

对于范琼的著述，越南近代文学史家杨广涵（Dương Quảng Hàm）在 1943 年出版的《越南文学史要》中比较范琼和阮文永时，曾总结道：“阮文永的贡献在于翻译欧西的小说、剧本，发现越语的长处；范琼的贡献在于翻译泰西的思想学说，使越语能够表达新思想。对于我国的旧有文化，阮文永倾向于考证民间风俗信仰，范琼则主要研究前人的制度、文章。阮文永的文章有平易近人之风，范琼的文章则有学者的严肃之感。”[④]从杨广涵对于范、阮二人的对比中也可以看出，范琼的著作学术性更强。的确，范琼在《南风杂志》中不仅发表过《法国学术文明概论》《法国哲学》等关于西方学术的文章，也发表过《孔教论》《佛教考论》等关于东方思想的文章，体现其学术性的同时，更体现了其思想中东西兼备的特点。

四、结语

冯天瑜在《中国文化近代转型管窥》中曾指出：“传统的农业文明向近代的工业文明转型过程所必须完成的社会重建与文化重建任务，则分别由中产阶级的形成与壮大、知识分子的形成与壮大而逐步得以实现。”[⑤]这一论断指出了知识分子在近代转型期文化重建中的重要作用。从法国殖民政策的改变，到教育制度改革，再到越南知识分子的西化，最后到近代越南社会的公共文化空间的形成，我们可以清晰

① Phạm Quỳnh. *Bài viếng của bản–chí chủ–bút đọc lúc hạ huyệt cụ Nguyễn Bá Học ở Nam–Định ngày 26 Agout 1921* [J]. *Nam phong tạp chí*, 1921 (50): 166.

② Phạm Quỳnh. *Nhà nho* [J]. *Nam phong tạp chí*, 1932 (172): 456.

③ Phạm Quỳnh. *Bàn về quốc–học* [J]. *Nam phong tạp chí*, 1931 (163): 522.

④ Dương Quảng Hàm. *Việt nam văn học sử yếu* [M]. TP. Hồ Chí Minh: Nhà xuất bản trẻ, 2005: 553.

⑤ 冯天瑜．中国文化近代转型管窥［M］．北京：商务印书馆，2010：2．

地看到，法国殖民者为了实现“对本地人灌输日益增多的法国文化”①的目的，以教育改变人，从而为西方文明的传播创造了条件。而这其中最为关键的一环，便是西化知识分子。西化知识分子阶层的形成，取代传统士大夫集团成为近代越南新的“上流社会”，也带动越南文化由“向北看”、学习中国，转向“向西看”、学习西方。更进一步说，我们讨论越南西化知识分子的形成，更重要的是要讨论他们有别于传统知识分子的价值观和社会地位。不管是出身西学而注重汉学，还是出身汉学而转投西学，范琼、潘魁等人在东西交通的时代形成了“东西兼备”的价值观。同时，不同于传统知识分子或活跃官场，或闲居乡村，西化知识分子在他们构建的社会公共文化空间中获得了属于他们的话语权，这一特殊的社会地位，则为他们宣扬自己的价值观和主义提供了平台。由此，近代越南的“西学东渐”才得以可能。

参考文献

[1] 陈重金．越南通史［M］．戴可来，译．北京：商务印书馆，1992．

[2] 范琼．我国现在之教育问题［J］．南风杂志，1918（12）．

[3] 冯天瑜．中国文化近代转型管窥［M］．北京：商务印书馆，2010．

[4] 霍尔．东南亚史［M］．中山大学东南亚历史研究所，译．北京：商务印书馆，1982．

[5] 梁英明，梁志明，等．东南亚近现代史［M］．北京：昆仑出版社，2005．

[6] 梁志明，李谋，吴杰伟．多元交汇共生：东南亚文明之路［M］．北京：人民出版社，2011．

[7] 南风．本志启事［J］．南风杂志，1931（160）．

[8] 南风．孟子国文解释出现［J］．南风杂志，1932（170）．

[9] 南风．试法改定后之教育问题［J］．南风杂志，1923（72）．

[10] 阮伯卓．答某友人书［J］．南风杂志，1919（21）．

[11] 阮伯卓．阮伯学先生之略史及其遗言［J］．南风杂志，1921（50）．

[12] 阮伯卓．我南汉学之古后观［J］．南风杂志，1918（17）．

[13] 王汎森．中国近代思想与学术的系谱（增订版）［M］．上海：上海三联书店，2018．

[14] 章民．论我南百年来学术之变迁及现辰之改良方法［J］．南风杂志，1917（6）．

[15] Dương Quảng Hàm. *Việt Nam văn học sử yếu* [M]. TP. Hồ Chí Minh: Nhà

① 霍尔．东南亚史［M］．中山大学东南亚历史研究所，译．北京：商务印书馆，1982：862．

xuất bản trẻ, 2005.

[16] Đỗ Đức Hiểu v.v. chủ biên. *Từ điển văn học: bộ mới* [M]. Hà Nội: Nhà xuất bản thế giới, 2004.

[17] H.T.B. *Một cách liên-lạc khổng-giáo với tân-học* [N]. *Báo Trung lập*, Ngày 29-01-1932.

[18] Huỳnh Thúc Kháng. *Lối học khoa-cử và lối học của Tống-nho, có phải là học đạo Khổng Mạnh không* [N]. *Báo Tiếng Dân*, 1931 (437).

[19] Lại Nguyên Ân sưu tầm, biên soạn. *Phan Khôi: Tác phẩm đăng báo 1930* [M]. Hà Nội: Nhà xuất bản Hội nhà văn, 2006.

[20] Lê Văn Phong. *Lịch sử hội truyền bá Quốc ngữ (1938-1945)* [M]. Hà Nội: Nhà xuất bản Chính trị Quốc gia Sự thật, 2018.

[21] Nguyễn Trọng Thuật. *Cùng ai trong bạn Tây-học* [J]. *Nam phong tạp chí*, 1933 (182).

[22] Nguyễn Văn Bân. *Thánh-hiền cách-ngôn* [J]. *Nam phong tạp chí*, 1921 (50).

[23] NH. T. NG. *Có nên dạy toàn quốc-văn ở các trường hương-thôn không* [J]. *Nam phong tạp chí*, 1933 (185).

[24] Paul Beau. *Situation de l'Indochine de 1902 à 1907 Tome I* [M]. Sai Gon: Imprimerie commerciale Marcellin Rey, 1908.

[25] Paul Doumer. *L'Indo-Chine française (souvenirs)* [M]. Paris: Vuibert et Nony, Éditeurs, 1905.

[26] Phạm Quỳnh. *Bài viếng của bản-chí chủ-bút đọc lúc hạ huyệt cụ Nguyễn Bá Học ở Nam-Định ngày 26 Agout 1921* [J]. *Nam phong tạp chí*, 1921 (50).

[27] Phạm Quỳnh. *Bàn về quốc-học* [J]. *Nam phong tạp chí*, 1931 (163).

[28] Phạm Quỳnh. *Nhà nho* [J]. *Nam phong tạp chí*, 1932 (172).

[29] Phan Khôi. *Mời Trần Trọng Kim tiên sanh đi với Khổng-tử Mạnh-tử đến nhà M. Logique chơi, tại đó, chúng ta sẽ nói chuyện* [N]. *Phụ nữ tân văn*, 1930 (63, 64).

[30] Phan Trọng Báu. *Giáo dục Việt Nam thời cận đại* [M]. Hà Nội: Nhà xuất bản Khoa học Xã hội, 1994.

[31] Raymond F. Betts. *Assimilation and Association in French Colonial Theory, 1890-1914* [M]. Lincoln: University of Nebraska Press, 2005.

[32] Tạ Thị Thúy chủ biên. *Lịch sử Việt Nam tập 7 - Từ năm 1897 đến năm 1918* [M]. Hà Nội: Nhà xuất bản khoa học xã hội, 2017.

[33] Tạ Thị Thúy chủ biên. *Lịch sử Việt Nam tập 8 - Từ năm 1919 đến năm 1930* [M]. Hà Nội: Nhà xuất bản Khoa học Xã hội, 2017.

[34] Tự Lực Văn Đoàn. *Tự Lực Văn Đoàn* [N]. *Phong hóa*, 1934 (87).

[35] Thanh Lãng. *Phê bình văn học thế hệ 1932* [M]. Sài Gòn: Phong trào Văn hóa

xuất bản, 1972.

[36] Thiếu Sơn. *Lối văn phê bình nhân vật: ông Phạm Quỳnh* [N]. *Phụ nữ tân văn*, 1931 (93).

[37] Thiếu Sơn. *Lối văn phê bình nhơn vật: ông Phan Khôi* [N]. *Phụ nữ tân văn*, 1931 (94).

[38] Trần Khánh Giư. *Tân học Cựu học chỉ là hai tiếng* [N]. *Phong hóa*, 1932 (1).

[39] Trần Trọng Kim. *Mời Phan Khôi tiên sanh trở về nhà học của ta mà nói chuyện* [N]. *Phụ nữ tân văn*, 1930 (71, 72).

《广东纪行诗》中的朝贡贸易路线研究①

北京大学　史家兴

【摘　要】《广东纪行诗》(*Nirat Kwangtong*)是吞武里时期暹罗大臣銮乃萨(Luang Naisak)到中国进贡时记录自己所见所感的长篇诗歌，是泰国目前最早记录古代泰国与中国交流的诗作。诗中记载了暹罗贡船从暹罗港口至中国广州详细的行船路线，涉及地点共 14 处。本文将根据《广东纪行诗》中的相关记载，结合中外文献及前人研究对中暹间的朝贡路线进行研究，这一路线应该是古代暹罗与周边国家航海贸易的常用路线。对于古代航海贸易研究而言，诗中所记载的贡船航行路线、各地的地理风貌和传说以及航行中的风俗都是十分重要的信息。

【关键词】《广东纪行诗》；中暹朝贡贸易；贸易路线；南洋交通

一、引言

《广东纪行诗》(*Nirat Kwangtong*)是吞武里时期暹罗大臣銮乃萨(Luang Naisak)作为副贡使到中国进贡，记录整个朝贡过程的长篇诗歌。② 该诗共 371 行，可以分为四个部分：第一个部分讲述作者的创作意图及出发前的准备工作(第 1—28 行)；第二部分记录从暹罗港口出发，经河仙、占城，最后到达中国一路中的见闻及感受(第 29—140 行)；第三部分记录了作者初到广东，并作为副贡使留在广州贸易时的所见所闻(第 141—342 行)；最后一个部分歌颂吞武里王的功德(第 342—371 行)。目前，该诗为泰国最早记录古代泰国与中国交流的诗作③，其中对整个朝贡贸易过程的记录对南洋研究、中泰朝贡贸易和两国关系等相关研究具有重要意义。

1940 年，许云樵在《南洋学报》上发表《郑昭贡使入朝中国纪行诗译注》一文，对《广东纪行诗》进行了翻译及注释。另外，泰国学者素帕甘·希利派讪对该

---

① 项目信息：2021 年国家社会科学基金中国历史研究院重大历史问题研究专项“‘太平洋丝绸之路’档案文献整理与研究”阶段性成果(项目号：LSYZD21016)。

② 该诗于 1919 年在泰国刊印发行，诗前有一篇序言，许云樵对该诗进行考证后认为这一序言应为丹隆亲王(Phraya Domrong)所撰。序言中提及该诗由吞武里大臣銮乃萨作于佛历 2324 年(1781 年)，这一说法目前存疑。该文只考证诗中的朝贡路线，故暂以该诗序言中时间及作者为参考。

③ 早在素可泰时期，泰国就与国外有了贸易和交流，但并没有记录贸易活动的诗歌作品，《广东纪行诗》是目前最早的记录泰国对外贸易活动的诗歌。

诗进行研究时，也考证了部分地名，并绘制了大致的行船路线图。他认为，三百峰头（Sam Roi Yot）的位置在今泰国春蓬府（Chumphon）附近，古城（Meang Pasak）为今越南的朔庄省（Soc Trang），越象山（Changkam Khirisi）为今越南的芽庄港（Nha Trang）。[①]

上述两位学者对《广东纪行诗》中朝贡贸易所经地点的考证，为中泰关系研究以及南洋问题研究提供了新的视角，本文将结合中外文资料以及前人研究对《广东纪行诗》第二部分贡船航行路线中的一些重要地点展开讨论。

二、朝贡贸易路线

据中国史书记载，从汉朝时起中国便与今泰国境内的古国有了沟通交流。到了明朝，中暹之间的往来十分频繁，密切了两国政治、经济方面的交流。万历年间，明朝政府与暹罗订下了“三年一贡”的规定。但根据史籍记载来看，中暹之间的朝贡明显比“三年一贡”的规定更加频繁。[②]到了清朝，暹罗的阿瑜陀耶王朝同样和清廷保持着良好的朝贡贸易关系。1767 年，阿瑜陀耶被缅甸攻陷后，郑信带领队伍消灭了缅军主力，建立了吞武里王朝。

郑信王建立吞武里王朝后，便意与清廷建立朝贡关系。1768 年，郑信王派陈美到清廷请封，但遭到了清廷的拒绝。[③]此后，郑信王主动进贡，意图改善与清廷的关系。《广东纪行诗》中记载的便是清乾隆四十六年（1781 年）郑信王遣使到中国进贡的活动。据《清实录》记载，此次进贡使团共由 5 名暹罗使臣组成，贡船 11 艘，备金叶表文、公象母象各一双为正贡，象牙、犀角、洋锡以及其他各种方物为副贡。[④]暹罗使团分为正贡船和副贡船，抵达广州后，正贡船前往北京进贡，副贡船留在广州进行贸易。《广东纪行诗》中记录，作者銮乃萨（Luang Naisak）为副贡使，留在广州贸易，未能抵京。

1.《广东纪行诗》中的朝贡路线

1919 年，瓦栖那炎图书馆发行《广东纪行诗》。诗前的序言中提到，该诗为 1781 年（乾隆四十六年）郑信王派遣到清廷进贡的使团成员之一丕雅摩诃奴婆

---

① ศุภการ สิริไพศาล. เอกสารลำดับที่ ๖๖ นิราศกวางตุ้งของหลวงนายศักดิ พ.ศ.๒๓๒๔: วรรณกรรมประวัติศาสตร์ในบริบทความสัมพันธ์ไทย-จีนสมัยกรุงธนบุรี [G]. ๑๐๐เอกสารสำคัญ: สรรพสาระประวัติศาสตร์ไทย. กรุงเทพฯ: ศักดิโสภาการพิมพ์, 2012, หน้าที่132-137.

② 余定邦，陈树森. 中泰关系史［M］. 北京：中华书局，2009：31.

③ 黄重言，余定邦. 中国古籍中有关泰国资料汇编［M］. 北京：北京大学出版社，2016：220.

④ 云南省历史研究所.《清实录》越南缅甸泰国老挝史料摘抄［M］. 云南：云南人民出版社，1986：895—896.

（Phraya Maha Nuphap）所作。[①] 该诗的第二部分（第 29—140 行）记载了暹罗贡船从今泰国出发，途经今柬埔寨、越南等国，最后到达中国广州。诗中所记载的地点有详有略，大多地点在中国史籍和西方航行记录中均有所提及。另外，还对一些不见于中国史籍的地点和风俗进行了记载。

诏命六大臣，满载十一轮。埠头罗列待，黄道俟良辰。午月值火曜，黑分十三晨……祷罢驶出河，抵港（Paknam）闻晓锣。[②]

诗中提到的 Paknam 直译为“港口城”，许云樵将其翻译为“港”。此次贡使团从皇城吞武里出发，11 艘贡船沿湄南河顺流而下，到达港口。

一帆去旬日，直抵三百头（Sam Roi Yot），暂泊祀神祇，循例祈庇庥。张帆更启航，漂流涉重洋，再日程未半，前瞻河仙乡（Buddhai-mac），遥拜投牺牲，洒酒求吉祥，焚纸祭魍魉。

许云樵将 Sam Roi Yot 译为“三百头”，他认为这里是“三百峰头”。船队航行 12 天，到达 Sam Roi Yot。船只停止前进，并在此处进行了祭祀活动，就像往常祭拜村中天神一般。祭祀仪式完毕后，行驶了半天便能与河仙遥遥相望了。但贡船并没有在河仙靠岸，而是在大海中进行祭祀活动。

海天水茫茫，行行复二日，日落横岛（Ko Khwang）洋，突岩探海出，庞然跃苍茫，并岛行终宵，黎明始退藏，旋迎番薯岛（Ko Man），产薯应逾常，问之古经历，语焉非荒唐。

许云樵将 Ko Kuang 译作“横岛”，将 Ko Man 翻译为“番薯岛”，均是中泰文对译。离开祭祀之地继续航行两天，看到了夕阳照在横岛之上。山脉出现在海路之上，屹立于大海之中。又从晚上行驶到早上，穿过两山间。到了番薯岛，得知这里因盛产番薯而得名。

两夜抵昆仑（Khao Khahun），云亦称军屯（Kuntun），大小凡二岛，去岸五由旬，扬帆入孔道，左右沙如垠，夹舨去贸易，无敢乱问津，投鸡遵古礼，处处祀真神。转针抵古城（Muáng Pasak），港口记分明，越舟款乃出，渔捕群营生。前进二日半，石山迎前程，遥望大越港（Pak-nam Yuan Yai），触景别生情，设或突袭切，殊死失斗争。行行三昼夜，有山越象（Chang Kham）名。巍然峙海隅，传说久流行，雷击遭回禄，草木永不萌，犹留焦石迹，足征语入情。

从薯岛继续行驶两天就到了昆仑岛。诗中写道两日后到达昆仑岛，有人称其为军屯岛；是两个遥遥相望的大小岛屿，两岛间的距离为五由旬。转帆进入两岛之间，有船只在那进行贸易。仅从外围行驶未靠近沙滩，只是从中间驶过。他们杀鸡祭拜山神。所有贸易的船只都停下来祭拜。诗中描述了大小昆仑岛在当时是大小商

① 姚楠，许云樵编译．古代南洋史地丛考［M］．北京：商务印书馆，1958：47—49．

② 本文采用许云樵的《广东纪行诗》译本，但其译本采用“归化”翻译方法，原诗中信息多有缺失，本文中会补全许译版中的遗失信息。

船的贸易之地，并且到此地后要进行祭祀活动。

许云樵将 Meang Basak 翻译为“古城”、Paknam Yuanjai 翻译为“大越港”。转过古城前的海角，看见这港口还记忆清晰。越人船只成排地停着，他们靠打鱼度日。继续行驶两天半到了大越港，因为回忆起了之前的出征之事，所以到了大越港感觉心惊。行驶三天后到一座山，名字叫作“越象山”。这座山矗立在大海之中，还记载了这座山的相关传说。

过此海天阔，转瞬起旭日，崔嵬有灵山（Intangtuab utra），怪岩峥嵘拔，有硅若擎天，迥然易识别。闻道那罗延，披薙隐石室，遗矢射妖魔，魔创幻鹿逸，神箭落山巅，化硅犹屹屹，商贾今往来，相率同拜谒，祭祀固寻常，异风有足述。

贡船继续行驶到达了灵山。诗人记载了关于灵山的传说。另外，无论是海盗还是商人的船只到了此处，都会进行祭祀。

二日揖山光，山影连绵长，前进复二日，始达外罗（Walo）洋，自此通粤道，远城迷渺茫。滨海皆大郭，处处进例香。横山逶迤至，地属越南邦。至此边界尽，针转折东方。

许云樵将第一处 วาโหล（Wa Lo）翻译为“外罗洋”，是中泰对译，第二处 วาโหล（Wa Lo）并未翻译。显然，诗歌中两处 วาโหล（Wa Lo）并不是同一事物，在诗中第一处 วาโหล（Wa Lo）是海洋的名称，第二处 วาโหล（Wa Lo）为山的名称。

贡船继续航行两昼夜，便抵达外罗洋。外罗洋是去往广东必经之路。海边有村庄，船只到这里也要祭拜。到了外罗山的尽头，也就到了大越的边界。贡船开始转向，继续向东行。

远山吐朝阳，连绵山不绝，极目色苍苍，道是中华土，闻之喜洋洋。有客指山陬，云是老万（Loban）洲。入粤此孔道，岸山夹峙浮。风顺进老万，阴眺立船头。居民皆饶富，澳门（Ko Makao）踞蕃酋（Frang），凭险起堡垒，三门景清幽，海泊如云集，童山木不留……东南两堡垒，望洋有炮台，形胜扼险要，正中复一台，鼎立俱雄壮，入港两道开。

外罗山在大越的最外边，同时也是进入广东的入口。从两山之间进入，顺风便能直接进入老万。站在老万山上看，澳门岛之上尽是往来贸易的商人和外国人。这座城池攻守能够轻松应付，有三面城墙围绕。进出船只和停泊船只，看都看不完。继续行驶到虎门，两岸的炮台和山脉结合在一起。还有一座炮台位于海中，进出船只便从炮台两侧行驶。

根据诗中记录的贡船航行路线包含 14 个地点，依次为：（1）港口（Paknam）——（2）三百峰头（Sam Roi Yot）——（3）河仙（Phutthaimat）——（4）横岛（Ko Kuang）——（5）薯岛（Ko Man）——（6）昆仑岛/军屯岛（Ko Khanun/Ko Kuntun）——（7）古城（Meang Pasak）——（8）大越港（Paknam Yuanjai）——（9）越象山（Changkam Khirisi）——（10）灵山（Intangtuabut）——（11）外罗洋（Wa Lo）——（12）老万山（Lo Ban）——（13）澳门（Ko Makao）——

（14）虎门（Thawan Phajakkhakhi）。

2. 朝贡贸易史中的路线

《广东纪行诗》中已经详细地记录了贡船行驶路线，大多数地点在中外航海贸易的相关记载中都有提及。另外，学界关于这些地点的研究也十分丰富。这一部分将以《广东纪行诗》中的地点为中心，结合中外记载展开讨论。

在中国史籍中，暹罗港口的记载多称之为“新门台”。《西洋朝贡典录》中记载，从中国福建至暹罗针路，最后“入由新门台”。[①]《瀛涯胜览》中记载，从占城顺风七昼夜至“新门台”海口入港。[②]

《广东纪行诗》中所记载的“港口城”的位置和中国史籍中“新门台”的位置可能稍有差异，但两者都是指不同时期暹罗船只进入暹罗湾的入海口。诗中的“港口城”应在今泰国境内北榄府的巴喃县（Paknam）一带，是古代泰国重要的港口。从其名称来看，这个地方原本位于湄南河进入暹罗湾的入海口。由于海岸线不断向南扩展，其位置逐渐变为了内陆。至于中国史籍中的“新门台”，根据黎道纲的研究，“新门台”是通往素攀的他真河口，在今摩诃猜或他差隆一带，[③]而不是通往大城的湄南河口。

在阿瑜陀耶时期佛教故事绘本的地图中，绘制了“三百峰”（Sam Roi Yot），其位置在暹罗湾的西海岸附近。[④]但是，“三百头”“三百峰头”这一地名在中国古籍中并无记载。

在李文化新发现的《癸亥年更流部》中，“三百峰”处同时标记有“笔架”字样。“笔架山“多见于中国的史籍之中。关于“三百峰”和“笔架山”的位置，学界存在不同观点。向达认为，“笔架山”在暹罗湾的西海岸，今地无考。[⑤]黎道纲认为，“笔架山”位于暹罗湾东海岸，在离克兰岛不远的地方。[⑥]李文化则认为，由于暹罗湾的历史变化，暹罗湾可能存在东西岸两个“笔架山”。[⑦]泰国学者素帕甘·希利派讪在论文中绘制的航线图，三百峰的位置在今泰国春蓬府（Chumphon）附

---

① 郑鹤声，郑一均．郑和下西洋资料汇编：上册［M］．济南：齐鲁书社，1980：295—296．

②〔明〕马欢．瀛涯胜览［M］．冯承钧，校注．北京：中华书局，1955：18—19．

③ 黎道纲．泰国古代史地丛考［M］．北京：中华书局，2000：253—256．

④ กรมศิลปากร. สมุดภาพไตรภูมิฉบับกรุงศรีอยุทยา-ฉบับกรุงธนบุรี เล่มที่2 [M]. กรุงเทพฯ: กรมศิลปากร. 2542: 165.

⑤〔明〕西洋番国志 郑和航海图 两种海道针经［M］．向达，校注．北京：中华书局，1961：36．

⑥ 陈佳荣，谢方，等．古代南海地名汇释［M］．北京：中华书局，1986：653．

⑦ 李文化．数字人文方法下的《郑和航海图》暹罗湾地名考证［J］．图书馆杂志，2021（8）：92．

近。[①]在《郑和航海图》中，“笔架山”同样绘制于暹罗湾的西海岸。[②]

根据诗中的描写，到三百峰后不仅要在此地进行祭祀活动，船只还要再此处转向。在《海国广记》中记载，满剌加（今马来西亚马六甲一带）到暹罗，也需要先到达笔架山，再由暹罗港口进入暹罗。[③]可见，这一地点在航海贸易路线上是一个重要的地点。

根据诗文的讲述，暹罗贡船并没有在河仙靠岸，仅在与河仙遥遥相望的大海之中举行了祭祀仪式。河仙位于今越南南端，是具有优良条件的海港城市。[④] 1671年，鄚玖在河仙地区建立起以华人为主体的政权。在鄚玖、鄚天赐父子的大力经营下，河仙不仅成为左右中南半岛国际政局的重要政治势力，而且成为暹罗湾内经济繁荣的国际性港埠，鄚氏父子控制着越南南部面向暹罗湾这片航运繁忙的国际贸易区域。

但是，这一时期暹罗和河仙的关系并不友好。1767 年，郑信从缅甸手中光复了暹罗，使得鄚天赐嫉妒郑信的野心。后来阿瑜陀耶的昭萃王逃往河仙避难，鄚天赐欲以昭萃王为诱饵计擒郑信。但此次行动并未成功，执行此次任务的官兵也被捕，鄚天赐震怒禁止对暹贸易。[⑤] 1786 年，郑信建立吞武里王朝，意图与清廷建立朝贡关系。并于同年，第一次派出使团前往中国。但是由于清廷听了鄚天赐的一面之词，拒绝了郑信请封的要求。正是因为暹罗和河仙之间关系紧张，所以之后郑信王派出的贡船不在河仙靠岸也就可以理解了。

关于“横山”，中国古籍中多有“大横山”“小横山”之称。大横和小横是中暹朝贡贸易路线和海上丝绸之路上的重要地点。《西洋朝贡录》中记载：“（昆仑山）又七更过真王之屿，屿之水十有七托。又过大横之山、小横之山，又过笔架之山。”在《指南正法》中，暹罗往返日本长崎的针路中也有大横山和小横山的记载。郑鹤声在对《西洋朝贡录》进行校注时，并没有指明大小横山的具体位置，仅

① ศุภการ สิริไพศาล. เอกสารลำดับที่ ๖๖ นิราศกวางตุ้งของหลวงนายศักดิ พ.ศ.๒๓๒๔: วรรณกรรมประวัติศาสตร์ในบริบทความสัมพันธ์ไทย-จีนสมัยกรุงธนบุรี [G]. ๑๐๐เอกสารสำคัญ: สรรพสาระประวัติศาสตร์ไทย. กรุงเทพฯ: ศักดิโสภาการพิมพ์, 2012, หน้าที่136-137.

②〔明〕西洋番国志 郑和航海图 两种海道针经［M］. 向达，校注. 北京：中华书局，1961：30—33.

③ 郑鹤声，郑一均. 郑和下西洋资料汇编：上册［M］. 济南：齐鲁书社，1980：319—320.

④ 李庆新. 东南亚的“小广州”：河仙（“港口国”）的海上交通与海洋贸易（1670—1810 年代）［G］//海洋史研究（第七辑）. 北京：社会科学文献出版社，2015：145—169.

⑤ 陈荆和. 鄚天赐与郑信：政治立场、冲突及时代背景之研究［G］//海洋史研究（第七辑）. 北京：社会科学文献出版社，2015：130—132.

注明大小横山在昆仑山附近。[①]黎道纲认为，大横是暹罗境内的搁库岛（Ko Kut），小横为泰国桐艾府的 Ko Rang。[②]但是，李文化持不同观点，他对《癸亥年更流部》中关于暹罗湾中出现的地名进行数字人文考证后，认为“大横”和《更流部》中的“大堤”为同一地点，是现在越南南端海中的“土周岛”。小横山在《更流部》中标记为“小堤”，是今天柬埔寨的“威岛（Wai）”。[③]

诗中提及的“薯岛”，传说该地盛产番薯。中国的相关史籍中，并没有“薯岛”这一地点。陈佳荣在《古代南海地名汇释》中解释，泰国史籍中所称的“薯岛”，即中国史籍中所称的“真屿”“真王屿”等，为今越南南岸外的“奥比岛”（Obi）。[④]在《海国广记》中记载，暹罗往返广东的针路，过大小横山后，用单辰针（东南方），可达到真屿山。[⑤]李文化对《癸亥年更流部》中所记载地名适用数字人文方法考证后确定古称“真屿”的岛，即“薯岛”，位于今越南金瓯省陆地最南角。[⑥]根据诗歌中的记载，“薯岛”因盛产番薯而得名，这一记载同样不见于中国史料记载之中。对照 18 世纪时西方人绘制的东南亚地图，今越南陆地最南角便是“奥比岛”（Obi）。[⑦]这一地点在西方人绘制的航海地图中十分重要，因为暹罗往返中国和日本的船只达到此地便要开始转向了。

“昆仑”或“军屯”多见于中国史籍之中，其中《岛夷志略》中记载，“昆仑山，又名军屯山。山高而方，根盘几百里，截然乎瀛海之中，与占城东西竺鼎峙而相望。下有昆仑洋，因是名也”。[⑧]《海国广记》中记载，从广东至暹罗，到大小昆仑时，要从大小昆仑山内过船。[⑨]中国古籍中记载的“大小昆仑”和诗中“遥遥相望的大小两个岛屿”的描述相吻合。

---

① 郑鹤声，郑一均．郑和下西洋资料汇编：上册［M］．济南：齐鲁书社，1980：295．

② 黎道纲．《郑和航海图》暹罗湾地名考［J］．郑和研究，2000（1）：29—37．

③ 李文化．《癸亥年更流部》暹罗湾地名的数字人文考证［J］．地理研究，2012，40（5）：5．

④ 陈佳荣，谢方，等．古代南海地名汇释［M］．北京：中华书局，1986：638．

⑤ 郑鹤声，郑一均．郑和下西洋资料汇编：上册［M］．济南：齐鲁书社，1980：321—322．

⑥ 李文化．《癸亥年更流部》暹罗湾地名的数字人文考证［J］．地理研究，2012，40（5）：5．

⑦ 地图中将此处标记为 Ubi。引自 ชาญวิทย์ เกษตรศิริ. ประมวลแผนที่: ประวัติศาสตร์-ภูมิศาสตร์-การเมือง กับลัทธิอาณานิคมในอาเซียน-อุษาคเนย์(ภาคที่ 1)[M]. กรุงเทพฯ: มูลนิธิโตโยต้าประเทศไทย, 2012, หน้าที่ 117-123.

⑧〔元〕汪大渊．岛夷志略校释［M］．苏继庼，校注．北京：中华书局，2000：218．

⑨ 郑鹤声，郑一均．郑和下西洋资料汇编：上册［M］．济南：齐鲁书社，1980：322．

伯希和在《交广印度两道考》中有专门一章讨论“昆仑国和昆仑语”。他认为，这个岛的土名为 Con-non，汉译为昆仑或昆屯等名。这一土名是安南语“昆嫩”的对音词。该岛名来自马来语 Pulau Kundur，意为“南瓜岛”。[①]可见，诗中 Ko Khanun/Ko Kuntun 和土名 Con-non、马来语 Pulau Kundur 是相对应的。谢方对《西洋朝贡典录》校注时，认为其中的“昆仑之山”为今越南湄公河口外南部的昆仑岛。[②]

根据中国史籍中记载，昆仑岛附近十分危险，有“上怕七州，下怕昆仑”之说。[③]这些都是提醒中国船只返航时要注意昆仑岛，切勿偏离针路。除了昆仑岛附近较为危险以外，这里也是重要的交通枢纽。《海国广记》中记载，广东到暹罗的针路，到小昆仑后，“用庚酉针，拾更船，取真屿山，山内过船，打水拾肆伍托，用辛戍，拾更船，取大横山”。[④]《顺风相送》中的针路记载，从广东往返磨六甲（今马六甲）的船只，到昆仑岛便要“用丁未二十更船用单未二十五更船取宁盘山及东西竹将军帽”。[⑤]从这两处记载中可以看出，昆仑山是航海路线中重要的转折点，前往暹罗和马六甲的船只到昆仑山后要使用不同的针路航行。由于此处的重要性，西方人绘制的航海图也会将昆仑岛绘制出来[⑥]。

诗中提及的“大越港口”，在中国史籍中也不见相关记载。根据越南史料记载，1054 年，李圣宗即位，改国号“大瞿越”为“大越”，其后各朝一直沿用这一国号。[⑦]但是，在中国的史料中，仍称其为交趾国或安南国。[⑧]16—18 世纪，安南形成南北割据的局面，南部的阮氏政权同样自称大越。直到 19 世纪初阮朝统一越南后，才将国号改为“越南”并沿用至今。

这一地区曾是占城的所在，中国史籍中仅有“占城旧港”的相关记载。陈佳荣认为，占城旧港应为会安（Hoi An）。[⑨]会安一直被称为“大占海口”。[⑩]“占”源于

① 伯希和．郑和下西洋考交广印度两道考［M］．冯承钧，译．北京：中华书局，2003．

②〔明〕黄省曾．西洋朝贡典录［M］．谢方，校注．北京：中华书局，2000：55—57．

③〔明〕费信．星槎胜览［J］．冯承钧，校注．北京：华文出版社，2019．

④ 郑鹤声，郑一均．郑和下西洋资料汇编：上册［M］．济南：齐鲁书社，1980：321—322．

⑤〔明〕西洋番国志 郑和航海图 两种海道针经［M］．向达，校注．北京：中华书局，1961：51—52．

⑥ ชาญวิทย์ เกษตรศิริ. ประมวลแผนที่: ประวัติศาสตร์-ภูมิศาสตร์-การเมือง กับลัทธิอาณานิคมในอาเซียน-อุษาคเนย์(ภาคที่ 1)[M]. กรุงเทพฯ: มูลนิธิโตโยต้าประเทศไทย, 2012, หน้าที่117-123.

⑦ 陈重金．越南通史［M］．戴可来，译．北京：商务印书馆，1992：69．

⑧ 陈佳荣，谢方，等．古代南海地名汇释［M］．北京：中华书局，1986：138．

⑨ 陈佳荣，谢方，等．古代南海地名汇释［M］．北京：中华书局，1986：281—282．

⑩ 陈荆和．会安历史［G］// 海洋史研究（第九辑）．北京：社会科学文献出版社，

梵语 Campa，在中国史籍中称为“占城”，而“越（Yuan）”是泰国人对越南人的称呼，诗中的“Mueang Yuan”便是中国史籍中所称的“占城”。谢方在对“占城港”进行校注时，根据《东西洋考》中的记载，占城港口名又为“罗湾头”。根据其航行线路，他认为占城港在藩朗一带①，即今越南宁顺省藩朗–塔占市。谢方对此进一步考证，认为罗湾头在藩朗的巴达兰（Padaran）角。②

同样，在中国的史籍中也没有“越象山”的相关记载。韩振华结合许云樵对《广东纪行诗》的考证，认为“越象山”即中国史籍中的“焦石山”。③目前，学界关于“焦石山”的具体位置也尚未确定。一说其在越南中部海湾之外，或为今越南的岘港。一说为越南义静省枚润角东南面的 Tseu 岛。另还有是我国西沙群岛之说。泰国学者素帕甘・希利派讪认为，ช้างข้ามคิรีศรี（Changkam Khirisi）为今越南的芽庄港（Nha Trang）。④根据诗中对越象山的记载，依然无法确定其位置。但诗中所记载的越象山突出特征及传说，对相关研究的学者来说是重要的信息。

在中国史籍中，对“灵山”的记载相当丰富，诗中也对“灵山”进行了详细的描述。关于“灵山”的位置，沈曾植认为灵山在平顺（Binh–thuan）东南海中。藤田认为灵山在归仁以北的 Lang–song 港，此港名和“灵山”一词对音。⑤向达、陈佳荣和伯希和等学者认为，中国史籍中南海航线上的“灵山”一地位于今越南富安省绥和、白蓬之间的华列拉岬。⑥根据《东西洋考》中所记载的针路，“新州交杯屿至羊屿三更，羊屿至厘筒山三更，烟筒山至灵山三更，灵山至伽南貌山三更，伽南貌山五更至占城港口罗湾头”。苏继庼考证，新洲港为今越南归仁港⑦，故灵山不可能在归仁港附近。另外，在《武备志・航海图》中又绘有大小二湾，而灵山则位于二湾之间。大小二湾不见针路，就其在图中之位置而观，大湾指云峰汎，小湾指沱演汎（Cua Dadien），故灵山应位在华列拉岬，无疑。罗湾头在图中之地点，则在藩朗岬。华列拉是 Varella 的对音，此名为马来语或占婆语 berhala 转成，译为菩

2016：125—174.

① 陈佳荣，谢方，等．古代南海地名汇释［M］．北京：中华书局，1986：281—282.

② 陈佳荣，谢方，等．古代南海地名汇释［M］．北京：中华书局，1986：516.

③ 韩振华．常骏行程研究［J］．中国边疆史地研究，1996（2）：1—2.

④ ศุภการ สิริไพศาล. เอกสารลำดับที่ ๖๖ นิราศกวางตุ้งของหลวงนายศักดิ พ.ศ.๒๓๒๔: วรรณกรรมประวัติศาสตร์ในบริบทความสัมพันธ์ไทย-จีนสมัยกรุงธนบุรี [G]. ๑๐๐เอกสารสำคัญ: สรรพสาระประวัติศาสตร์ไทย. กรุงเทพฯ: ศักดิโสภาการพิมพ์, 2012, หน้าที่132.

⑤〔元〕汪大渊．岛夷志略校释［M］．苏继庼，校注．北京：中华书局，2000：223—224.

⑥〔明〕西洋番国志 郑和航海图 两种海道针经［M］．向达，校注．北京：中华书局，1961：44—45.

⑦〔元〕汪大渊．岛夷志略校释［M］．苏继庼，校注．北京：中华书局，2000：224—225.

萨神像、圣坛等。故灵山、大佛灵、大佛灵山、佛灵山、灵山大佛都是马来语或占语的意译。[①]

在中国古籍中有“外罗山”和“外罗洋”的相关记载。《西洋朝贡典录》中记载，从福州到占城，需经外罗之山，后由羊屿入占城。[②]向达认为，外罗山在越南新洲港外，今地无考。[③]韩振华认为，占城的外罗山位于今天的Culao Ray，也称作Poulo Canton。在越南的地志上，称该岛为理山岛。[④]至于“外罗洋”，是一片海域，其范围较大。陈佳荣考证，外罗洋是今越南中部广东群岛一带海域。[⑤]

中国史籍中关于“外罗”的记录，不仅只见于中暹之间的航海线路之中，同样还见于暹罗前往日本的针路之中。《指南正法》中记载，暹罗前往长崎日清的针路中，暹罗船只就需从笔架山，经大小横山、大小昆仑山，到外罗。《海国广记》中记载，爪哇前往广东的针路中同样需要经过外罗山。可见“外罗”在航海贸易中是重要的地点，是中国驶往今东南亚各国的必经之路。

贡船过了外罗山后，贡船向东行驶，便进入到中国的疆域之中。贡船到中国境内后，经过老万山和澳门岛，最后由虎门进入广州。

泰语的Lo Ban发的是“老万”的粤语音。但是，澳门东岸有老万山、老万珠和旧老万三洲[⑥]，其具体位置并不明确。根据诗歌内容，贡船先到达“老万”，再抵澳门，最后进入到虎门。通过查阅清朝绘制的广州舆图发现，贡船从南洋驶来，抵达澳门之前，需经过澳门南边的老万山。[⑦]另外，清同治十二年《香山县志》记载：“珠江口外最高者为老万山。”[⑧]新中国成立后为了便于与小万山岛区分，改名为“万山岛”。所以，通过舆图和地方志可以确定，诗中所说的“老万”是今广州香洲区外的万山岛。

诗中提及澳门和虎门，通过查看清朝时澳门的舆图，其中广州香山县之上绘制了三面城墙，城墙之中标注“澳门”字样。[⑨]此处与老万山隔海相望，其位置、特征和诗中的描述相吻合。在澳门东北方，绘制了虎门炮台，其中一座炮台位于香山

---

①〔元〕汪大渊．岛夷志略校释［M］．苏继庼，校注．北京：中华书局，2000：224—225．

②〔明〕黄省曾．西洋朝贡典录［M］．谢方，校注．北京：中华书局，2000：1—3．

③〔明〕西洋番国志 郑和航海图 两种海道针经［M］．向达，校注．北京：中华书局，1961：219．

④ 韩振华．南海诸岛史地研究［M］．北京：社会科学文献出版社，1996：137．

⑤ 陈佳荣，谢方，等．古代南海地名汇释［M］．北京：中华书局，1986：288．

⑥ 许云樵．郑昭贡使入朝中国纪行诗译注［J］．南洋学报，1940，1（第2辑）：90—96．

⑦ 曹婉如，等．中国古代地图集：清代［M］．北京：文物出版社，1997．

⑧ 引自https://baike.baidu.com/item/万山岛/5512788?fr=aladdin.

⑨ 曹婉如，等．中国古代地图集：清代［M］．北京：文物出版社，1997．

和虎门间的海峡之中。[①]这和诗中关于虎门炮台的描述也相吻合。虎门炮台遗址现在尚存，位于广东省东莞市虎门镇。

3. 朝贡路线上的风俗和传说

《广东纪行诗》中除了记载了贡船的航行线路之外，还对航行过程中的风俗和传说进行了记载。并且，诗中所记载的大多数风俗和传说并不见于中外史籍之中。

诗中关于航路中地点的传说多与地名和地貌相关。在经过番薯岛时，诗中描写为“旋迎番薯岛（Ko Man），产薯应逾常，问之古经历，语焉非荒唐”，是对“番薯岛”这一地名由来的介绍。

除了关于地名由来的记载之外，诗中还有与地形地貌相关的记述。贡船行驶到越象山后，对这座山的情况做了介绍。诗中写道“行行三昼夜，有山越象（Chang Kham）名。巍然峙海隅，传说久流行，雷击遭回禄，草木永不萌，犹留焦石迹，足征语入情”。在中国的史籍中并没有“越象山”相关记载。韩振华结合许云樵对《广东纪行诗》的考证，认为“越象山”即中国史籍中的“焦石山”。[②]目前，学界关于“焦石山”的具体位置也尚未确定。一说其在越南中部海湾之外，或为今越南的岘港。一说为越南义静省枚润角东南面的 Tseu 岛。另还有是我国西沙群岛之说。泰国学者素帕甘・希利派讪认为，ช้างข้ามคิรีศรี（Changkam Khirisi）为今越南的芽庄港（Nha Trang）。[③]根据诗中对越象山的记载，依然无法确定其位置。但诗中所记载的越象山突出特征及传说，对相关研究的学者来说是重要的信息。

另外，诗中关于“灵山”的记载十分详细。诗中首先描写了这座山“崔嵬有灵山（Intangtuab utra），怪岩峥嵘拔，有硅若擎天，迥然易识别”，这座山在整条航线中十分显眼。同样，“灵山”也常见于中国史籍之中。《星槎胜览》中记载：“其处与占城山地连接，其山峻岭而方，有泉下绕如带，山顶有一石块，似佛头，故名灵山。”[④]其中关于灵山地形地貌的描述和《广东纪行诗》中的描述十分相似。诗中提到关于灵山的传说，“闻道那罗延，披薙隐石室，遗矢射妖魔，魔创幻鹿逸，神箭落山巅，化硅犹屹屹”。并且，到此处的船只都要在此地祭祀，诗中对祭祀仪式进行了详细的描写。“精制模形船，桅樯色色全，张帆置衣物，备粮复贮钱，取纸绘肖象，合船皆图，送船下沧海，随风去天边，化纸循古俗，消灾自安然。”人们会在纸上画上小人，放于纸船之上，再将纸船放到海中。在中国的史籍中，对“灵

---

① 曹婉如，等．中国古代地图集：清代［M］．北京：文物出版社，1997．

② 韩振华．常骏行程研究［J］．中国边疆史地研究，1996（2）：1—2．

③ ศุภการ สิริไพศาล. เอกสารลำดับที่ ๖๖ นิราศกวางตุ้งของหลวงนายศักดิ พ.ศ.๒๓๒๔: วรรณกรรมประวัติศาสตร์ในบริบทความสัมพันธ์ไทย-จีนสมัยกรุงธนบุรี [G]. ๑๐๐เอกสารสำคัญ: สรรพสาระประวัติศาสตร์ไทย. กรุงเทพฯ: ศักดิโสภาการพิมพ์, 2012, หน้าที่132.

④〔明〕费信．星槎胜览［J］．冯承钧，校注．北京：华文出版社，2019．

山”的风俗也有类似的记载。《星槎胜览》中记载：“往来贩舶，必于此樵汲，舶人斋沐三日，崇佛诵经，燃放水灯彩船以禳人船之灾。”[①]《顺风相送》中也同样记载，“灵山大佛常挂云，打锣打鼓放彩船”。[②]诗中所描写的在灵山举行的祭祀仪式和中国史籍中所描述的基本相似。

在《顺风相送》中记载：“其船若在灵山大佛前，四、五、六、七、八月，流水往西南，水甚紧甚紧。东北时往正南甚紧，船可近山甚妙。船若回唐，贪东，海水白色赤见百样禽鸟，乃是万里长沙，可防可防。多芦荻柴多流界，船若贪西，则见海南山，不可近。”另外，在诗中还提到，贡船到昆仑岛后也会进行祭祀。在中国史籍中关于昆仑岛的记载中，有“上怕七州，下怕昆仑”之说。[③]由此可见，贡船在远距离航行的过程中，经过各险要之地会进行祭祀活动。

除了贡船在历经各地所进行的普通祭祀活动以外，在遇到特殊情况时也会进行祭祀活动。或在船只遭遇巨大海浪，或在航行途中遇到反常事件时，这些祭祀活动体现了“万物有灵”的民间信仰。涉海人群会认为神灵无处不在，海洋中的生物也会成为神灵的意象化符号。[④]在遇到这些情况时，民众往往会因为对海洋的敬畏和恐惧，举行或繁或简的祭祀仪式。

诗中记载了贡船在行驶过程中遇到鲸鱼时的情形，“海中何所见，鱼龙滕水藏，成群绕舷泳，骇目气沮丧。水深色如黛，好奇探索量，报道五百托，惕然叹汪洋，举目心惊怖，有鲸右舷旁，身长卅五托，尾显首隐藏，广可十五托，展尾若虾王，出水高逾树，云仅现脊梁，张帆欲走避，点烛复焚香，巨鲸悠然去，投鸡拜跟跄，谢神尽虔敬，化纸尤不忘”。可见，当时的人们将神灵和鲸鱼联系起来。在遇到鲸鱼后，人们便开始举行祭祀活动。

三、结语

《广东纪行诗》中对中暹之间的行船路线进行了详细的记录。本文基于诗中对这一线路的记载，结合中外资料、舆图以及前人研究，发现诗中所记载的地点大多是古代航海贸易中的重要地点。如“三百峰”是暹罗船只前往满剌加和中国的转折点；到暹罗和满剌加的船只在昆仑岛会选择不同的方向继续前行。诗中记载的路线中包含了中国古籍中南洋贸易路线的大多数地点，这是从暹罗官员角度记载下来的路线，所以和中国古籍中的路线稍有差异。同时，也反映出诗中的路线是暹罗同周

---

①〔明〕费信．星槎胜览［J］．冯承钧，校注．北京：华文出版社，2019．

②〔明〕西洋番国志 郑和航海图 两种海道针经［M］．向达，校注．北京：中华书局，1961：47．

③〔明〕费信．星槎胜览［J］．冯承钧，校注．北京：华文出版社，2019．

④ 李庆新．明清时期航海针路、更路簿中的海洋信仰［G］//海洋史研究（第十五辑）．北京：社会科学文献出版社，2020：348—349．

边国家航海贸易的主要路线。

《广东纪行诗》中所记载的关于贡船所经各处的信息，对中国史籍等是重要的补充。虽然目前对于中国古籍中南洋相关地名的考证已十分丰富，但是部分地名还是因为语言、时代等原因不能确定其位置。另外，诗中包含了航行时间、方向等重要信息，以及航行所经各地的风俗、传说等，都可作为研究古代航海贸易的参考。《广东纪行诗》中所记载的中暹之间的朝贡贸易路线，涉及今天泰国、柬埔寨、越南和中国等多个国家，其中提到的一些地点和航道已经受到各国学者的关注。希望本文能为南洋研究、中外贸易研究等领域的学者提供进一步的资料补充。

参考文献

[1] 伯希和．郑和下西洋考交广印度两道考［M］．冯承钧，译．北京：中华书局，2003．

[2]〔清〕陈伦炯．海国闻见录［M］．丁金潮，点校．北京：商务印书馆，2020．

[3] 陈佳荣．清代前期中–暹航海针经、地图略释［Z］．丝路的延伸：亚洲海洋历史与文化国际学术研讨会，上海，2016 年 4 月：1—25．

[4] 陈佳荣，谢方，等．古代南海地名汇释［M］．北京：中华书局，1986．

[5] 陈荆和．会安历史［G］// 海洋史研究（第九辑）．北京：社会科学文献出版社，2016．

[6] 陈荆和．鄚天赐与郑信：政治立场、冲突及时代背景之研究［G］//海洋史研究（第七辑）．北京：社会科学文献出版社，2015．

[7] 曹婉如，等．中国古代地图集：清代［M］．北京：文物出版社，1997．

[8] 黎道纲．《郑和航海图》暹罗湾地名考［J］．郑和研究，2000（1）．

[9] 黎道纲．泰国古代史地丛考［M］．北京：中华书局，2000．

[10]〔明〕费信．星槎胜览［J］．冯承钧，校注．北京：华文出版社，2019．

[11]〔明〕西洋番国志 郑和航海图 两种海道针经［M］．向达，校注．北京：中华书局，1961．

[12] 黄重言，余定邦．中国古籍中有关泰国资料汇编［M］．北京：北京大学出版社，2016．

[13] 韩振华．南海诸岛史地考证论集［M］．北京：中华书局，1987．

[14] 韩振华．常骏行程研究［J］．中国边疆史地研究，1996（2）．

[15] 李光涛．明清档案论文集［G］．台湾：联经出版事业公司，1986．

[16] 李文化．数字人文方法下的《郑和航海图》暹罗湾地名考证［J］．图书馆杂志，2021（8）．

[17] 李文化．《癸亥年更流部》暹罗湾地名的数字人文考证［J］．地理研究，

2012，40（5）.

［18］李庆新．东南亚的“小广州”：河仙（“港口国”）的海上交通与海洋贸易（1670—1810 年代）［G］//海洋史研究（第七辑）．北京：社会科学文献出版社，2015：145—169．

［19］李庆新．明清时期航海针路、更路簿中的海洋信仰［G］//海洋史研究（第十五辑）．北京：社会科学文献出版社，2020．

［20］〔清〕王大海．海岛逸志［M］．姚楠，吴琅璇，校注．北京：学津书店，1992．

［21］〔元〕汪大渊．岛夷志略校释［M］．苏继庼，校注．北京：中华书局，2000．

［22］许云樵．郑昭贡使入朝中国纪行诗译注［J］．南洋学报，1940，1（第 2 辑）．

［23］姚楠，许云樵编译．古代南洋史地丛考［M］．北京：商务印书馆，1958．

［24］云南省历史研究所．《清实录》越南缅甸泰国老挝史料摘抄［M］．云南：云南人民出版社，1986．

［25］余定邦，陈树森．中泰关系史［M］．北京：中华书局，2009．

［26］郑鹤声，郑一均．郑和下西洋资料汇编：上册［M］．济南：齐鲁书社，1980．

［27］周群华，叶冲．古代海上丝绸之路：南海与郑和下西洋［M］．大连：大连海事大学出版社，2020．

［28］Engelbert Kaempfer. *The History of Japan* [M]. Glasgow: University of Glasgow, 1906.

［29］กรมศิลปากร. สมุดภาพไตรภูมิฉบับกรุงศรีอยุทยา-ฉบับกรุงธนบุรี เล่มที่1-2[M]. กรุงเทพฯ: กรมศิลปากร, 2542.（泰国艺术厅．阿瑜陀耶时期–吞武里时期三界图册（1—2 册）［M］．曼谷：泰国艺术厅，1999．）

［30］ศุภการ สิริไพศาล. เอกสารลำดับที่ ๖๖ นิราศกวางตุ้งของหลวงนายศักดิ พ.ศ.๒๓๒๔: วรรณกรรมประวัติศาสตร์ในบริบทความสัมพันธ์ไทย-จีนสมัยกรุงธนบุรี [G]. ๑๐๐เอกสารสำคัญ: สรรพสาระประวัติศาสตร์ไทย. กรุงเทพฯ: ศักดิโสภาการพิมพ์, 2012.（素帕甘・希利派讪．第 66 份文献 1781 年銮乃萨《广东纪行诗》：吞武里时期中泰关系语境下的历史文学作品［G］// 100 份重要文献：泰国历史专辑．曼谷：萨迪索帕出版社，2012．）

［31］ชาญวิทย์ เกษตรศิริ. ประมวลแผนที่: ประวัติศาสตร์-ภูมิศาสตร์-การเมือง กับลัทธิอาณานิคมในอาเซียน-อุษาคเนย์(ภาคที่ 1)[M]. กรุงเทพฯ: มูลนิธิโตโยต้าประเทศไทย, 2012.（查雅威・格萨达斯利．地图集：东南亚的历史–地理–政治和国家（第一册）［M］．曼谷：泰国丰田基金，2012．）

柬埔寨吴哥遗产保护政策的演变、内容及影响研究

上海外国语大学　巩　洁

【摘　要】柬埔寨吴哥遗产保护政策的发展与演变可分为三个时期：萌芽期、转型期与发展期。根据对自法国殖民时期至今柬埔寨吴哥遗产保护政策内容的梳理总结可知，柬埔寨吴哥遗产保护政策分为物质文化遗产保护和非物质文化遗产保护政策两大类别，从政策效果上来看，吴哥遗产实体保护成果显著，吴哥宗教神圣性得以提升，其他文化产业逐渐兴起并发展，保护政策的实施对柬埔寨整体发展起到了积极作用。

【关键词】柬埔寨；文化政策；遗产保护；吴哥

长期以来，柬埔寨的吴哥地区被视作民族象征，是高棉雕刻艺术和古高棉发展历史文化的集中体现。吴哥被联合国教科文组织列为对全人类具有突出普遍价值的遗产保护地，柬埔寨政府及人民也积极地向世界展示吴哥古迹，并承担起保护吴哥遗产的责任与义务。吴哥遗产保护政策为解决与应对吴哥地区的挑战与威胁提供了政策框架，对柬埔寨吴哥保护政策的研究，有助于探索柬埔寨吴哥遗产的具体情况，了解柬埔寨文化遗产保护政策的重点发展领域及特点，理解柬埔寨社会中人们普遍的价值观、信仰及态度，提高对柬埔寨民族文化的认识。

一、柬埔寨吴哥遗产保护政策的发展与演变

自 19 世纪中叶，吴哥被西方世界“重新发现”，世人对吴哥窟的兴趣也与日俱增，直至今日，柬埔寨的吴哥地区仍然是世界文化遗产之一。吴哥遗产保护政策大致经历了三个阶段：萌芽期、转型期以及发展期。

（一）萌芽期：19 世纪中至 20 世纪 70 年代

19 世纪法国植物学家亨利·穆奥的到来，使得这个“失落的文明”重新展示在世界人民面前。法国海军将领伯纳尔曾表示，吴哥地区，尤其是吴哥窟，是殖民统治恢复国家辉煌的象征[①]。1898 年，时任法属印度支那总督保罗·杜美成立了法

① Brigitta Hauser-Schäublin. *World Heritage Angkor and Beyond: Circumstances and Implications of UNESCO Listings in Cambodia* [M]// Keiko Miura. *From Property to Heritage: Different Notions, Rules of Ownership and Practices of New and Old Actors in the Angkor World*

属印度支那考古调查团，1900 年将其更名为法国远东学院。该学院拥有专业的研究人员和充足的研究经费，负责总结整理法国在柬埔寨吴哥地区的考古碑铭及调查记录情况，并绘制了详细的吴哥考古地图。直至今日，法国远东学院仍然被认为是协助修复吴哥的最权威的机构。1898 年，法国政府通过了《保护印度支那具有历史及艺术意义的文物古迹》法令，确定了法国在处理解决印度支那地区文化遗产的方式①，其中规定了印度支那地区的文化遗产可以在获得法国总督的许可之下被修复、出售、赠送或交换，强化了殖民统治者对于吴哥的管理权力。但是，当地社区和僧侣的生存环境并不理想。法国殖民当局曾将居住于吴哥寺庙的村民及僧侣驱逐至保护区外，部分僧侣不得不在远离吴哥建筑群的地区建造新的寺庙，而村民也在远离吴哥窟的区域建造新的村庄。法国当局禁止当地居民狩猎、在保护区内务农、建造或修整道路、建造新的房屋或者砍伐树木②。此类政策在后期柬埔寨当局管理吴哥地区时也曾被沿用，使得当地的许多宗教习俗遭到限制。

1953 年，柬埔寨宣布独立，法国远东学院不得不重新调整吴哥遗产保护管理计划。虽然柬埔寨已经宣布独立，但国内未形成完整的吴哥遗产保护政策，吴哥保护的管理权仍大多掌握在法国管理者手中。法国在柬埔寨的吴哥保护政策以寺庙、文物的修复及保存为主，通过建造吴哥考古公园、博物馆、美术馆等公共机构，开发吴哥遗产区的旅游潜力，为近现代吴哥遗产区的保护政策的制定奠定了坚实的基础。在这一时期，法国作为吴哥修复的主导者，在科学修复领域取得了丰硕的成果，但参与指导遗产修复的多为科学技术人员，人类学家、历史学家或社会学家的参与度不高③，对于当地语言文化、物质遗产所处社会历史及帝国文化的研究，包括对于精神崇拜、君权神授、寺庙仪式的研究和保护相较处于弱势，吴哥内部的僧侣及社区居民被排除在吴哥遗产保护之外。这也一定程度限制了后期吴哥遗产保护政策中当地社区及僧侣以及非物质文化遗产在吴哥遗产保护中的发展。

Heritage Site. Göttingen: Göttingen University Press, 2011: 98–119.

① Brigitta Hauser–Schäublin. *World Heritage Angkor and Beyond: Circumstances and Implications of UNESCO Listings in Cambodia* [M]// Keiko Miura. *From Property to Heritage: Different Notions, Rules of Ownership and Practices of New and Old Actors in the Angkor World Heritage Site*. Göttingen: Göttingen University Press, 2011: 98–119.

② Brigitta Hauser–Schäublin. *World Heritage Angkor and Beyond: Circumstances and Implications of UNESCO Listings in Cambodia* [M]// Keiko Miura. *From Property to Heritage: Different Notions, Rules of Ownership and Practices of New and Old Actors in the Angkor World Heritage Site*. Göttingen: Göttingen University Press, 2011: 98–119.

③ Tim Winter. *Post–conflict Heritage and Tourism in Cambodia: The Burden of Angkor* [J]. *International Journal of Heritage Studies*, 2008 (14): 524–539.

（二）转型期：20 世纪 70 年代至 20 世纪末

自 1973 年以来，由于柬埔寨内部战争，柬埔寨吴哥遗产区的实际保护几乎停滞，除了自然侵蚀之外，文物破坏、盗窃、跨国贩运等问题频发，因此，此阶段吴哥遗产保护工作建立在国家的修复与重建之上。1991 年，《巴黎和平协定》签订，会后讨论将由联合国负责监督巴黎协定的实施，并建立起多国对柬埔寨的保护机制[①]，致使联合国临时权力机构进入柬埔寨以缓解其国内冲突。此次联合国维和行动涉及 4 万工作人员，耗资 20 亿美元[②]。同年柬埔寨成为《保护世界文化和自然遗产公约》缔约国，必须遵守保护世界遗产名录吴哥遗址的承诺，须根据联合国教科文组织和世界遗产委员会的建议，制定计划，管理受保护的区域。

1990 年至 1991 年之间，联合国教科文组织参与至众多政府及非政府机构的评估团队，并在曼谷和巴黎举行了两次吴哥问题国际专家圆桌会议，以更加深入地了解吴哥遗产情况[③]。1992 年，吴哥被列为世界濒危遗产名录，世界遗产委员会开始指导吴哥的保护和管理，吴哥遗产保护成为一项联合国教科文组织在文化领域基于“拯救人类遗产”的道德义务之上的重要任务[④]。由于柬埔寨国内在考古、文物保护、旅游发展等方面均缺乏专业技术及人才资源，因此联合国教科文组织主导参与至吴哥文化遗产的保护活动中。在吴哥被列为世界文化遗产名录的同时，联合国教科文组织及世界遗产委员会对柬埔寨政府提出了五个条件：颁布合适的保护性法规；建立人员充足的保护机构；根据 UNDP（联合国开发署）项目确定永久边界；定义有意义的缓冲区；建立国际保护监督与协调机制。

在吴哥成为世界文化遗产名录的 4 年内，柬埔寨在联合国教科文组织和世界遗产委员会的监督和审查之下，建立了基本遗产保护法律框架、分区管理制度及管理机构，并在法国殖民时期吴哥保护政策的基础上，逐渐形成符合本国发展特点的吴哥保护政策。总体而言，联合国等国际组织在柬埔寨的吴哥保护行动是国际遗产保护政策在柬埔寨的实践。柬埔寨政府在联合国教科文组织的监督和帮助下，逐渐建立了独立自主的国内吴哥保护管理机构及管理政策，是摆脱法国殖民时期文物保护政策残留影响、发展本国吴哥保护政策的过渡转型阶段。

---

① 大卫·钱德勒．柬埔寨史［M］．许亮，译．北京：中国大百科全书出版社，2013：277．

② Tim Winter. *Post-Conflict Heritage, Postcolonial Tourism* [M]. Routledge: London, 2007: 5.

③ Keiko Miura. *World Heritage Making in Angkor. Global, Regional, National and Local Actors, Interplays and Implications* [J]. *World Heritage Angkor and Beyond*, 2011: 13.

④ Keiko Miura. *World Heritage Making in Angkor. Global, Regional, National and Local Actors, Interplays and Implications* [J]. *World Heritage Angkor and Beyond*, 2011: 13.

（三）发展期：21世纪初至今

根据对吴哥保护政策转型期的梳理可知，柬埔寨吴哥古迹保护与发展管理局的建立是吴哥遗产保护的一个转折点，是吴哥遗产保护政策主管权力转移的标志。经历了联合国教科文组织及世界遗产委员会近十年的指导与监督，21 世纪以来的吴哥遗产保护政策步入了稳步发展期，体系逐渐成熟。吴哥古迹保护与发展管理局，主要负责吴哥地区的管理，其英文名字 APSARA 意即天女舞者，是吴哥地区著名非物质文化遗产皇家芭蕾舞的象征。吴哥古迹保护与发展管理局机构的设置是基于法国机构的结构模式，由 9 名部长级和省级代表组成的委员会主持。吴哥古迹保护与发展管理局的使命是“保护维护具有历史意义的建筑，并且维持该区域的可持续发展，与自然、寺庙和乡村和谐共处”①。吴哥管理局的成立是政府将文化遗产保护与社会利益发展相结合的关键步骤，以应对王国政府面临的如何将吴哥转化为可持续资源的挑战。吴哥古迹保护与发展管理局是负责保护吴哥遗产的管理机构，负责文物保护、考古研究及城市发展和旅游规划等内容，其主要任务如下：

——保护与保存：确保暹粒吴哥地区文化遗产、文物古迹的保护与修复，对水资源管理系统的维护。

——旅游业发展：暹粒吴哥地区的旅游业的发展管理，充分挖掘吴哥考古公园的旅游价值。

——社区管理：与吴哥社区内的村庄居民保持联络，参与至扶贫减贫工作中，保证可持续发展。

——政府间管理：与其他省份及金边政府建立合作伙伴关系，提高暹粒吴哥文化价值。

——国际合作：与国际机构及国际组织合作，如联合国教科文组织、IIC-Angkor 等。

——自然环境保护：维护吴哥地区内部及周边动植物的生物多样性。

柬埔寨国内也在不断完善文化遗产保护的法律框架，并对吴哥遗产保护实践成果进行总结。1993 年宪法是对国家文化、国家资源的最高层面的法律保护，其中第 69 条规定国家应该保护并弘扬民族文化，保护古庙宇、古文物，修复古迹。1996 年，政府完善了文化遗产保护的法律框架，出台了《柬埔寨文化遗产保护法》正式文件，明确规定保护国家文化遗产及财产，禁止非法破坏、修改、改造、挖掘、转移、出口或进口；总则部分规定了柬埔寨文化遗产指具有科学、历史、文学或宗教价值，能够展示自然或文明的演变的自然成果和人类作品，并且能够服务

① Britt Baillie. *Ankor Wat Conserving the sacred? A relationship between Buddhism and heritage management* [D]. Cambridge: University of Cambridge, 2005: 51.

于大众利益[①]；在特殊条例一章中，明确了柬埔寨文化艺术部在管理国内文化遗产领域的主导地位，并特别强调了暹粒地区的吴哥文化遗产由柬埔寨吴哥古迹保护与发展管理局进行相关管理与保护。

2008 年，政府出台了“112 号通告（高棉版）关于建立 APSARA 权威服务中心的通告”，吴哥古迹保护与发展管理局再次进行重组，管理局的部门数量由 8 个增加至 14 个，其中包括吴哥公园土地和住房管理部、农业和社区发展部、文化景观和环境部、水资源管理和森林管理、公共秩序与合作部、通信部等部门。次法令中规定管理局的任务包括自然资源可持续管理、吴哥公园居民的经济和社会发展、可持续旅游业的开发及与其他机构的合作等。管理局发展为一个体系成熟的机构，组织架构合理，人员储备充足，在财务资源人力资源等方面均具有较为绝对的权威。

通过对吴哥古迹保护与发展管理官网公布的保护及管理政策的梳理，能够发现柬埔寨政府主要关注内容仍然在机构组织的建设、吴哥保护区域的设置和管理、文化遗产保护法律框架建构上。吴哥古迹保护与发展管理局官方网页的数据库，公开发表了 2016、2017、2019、2020 年的年度工作报告，内容包括吴哥古迹保护与发展管理局对社区房屋土地的管理情况、对吴哥地区动物及珍稀树种的保护和栽种情况、吴哥古迹保护与发展管理局工作人员审查与旅游规划相关工作进展、社区委员会与吴哥古迹保护与发展管理局关于寺庙佛像保护修复的研讨等内容，是吴哥保护政策实践情况的记录。

二、21 世纪吴哥遗产保护政策主要内容

进入 21 世纪后，柬埔寨国内局势逐渐稳固，柬埔寨吴哥古迹保护与发展管理局的工作步入正轨，在文化艺术部及其他部委的带领之下，共同出台了许多具有本国特色的政策，逐步在考古研究、社区发展、环境管理、旅游统计、风险地图绘制等领域掌握主动管理权。目前，柬埔寨吴哥地区的主要管理框架为柬埔寨 2012 年《吴哥宪章》及 2013 年的《吴哥管理框架》。《吴哥宪章》重点关注吴哥物质文物的保护，注重对吴哥地图的测绘和更新，对森林万物及水资源的监测与保护，体现了当局对吴哥地区的自然力量的重视。2013 年出台的《吴哥遗产保护管理框架》则是在吴哥古迹保护与发展管理局、联合国教科文组织、国际协调委员会和澳大利亚顾问的共同努力下得到的研究成果。遗产保护框架主要包括四个部分：旅游管理计划、关于环境及社会数据的风险地图、吴哥古迹保护与发展管理局人员能力建设及四个用于发展测试和演示遗产管理框架的试点项目。与《吴哥宪章》不同的是，《吴哥遗产保护管理框架》的重点不仅在于吴哥自然资源及寺庙建筑本身的保护与

① ច្បាប់ស្តីពីកិច្ចការពារបេតិកភណ្ឌវប្បធម៌.ព្រះរាជាណាចក្រកម្ពុជា.១៩៩៦.

修复，而且将处理吴哥旅游与遗产保护的关系、协调僧侣社区居民与政府关系作为发展规划中的重要环节，并强调吴哥对柬埔寨经济发展做出的贡献。这是政府在吴哥保护领域做出的重要政策转变，标志着政府决策逐渐向以人为本和重视经济发展转变。

柬埔寨的吴哥遗产保护政策可分为两大类别：物质文化遗产保护政策和非物质文化遗产保护政策。物质文化遗产的保护主要体现在吴哥古迹及周边寺庙的修复与重建中；非物质文化遗产保护政策主要关注吴哥相关的其他艺术表演形式、宗教仪式、社区生活、旅游业等非物质文化的记录、扶持与保护。

（一）物质文化遗产保护政策

1. 水资源保护管理政策

历史上看，吴哥地区的水资源是维持王朝生机活力的源泉，历代君王建造了一套复杂的水利系统，以彰显国王入世的功绩，并维持居民长久稳定的生活。近年来由于吴哥建筑群附近旅游业兴旺，政府不断建造华丽建筑，暹粒地区人口不断增长，年度外国游客高达 235 万人次[①]，这些因素对本就水资源匮乏的吴哥地区造成了更为巨大的压力。为了支持暹粒省水资源无节制的增长，暹粒水务部门每天要抽取大约 27,900 立方地下水以满足与日俱增的用水需求[②]。地下水的不断被抽取，将会对吴哥寺庙群的稳固造成一定的影响，吴哥可能面临地下水抽取过量开裂倒塌的风险。为应对这一问题，保护和发展吴哥历史遗址国际协调委员会与柬埔寨吴哥古迹保护与发展管理局展开合作，一方面从洞里萨湖向暹粒调水，另一方面将从吴哥社区居民层面进行沟通改善。联合国教科文组织也发起了一项“改善与恢复吴哥世界遗产地和暹粒水利系统”的项目[③]，关注水资源的运动情况，并让社区居民参与进来，提高其地下水滥用、滥砍滥伐对于吴哥负面影响严重的意识。在柬埔寨吴哥古迹保护与发展管理局和国际组织的理论实践研究基础上，为当地居民提供了抽水率、地下水位监测及补给率等数据，从而制定相应的水资源管理规划。吴哥古迹保护与发展管理局出台了皇家法令 001/NS 号要求对高棉时期保存下的蓄水结构进行修复，包括对蓄水池的修复，并对吴哥的水利系统进行科学研究，以促进古时期吴哥水系统的持续利用。

---

① 新华网．吴哥古迹去年吸引国际游客 235 万人次［EB/OL］.（2015-01-22）［2022-02-21］. http://www.asean-china-center.org/2015-01/22/c_133939174.htm.

② 尚伦·索克．吴哥水危机［EB/OL］．联合国教科文组织，2017［2022-02-27］. https://zh.unesco.org/courier/2017nian-di-yi-qi/wu-ge-shui-wei-ji.

③ 尚伦·索克．吴哥水危机［EB/OL］．联合国教科文组织，2017［2022-02-27］. https://zh.unesco.org/courier/2017nian-di-yi-qi/wu-ge-shui-wei-ji.

2. 土地及非法建筑管理政策

柬埔寨政府尤为重视吴哥周边地区的非法建筑以及非法土地交易，已出台多条皇家法令或次法令。2008 年柬埔寨政府出台次法令，规定成立吴哥地区土地利用及栖息地管理部门，负责管理吴哥地区的土地使用、施工作业、宗教与建筑保护以及与当地居民关系协调的相关事项。2014 年，吴哥古迹保护与发展管理局颁布了皇家法令，其中严格规定了禁止售卖保护区领域，明确各区域土地的使用标准。为应对吴哥地区非法建筑及非法土地售卖的情况，柬埔寨政府加强对于吴哥工作人员的培训，将吴哥地区住宅管理相关法律法规、遗产地的保护、社区的长久发展作为重点培训内容，以保障工作人员能够及时应对并解决吴哥的非法建筑问题。柬埔寨吴哥古迹保护与发展管理局与暹粒政府及分区管理局合作，在暹粒吴哥地区安装标志牌警示禁止买卖土地行为。根据 2021 年工作报告可知，吴哥地区的非法建筑及土地管理是吴哥古迹保护与发展管理局工作的主要内容之一，管理局对非法建筑秉持坚决拆除的态度，同时对社区内部 309 个村民居住房屋进行建筑安全技术的检查，以公平公正的态度，保证吴哥地区土地及建筑的合法合规。

3. 寺庙及碑铭保护政策

吴哥的碑铭及寺庙是吴哥最重要的物质文化遗产，寺庙的结构、规模、特征、材料，碑铭中的宗教故事、历史记载，具有较高的艺术价值和历史价值。根据柬埔寨 50ANK/BK 号皇家法令的相关条例，吴哥古迹保护与发展管理局拥有保护全部古迹的管理权，并且在进行规划和实施保护工作时应参照《吴哥宪章》中的原则及指导方针。针对吴哥古迹内的碑铭，吴哥古迹保护与发展管理局要求详细记录碑铭的位置、物理状况、历史背景、重要性说明、风险评估、状况估测、管理措施及建议，将信息备份保存，并且监测记录古迹的状况。至于存在风险的碑铭，管理局则要求设置封闭区域以隔绝游客并维持碑铭的完整。

根据柬埔寨 50ANK/BK 号皇家法令第二条，柬埔寨政府必须保护吴哥现存及潜在的考古资源，并将考古碑铭、寺庙情况整理为数字资源进行保存。柬埔寨政府联合国际团队开展保护项目的审查和更新，建立数据库，对具有考古潜力的地区进行考古评估。考古团队需提交考古调查研究设计，对考古研究的现实价值充分阐述，在各方达成一致后方可进行考古调查。在考古过程中，考古团队须尽可能地保留考古文物原物，并在考古行动结束后，将所有的调查结果提交至吴哥古迹保护与发展管理局，数据也将会上传至内部数据库。此外，政策还规定无论是柬埔寨的考古团队还是国外考古团队，都需要雇用当地社区人员，在考古过程中对当地工作人员进行教育培训，确保本国人民参与吴哥修复项目。

4. 遗产警察政策

在吴哥遗产保护过程中，防止盗窃、抢劫及文物古迹追回是物质文化遗产保护的重要部分。为组织保护吴哥遗址免受盗窃和劫掠，在联合国教科文组织金边办事处文化遗产司的推动之下，1994 年出台了组建遗产警察组织的政策，后来被法国警察当局接管，负责成员的培训工作。“遗产警察”组织中发挥主要作用的是文物警察局，负责清点、检查、审核出售文化艺术品的店铺，其本质是开展预防和保护任务，限制外力对吴哥古迹的掠夺和破坏。另外两个部门是国际刑警组织柬埔寨中央办公室和特殊事务办公室。

（二）非物质文化遗产保护政策

1. 公共经费补贴表演艺术政策

公共经费补贴表演艺术政策指的是柬埔寨政府利用公共经费对某些非物质文化遗产进行补贴以保护艺术表演形式的相关政策。此类政策的出台，使一些在市场上难以生存的传统艺术继续出现在民众视野中，包括古典戏剧、皮影戏、皇家芭蕾舞、拳法以及其他形式的表演艺术。在吴哥非物质文化遗产保护过程中，柬埔寨积极与他国合作，在获得大量资金支持的同时，积极地进行文化输出。以皇家芭蕾舞为例，柬埔寨政府与联合国教科文组织为共同保护皇家芭蕾舞这一表演艺术形式，在 2003 年时将其列入世界文化遗产，并在 2015 年共同签署了保护世界遗产协定，由柬埔寨文化艺术部组织，带领皇家舞团成员在世界进行巡演和宣传。

2. 精神遗产保护政策

精神遗产一般指父母传承子女的精神财富，吴哥地区的精神遗产保护政策则指祖先传承给社区居民的宗教、信仰等精神财产。吴哥周围的许多社区具有古老的文化基础，吴哥的社区居民、僧侣的日常生活、宗教仪式是吴哥精神遗产的重要组成部分。根据德洛佩兹等人关于吴哥可持续发展研究中的报告，其对于吴哥地区的 59 个村庄中 2514 个家庭的总样本进行了入户调查，结果显示大约 87% 的家庭认为他们的祖先可以追溯到吴哥时代[①]。由此可见，吴哥地区的居民仍主要由原始建造者的后代构成。柬埔寨政府认可传统村民在保护吴哥精神遗产中的重要作用，在与村庄村民、村干部、僧侣进行充分交流后，秉持自愿的态度分享有关吴哥精神遗产的信息。同时政府充分认识到此类吴哥精神遗产的可变性，即吴哥精神遗产随着时间、演绎者、演绎地点的变化而改变，这种变动应被列入非物质文化遗产的组成部分。

---

① Keiko Miura. *World Heritage Making in Angkor. Global, Regional, National and Local Actors, Interplays and Implications* [J]. *World Heritage Angkor and Beyond*, 2011: 28.

吴哥古迹保护与发展管理局扮演了社区与青年之间的沟通桥梁，与吴哥精神遗产持有者联络沟通，并且对知识进行记录、研究、保存和推广，以保证非物质文化遗产的永续发展。在此过程中，柬埔寨吴哥古迹保护与发展管理局强调当地村民、社区成员的真实参与，政府与民间之间的真实互动能够确保非物质文化遗产的有效和动态更新。

3. 旅游管理政策

柬埔寨政府在 2012 年制定了旅游管理计划，为吴哥旅游管理提供了明确的方法。旅游管理计划是吴哥遗产管理框架的重要组成部分，与 2012—2020 年柬埔寨旅游业发展战略保持一致步伐。吴哥旅游管理政策纳入世界遗产地可持续旅游原则，主要分为以下六大政策①：

政策名称	主要内容
提供积极的游客体验	游客可在网络或当地获得关于吴哥寺庙、宗教背景、社区生活、传统文化等相关信息，以使游客做好充分的旅行准备。当地旅游服务人员为其提供超出预期的服务，带来积极的体验。
减少场地负面影响	有效管理旅游增长的累积效应，通过鼓励和监管，尽量减少甚至消除旅游业对吴哥世界遗产区带来的不利影响。
与业界合作	政府将制定清晰且公开透明的政策，与各方合作伙伴进行合作，实现旅游业的可持续发展。
提供利于当地社区居民的生活条件	认可、保护和加强吴哥及其周边地区社区的社会和文化价值，并能够合理、公正地从吴哥旅游业发展带来的经济和其他效益中获益。
加强管理	参照《世界遗产地可持续发展旅游业原则》第 8 条，柬埔寨政府将确保随着旅游业收入的增加，各机构的制度结构更为符合吴哥旅游有效管理的各项要求。
邀请利益相关者的参与	在吴哥世界卫生大会上，政府、行业、非政府组织和当地社区之间及各组织内部进行有效沟通、协商和合作，推动多方在吴哥旅游管理愿景上达成一致。

以上政策为吴哥旅游管理提供了较为综合和基础的管理办法。吴哥古迹保护与发展管理局注重改善游客体验，与旅游业各大伙伴建立合作关系，从而确保当地人民利益的可持续。吴哥旅游业发展的基础是当地吴哥社区及寺庙，许多问题和挑战与寺庙日常运作息息相关。游客访问量较高的寺庙包括吴哥窟、巴戎寺、巴肯寺、

---

① Apsara Authority, UNESCO, GML, ICC-Angkor. *Angkor World Heritage Area, Tourism Management Plan* [R]. 2012.

吴哥城、塔布隆寺、崩密列及女王宫，在这几座寺庙中，政府安排了特殊的寺庙管理人员，以应对可能出现的不当行为或意外情况。

吴哥地区旅游业的开发虽然带来了较高的经济利润，但也对吴哥保护活动造成了冲击和威胁。联合国教科文组织在 1996 年曾表示，旅游业对吴哥遗产的破坏比任何古代的吴哥入侵者，甚至于当下的入侵者都要更为迅速和果断[①]。旅游业对吴哥遗产的负面影响主要包括：对古迹的破坏、环境退化、交通堵塞、生活垃圾、道路受损等[②]。对此，柬埔寨政府将解决此类问题的关键一方面放在游客管理上，政府希望通过加强游客教育、游客流量管理以及对标志的强化和解释，以尽量减少游客对吴哥的影响。柬埔寨当局希望游客能够充分了解吴哥宗教文化，保证吴哥旅游业的稳固发展，维护当地宗教文化的稳定，减少因游客不了解宗教礼仪而对寺庙及僧侣产生的破坏。另一方面，旅游管理政策希望建立行业伙伴关系，减少对吴哥地区的负面影响，提供积极的游客体验，为当地人民带来利益的同时，将吴哥遗产价值延续下去。

三、21 世纪柬埔寨吴哥遗产保护政策的影响

综合近年来吴哥地区寺庙遗产、自然环境以及当地社区的情况，从吴哥遗产保护政策的实施效果来看，吴哥遗产保护政策的影响既有积极影响也具有其局限性。吴哥地区遗产保护政策的局限性主要来自政策的实施阶段，政策执行者与被执行者或地方资源产生冲突，根本而言是部分人员庸政、怠政的表现。以吴哥保护区内土地管理政策的执行为例，执行者采取区域内非法建筑全部拆除的政策，对“非法建筑”不做明确定义，在未做任何通知的情况下对社区村民的房屋也进行了拆除，引发当地村民不满[③]。但是，本文从基础成效、重点成效和相关成效三个角度出发，重点讨论吴哥遗产保护政策的积极影响，将吴哥遗产保护政策的社会影响总结为以下三个部分。

（一）吴哥遗产及周边自然环境的修复成果显著

联合国教科文组织及保护和发展吴哥历史遗址国际协调委员会对柬埔寨吴哥遗产保护工作均表示出赞许与认可，吴哥也被认为是世界遗产保护最成功、最具典范的案例之一，在吴哥保护政策不断完善的过程中，柬埔寨吴哥地区于 2004 年从

---

① Britt Baillie. *Angkor Wat Conserving the sacred? A relationship between Buddhism and heritage management* [D]. Cambridge: University of Cambridge, 2005: 51.

② Apsara Authority, UNESCO, GML, ICC-Angkor. *Angkor World Heritage Area, Tourism Management Plan* [R]. 2012.

③ Pav Suy. *Angkor Park residents fear being evicted* [EB/OL]. (2017-08-11) [2022-05-15]. https://www.khmertimeskh.com/77722/angkor-park-residents-fear-evicted/.

《世界濒危遗产名录》中移除。在柬埔寨吴哥保护政策的推动下，柬埔寨政府、僧侣及当地组织对吴哥周边的森林资源、水资源和土地资源保护成果显著，利于吴哥地区资源的可持续发展。自 2004 年起，柬埔寨当局开始在吴哥景区内种植新树苗，截至 2021 年，种植树苗总量高达 200 万棵①，并不包含吴哥古迹保护与发展管理局向公众分发的种植在暹粒保护区外的树苗。吴哥古迹保护与发展管理局十分重视树木的栽种，每月组织小组清理寺庙中的树木，确保对寺庙有害或衰老的植物进行清理，保护区内的植物管理得当。吴哥古迹保护与发展管理局的局长曾表示，吴哥地区的森林树木可以帮助水分的存储，降低寺庙岩石的风化，利于古迹的长久保存。除了种植新的树苗，吴哥古迹保护与发展管理局也长期致力于清理对寺庙有害的高危树木，一方面确保游客的安全，另一方面维护了寺庙结构的稳定②。

（二）吴哥遗产保护区的宗教神圣性得以提升

在柬埔寨政府及吴哥古迹保护与发展管理局出台的各项政策及具体实践来看，社区居民及僧侣在吴哥遗产保护活动中的话语权逐渐提高，吴哥精神遗产价值被重新发掘。法国主导的吴哥遗产保护时期，由法国带领下的吴哥保护是对建筑本体的修复，对长久以来生活在此处的社区居民、僧侣及生活仪式等内容关注度并不高，多数僧侣及社区居民被驱逐到吴哥以外地区，当地居民传统习俗、宗教仪式受到限制。法国用西方知识霸权和殖民霸权将吴哥去神圣化，吴哥的修复活动也负面影响了吴哥地区的僧侣的寺庙日常。

在吴哥古迹保护与发展管理局建立后的十年内，该问题并没有得到适当的解决，僧侣和吴哥古迹保护与发展管理局之间的关系仍处于紧张和冲突状态。寺庙建筑的修复或重建决定权仍掌握在联合国、国际保护团队及吴哥古迹保护与发展管理局精英层手中，社区居民及当地僧侣长期处于边缘状态，无权参与至古迹修复建设的讨论中，导致其日常生活甚至宗教仪式受到修复工作的严重阻碍，双方长期处于对立状态。这种对立冲突使得吴哥物质遗产保护与非物质文化遗产保护被分割为“世俗”与“神圣”两部分，吴哥地区的迅速发展及人员的大量涌入，导致吴哥在某种程度上与其所代表的民族文化脱节。1998 年，僧侣曾在金边举行游行，被政府压制；2000 年，吴哥古迹保护与发展管理局组织了一次当局与僧侣村民之间的会议，当局对僧侣所谓神圣的地位权力进行了指责，而村民及僧侣则讨伐当局对仪

---

① អាជ្ញាធរជាតិអប្សរា ព្រះសង្ឃ និងវិស័យឯកជនរួមគ្នាដាំកូនឈើ២, ៥០០ដើមនៅបរិវេណវត្ត ព្រះវិហារប្រាំពីរល្វែង. ឆ្នាំ២០២១ [EB/OL]. [2022–03–12]. http://m.freshnewsasia.com/index.php/en/freshnewsplus/218299–2021–11–01–14–29–25.html.

② លី វិទ្យ. សកម្មភាពកាត់ក្រី និងដកហូតដើមឈើមានហានិភ័យខ្ពស់ និងបាំងទេសភាពនៅ បរិវេណប្រាសាទក្រវ៉ាន់. ខែតុលា ឆ្នាំ២០២១ [R/OL]. [2022–03–13]. https://khmerpostasia.com/archives/81263.

式举行权力的垄断。

21 世纪后，由柬埔寨政府出台的吴哥管理框架及《吴哥宪章》可见，当局已经充分认识到僧团及当地社区是吴哥遗产保护的重要组成部分，政府对于当地社区、居民、僧侣的关注度有所提升，在各领域均以当地社区的有效沟通为准。通过建立长期有效的沟通机制，当地社区已经成为吴哥遗产保护工作中不可缺少且受到当局及群众尊敬的重要组成部分。政府将与当地社区的充分沟通作为管理政策重要环节，并邀请僧侣参与至吴哥古迹保护与发展管理局的日常活动及寺庙修复保护中。在过去几年的文物保护中，僧团与政府团结一致共同维护吴哥地区寺庙环境的稳定。2020 年，吴哥古迹保护与发展管理局发布声明，僧侣和文化遗产是无价之宝①。僧侣和吴哥古迹保护与发展管理局之间相互协调，在寺庙建造和修复改造前，会事先与僧侣为主的寺庙委员会进行讨论，后再由吴哥古迹保护与发展管理局进行申请决定，二者之间相辅相成，各司其职。

吴哥的宗教与文化的神圣性是柬埔寨国家、地方与人民之间的共同价值纽带，柬埔寨人对于吴哥的归属感多源于吴哥无形的精神力量。吴哥遗址与当地村民、僧侣及他们的日常生活、宗教仪式密切相关，是不可分割的完整部分。政府与当地社区、僧侣的协调与沟通，是政府重构吴哥神圣性的重要手段，是柬埔寨人民强烈归属感的重要来源。

（三）其他非物质文化遗产保护及现代文化产业发展空间有效拓展

吴哥修复对于柬埔寨文化产业的发展具有推动作用，包括传统文化遗产的保护和现代文化创意产业的兴起。20 世纪 90 年代，国际对柬埔寨的文化遗产的关注主要针对其建筑与考古遗产，而非同样脆弱的无形文化遗产②。柬埔寨吴哥建立的丝绸农场是柬埔寨借助吴哥保护和旅游业发展而推广丝绸文化的一个重要途径。前往吴哥参观的游客，可以到访吴哥丝绸农场了解传统丝绸工艺的整个流程，通过参观画馆认识高棉传统丝绸工艺③。无论是柬埔寨的丝绸、皮影戏还是仙女舞，它们都可以追踪至吴哥皇家宫廷或宗教仪式之中，而这些便是到访吴哥的外国游客必须体验的“吴哥文化”。2010 年，柬埔寨吴哥古迹保护与发展管理局与新西兰援助署开展了相关合作，启动了一个“以牛车为基础”的乡村旅游计划，使柬埔寨吴哥区域

---

① Khmer Post. អាជ្ញាធរជាតិអប្សរា៖ ព្រះសង្ឃនឹងកិច្ចការពារបេតិកភណ្ឌ ដែលមិនអាចកាត់ថ្លៃបាន! [EB/OL]. (2020-04-19) [2022-03-29]. https://khmerpostasia.com/archives/51543.

② Robert Turnbull. *A Burned Out Theatre: the State of Cambodia's Performing Arts* [G]//*Expressions of Cambodia: the Politics of Tradition, Identity and Change*. London: Routledge, 2006: 133-149.

③ 柬中时报．走访丝绸工坊欣赏手工艺之美［EB/OL］.（2019-07-13）［2022-03-02］. https://cc-times.com/posts/5650 .

成为一个独特而另类的旅游地。同时，还有许多非政府组织如吴哥参与发展组织、高棉传统仿制品研究所及吴哥保护和社区发展联合支持小组，在柬埔寨组织文化旅游活动，包括蝴蝶农场等，让游客体验到考古公园文物景观的同时，体验更具有互动性和参与感的特色旅游。

柬埔寨当局在树立国际民族文化形象时，多数形象与吴哥本身或吴哥衍生文化相关。柬埔寨拥有在全球范围内文化巡演的组织——不朽的高棉艺术①，2018 年在法国巴黎开展了柬埔寨艺术季巡展，为法国民众展示高棉文化和艺术活动，主题海报上的舞女的原型来源于吴哥雕刻的天女舞者。艺术季时长一个月，主要展示作品皇家芭蕾舞、皮影戏、高棉音乐等，向世界展示柬埔寨艺术文化的复兴。“柬埔寨季节”为高棉艺术、吴哥文化提供了一个国际平台，显示出柬埔寨民族及其艺术家的非凡韧性，也为其他后殖民国家发展艺术文化产业开辟了道路。舞蹈戏剧的兴起足以说明吴哥遗产保护在恢复相关文化遗产的保护领域所起到的积极作用。

四、结论

经过三十多年的发展，柬埔寨的吴哥遗产保护政策逐渐成形，由初期法律系统薄弱、人力资源匮乏的艰难局面，到如今发展为法律体系相较完备，皇家法令及次法令发挥关键作用的成熟体系。根据对吴哥保护政策萌芽期、转型期与发展期的历史梳理可知，如今的柬埔寨吴哥遗产保护政策在法国、联合国与柬埔寨三方的共同努力之下，由“殖民遗产”逐渐向民族产物转型，政策体系成熟稳固，柬埔寨当局也被视作吴哥的实际管理与控制方。

吴哥保护政策主要包括物质文化遗产保护和非物质文化遗产保护政策。物质文化遗产保护政策包含水资源保护管理政策、吴哥土地及建筑管理政策、寺庙及碑铭保护政策、遗产警察等政策，对吴哥地区的寺庙、文物、自然资源等物质文化遗产进行保护与修复，是吴哥保护政策中的基础政策。非物质文化遗产保护政策包含公共经费补贴表演艺术政策、精神遗产保护政策、旅游管理政策等政策。政府将加强与当地社区的沟通作为必要任务，当地村民的日常生活、习俗文化、社会认知，僧侣的宗教仪式是重要精神遗产，聆听当地社区的声音是保证精神遗产延续、更新的必要方式。政策强调与社区居民和僧侣的及时沟通，并将其列为保护政策的一部分，强化了吴哥地区宗教文化的神圣地位。同时，柬埔寨政府对吴哥遗产保护与旅游业管理进行了协调，从游客管理、寺庙维护、国际合作等领域进行调整，并且将旅游业的收入重新分配至吴哥古迹保护与发展管理局及吴哥当地社区，努力实现经济利益的循环。

从政策影响来看，吴哥遗产保护政策在修复吴哥寺庙保护物质文化遗产层面已

① Cambodian living arts（不朽的高棉艺术），网址 https://www.cambodianlivingarts.org。

经取得了较为显著的成效，多座寺庙建筑已经基本完成复原，吴哥也从濒危世界文化遗产名录中移除。在近 30 年的发展中，吴哥古迹保护与发展管理局与吴哥社区及僧侣之间的关系得到了缓解与改善，僧侣和社区居民参与至吴哥寺庙的修复事项讨论与决定中。政府将吴哥社区和僧侣视为维护吴哥“神圣性”的重要部分，在进行寺庙修复和保护过程中会争取得到僧侣的同意，并承认僧侣在吴哥地区宗教仪式中的作用。吴哥古迹保护与发展管理局与僧侣协同维护吴哥自然资源及遗产文物资源，提高了吴哥古迹保护与发展管理局的工作效率。此外，柬埔寨政府能够充分利用“吴哥”这张名片发展相关非物质文化及现代产业，吸引外国文化产业进入柬埔寨，为当地人民增加就业机会的同时，也为现代文化产业的兴起提供了有利条件，降低了柬埔寨成为以“吴哥”为主的单一文化国家的风险。

参考文献

[1] 曹德明．亚非文化政策研究［M］．北京：时事出版社，2015．

[2] 大卫·贝尔，凯特·奥克利．文化政策［M］．匡景鹏，赵颖雯，杨一博，译．北京：中国青年出版社，2020．

[3] 大卫·钱德勒．柬埔寨史［M］．许亮，译．北京：中国大百科全书出版社，2013．

[4] 顾佳赟．柬埔寨：丝绸之路上的东南亚文明［M］．南宁：广西人民出版社，2018．

[5] 孙克勤．柬埔寨吴哥世界遗产地存在的问题和保护对策［J］．资源与产业，2009，11（6）：124—130．

[6] 尚莲霞．近三十年来国内柬埔寨吴哥古迹研究概论［J］．南通大学学报（社会科学版），2014，30（6）：92—98．

[7] 王红．东南亚各国保护非物质文化遗产的措施［J］．东南亚纵横，2015（6）：48—53．

[8] 王晶，赵燕鹏，徐琳琳．柬埔寨吴哥古迹王宫遗址建筑遗存现状特征及修复策略浅析［J］．中国文化遗产，2020（5）：23—33．

[9] 伍沙．柬埔寨吴哥古迹建筑研究概略（19 世纪下半叶至今）［J］．建筑师，2020（2）：88—95．

[10] 伍沙．20 世纪以来柬埔寨吴哥建筑研究及保护［D］．天津：天津大学，2014．

[11] 伍沙．基于价值认知的城乡遗产保护与管理策略借鉴研究：以世界遗产吴哥古迹为例［J］．城市建筑，2021，18（13）：113—117．

[12] 赵斐，国巍，陈璐．柬埔寨传媒高等教育现状分析［J］．传媒论坛，2020，3（10）：20，22．

［13］Ang I. *Cultural Studies and Practical Politics: Theory, Coalition Building, and Social Activism* [M]. New York: Blackwell, 2005.

［14］Britt Baillie. *Angkor Wat Conserving the sacred? A relationship between Buddhism and heritage management* [D]. Cambridge: University of Cambridge, 2005.

［15］Brigitta Hauser–Schäublin. *World Heritage Angkor and Beyond: Circumstances and Implications of UNESCO Listings in Cambodia* [M]// Keiko Miura. *From Property to Heritage: Different Notions, Rules of Ownership and Practices of New and Old Actors in the Angkor World Heritage Site.* Göttingen: Göttingen University Press, 2011: 98–119.

［16］Keiko Miura. *Conservation of a 'living heritage site' A contradiction in terms? A case study of Angkor World Heritage Site* [J]. *Conservation and Management of Archaeological Sites,* 2005 (7).

［17］Keiko Miura. *A note on the current impact of tourism on Angkor and its environs* [J]. *Conservation and Management of Archaeological Sites,* 2006 (8).

［18］Brigitta Hauser–Schäublin. *World Heritage Angkor and Beyond: Circumstances and Implications of UNESCO Listings in Cambodia* [M]// Keiko Miura. *World Heritage Making in Angkor Global, Regional, National and Local Actors, Interplays and Implications.* Göttingen: Göttingen University Press, 2011: 10–31.

［19］Rathny Suy, Leaksmy Chhay, Chakriya Choun. *Protection and Management Policy on Angkor Wat Temple in Cambodia: An Overview* [J]. *Asian Themes in Social Sciences Research,* 2018 (1): 10–13.

［20］Robert Turnbull. *A Burned Out Theatre: the State of Cambodia's Performing Arts* [G]// *Expressions of Cambodia: the Politics of Tradition, Identity and Change.* London: Routledge, 2006: 133–149.

［21］Tim Winter. *Cultural Heritage and Tourism at Angkor, Cambodia: Developing a Theoretical Dialogue* [R]. Cultural Heritage and Tourism in Angkor, Cambodia: Developing a Theoretical Dialogue. Historical Environment, 2017 (3): 3–8.

［22］Tim Winter. *Post–conflict Heritage and Tourism in Cambodia: The Burden of Angkor* [J]. *International Journal of Heritage Studies,* 2008 (14): 524–539.

［23］ច្បាប់ស្តីពីកិច្ចការពារបេតិកភណ្ឌវប្បធម៌ [R]. ព្រះរាជណាចក្រកម្ពុជា. ១៩៩៦. 柬埔寨 1996 年文化遗产保护法.

［24］ច្បាប់ការពារបេតិកភណ្ឌវប្បធម៌ខ្មែរ [R]. 柬埔寨文化遗产保护法律文件.

［25］គោលនយោបាយជាតិស្តីពីវិស័យវប្បធម៌ [R]. 柬埔寨 2014 年文化政策.

［26］អាជ្ញាធរជាតិអប្សរា.ឯកសារព័ត៌មានផ្សាយនៅលើគេហទំព័រនៃបណ្តាញទំនាក់ទំនងសង្គមរបស់អាជ្ញាធរជាតិអប្សរា.ឆ្នាំ២០២០ប្រចាំឆមាសទី២ [R]. 2020 年第二季度柬埔寨吴哥古迹保护与发展管理局工作资料.

［27］Apsara Authority, UNESCO, GML, ICC-Angkor. *Angkor Heritage Management Framework* [R]. 2013.

［28］Apsara Authority, UNESCO, GML, ICC-Angkor. *Angkor World Heritage Area, Tourism Management Plan* [R]. 2012.

多元文化与马来西亚国家文化建构

信息工程大学　刘　勇

【摘　要】多元文化是马来西亚的重要特点，为了促进多元文化的融合与发展，独立以来马来西亚政府十分重视国家文化建构。在不同历史时期，政府在国家文化建构上采取了不同的理念和建构方式，形成了独特的国家文化外观。其中，政府的文化建构策略经历了从独立初期的协商和妥协到新经济政策时期的强迫和压制，再到国家宏愿政策时期的徘徊与让步等阶段。如今，在马来西亚重新提出"2030 宏愿"的背景下，政府在国家文化建构上采取开放和包容的态度，对于未来多元文化的和谐共生具有十分重要的意义。

【关键词】马来西亚；多元文化；文化建构；文化政策

马来西亚的多元族群社会是殖民者的遗产，由于历史和现实的原因，多元文化的社会整合一直是政府面临的一个难题。历史上，英国殖民者"分而治之"的策略和日本殖民者的"挑拨离间"使主要族群之间存在难以弥合的隔阂。独立后，由于各个族群对国家性质和发展方向的想象不同，族群间在各个领域相互竞争，逐渐形成族群竞争的政治生态，导致多元文化常常难以形成合力，相反，族群竞争却演变为族群冲突。意识到族群间的隔阂和冲突是一种文化和理念的冲突，从独立开始，政府就致力于推动族群文化的整合，希望通过颁布和实施相关政策来推动国家文化建构，以促进族群间的和谐。

一、马来西亚多元文化的历史与现状

在历史早期，基于贸易交往的需要和航海者的不断汇集，印度文化逐渐传播到外印度地区，马来半岛上的各邦国受到印度的影响，属于印度教化的地区，形成了印度教化的统治制度。之后，在印度文化继续传播的过程中，马来半岛上第一批印度化王国构成的文化传布中心成了印度本土与外印度之间的中继站。[①] 1402 年，拜里米苏拉建立马六甲王朝后皈依伊斯兰教，随着王朝势力范围的延伸和地区贸易的发展，马来半岛各邦国也陆续改信伊斯兰教，伊斯兰化大幅改变了马来社会的整体

① 赛代斯．东南亚的印度化国家［M］．蔡华，杨保筠，译．北京：商务印书馆，2008：64．

面貌。[①] 从马六甲王朝开始，伊斯兰教在马来半岛的影响力逐渐增强，随着马六甲国力的兴盛及向外扩张，马六甲成为伊斯兰教的传播中心，它对伊斯兰教在海岛地区和半岛地区的传播起了极大的推动作用。[②] 其中，伊斯兰教最重要的影响无疑来自印度的穆斯林商人，是他们促进伊斯兰教在整个群岛地区的传播。[③] 需要注意的是，伊斯兰教在马来半岛的传播并没有阻止其他宗教和信仰的发展。由于苏菲主义能够包容除了伊斯兰教以外的其他信仰，印度宗教仍然影响着广大的马来半岛人民，加上普遍存在于东南亚人民当中的万物有灵信仰，马来半岛不仅成了货物贸易中心，还是宗教和文化的交流中心，其多元宗教和多元文化的特征也逐渐形成。

从 1511 年开始，出于贸易的目的，葡萄牙和荷兰殖民者先后占领马六甲，殖民者强迫贸易的方式使马六甲的贸易地位降低，东南亚的贸易中心逐渐往苏门答腊岛上的亚奇等地转移。除了改变马六甲的发展方向并影响马六甲在区域贸易中的地位之外，基督教传教者也跟随殖民者来到马来半岛，马来半岛城镇上逐渐出现了基督教堂。由于殖民者的影响力有限，基督教的影响力主要集中在城镇地区。广袤乡村地区的宗教信仰仍然以伊斯兰教为主，一定程度上伊斯兰教也成为团结马来半岛人民共同对抗殖民者的媒介。但不可否认，殖民者的出现影响了马来地区人民的生活方式，也丰富了该地区的文化。19 世纪英国殖民者的到来彻底改变了马来亚的社会面貌和经济结构，也将马来亚带进了世界资本主义贸易体系。由于工业发展对原材料的强烈需求，大量华人和印度人劳工被引入该地区进行锡矿开采和橡胶种植，英国主导下三大族群共存的格局逐渐形成，其中马来人主要从事传统农业，华人主要从事锡矿开采和小型商业，印度人则大多是橡胶园劳工。各族群拥有不同的文化，也致力于不同的领域，在殖民者“分而治之”的策略下共同生活。1941 年起，日本殖民者短暂占领马来亚期间挑起了族群间的矛盾，为后来多元族群社会的发展带来了长久的困扰，也为多元文化的融合提出了艰巨的挑战。

1963 年马来西亚联邦成立后，东马的加入进一步丰富了国家的族群构成，各个族群的历史来源、生活方式、宗教信仰等各不相同，形成了国家多元族群的社会现状，也使得多元文化成为马来西亚的显著特点以及国家竞争力的潜在来源。文化是一种生活方式，包括知识、信仰、艺术、法律、道德、风俗以及作为一个社会成员所掌握和接受的任何其他的才能和习惯的复合体。[④] 基于独特的发展历史，马来

---

① 陈中和．多元族群社会的族群政治：马来民族主义和马来西亚的建国［M］．北京：中国社会科学出版社，2021：15．

② 范若兰．新海丝路上的马来西亚与中国［M］．北京：世界知识出版社，2017：63．

③ 芭芭拉·沃森·安达雅，伦纳德·安达娅．马来西亚史［M］．黄秋迪，译．北京：中国大百科全书出版社，2010：59．

④ 张寅．多元文化背景下的民族国家建构［M］．昆明：云南人民出版社，2015：115．

西亚形成了一种错层式的多元文化体，体现在宗教和族群两个层面。从宗教层面来说，马来西亚的多元文化体现为包含伊斯兰教、印度教、佛教、儒教、祖先崇拜和万物有灵等信仰，各自拥有自己的信仰群体，共同构成了国家的信仰版图。从族群角度来说，除了马来人、华人和印度人三大族群外，马来西亚还包括马来半岛和婆罗洲多元族群的土著居民，各个族群拥有独特的文化特点和生活方式。

二、独立初期国家文化建构：协商与妥协

基于多元族群的社会现实，独立以来政府一直致力于整合族群关系，平衡族群间的不同诉求成为政府这一时期民族国家建构的重要关切。其中，国家文化问题是三大族群间重要的分歧点之一，国家文化基础与国家文化整合也是政府一直以来关注的重心。

独立前，代表马来人的巫统与代表华人的马华公会、代表印度人的印度人国大党共同组成联盟党，营造出多元族群合作的格局，获得了英国殖民者的独立许可。在联盟党的领导下，马来亚于 1957 年获得独立，初步建成了一个多元族群和多元文化的国家，但在这个新兴国家，充斥着关于族群整合和文化建构的各种冲突。其中，冲突的根源在于族群之间不同的民族国家建构理念以及存在于宪法中对国家多元文化地位的安排。马来族群在巫统的领导下产生了“马来人的马来亚”理念，提出“马来人特权”和“马来人优先”等带有族群民族主义色彩的目标。在以巫统为代表的马来精英的主导下，1957 年《独立宪法》规定马来族群在国家拥有特权，伊斯兰教是官方宗教，马来语是国语和官方语言，实际上间接承认了马来族群“马来人的马来亚”诉求。这也意味着，从独立开始，马来亚的多元族群和多元文化就处于相互不平等的状态。作为主体族群，马来族群强调在马来亚民族国家建构过程中马来族群文化的核心地位，并通过主导制定的《独立宪法》加以巩固。

由于联盟党是建立在族群合作基础上的联盟，在与反对党的竞争中，政党间的协商和妥协成为联盟成员党之间的基本准则。这一准则也体现在国家文化建构过程中，非马来族群产生了与马来族群民族主义相反的观点，坚持强调马来亚多元文化的社会现实，追求多元文化的平等地位。为了缓和非马来族群的族群文化发展诉求，政府在国家文化问题上采取了协商和妥协的态度。《独立宪法》在明确马来族群优先的同时放松了非马来族群的公民权限制，解决了非马来族群长久以来的身份问题。宪法规定伊斯兰教是官方宗教，但同时又保证公民宗教信仰自由，规定马来语是国语和官方语言但任何人不得被限制和禁止使用和学习任何语言。① 实际上，《独立宪法》显示出政府针对国家文化建构问题协商和妥协的方式和策略，在一定程度上承认了国家基于多元宗教和多元语言的多元文化事实，但也能明显看出多元

① Perlembagaan Persekutuan, Perkara 3, 11, 152.

文化的地位并不平等、马来文化占主导地位的特点。

协商与妥协的国家文化建构方式导致族群间在以语言教育政策为主的文化事务上逐渐产生分歧，政府在马来族群精英的主导下通过《达立报告书》《1961 年教育法令》《1967 年国语法令》等推崇马来语的国语和官方语言地位，树立马来语教学媒介语在教育体系中的核心地位，对非马来族群母语教育进行打压。这显示出政府马来族群文化高于其他文化的理念，引发了族群间的分歧。1963 年，马来西亚联邦成立后族群比例发生变化，非马来族群在人口上与马来族群人数相当。族群间对国家文化实质和文化建构方向上的矛盾更加突出，非马来族群坚持马来西亚多元文化平等共存的地位，马来族群则坚持国家文化以马来族群文化为核心。基于上述理念，多元主义者提出"马来西亚人的马来西亚"概念，认为各个族群的文化在国家应该具有平等的地位；马来民族主义者则强调马来族群文化的主导性地位，追求建立"马来人的马来西亚"。最终，多元主义和民族主义的国家文化建构理念产生了难以弥合的分歧，协商和妥协的方式难以继续维持族群间的和谐，导致了 1969 年的"5 · 13 族群冲突"。

事实上，协商与妥协只是联盟党成立之初为了联盟生存的权宜之计，将战胜以国家党和伊斯兰教党为代表的反对党并赢得马来亚首次大选为目标。其中，《独立宪法》是协商与妥协的结果，它对各族地位的安排本身就存在矛盾。《独立宪法》是基于《李特宪制报告书》制定的，独立前英国委托李特爵士联合各国专家共同拟制报告书，但基于族群平等的报告书在发布后受到马来族群的强烈反对。最终报告书被大量修改，马来特权被无限期保留，华、印语被允许为议会语言也被删去，伊斯兰教国家化列入宪法等，以至于后来李特爵士个人也公开严正表达对新宪法草案持不承认的态度，并认为这是英联邦国家中最不具水准的宪法。[①]《独立宪法》显示出国家的马来特性，同时为了赢得非马来族群的支持，又通过协商的方式在语言教育、宗教信仰、生活习俗等方面向非马来族群妥协。但由于联盟党内部关系以及国家政治的发展，各方对协商和妥协的理解不同，在政策实施上的尺度把握也不相同。因此，相互矛盾的理念和两边讨好的方式不再适用于独立后的国家政治生态中，造成独立初期政府在国家文化整合上的失败，从而导致族群间的激烈冲突，同时这也是至今为止马来西亚在国家文化建构上仍然遇到各种问题的制度化根源。

三、新经济政策时期国家文化建构：强迫与压制

族群间在国家文化建构理念上的分歧导致了 1969 年"5 · 13 族群冲突"。冲突后，意识到多元族群对多元文化想象的不同是导致族群冲突的主要原因，政府制定了《1971 年国家文化政策》来指导国家文化建构。政策体现出政府文化建构理念

---

① 许德发．宪制与族群纠葛：马来亚制宪过程及其族群因素［G］// 重返马来亚：政治与历史思想国际学术研讨会论文集．吉隆坡：策略与咨询研究中心，2017：187．

的转向，关于多元文化问题政府坚持马来族群文化的核心和主导地位，在国家文化建构上采取了强迫与压制的策略。

《1971 年国家文化政策》体现出马来民族主义的特征，它在国家文化建构理念上推崇马来文化的主导性地位。《1971 年国家文化政策》的马来语名称是 Dasar Kebudayaan Kebangsaan（简称 DKK），其中“国家”的用词是“kebangsaan”，该词基词是“bangsa”，核心意思是“民族”，“kebangsaan”包含“基于特定民族的国家”这层含义。因此，《1971 年国家文化政策》包含“以马来文化为核心的国家文化”的意思。事实上，该政策也确实是在马来民族主义者的主导下制定的。1971 年，当国家正从“5·13 族群冲突”中恢复的时候，为期 5 天的国家文化大会在马来亚大学召开，大会共收集有关艺术和文化的论文 52 篇，听众近 1000 人，其中大部分为马来人，此次大会所凝练的相关概念为后来的国家文化政策奠定了相当的基础。在没有经过进一步咨询的情况下，马来西亚文化和青年体育部表示已经解决了关于国家文化的问题，并发布了基于大会内容的《国家文化基础指南》。指南指出国家文化政策的三个原则：第一，国家文化的基础乃是本地文化；第二，其他文化中与本地文化相契合的特点也将被吸纳进入国家文化当中；第三，伊斯兰教在国家文化中占据核心地位。此次大会的论文都被收录于 1973 年由马来西亚文化和青年体育部出版的《国家文化基础》一书当中，并通过既定事实的方式明确了国家文化的核心。实际上，这本 500 多页的论文集中收录了包括音乐、文学、建筑、手工等关于文化的内容，而上述三个方面是否能够代表各方不同的观点也一直遭到质疑。[①] 并且，它也与拉扎克总理在国家文化大会开幕式的讲话精神相背离，拉扎克曾指出：“在我看来，召开此次大会的基本的目标是向着国家文化原则基础迈出第一步。一个文化只有在被社会经过一定的评价或者经过时间的考验之后才能确定它的形式。基于这些原因，我们需要向着目标探索一条道路，而它的结果需要未来的几代人才能看到。”[②] 针对国家文化政策，民族主义者感到十分欣喜，因为这正好符合民族主义的理念，也符合马来族群对国家文化建构的单元主义观念。但对多元主义者而言，该政策体现出极强的压制性特点，将他们的文化置于马来和伊斯兰文化及传统之下，且不受马来族群的接受，他们对此提出强烈反对。

基于《1971 年国家文化政策》，政府采取强迫与压制的方式推行单元主义的国家文化建构路径。在 1982 年的马来世界大会中，马哈蒂尔对国家文化政策表示大力支持，他认为对国家文化政策的批评就是在攻击国家团结。他强调，国家文化政

---

① Rowland, Velerie Kathy. *The Politics of Drama: Post-1969 State Policies and Its Impact on Theatre in English in Malaysia from 1970-1999* [D]. Unpublishes M.A. thesis. Singapore: National University of Singapore, 2004: 49.

② *Asas Kebudayaan Kebangsaan: Kertas Kerja* [M]. Kuala Lumpur: Kementerian Kebudayaan Belia dan Sukan, 1973: 3.

策是基于宪法制定的，是毋庸置疑的，但实际上国家文化政策并未真正获得立法。[①]此外，他还说道："我们同意，融合和团结可以通过使用一种语言，也就是国语，一种文化，也就是国家文化来实现。其中，国语是马来语，国家文化的核心是本地区文化。"[②]对非马来族群来说，国家文化政策强调将马来文化作为国家文化的基础、将伊斯兰文化作为国家文化的核心，伊斯兰教作为一个与日常生活全面结合的宗教几乎没有给其他任何信仰留下空间。因此，这一主张在非马来族群看来是无法接受的，华人族群和印度族群也都提出了自身的意见。1985 年时任马华公会秘书长就曾说，要建构国家文化就必须考虑到：第一，国家文化要反映社会政治现状；第二，这对于社会各个方面的愿望和需求来说是敏感的；第三，要强调联邦宪法和国家原则的精神，平等、公正、自由、民主的原则；第四，要给所有的族群文化公平的对待。[③]上述原则也出现在 1983 年华人和印度人针对国家文化向政府提交的备忘录中。

关于国家文化的问题从 70 年代一直争论到 80 年代末，马来族群精英不顾国家多元族群的现状，坚持将马来伊斯兰文化作为国家文化的核心，强调单元主义的国家文化建构方式。针对非马来族群文化则采取压制的态度，对于华人的文化习俗例如舞狮，马来人认为马来亚的标志是马来虎，因此提出要让华人将舞狮改成舞虎。在针对非马来族群母语教育方面，政府不断压缩非马来族群母语与英语的生存空间。将从中学到大学的教学媒介语统一为马来语，对于不愿意转改教学媒介语的中学，政府则不予资助，以此限制非马来族群母语小学的出路。同时，政府又通过限制独立大学办学的方式，限制独立中学学生的出路，以实现将马来语作为唯一教学媒介语的目标。

四、国家宏愿政策[④]时期国家文化建构：让步与徘徊

《1971 年国家文化政策》强调单元主义的文化建构方式，将马来族群文化作为国家文化的核心，压制非马来族群文化的发展，引发了非马来族群强烈的抗议。进入 90 年代后，随着世界政治局势的变化以及马来西亚国内政治的发展，巫统主导

① Sumit. K. Mandal. *The National Culture Policy and Contestation over Malaysian Identity* [M]// *Globalization and National Autonomy-The Experience of Malaysia.* ISEAS - Yusof Ishak Institute, 2008: 286..

② Ibrahim Saad. *The National Culture Policy in a Plural Society: The Malaysian Case* [J]. *Jurnal Negara*, 1981 (2): 7-13.

③ Ting Chew Peh. *Kebudayaan Cina dalam Pelaksanaan Dasar Kebudayaan Nasional, Konvensyen Kebudayaan dan Identiti Nasional 7-8 September 1985* [Z]. Bangi: Universiti Kebangsaan Malaysia, 1985.

④ 1991 年，马哈蒂尔提出"2020 宏愿"，意思是到 2020 年时将国家建设成为发达国家，因此国家宏愿时期通常指从 1991 年到 2020 年。

的政府在国家文化建构问题上转变态度，提出“2020 宏愿”（Wawasan 2020）和“马来西亚民族”（bangsa Malaysia）理念，国家文化建构理念从单元主义逐渐转向多元主义，在文化建构上逐渐采取让步的策略。

1991 年 2 月 28 日，在吉隆坡的马来西亚商业理事会会议上，马哈蒂尔面对在场的 61 名商人、政府官员和政治家时第一次提出上述概念。[①] 在这场名为《向前的路：2020 宏愿》的演讲中，马哈蒂尔指出实现“2020 宏愿”的目标是：到 2020 年时将马来西亚建设成为全面发达的国家，包括在经济、政治、社会、心理和文化等多个方面。[②] 马哈蒂尔指出实现这一宏愿将要面对 9 个方面的挑战，其中建立一个基于各族群团结的“马来西亚民族”被他看作是首要挑战。针对“马来西亚民族”这一概念，马哈蒂尔进一步指出必须实现各地区和族群的高度融合，生活在和谐和公平的社会当中，共同组成马来西亚民族，并对国家拥有绝对的忠诚和奉献精神。

此外，马哈蒂尔在访问英国时对马来西亚留学生说道：先前，我们尝试建设一个单一性质的国家实体，但在人民之间引起了恐慌和冲突，因为大家认为政府在创造一个混合的族群群体，他们害怕放弃自己的文化、价值观和宗教信仰。因此这行不通，我们相信“马来西亚民族”是解决上述问题的答案。[③] 根据马哈蒂尔讲话的内容可以看出，根据他的观点，“马来西亚民族”意味着各个族群都不必放弃自己的文化、宗教和语言。相比于先前土著（bumiputera）的论述，“马来西亚民族”是一个更具有包容性的概念。尽管上述概念只停留在口号上，并没有真正落实到政策层面，但也已经显示出足够的进步。时任民主行动党主席林吉祥在评价马哈蒂尔的“马来西亚民族”理念时表示，“这是马哈蒂尔在国家建构方面最为开明的观点”。[④]

“马来西亚民族”概念是政府在国家文化建构理念上一次大的跨越，它与马来民族主义的文化建构理念存在着根本差别。巫统所秉承的马来民族主义强调马来族群优先，强调“马来人的马来西亚”，以塑造单元主义的国家文化为目标，具有强烈的排他性特点。在国家文化的建构过程中，则采取强迫与压制的方式推动单元主义的文化建构理念。但“马来西亚民族”理念却更具有包容性，各族群不论宗教、语言和文化和谐相处的理念显示出以马哈蒂尔为首的马来族群精英在国家文化建构理念上的进步。基于政府在国家文化建构方面开明的态度，政府在反对党崛起、马

① OOI Kee Beng. *Bangsa Malaysia: Vision or Spin? Malaysia: Recent Trends and Challenges* [M]. ISEAS–Yosuf Ishak Institute, 2005: 49.

② Dan Lemaire. *Malaysia Vision 2020* [M]. Canadian Business Review, 1996: 44.

③ OOI Kee Beng. *Bangsa Malaysia: Vision or Spin? Malaysia: Recent Trends and Challenges* [M]. ISEAS–Yosuf Ishak Institute, 2005: 53.

④ OOI Kee Beng. *Bangsa Malaysia: Vision or Spin? Malaysia: Recent Trends and Challenges* [M]. ISEAS–Yosuf Ishak Institute, 2005: 53.

来族群分裂的情况下，依然获得了非马来族群的大力支持，巩固了自身政权。其中，政府在国家文化建构方面的让步主要体现在针对华文教育的态度上，经过长期的争论，政府通过《1996 年教育法令》承认了非马来族群母语教育的法定地位，同时还放开了对华文私立大学的限制，使马来西亚成为中国以外唯一一个拥有完整的华文教育体系的国家。

但 1999 年的华团大选《诉求》事件却显示出，“马来西亚民族”理念仍然处于探索期，政府仍然在多元主义与单元主义之间徘徊，多元文化平等共存的国家文化建构理念还处在初级阶段。实际上，政府在 90 年代初期提出上述目标主要是为了争取选民支持，国家文化建构仍然任重而道远。在大选《诉求》中，华社提出要促进国民团结，落实议会民主，维护人权及伸张正义，杜绝贪污，公平的经济政策，重新检讨私营化政策，开明自由及进步的教育政策，让多元文化百花齐放等。[①]《诉求》显示出华社对马来西亚民族的期盼，它强调国家多元文化的实质，受到了巫统的激烈抨击，巫青团对此提出强烈抗议，通过游行示威等活动恐吓华社，让华社收回《诉求》并道歉。马哈蒂尔表示：“一些不甘心与大马多元种族合作的华族，已做出使马来人痛心的事，他们提出许多不合理的诉求，他们的行动，与过去要毁掉马来人特权的共产党的行动相差无几。”[②] 针对华社提出的为何大选前后态度不同的质问，马哈蒂尔直接表示：“这是不合理的诉求，可是我们被迫不采取强硬的立场，如果我们采取强硬立场，我们就会输掉选举。”[③] 由此可见，在国家文化建构中，马来民族主义仍然坚持马来族群文化的核心地位，“马来西亚民族”理念所显示出的让步仅仅是一种政治竞争策略，政府仍然在民族主义与多元主义之间徘徊，民族主义仍然是马来族群的底层思维。

进入 21 世纪后，马来西亚政治迎来新的发展时期，在世界民主化浪潮的冲击下，政治发展进入动荡期，族群间矛盾掺杂族群内部矛盾，权力斗争成为这一阶段的重要内容，关于国家文化的讨论也被暂时搁置。巴达维总理和纳吉总理相继提出“文明伊斯兰”和“一个马来西亚”的施政理念，在一定程度上体现出政府在国家文化事务上逐渐开明和包容的态度，为提出新的国家文化政策创造了契机。

五、新时期国家文化建构：开放与包容

2018 年，马哈蒂尔带领希望联盟实现了马来西亚历史上首次政党轮替，希盟上台后提出“新马来西亚”的口号，使各族群对国家的文化建构又充满了期待。但希盟执政不到两年就在 2020 年初的喜来登政变中下台。穆希丁总理就职后，于 2020 年初推出国家团结政策，其中就包括通过文化建构促进国家团结的方针，但

① 赵海立．马来西亚华人社团大选诉求探析［J］．东南亚研究，2011（5）：79．

② 赵海立．马来西亚华人社团大选诉求探析［J］．东南亚研究，2011（5）：80．

③ 赵海立．马来西亚华人社团大选诉求探析［J］．东南亚研究，2011（5）：81．

这一阶段国家基本处于与新冠疫情斗争的状态，且政府政权不稳，穆希丁总理在国家文化建构上并没有取得实施性成果。

2021 年，在经历纷繁复杂的政治斗争后，穆希丁总理于 8 月底主动辞职，时任国防部长伊斯梅尔·沙必里在多方支持下就任马来西亚第九任总理。2021 年 8 月 22 日下午，伊斯梅尔·沙必里在就任马来西亚第九任总理一天后发表直播讲话。讲话中伊斯梅尔提出“大马一家”（Keluarga Malaysia）概念，呼吁所有议员团结一致、搁置分歧、协作配合，为共同家庭凝聚共识。伊斯梅尔还强调，“大马一家”的概念是跨宗教、种族的包容方案，号召全民成为团结一致的一家人。

“大马一家”（Keluarga Malaysia）有三个核心：包容、团结和感恩。“包容”即如伊斯梅尔所说：“在国家范围内，我们是一个由不同宗教、种族、民族和年龄组成的马来西亚家庭。尽管有不同的信仰、背景和文化，但我们相互包容差异，维护马来西亚作为一个国家的精神。”“团结”是指：在“大马一家”的背景下团结所有马来西亚人，搁置政治分歧以实现稳定，恢复经济。“感恩”则是希望在马来西亚这个多元文化和族群的社会中，不同族群、存在文化差异的人们也能够和谐相处，相亲相爱。[①]“大马一家”概念体现出多元文化相互包容、和谐相处的理念。

10 月 25 日，在新任总理上任两月之际，马来西亚旅游、艺术和文化部发布了《2021 年国家文化政策》（*Dasar Kebudayaan Negara 2021*，简称 Daken），在回顾《1971 年国家文化政策》的基础上，提出新时期国家文化建构的新理念和未来发展目标，政策提出通过五年的时间，提升和振兴国家的艺术、文化和传统，并促进文化经济的发展。同时，新版政策与政府提出的“大马一家”理念无缝衔接，旨在通过实施不同的政策和计划，促进不同文化的相互包容以及和谐共处，实现国家发展、族群和谐、政治稳定和民族团结。通过文化政策用词的变化也体现出政府理念的更新，将“kebangsaan”替换为“negara”，“negara”作为“国家”的意义更为客观，并不包含“以特定民族为主的国家”的意思，因此新版政策也体现出政府在多元族群共生和多元文化共存方面的态度和策略。《2021 年国家文化政策》是在《1971 年国家文化政策》的基础上，经过 50 年的政策实践后进行的反思和更新，它兼顾了 1971 年政策的相关原则和当今文化的发展现状，将“发达的国家和有文化的人民”作为奋斗目标，在促进全民实现共同繁荣的同时，也致力于将马来西亚建设成为进步和团结的具有民族认同和特点的国家。

马来西亚第八任总理穆希丁曾表示，促进国家团结最好的方式是确保能够公平和公正地维护各个族群的权利和利益。因此，国家建设最主要的基础是保证宪法规定的各个族群的权利。[②]可见，在国家文化建构的过程中，关于国家文化与族群文化的关系是焦点问题。针对《1971 年国家文化政策》的争议，新版国家文化政策

---

① Keluarga Malaysia, https://keluargamalaysia.gov.my/nilai-ciri-ciri/, 2022-03-26.

② Dasar Kebudayaan Negara 2021, P12.

指出，虽然曾经使用“政策”（dasar）一词，但 1971 年政策并未在内阁层面通过，同时由于各官方和非官方机构在政策实施层面针对语言、文学、宗教、艺术和文化遗产等方面采取了一些不当措施，导致了人民对文化政策概念的误解，从而产生了冲突。其中主要包含三方面的误解：首先从概念上来说，在国家文化指南中使用“政策”一词，被错误地理解成强制和必须的意思；其次，一些专有名词的使用造成了具有排他性的误解，比如“伊斯兰”的使用就被认为是排斥其他宗教，实际上指的是伊斯兰教义中能够被其他宗教信仰者所接受和理解的普世价值；再次，政策被误解成为要建设一个同化式的马来西亚民族，实际上政策是族群间鼓励相互适应，在不消灭族群文化特色的前提下建立马来西亚特性。[①]

新政策指出，文化是一个社会生活方式的体现，每个族群都拥有自己独特的文化，因此国家文化应该是跨越族群文化的生活方式塑造的国家层面的文化实践形式。国家文化是全体人民共同拥有并已成为大家的日常行为和实践，它具有两个层面和两种形式的意义：第一，在国家层面，它表现为在国家官方仪式中的文化实践，例如登基仪式、册封仪式和国服等；第二，在非国家层面，它表现为各个族群具体的文化实践，例如婚礼、饮食、穿着和庆典等习俗。通过对两方面实践的融合来共同组成马来西亚的国家文化，它以各族群的文化为基础，形成了具有马来西亚特色的国家文化。政策指出，作为多元族群国家，马来西亚拥有三方面的基础不断巩固它作为政治实体的地位：第一，拥有清晰政治边界的地域和空间；第二，国家体制，包括宪法以及社会经济与政治相关的制度；第三，跨越族群的国家层面所共同拥有的文化。[②] 其中第三个方面在国家文化建构中十分重要，它必须具有清晰的方向。作为一部国家文化宏愿，文化政策必须不能动摇和代替多元族群的文化实践活动，相反，需要基于多元性塑造一个国家层面的价值外观。因此，国家文化政策需要拥有更加宽阔的视野，要照顾到不断变化的行政和社会发展结构。

通过新政策的理念可以看出，它相对于 1971 年政策具有很大的进步性，体现出政府在国家文化建构方面包容与共生的理念和策略。“5・13 族群冲突”后，为了调和族群间的矛盾，政府推动制定了国家文化政策。但由于冲突后马来族群在国家行政领域的绝对领导地位，在马来民族主义者的推动下，《1971 年国家文化政策》具有单元主义的特征，强调马来族群文化的核心地位。政策提出的三个原则更是被解读为具有十分明显的排他主义特征。新政策重新解读和定义了 1971 年政策中具有争议性的条款。在宗教问题上，新版国家文化政策严格以联邦宪法和国家原则为基础，强调伊斯兰教是官方宗教的同时，保证任何其他的宗教也可以自由信仰，任何人都有宗教信仰自由；在国语问题上，政策强调马来语是国语，但任何人不得被禁止和限制使用或者教授或者学习其他任何语言。在国家文化特点上，新版

① Dasar Kebudayaan Negara 2021, P6.

② Dasar Kebudayaan Negara 2021, P7.

国家文化政策指出国家文化以本地区文化为核心，其中对本地区文化的定义超出了狭隘主义的范畴，它包括马来人、华人、印度人、土著以及沙巴和砂拉越的原住民文化。通过政策解释进一步明确了国家多元文化的实质，消除了非马来族群对族群文化发展的担忧。

但需要注意的是，新版国家文化政策虽然强调包容和共生，但它同时又强调皇权、伊斯兰教、马来语作为文化政策的三大基础，并且遵守《联邦宪法》和《国家原则》中针对国家文化的相关原则。可见，《独立宪法》中存在的对于文化建构的矛盾依然存在，国家文化的建构仍然存在一些难以逾越的问题。

结语

多元文化是马来西亚的重要特点，在独立后的不同历史时期，马来西亚在国家文化建构方面采取了不同的策略与方式，最终塑造出马来西亚独具特色的多元文化生态，营造出多元族群共生、多元文化共存的现状。面向新时期，国家文化建构强调开放与包容，也为多元文化的和谐发展打下了一定的基础。但由于宪法中针对文化相关条款的规定，未来马来西亚的国家文化建构仍然存在变数。

参考文献

[1] 陈晓律. 马来西亚：多元文化中的民主与权威 [M]. 成都：四川人民出版社，2000.

[2] 陈中和. 多元族群社会的族群政治：马来民族主义和马来西亚的建国 [M]. 北京：中国社会科学出版社，2021：15.

[3] 陈鹏. 东南亚各国民族与文化 [M]. 北京：民族出版社，1991.

[4] 范若兰. 新海丝路上的马来西亚与中国 [M]. 北京：世界知识出版社，2017：63.

[5] 芭芭拉·沃森·安达雅，伦纳德·安达娅. 马来西亚史 [M]. 黄秋迪，译. 北京：中国大百科全书出版社，2010：59.

[6] 梁志明，李谋，吴杰伟. 多元 交汇 共生：东南亚文明之路 [M]. 北京：人民出版社，2011.

[7] 廖文辉. 马来西亚：多元共生的赤道国家 [M]. 台北：联经出版公司，2019.

[8] 赛代斯. 东南亚的印度化国家 [M]. 蔡华，杨保筠，译. 北京：商务印书馆，2008：64.

[9] 张寅. 多元文化背景下的民族国家建构 [M]. 昆明：云南人民出版社，2015：115.

[10] 许德发. 宪制与族群纠葛：马来亚制宪过程及其族群因素 [G] // 重返

马来亚：政治与历史思想国际学术研讨会论文集．吉隆坡：策略与咨询研究中心，2017：187．

［11］赵海立．马来西亚华人社团大选诉求探析［J］．东南亚研究，2011（5）：79．

［12］Rowland, Velerie Kathy. *The Politics of Drama: Post-1969 State Policies and Its Impact on Theatre in English in Malaysia from 1970-1999* [D]. Unpublishes M.A. thesis. Singapore: National University of Singapore, 2004: 49.

［13］*Asas Kebudayaan Kebangsaan: Kertas Kerja* [M]. Kuala Lumpur: Kementerian Kebudayaan Belia dan Sukan, 1973: 3.

［14］Sumit. K. Mandal. *The National Culture Policy and Contestation over Malaysian Identity* [M]// *Globalization and National Autonomy-The Experience of Malaysia*. ISEAS - Yusof Ishak Institute, 2008: 273-300.

［15］Ibrahim Saad. *The National Culture Policy in a Plural Society: The Malaysian Case* [J]. *Jurnal Negara*, 1981 (2): 7-13.

［16］Ting Chew Peh. *Kebudayaan Cina dalam Pelaksanaan Dasar Kebudayaan Nasional, Konvensyen Kebudayaan dan Identiti Nasional 7-8 September 1985* [Z]. Bangi: Universiti Kebangsaan Malaysia, 1985.

［17］OOI Kee Beng. *Bangsa Malaysia: Vision or Spin? Malaysia: Recent Trends and Challenges* [M]. ISEAS-Yosuf Ishak Institute, 2005: 49.

［18］Dan Lemaire. *Malaysia Vision 2020* [M]. Canadian Business Review, 1996: 44.

［19］Keluarga Malaysia, https://keluargamalaysia.gov.my/nilai-ciri-ciri/, 2022-03-26.

［20］Dasar Kebudayaan Negara 2021.

［21］Perlembagaan Persekutuan, Perkara 3, 11, 152.

菲律宾媒体的历史、作用与现状

北京大学　马宇晨

【摘　要】 20 世纪初，现代传媒体系作为美国改造菲律宾社会方案的一部分引入菲律宾，此后的菲律宾媒体历经殖民时代、独立后的自由发展时代、军管法时代以及后军管法时代，在各个时期凸显出不同特点，对菲律宾政治和历史进程先后产生不同影响。1986 年人民力量革命后，菲律宾媒体市场经历重大调整，奠定了今日菲律宾媒体市场格局的基础。随着媒体技术的发展，主流媒介形态经历了“报刊—广播—电视”的转换，社交媒体于近年来崛起，取代广播成为渗透率第二高的媒介形态。

【关键词】 菲律宾；菲律宾媒体；媒体发展；媒体史

菲律宾地处东南亚，是我国重要的海上邻邦，在学术界颇受关注。学界对菲律宾历史、文化、民俗与文学的研究较多，但对该国媒体的系统性研究较少。纵观菲律宾近现代史，媒体在各个阶段都深受政治环境的影响，也对菲律宾历史进程产生了重要作用。近年来，中菲关系经历了转圜、巩固、提升的历史性进程，媒体对增进两国人民互相了解与交往的作用至关重要。本文拟梳理介绍菲律宾媒体的发展历史与现状，为深度了解菲律宾媒体提供借鉴，并增进学界对菲律宾社会的理解。

一、殖民时代的菲律宾媒体

1811 年，菲律宾殖民地第一份报纸《总督报》（*Del Superior Govierno*）由总督府发行，开启了菲律宾媒体的历史。在 19 世纪末追求民族独立的宣传运动和菲律宾革命中，报纸作为提倡改革、动员革命的工具，为菲律宾的反殖民以及民族国家构建事业提供了重要平台。然而，这一时期的报纸多由西菲混血的知识分子（Ilustrados）编纂，使用西班牙语，主要面向西班牙人以及其他菲律宾知识分子，带有浓厚精英化倾向，因此并未对大多数菲律宾民众产生影响。[①]

1898 年美国占领菲律宾后，塔夫脱委员会（Taft Commission）制定了一系列殖民政策，试图将美国的社会制度、法律体系以及教育制度复制到菲律宾。在这一背景下，美国的商业传媒体系被引入菲律宾，成为菲律宾现代传媒体系的开端。殖

① Rosario-Braid F, Tuazon R R. *Communication Media in the Philippines: 1521-1986* [J]. *Philippine Studies*, 1999, 47 (3): 291-318.

民初期，大批美国人在菲律宾创办商业英文报纸。以《马尼拉公报》（*Manila Daily Bulletin*）为例，该报起初由来自美国的航运集团支持，仅提供与航运有关的商业信息，1912 年转变为综合性日报，至今仍是菲律宾发行量较高的报纸之一。在这一时期，菲律宾精英阶层也被允许办报，通过报刊发出“菲律宾人的声音”，菲律宾联邦共和国第一任总统的奎松（Manuel Quezon）就曾创办了《菲律宾先驱报》（*The Philippine Herald*），该报在后来成为主要的全国性报刊。

菲律宾是亚洲最先拥有广播的国家之一。1924 年，美国人亨利·赫尔曼（Henry Herman）开设了一家无线电设备商店，向殖民地的美国家庭出售收音机，并建立了第一家本地电台 KZKZ 以促进收音机的销量。起初，电台主要为百货商店所有，用于向听众宣传店内商品。①30 年代起，广播成了报刊之外的一种新兴媒介形式，1935 年时收音机数量增加至 28258 台。此时的广播电台附属于各主要报业集团，主要播放从美国进口的娱乐节目以及少量菲律宾本土和来自美国的新闻，用于宣传美国的价值观。30 年代末，菲律宾广播节目的语言开始出现本土化趋势，本土广播从业人员经过多年学习后，开始以本地语言进行节目主持与新闻播报，向听众宣扬菲律宾本土文化与价值观。②

1941 年，太平洋战争爆发，日军全面占领菲律宾，军政府对媒体实施了严格管控，中断了菲律宾媒体蓬勃发展的势头。几乎所有的菲律宾报刊都被解散，仅剩《马尼拉论坛报》（*The Manila Tribune*）、《卫兵报》（*Taliba*）和《先锋报》（*La Vanguardia*）三份报刊在日本陆军宣传队的监管以及日本出版公司的领导下继续发行，成为日本占领军的战时宣传工具。

二、1946—1972：自由发展的“黄金时代”

1946 年 7 月 4 日，菲律宾正式取得独立，媒体进入自由、蓬勃发展的“黄金时代”。随着政局逐渐稳定，大批报刊和广播电台诞生。日占时期被取缔的《马尼拉公报》《菲律宾先驱报》和《马尼拉时报》（*Manila Times*）纷纷复刊，由大企业开办的《马尼拉纪事报》（*Manila Chronicle*）等新兴报刊的销量也迅速提升。这一时期也涌现出众多小型、激进的报刊，如马纳汉（Manuel Manahan）的《菲律宾自由新闻》（*Philippine Liberty News*）、苏比多（Abelardo Subido）创办的《马尼拉邮报》（*Manila Post*），但逐渐由于无法稳定获得印刷纸和排字机而退出市场。大众传播的快速发展提高了新闻从业者的社会地位，包括参议员、外交部长以及劳工部在内的许多政要都是在新闻界获得影响力后转而进入政界的。

这一时期的菲律宾媒体在较为宽松的媒介环境下得到快速发展，成为具有重要

① Lent J A. *Philippine Radio: History and Problems* [J]. *Asian Studies*, 1968, 6 (1): 37–52.

② Enriquez E L. *Appropriation of Colonial Broadcasting: A History of Early Radio in the Philippines, 1922–1946* [M]. Diliman, Quezon City: University of the Philippines Press, 2008: 1–5.

社会影响的机构，但其发展中也出现私有化、集团化的特征。由私人资本创立的商业化媒体是媒介网络中的主要组成部分，21 家领先的全国性日报、245 家广播电台中的六分之五以及 18 家电视台中的 17 家均由私人所有。广播和电视作为新兴媒介形式，往往需要依附于发行量较大的报纸。60 年代末，围绕《马尼拉纪事报》《马尼拉时报》《菲律宾先驱报》以及《晚间新闻》（*Evening News*）四家发行量居前列的报刊形成了四个大型的媒介集团，全国最重要广播电台和电视频道均被囊括其中。

这一时期菲律宾媒体行业另一个特点是家族化，媒体受家族利益影响并被用于家族间斗争。上述四大媒介集团分别被洛佩兹家族、索里亚诺家族、埃利萨尔德家族以及罗塞斯家族掌控，这四个家族均广泛涉猎其他行业，媒体仅是其家族商业帝国中的一环。以《马尼拉纪事报》的拥有者老欧亨尼奥·洛佩兹（Eugenio Lopez Sr.）为例，其家族产业涉及电力、油气开发、工程建设、制糖、运输等多个行业，家族成员费尔南德·洛佩兹（Fernando Lopez）从 1947 年起即在政府任要职，共担任过三届副总统。[①] 媒介集团被家族垄断，导致媒体也成为政治、商业斗争的工具。索里亚诺家族的生意涉及航空、铜矿、油气开采、食品、化肥制造等产业，其麾下的菲律宾航空公司（Philippine Air Lines）一直被洛佩兹家族的《马尼拉纪事报》所攻击。为此，安德烈斯·索里亚诺（Andres Soriano）买下《菲律宾先驱报》，用以对抗洛佩兹家族的宣传攻势，并通过新闻媒体为自己所拥有的产业争取利益。

1969 年，马科斯进入第二个总统任期后，与主流媒体的关系恶化，媒体受到的管制逐渐增多。由于罗塞斯家族与马科斯的利益冲突，《马尼拉时报》成为激进的反马科斯媒体，在 1969 年大选中明确支持马科斯的对手小奥斯敏纳（Sergio Osmena Jr.）。1971 年，曾是马科斯亲密政治伙伴的费尔南多·洛佩兹与马科斯决裂，其家族掌控的《马尼拉纪事报》及附属广播网络也积极展开对政府的批评，并资助开办反马科斯媒体。面对媒体的负面报道，马科斯依靠行政力量展开反击，以诽谤罪起诉《马尼拉时报》《时代》杂志等媒体并要求赔偿。[②]《商报》（*Chinese Commercial News of Manila*）是当时华文报纸的先锋，主要关注菲律宾华人的状况，同时也经常发表揭露马科斯政府腐败行为的文章。其发行人于以同兄弟（Rizal Yuyitung and Quintin Yuyitung）在 1971 年被遣返至台湾。马科斯的一系列压制政策迫使菲律宾媒体主动减少对政府的批评，各大媒体的编辑们会针对报道内容进行自我审查与自我约束，尽量减少对政府不利话题的出现。

---

① Pineda-Ofreneo R. *The Manipulated Press: A History of Philippine Jouralism since 1945* [M]. 2nd rev. Metro Manila, Philippines: Solar Pub. Corp, 1986.

② Pineda-Ofreneo R. *The Manipulated Press: A History of Philippine Jouralism since 1945* [M]. 2nd rev. Metro Manila, Philippines: Solar Pub. Corp, 1986.

在打击敌对媒体力量的同时，马科斯也着手构建政府的媒介体系。他将政府用于信息、新闻方面的预算从1965年的50万比索提升至1971年的900万比索，利用该预算建立了国家媒体生产中心（National Media Production Center）、总统府新闻办公室（Malacañang Press Office）和公共信息办公室（Public Information Office），构建政府的媒介网络。国家媒体生产中心每周发布一篇政府报告，发行量为30000份，专门向政府、大使馆、驻外机构以及学校提供。此外，马科斯所建立的官方媒体以高端宴请的形式拉拢菲律宾新闻界人士，为知名新闻从业人员及其家属提供政府职位，以此扩大自己在新闻界的影响力。

三、军管法时期和人民力量革命中的菲律宾媒体

1972年9月21日，马科斯签署第1081号公告，宣布实施军管法。马科斯随即发布一号指示令，命国防部长与宣传部长关闭所有商业媒体，只允许国营的菲律宾之声（Voice of the Philippines）以及菲律宾广播局（Philippine Broadcasting Service）旗下的电台继续运营。随后，马科斯适当批准了一些商业媒体的运营，但将上述反对他的主流报刊全部没收，取而代之的是由马科斯密友建立的亲政府媒体。军管法时期主要的报刊包括被汉斯·梅兹（Hans Menzi）收购并更名的《今日公报》（*Bulletin Today*）、罗伯托·本尼迪克特（Roberto Benidicto）建立的《每日快讯》（*Philippine Dily Express*），伊梅尔达的弟弟本杰明·罗穆亚尔德斯（Benjamin Romualdez）发行的《时代周刊》（*Times Journal*）以及由凯里玛·波洛坦-图瓦拉（*Kerima Polotan-Tuvera*）担任发行人的《晚报》（*Evening Post*）。[①]

军管法初期，马科斯先后成立多个监管机构，加强了对媒体的控制。1972—1974年间，马科斯成立了大众媒体委员会（Committee on Mass Media）和媒介监督委员会（Media Advisory Council），授权信息部、国防部以及总统办公室对媒介进行监督，并于随后成立菲律宾印刷委员会（Philippine Council for Print Media）和广播委员会（Broadcast Media Council），用于媒介行业的自我审查与自我约束。马科斯还下达多条总统令，限制媒体言论，提高对违法言论的处罚。其中1877号法令规定，事关国家安全的言论犯罪可以在无需审判的条件下直接被判一年以下的有期徒刑。在实际执行中，对政府的负面报道亦被视为触犯相关法令。马科斯政府依照这些法令逮捕或驱逐了一些传媒寡头和媒体从业者，其中较为著名的包括《马尼拉时报》的发行人华金·罗塞斯（Joaquin “Chino” Roces）和专栏作家麦克斯·苏利文（Max Soliven）以及《马尼拉纪事报》的发行人老欧亨尼奥·洛佩兹和专栏

① Pineda-Ofreneo R. *The Manipulated Press: A History of Philippine Jouralism since 1945* [M]. 2nd rev. Metro Manila, Philippines: Solar Pub. Corp, 1986.

作家欧内斯托·格拉纳达（Ernesto Granada）。[①] 对于其他新闻界人士，马科斯政府则通过其掌控的商业媒体的管理层进行规制，迫使媒体开展自我审查。《今日快报》一个栏目下八位女性记者和编辑因为在其栏目中偶尔质疑马科斯政府滥用军事力量，被邀请至军营接受盘查，[②] 另有多位工作于《时代周刊》《今日快报》的编辑、记者因刊登对政府形象不利的报告而被解雇或斥责。[③]

1981 年 1 月，马科斯在各方压力下解除军管法，被迫放松媒体管制措施。在这一背景下，一批另类媒体于 80 年代初兴起，关注马科斯家族的腐败行为，号召人民反对政府。1983 年 8 月 21 日，阿基诺结束在美国的流亡，乘飞机回到菲律宾，在走下廊桥时遇刺身亡。在马科斯政府的要求下，菲律宾所有主流媒体均对这一事件采取沉默态度，仅《时代周刊》和第七电视台进行了简要报道。在这种情况下，抵制裙带主义运动组织（Anti-Cronyism Movement）呼吁菲律宾民众抵制主流媒体、支持详尽报道阿基诺被刺事件的另类媒体。此后，阿基诺的遗孀科拉松·阿基诺（Corazon Aquino）发起第二波抵制运动，使得《今日公报》《每日快讯》以及《时代周刊》三家主流媒体的发行量迅速下降，而一批勇于报道事件真相的另类媒体则逐渐兴起。

小何塞·布尔戈斯（Jose Burgos Jr.）创办的《大家论坛》（*We Forum*）周刊是创刊最早的另类媒体之一，其他加禄版名为《自由报》（*Malaya*）。创刊之初，《大家论坛》主要关注主流媒体有意回避的话题，例如政府在建造安加特水坝（Angat Dam）过程中造成少数民族流离失所等事件。到 1982 年，《大家论坛》的发行量逐渐增加，受到马科斯政府的关注，被勒令关停，发行人小布尔戈斯和两位核心员工被捕入狱。1983 年 1 月小布尔戈斯出狱，将《自由报》改为英文报刊后继续出版。在阿基诺被刺后，小布尔戈斯将原定刊印量提升五倍，共计发行 9 万份，仍然无法满足公众的阅读需求。其后他又将周刊变为日报，成为 12 年来第一份“反对派日报”。[④] 另一家另类媒体《男士和女士》（*Mr. and Ms.*）在 1983 年 9 月针对阿基诺遇刺事件出版了一期特刊，发行量达到 80 万册。[⑤] 为满足公众需求，该报此后每周五增发特刊，专门发表针砭时弊的文章，周发行量在 30 万册。《男士和女士》的

---

① Dresang J. *Authoritarian Controls and News Media in the Philippines* [J]. *Contemporary Southeast Asia*, 1985, 7 (1): 34–47.

② Fernandez D G. *The Philippine Press System: 1811–1989* [J]. *Philippine studies*, 1989, 37 (3): 317–344.

③ Youngblood R L. *Government–Media Relations in the Philippines* [J]. *Asian survey*, 1981, 21 (7): 710–728.

④ Pineda–Ofreneo R. *The Manipulated Press: A History of Philippine Jouralism since 1945* [M]. 2nd rev. Metro Manila, Philippines: Solar Pub. Corp, 1986.

⑤〔日〕林理介，尹韵公．菲律宾新闻事业概况［J］．国际新闻界，1986（4）：60—63．

发行人尤金尼亚·阿波斯托尔（Eugenia Apostol）还于 1985 年 2 月创办了《问询者周刊》（*The Weekly Inquirer*），并在发行十个月后再次为该报注资 100 万比索，将其更名为《每日问询者报》（*Philippine Daily Inquirer*）。除商业力量外，教会势力也进入新闻界，创办了自己的报刊与电台。《真理》（*Veritas*）杂志在马尼拉大主教辛海棉（Jamie Cardinal Sin）的支持下于 1983 年末首次刊印，并得到 150 万比索的启动资金。另一家与教会势力有关的真理电台（Radio Veritas）在阿基诺被暗杀后，向民众播报了案发现场、遗体的运送以及葬礼的全过程，是少数敢于进行类似报道的广播电台，获得了大量民众的关注。

在连续的抵制运动中，另类媒体的发行量迅速攀升，主流媒体的发行量随之减少。1985 年年末，《自由报》的发行量达到 30 万份，《男士与女士》的单周发行量则最高达到 80 万册。《每日问询者报》作为后来者，日均发行量达到 35 万份，成为发行量最高的日报之一。与此形成对比的是，曾经的主流媒体《今日公报》发行量下降 15% 至 21.5 万份，广告收入下降 20%，其他两家主流媒体《每日快讯》和《时代周刊》的发行量则下降至 10 万份左右。根据当时的民调显示，菲律宾主流媒体在民众中的可信度已经降至零点，另类媒体成为民众获取大选信息的主要渠道。①

1986 年 2 月 7 日，菲律宾提前举行大选，马科斯宣布以 150 万票的优势击败了阿基诺夫人，并宣布将于 2 月 25 日就职。以阿基诺夫人为首的反对党则斥责马科斯选举舞弊，并表示要发动一场全民运动来迫使马科斯下台。② 1986 年 2 月 22 日，马科斯政府的国防部长恩里莱（Juan Enrile）和菲律宾武装部队副参谋长拉莫斯将军（Gen. Fidel Ramos）宣布同马科斯决裂，转而支持阿基诺夫人，著名的人民力量革命（EDSA People Power Revolution）拉开帷幕。在这场不流血的革命中，媒体起到动员、调度、安抚民众的作用，对革命的和平进行发挥了重要作用。

决定同政府决裂并发动革命后，恩里莱指挥妻子与媒体取得联系，希望革命能得到民众和其他反对派的支持。不久后，恩里莱和拉莫斯在菲律宾武装部队的指挥部阿奎纳多军营举行记者招待会，向媒体宣布革命的消息。拉莫斯在当场接受了真理电台的采访，请求民众对革命的支持。当晚，真理电台的主持人琼·凯斯利（June Keithley）和大主教辛海棉在节目中呼吁民众走上街头，走向恩里莱和拉莫斯所在的革命军营地，用自己的身体保卫革命军，防止政府军和革命军交火。此后，阿基诺的弟弟阿加皮托·阿基诺（Agapito Aquino）也通过真理电台向民众发出请求，呼吁民众与他一起沿着乙沙大道（Epifanio de los Santos Avenue）向阿奎纳多军营游行。在真理电台的号召下，数十万马尼拉民众走上乙沙大道，用身体保卫革

① Maslog C C. *Philippine Communication Today* [M]. Quezon City: New Day Publishers, 2007.

② 金应熙. 菲律宾史［M］. 开封：河南大学出版社，1990.

命军，并最终推翻了马科斯长达 21 年的统治。

四、人民力量革命后的菲律宾媒体：市场格局与生态变迁

人民力量革命后，阿基诺夫人就任总统，移除了媒体管控条例，报刊数量激增。革命发生后 4 个月，菲律宾全国性日报由 7 份增加至 20 份，到 1990 年时仅大马尼拉地区就有 27 份报刊。军管法时期的主流报刊逐渐退出市场，部分助力人民力量革命的另类媒体获得空前影响力，一跃成为主流媒体，一些军管法前的主流媒体重整旗鼓，共同奠定了菲律宾媒体市场格局的基础。

马科斯政府被推翻后，军管法时期的主流报刊纷纷更名，《今日公报》更名为《马尼拉公报》(*Manila Bulletin*)，《每日快报》改为《新每日快报》(*New Daily Express*)，《时代周刊》更名为《报刊》(*The Journal*)，《晚报》则更名为《菲律宾论坛报》(*The Philippine Tribune*)。随后，阿基诺夫人担任总统后组建了总统善政委员会（Presidential Commission on Good Government），封查了包括《今日公报》《每日快报》《马尼拉日报》在内的报刊，审查这些报社与马科斯家族的关系。最终，《每日快报》被勒令关停，《今日公报》被出售给叶应禄，更名为《马尼拉公报》运营至今，其余两家报刊因公信力缺失、缺乏广告来源而很快倒闭。反对马科斯政府的另类媒体因人民力量革命的成功获得空前影响力，《每日问询者报》和《自由报》于 1986 年成了“新主流媒体”。革命结束后，《每日问询者》经历了创始人离职、内部政治斗争等波折，但始终保持均衡客观的报道风格，时至今日仍是菲律宾影响力较大的报刊之一。《自由报》被其商业编辑阿马多·马卡塞特（Amado Makasaet）收购，组成了亲资本的保守派管理层，放弃了此前的左派立场，转而面向更主流、保守的读者群。90 年代初，失去批判报道风格的《自由报》发行量不断下降，最终成为边缘媒体。此外，若干军管法实施前的媒体家族试图重整旗鼓，但命运大相径庭。罗塞斯家族向政府购回了《马尼拉时报》，但很快因经营问题出售给吴奕辉（John Gokongwei）。埃利萨尔德兹家族重新建立了《马尼拉标准报》(*Manila Standard*)，在 1989 年出售给索里亚诺家族并退出报刊行业。阿尔托广播系统-纪事广播网（Alto Broadcasting System-Chronicle Broadcasting Network，简称 ABS-CBN）和《马尼拉纪事报》被归还给洛佩兹家族，在后者的运营下 ABS-CBN 很快成为菲律宾国内最大的电视广播网络。

随着技术革新，菲律宾的媒介生态始终处于变迁之中。1986 年后，报刊的重要性持续下降，广播和电视的渗透率日益提高。近十年来，社交媒体异军突起，成为菲律宾人阅读新闻的重要平台。当前，菲律宾媒体市场仍以私有化、集团化和家族化为主要特征，报刊市场竞争较为激烈，广播和电视市场呈寡头垄断态势，社交平台以脸书（Facebook）为主。

报刊的渗透率自广播兴起后一直下降，逐渐成为重要性较低的媒介形态之一。

菲律宾统计局的调查数据显示，报刊的渗透率在 1989 年时便已降至 33%，位居广播和电视之后。此后，这一数据依次下跌至 29.8%（1994）、14.7%（2008）、9.8%（2013）、4.3%（2019）。菲律宾报刊通常分为大报（broadsheet）和小报（tabloid）两种形式，前者以国内外政治和经济为重点，多使用英语；后者则以娱乐新闻为主，多使用菲律宾语或其他方言。发行量最高的三份大报是《马尼拉公报》《每日问询者报》和《菲律宾星报》（*The Philippine Star*），小报发行量前三分别是《日常报》（*Bulgar*）、《前进报》（*Abante*）以及《今日报》（*Ngayon*）。报刊市场竞争激烈，报社数量众多，全国大约有 40 家全国性日报，60 份地方和社区报纸，以及 14 家英语以外的外语报纸，四个份额最大的报刊集团市场份额仅为 21.5%。[①]

广播的渗透率在 20 世纪 90 年代达到巅峰，此后大幅下跌。1989 年和 1994 年，菲律宾的广播渗透率分别高达 81.8%和 80.8%，收音机保有率从 74%提升至 81.2%。进入 21 世纪，广播的渗透率逐次下跌至 43.5%（2008）、26.3%（2013）和 19%（2019），先后被电视和社交媒体超越，收音机保有量也降至 40.1%。日渐萎缩的菲律宾广播市场呈寡头垄断形势，排名前四的广播集团 DZMM Radyo Patrol、DZBB 594 Super Radyo、Radyo ng Bayan 和 DZRH 合计占有 84.5%的市场份额。

电视是 1986 年后菲律宾增长最快的媒介，电视机保有率从 34.5%（1989）大幅增长至 79.9%（2019），渗透率在 1989 年仅为 48%，1994 年增长至 56.7%。2003 年，电视超越广播成为渗透率最高的媒介形态并保持至今，2019 年时 83.7%的菲律宾人每周至少看一次电视。近两年菲律宾电视市场格局处于快速变化中。2020 年之前，电视市场呈双寡头格局，ABS-CBN 和 GMA 电视网络各自占有 40.99%和 39.73%的市场份额，排名第三的第五频道（TV5 Network）仅占 7.6%。两家电视网络的母公司还各自拥有一个排名前二的广播集团，形成庞大的多媒体帝国。2020 年 5 月，ABS-CBN 电视经营许可证到期，旗下 42 个免费电视台被迫停播。尽管 2020 年 10 月 ABS-CBN 与一家小型电视网达成转播协议，部分收视率较高的娱乐节目重返免费电视频道，但新闻节目仍只能在网络平台播出。[②] ABS-CBN 停播使得 GMA 成为菲律宾电视市场的唯一寡头，其市场份额在 2021 年进一步提升至 46%，而排名第二、第三的电视台 GTV 和 TV5 市场占有率分别仅为 11.6%和 10.4%。[③]

近十年来，社交媒体在菲律宾迅速崛起，极大地影响了菲律宾的媒介生态。菲

---

① European Journalism Center. *Philippine Media Landscape* [EB/OL]. https://medialandscapes.org/country/ philippines/traditional-communication/overview.

② Rappler. *The Big Comeback: How ABS-CBN Pulled Off Its Return to Free TV* [EB/OL]. https://www.rappler.com/ newsbreak/in-depth/how-abs-cbn-pulled-off-return-to-free-tv-zoe.

③ Inquirer. *GMA TV Ratings Lead Shrinks in 2021* [EB/OL]. https://business.inquirer.net/339447/gma-tv-ratings-lead-shrinks-in-2021.

律宾全国约有 7400 万网民，每日在网时长 10 小时 56 分，使用社交媒体时间长达 4 小时 15 分，连续六年位居世界第一，被誉为“世界社交媒体之都”。[①] 2008 年，社交媒体的渗透率仅为 10.3%，到 2019 年已增长至 58.7%，成为渗透率仅次于电视的媒介形态。此外，2019 年手机保有率（86.8%）超越电视，是菲律宾人最常用的通信设备，显示出社交媒体继续增长的潜力。所有社交媒体平台中，脸书最早开发菲律宾市场，与最重要的两家电信运营商地球通信（Globe Telecom）和菲律宾长途电话公司（Philippine Long Distance Telecom）均达成了免费流量协议，使得脸书在菲律宾达到 99%的覆盖率。其他渗透率较高的平台包括油管（Youtube）、国际版抖音（TikTok）以及照片墙（Instagram）。[②] 随着社交媒体的普及，其影响力日益增长。2016 年大选中，杜特尔特虽然未得到 ABS-CBN 等一众主流媒体的支持，但杜特尔特支持者在脸书等平台上的积极宣传为其胜选助力颇多。[③]

五、结语

菲律宾近现代史是一部压迫与反抗交织的历史，菲律宾媒体在这样的背景下诞生并发展。在殖民时代和军管法时代，媒体曾作为民众反抗压迫的有力武器，在菲律宾历史上发挥重要作用。然而，以私营商业媒体为主的菲律宾媒体市场长期受集团化、家族化等问题困扰，媒体经营与报道极易受到政治和经济因素影响。近年来社交媒体的影响力愈发增加，在 2016 年大选中发挥重要作用，对传统主流媒体形成巨大冲击，但也遭遇“假新闻”“网络水军”的质疑。2022 年菲律宾总统选举中，媒体再次作为影响、塑造民意的重要工具登上菲律宾国家政治舞台，各类媒体的报道及行为值得研究者持续关注。

参考文献

［1］Rosario-Braid F, Tuazon R R. *Communication Media in the Philippines: 1521-1986* [J]. *Philippine Studies*, 1999, 47 (3): 291-318.

［2］Lent J A. *Philippine Radio: History and Problems* [J]. *Asian Studies*, 1968, 6 (1): 37-52.

① We Are Social. *Digital 2021: The Latest Insights into the ‘State of Digital’* [EB/OL]. https://wearesocial.com/blog/2021/01/digital-2021-the-latest-insights-into-the-state-of-digital/.

② Pulse Asia. *September 2021 Nationwide Survey on News Sources and Use of the Internet, Social Media, and Instant Messaging Applications* [EB/OL]. https://www.pulseasia.ph/september-2021-nationwide-survey-on-news-sources-and-use-of-the-internet-social-media-and-instant-messaging-applications/.

③ Sinpeng A, Gueorguiev D, Arugay A A. *Strong Fans, Weak Campaign: Social Media and Duterte in the 2016 Philippine Election* [J]. *Journal of East Asian Studies*, 2020: 1-22.

［3］Enriquez E L. *Appropriation of Colonial Broadcasting: A History of Early Radio in the Philippines, 1922–1946* [M]. Diliman, Quezon City: University of the Philippines Press, 2008: 1–5.

［4］Fernandez D G. *The Philippine Press System: 1811–1989* [J]. Philippine studies, 1989, 37 (3): 317–344.

［5］Pineda–Ofreneo R. *The Manipulated Press: A History of Philippine Jouralism since 1945* [M]. 2nd rev. Metro Manila, Philippines: Solar Pub. Corp, 1986.

［6］Dresang J. *Authoritarian Controls and News Media in the Philippines* [J]. Contemporary Southeast Asia, 1985, 7 (1): 34–47.

［7］Youngblood R L. *Government–Media Relations in the Philippines* [J]. *Asian survey*, 1981, 21 (7): 710–728.

［8］Maslog C C. *Philippine Communication Today* [M]. Quezon City: New Day Publishers, 2007.

［9］〔日〕林理介，尹韵公．菲律宾新闻事业概况［J］．国际新闻界，1986（4）：60—63．

［10］金应熙．菲律宾史［M］．开封：河南大学出版社，1990．

［11］European Journalism Center. *Philippine Media Landscape* [EB/OL]. https://medialandscapes.org/country/philippines/traditional–communication/overview.

［12］Rappler. *The Big Comeback: How ABS–CBN Pulled Off Its Return to Free TV* [EB/OL]. https://www.rappler.com/newsbreak/in–depth/how–abs–cbn–pulled–off–return–to–free–tv–zoe.

［13］Inquirer. *GMA TV Ratings Lead Shrinks in 2021* [EB/OL]. https://business.inquirer.net/339447/gma–tv–ratings–lead–shrinks–in–2021.

［14］We Are Social. *Digital 2021: The Latest Insights into the 'State of Digital'* [EB/OL]. https://wearesocial.com/blog/2021/01/digital–2021–the–latest–insights–into–the–state–of–digital/.

［15］Pulse Asia. *September 2021 Nationwide Survey on News Sources and Use of the Internet, Social Media, and Instant Messaging Applications* [EB/OL]. https://www.pulseasia.ph/september–2021–nationwide–survey–on–news–sources–and–use–of–the–internet–social–media–and–instant–messaging–applications/.

［16］Sinpeng A, Gueorguiev D, Arugay A A. *Strong Fans, Weak Campaign: Social Media and Duterte in the 2016 Philippine Election* [J]. *Journal of East Asian Studies*, 2020: 1–22.

其他研究

包税制度与暹罗现代国家意识的形成[①]

北京大学　程　露

【摘　要】暹罗的包税制度自阿瑜陀耶时期建立，一直沿用至曼谷王朝五世王朱拉隆功在位时期才被取缔。包税制度从起源到发展，再到衰落，都与荷兰、英国等西方殖民国家的影响密不可分，本文拟关注政治进程与这一经济制度的互动和互塑，探讨暹罗现代国家意识的发生和发展。

【关键词】包税制度；华人；现代性；朱拉隆功改革

包税制度是政府或统治者按一定数额，将某项捐税的计征权利租赁或转让给私人的制度，最早可以追溯到古希腊时期。据史料记载，暹罗在阿瑜陀耶时期就出现了将部分税种交由华人承包的情况，这一税收形式一直延续到曼谷王朝，直到五世王朱拉隆功在位时期才逐渐废除。

与爪哇、马来亚、新加坡等地被迫实行“甲必丹”制度的情况不同，暹罗从未被西方国家殖民，历任统治者是主动选择利用这一制度，以华人作为中间商进而敛取财税的。本文从该问题意识出发，在梳理暹罗包税制度发展脉络的基础上，进一步思考这一现象的成因和本质，并试就暹罗本土的社会特征是否带来西方模式之外的特殊性这一问题提出一些思考。

一、暹罗包税制度的发展历程

在素可泰王朝以前，暹罗就有征税的传统。据兰甘亨石碑记载，兰甘亨大帝在位期间，豁免了民众的缴税（จังกอบ）义务：“兰甘亨帝在位时，鱼米之乡素可泰，平民不必缴赋税，引牛骑马去贸易……”到阿瑜陀耶时期，税收已经非常繁荣。这一时期的赋税分为 4 类，包括：（1）จังกอบ（或称 จกอบ、จำกอบ），与素可泰时期相同，指对货物买卖所征的税。（2）อากร，对耕田种地以及酿酒、庄稼收成、捕鱼等征用国家财产的行为收税，包括土地税、园地税、酒税、水费税等。这类税款可以以现金形式缴纳，也可以上交物品代替。（3）ส่วย，包括对属地和附属国所收取的贡品（เครื่องราชบรรณาการ）；以缴纳物品或钱财形式代替劳役的劳役替代税（ส่วยแทนแรง）；政府规定民众分担的某些事项，如征兵建堡垒等，所收取的费

① 项目信息：2021 年国家社会科学基金中国历史研究院重大历史问题研究专项“‘太平洋丝绸之路’档案文献整理与研究”阶段性成果（项目号：LSYZD21016）

用；后代无法继承、被没收充公的逝者遗产。（4）ฤชา，对手续费、罚款等对因通过政府获取个人利益的事项所征收的费用。

阿瑜陀耶王朝时期，暹罗国内和海外贸易均由皇室垄断，货仓部就是在这一时期成立，目的是监管税收。颂昙王（1620—1628 年）在位时主要垄断了枪支、银和胡椒的进口，巴塞通王（1629—1656 年）在位期间则将垄断权扩展到包括苏木、锡、铅、硝石、象牙等大部分出口产品。但由于华人航海经验丰富，因此为巴塞通王重用，仍享有相当多的贸易自由。荷兰东印度公司暹罗总馆的 van Vliet 提到："由于现任国王喜欢用他的代理人来干预市场和摩尔人和中国人等的进口货价，一方面又增加税收，不按市价付值，于是除了迫不得已外，谁也不到暹罗来了……"[①]这里提到的"代理人"即为华人，据 Mandelso 记录："国王派在海外的代办官员、仓库员和会计员都是华人。"[②]之后，那莱王（1656—1688 年）进一步扩大垄断，将妓院经营纳入皇室财政之下。这一时期，暹罗与英国、法国、荷兰等欧洲国家的贸易往来密切，并衍生出了一套具体的关税征收标准。

阿瑜陀耶时期民间博彩业盛行，既有泰国本土的斗鸡、斗鱼，也有中国华南地区的华人引进的番摊等中式赌博。传统的泰式赌博并未被监管或征税，在 1688—1732 年的某个时间，暹罗开始出现针对番摊的赌场税，同样交由华人承包。据记载，吞武里王朝郑信王之父就是在 18 世纪 30 年代通过承包赌博税而起家。[③]在吞武里王朝时期，也有关于福建漳州人吴阳承包宋卡附近两个岛屿燕窝的征税权的记载。吴阳得到国王赞誉，称其是一个"诚实、成功的承包商"，他于 1775 年被任命为宋卡太守，后来，其子吴文辉承袭父职，并在 1786—1788 年抗击缅甸入侵者的战役中大显身手，被封为"帕耶"，后又被封为"昭帕耶"。

包税制度的迅猛发展是在曼谷王朝三世王（1824—1851 年）时期，由于万象叛乱，亟需扩充国库，拉玛三世开始扩大征税范围，赋税种类达到了 38 项，包括赌场税和华人的彩票税，以及对盐、烟草、胡椒、燕窝、沉香木、犀角、象牙等物品的捐税。这一时期诞生了 ภาษี 一词，推测来自潮州话 บู้ซี，指从包税制度中获利的主管职官。[④] ภาษี 为新税种，由货仓部管理，旧式捐税为 อากร，由财政部管理。安东尼·瑞德认为，东南亚的包税制度并非本土的纯净产物，而是 17 世纪开始与欧洲人和华人的频繁接触中逐渐形成的。具体来说，东南亚各国早已注意到通过华人向本国民众征收贸易税的便利，但以固定年租金拍卖税场则是源自荷兰东印度公司对于欧洲模式的引入。在暹罗，拍卖制就是在拉玛三世在位时与包税合流的，至此，暹罗的包税制度在形态上与其他东南亚国家别无二致。

---

① 施坚雅. 泰国华人社会：历史的分析［M］. 厦门：厦门大学出版社，2010.

② 施坚雅. 泰国华人社会：历史的分析［M］. 厦门：厦门大学出版社，2010.

③ 施坚雅. 泰国华人社会：历史的分析［M］. 厦门：厦门大学出版社，2010.

④ 泰国税务局（กรมสรรพากร），https://www.rd.go.th/3458.html.

四世王蒙固在位期间，皇室对于贸易的垄断受到严重的冲击。1855 年英国驻香港总督约翰·鲍林爵士与四世王签订条约，要求以进口税代替 1826 年《伯尼条约》规定的离港税和港口税，并要求收取 3%的商品税。为了保持暹罗独立，四世王同意签订条约，并允许英国人在暹罗自由贸易。之后，暹罗又被迫与法国、美国签订类似的贸易协定，皇室攫取的利润被大大缩减。为了扩大财政来源，四世王在三世王的基础上，又增加了 38 种包税项目，包括鸦片、生丝、铁矿和锡矿等，一些小港口的 3%关税、测量税也被包租出去。其中，鸦片、赌博、彩票和酒的承包税利润最为丰厚，是国家岁入的主要来源。

1874 年，五世王朱拉隆功在位期间，包税制度成了国家财政的支柱产业，其中赌博承包税和鸦片承包税成了后来行政改革的重要经济支撑。在三世王时期，从赌博税中得到的收入为几十万泰铢，四世王时期达到 200 万铢，而到 1903—1904 年度，已增长至 570 万铢。1901—1902 年度，暹罗岁入为 36 亿铢，从鸦片承包税中获取的收入就有 500 多万铢，1903—1904 年度，鸦片承包税达到 700 万铢以上。

暹罗并非唯一受益者，华人承包商由此发家的例子不在少数。在当时，很多承包商同时也是华人秘密会社的头人，在三年一更新的包税权被拍卖时，他们恐吓其他竞争对手，使其不敢出高价，这类不正当行径自然引发了民众不满。而部分包税商也早已与暹罗的精英阶层建立了密切的联系，这种与华人包税制建立的本意背道而驰的庇护关系的出现，引起了暹罗统治者的重视。再加上华人习惯将个人所得汇回国内家乡——“如果一个华人移民只能寄一块钱回家，他也要把它寄回……”[①]，使得暹罗财富外流，因此，在现代行政机构初步建立后，积弊严重的包税制逐渐为统治者摒弃。1916 年，彩票承包税被废除，1917 年，曼谷最后一家赌场被关闭，标志着暹罗包税制度的正式终结。

二、现代国家的雏形

美国学者 O. W. 沃尔特斯提出曼荼罗模式，以表示东南亚国家中心地区与边远地区之间松散的权力结构。一般认为，这一体系分为三个部分，即核心圈、控制圈和朝贡圈，越远离核心，国家权力的影响越弱。在朱拉隆功行政改革之前，国王仅对曼谷和周边地区有直接控制权，在这一核心区域之外，国王通过与领主的谈判和联盟来管理王国的各个省份，这些领主大多能够世袭封地，因此在一定程度上外在于规定土地王有的萨迪纳制。而对于朝贡圈的兰纳、琅勃拉邦、万象以及南部的马来苏丹国，暹罗的王权仅是象征层面上的，在 19 世纪下半叶与英国就边界问题产生龃龉以前，暹罗并没有插手这些“附属国”内部事务的意愿（至少在大部分情

① 施坚雅．泰国华人社会：历史的分析［M］．厦门：厦门大学出版社，2010．

况下是如此）。

在主权问题上，暹罗对税收的传统分类或许提供了一个窥探视角。贡品税（ส่วย）的缴纳自阿瑜陀耶时期一直延续到曼谷王朝时期，对于暹罗来说，作为“税”的一种，本应天然暗示了本国领地的属性，但矛盾的是，暹罗又默许边疆小国同时向两个或三个领主缴纳贡品税（ส่วยสองฝ่ายฟ้า、ส่วยสามฝ่ายฟ้า）。这种多重主权是小国和酋邦的“生存策略”[①]，他们灵活选择依附对象，以保证自身利益不受侵害。在马来四邦与英国结盟，以及失去了附属国柬埔寨之后，暹罗明确了西方的领土和主权概念。共享主权带来的教训使得暹罗统治层开始抓牢对畿外各省和朝贡国的统治，19 世纪末，朱拉隆功开始对暹罗行政体制进行改革，他将现代省府体系（มณฑล）逐层推广到周边地区，取代传统的地方自治。

税收是将经济权力覆盖到这些地区的象征，包税制度和华人仍是重要的工具和中介。潮州人张宗煌就是在这种背景下承包了清迈的鸦片、酒和赌博税，以及清迈到那空沙旺的珀河口之间的贸易税收。后来张宗煌因贡献卓越被朱拉隆功赐姓索帕诺道（โสภโณดร），意为“美丽的北部”，并被授予“銮乌东潘帕尼”（หลวงอุดรภัณพาณิช）的称号。相较于西方人眼中包税意味着默许“国中之国”，是一种“污点”[②]，对于暹罗来说，这种经济上的分权却是特殊时期加强中央集权的必要手段。

现代官僚机构改革的一个重点是对秩序和权力空间的强调，两者的落脚点实质是统一的，即对纵向流程，或者说对自上而下的严格贯彻。不成文的、松散的、可操纵性强的包税程序显然与之相去甚远，西方税收机制则更具正当性和规范性。

在逐渐加强本国行政一体化建设后，暹罗统治者着手舍弃腐败、垄断的包税制度。1873 年，朱拉隆功成立了国税发展厅，意图集中监督所有税场，并实施了关于拍卖程序和付款方式的新规定，以尽量减少流入承包商和贵族的税款。1902 年，暹罗出台了《赌博收入法》，规范赌博形式，并以发放许可证的形式进行约束和管理。20 世纪初，这一法案陆续在周边地区生效，包括与法属印度支那接壤的半自治的难府和乌隆府。这不仅说明了暹罗已具备自行管理和征税的能力，也反映了当今泰国的“地缘机体”，标志着现代泰国已经成形。

三、不彻底的现代化

学界普遍认为，朱拉隆功改革为暹罗朝现代化发展奠定了基础。在包税制被逐

① 通猜·威尼差恭．图绘暹罗：一部国家地缘机体的历史［M］．南京：译林出版社，2016．

② John Butcher. *Revenue Farming and the Changing State in Southeast Asia* [M]// The Rise and Fall of Revenue Farming: Business Elites and the Emergence of the Modern State in Southeast Asia. London: MacMillan, 1993: 19–44.

渐改革直到彻底被政府直接征税所取代的过程中，暹罗的财政制度实现了从家计财政向国家财政的转变，但事实上，暹罗出现的是较之以往更加强化的中央集权与现代化并存的景象。

1874 年，朱拉隆功建立参议院和枢密院，分别作为协助国王处理政务和提供咨询的机构。从 1887 年开始，他又仿效西欧，建立了内阁制。然而内阁成员中，一半以上都是王室成员，政府官员的任免也完全取决于国王。这种“治标不治本”的做法对于推进暹罗的政治民主化并没有起到多大作用。更有学者认为，朱拉隆功改革的目的就是为了加强政治控制，他将大部分国库预算分配到国防、公路和铁路建设、邮政和电报业，同时忽视了灌溉和农业生产技术的推广，这对之后几十年的泰国社会造成了严重的负面影响。①

对西方财政制度的研究显示，王室财政向国家财政的转变可以说是古代财政向现代财政转型的历史起点。换句话说，赋税的出现是界定欧洲近代国家起源的基本要素。在中世纪欧洲“领地国家”向“税收国家”的转变过程中，税权观念的转变必然带来管理体制的革新，从而改变社会基础和权力运作方式，进而为近代国家的形成奠定基础。但对于暹罗来说，佛教的王德笼罩下的国王（传统型权威）是否还需要现代法律和机构对征税赋予正当性？跳过对民众的理性启蒙，上层统治者直接舶来西方的“代议民主制”是否是多此一举，甚至在一定程度上造成了对本土自生经济和政治模式的破坏？目前看来，西方模式是否适用于暹罗还有待进一步探究。

总体来看，朱拉隆功的现代化改革在某种意义上只是对西方模式的机械模仿，动机是与传统制度割席，从形式上向西方靠拢，是属于统治阶级的、一次不彻底的现代化尝试。

四、余论：阻碍还是推动？

Howard Dick 在 20 世纪 90 年代提出采用包税制度这一新视角透视东南亚历史时，强调通过对东南亚各国之间的特意比较，认识到现代东南亚所有的民族国家都是由共同的历史经验塑造的。② 这类着重相似性的观点在同时代其他学者的论著中也有出现，甚至扩大到了对东西方进行平行比较的层面。Ian Copland 和 Michael Godley 在反驳了马克斯·韦伯关于包税制度是掠夺性和非理性的论述后，通过对莫卧儿、奥斯曼、波旁王朝等不同文化背景下对于包税制度的实践的考察，得出结论：与其将包税制度看作是一种行政上的反常现象，不如将其看作是整个早期现代

---

① 转引自 Hong Lysa. *The Tax Farming System in the Early Bangkok Period* [J]. *Journal of Southeast Asian Studies*, 1983, 14 (2): 379–399.

② Howard Dick. *A Fresh Approach to Southeast Asian History* [M]// *The Rise and Fall of Revenue Farming: Business Elites and the Emergence of the Modern State in Southeast Asia*. London: MacMillan, 1993: 3–18.

世界的一种常规的、合理的税收评估手段——一种非常符合历史主流的手段。[①] 这一观点是从宏观结果看过程，因而给出了更为客观的结论。

对于本文来说最具启发意义的是 Constance Wilson 关于 19 世纪暹罗传统税收制度的研究。Wilson 指出，暹罗存在以大家族和地方贵族为首的“主人–依附民”（นาย-ไพร่）的税收模式，但在 19 世纪的改革中，统治层将重点放在对这一本土模式的彻底消除上，改革在西方定义和规定的现代化框架下进行，以自由贸易为准则，不允许传统的政治和社会秩序发挥任何作用。她认为，这甚至阻滞了泰国资本家的发展，贵族精英不得不更晚地进入商业投资赛道，于是在现代泰国，自然而然地出现了华商垄断城市工商业，泰人企业家则更多地投资土地和农业的现状。[②] 该研究不仅提出了现代化改革的其他可能性，还促使我们回望暹罗本土社会的特质。

韦伯将欧洲封建主义（feudalism）区分为两种类型，一种是以封地为基础的封地制（fief），另一种是以俸饷为基础的食禄制（prebendal）。[③] 在暹罗的情况中，人们通常把“萨迪纳制”与西方“封建制”对应起来。在戴莱洛迦纳国王（1448—1488 年）在位期间建立的萨迪纳制度是暹罗封建社会的统治核心，直到 19 世纪末朱拉隆功在位期间才因自由贸易被动解体。然而，暹罗的萨迪纳制似乎更接近韦伯所称的家产制，具备“传统主义”和“专断意志”的特点。从字面上看，“萨迪纳”（sakdina）意为“对土地的权力”，但与西欧国家不同，暹罗的所有土地属于国王，贵族和民众不享有土地所有权，也不能世袭领地，对应阶衔分封的平民和奴隶反而是为贵族私有的。

韦伯认为，家产制带来的是一种独特的资本主义——“内政的掠夺性资本主义”，并不是理性的经济活动，“家产制国家使统治者宽泛的自由裁量权成为积聚财富的猎场。在那些传统的或定型的权利并未构成严格限制的地域，家产制为统治者、朝廷官员、宠信、总督、文官、税收官、有影响的商贩以及充当包税农、承办商与借贷者的大商人及金融家提供了随意发财的自由。统治者的恩宠与贬谪、封授与没收持续地创造新的财富并将其摧毁。”但暹罗的情况是，对于华人恰到好处的接纳和区隔似乎弥补了韦伯所说的“非理性”。华人既融入了暹罗社会，又享有一定程度的自由。受益于包税制度，暹罗的华人快速实现了资本积累和转型。分化的

---

① Ian Copland, Michael R. Godley. *Revenue Farming in Comparative Perspective: Reflections on Taxation, Social Structure and Development in the Early-Modern Period* [M]// *The Rise and Fall of Revenue Farming: Business Elites and the Emergence of the Modern State in Southeast Asia*. London: MacMillan, 1993: 45-68.

② Constance Wilson. *Revenue Farming Economic Development and Government Policy during the Early Bangkok Period, 1830-92* [M]// *The Rise and Fall of Revenue Farming: Business Elites and the Emergence of the Modern State in Southeast Asia*. London: MacMillan, 1993: 142-165.

③ 马克斯·韦伯．经济与社会（第一卷）［M］．上海：上海人民出版社，2019．

华人群体在暹罗封闭的家产制之外开辟了商业自治区，华商几乎垄断了暹罗的制造业和零售业，同时还投资银行业、运输业，因此，说是华人推动暹罗迈入资本主义社会也毫不为过。

本文将暹罗包税制度的发展和衰落置于政治进程之中观察，试图从这一经济视角一窥暹罗现代性的发生和发展。本文认为，暹罗的现代民族国家意识在与西方殖民者的接触中形塑，但现代化改革并不彻底，只是对于西方税收国家的浅显模仿，并未从根本上改变暹罗的社会基础。鉴于萨迪纳制度对泰人的约束性，华人之于暹罗是得天独厚的、替代性的资本化对象，从结果来看，华人资本也成功为泰国迈入现代化背书。

本文意识到暹罗的包税制度和社会性质有其特殊性，但囿于笔力未在文中深入发掘，需留待未来进一步探究。

参考文献

［1］马克斯·韦伯．经济与社会（第一卷）［M］．上海：上海人民出版社，2019．

［2］施坚雅．泰国华人社会：历史的分析［M］．厦门：厦门大学出版社，2010．

［3］泰国税务局（กรมสรรพากร），https://www.rd.go.th/3458.html．

［4］通猜·威尼差恭．图绘暹罗：一部国家地缘机体的历史［M］．南京：译林出版社，2016．

［5］Constance Wilson. *Revenue Farming Economic Development and Government Policy during the Early Bangkok Period, 1830–92* [M]// *The Rise and Fall of Revenue Farming: Business Elites and the Emergence of the Modern State in Southeast Asia.* London: MacMillan, 1993: 142–165.

［6］Hong Lysa. *The Tax Farming System in the Early Bangkok Period* [J]. *Journal of Southeast Asian Studies*, 1983, 14 (2): 379–399 .

［7］Howard Dick. *A Fresh Approach to Southeast Asian History* [M]// *The Rise and Fall of Revenue Farming: Business Elites and the Emergence of the Modern State in Southeast Asia.* London: MacMillan, 1993: 3–18.

［8］Ian Copland, Michael R. Godley. *Revenue Farming in Comparative Perspective: Reflections on Taxation, Social Structure and Development in the Early-Modern Period* [M]// *The Rise and Fall of Revenue Farming: Business Elites and the Emergence of the Modern State in Southeast Asia.* London: MacMillan, 1993: 45–68. .

［9］John Butcher. *Revenue Farming and the Changing State in Southeast Asia* [M]// *The Rise and Fall of Revenue Farming: Business Elites and the Emergence of the Modern State in Southeast Asia.* London: MacMillan, 1993: 19–44..

印度尼西亚迁都的背景、现状与挑战

信息工程大学　张向辉

【摘　要】2019 年印尼总统佐科正式决定将印尼首都从爪哇岛的雅加达迁往加里曼丹岛东部地区，以应对当前印尼所面对的爪哇岛人口密集、经济资源集中以及雅加达的“大城市病”等社会、经济困境。随着新冠疫情在印尼的逐渐好转，佐科政府在国会的支持下公布实施了国都法案，并逐步建立新国都的政府机构，印尼的迁都迈出了实质性的步伐。目前，印尼的迁都仍面临国内各阶层意见分歧、加里曼丹岛环境保护、经济资金支持等现实问题。初步的迁都计划可能会在佐科卸任前完成，但从世界其他国家的迁都经验来看，迁都需要前后几十年的时间才能完成。最终印尼的迁都计划是否能顺利落实，既有赖于印尼自身的国家发展状况，也取决于未来的印尼总统是否拥有跟佐科一样的决心。

【关键词】印尼；迁都；雅加达

首都对于一个国家而言具有非常重要的意义，一直作为首都的雅加达是印度尼西亚共和国（以下简称印尼）最重要的政治、经济、文化和国际交流中心，为印尼的国家发展发挥了独特的作用。与此同时，随着资源不断往首都所在地区的集中，印尼各大岛之间的经济、人口发展出现严重不均衡，雅加达自身所面临的诸如环境、自然灾害等问题也愈发严重，关于将国家行政中心从雅加达搬离到其他地区的讨论从未停止过。

早在荷印殖民时期，殖民政府就曾尝试将当时名称还是巴达维亚的雅加达迁往爪哇岛其他城市。1762—1818 年执政的荷印总督赫尔曼·维勒姆·丹德尔斯因瘟疫和防御的原因提出将行政中心从巴达维亚迁至防御设施更为完备的泗水，最后因为没有获得东印度公司的支持而作罢。1920 年，当时的荷印总督范·利姆伯格（1916—1921）计划将政府各部门分阶段从巴达维亚迁至万隆，并获得了宗主国荷兰的同意，但在万隆各部门的建造并未落实，最终迁都的计划也没有实现。[①]

印尼独立后，开国总统苏加诺 1957 年在加里曼丹岛南部的一个地区立碑并建设了现在成为中加里曼丹省省会的帕朗卡拉亚，并希望之后将首都从雅加达迁至这个位于印尼版图中部的地区，之后由于当时印尼国内、国际环境的剧烈变化，苏加诺的设想没有成为现实。到了“新秩序”时期，为了减少雅加达越来越重的负担，

① https://historia.id/politik/articles/rencana-ibukota-pindah-ke-surabaya-v54g4

第二任总统苏哈托颁布了 1997 年第 1 号总统令，计划将茂物的戎格尔地区建设成为独立的城市，并在未来将首都迁至该地区，但随着苏哈托 1998 年 5 月被迫下台，这一计划不了了之。到了 2010 年，时任印尼总统苏西洛组建特别小组研究新首都的选址，特别小组提出了三项建议：保持雅加达的国都地位，并对雅加达进行深入治理；将国都迁至爪哇岛的其他城市；将首都迁至爪哇岛以外的地区。但是在苏西洛执政的两个任期内，上述建议并没有得到进一步的落实。

早在 2017 年现任总统佐科就指示国家建设规划局开始研究迁都的各种可能选项[①]，但是因为各方面的阻力以及连任的压力，佐科政府并未大张旗鼓地向前推进。在 2019 年 4 月的总统大选中，根据快速计票结果佐科基本确定获得胜选，佐科之后即发表演讲称："我现在没有了负担，不需要再为了连任在政策上摇摆，为了国家的利益我们将全力以赴。"[②]没有了连任的压力，佐科在 2019 年 4 月 29 日的政府内部会议中，正式决定迁都，并将迁都纳入到国家中期发展规划（2020—2024）之中。2019 年 8 月 16 日，佐科在人协全会发表的国情咨文中向全体国民宣布将首都从雅加达迁至加里曼丹岛，并在 26 日确定印尼新国都的选址。之后由于新冠疫情在印尼没有得到有效控制，佐科政府不得不将注意力主要放在应对疫情上，新首都的建设基本陷入停滞。2021 年下半年，随着印尼疫情的缓和，新首都的建设成为佐科政府的优先事项之一，2022 年 1 月印尼正式将新首都命名为"努山达腊"并通过了关于国都的 2022 年第 3 号法律，迁都再次成为印尼社会关注的焦点。

一、印尼迁都的背景

（一）人口和资源集中导致的社会、经济困境

印尼是世界上最大的群岛国家，根据印尼中央统计局最新发布的 2021 年统计数据，目前印尼陆地面积 191 万 6906 平方千米，有 16766 座岛屿[③]。尽管印尼岛屿众多，但其人口和生产生活主要集中在五个大岛上，即苏门答腊岛、爪哇岛、加里曼丹岛、苏拉威西岛和巴布亚岛。其中，爪哇岛由于历史和现实的原因，一直是印尼政治、经济和文化中心。一方面，爪哇岛在历史上的不断发展促使其成为国家的战略中心，是印尼国家发展的发动机和心脏地带；而另一方面，由于资源的过度集中，面积仅占印尼陆地领土 6.69%的爪哇岛却承载了超过 50%的印尼人口数量和经济总量。以多元性为主要特点的印尼，却因爪哇岛人口的不断拥挤以及资源的不

---

① https://www.dw.com/id/jokowi-bakal-pindahkan-ibu-kota/a-38378395

② https://www.republika.co.id/berita/pt6xcu428/jokowi-saya-lima-tahun-ke-depan-tidak-miliki-beban

③ https://www.bps.go.id/indikator/indikator/view_data_pub/0000/api_pub/UFpWMmJZOVZlZTJnc1pXaHhDV1hPQT09/da_01/1

断集中，使其他地区与爪哇岛间的差距越来越大，带来了整个国家的社会、经济困境，爪哇岛自身有限的承载力与社会经济发展的矛盾也越来越突出。

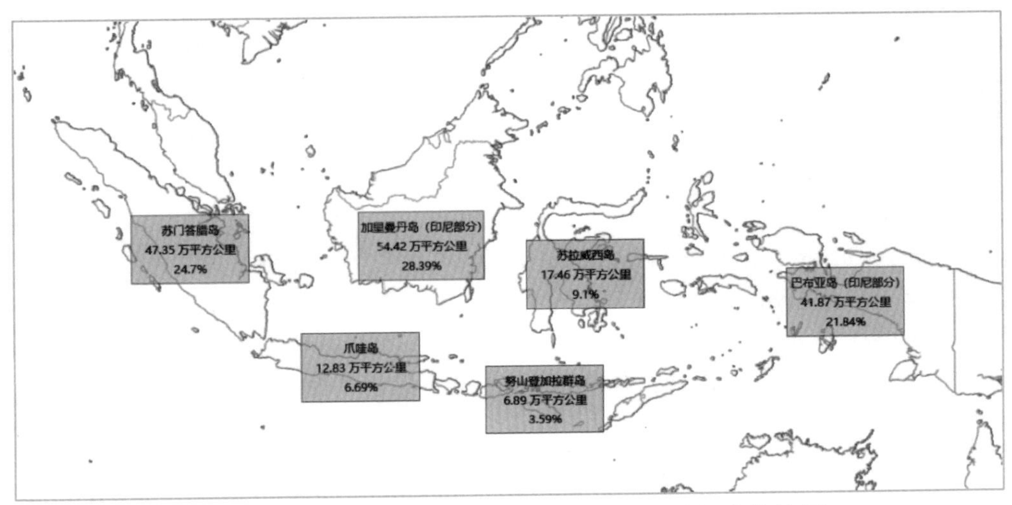

图 1　印尼主要岛屿的面积及所占印尼陆地领土的比例

由于爪哇岛发达的经济和完善的基础设施，其人口数量占据总人口的比例居高不下。根据印尼环境部 1997 年发布的《21 世纪议程》中的数据，1950 年爪哇岛的人口数量约 6000 万，在 1990 年爪哇岛的人口就超过了 1 亿，达到了约 1 亿 751 万，占当时印尼人口总数的 60%，这一比例至今没有显著变化。随着国家人口的不断增长，爪哇岛的人口数量也在不断上升。印尼每十年进行一次人口普查，在最近一次（2020 年）的人口普查结果中，爪哇岛的人口为 1 亿 5000 余万，占总人口的比例为 56.1%，这一数字甚至能够排在人口数量占世界前七位的国家（不包括印尼）之后。爪哇岛目前的人口密度约为 1181 人每平方千米，这也使爪哇岛成为世界上最为拥挤的岛屿，而新首都所在的加里曼丹岛这一数字仅为 31 人每平方千米。

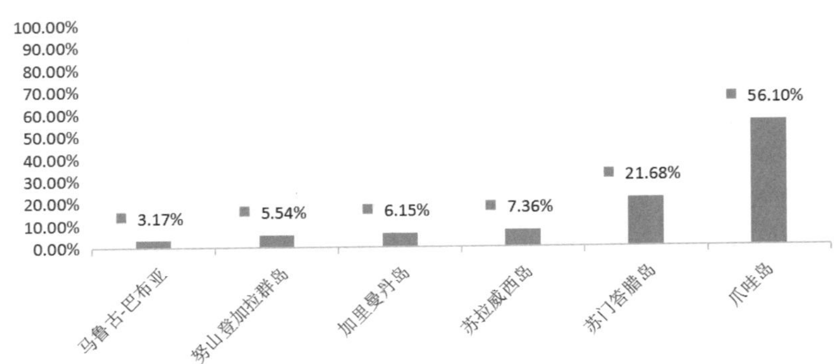

图 2　印尼主要岛屿的人口数量占总人口比例（数据来源：印尼 2020 年人口普查）

不断增加的人口给爪哇岛的生态环境带来了沉重的负担。耕地的旺盛需求导致森林滥砍滥伐，这对河流的沉积产生影响，加上生活、工业、畜牧业等废水的排放，爪哇岛几乎所有的河流都受到污染，超过了河口、湿地以及三角洲生物群的承载能力。垃圾的处理也成为一个严重的问题，爪哇岛每个月仅塑料垃圾就产生189000 吨，其中只有 11.83%被重复利用，垃圾污染问题越来越严重。人口数量增长及其所导致的环境问题也给爪哇岛的生活用水带来了严重的影响，根据印尼国家建设规划局发布的数据，在 2000 年爪哇岛生活用水短缺的地区就占到了 6%，这一数据在不断提高，预计在 2045 年将达到 9.6%①。

除了人口数量，爪哇岛的经济总量也一直在印尼国民经济总量中占较高比重，占印尼国内生产总值的 50%以上。各类经济建设资源集中在爪哇岛，进一步加剧了其他主要岛屿与爪哇岛经济的差距。根据印尼中央统计局发布的最新数据，2021 年爪哇岛 GDP 占印尼 GDP 的 57.89%，这一数据远超其他岛屿。

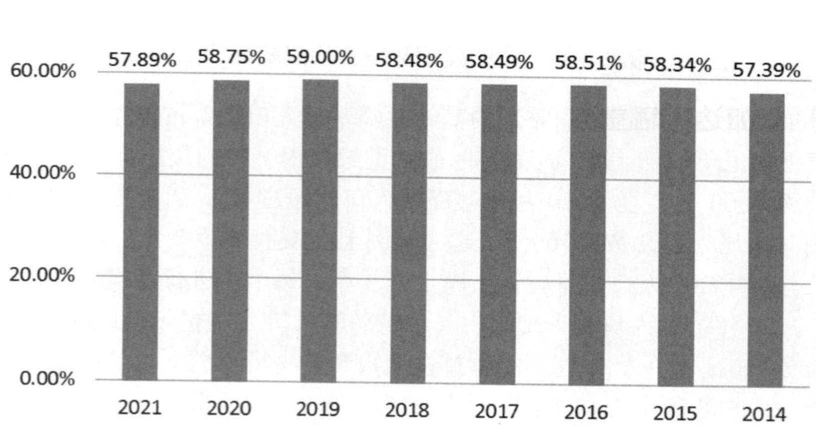

图 3　爪哇岛 2014—2021 年 GDP 占国家国内生产总值的比例
（数据来源：印尼中央统计局）

① http://lipi.go.id/berita/krisis-air-di-jawa-dan-bagaimana-kita-harus-menyikapinya/21725

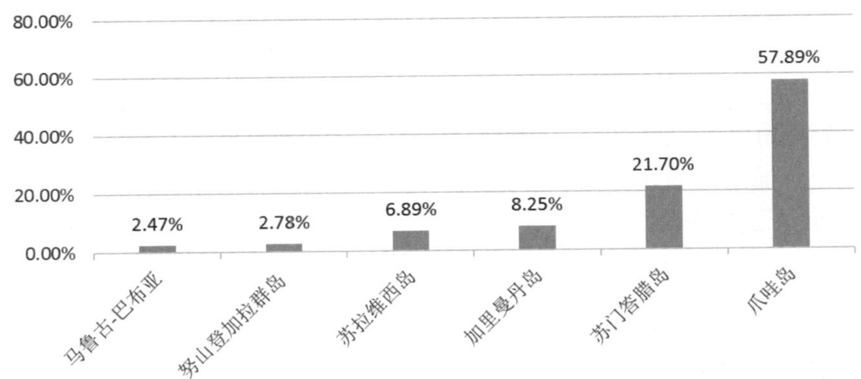

图 4　2021 年印尼各主要岛屿占国内 GDP 总量比例（数据来源：印尼中央统计局）

爪哇岛肥沃的土地使印尼历史上大的王朝基本都将行政中心设在爪哇岛。荷兰殖民者侵入印尼后，也将爪哇岛作为殖民地发展的中心，一直延续到印尼独立至今。但是，当前人口和经济资源的过度集中使爪哇岛不堪重负，印尼国内学者以及各届政府都认为这与行政中心雅加达设在爪哇岛有很大的关系。

（二）雅加达不堪重负

在过去的几十年间，随着雅加达城市化的不断加深，雅加达及其周边地区在工业、商业、交通、房地产等众多领域发展迅速。雅加达城市发展的指数级增长带来了诸多负面问题：耕地、林地等广泛被建设成为住宅和工业区；工业活动的发展和人口的快速增长使地下水开采量增加；生活、农业和工业废弃物排放导致的河流、空气污染；日益严重的城市拥堵等等。上述这些问题使雅加达的承载能力越来越脆弱。

1. 地面沉降和海平面上升问题

雅加达的地面沉降一直都在发生，沉降的速率约为 1—15 厘米每年，部分区域的沉降速率甚至达到了每年 20—28 厘米。导致雅加达地面沉降的原因包括地下水的过度抽取、建筑物负荷导致的土地压实、冲积土的自然固结以及地质活动等。①雅加达地区的地质构造比较稳定，其中地下水的过度抽取是导致地面沉降的主要原因。雅加达活跃的工业活动和不断增长的人口导致对地下用水的过度使用。据统计，由于地表水供应不足加之供水成本相对低廉，雅加达约 64%的用水需求是通过地下水抽取满足的。另外，不断开发的建筑项目占据了大部分绿化用地，1965 年雅加达的绿化用地达到 35%以上，而目前已降到 9%以下。建筑物的不断增加导

① Hasanuddin Z. Abidin, Irwan Gumilar. *Land subsidence of Jakarta (Indonesia) and its relation with urban development*[J]. *Natural Hazards*, 2011 (12): 123.

致土地压实从而形成地面沉降。事实表明，雅加达的地面沉降与其城市的发展活动密切相关。

在地面沉降发生的同时，由于地球变暖导致的海平面上升也对雅加达产生负面影响。截至 2019 年的海平面上升数据显示，雅加达湾海平面上升的速度为 0.43 厘米每年。① 雅加达大部分的沿海地区多为平地，地面沉降叠加海平面上升将会对雅加达沿海地区造成灾难性的后果。美国国家航空航天局发布的数据显示，目前雅加达约 40%的陆地低于海平面，印尼国家创新和研发局专家预计到 2050 年雅加达将被海水淹没 25%。②

2. 人口承载极限

2020 年印尼人口普查的数据显示，雅加达的人口已经达到 1056 万人，人口密度为每平方千米 14555 人，是印尼国内平均人口密度的 103 倍。人口的增长愈发超出了雅加达的承载极限，并带来了各种社会问题。

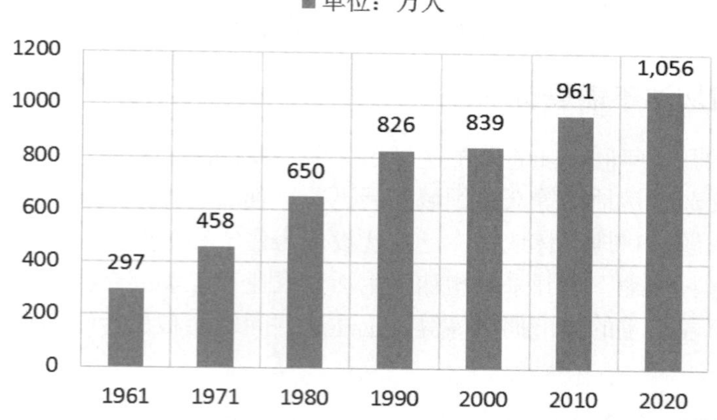

图 5 1961—2020 年雅加达人口增长情况（数据来源：印尼中央统计局）

由于新增就业岗位数量不能匹配人口的增长，雅加达的贫困率和失业率居高不下。根据 2022 年 3 月印尼全国社会经济调查的结果，雅加达共有 50.2 万贫困人口，贫困率达到了 4.69%。③ 2021 年雅加达的公开失业率为 8.5%，高于全国 6.49%的平均失业率。大量的贫困人口和失业人口也导致了雅加达的治安问题，2021 年

① https://travel.detik.com/travel-news/d-5755812/ini-penyebab-permukaan-tanah-jakarta-semakin-turun

② https://travel.detik.com/travel-news/d-5755601/pakar-brin-2050-jakarta-diprediksi-terendam-25-tapi-tidak-sampai-monas

③ https://news.detik.com/berita/d-6180684/bps-dki-ungkap-warga-miskin-di-jakarta-bertambah-jadi-502-ribu-orang

雅加达首都特区警察部门处理的刑事案件数量达到 30124 宗。在专门针对世界各国、各城市进行相关数据评估的 NUMBEO 网站上，2022 年上半年雅加达的犯罪指数达到了 53.3，排在东南亚地区所有城市的第 8 位。

另外，人口的剧烈增长和尚不完善的公共交通基础设施导致雅加达成为世界上交通最拥堵的城市之一。2020 年 8 月，印尼交通部长布迪·卡尔亚·苏马蒂在一个研讨会上表示，雅加达每年因交通拥堵导致的经济损失达到了 65 万亿印尼盾，约合 293 亿元人民币。另外，雅加达机动车数量也在不断增加，根据印尼国家交警总队发布的最新数据，当前雅加达的机动车保有量已经达到了 2200 万辆。[①] 各类因素所导致的交通拥堵已经成为雅加达的重大社会问题。

3. 环境污染和洪水灾害

环境污染问题也困扰着雅加达，空气和水成为污染的重灾区。根据瑞士 IQAir 空气检测网站发布的 2021 年全球空气质量报告，雅加达的污染排在世界各国首都的第 12 位，在东南亚国家城市空气污染中排名第 6 位，是印尼空气污染最严重的城市。雅加达 2021 年 PM2.5 的平均浓度达到了 39.2 微克每立方米，远超世界卫生组织建议的 5 微克每立方米标准。机动车尾气、工业排放、燃煤发电、露天焚烧等是导致雅加达空气严重污染的重要原因。印尼绿色和平组织空气污染领域的专家班丹表示 2010 年雅加达发生了超过 550 万例与空气污染有关的疾病。[②]

雅加达水污染的情况也非常严重，根据印尼最大的非政府环境保护组织印尼环境论坛（Walhi）发布的数据，流经雅加达的 13 条河流以及 4 条水渠都达到了中度至重度污染，印尼建设和规划局的研究数据也显示雅加达 96%的城市用水受到污染。目前，生活用水和工业用水的排放已经远超了雅加达废水处理的能力，河流污染物包括人类排泄物、重金属、塑料微粒等，河流污染也导致浅层地下水的污染状况堪忧。

另外，雅加达本身处在季风交汇的地带，季风带来的暴雨很容易形成具有破坏性的洪水。近几十年雅加达快速的城市化、绿地剧减以及人口的不断增长也加重了水灾问题。自 1990 年以来，雅加达每隔几年就会发生一次特大洪水，导致数万人流离失所并出现人员伤亡，区域性洪水更是屡见不鲜。洪水形成的原因除了连续暴雨带来的降水量激增以外，还包括另外两个方面的原因：一方面由于城市建设导致森林和其他绿地被不透水的建筑物所覆盖，导致暴雨不能及时渗透到地下，另一方面人类活动的加剧使许多河道堆积着沉积物和垃圾，洪水不能及时排出，一旦河流

---

① https://oto.detik.com/berita/d-6140922/jakarta-makin-macet-jangan-heran-ada-22-juta-kendaraan-lebih-wara-wiri

② https://www.kompas.com/sains/read/2022/06/23/201359123/bukan-hanya-karena-cuaca-ini-8-penyebab-polusi-udara-jakarta?page=all

水位上涨很容易溢出导致内涝。

二、迁都的规划和进展

（一）新国都的选址

尽管一直以来都有迁都的讨论，由于爪哇岛完善的基础设施和经济基础是印尼其他岛屿所不具备的条件，因此是否将国都搬离爪哇岛是历任有意愿迁都的印尼总统所要面临的选择。佐科政府最终基于当前印尼面临的上述困境，决定将加里曼丹岛作为新国都的所在地，将人口和经济资源往新的首都地区疏导，以减轻爪哇岛和雅加达当前所承受的沉重负担，促进全国范围内更为均衡的经济、社会发展。东加里曼丹省北佩纳扬巴塞尔（Penajam Paser Utara）县和库塔卡塔那加拉（Kutai Kartanegara）县的部分地区最终被划定为新首都的所在地，所占陆地面积为256,142 公顷，海洋面积为 68,189 公顷，首都核心区面积为 56,180 公顷。从地理位置上来看，加里曼丹岛位于印尼版图的中部，更容易辐射到印尼的所有地区。另外，将首都迁至加里曼丹岛，将会通过新首都规划发展的产业集群提振爪哇岛以外地区的经济并吸引人口和资源往印尼中部地区迁移，从而加快印尼各区域之间的互联互通以及产业部门之间的紧密联系，实现公平的国家发展。加里曼丹岛的洪水、地震、海啸、火山以及山体滑坡等自然灾害风险相对更小也是计划迁都至此的一个重要原因。

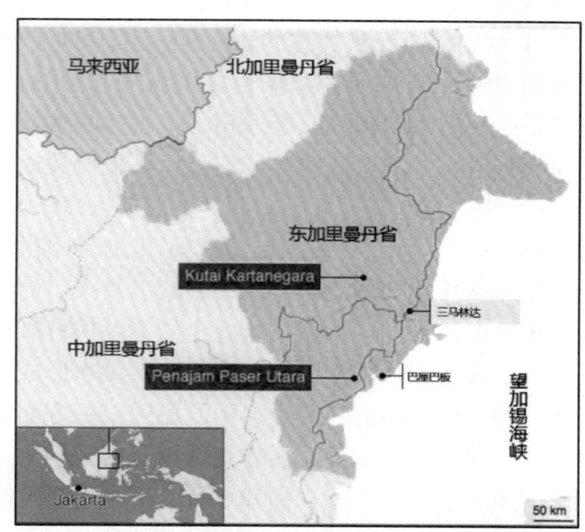

图 6　东加里曼丹省北佩纳扬巴塞尔县和库塔卡塔那加拉县区位图

新首都的选址位于巴厘巴板和三马林达两个较为成熟、发达的城市中间，这样一来新国都的建设有了重要依托。另外，新国都建设区有 18 万公顷的土地为印尼政府所有，避免了征地困难的问题，同时也降低了迁都的成本。

从国防角度来看，新国都的位置拥有天然的防御屏障和较大的战略纵深，望加锡海峡西侧的新国都周边本已部署了较为完备的海陆空力量，也能够为新首都的防御带来保障。

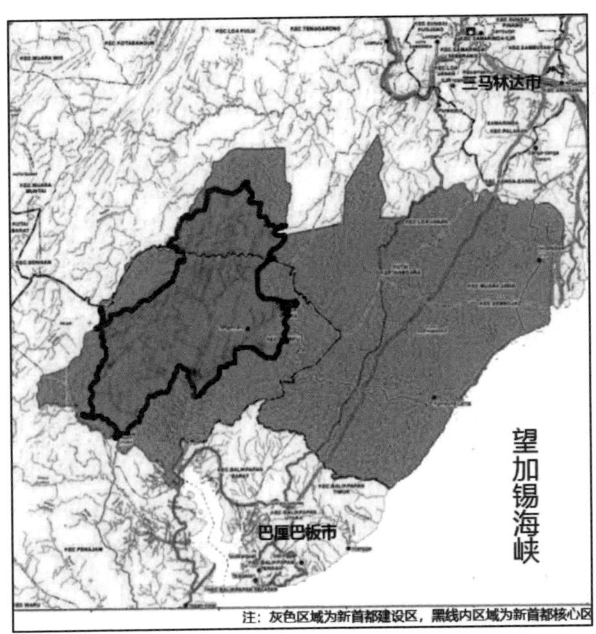

图 7　新首都区划图

（二）目前的迁都进展

1. 批准国都法案

2022 年 1 月 18 日，在经历了一周的公示期后，印尼国会正式批准关于国都的法律草案，法律名称为“关于国家首都的 2022 年第 3 号法律”，并在 2 月 15 日印尼总统佐科签署后正式实行。国都法案的批准实行，标志着印尼迁都进入了一个新阶段，为后续建设的开展奠定了法律基础。该法律由 11 章 44 条组成，主要内容包括：

（1）新首都正式被命名为“努山达腊”（Nusantara）①；

（2）新首都的行政区域范围；

（3）新首都建设包含的三个远景目标：国家认同的象征、可持续发展的世界城市以及未来印尼经济的发动机；

（4）新首都建设的基本原则：公平、生态平衡、可持续发展、宜居、互联互通

① “Nusantara”一词来自古爪哇语卡威文，特指“印尼群岛”，象征着印尼的统一，因此这个名称被认为融合了印尼丰富的多样性。

和智慧城市；

（5）努山达腊首都管理局的架构、权责，并要求最迟在 2022 年底之前正式运行；

（6）空间规划和土地所有权的转移；

（7）生态环境的保护和治理；

（8）防灾减灾；

（9）国防安全；

（10）国家部门机构和外国代表机构的迁移；

（11）迁都预算的筹措和管理；

（12）民众参与；

（13）法律监管；

（14）雅加达在新首都正式迁移之前仍然为国家的首都。

2. 新首都政府机构筹备和人力资源规划

由于新冠疫情的影响，佐科在 2019 年宣布迁都后，迁都计划一直未取得实质的进展。随着国都法案的通过，佐科政府也加快了迁都的进程。

根据国都法案的规定，努山达腊首都管理局是与国家部门同级的机构，负责努山达腊首都特区的行政管理。在第 5 条第 4 款中规定了，努山达腊首都管理局局长为部长级，由总统与国会协商后任命和罢免，并可以在任期结束前被总统随时免职。努山达腊首都管理局局长由一名副局长协助工作，任免方式与局长一致，局长和副局长的任期为 5 年，可连任一次。

作为新首都的行政组织机构，努山达腊首都管理局被赋予了特殊的权力：授予投资许可、营商便利；为新国都筹备、开发和迁移的各融资方提供特殊便利。

2022 年 3 月 10 日，佐科正式任命班邦·苏山多诺为努山达腊首都管理局局长，多尼·拉哈乔为管理局副局长。班邦·苏山多诺曾任苏西洛执政时期的交通部副部长，2015 年担任亚洲开发银行副行长，负责空间规划、区域建设、可持续发展等方面的管理。多尼·拉哈乔在被佐科任命之前，一直担任印尼最大房地产开发公司之一金光地产集团的高管。

印尼部门优化和机构改革部部长扎赫约·古莫罗在其部门社交媒体官方账号中发布的演讲视频中透露，根据佐科与国家建设和规划局局长的商议结果，2023 年底第一波次包括公务员、警察和军人在内 60000 名公职人员需要在新首都部署完毕，同时强调满足条件的公务人员必须迁至新首都，否则将受到裁撤。

2022 年 7 月 12 日，印尼人民住房和公共事务部部长巴苏齐·哈迪穆尔约诺向媒体透露，随着私有土地征用的完成，新首都核心区（KIPP）的一系列建设也将随即展开，其中就包括人民代表机构和总统府。

三、迁都当前面临的挑战

（一）国内质疑不断

从佐科宣布迁都决定至今，印尼国内的争议声此起彼伏，社会各阶层都对迁都存在质疑。在印尼民调机构 Kedai Kopi 调研公司 2019 年 8 月 14—21 日对印尼 34 个省开展的民调结果中显示，有 39.8%的受访者不同意迁都，24.6%的受访者不置可否，仅有 35.6%的受访者支持迁都，其中雅加达高达 95.7%的受访者反对该计划。① 针对将首都迁出能够缓解雅加达当前面临的困境，很多民众有不同的见解：迁都非但不能解决雅加达的危机，反而使政府置身事外，不能够专注于通过改善雅加达的城市管理来解决问题。

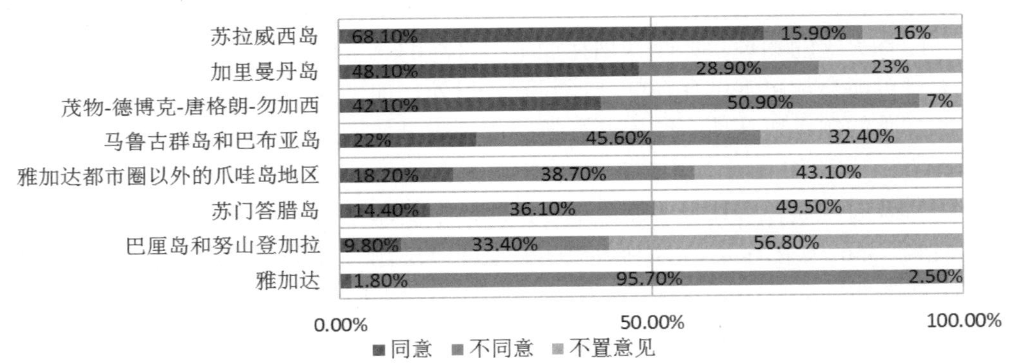

图 8 关于“是否同意迁都”的民调结果（数据来源：Kedai Kopi 网站）

佐科在成功连任后，通过将大印尼行动党总主席普拉博沃吸收进内阁担任国防部长，大大削弱了首个任期中所面对的国会反对党派力量，处在了权力的巅峰。新颁布实施的国都法案从国会审议讨论到顺利通过只用了 42 天的时间，这与国会大多数党派对佐科的支持不无关系。但是，国都法案的迅速通过也招致了个别党派和部分专家学者、民众的批评和质疑。在国会对国都法律草案进行的讨论决议中，繁荣公正党旗帜鲜明地反对该法律草案的通过，反对理由包括疫情严峻形势下迁都只会加重经济负担、法律讨论时间太短、法案中计划不够周全等等。另外，包括大学和研究机构学者、企业家、记者、公司职员等在内的 21 名起诉人和另外 12 名起诉人分别到印尼宪法法院就国都法案违宪提起诉讼，他们认为国都法案的部分条款与 1945 年宪法的部分条款相抵触，制定国都法案的过程并没有社会各阶层的广泛参与，侵犯了民众的政治参与权利，存在信息不透明的情况。尽管最终宪法法院驳回了起诉意见，但是这从一个侧面反映了部分专家学者和民众对国都法案的质疑。

对于新首都建设能否顺利按计划进行这一问题印尼国内也存在广泛的悲观情

---

① https://kedaikopi.co/survei/polemik-kepindahan-ibukota-ini-kata-responden-kedaikopi/

绪。在印尼战略和国际研究中心（CSIS）2022 年 3 月 29 日至 4 月 12 日对各领域专家进行的专项民调结果显示，多达 58.8%的受访专家不确定新首都能够按照原定目标进行，超过 69.4%的受访专家认为国家预算不足以支撑新国都的建设。① 除此之外，大多数受访专家也认为将首都从雅加达迁出不一定能够解决或者缓解拥堵、洪水、污染等各类问题。

（二）环境影响和经济挑战

对加里曼丹岛环境的影响也是迁都所带来的巨大担忧之一，这一问题引起了印尼国内外环境保护机构的强烈关注。加里曼丹岛有大量的热带雨林覆盖，被称为“世界之肺”，还是多个珍稀物种的栖息地，其中就包括加里曼丹猩猩。由于加里曼丹岛矿藏丰富，土地肥沃，大规模的采矿活动和棕榈种植已经威胁到加里曼丹岛的环境和濒临灭绝的物种，如今计划在加里曼丹岛的热带雨林中伐林造地，兴建大城市，无疑可能会加重本已存在的环境问题。另外，加里曼丹岛同时也是马来西亚两个州和文莱的领土所在地，印尼开发新首都可能对加里曼丹岛环境带来的影响也引起了周边相关国家的关切。

佐科政府也面临着迁都所需资金的挑战。根据印尼国家发展规划局的估算，迁都将耗资 466 万亿印尼盾，约合 2013 亿元人民币，按计划政府只承担其中的 19%，剩余部分来自印尼国有企业以及国内外私营部门的投资。2022 年 3 月，日本软银集团宣布退出对印尼新国都建设的投资，软银集团创始人兼首席执行官孙正义也从佐科组建的新首都项目指导委员会辞任，这引起了印尼国内的广泛关注。一般而言，一座大型城市的建设周期长、收效慢，能否吸引足够多的投资者情况并不乐观。另外，由于新冠疫情的影响，印尼经济在 2020 年遭遇衰退，经济增长率为 -2.1%，2021 年经济增长率也只有 3.69%。在新冠疫情形势尚未明朗的情况下，加之俄乌冲突导致的世界经济下行，未来印尼是否拥有足够的国家资本支撑新国都的建设依然是摆在佐科政府面前的一道难题。

四、结语

从世界范围来看，在过去的 100 年里，有 30 多个国家搬迁了首都，迁都的目的既有为了重建不同地区、民族和宗教团体之间的关系，也有为了改善与重要区域的连通性、刺激欠发达地区的经济，但基本上都是基于综合性的战略考量。在过往的迁都案例中，既有像澳大利亚将首都由墨尔本迁往堪培拉、巴西将首都从里约热内卢迁至巴西利亚的成功案例，也存在不是很成功的案例：缅甸在 2005 年将首都迁至内比都，十几年过去了，新首都尽管基础设施完善，但是人气依然不足。历史

① https://www.kompas.tv/article/296642/survei-csis-70-persen-responden-ahli-skeptis-soal-pembangunan-ikn

的经验表明，迁都是一项旷日持久的大工程，迁都的成效可能需要在数十年之后才能显现。

平民出身的佐科在 2014 年上台后，大力发展国家经济，开发基础设施建设，取得了不菲的政绩，同时也增加了其大刀阔斧改革的底气。作为一个有政治抱负的总统，佐科无疑希望通过迁都在印尼历史上留下浓墨重彩的一笔。佐科的剩余任期还有差不多两年时间，按照佐科的设想，在卸任之前他希望能在新首都建成的总统府举行庆祝国庆日活动。从新首都的建设规划到国都法案的通过，佐科的迁都计划迈出了实质性的步伐，初步的迁都计划可能会在佐科卸任前完成。但是根据世界上其他国家的迁都经验，印尼的迁都可能需要数十年才能完成。因此，最终印尼的迁都计划是否能顺利落实，既有赖于印尼自身的国家发展状况，也取决于未来的印尼总统是否拥有跟佐科同样的决心，正如佐科在社交媒体中所说："建设新首都需要 15 至 20 年，因为这是一项巨大且十分复杂的工程。"

参考文献

[1]〔澳〕史蒂文·拉克雷．印度尼西亚史［M］．郭子林，译．北京：商务印书馆，2009．

[2]王任叔．印度尼西亚近代史［M］．北京：北京大学出版社，1995．

[3]韦红．苏哈托时期印尼的经济发展与民族矛盾［J］．当代亚太，2002（10）．

[4] Acep Hadinata, Bezoky Cynthia. *The State Capital Relocation Policy and Pandemic Covid-19: A Literature Review* [J]. *Journal of Economics and Business Letters*, 2021 (1).

[5] Deny Slamet Pribadi, Setiyo Utomo. *Dampak Perpindahan Ibu Kota Negara terhadap Pemulihan Ekonomi dalam Perspektif Persaingan Usaha* [J]. *Jurnal Persaingan Usaha*, 2021 (2).

[6] Dian Herdiana. *Pemindahan Ibukota Negara: Upaya Pemerataan Pembangunan ataukah Mewujudkan Tata Pemerintahan yang Baik* [J]. *Jurnal Transformative*, 2022 (1).

[7] Fikri Hadi dan Rosa Ristawati. *Pemindahan Ibu Kota Indonesia dan Kekuasaan Presiden dalam Perspektif Konstitusi* [J]. *Jurnal Konsitusi*, 2020 (3).

[8] Hasanuddin Z. Abidin, Irwan Gumilar. *Land subsidence of Jakarta (Indonesia) and its relation with urban development* [J]. *Natural Hazards*, 2011 (12).

[9] Hayatul Khairul Rahmat, I Dewa Ketut Kerta Widana et al. *Analysis of Potential Disaster in The New Capital of Indonesia and its Mitigation Efforts: A Qualitative Approach* [J]. *Disaster Advances*, 2021 (3).

[10] IQAir. *2021 World Air Quality Report* [R]. Swiss: IQAir, 2022.

［11］Komsi Koranti, Widio Purwani. *Perkembangan Kriminalitas Di Wilayah DKI Jakarta dan Sekitarnya Bedasarkan Aspek Ekonomi-Demografi* [J]. *UG Jurnal*, 2014 (5).

［12］Muhammad Rizki Yudistira, Gama Putra Danu Sohibien. *Analisis Konvergensi Ekonomi di Pulau Jawa Menggunakan Data Penel Dinamis Spasial Tahun 2013-2017* [C]// *Seminar Nasional Official Statistics 2019*. 2019.

［13］Muhammad Taufiq. *Pemindahan Ibu Kota dan Potensi Konektivitas Pemerataan Ekonomi* [J]. *Jurnal Vokasi Indonesia*, 2020 (1).

［14］Nurzaman. *Perencanaan Wilayah dalam Konteks Indonesia* [M]. Bandung: Penerbit ITB, 2012.

［15］Rahma Sugihartatia, Daniel Susilob et al. *Discourse About the Government's Political Goal to Move the Capital of Indonesia* [J]. *International Journal of Innovation, Creativity and Change*, 2020 (10).

［16］Rahmatulloh. *Dinamika Kependudukan di Ibukota Jakarta* [J]. *Genta Mulia*, 2017 (2).

［17］Reni Ria Armayani Hasibuan, Siti Aisa. *Dampak dan Resiko Perpindahan Ibu Kota Terhadap Ekonomi di Indonesia* [J]. *Jurnal Ekonomi Islam*, 2020 (1).

［18］Surya Dwi Saputra, Thomas Gabriel J, Mhd Halkis. *Analisis Strategi Pemindahan Ibu Kota Negara Indonesia Ditinjau dari Perspektif Ekonomi Pertahanan* [J]. *Jurnal Ekonomi Pertahanan*, 2021 (2).

柬埔寨海上石油开发现状与问题研究

信息工程大学　何思伟

【摘　要】柬埔寨海上石油发现早，潜力大，但在开发过程中存在“三慢一低”的问题。深究原因，可以发现问题背后既有客观因素也有主观因素。在中国-东盟能源合作不断深化的背景下，当前地区能源发展形势较好，柬埔寨若利用海上石油复产机会，加大开发力度，能够为本国和地区创造更多的发展机遇。

【关键词】柬埔寨；海上石油；中国；东盟

柬埔寨是以农业为主的国家，近年来，其国内生产力水平不断提高，工业和制造业产值持续增长，能源需求也相应加大。通过和中国合作修建水电站和修建煤电厂等举措，柬埔寨缓解了一定的压力。除了水电能源之外，柬埔寨还有潜力不俗的石油矿产。而柬埔寨海上石油开发耗时长，历经多次波折，一直以来都是热点话题。2020 年 12 月 29 日，柬埔寨耗时近 20 年成功在海上开采出石油。半年后，因为投资公司破产，开采活动被迫停止。2022 年 5 月 3 日，柬埔寨又有新动作，邀请加拿大能源公司对油井平台进行了复产前检查。

目前国际油价走势良好，东南亚地区能源产业在中国“一带一路”倡议、中国-东盟能源合作等机制框架下发展形势良好。在此背景下，柬埔寨海上石油开发之路还是充满希望，若能取得进展，将在开拓能源供应和石油贸易等多条道路上促进柬埔寨发展。因此，对于柬埔寨海上石油开发研究是有必要的。本文旨在梳理柬埔寨海上石油发展现状，总结存在的问题，分析背后的原因，在地区能源合作形势较好的背景下对海上石油发展进行前景展望。

一、柬埔寨矿产资源概况

柬埔寨位于东南亚中南半岛地区，属于印支地块。境内有湄公河穿过，水力资源充沛。除此以外，柬埔寨矿产资源也比较丰富。柬埔寨矿产资源分为三类，金属、非金属矿产和能源矿产。金属矿产有铁、锰、金、铅、银、钨等；非金属包括磷、宝石等，能源矿产包含石油和煤等。具有优势的矿产资源有铁、锰、金、宝石和石油。铁矿主要分布在该国北中部柏威夏省迭克山。锰矿主要分布在柬埔寨西部和北部地区。金矿分布较广，柬埔寨境内马德望省、磅湛省、磅同省、贡布省、蒙多基里省、柏威夏省、腊塔纳基里省、暹粒省和上丁省均有金矿床发现。宝石有红蓝宝石之分，其中拜林地区最为著名。除了石油以外，其余四类都已有较长的开采历史。最近一年，柬埔寨金矿开发取得不错成绩。2021 年 6 月，柬埔寨蒙多基里省的乌克沃地区金矿开始开采，同时配有炼油厂，一年来已经创造了不小的收入。

柬埔寨国内石油矿藏潜力较强，但相比其他矿产资源，石油开发进度显得缓慢。20 世纪 80 年代，苏联和越南地质学家在其境内勘测出石油田存在，结果显示柬埔寨海上和陆上都有不俗的石油矿藏。1998 年柬埔寨政府在矿业与能源部下设立了柬埔寨石油管理局（CNPA），分别将海上油田分为 6 个区块，陆上油田分为 19 个区块进行开发。

陆上石油主要分布在北部，东部、洞里萨湖周围和西南沿海地区。19 个区块中目前有 4 个区块正由国外企业进行投资开发，分别是位于西哈努克市的第 8 区块，位于洞里萨湖以西的第 12 区块，位于磅同省洞里萨湖以东的第 15 区块以及位于柏威夏省、暹粒省和磅同省的第 17 区块。

海上油田位于西哈努克市以南 140 千米外的暹罗湾，分布比较集中。柬埔寨将其分为 A—F 六个区块进行开发。海上石油区块西部有一块面积为 27000 平方千米，与泰国具有划界争议的地区。据估计争议地区内含有高达 11 万亿立方英尺的天然气，石油含量尚不确定。两国于 2001 年签署了一份谅解备忘录，在争议地区建立了共同开发机制，并签署了划定其他区域边界的海上边界谅解备忘录，但在后期，谅解备忘录被泰国方面叫停，一直到现在，该问题还未被解决。从 1998 年开始，柬埔寨将海上 6 个区块面向国外进行开发招商，当时每个区块都有国外企业在进行开发。海上石油各区块中，A 区块开发速率最快，已能产出石油。然而 A 区块开发公司在 2021 年 6 月已破产，油井平台生产暂时停滞。其余区块开发进度不一，有的已探明矿藏量，有的勘探情况还不明朗。

总体而言，柬埔寨海上油田开发速度较陆上油田更快。一直以来，海上油田开发都是热点话题。然而，A 区块油井已能产出石油，因投资公司破产暂时停产，下一步动向备受关注。

二、海上石油开发现状及问题不足

柬埔寨海上石油开发，在勘探开采方面，存在投资公司数量多、进度缓慢不一的情况。从整个石油产业开发进程来看，产值收益、制度完善和产业链建设方面各有不足。

（一）柬埔寨海上油田开发现状

柬埔寨海上石油的各区块都已进行开发建设。目前来看，各区块石油贮藏量不均匀，开发进度不尽相同，唯一能够产油区块的投资企业已经破产，油井生产工作已暂停。

柬埔寨能够生产石油的是海上石油 A 区块，该区块原本由新加坡 Kris Energy

公司进行投资开发，目前该公司已破产，柬埔寨政府收回了剩余股份。B 区块由 SPC 新加坡石油公司（控股占比 33.3%）和加拿大 Resourceful Petroleum 石油公司（控股占比 65%）进行投资开发，目前已探明贮藏量约 3000 万桶，还未开始开采。C 区块由香港保利达公司（Polytec）单独进行投资开发（控股占比 100%），现在勘探和开采情况都没有公布。D 区块由中国神州石油科技有限公司全股份占比进行投资开发，目前探明石油贮藏量约 2 亿桶，是目前已探明石油贮藏量最大的区块，却仍未有开采动向。E 区块由四家公司投资进行开发，分别是 Medco 国际石油公司（控股占比 41.3%）、科威特 Kuwait Energy 公司（控股占比 20.6%）、JHL 能源公司（控股占比 4.1%）和瑞典 lundin Petroleum 公司（控股占比 34%），目前勘探和开采进度尚未公开。F 区块由中国海洋石油集团有限公司（CNOOC）100% 单独控股投资。该公司 2007 年获得 F 区块 7000 平方千米的油气钻探权，于 2011 年底开始钻探开采，目前贮藏量和开采进度也未公布。

总体而言，六大区块中已探明石油贮藏量的有 A、B、C 区块，其中，A 区块能开采石油，D 区块已探明贮藏量最大。中国国企和私企各独占一个区块进行投资开发。（详见表 1）

表 1[①]

区块	勘探情况	开采情况	开发公司及控股情况
A	约 3000 万桶	预计 7500 桶/天，实际低于预期，约 2000 桶/天，现已停产	新加坡 Kris Energy 公司 95%（已破产）
B	约 3000 万桶	—	SPC 新加坡石油公司 33.3% 加拿大 Resourceful Petroleum 石油公司 65%
C	—	—	Polytec 香港保利达公司 100%
D	约 2 亿桶	—	中国神州石油科技有限公司 100%
E	该区域位于柬西部边境一块与泰国有争议的区	—	Medco 国际石油公司 41.3% 科威特 Kuwait Energy 20.6% JHL 能源公司 4.1% 瑞典 lundin petroleum 公司 34%
F	2007 年，CNOOC 获得 7000 平方千米油气钻探权	2012 年 1 月 30 日，第一口海上钻井（RONG1-1）成功完钻	中国海洋石油集团有限公司 100%
总量	世界银行预测，柬埔寨海上石油蕴藏量约为 20 亿桶		

① 表内数据来自：毕世鸿，等. 柬埔寨经济社会地理［M］. 广州：世界图书出版广东有限公司，2014：152—155；វាយោfm（www.vayofm.com）媒体新闻。

虽然 A 区块能够产出石油，但首相洪森在 2022 年 3 月 31 日针对石油被盗事件表示柬埔寨的石油开发已暂时陷入困境[①]。

新加坡 Kris Energy 石油公司将该地区分为 1A、1B、1C 三个小区块进行开发。2019 年 12 月 29 日，位于 A 区块阿普萨拉（អប្សារ）地区的 1A 和 1B 小区块历史性地产出柬埔寨的第一滴石油。2021 年 6 月，开发商新加坡 Kris Energy 石油公司因自身债务问题宣布破产，柬埔寨海上石油田 A 区块开采项目随之停滞，到现在仍未重启。该公司探明 A 区块蕴藏约 3000 万桶石油，原本预计开采速度为 7500 桶/天，但实际每天只产出约 2000 桶，不到预计速度的三分之一。Kris Energy 公司破产后，该公司雇用的运输船公司企图趁机将 A 区块已开采出的石油原油偷运出境私销，不料被印尼暂扣。到现在，柬埔寨还未从印尼收回这批原油。

柬埔寨原本对 A 区块石油收益预期很高。柬埔寨矿业和能源部部长瑞赛（Suy Sem）在 2017 年预计："A 区开采出石油后，柬埔寨将从中获得 5 亿美元的经济收入。"[②] 然而截至目前，原油还未运返回国，柬埔寨前期的所有努力没有转化为任何一笔收益。

（二）海上石油开发过程中存在的问题

通过总结柬埔寨海上石油开发现状，我们可以发现其存在"三慢一低"的情况，具体表现为海上石油开发进展缓慢、配套建设慢、法规完善慢和产量产值低四类问题。

1. 发展进程慢、产量产值低

柬埔寨海上石油的开发进度相当缓慢，从发现到产出石油，柬埔寨总共等待了 30 多年。就 A 区块而言，从签订协议进行开发到开采出石油一共耗时 18 年，其中经历了 1 次易主、4 次延期开采，最后被迫暂停生产。2002 年柬埔寨政府与 Chevron、Moeco Cambodia、GS Caltex 以及 Kris Energy 四家公司签订投资协议开发 A 区块，其中主要以 Chevron 公司为主。2014 年以前，Chevron 公司因勘探进度和税收分配争议就已延期开采 3 次。2014 年至 2016 年期间，Kris Energy 石油公司收购了几家公司的股份，独家控股占比高达 95%，柬埔寨王国政府拥有剩余 5% 股份。Kris Energy 石油公司时期，石油开采计划再延期 1 次。（详见表 2）

---

① ប៉ា តុងចិន. នាយករដ្ឋមន្ត្រីថាការបូមប្រេងនៅកម្ពុជាគ្មានលទ្ធផលតែជោគជ័យក្នុងការរុករករ៉ែមាស [EB/OL]. (2022–03–31) [2022–04–17]. https://www.vayofm.com/news/detail/116393–160.html.

② វាយោfm. ច្បាប់ប្រេងដើម្បីលើកកម្ពស់ការអភិវឌ្ឍប្រកបដោយចីរភាពនៃវិស័យប្រេងនៅកម្ពុជា [EB/OL]. (2018–04–20) [2022–02–11]. https://vayofm.com/news/detail/86029–173690261.html.

表 2[①]

年份	开发情况
20 世纪 80 年代	苏联和越南地质学家在暹罗湾沿岸和洞里萨湖区域首次发现石油和天然气藏。
2002 年	柬埔寨政府与一系列石油公司签订了协议共同勘探和开采石油。（美国雪佛龙石油公司、LG Caltex Oil Corporation、Moeco Cambodia 有限公司和新加坡 Kris Energy 公司）
2004 年	美国雪佛龙石油公司在西哈努克市以南 140 多海里的领海内首次勘探出石油和天然气藏，并计划于 2007 年开采。
2010 年	美国雪佛龙石油公司宣布发现柬埔寨第一个商业油田，并制定计划将于 2012 年 12 月开始开采。
2012 年	在石油税收和利益分配等问题上与该公司无法达成一致，于是开采计划暂停，延期到 2016 年。
2017 年	与新加坡 Kris Energy 达成了新协议，制定了新计划，将于 2019 年开采出石油。
2020 年	2020 年 12 月 29 日，柬埔寨产出第一滴石油。
2021 年	2021 年 6 月，新加坡 Kris Energy 公司因债务问题宣布破产，A 区块石油井开采被迫停止。 2021 年 7 月，该公司雇用的 Strovolos 号油槽船，因管理公司和 Kris Energy 公司债务问题，私自将 30 万桶石油运送出境，被印尼在苏门答腊海岸外扣押，目前仍未解决。

世界银行预测柬埔寨海上石油蕴藏量约 20 亿桶，按照目前国际油价（WTI 美国原油现货价格：93 美元/桶[②]），预估原油总产值约有 1680 亿美元。因此，从海上石油现有开发情况来看，柬埔寨还未展现出真正的潜力。

A 区块蕴藏量约 3000 万桶，Kris Energy 石油公司半年时间总共产出 30 万桶，单日产量约为 2000 桶。[③]从国内消耗量对比来看，2018 年柬埔寨的原油进口量就已经达到了 250 万吨，约等于原油 1750 万桶[④]，原油单日消耗量约为 5 万桶。因此，柬埔寨已有的石油自产量相比于国内原油的进口需求量是远远不够的。尽管海上石油蕴藏量比较有潜力，但在开采规模上还跟不上国家发展所需。

从收益来看，柬埔寨从 A 区块产油中获取收益的比率很低，在国内生产总值

① 毕世鸿，等．柬埔寨经济社会地理［M］．广州：世界图书出版广东有限公司，2014：152—155．

② 数据来自石油原油价格网，https://info.usd-cny.com/，采用 2022 年 2 月 24 日价格。

③ 柬埔寨 A 区块石油开采已暂停，文中数据按照新加坡 Kris Energy 公司正常运行时对 A 区块开采进度作为参照。

④ 1 吨石油≈7.0—7.3 桶，本文采用 1 吨=7 桶估算。

中占比小。2017 年柬埔寨矿业和能源部表示政府只能从 A 区块的特许权费用、原油收益、油田租用费和税收上获得经济回报。预测 A 区块约 3000 万桶的石油蕴藏量将会带来约 5 亿美元的收入。A 区块刚产出石油时，柬埔寨相关负责人表示，若产油计划进展顺利，油价保持在 65 美元/桶，柬埔寨政府每年获得的石油收入也可达 3800 万美元。其中包含，特许权税 2200 万美元，石油分配利益 1100 万美元，出口税 350 万美元和油田年租金 150 万美元。收入尚不包括利润税、暴利税和股息（柬埔寨政府持有 5%股权）。事实上，按照 65 美元/桶单价来计算，A 区块 3000 万桶石油的原油贸易总价将达到 19.5 亿美元，柬埔寨只获取其中的四分之一。柬埔寨 2020 年 GDP 约为 250 亿美元，按照现在预计速率，A 区块一年开采 73 万桶，那么贡献率只有 0.7%。

2. 法规完善慢

柬埔寨的石油法规建设进程较慢，主要体现在《石油法》的完善修订上。

柬埔寨第一版《石油法》颁布于 1991 年，内容包括勘探开采权的获取途径、有效期规定以及产品税收、收益分成等条款。第二版即最新版《石油法》(《石油和石油产品管理法》) 于 2019 年 6 月 25 日正式问世。新版《石油法》主要为应对 2020 年首次海上石油开采活动设计修改①。柬埔寨政府出台新旧法规时间之隔长达 28 年，导致海上石油开发过程中存在的很多值得完善但未完善的瑕疵阻碍了建设进展。2010 年，就是因为税收比率过高，柬埔寨政府在利益分配上与美国雪佛龙公司产生分歧，无法协调一致，导致海上石油 A 区块的开采计划再次延期。

总体来看，柬埔寨针对石油能源开发利用的法规制度反映出了内容有局限性和时效性不强的问题。

3. 产业建设慢

柬埔寨石油问世标志了其在石油产业上游实现了零的突破。而石油开发还有中下游产业，其中包括石油物流、石油炼化和分销等，上述《石油法》中也曾明确规范此类活动。而就目前情况来看，柬埔寨石油中下游产业建设缓慢，导致产业链脱节情况比较严重。

第一，首家炼油厂竣工时间一延再延。柬埔寨目前只有一家炼油厂，处于在建状态，建设耗时近 10 年仍未竣工投入使用。2012 年柬埔寨国家石油管理局同柬埔寨石油化工有限公司签订《炼油厂建设与运营执照协议》，正式批准该公司在西哈

① 中国新闻网．柬埔寨内阁通过《石油法》草案［EB/OL］.（2019–04–05）［2022–02–07］. https://www.chinanews.com/gj/2019/04–05/8801486.shtml . វាយោfm. ច្បាប់គ្រប់គ្រងផលិតកម្មប្រេងនិងប្រេងបានអនុម័តដោយ ព្រឹទ្ធសភា [EB/OL]. (2019–06–25) [2022–01–30]. https://vayofm.com/news/detail/95885–683818316.html.

努克市和贡布省的交界处修建柬埔寨国内第一家炼油厂。中国浦发机械工业股份有限公司承包了该建设项目，预计用时 3 年，到 2015 年年底建成[①]。该工程被分为两个建设阶段，第一阶段建成后，预计炼油规模可以达到每年 200 万桶；第二阶段建设目标为每年 300 万桶，届时该厂年炼油量将达到 500 万桶。实际上，该炼油厂建设项目（第一期）一直延期到 2017 年 5 月才正式动工。在开工仪式上，柬埔寨石油化工有限公司（CPC）总裁韩强畴勋爵表示："炼油厂首期工程将在 2019 年中期竣工，二期工程计划将于 2022 年动工。"[②]然而，2019 年 8 月，柬埔寨石化公司（CPC）总裁韩强畴再次表示由于恶劣天气持续，加之引进最新设备而导致设计变更，导致工程屡屡延误，2017 年开工建设的炼油厂首期项目工程进展率仅为 20%，项目建成投产预计将延期到 2021 年。[③]2021 年 6 月，柬埔寨海上石油暂停开采时，该炼油厂的第一期仍在建设当中，竣工消息尚未公布。

第二，其他中下游产业脱节严重。除了炼油厂项目正在建设以外，柬埔寨自身石油产业链中下游的石油物流（含运输和储藏）、后期产品经销等在柬埔寨国内均尚无建树。国内主要依靠进口燃油等原油衍生品来满足自身消耗需求。

在物流方面，柬埔寨自身石油原油出口不论是公路运输、轮渡运输还是管道运输都没有现成线路，特别是在轮运和管道运输上没有与其他国家合作的意向规划。柬埔寨现仅有从原产国进口石油时的轮运或公路运输路线。2021 年 7 月发生的 Strovolos 号油槽船私自将已采出的 30 万桶原油运输出境被印尼扣押事件反映了在石油运储方面监管的缺失。这些方面对于石油能源产业而言格外重要，需要柬埔寨能够尽快将其建设完善。

另外，在 2012 年柬埔寨国家石油管理局与柬埔寨石化有限公司签订协议正式授予执照时，当局就已经有过远期的规划：第一家炼油厂建成投产后，柬埔寨的炼油规模往后要发展到每年 1000 万吨，并为之配套建设 100 万吨乙烯和化工、化纤、橡胶等加工装置。然而，柬埔寨现阶段并没有实现预期规划[④]。

---

① 中华人民共和国驻柬埔寨王国大使馆经济商务参赞处．柬埔寨颁发首张炼油厂执照［EB/OL］.（2013-01-07）［2022-02-12］. http://cb.mofcom.gov.cn/article/jmxw/xmpx/201301/20130108514408.shtml.

② 中国国际贸易促进委员会（CCPIT）. 年产五百万吨炼油厂正式动工兴建 投产后将解决柬埔寨成品油依赖进口局面［EB/OL］.（2017-05-08）［2022-02-13］. http://www.ccpit.org/contents/channel_4114/2017/0508/802780/content_802780.html.

③ 中化新网．柬埔寨首座炼油厂投产延期［EB/OL］.（2019-08-05）［2022-01-29］. http://www.ccin.com.cn/detail/44396709dd979b6dfd8f314c5992c80d.

④ 中华人民共和国驻柬埔寨王国大使馆经济商务参赞处．柬埔寨颁发首张炼油厂执照［EB/OL］.（2013-01-07）［2022-02-12］. http://cb.mofcom.gov.cn/article/jmxw/xmpx/201301/20130108514408.shtml.

三、问题的原因分析及前景展望

（一）原因分析

柬埔寨海上石油产业发展缓慢是由多方面原因造成的，有客观原因也有柬埔寨的主观考虑，主要体现在以下几个方面：

第一，柬埔寨发现海上石油时国家正处于战乱时期，战乱耽误了海上石油开发的进度。20 世纪 80 年代苏联和越南油气专家在柬埔寨西哈努克市以南 140 多海里内的领海中勘探到海上石油矿藏。在这之前，20 世纪 70 年代，法国勘探队已经在柬埔寨的领海海域内进行了勘探作业。然而从 70 年代朗诺政变开始，柬埔寨陷入了长达 20 余年的内乱之中。长期的内乱不仅影响了勘探的进度，在勘探结果出来后，还影响了开采进度。直到 1993 年，在《巴黎协定》的基础上柬埔寨王国政府重新成立，海上石油才再次获得了官方推进发展的机会。同一时期，1983 年，泰国就已经在英国壳牌公司的投资下开采出了本国的第一桶石油。因此，自 1970 年开始到 1993 年结束，国家长达 20 余年的不稳定对海上石油开发的起步造成了一定的影响。

第二，柬泰两国在暹罗湾海域内有划界争议，对涉及争议区域的石油区块发展造成了影响。柬埔寨海上石油 C、D、E、F 区块都涉及柬泰两国划界争议问题，两国曾在 2011 年签订共同开发谅解备忘录。然而，泰国于 2006 年单方面取消了谅解备忘录，该问题至今尚未解决。柬埔寨王国政府 1993 年重新成立以来，一直致力于国力恢复。泰国虽然近年来并未对争议问题进行发声，但是，若柬埔寨在海上石油方面获得较大收益，或者引发破坏性危害，将很容易激化双方矛盾，造成更严重的后果。A 区块开采出石油后，柬埔寨总理洪森也曾表示将准备与泰国举行谈判，以便共同开采位于暹罗湾的两国重叠海域潜在油气田。由此可见，在海上石油其他区块的前一开采阶段过程中，柬埔寨政府对此问题的高度重视。

第三，柬埔寨综合国力稍弱，石油能源发展的管理规划能力需要时间提高。柬埔寨综合国力在东盟国家中垫底，国内迫切需要解决的是水电等能源问题。石油产业发展规划对于柬埔寨来说确实有不小的压力，属于成本和风险最高的项目之一。柬埔寨海上石油 A 区块的投资开发方 Kris Energy 公司就是因为 2018 年油价暴跌开始走下坡路，才导致最后破产。柬埔寨刚刚结束战乱，在恢复过程当中，对石油产业发展可能会抱有谨慎态度，怀着“慢慢来”“走一步看一步”的心态。在前期开发过程中，柬埔寨管理规划方面不足的缺陷也暴露出来，其中 A 区块与前投资开发公司雪佛龙的利益划分争议、已开采出原油被偷运事件等就是典型案例。

第四，陆上油气资源以及其他矿藏资源给予柬埔寨“试一试”的保守心态。柬埔寨除了 6 个海上石油区块以外，还有 19 个陆上石油区块。与海上石油开发相比，陆上石油开发成本较低，开发难度较小，相关部门更易于监管。这样看来，海上石油田并不是柬埔寨唯一的油气资源。既然有易开发、规模更大的陆上石油田，柬埔寨甚至可以先保留海上油田，转而开发陆上资源。虽然陆上石油开发还暂未取得进展，但至少也导致了柬埔寨产生了“有的选”“试一试”的心态。

另外，自从 A 区块的石油开发未产生收益后，柬埔寨便将开发重点转向了黄金产业。相较于海上石油开发，金矿开发虽然周期较长，但是风险相对更小，收益也很可观。柬埔寨海上石油暂停开采之后，首相洪森于 2021 年 6 月 10 日宣布金矿得以成功开采。金矿位于蒙多基里省的乌克沃地区，金矿含量 25.71 吨，由澳大利亚 Renaissance Minerals 公司进行开发运营。同时，炼金厂也建造完毕，年产量将达到 3 吨。截至 2022 年 8 月初，柬埔寨已开采和提炼出 3543 公斤金矿，总收入已达上千万美元。据悉，该公司也在柬埔寨开发了长达 16 年之久。海上石油产业与金矿产业的开发工作是在同时间进行，所以，虽然海上石油很诱人，但柬埔寨并不是对海上石油孤注一掷。多条腿走路更加“稳健”，金矿产业也在海上石油产业暂时失利之时给予了柬埔寨新出路。

总体而言，柬埔寨海上石油产业发展之路确实面临着实际的挑战，而主观意愿更是导致海上石油开发多年而不见效益的原因之一。

（二）前景展望

战乱过后，柬埔寨一直在追求经济和社会的恢复与发展，虽然金矿产业传来捷报带来了希望，但国家还需要寻求进一步发展。就目前世界形势和地区形势来看，柬埔寨现在继续发展海上石油比之前更为可靠，应该在主观上更加重视海上石油开发。2022 年 5 月，柬埔寨矿业与能源部已邀请加拿大 EnerCam Resources 能源公司检查 A 区块油井平台，根据检查情况将进行复工复产。[①] 但柬埔寨再次开发 A 区块的具体方式还未公布。

首先，世界油价目前处于较高位置，利益较多。现在国际原油价格（WTI）已达到 90 美元/桶以上，2020 年底 A 区块开始出产石油时，国际原油价格（WTI）刚到 50 美元/桶。国际原油价格基本涨了一倍，按照之前柬埔寨预计石油平均价格 65 美元/桶（布伦特单位）[②]，国家收入能够再增加三分之一，总额会突破 5000 万美元。从收益上能够直观反映出现在较好的行情，柬埔寨如果选择自己开发 A 区块，还将直接获得不菲的原油贸易收入。

其次，石油发展是国家战略之要。2018 年柬埔寨第六届政府制定了 2030 年成为中高收入国家和 2050 年实现成为高收入国家的两个目标。并颁布了《四角战略》（第四阶段）以及《柬埔寨国家战略发展规划（2019—2023）》，这两个战略是柬埔

---

① 陆积明．邀专家检查岸外设施 柬埔寨研究恢复采油［EB/OL］.（2022-05-27）［2022-08-24］. https://cc-times.com/posts/18094.

② 经过核查，65 美元/桶在当时指的是布伦特单位石油价格，同时期 WTI 石油价格为 50 美元/桶。

寨实现两个目标的关键。而发展油气资源是两项战略中的内容之要。《四角战略》（第四阶段）强调：促进油气产业发展，特别是尽快投产，同时以高效、透明和负责任的方式加强对这些资源的收入管理。[①]《柬埔寨国家战略发展规划（2019—2023）》在四交战略的基础上还提出尽快启动首个石油生产基地。不仅如此，新冠疫情之前，柬埔寨已经多年保持 7%左右的年经济增长率，也被称为“亚洲新虎”。疫情期间，柬埔寨年经济增长率一度跌为负数。近一年来柬埔寨国内疫情得到有效控制，国内亟须经济恢复。所以，石油开发对于柬埔寨国家发展战略而言十分重要。

再次，区域发展形势对柬埔寨加强海上石油开发提供了较好的环境。区域全面经济伙伴协定已对多国生效，中国-东盟能源合作越发成熟，包括在“一带一路”倡议合作下，柬埔寨不仅能够实现关税优惠，还能够获得亚洲基础设施投资银行和中国-东盟投资合作基金的双重支持。一方面，东南亚油气产业发展成熟，柬埔寨能够借鉴学习。例如，关于政策法规方面，邻国越南在石油产业上游方面采用了降低税收、吸引投资、学习技术、促进发展的策略。越南在石油产业上游发展已经相当成熟，国内产油区块产量逐渐在下降，国家石油企业转向了国外石油开发投资。另一方面，中国-东盟能源合作已在多方面深化展开，例如中泰油气合作开发、中缅油气管道开发、中印尼油气贸易等等都取得了显著的成效。中国三大石油公司中石油、中海油、中石化作为中国国企，资金充足，勘探开采设备和相应技术高端先进，同时中国国内原油需求量巨大。所以，不论是油田开发合作、贸易合作还是中下游产业建设合作，柬埔寨都能获得资金、技术等方面的支持与保障。在此背景下，不论柬埔寨选择自己开发还是与中国合作开发，A 区块复工复产都能在原有基础上取得更为不俗的进展。尤其是与中国合作开发，柬埔寨能够在资金、技术上得到较之前更多收获，上述产量、收益、石油产业链建设等问题都会得到较好的改善。

最后，石油将促进柬埔寨在地区内的互联互通。柬埔寨若能在地区合作下完成 A 区块的复工复产，不仅能够在一定程度上推动国内油气产业发展，还能在物流运输等领域间接促进泛亚铁路东盟通道中线[②]贯通。泛亚铁路东盟通道在中国“一带一路”倡议的推动下已经开始分段建设。其中，中线主要是中老泰段，东西线将在

---

① 柬埔寨外交部网站. *Rectangular Strategy (phrase Ⅳ)* [EB/OL]. (2018-09-20) [2022-04-15]. https://pressocm.gov.kh/archives/category/%e1%9e%94%e1%9e%8e%e1%9f%92%e1%9e%8a%e1%9e%bb%e1%9f%86%e1%9e%af%e1%9e%80%e1%9e%9f%e1%9e%b6%e1%9e%9a-km/political-km.

② 泛亚铁路东盟通道分为东西中三线：东线经越南、柬埔寨到泰国曼谷，西线经缅甸仰光到曼谷，中线经老挝万象到曼谷，三条线路都需要经过泰国，在曼谷汇合，随后南向经过吉隆坡最终到达新加坡。

曼谷与中线汇合，接着联通到海岛国家。2021 年 12 月，中老铁路段已经正式开通运营。目前中泰铁路分段曼谷至呵叻一期工程已经开工，首座特大桥松嫩特大桥在 2022 年 7 月已完成架设工作。泛亚铁路东盟通道按计划被建成之后，中泰老柬缅越马七国间将实现铁路通行，中南半岛直至马来西亚的商路也将从海上变成海路两栖。届时，东南亚地区的人文交流、信息交流、资源互换等方面的“流量”都会增加。柬埔寨石油产量和其他附加经济全部得到发展，中柬命运共同体构建和“一带一路”打造得到推动促进。石油将会成为柬埔寨与中国和地区之间关系的一条新纽带，在增强国家实力的同时也进一步提升国家地位，丰富国家话语。在此背景下，共同开发、合作共赢的主题也能够在一定程度上化解柬埔寨与泰国海上划界争议等海上石油开发面临的客观难题。

四、结语

柬埔寨海上石油贮藏潜力不俗，然而，在前期开发过程中存在开发进程慢、法规完善慢、中下游产业建设慢和上游产能产值低四类问题。导致这些问题产生的背后既有客观因素也有主观因素。目前来看，地区形势对其发展海上石油有利，柬埔寨可以加大开发的力度，特别是寻求在中国“一带一路”倡议或 RECP 框架下与中国合作，这将会为国家和区域创造更多的机遇。

参考文献

[1] 毕世鸿，等. 柬埔寨经济社会地理 [M]. 广州：世界图书出版广东有限公司，2014.

[2] 胡媛，董东林，李扬，李增，王广强. 柬埔寨矿业投资风险分析 [J]. 中国国土资源经济，2016 (12)：39—44.

[3] 柬埔寨外交部网站. Rectangular Strategy (phrase Ⅳ) [EB/OL]. (2018-09-20) [2022-04-15]. https://pressocm.gov.kh/archives/category/%e1%9e%94%e1%9e%8e%e1%9f%92%e1%9e%8a%e1%9e%bb%e1%9f%86%e1%9e%af%e1%9e%80%e1%9e%9f%e1%9e%b6%e1%9e%9akm/political-km.

[4] 陆积明. 邀专家检查岸外设施 柬埔寨研究恢复采油 [EB/OL]. (2022-05-27) [2022-08-24]. https://cc-times.com/posts/18094.

[5] 王勇. 柬埔寨石油工业投资政策 [J]. 国际石油经济，1996，4 (1)：28—29.

[6] 邢和平. 柬埔寨海上石油引发国际投资热潮 [J]. 东南亚纵横，2007 (11).

[7] 中华人民共和国驻柬埔寨王国大使馆经济商务参赞处. 柬埔寨颁发首张炼油厂执照 [EB/OL]. (2013-01-07) [2022-02-12]. http://cb.mofcom.gov.cn/

article/jmxw/xmpx/201301/20130108514408.shtml.

［8］中化新网．柬埔寨首座炼油厂投产延期［EB/OL］.（2019-08-05）［2022-01-29］．http://www.ccin.com.cn/detail/44396709dd979b6dfd8f314c5992c80d.

［9］中国产业海外发展协会（CODA）．2020 年农业为柬埔寨国内生产总值贡献 32%［EB/OL］.（2020-08-12）［2022-01-30］．http://www.ciodpa.org.cn/index.php?m=content&c=index&a=show&catid=62&id=3182.

［10］中国国际贸易促进委员会（CCPIT）．年产五百万吨炼油厂正式动工兴建投产后将解决柬埔寨成品油依赖进口局面［EB/OL］.（2017-05-08）［2022-02-13］．http://www.ccpit.org/contents/channel_4114/2017/0508/802780/content_802780.html.

［11］中国新闻网．柬埔寨内阁通过《石油法》草案［EB/OL］.（2019-04-05）［2022-02-07］．https://www.chinanews.com/gj/2019/04-05/8801486.shtml.

［12］中华人民共和国驻柬埔寨王国大使馆经济商务处．柬埔寨 2019 年经济形势及 2020 年预测［EB/OL］.（2020-01-03）［2022-02-11］．http://cb.mofcom.gov.cn/article/zwrenkou/202001/20200102927796.shtml.

［13］Arno Maierbrugger. *Chevron To Develop Cambodia's Oil Sector* [EB/OL]. (2012-10-21) [2022-01-29]. https://investvine.com/chevron-to-develop-cambodias-oil-industry/.

［14］Deloitte Cambodia. *Guidance issued on tax provisions for petroleum exploitation* [EB/OL]. (2018-06-27) [2022-02-01]. https://www.taxathand.com/article/9890/Cambodia/2018/Guidance-issued-on-tax-provisions-for-petroleum-exploitation.

［15］Energy-pedia news. *Cambodia says oil production set to begin in 2012* [EB/OL]. (2012-10-21) [2022-04-18]. https://www.energy-pedia.com/news/cambodia/cambodia-says-oil-production-set-to-begin-in-2012#container.

［16］Energy-pedia news. *Cambodia Energy Situation* [EB/OL]. (2019-06-10) [2020-01-20]. https://energypedia.info/wiki/Cambodia_Energy_Situation.

［17］The Ministry of Mines and Energy of the Cambodia. *National Policy on Mineral Resources 2018-2028* [R/OL]. 2018. http://www.mme.gov.kh/en/read-document/60/.html.

［18］Taxathand. *Draft law contains new rules for exploitation of petroleum and mineral resources* [EB/OL]. (2017-12-18) [2020-01-20]. https://www.taxathand.com/article/8884/Cambodia/2017/Draft-law-contains-new-rules-for-exploitation-of-petroleum-and-mineral-resources.

［19］Taxathand. *Guidance issued on tax provisions for petroleum exploitation* [EB/OL]. (2018-06-27) [2020-01-20]. https://www.taxathand.com/article/9890/Cambodia/2018/Guidance-issued-on-tax-provisions-for-petroleum-exploitation.

[20] វណ្ណ យ៉ារី. នាយករដ្ឋមន្ត្រីប្រកាសឱ្យបង្កើននូវការស្តុកទុកប្រេងឥន្ធនៈ ចៀសវាងការខ្វះខាត [EB/OL]. (2022-03-31) [2022-04-17]. https://www.vayofm.com/news/detail/116392-926.html.

[21] វាយោfm. តំណក់ប្រេងដំបូងក្នុងប្រវត្តិសាស្ត្រកម្ពុជាបានលេចចេញមក [EB/OL]. (2020-12-29) [2021-01-20]. https://vayofm.com/news/detail/106607-353035848.html.

[22] វាយោfm. តំណក់ប្រេងលើកដំបូងរបស់កម្ពុជា ត្រូវបានពន្យារពេលម្តងទៀតរហូតដល់ចុងឆ្នាំ២០២០ [EB/OL]. (2020-12-14) [2021-01-20]. https://vayofm.com/news/detail/106329-900140215.html.

[23] ODC. ច្បាប់ស្តីពីការគ្រប់គ្រងប្រេងកាតនិងផលិតផលប្រេងកាត [EB/OL]. (2019-07-12) [2021-01-20]. https://opendevelopmentcambodia.net/km/tag/law-on-petroleum/.

[24] វាយោfm. ច្បាប់គ្រប់គ្រងផលិតកម្មប្រេងនិងប្រេងបានអនុម័ត ដោយព្រឹទ្ធសភា [EB/OL]. (2019-06-25) [2022-01-30]. https://vayofm.com/news/detail/95885-683818316.html.

[25] វាយោfm. ច្បាប់ប្រេងដើម្បីលើកកម្ពស់ការអភិវឌ្ឍប្រកបដោយចីរភាពនៃវិស័យប្រេង នៅកម្ពុជា [EB/OL]. (2018-04-20) [2022-02-11]. https://vayofm.com/news/detail/86029-173690261.html.

[26] ប៉ា តុងចិន. នាយករដ្ឋមន្ត្រីថាការបូមប្រេងនៅកម្ពុជាគ្មានលទ្ធផលតែជោគជ័យក្នុងការរុករករ៉ែមាស [EB/OL]. (2022-03-31) [2022-04-17]. https://www.vayofm.com/news/detail/116393-160.html.

论19世纪北印度官方语言政策的变化及其渊源

北京大学　张译尹

【摘　要】在整个19世纪北印度官方语言问题的博弈中，英殖民者扮演着一个复杂且矛盾的角色，殖民政府官员试图推广兼具波斯语和印度地方方言特色的印度斯坦语作为官方语言，并为此做出了一系列能动的努力。殖民官员、印度教徒和穆斯林等群体在语言问题上的选择与互动最终促使印地语和乌尔都语在各自建构身份的过程中走向了分离的道路。官方语言政策的变化，不仅反映了北印度不同区域语言传统的复杂性，也体现了其背后所代表的群体力量在文化主导权上的博弈。本文将通过对19世纪北印度官方语言政策变化的背景、过程以及所反映出各群体态度的对比，站在历史的角度上，探究克利方言运动发生的社会政策背景，深挖当今印度语言问题和语言民族主义的历史渊源。

【关键词】英殖民者；印地语；乌尔都语；语言政策；克利方言

引言

语言是民族建构中的核心因素，特别是在印度这样一个语言复杂多样的国家，“共同的语言”对于限制地方语言民族主义，界定个人身份认同，将长期分散的印度各族群统一起来是不可或缺的。本尼迪克特·安德森提出，“想象民族最重要的媒介是语言，而语言往往因其起源不易考证，更容易使这种想象产生一种古老而‘自然’的力量”[①]，成为某种身份认同的显性象征。民族语言的概念最初是由英国人提出并应用于印度的，同时传入的还有印刷资本主义。印刷语言在口语方言之上创造了统一的交流和传播领域，并且使得与大众最为贴近的方言转向书面化和标准化，进而促使其成为“与旧的行政方言不同的权力语言”[②]，进入政治领域后，这种“新生”的语言就不可避免地成了民族意识传播和大众动员的工具。印度人接受并保留了英国人传入的对于语言的认知，并在此基础上，对民族语言进行建构，将其与传统文化、政治诉求和宗教身份绑定，进而进行了一系列语言文化运动。在此过程中，官方语言政策既反映了不同语言背后文化群体之间互动的结果，也在持续

① 本尼迪克特·安德森．想象的共同体：民族主义的起源与散布［M］．吴叡人，译．上海：上海人民出版社，2011：13．

② 本尼迪克特·安德森．想象的共同体：民族主义的起源与散布［M］．吴叡人，译．上海：上海人民出版社，2011：43．

深刻地影响着民族语言的建构过程，因此关注 19 世纪北印度官方语言政策的变迁对于探究印度教民族主义的起源和现代印地语运动的发展有着重要的意义。

随着 1757 年英国殖民统治的开启，印度社会开始向着现代社会转型。英殖民者引入了现代司法系统和文官考试选拔制度，推动英语取代波斯语作为政府官方语言和文官考试的选拔标准之一，力图培养具有印度血统和肤色，但有英式观点和道德的精英阶层。但在当时的印度，能够学习并精通英语的只有极少数的社会上层和精英阶级，为了实现法律与政令的通达、对各地实现有效的管理，地方行政机构和法庭不得不使用各地通行的方言作为当地的官方语言。18 世纪到 19 世纪，北印度使用范围较广的语言是一种由波斯语等外来语言与德里附近地区的本地方言融合而成的复合语言，被称为印度斯坦语，书面形式使用波斯字体。1798 年，总督就曾发布通知，将通过波斯语和印度斯坦语的考试作为成为公务员的必要条件；1837 年英国政府启用印度本土语言作为省级官方语言，决定在北方地区使用乌尔都语取代波斯语作为新的官方语言。直到 19 世纪中叶，各地官方语言政策还处于波斯语向地方语言的转变和应用过程中，作为长期的政治中心德里地区方言的克利方言，乌尔都语凭借其在政治地域上的独特性，和在词汇与书写方式上与前官方语言的相似性，得到了较多数地区的支持。与此同时，现代意义上的克利方言印地语实质上还没有出现，梵语传统流传下来的文字之间也还在互相竞争，天城体的正统地位尚未确立。直到 19 世纪中期，克利方言仍是德里地区的一种口语方言，印地语和乌尔都语尚未分别与印度教传统和穆斯林画上等号，二者未来之路是融合还是分化在当时还是未知数。

这一过程经历了漫长的时间和曲折的历程。尽管在 19 世纪 60 年代，“现代印地语之父”帕勒登杜就曾提出印地语和乌尔都语开始与两个不同的“群体”联系在一起，呈现出“截然不同”的特征，但在当时，无论是印度教徒还是穆斯林出身的作家，都没有像现代民族主义者所想象的那样，将印地语与印度教信仰、乌尔都语与伊斯兰教强烈地交织在一起；甚至到 19 世纪末，很多印地语作家的写作风格也还留存了很多乌尔都语的口语习惯。19 世纪下半叶到 20 世纪初是克利方言运动发展的高峰时期，也是现代印地语逐渐成形，并在语言与文学意义上共同走向成熟的时期。随着西方民族国家与民族语言概念的不断传播，印度本土知识精英在争取经济利益和政治权力上的不断争夺，两种语言的差异不断加深，语言背后的政治和文化标签也越来越深厚。20 世纪 20 年代末，甘地提出使用印度斯坦语——旧印地语与乌尔都语的混合语作为国语，遭到了大量印度文人的反对，他们认为这种所谓的“印度斯坦语”并不是纯粹的印度语，其中外来的波斯语和阿拉伯语的元素是无法忽视的。[①] 这种看法早在几十年前就已经在北印度的很多地区流行，充满波斯语元

① Kumar K. *Quest for Self-Identity: Culture Consciousness and Education in Hindi Region, 1880–1950* [J]. *Economic and Political Weekly*, 1990 (25): 1247–1255.

素的乌尔都语被质疑对于印度教族群的代表性和普及性。同时，有意或无意的，现代印地语作为去殖民化和去穆斯林统治的象征性工具，被支持者们推上了官方语言的竞争舞台，并最终成功建构了其印度教民族语言的身份标签。语言政策往往不是孤立的，而是当时社会政治进程的重要组成部分，同时官方语言政策对于特定语言的认可和推广也推动了相应身份的社会动员的进程。纵观整个 19 世纪的北印度官方语言政策的变化，我们会发现，英殖民者的语言政策呈现出复杂矛盾的特点，这不仅体现了北印度各省份语言传统与实践的不一致，也反映出英殖民者、印度教徒和穆斯林、印度本土知识精英和地方大众等不同的群体出于自身利益和社会现实所选择的不同道路的复杂性。

对于英殖民时期的北印度语言政策和民族语言身份建构，学界的研究主要可以分为三类：一是总体研究：如 Vasudha Dalmia《印度教传统的民族主义》（2010）的第四章“印地语作为印度教的民族语言”从东印度公司、传教士、法庭用语争端等多个角度分析了现代印地语的构建过程；Christopher Rolland King 的著作《一种语言，两种字体：19 世纪印度北部的印地语运动》（1994）关注 19 世纪北印度的印地语运动，并试图从不同语言和文字的处境、官方语言政策、教育政策、志愿组织等各个方面探究当时复杂的语言状况，避免民族主义话语对回溯印地语运动的影响，其中对 19 世纪北印度的官方语言政策在不同省份的具体变化过程和接受状况做了详细的讨论；Christopher Shackle 的著作《1800 年以来的印地语和乌尔都语》（1990）对 1800 年以来印度克利方言运动的政策背景和过程都做了论述，但较为笼统，大部分篇章聚焦于两种语言在语法和词源上的异同；印度学者 Amrit Rai 的著作《一所分裂的房子：印地语的起源和发展》（1984）则主要关注印地语和乌尔都语直到 18 世纪早期的历史，并讨论了它们之间的关系对 19 世纪和 20 世纪后续事件的影响，运用了大量的原始文本，认为早期的各种语言政策导致的“分裂”至今仍在影响印度社会。第二类是焦点研究，如针对克利方言运动中的民族主义的研究，或针对殖民政府策略的研究，如 David Lelyveld 在《殖民知识和印度斯坦的命运》（1993）中解释了英国殖民政府与印度语言发展之间的关系，认为英国人将从威廉琼斯时期发展而来、基于欧洲中心主义的语言认知强加给了印度；而 Bernard Cohn 的《殖民主义和殖民知识的形态》（1996）进一步指出，威廉堡学院的语言实践最早奠定了印地语、乌尔都语之争的基础，并且被北印度精英所继承，影响了后来的语言问题的走向；G. M. Jaswal 的文章《印地语决议：反映英国分而治之政策》（2005）则详细探究了 19 世纪殖民政府在法庭和行政用语上的具体政策转变过程；此外，Krishna Kumar 的《自我认同与探索：1880—1950 年印地语地区的文化意识与教育》（1990）从新闻传媒、大学教育和中学教科书等方面详细探讨了现代印地语发展的高潮时期，其支持者们如何利用文学和教科书的媒介为印地语赋予印度教传统和印度国家代表的文化角色，并将其在青少年的教育中传播开来，对于我们探究语言政策中经常被忽视的教育政策有着重要的意义。第三类则是区域研究，如

Aishwarj Kumar 的《印地语历史中的边缘声音：比哈尔邦的印地语》（2013），K. L. Tuteja 的《殖民晚期旁遮普的印地语-印度教话语》（2019）等文章就是聚焦克利方言运动的某一个具体区域的印地语状况，有助于深入对比探究微观的各区域语言环境的复杂性。

本文将在前人研究的基础上，关注 19 世纪北印度克利方言运动过程中，威廉堡学院的殖民建构和殖民政府官方语言政策的变化，分析其对现代印地语形成及印地语与乌尔都语争端的影响；同时摒弃将语言与宗教群体画等号的先入为主的观念，回溯当时的历史，分析克利方言运动过程中语言身份建构所受到的来自历史、社会、统治者等不同因素的影响，及其背后支持力量的复杂性。

一、克利方言运动的历史背景

早在大约公元 1000 年的时候，印度次大陆上就已经出现了许多不同的方言，如旁遮普语、孟加拉语等，它们脱胎于古代的印度-雅利安语言，但由于印度长期的口述传统和文学上对于古典语言的偏爱，这些方言几乎没有发展出与口语一致的书面语言。11 世纪开始，穆斯林统治者将领土扩张到了南亚，经过几个世纪的统治，对印度语言的进化产生了重要的影响。波斯语作为十分接近印度雅利安语的语言，是印度穆斯林教育的核心语言和政府管理的官方语言，除穆斯林外，大量寻求进入官僚机构的印度教徒也将波斯语作为自己职业教育的基石，特别是卡亚斯塔种姓（Kayasths Caste）。[①] 这种从政的需求巩固了波斯语的吸引力，也对印度教潘迪特开设的传统学校形成了冲击。但在精英阶层占据主导地位的波斯语并没有完成统一语言的使命，反而在长期的商贸往来和共处中，与不同地区的方言混合形成了混合语，如克利方言，就是德里地区的口语方言混合了大量波斯语借词而形成的语言，也是后来现代印地语和乌尔都语的起源。

从文学语言的角度看，克利方言印地语作为一门现代语言，其文学史的书写却有着跨越千年的范围，这就涉及了印地语的定义和印地语文学史的书写问题。1888 年英国人乔治·格里森在著作《现代印度斯坦方言文学》中为印地语文学史的书写建立了从公元 700—1300 年歌者时期到维多利亚时代的时间框架；在印地语文学历史学上具有里程碑意义的拉姆昌德拉·修格勒则采取了一种强烈的意识形态立场，他直接将 18—19 世纪使用波斯-乌尔都语传统写成的作品排除出印地语文学的行列，在他 1929 年首次出版的《印地语文学史》中将印地语文学史分期定为：初期

---

① Shackle C. *Hindi and Urdu since 1800* [M]. New Delhi: Heritage Publishers, 1990: 3.
卡亚斯塔种姓是印度教的一个次级种姓，公元 5—11 世纪，作为刹帝利的一个次种姓出现在孟加拉地区，在马哈拉施特拉邦、奥利萨邦、孟加拉邦等各地都存在。卡亚斯塔种姓是传统意义上的“书写种姓”，曾世代从事抄写员、文书或管理者等职业服务于统治阶级。

（英雄颂歌期）993—1318 年；前中期（虔诚时期）1318—1643 年；后中期（法式时期）1643—1843 年；现代时期（非诗体时期）1843 年至今，[①]可见印地语文学的历史编纂者往往会追溯到中世纪的“印地语”时期。但这种早期“印地语”并不等同于现代克利方言印地语，更像是穆斯林对印度本土方言的一种含糊的措辞——Hindi 或 Hindui（意为印度的语言或印度教的语言），包括中世纪拉贾斯坦语、东印地语-阿沃提方言以及西印地语-伯勒杰方言等等，大都受到了当时穆斯林统治者的资助和支持，实质上应该描述为印度“混合语”。[②] 18、19 世纪，现代克利方言印地语才正式开始形成，并逐渐与乌尔都语分化；到了 19 世纪末 20 世纪初，在日益流行的民族主义的话语中，现代“印地语”的定义脱离了印度斯坦语或者克利方言的混合语境，特别是在北印度的文人集团和圣社、梵社等组织的主张中，印地语的目标是成为理想的“Arya Bhasha”，即”雅利安语”，赋予了其浓厚的吠陀文明和印度教传统的色彩。由于“印地语”定义的差异，对于“印地语文学”的认识也存在着广义和狭义的区别。印度学界多数学者认为，中世纪梵语衰落后，由俗语蜕化成的阿波布朗舍语就是印地语的前身或与印地语有着密切的关系，因此阿波布朗舍语文学作品理应被纳入印地语文学史中。[③]广义的印地语文学是指印度北部和中部广大地区各种方言的文学，包括德里一带使用的克利方言、伯勒杰方言、北方邦南部和中央邦北部使用的阿沃提方言、古吉拉特邦的古吉拉提语等十余种方言的文学，约有一千年的历史；而狭义的印地语文学单指以天城体书写的克利方言文学。这种德里地区的现代印地语由于缺乏古典性的文学传统，在近代以前几乎没有被培养成书面语言，19 世纪之前都很少有克利方言散文的例子，诗歌更是 19 世纪后期才出现，因此在大多数北印度教徒心中，长期占据文学正统的伯勒杰语都比克利方言更代表着“Hindi”这一称号，这也导致了 19 世纪官方语言地位的竞争中，人们对将印地语作为印度教传统的象征饱含质疑。与此相对的，用波斯文字书写的克利方言乌尔都语则较早地继承了波斯语的文学传统，得到了穆斯林精英的支持，成为地方方言文学中的佼佼者。

从政治语言的角度看，英殖民者进入印度后，开始用英语和地方方言代替波斯语作为行政语言和法庭用语，但对于底层大众而言，普及英语有着很大的困难，前任统治者留下来的波斯语和北印度具有较为广泛的群众基础的混合语（印度斯坦语）就成了他们的首选。英帝国内部的历史变革也影响了对印度的治理。18 世纪末 19 世纪初，随着工业革命的完成，英国进入工业资本主义阶段，促使英国进行了议会改革和社会改革。同时，议会内部对于如何治理印度产生了不同的意见。对比各种与语言政策有关的备忘录、通告、信函和报告，我们会发现许多互相矛盾的

---

① 薛克翘，等．印地语文学史［M］．北京：中国大百科全书出版社，2021：91．
② Shackle C. *Hindi and Urdu since 1800* [M]. New Delhi: Heritage Publishers, 1990: 4.
③ 伯金·辛格．印地语别史［M］．新德里，2009：22．

论点反复出现。在政策的实施过程中，也受到了英印官员的态度、印度不同群体的支持或抵抗、不同省份语言传统的不一致等状况的影响。因此，19 世纪北印度的官方语言政策往往呈现出矛盾混乱的特点，在很多地方推行无力，甚至出现反复的状况；同时，在英殖民者对语言的客观塑造和不同群体对文化和政治主导权的争夺中，印度人内部的分离倾向不断加强，乌尔都语不断波斯语化，印地语也贴上了梵语传统的标签，英国人仿佛一个“善意但困惑的助产士”[①]，不自觉地推动了印度基于不同语言和宗教传统的民族身份认同的进程。

英殖民政府在整个 19 世纪印度的民族主义运动和克利方言运动过程中扮演着一个重要但矛盾的角色。一方面政府帮忙维护了两种不同的本土语言传统，根据客观特征进行了语言群体的划分和整合，强化了潜在的语言身份认同；另一方面，政府具有承认或拒绝给予某种语言官方地位的权力，而掌握官方语言是社会精英进入政府和司法体系的必要条件，语言的政治化不断激化着语言背后的宗教文化矛盾。试图进入行政机关争取更多政治权利的印度文人和社会精英们开始频繁地通过集会、请愿等方式影响官员的态度，通过创办杂志和印刷媒体的传播将社会政治话语投射到语言上，从而动员广泛的受教育的商人、城镇职员、农村土地所有者等群体，增强自身语言上的竞争力；此外，教育与政治在语言政策上紧密相连，在不同方言的教育系统中，接受官方语言教育的人会天然地成为该语言的既得利益者，而不是首先受到宗教、民族身份的限制；同时，使用官方语言推广的教科书对于下一代的身份认同的培养有着无可取代的重要意义。面对官方语言政策的变化，克利方言运动以及其他语言的身份建构过程可以看作是对政府政策矛盾性的一种反应，同时也是将目标传达给其他大众的动员运动。[②]

二、威廉堡学院与官方语言的推广

根据乔治·格里森的说法，在英国人出现之前，印度教徒没有独立的语言，英国人认识到印度教徒需要他们自己的语言，这是一种由他们人工创造的语言。[③] 早在 18 世纪，英国殖民政府就关注到了印度的语言问题。为了满足统治需要，他们逐渐意识到，必须要了解印度各地区使用的方言，才能与印度人进行沟通和交流，为此在 1800 年设立了威廉堡学院，作为研究印度本土语言文化、为英国官员提供语言培训的桥头堡，也成了印地语独立化和标准化最重要的推手。约翰·吉尔克里

① King C R. *One language, two Scripts: the Hindi Movement nineteenth century North India* [M]. Bombay: Oxford University Press, 1994: 54.

② King C R. *One language, two Scripts: the Hindi Movement nineteenth century North India* [M]. Bombay: Oxford University Press, 1994: 17.

③ Dalmia V. *The nationalization of Hindu traditions* [M]. Delhi: Oxford University Press, 2010: 149.

斯特是其中最重要的欧洲学者，他撰写并出版了《印度斯坦语语法》等几种语言的教科书，他的著作表明，早在 18 世纪初就存在着将克利方言分为梵语化和波斯语化两种形式的倾向。[①] 而学院更喜欢印度斯坦语（乌尔都语），也影响了后来许多英国官员对乌尔都语的偏爱，学院出版的大部分作品也都是使用印度斯坦语印刷的。尽管印地语也被纳入到方言体系中，但印地语教学和教科书编写都被归于印度斯坦语系之中，并且直到 1815 年才被正式教授。政府使用波斯字体还是天城体字体很大程度上决定了当地印度教徒和穆斯林社群参与政治生活的难易程度，显然，英殖民政府这种不对等的语言政策导致了不同语言社群政治权利的不平等。

印地语在高等教育和基础教育普及中的滞后性也在一定程度上削弱了它的竞争力。自 1837 年乌尔都语被宣布为法庭语言以来，长期作为一种实用语言和基础教育的载体，Mahavir Prasad Dwivedi 在他的第一所乡村学校中学习的也是阅读和书写乌尔都语，除波斯文字外，还包括了很多来自波斯语的词汇和文学表达方式。[②] 尽管 19 世纪的最后几年，圣社将开办印地语教学的学校作为该运动的重要项目，但直到 20 世纪初贝纳勒斯印度教大学建立后，基于印度教传统的印地语教学大纲和各级教科书才正式开始编订，与之前使用的乌尔都语教材或用纳格里文字书写的印度斯坦语教材相比，新教材使用了大量的非外来的词汇和文学作品，本身就是对读者身份的一种识别。

为了编纂印度斯坦语的标准语法，词典编纂者和语法学家们不得不对这一复合语言进行分类，约翰·吉尔克里斯特将当时的印度斯坦语总结为三个层次：第一层是文学或宫廷语言，使用了大量的阿拉伯语和波斯语词汇；第二层是中间的或真正的印度斯坦人的语言，使用外来词源词汇的比例与原始词汇基本持平；第三层则是庸俗的乡村的印度教徒语言，基本坚持了印度教传统词汇，而大量的乡村就坚持使用着这种语言。[③] 显然，他们试图推广第二个层次的印度斯坦语作为全印度的语言。但他们似乎无法维持印度斯坦语在本土与外来词汇偏向上的平衡，长时间内保持着对波斯文字书写的习惯语的偏爱，在实践上也导致了很多在地方任职的官员认识印度斯坦语，实际上却无法与操本地语言的印度人沟通的结果。

在重构印度斯坦语之后，威廉堡学院开始真正进行语言的身份界定与分化。他们认为，印度教群体和伊斯兰教群体是两个截然不同的群体，都应该拥有自己的民族语言。因此，他们为使用波斯字体的印度斯坦语赋予伊斯兰教的身份归属，而将

---

① Kripalani K. *Origins of modern Hindustani literature: a panoramic glimpse* [M]. Bombay: C. E. Tuttle Co, 1968: 63–64. quoting Gilchrist, Appendix, Calcutta, 1798.

② Kumar K. *Quest for self-identity: culture consciousness and education in Hindi region, 1880–1950* [J]. *Economic and Political Weekly*, 1990 (25): 1247–1255.

③ Dalmia V. *The nationalization of Hindu traditions* [M]. Delhi: Oxford University Press, 2010: 164.

使用梵语传承而来的城体（Nagari）[①]克利方言划分为印度教身份。在克利方言印地语教材的编写中，学者们特意避免使用波斯语或阿拉伯语词汇，用梵语词源的词汇进行替换，尽可能使其具有代表印度教的纯洁性。威廉堡学院对于克利方言两种形式语言的重构，将印地语和乌尔都语分离开来，并且通过翻译文学作品的出版，形成了当时克利方言散文的流行模式。但效果似乎并不理想，19 世纪早期克利方言散文作家的作品中，并没有显示出印地语与乌尔都语、梵语词汇与波斯语词汇之间的严格区分，印度教作家用乌尔都语写作，穆斯林作家也并不拒绝印度教文化遗产，[②]可见这两种语言在分离之初并未天然地存在宗教身份。

三、官方语言：波斯语、乌尔都语与印地语的博弈

（一）取代波斯语

作为穆斯林统治时期长期且稳定使用的官方语言，波斯语直到 19 世纪还在印度占据着主导地位。19 世纪 30 年代替换波斯语的工作迅速在印度不同的省份展开。首先是 1832 年孟买和马德拉斯的总督宣布要用英语和地方方言取代波斯语；1837 年孟加拉通过法案，赋予总督废除孟加拉法典中任何要求在司法或税收程序中使用波斯语的规定，并指定任何其他语言和文字作为替代的权力；1838 年比哈尔邦、奥利萨邦等地区也逐步开始这项工作。而西北各省，这一工作开始得更早，1835 年他们就开始引入印度斯坦语（乌尔都语）来处理包括税务在内的大部分事务。

但取代波斯语的工作并不是一帆风顺的。首先，政府面临大量支持波斯语的居民的请愿，他们认为，波斯语有着深厚的社会基础，传播的范围很广，并且在各地都没有差异，无论是印度教徒还是穆斯林，都能够使用这种文字，不会面临方言在各地无法通用的问题。自 16 世纪阿克巴经济改革统一税制和货币以来，农村的小农生产者不得不参与到城镇和大城市的市场交易之中，不仅促使大量受过教育、懂波斯语的商人的出现，方言也走向交汇融合的趋势。波斯语通过几个世纪的深耕，与各地方言融合产生了各种混合语，这使得想要一举废除习惯语的政策难以实施。

其次，接替波斯语作为官方语言的印度斯坦语（乌尔都语）呈现出高度波斯化的倾向。从 30 年代引入印度斯坦语替换波斯语作为官方语言以来，尽管政府多次下令禁止，但直到 70、80 年代很多地区的办公语言中依然充满了波斯语和阿拉伯词汇。1882 年帕勒登杜就曾谴责几位迂腐的法庭官员，用冗长的、不必要的波斯

---

① Nagari：城文，城体，古印度 8 世纪作为笈多文的东部变体出现，分支包括天城体、孟加拉文、喜城文、南迪城文和藏文，天城文是由城文直接改良而成，改良后为了突出神圣性多加了梵语的天字作为天城文。

② Griersong A. *Linguistic survey of India* [M]. Calcutta, 1903–28: 35–36.

词汇和习语来表达普通的方言。[①] 事实上，这两种阻碍力量几乎都来自穆斯林精英和印度教的卡亚斯塔种姓，他们受到的波斯语的教育为他们垄断政府职位准备了条件，而这些政府官员主要跟宫廷贵族接触，因此坚持使用复杂的波斯语词汇，特别是在法律的术语上，始终使用晦涩难懂的来自阿拉伯语的行话，将接受印度方言教育的竞争者们排除在司法体系之外，当地人民使用的印地语方言被认为是粗俗的。此外，由于教育与行政语言的差异，法庭使用的乌尔都语导致很多只接受了印地语或孟加拉语教育的人们甚至无法听懂。

另一个阻碍来自对接替波斯语的方言的犹豫与疑虑。乌尔都语由于继承了波斯语的书写体系和大量专业词汇，与其他方言相比，被波斯语的支持者较快接纳，再加上英国官员对其的偏爱，在官方语言的竞争中几乎立于不败之地。当然，在很多地方都存在着文字选择上的争议。19 世纪 30 年代在一些乌尔都语盛行的地区，就有当局要求引进纳格里文（即城体），支持纳格里文字的英国官员认为多数担任政府职务的都是印度教徒，受过教育的印度教精英可以熟练地使用这种文字。但这种文字的使用并不能全然代表印地语与乌尔都语在政治舞台上的竞争，尽管威廉堡学院的活动人为地促进了克利方言印地语的发展，到 19 世纪中期，印地语在使用上几乎没有取得真正的进步。[②]

（二）现代印地语与乌尔都语的竞争

1857 年后情况发生了变化，印度民族大起义中印穆族群联合的威胁使得殖民政府加速了语言上的分化政策，知识分子也纷纷在孟加拉亚洲学会等刊物上发表文章对印地语和乌尔都语的适用性展开激烈的辩论。70 年代，在印度西北部的调查报告显示，当地说印地语的人口占 70%，远远超过法律语言乌尔都语；并且由于法庭和政府机构对于乌尔都语的推崇，使得大部门的政府工作岗位被穆斯林垄断[③]，这大大引起了印度教徒的不满，促进了印度教精英群体意识的发展。现代印地语之父帕勒登杜也认为在行政机关使用波斯字母不仅对印度教徒不公，也给大多数人带来了不便。为此，他在 1882 年用英语向英国教育委员会提出，“法庭的语言和文字应能让大多数民众读懂。这些省份初级教育多用印地语，在法庭和办公室使用波斯语字体，使得农村孩子在村里接受的印地语教育没有价值。”他认为乌尔都

① King C R. *One language, two Scripts: the Hindi Movement nineteenth century North India* [M]. Bombay: Oxford University Press, 1994: 63.

② Shackle C. *Hindi and Urdu since 1800* [M]. New Delhi: Heritage Publishers, 1990: 101.

③ Jaswal G M. *Hindi resolution: a reflection of the British policy of divide and rule* [J]. *Proceedings of the Indian History Congress*, 2005–2006, 66: 1144.

语使用者穆斯林在司法机构拥有垄断地位。[①]这段时间英国的自由党政府成立，殖民政府开始拉拢印度教徒对抗危险的穆斯林群体，印地语使用的广泛性被认可，并被适当地引入法庭语言和学校教育科目之中，但印地语的境况改善仍然停留在表面。80 年代开始，随着圣社和国大党对印地语运动的大力支持，印度教民族主义者请愿以印地语代替乌尔都语的运动再次迎来高潮。1898 年部分省份王公的代表再次向西北省副总督请愿，认为法庭上用波斯字体书写的乌尔都语很难被正确地阅读，经常会造成争议，而天城体则更容易正确解读。[②]

随着印地语运动的发展，官方语言政策上也随之做出了改变。1871 年 9 月中央省在那格浦尔举行会议，讨论该省的官方语言问题，政府代理专员提出该省很多区域的民众只知道印地语，学校也更多教授印地语，希望能将官方语言从乌尔都语变为印地语，或者至少从文字上做出改变。政府接受了他们的请求，于 1872 年批准了在通知、公告等官方文书中使用纳格里文；并在 1881 年宣布法院必须用印地语提供所有法令、判决和诉讼程序的副本，将印地语纳入与乌尔都语同等的司法语言体系之中。[③]但实施的效果也不甚理想，直到 1900 年，当地的法院仍然在大量使用波斯语词源的词汇，似乎只是使用了纳格里文书写的乌尔都语，而不是印地语。比哈尔邦从 1880 年开始推广纳格里文（Nagari）和凯提文（Kaithi）[④]，并提出决议要求在法庭上使用印地语和纳格里文。印地语的支持者们加强了对印地语的宣传，强调印地语是伟大的梵语的分支，文字简单易学等优点，试图将语言运动动员到更广泛的社会公共领域中。受到身边印度精英的观点的影响，以孟加拉副总督乔治·坎贝尔为首的部分英国官员也开始承认印地语是独立语言，支持孟加拉精英提高他们更熟悉的印地语文字和梵语词汇的地位的观点。但大多数英国官员的态度还是如前文所描述的那样，认为印地语和乌尔都语只是印度斯坦语的不同表现形式，是相同的语言，希望通过使用不同文字形式的印度斯坦语来得到印度教徒和穆斯林的共同支持，避免二者激烈的冲突。因此直到 19 世纪末，我们会发现波斯文字和术语仍然活跃在比哈尔的行政和法庭语言中。

在不同派别的支持者的推动下，印地语和乌尔都语在政治和公共领域的竞争性增强，当时一部分的印度精英并不愿意克利方言走向极端的梵语化或波斯语化，因

---

① King C R. *One language, two Scripts: the Hindi Movement nineteenth century North India* [M]. Bombay: Oxford University Press, 1994: 64.

② Jaswal G M. *Hindi resolution: a reflection of the British policy of divide and rule* [J]. *Proceedings of the Indian History Congress*, 2005–2006, 66: 1147.

③ King C R. *One language, two Scripts: the Hindi Movement nineteenth century North India* [M]. Bombay: Oxford University Press, 1994: 70–71.

④ Kaithi：凯提文，与纳格里文字同源，是纳格里文字的草书版本，在民间有着广泛的使用。

此二者的竞争主要依赖于他们的文字形式和文学应用；另一部分虽然对于乌尔都语没有偏见，却致力于排除语言中的穆斯林符号和波斯传统的文学模式，在排除外来元素的过程中巩固印地语反殖民反穆斯林统治的政治特性。二者激烈竞争的背景下，英国官员在处理语言问题上却始终没有大的进步，长期将语言与文字混淆，试图在逐渐被动员起来的印地语和乌尔都语两条道路中间选择调和的第三条路。然而，此时分离的趋势已经在慢慢显现，对乌尔都语的偏爱反而更加刺激了印度教的支持者为自己寻找代表语言。另一方面在政府官员更关注的标准化和效率问题上，印地语在竞争上明显的不足，也推动了印地语的支持者更快速地明确印地语的标准书写体系和语言特色，加强其作为现代民族语言的身份建构。

（三）1900 年印地语决议

1900 年 4 月 18 日，殖民政府宣布通过了印地语决议，吸纳印地语进入法庭和税务办公室语言中，同步使用纳格里文和波斯文，并在政府职位的考察上，读写纳格里文的印地语也成为条件之一，与几十年前相比，印地语在官方层面得到了与乌尔都语同等地位的承认。文学领域中，19 世纪末 20 世纪初，大量的印度教徒出身的作家也开始使用印地语进行创作，为印地语的文学化和成熟化做出了重要的贡献。在对印地语的标准化和普及化过程中，印地语的支持者们排除外来词源词汇，用梵语词源的单词补充，为其构建具有印度教文化传承的标准化的天城体书面形式，将印地语作为文学语言广泛应用于各种体裁的文学作品中，随之建立印地语与梵语的历史联系。同时，印地语官方地位的提高也遭到了大量乌尔都语支持者的反对，印地语与乌尔都语的争端成为印度现代化过程中持续存在的问题。在北印度官方语言政策不断变化的背后，印地语、乌尔都语以及其他语言的身份建构都在自觉不自觉地进行着。乌尔都语就与印地语呈现出镜像的过程，乌尔都语知识分子也试图通过词汇选择等策略不断重建语言，利用波斯语曾经的官方语言地位，推广乌尔都语成为印度民族语言。而随着印度民族主义运动的不断高涨，基于印度教徒和穆斯林不同身份的政治力量的不断博弈，印地语与乌尔都语的竞争也进一步被推上了更广泛的公共动员运动之中，在 20 世纪初呈现出更加复杂激烈的状况。乌尔都语因其作为英殖民政府长期使用的官方语言，不可避免带有了殖民色彩，与其对立的印地语则天然获得了反殖民的立场，得到更多民族主义者的认可，在竞争中得到了更大的优势和更广泛的支持。

1900 年是克利方言运动的一个重要的节点，是印地语支持者取得的一个重大胜利，北方邦的政府正式承认印地语和纳格里文在省级法院和办公室与乌尔都语平等。但这种“平等”实际上有着复杂的意涵，因为北印度印度教徒人数上压倒性的优势使得在政府工作岗位的竞争上穆斯林将会处于劣势；另一方面 1900 年时印地语和纳格里文并不能代表整个印度教徒群体，伯勒杰语和凯提文也代表着印度教的传统，甚至在文学领域，伯勒杰语作为长期使用的文学语言，具有更多的认同性。

因此印地语的支持者只能代表庞大的印度教群体的一部分，而不是现代意义上的印度教民族。但不可否认，官方地位的认可给了它在印度教族群语言内部更大的竞争优势，在印刷资本的推动下其影响范围也在不断扩大。同时，虽然很多省份都随之确立了纳格里文字的官方文字地位，印地语也明确成为法庭语言，但印地语与纳格里文字的使用状况似乎并不是完全对应的。司法和公共部门的官员们使用的印地语依然保留着大量波斯语的专业词汇和用法。这一现象在之前的官方语言政策的变化中也曾反复出现，传统和习惯的力量总是需要更长的时间和更强的动员来打破，印地语要想真正地占据主流，首先就要解决语言自身存在的问题，成为成熟的、专业的、有固定书写体系和具有广泛代表性的象征意义的语言。此外，教育语言也是官方语言政策中不可忽视的一部分。教科书是传播意识形态最重要的载体，不同群体编写的教科书对于国家、民族、传统等都有着不同的定义，然而直到 19 世纪末 20 世纪初，北印度大部分地区以印地语为载体的基础教育始终没有发展起来，得到教育的机会被大多数高种姓家庭掌握，各省份对于印地语教育的投入和重视的不足也是造成印地语发展不利的原因之一。

结语

19 世纪的北印度族群和语言情况复杂，殖民政府的官方语言政策在各个省份也呈现出不一致或前后矛盾的特点，本文只列举了一些具有代表性的地区的政策变化，而具体的实施情况要比政策规定复杂得多。纵观这段时期的官方语言政策的变化，我们会发现：首先，语言政策不是孤立的，矛盾与多变恰恰反映了其受到当时主流的社会政治变革的影响。英国殖民政府官员对于印度语言的态度并非简单地出于喜好，更多是受到了垄断政府职位的精英群体的影响，从波斯语到乌尔都语再到印地语的转变，恰恰反映了语言背后支持力量此消彼长的争夺过程。其次，殖民政府的语言政策并非起初就是以分而治之为目的的，直到 19 世纪中期，人们也很少将印地语的使用者等同于印度教徒，乌尔都语的使用者等同于穆斯林，甚至有大量受教育的印度教徒支持乌尔都语，此时的语言竞争来自不同精英群体维护自身垄断地位或提升自己进入政府工作的竞争力的目的，底层大众很少参与其中。印地语和乌尔都语的分化是社会大环境改变的结果，也是在越来越广泛的社会动员中英国官员、穆斯林和印度教精英等群体的各自努力下族群间潜在的分离趋势被激化的结果。对于 19 世纪北印度的克利方言运动和语言身份建构的研究，除英国殖民政府的官方语言政策本身，印度不同社会群体对于政策的反应和与政策之间的互动也是值得关注的，对于探究当代印度教民族主义的起源有着重要的意义。

参考文献

[1] 阿布莱司·西迪基．乌尔都语文学史［M］．山蕴，译．北京：中国社会

科学出版社，1993.

［2］本尼迪克特·安德森. 想象的共同体：民族主义的起源与散布［M］. 吴叡人，译. 上海：上海人民出版社，2011.

［3］薛克翘，等. 印地语文学史［M］. 北京：中国大百科全书出版社，2021.

［4］Dalmia V. *The nationalization of Hindu traditions* [M]. Delhi: Oxford University Press, 2010.

［5］King C R. *One language, two Scripts: the Hindi Movement nineteenth century North India* [M]. Bombay: Oxford University Press, 1994.

［6］Rai A K. *Hindi nationalism* [M]. Hyderabad: Orient Blackswan Private Limited, 2018.

［7］Rai A K. *A house divided: The origin and development of Hindi/Hindavi* [M]. Delhi: Oxford University Press, 1984.

［8］Shackle C. *Hindi and Urdu since 1800* [M]. New Delhi: Heritage Publishers, 1990.

［9］Jaswal G M. *Hindi resolution: a reflection of the British policy of divide and rule* [C]// *Proceedings of the Indian History Congress*, 2005–2006, 66: 1140–1151.

伊朗水资源困境析论

上海外国语大学　潘梦歌

【摘　要】 水资源对于个人和国家的生存发展都有着至关重要的意义。目前伊朗水资源形势严峻，严重影响到居民的生存生活，制约着经济社会的可持续发展。本文根据伊朗水资源相关领域报告和新闻，归纳出目前伊朗水资源面临的总体困境及由缺水危机引发的经济社会问题，探究水资源短缺背后的自然与人为因素，呈现伊朗应对水资源困境的具体措施，并做出适当评价。

【关键词】 伊朗；水资源困境；水安全

水资源是指可资利用或有可能被利用的水源[①]。一直以来，河水、湖泊水、水库水等地表水以及地下水等淡水资源构成人类生产生活活动所需。随着科学技术的发展，海水淡化、人工催化降水等工程投入应用，有效增加了人类可利用的水资源。然而，全球干旱不可避免且日益加剧，尤以发展中国家最为明显。目前伊朗水资源面临严峻形势，为“全球五大严重缺水国家之一”[②]。水资源短缺不仅会滋生土地荒漠化等一系列缓发型自然灾害，还会激化社会矛盾，引起社会危机。2021年11月，伊斯法罕居民毁坏输水管道，在哈朱桥（Khaju Bridge）附近游行抗议。国际方面，水资源危机导致国际关系紧张。伊朗在与土耳其、阿富汗等邻国争夺边境河流的用水权问题上多次发生冲突。阿富汗加尼政府统治期间，两国就边境河流赫尔曼德河（Helmand）水权问题展开激烈争执，双方互相指责对方违背《赫尔曼德条约》。塔利班政府上台后，赫尔曼德水权依旧是双方讨论的关键议题。

基于以上考量，笔者认为探究伊朗水资源困境产生的原因及其为解决该危机所采取的应对措施关乎中东地区乃至世界的和平稳定，并在一定程度上有助于推动“一带一路”背景下中伊合作的深入发展。

一、伊朗水资源状况及引发的危机

（一）伊朗水资源现状

伊朗能源部水利事务部副部长卡萨米・塔基・扎德・哈米什表示，相关数据表

① 水资源［EB/OL］.（2016-12-22）［2022-06-27］. http://mwr.gov.cn/szs/mcjs/201612/t20161222_776370.html.

② ضرورت‌های اصلاح الگوی مصرف آب [N]. اطلاعات, 2021-12-08.

明 2021 年是伊朗近 50 年来最干旱的一年。[①] 受气候环境等因素影响，伊朗降水量逐年减少，且时空分布不均。根据伊朗国家干旱监测预警中心报告，伊朗 1399—1400 水文年[②]降水量为 143.4 毫米，较常年同期减少 39%。[③] 前 53 年的平均降水量为 250 毫米，近 13 年的平均降水量则降至 232 毫米。沙漠地区平均降雨量约 46 毫米，吉兰等伊朗北部地区降雨量高达 1400 毫米。夏季降雨量占全年降雨量的 5%。[④]

水库蓄水量达历史新低，不同地区水坝状况不一。根据伊朗水资源管理公司报告，1399—1400 水文年全国 199 座水坝总蓄水量为 194.8 亿立方米[⑤]，较上一年同期减少 30%[⑥]。其中，118 座水坝蓄水量低于 40%[⑦]。通过下表可以看出，1400—1401 水文年上半年入水量较上一年同期减少 4%。尽管出水量与上一年相比减少较多，但水库蓄水量较上一年同期依旧减少了 12%。[⑧]

表 1　伊历 1400—1401 水文年水库流量数据（1 月 23 日之前）（单位：立方千米）

<table>
<tr><td colspan="3" rowspan="2">水库蓄水量</td><td colspan="3">出水量</td><td colspan="3">入水量</td><td rowspan="4">全国水坝蓄水总量</td></tr>
<tr><td colspan="3">水年伊始到 1 月 23 日</td><td colspan="3">水年伊始到 1 月 23 日</td></tr>
<tr><td>变化率</td><td>去年</td><td>今年</td><td>变化</td><td>去年</td><td>今年</td><td>变化率</td><td>去年</td><td>今年</td></tr>
<tr><td>-12%</td><td>29.58</td><td>25.94</td><td>-29%</td><td>18.74</td><td>13.40</td><td>-4%</td><td>20.98</td><td>20.06</td></tr>
<tr><td colspan="10">全国水坝总蓄水量为 50.5 立方千米，蓄水率为 51%</td></tr>
</table>

国家水与污水工程公司总经理表示，国内 210 多个城市已面临水资源紧张问题，其中 100 个城市生活状况濒临红线。[⑨] 地下水是伊朗人民用水的主要来源，约

---

① ایرنا. کاهش ۳۹ درصدی بارش‌ها در سال آبی گذشته/ تداوم خشکسالی در ۱۴۰۰ [EB/OL]. (2021-09-25) [2022-02-20]. https://www.irna.ir/news/84482924.

② 伊朗 1399-1400 水文年为公历的 2020 年 7 月 1 日至 2021 年 6 月 30 日。

③ ایرنا. کاهش ۳۰ درصدی حجم آب سدهای کشور [EB/OL]. (2021-09-01) [2022-02-20]. https://www.irna.ir/news/84456387.

④ ایرنا. ۵۱ درصد ظرفیت سدهای کشور پُر از آب است/ کاهش ۳۸ درصدی آب سدهای تهران در یک سال اخیر [EB/OL]. (2022-04-10) [2022-04-20]. https://www.irna.ir/news/84711294.

⑤ ایرنا. کاهش ۳۰ درصدی حجم آب سدهای کشور [EB/OL]. (2021-09-01) [2022-02-20]. https://www.irna.ir/news/84456387.

⑥ ایرنا. پاییز خشک ۵۰ سال اخیر و ضرورت صرفه‌جویی [EB/OL]. (2021-10-04) [2022-02-20]. https://www.irna.ir/news/84493717.

⑦ ایرنا. پاییز خشک ۵۰ سال اخیر و ضرورت صرفه‌جویی [EB/OL]. (2021-10-04) [2022-02-20]. https://www.irna.ir/news/84493717.

⑧ ایرنا. لزوم ورود «شورای عالی آب» به اولویت «اصلی» کشور [EB/OL]. (2022-05-07) [2022-05-07]. https://www.irna.ir/news/84739202.

⑨ ایرنا. کاهش ۳۹ درصدی بارش‌ها در سال آبی گذشته/ تداوم خشکسالی در ۱۴۰۰ [EB/OL]. (2021-

占伊朗淡水资源的 60%，地下水取水量位居中东地区首位，这就导致伊朗 71%的人口生活在地下水超采地区。[①]研究人员在监测伊朗 30 个主要流域和 478 个子流域的月平均地下水位之后发现，2002—2015 年间，因人为因素和自然因素流失的地下水大约为 74 立方千米，相当于乌鲁米耶湖（Urmia Lake）满水状态下容量（1996 年 46 立方千米）的两倍。[②]目前德黑兰地下水位高度已从 45 厘米下降到 150 厘米[③]。除了吉兰省和马赞德兰省，伊朗全国各地都出现了不同程度的地面沉降。

（二）水资源困境引发的危机

首先，持续干旱造成的湖泊、河流和水库干涸会扩大伊朗土地荒漠化面积，还会导致沙尘袭来、害虫侵扰、水土流失、湿地干涸、植被灭绝和野生动物种类的减少。[④]胡泽斯坦省环境保护总局公共关系部长沙赫利亚尔·阿什卡里表示，粉尘将胡泽斯坦省内许多城市置于危险之中。伊历 1401 年 3 月 2 日（公历 2022 年 5 月 23 日），胡泽斯坦哈米迪耶市空气含尘量是浓度限值的 66 倍。[⑤]伊朗东部及中部地区包括呼罗珊省、克尔曼省、锡斯坦-俾路支斯坦省、伊斯法罕省都遭受着不同程度的粉尘侵扰。[⑥]

此外，水库、地表径流等水源的减少增加了对地下水的开采力度，大量非法或合法钻探的水井（专家预估为 100 多万个[⑦]）消耗着宝贵的地下水资源，造成河道水量减少或断流，湖泊和湿地萎缩甚至消失。地下水的超采也使得地下水缺少再生的时间，从而引发更深层度的不可逆的地面沉降和地裂缝，直接威胁着建筑、交通、供水等安全。根据某个世界研究组织 1400 水文年（即公历 2021 年）的报告，德黑兰以每年 36 厘米的沉降速度保持着地面沉降的世界纪录[⑧]，加上位处地震带

09-25) [2022-02-20]. https://www.irna.ir/news/84482924.

① همشهری. نابودی سفره‌های آب زیرزمینی در ایران [EB/OL]. (2021-05-01) [2022-02-20]. https://newspaper.hamshahrionline.ir/id/129561.

② اطلاعات. نابودی منابع آب زیرزمینی/خطری در کمین ایران [N]. 2021-09-23.

③ ایرنا. فرونشست زمین؛ بحرانی خزنده به عمق مناطق جمعیتی ایران [EB/OL]. (2021-10-04) [2022-02-21]. https://plus.irna.ir/news/84493329.

④ ایرنا. کاهش ۳۹ درصدی بارش‌ها در سال آبی گذشته/ تداوم خشکسالی در ۱۴۰۰ [EB/OL]. (2021-09-25) [2022-02-20]. https://www.irna.ir/news/84482924.

⑤ ایرنا. خشکسالی و فرونشست؛ تهدیدات ملی [EB/OL]. (2022-06-21) [2022-06-22]. https://www.irna.ir/news/84794958.

⑥ ایرنا. از تهدید کم‌آبی تا اشتغالزایی در پی احیای واحدهای صنعتی راکد [EB/OL]. (2022-05-22) [2022-06-22]. https://www.irna.ir/news/84762534.

⑦ ایرنا. فرونشست زمین؛ بحرانی خزنده به عمق مناطق جمعیتی ایران [EB/OL]. (2021-10-04) [2022-05-07]. https://plus.irna.ir/news/84493329.

⑧ ایرنا. فرونشست زمین؛ بحرانی خزنده به عمق مناطق جمعیتی ایران [EB/OL]. (2021-10-04)

的风险，拥有千万人口的德黑兰城的生存状况令人担忧。按照欧盟的标准，一旦某地出现 4 毫米的地面沉降，则该地进入危机状态；伊朗描述地面沉降所用的单位是厘米，某些平原每年甚至达到一米以上的下沉。① 这时刻影响着生活在地下水超采地区的 71%②的伊朗人口的身体健康和生命安全。解决地下水超采问题刻不容缓。

然而，缺水危机不仅仅引发生态环境问题；随着伊朗城市化进程加快，水资源短缺滋生的经济与社会问题更为严峻。从事与“水”相关的行业人员都将面临失业风险。过去农业用水占据国家用水的 90%③，现在农业用水得不到保证，农村人口大规模地涌向城市寻求就业机会，但是城市工作岗位有限，由此出现了一大批失业人群，贫困和不平等现象加重。农村人口流失和耕地荒芜现象引发粮食安全担忧。地下水资源减少而引起的土壤盐渍化进一步缩小伊朗可耕种地面积，加剧粮食安全问题。伊朗绝大部分地区采用水力发电，目前的缺水困境会导致工厂和家庭用电无法得到保证，影响经济发展和百姓正常生活。一旦饮用水出现红色预警，满足不了日益增加人口的需求，人民的生命和身体健康就会受到极大打击，继而引起政治动荡。

发生在伊斯法罕的抗议事件就是一大体现。伊朗地质和资源勘探协会总书记曾表示，“工业正在毁掉伊斯法罕，伊斯法罕为全国提供 70%的钢铁、90%的石头建材、54%的乳制品、90%的电和 16%的燃料。”④ 除此之外，伊斯法罕省份还在向亚兹德等极度缺水省份输送水资源。在双重压力下，伊斯法罕赖以生存的扎因代河流变为季节性河流。2021 年 11 月下旬，伊斯法罕农民在干枯的扎因代河床上搭帐篷表示抗议，要求政府解决秋耕用水问题。11 月 19 日，伊斯法罕各县市居民、环境保护人士加入抗议队伍，强调“复兴扎因代河，治理水污染和地面沉降”。⑤ 11 月 21 日，恰哈马哈勒–巴赫蒂亚里省的部分居民举行和平集会，要求“避免资源浪费，改进调水方式”。⑥

全球干旱预警意味着“水”将成为各个国家争夺的主要战略资源之一，围绕国际河流水权分配的国际矛盾也会愈演愈烈。伊朗与阿富汗多次就两国边界河流——赫尔曼德河的用水权问题发生争执。阿富汗加尼政府统治期间，加尼无视过往协

[2022–05–07]. https://plus.irna.ir/news/84493329.

① فرونشست زمین؛ بحرانی خزنده به عمق مناطق جمعیتی ایران. ایرنا [EB/OL]. (2021–10–04) [2022–05–07]. https://plus.irna.ir/news/84493329.

② نابودی سفره‌های آب زیرزمینی در ایران. همشهری [EB/OL]. (2021–05–01) [2022–05–07]. https://newspaper.hamshahrionline.ir/id/129561.

③ تداوم خشکسالی و عمیق‌تر شدن بحران آب [N]. اطلاعات, 2021–10–26.

④ نابودی منابع آب زیرزمینی/خطری در کمین ایران [N]. اطلاعات, 2021–09–23.

⑤ دستور ویژه مخبر به وزرای نیرو و جهاد برای حل مشکل زاینده رود [N]. اطلاعات, 2021–11–20.

⑥ پیگیری حقابه‌ها و ضرورت پرهیز از مناقشه‌های قومی و منطقه‌ای. ایرنا [EB/OL]. (2021–11–22) [2022–05–08]. https://plus.irna.ir/news/84550731.

定，要求“伊朗用石油来换取赫尔曼德河的用水权”。[①] 双方讨论无疾而终，以赫尔曼德河为主要补给水源的哈蒙湖渐渐干涸。塔利班政府上台后，双方政府同样就赫尔曼德河进行讨论，但结果不太理想。2022 年 3 月，伊朗能源部长对阿富汗政府在赫尔曼德河流问题上的拖延与不作为表示抗议并提出警告。对此，塔利班政府发表声明，“赫尔曼德河水由于技术问题暂未抵达伊朗。”[②] 6 月 23 日，伊朗能源部国际河流办公室主任贾巴尔（Jabar Vatanfada）再次呼吁阿富汗政府以实际行动兑现承诺。[③] 此外，伊朗分别与土耳其政府、土库曼斯坦政府关于阿拉斯河（Aras）、阿特拉克河（Atrek）的用水权开展多轮磋商。尽管如此，专家认为两河前景依旧不容乐观，要求政府重视“水外交”。[④] 部分民众则表示政府在水权问题上过于软弱。[⑤]

二、造成水资源困境的原因剖析

（一）天灾

降水是淡水资源的主要来源，然而伊朗的纬度位置及其地理环境决定了伊朗不是一个多雨国家。伊朗的纬度范围约为北纬 25 度至 40 度之间，绝大部分地区都属于干旱和半干旱地区，夏季受副热带高气压带控制，冬季受亚洲内陆的冷空气控制，盛行下沉气流，全年降水稀少。近年来的不正常降水无疑加剧了干旱情况：既不能及时补充地表径流并汇集到水库、河流和湖泊等蓄水区，也渗透不到地底以转化为地下径流。厄尔布尔市水资源公司经理丹佛德·纳吉费扬（Davud Najafiyan）强调：“即使接下来 20 年每年的降水量都达到过去三年的平均降水量，也还是无法弥补损失的水资源。”[⑥] 因此，尽管今年伊朗夏季降水量高于常年同期，但不能改变全年降水量稀少和面临严峻的持续的缺水危机的现实。

此外，由于全球气候变暖扰乱了降水模式，极端天气事件发生更为频繁，暴雨引发的洪涝及热浪引发的干旱的可能性大大提高，灾害的强度和持续时间也有所增加。伊朗水利专家表示：“我们将会面临更干旱、更潮湿的气候和毁灭性更大的洪

---

① مشکل کم‌آبی، خشکسالی و سال‌ها غفلت [N]. اطلاعات, 2021-11-23.

② طالبان: آب رود هیرمند به‌دلیل مشکلات فنی به ایران نرسیده است. ایسنا [EB/OL]. (2022-02-22) [2022-05-08]. https://www.isna.ir/news/1400120302570.

③ واکنش ایران به خبر توافق با افغانستان در معاهده هلمند: پایبندی خود را در عمل ثابت کنید. رادیو فردا [EB/OL]. (2022-06-23) [2022-06-23]. https://www.radiofarda.com/a/helmand-iran-afghanistan/31911691.html.

④ کابوس مرگ ارس. ایرنا [EB/OL]. (2021-11-22) [2022-05-20]. https://www.irna.ir/news/84550769.

⑤ مشکل کم‌آبی، خشکسالی و سال‌ها غفلت [N]. اطلاعات, 2021-11-23.

⑥ نابودی منابع آب زیرزمینی/خطری در کمین ایران [N]. اطلاعات, 2021-09-23.

水。”[①] 根据联合国减少灾害风险办公室公布的《2021 年干旱全球评估特别报告》，到本世纪末，世界上所有国家或者是绝大多数国家都将面临干旱危机，发达国家也不能幸免。[②]

（二）人祸

人口增长、食物需求量的上升、城市化发展以及工业的无序扩张在无形中加重了水资源负担，导致水资源开发和利用严重过载。农业方面，伊朗灌溉系统传统且效率低下，农业投资额短缺以致无法进行及时的技术更新；农民耕种方式错误和节水意识不强，如在缺水地区种植高度需水作物，这导致农业领域需要大量灌溉用水的同时水资源浪费现象普遍且严重，来水量和用水量高度不匹配；化肥、农药和除草剂等农用化学物的误用、滥用污染了水资源并引起水土环境恶化。受工业化快速发展的影响，工厂数量持续增长，规模不断扩大，工业领域对水的需求量也随之上升。同时，由于废水处理设备落后，伊朗工业污水不合规排放问题普遍，水污染程度加剧。伊朗的水资源结构本就单一，地表水供水城市极少，绝大多数城市都采用地下水供水。国内生产生活领域对水资源的需求又有增无减，且节水意识薄弱，再加上不容忽视的水污染问题，这都使得伊朗地下水再生循环无法正常运行，入不敷出，最终造成严重超采。

面对持续干旱和各类水资源危机，伊朗政府并没有提出合理且长期有效的方针政策。过去，伊朗大量投资修建水坝来储存水资源，但大多数水坝都没有发挥应有作用。随着全球气候变暖和降水减少，水坝的蓄水率并不高，全国 9 个省份水坝的蓄水率处于 35%—75%之间。其中，2021 年德黑兰五座水坝蓄水量相比上年减少了 37%，蓄水率也只有 31%。[③] 政府也曾考虑调水工程以缓解极度缺水地区的困境，然而在实施过程中既未合理规划调水沿线工程，也未全面考虑调出区与调入区的生态环境及流域管理，从而造成了对两地区生态的“二次伤害”，如伊斯法罕省（调出区）“母亲河”——扎因代河流的断流[④]。

气候变暖是全球性挑战，专家认为日益反常的气候变化最终会导致全球性的缺水危机。尽管政府将减少温室气体排放量作为工作优先，但鉴于日益增加的人口数量和加速推进的工业化发展，伊朗只能通过提高能源利用率而不是减少能源消费量

---

① ایرنا. کاهش ۳۹ درصدی بارش‌ها در سال آبی گذشته/ تداوم خشکسالی در ۱۴۰۰ [EB/OL]. (2021-09-25) [2022-05-20]. https://www.irna.ir/news/84482924.

② اطلاعات. ۴۵ کشور جهان در معرض خشکسالی هستند [N]. اطلاعات, 2021-12-02.

③ ایرنا. کاهش ۳۰ درصدی حجم آب سدهای کشور [EB/OL]. (2021-09-01) [2022-05-25]. https://www.irna.ir/news/84456387.

④ دستور ویژه مخبر به وزرای نیرو و جهاد برای حل مشکل زاینده رود [N]. اطلاعات, 2021-11-20.

以达到原定目标，但这要到 2030 年才有可能初见成效[①]。各国纷纷采取行动应对水资源危机，土耳其、土库曼斯坦、阿富汗都采取了修建水坝来拦截水流，这无疑减少了伊朗境内水流流量，哈蒙湖的干涸就是最好的证明。[②]尽管如此，伊朗政府依旧没有重视海水淡化工程等高新技术，民众只能依赖地下水。旧存的水井因无法采到水源被废弃，大量新的合法或非法修建的水井层出不穷。能源部估计，2020 年全国大约有 30 万口非法水井和 50 万口合法水井。一些专家认为全国平均每 2 平方千米就有一口水井。[③]可以看出，针对水资源困境，政府监管不力的问题极为突出。

三、应对水资源危机的举措

随着水资源短缺问题的加剧，政府和专家逐渐意识到该问题的严重性和应对该危机的紧迫性。第十三届政府能源部部长阿里·阿克贝尔·马赫拉巴扬（Ali Akbar Mehrabian）宣布在能源部内部组建护水中心，调整水资源消费结构，号召全国民众参与节水运动，保障饮用水的正常使用。[④]管理方面，政府强调要发挥环境组织的统筹协调作用，将环境问题交于环境专家分析处理，采取切实措施；非政府组织也要重视其舆论宣传功能，教育民众，普及节水知识。[⑤]2022 年 5 月，副总统穆罕默德·莫赫贝尔（Mohammad Mokhber）再次声明，“解决水资源短缺问题是全部工作的重中之重。要发挥好最高水资源委员会的统筹协调作用，确保国家政策和决议落地见效。”[⑥]资金方面，政府决定下拨 1 万亿土曼帮助农业应对旱灾；关于扎因代河流断流问题，马赫拉巴扬承诺下拨 3.8 万亿土曼帮助伊斯法罕居民渡过难关。[⑦]国家水与污水工程公司总经理在回答停水地区用水保障时表示，国家将通过罐车供水来保证居民基本用水需求。[⑧]

部分专家提出在国际局势好转和制裁解除之后，可以进口粮食以缓解国家粮食

① دگردیسی اقلیم و مسئولیت ما [N]. اطلاعات, 2021-10-25.

② مشکل کم‌آبی، خشکسالی و سال‌ها غفلت [N]. اطلاعات, 2021-11-23.

③ فرونشست زمین؛ بحرانی خزنده به عمق مناطق جمعیتی ایران. ایرنا [EB/OL]. (2021-10-04) [2022-05-26]. https://plus.irna.ir/news/84493329.

④ کاهش ۳۹ درصدی بارش‌ها در سال آبی گذشته/ تداوم خشکسالی در ۱۴۰۰. ایرنا [EB/OL]. (2021-09-25) [2022-05-27]. https://www.irna.ir/news/84482924.

⑤ رییس جمهوری: توجه به محیطزیست در همه طرح‌ها به دقت لحاظ شود. ایرنا [EB/OL]. (2021-11-19) [2022-05-27]. https://www.irna.ir/news/ 84547644.

⑥ لزوم ورود «شورای عالی آب» به اولویت «اصلی» کشور. ایرنا [EB/OL]. (2022-05-07) [2022-05-27]. https://www.irna.ir/news/84739202.

⑦ دستور ویژه مخبر به وزرای نیرو و جهاد برای حل مشکل زاینده رود [N]. اطلاعات, 2021-11-20.

⑧ کاهش ۳۹ درصدی بارش‌ها در سال آبی گذشته/ تداوم خشکسالی در ۱۴۰۰. ایرنا [EB/OL]. (2021-09-25) [2022-05-27]. https://www.irna.ir/news/84482924.

自给自足政策的压力，也可以往中部地区调水并净化海水资源以满足不同生活生产活动的需要。对此，政府态度较为积极，认为到本届政府任期结束时，海水淡化和调水工程将解决各行各业用水需求问题。根据能源部官员提供的方案，伊朗计划设计 5 条海水输送线路，并做好水泵站的修建和完善工作，从波斯湾、阿曼海将水调入中部高原地区。同时，扩建阿巴斯港和恰巴哈尔港的海水淡化工程，在原基础上增加 50 万立方米供水量。① 但有些专家对调水工程的实施存在异议，认为调水工程成本高且情况复杂，必须以流域管理为优先，综合考虑所处环境指标，强调缺少专家指导及评估的调水工程会导致政治和社会陷入困局。② 此外，调整农业耕作模式也迫在眉睫。

水域管理和土壤保护研究协会气候变化和干旱小组组长马赫兰·赞德指出，伊朗目前的干旱问题涉及三个层面：气象干旱、水文干旱和农业干旱。针对农业干旱问题，专家认为短期内可以通过管理水的消费模式、改善取水方式避免浪费、减少作物用水、合理施肥及深耕细作等措施应对干旱困扰。然而从长远来看，栽培管理、挑选耐旱作物并使植物适应干旱环境、建造防护林、增加地下水资源和提高水资源利用率等措施需要提上日程。同时，可以通过水域管理将洪水转化成储备水资源以应对持久干旱。全球气候变暖增加了极端天气发生的频率，不同地区要有不同的应对措施，负责人和管理者需要抱有危机意识，建立并扩大监测国家旱情和自然资源系统，以便提前计划、预判并行动。同时，政府应使用 GPS 等卫星系统监测农作物、植被、土壤和河流等自然资源，及时发现及时整治。③

四、结语

在“水比油贵”的西亚地区，伊朗自然也不能例外。应对缺水危机，伊朗尝试从国际、国内两个方向实现夹击。国际上，伊朗主动开展“水外交”，与阿富汗、土耳其、土库曼斯坦等邻国就国际河流水权问题进行协商，争取双赢；与世界各国开展水资源相关方面合作，如推动德黑兰大学与中国科学院共建“中–伊水与环境联合研究中心”④。国内方面，伊朗将“解决水资源困境”列为头等大事，成立“最高水资源委员会”负责统筹各项事宜，贯彻“节水为先，调水为补”的方针，及时下拨资金应对紧急状况。从以上措施可以看到伊朗方面对水资源问题的高度重视。

---

① ایرنا. کشور «اصلی» به اولویت «شورای عالی آب» لزوم ورود [EB/OL]. (2022–05–07) [2022–05–27]. https://www.irna.ir/news/84739202.

② ضرورت‌های اصلاح الگوی مصرف آب [N]. اطلاعات, 2021–12–08.

③ تداوم خشکسالی و عمیق‌تر شدن بحران آب [N]. اطلاعات, 2021–10–26.

④ 张昱，HAMIDIAN Amir Hossein，刘超，田甜甜，杨敏．伊朗水与环境领域面临的主要问题及中伊科技合作进展［J］．环境工程学报，2020（8）：2081．

对于伊朗而言，水危机不仅仅是环境危机，它关系到伊朗政治、经济和社会的方方面面，决定着伊朗今后的发展命运。受国际制裁和疫情影响，伊朗国内经济发展滞缓，失业率上升的同时伴随着飞涨的物价，民众生活面临极大考验。工业化是一个国家发展的必由之路。尽管伊朗国内工业体系较为完善，但设备落后、老化而造成的用水量大、水资源浪费和环境污染问题也较为突出。因此，努力探索环境保护与经济发展的平衡点显得极为关键。一方面，伊朗可以更加积极主动地开展“水外交”，与其他国家地区及国际组织深化合作，借助“一带一路”合作平台，交流治理经验，开展人才培养和技术培训等工作，吸纳他国平衡发展与环保矛盾所取得的成果。另一方面，伊朗内部需要坚持“解决缺水危机”不动摇，在保障农业、工业用水的同时，密切关注由于缺水危机而引发社会民生问题以及由此带来的国内外政治安全隐患，执两用中，以民为本。最重要的是，伊朗全社会要同心合力，协助配合，为节水护水活动贡献自己的力量。

参考文献

［1］丁超．乌兹别克斯坦水资源困境及改革的路径选择［J］．世界农业，2019（9）：12—20，135．

［2］李立凡，陈佳骏．中亚跨境水资源：发展困境与治理挑战［J］．国际政治研究，2018，39（3）：89—107，5．

［3］罗怿．伊朗和阿富汗的水争端及其对两国关系的影响［G］// 外国语言文学与文化论丛 12：区域与国别研究专辑．成都：四川大学出版社，2016（1）：247—259

［4］王诚．伊朗水资源危机对其国家安全的影响评估［J］．新丝路学刊，2019（1）：94—108．

［5］吴爱民，荆继红，宋博．略论中国水安全问题与地下水的保障作用［J］．地质学报，2016，90（10）：2939—2947．

［6］杨涛，张立明．伊朗概论［M］．广州：世界图书出版广东有限公司，2016．

［7］کاهش ۳۹ درصدی بارش‌ها در سال آبی گذشته/ تداوم خشکسالی در ۱۴۰۰ .ایرنا [EB/OL]. (2021-09-25) [2022-02-20]. https://www.irna.ir/news/84482924.

［8］کاهش ۳۰ درصدی حجم آب سدهای کشور .ایرنا [EB/OL]. (2021-09-01) [2022-02-20]. https://www.irna.ir/news/84456387.

［9］۵۱ درصد ظرفیت سدهای کشور پُر از آب است/ کاهش ۳۸ درصدی آب سدهای تهران در یک سال اخیر .ایرنا [EB/OL]. (2022-04-10) [2022-04-20]. https://www.irna.ir/news/84711294.

［10］پاییز خشک ۵۰ سال اخیر و ضرورت صرفه‌جویی .ایرنا [EB/OL]. (2021-10-04) [2022-04-20]. https://www.irna.ir/news/84493717.

[11] ایرنا. کشور «اصلی» به اولویت «شورای عالی آب» لزوم ورود [EB/OL]. (2022-05-07) [2022-05-27]. https://www.irna.ir/news/84739202.

[12] ایرنا. فرونشست زمین؛ بحرانی خزنده به عمق مناطق جمعیتی ایران [EB/OL]. (2021-10-04) [2022-05-27]. https://plus.irna.ir/news/84493329.

[13] ایرنا. خشکسالی و فرونشست؛ تهدیدات ملی [EB/OL]. (2022-06-21) [2022-06-22]. https://www.irna.ir/news/84794958.

[14] ایرنا. از تهدید کم‌آبی تا اشتغالزایی در پی احیای واحدهای صنعتی راکد [EB/OL]. (2022-05-22) [2022-05-27]. https://www.irna.ir/news/84762534.

[15] ایرنا. پیگیری حقابه‌ها و ضرورت پرهیز از مناقشه‌های قومی و منطقه‌ای [EB/OL]. (2021-11-22) [2022-02-20]. https://plus.irna.ir/news/84550731.

[16] ایرنا. کابوس مرگ ارس [EB/OL]. (2021-11-22) [2022-05-20]. https://www.irna.ir/news/84550769.

[17] ایسنا. طالبان: آب رود هیرمند به‌دلیل مشکلات فنی به ایران نرسیده است [EB/OL]. (2022-02-22) [2022-05-20]. https://www.isna.ir/news/1400120302570.

[18] رادیو فردا. واکنش ایران به خبر توافق با افغانستان در معاهده هلمند: پایبندی خود را در عمل ثابت کنید [EB/OL]. (2022-06-23) [2022-06-23]. https://www.radiofarda.com/a/helmand-iran-afghanistan/31911691.html.

[19] همشهری. نابودی سفره‌های آب زیرزمینی در ایران [EB/OL]. (2021-05-01) [2022-05-08]. https://newspaper.hamshahrionline.ir/id/129561.

[20] ۱۰۰۰میلیارد تومان برای مقابله با خشکسالی در بخش کشاورزی اختصاص یافته است [N]. اطلاعات, 2021-12-01 (4).

[21] ۴۵ کشور جهان در معرض خشکسالی هستند [N]. اطلاعات, 2021-12-02 (4).

[22] بررسی مشکلات آب ۴ استان با حضور معاون اول رئیس جمهوری [N]. اطلاعات, 2021-11-21(2).

[23] پیش‌بینی تداوم کم‌بارشی و خشکسالی در نیمه اول پاییز [N]. اطلاعات, 2021-09-28(4).

[24] تداوم خشکسالی و عمیق‌تر شدن بحران آب [N]. اطلاعات, 2021-10-26(5).

[25] دستور ویژه مخبر به وزرای نیرو و جهاد برای حل مشکل زاینده رود [N]. اطلاعات, 2021-11-20 (13).

[26] دگردیسی اقلیم و مسئولیت ما [N]. اطلاعات, 2021-10-25(5).

[27] ضرورت‌های اصلاح الگوی مصرف آب [N]. اطلاعات, 2021-12-08(7).

[28] مشکل کم‌آبی، خشکسالی و سال‌ها غفلت [N]. اطلاعات, 2021-11-23(7).

[29] منابع آبی ایران تمام شده است [N]. اطلاعات, 2021-12-01(2).

[30] نابودی منابع آب زیرزمینی/خطری در کمین ایران [N]. اطلاعات, 2021-09-23(5).

[31] وزیر کشور: مشکل کم آبی با صبر و تحمل حل خواهد شد [N]. اطلاعات, 2021-11-27(9).

浅析伊朗与阿富汗的赫尔曼德河水权之争

信息工程大学　胥章逸

【摘　要】 赫尔曼德河是阿富汗境内最大的河流之一，同时也是伊朗和阿富汗的跨界河，对两国的经济、农业、民生十分重要。赫尔曼德河边界分歧和水权之争是大国博弈时代留下的政治遗产，为两国爆发领土冲突和争夺水资源埋下隐患。近代以来，由于自然环境恶劣、气候变化等因素，河流多次出现干涸、断流。在域外势力的影响下，赫尔曼德河分歧已持续一个多世纪，并在不同历史时期呈现不同特点。本论文梳理了两国争议的成因和演变过程，并在此基础上分析了分歧对伊阿关系的影响。

【关键词】 伊阿关系；赫尔曼德河；水权之争

引言

赫尔曼德河是阿富汗境内最大的河流之一，也是伊朗和阿富汗的跨界河，其水量约占阿富汗全国地表水量的 40%，发源于位于喀布尔西部 40 千米处兴都库什山脉的巴巴山系。① 赫尔曼德河流过 1100 千米后注入伊阿边界的哈蒙湖，哈蒙湖分为赫尔曼德哈蒙湖、赛伯里哈蒙湖和普扎克哈蒙湖，在降水充沛的情况下，三片湖泊可连成一片，其水域面积可达 5660 平方千米。赫尔曼德河的水主要来源于阿富汗高山融化的雪水，在流过伊阿边境的库哈克大坝后，主干河流分流为西北向的锡斯坦河与向北的帕里扬河，锡斯坦河最终流入伊朗的赫尔曼德哈蒙湖，而帕里扬河作为伊阿两国界河最终流入普扎克哈蒙湖。②

中东的气候以炎热干燥为特征，水作为万物生长必需品，发挥着其他物质无法替代的重要作用。在过去半个多世纪内，世界因为水资源问题至少爆发 37 次冲突，而超过 30 起都与水资源稀缺的中东有关。③ 赫尔曼德河作为跨界河，对于伊朗

① محمد خسروی، کوهزاد رئیس پور. هیرمند مهمترین عامل زمینه ساز اختلاف میان ایران و افغانستان [C]// دانشگاه سیستان و بلوچستان. همایش ملی شهرهای مرزی و امنیت: چالش ها و رهیافت ها، زاهدان، ایران، 30 تا 31 فروردین، 1391. زاهدان: دانشگاه سیستان و بلوچستان. صفحه.886.

② سیامک کرم زاده، بهرام مرادیان. حقوق ایران در بهره برداری از رودخانه هیرمند از منظر حقوق بین الملل [J]. *مطالعات حقوق انرژی*، 1397، 2(3): 343.

③ جلال ستاره، حمید پناهی، علی شیخ کوهسار. بررسی اختلافات مرزی ایران و افغانستان(مورد مطالعه: رودخانه هیرمند) [J]. *فصلنامه علمی-ترویجی دانشکده علوم و فنون مرز*، 1393، 5(3): 28.

锡斯坦–俾路支斯坦地区的意义不止在于划界，还在农业、经济等方面发挥着至关重要的作用。得益于赫尔曼德河充沛的淡水资源和从上游冲积下来富有营养物质的泥土，河水在伊阿之间的锡斯坦地区低洼地带形成富饶的三角洲。三角洲一部分位于伊朗境内，面积约为整个三角洲的 40%。[①] 在河水滋养下，伊朗锡斯坦地区的农业经济一度繁荣兴盛，被誉为伊朗的埃及。围绕河流兴起的畜牧业、渔业、手工业为地区百姓创收良多。此外，伊朗还在赫尔曼德河支流锡斯坦河建起调节水流的库哈克水坝和扎哈克水坝，两座水坝能帮助伊朗锡斯坦平原灌溉大约 6.5 万公顷的土地。[②]

近年来，由于气候变化异常，地球变暖，赫尔曼德河流量逐年变小，加上阿富汗在上游多次修建水利设施，位于伊朗的下游经常出现断流。双方围绕赫尔曼德河水权问题的争执日趋激烈，并影响到双边外交和国内民意。赫尔曼德河水权的争议由来已久，它与殖民国家留下的政治遗产有必然关系，并随着国际背景和双边关系的变化呈现不同的特点。本文意在梳理赫尔曼德河分歧的成因和演变过程，进而探讨赫尔曼德河水权争议对伊阿关系可能产生的影响。

一、两国水权分歧的历史沿革

（一）大博弈时代的政治遗产

中东地区许多国家的边界，都是殖民统治时代划定的。殖民者在划定边界时，罔顾所在地的民族、宗教、地理和历史，人为地确定边界，故意埋下纷争的种子，以致许多中东国家同邻国存在领土、资源争端。伊朗与阿富汗围绕赫尔曼德河水权的争议也不例外。

1. 1857 年《巴黎协议》

波斯阿夫肖尔王朝创始人纳迪尔·沙阿，在 18 世纪 30 年代到 40 年初征服了印度河以北的大部分地区。喀布尔、赫拉特、加兹尼和坎大哈基本置于强大的波斯帝国统治下。在纳迪尔任内，赫尔曼德河贯穿的大锡斯坦地区，即现在的伊朗锡斯坦、巴基斯坦俾路支斯坦以北和阿富汗尼姆鲁兹省，不存在任何领土争议问题，它们都属于波斯帝国的领土，甚至纳迪尔还把赫尔曼德河上游阿尔甘达布河流域的纳迪尔阿巴德（现坎大哈）设为跨域管理的行政中心，与马什哈德、伊斯法罕等大城遥相呼应。在 1747 年纳迪尔遇刺后，波斯迅速转入衰落。纳迪尔的侍卫长普什图

---

① محمد خسروی، کوهزاد رئیس پور. هیرمند مهمترین عامل زمینه ساز اختلاف میان ایران و افغانستان [C]// دانشگاه سیستان و بلوچستان. همایش ملی شهرهای مرزی و امنیت: چالش ها و رهیافت ها، زاهدان، ایران، 30 تا 31 فروردین، 1391. زاهدان: دانشگاه سیستان و بلوچستان. صفحه.887.

② سیامک کرم زاده، بهرام مرادیان. حقوق ایران در بهره برداری از رودخانه هیرمند از منظر حقوق بین الملل [J]. *مطالعات حقوق انرژی*، 1397، 2(3): 344.

人艾哈迈德·汗·阿布达里在阿夫肖尔王朝东部领土的基础上迅速建立阿富汗王国，但后来的波斯统治者并不承认阿富汗独立这一事实，幻想恢复对阿富汗的宗主权。

1856 年，波斯在沙俄的挑唆下，派兵包围赫拉特，意图恢复对阿富汗西部的控制。阿富汗此时被英国视作保卫英属印度的缓冲区，英国不愿看到受俄国势力影响的波斯控制阿富汗。仅在波斯占领赫拉特数周后，英属印度孟买当局出动 45 艘战舰，携 6000 余人的部队登陆波斯湾海岸城市布什尔，并不断向波斯内陆推进。[①] 此举迫使波斯从赫拉特撤退并承认阿富汗独立。双方在 1857 年签署《巴黎协议》，协议承认了英国的利益和阿富汗的独立，并为波斯和阿富汗的双边分歧制定解决方案。协议第 6 条规定，若伊阿出现任何分歧，波斯应当寻求英国政府的“友好帮助”，除非英方的友好努力无效，否则波斯不得使用武力解决分歧，而英国政府在得到问询后，应努力解决分歧并使其符合波斯利益。[②]《巴黎协议》的签署基本奠定了英俄大博弈时期波斯与阿富汗解决问题的基本思路，即第三方仲裁为基础的解决模式。由于协议的成文性与第三方构成的强大威慑，任何意图用武力解决分歧的途径都被极大限制。两国在解决后续分歧上进行了长期谈判，这为两国解决赫尔曼德河分歧提供了原始思路。

2. 戈德斯密德协议

公元 1871 年左右，波斯锡斯坦边境地区遭遇大旱，而阿富汗人将赫尔曼德河截流蓄水，此举激化了阿富汗与波斯的用水之争。忙于英俄博弈的英国既不希望二者爆发冲突，导致俄国人乘机介入，也不希望两国彻底解决矛盾，只想在二者之间建立一种微妙的平衡。因此，英国依据《巴黎协议》在两国政府的申请下出面调停，委任锡斯坦及俾路支斯坦事务专家戈德斯密德将军仲裁波斯与阿富汗的边界争议（Perso-Afghan boundary dispute）。1872 年 8 月 19 日，戈德斯密德提出自己的方案。根据他的方案，锡斯坦地区被一分为二，其中赫尔曼德河三角洲地带的一部分被划给伊朗，而包含淡水流域的大部分地区被划给阿富汗。另外，戈德斯密德不允许双方在赫尔曼德河上实施侵害对方水权益的行为。双方基本认同这个方案并达成协议，然而，戈德斯密德协议对双方的约束并未落实，阿富汗人过后在赫尔曼德河流域修建了不少水利设施，严重影响了下游伊朗人的用水。

---

① Islam, Thowhidul. *Impact of Helmand Water Dispute on the Bilateral Relations between Iran and Afghanistan; an Evaluation* [J]. *International Journal of Central Asian Studies*, 2011, 15: 119.

② جلال ستاره، حمید پناهی، علی شیخ کوهسار. بررسی اختلافات مرزی ایران و افغانستان (مورد مطالعه: رودخانه هیرمند) [J]. *فصلنامه علمی-ترویجی دانشکده علوم و فنون مرز*، 1393، 5(3): 35.

3. 麦克马洪裁决

1902 年，赫尔曼德河上游降雨减少导致下游三角洲严重缺水，锡斯坦地区再遇大旱，哈蒙湖也近乎干涸。缺水引起三角洲发生争斗，一伙阿富汗军人入侵了波斯领土，并在返回途中摧毁了锡斯坦水坝，一些伊朗境内的锡斯坦人被迫迁往阿富汗。由于事件不断升级，英国人再次充当调停角色。麦克马洪于 1903 年随团进驻锡斯坦地区，并于 1903 年 9 月提出了自己的分界设想，他在戈德斯密德方案的基础上做出部分变动，波斯和阿富汗政府对此表示认同。麦克马洪于 1903 年 2 月至 1905 年 5 月期间，在库哈克大坝正上方对赫尔曼德河进行了数次水文测量，并于 1905 年 4 月 10 日开始筹划分水工作。最后，麦克马洪提出以赫尔曼德河流经卡玛勒汗水坝的流量为标准，波斯所属水量占其中的三分之一。[①] 在波斯看来，麦克马洪的方案完全是为了讨好阿富汗人而维护英国的殖民地利益。因此波斯政府并不接受此次裁决，两国的争端并未得到解决。

（二）民族威权主义时代的平等对话

1. 1931 年条约

一战结束后，各种政治危机暂时告一段落。阿富汗和波斯于 1921 年首次举行正式政治会谈，会谈结束后双方签署《阿富汗-波斯友好条约》，该条约营造了两国间的友好氛围。在许多问题上达成共识后，双方就划分赫尔曼德河水资源准备直接谈判。两国最终于 1931 年展开谈判，双方都同意平分水资源的建议，但在分水的具体位置上未达成一致。阿富汗人想开凿新的河道，以促进查汗苏尔地区的农业发展，而伊朗人却大量使用库哈克大坝下游的水。阿富汗人相信只要在大坝上游，在阿富汗境内开凿运河就可为查汗苏尔地区送去所需的水，但由于库哈克大坝更使处于下游的伊朗受益，所以阿富汗打算在上游开凿沙希运河。沙希运河的修建和阿富汗农业发展政策可被视作阿富汗人限制伊朗[②]用水的序章。

2. 1936 年临时分水协议

1936 年，赫尔曼德河的水量开始减少，缺水促使阿富汗人加固马兰吉河口的拉赫沙克堤坝以保障农业用水，进而导致下游锡斯坦地区部分村落被迫迁徙。有些不满阿富汗拦水行为的伊朗农民，前去破坏了拉赫沙克堤坝，试图保障下游用水。伊朗农民的举动促使两国政府展开谈判。最终，双方于 1936 年 8 月 27 日进行代表

---

① Islam, Thowhidul. *Impact of Helmand Water Dispute on the Bilateral Relations between Iran and Afghanistan; an Evaluation* [J]. *International Journal of Central Asian Studies*, 2011, 15: 124.

② 巴列维王朝奠基者礼萨·汗于 1935 年将波斯更名为伊朗。

团协商，协商规定双方平分卡玛勒汗水坝到拉赫沙克堤坝一段的河水，有效期为一年，并指出双方若有需要，可在国境内任意位置分取本国在赫尔曼德河所占有的水。1937 年，由于伊朗、阿富汗、土耳其和伊拉克等国签署象征睦邻友好的《萨阿德阿巴德条约》，伊朗和阿富汗又将 1936 年的临时分水协议期限延长一年。

3. 1938 年赫尔曼德河分水协议

《萨阿德阿巴德条约》的签署展现了中东地区新一代民族主义领导人达成谅解的魄力。伊朗在这时期同他国签订了不少平等协议，这为伊阿双方达成持久的赫尔曼德河分水协议埋下铺垫。1938 年 12 月 29 日，伊朗礼萨・汗政府官员巴盖尔・卡扎米同阿富汗查希尔政府官员协商后，签署一份包含 16 条条款的协议与一份附加宣言。协议第 1 条规定双方平分水资源的具体位置；第 2 条规定阿富汗政府在查哈尔巴尔贾克至卡玛勒汗大坝一段不得修建新的运河；第 8 条规定双方在特定区域内不得修建有损对方水权益的设施；附加宣言规定阿富汗人不得采取任何伤及伊朗用水权益的行动。① 在伊朗看来，这份协议是麦克马洪裁决基础上符合伊朗利益的修订，但该协议在阿富汗内部却引起极大争议，最终并未在阿富汗内部通过。1941 年，盟军占领伊朗，伊朗因政局动荡无暇顾及首都外的边界事务，阿富汗得以重新修建停工的巴格拉运河，阿富汗人希望在缺水时期巴格拉运河能为阿富汗保留更多的赫尔曼德河河水。

（三）冷战格局下美国主导的解决路线

1. 成立赫尔曼德河中立委员会

1945 年，锡斯坦地区的缺水和巴格拉运河的建成引起下游伊朗人的恐慌。同时，美国开始着手冷战布局，在阿富汗进行大量投资，其中包括修建水坝、运河之类的农业发展项目。1947 年赫尔曼德河上游的降水减少，引起下游三角洲严重缺水，以致下游部分河道完全干涸。同时，库哈克大坝上游的阿富汗人仍在大量用水。这些原因使得伊朗锡斯坦的农民损失惨重。此时正值美苏冷战的大背景，美国提议成立赫尔曼德河中立委员会来解决用水分歧，此项建议得到两国认可。伊朗特派水利专家在 1948 年发布了一份名为“伊历 1327 年锡斯坦地区缺水原因分析”的研究报告，报告显示，除天灾外，缺水主要是由于阿富汗开凿运河、蓄水和发展农业等活动导致。美国于 1950 年为中立委员会挑选了三名水利方面的技术人员，委员会确认了伊朗的所属水量为每年 6.2 亿立方米，折算后平均为每秒 22 立方米，

---

① محمد خسروی، کوهزاد رئیس پور. هیرمند مهمترین عامل زمینه ساز اختلاف میان ایران و افغانستان [C]// دانشگاه سیستان و بلوچستان. همایش ملی شهرهای مرزی و امنیت: چالش ها و رهیافت ها، زاهدان، ایران، 30 تا 31 فروردین، 1391. زاهدان: دانشگاه سیستان و بلوچستان. صفحه.890.

数值明显小于双方平等协商时期的结果，甚至低于英国划定的分水标准。但因为美伊同盟的原因，伊朗对美国的测量结果并未提出明显异议。

2. 1973 年分水协议

阿富汗同伊朗于 1973 年签署双方最后一份赫尔曼德河分水协议，即 1351 年协议。伊朗总理阿米尔·阿巴斯·胡维达率团前往喀布尔同查希尔国王的首相穆罕默德·穆萨·沙菲格会面，双方签署了关于赫尔曼德河的协议。伊朗国民议会在第二年通过该协议。根据协议，伊朗所属水量为每年 8.2 亿立方米，折合为每秒 26 立方米，这一数值明显高于中立委员会的建议标准，但只是一个平均数值，毕竟赫尔曼德河一年四季的水量都不尽相同。协议也并未表明阿富汗在保障伊朗用水的同时，需要伊朗提供什么补偿，阿富汗政府还保证无论如何都不会伤害伊朗的水权益。协议签署后不久，达乌德发动政变，阿富汗穆沙希班王朝覆灭。此后阿富汗遭遇了连续政变，在苏联入侵后还陷入长久内战，根本无暇顾及协议的实施。但这份协议的总体内容比较完善，包含一份协议，两份附加议定书。协议解释了如何分水的操作问题，并明晰了下游国伊朗应得的水量以及双方组建协商委员会解决分歧的相关举措；第一份议定书则明确委员会两国代表的职责和任务；第二份议定书则明确裁决的具体章程和要求。1973 年协议相比以往各种协议而言，内容更加完善，更加具备可实施性，它并没有模棱两可地采用平分河水的笼统说法，而是通过具体数据和操作方案阐明双方该如何分水，而且它被两国官方承认，并在伊朗立法成文。

（四）美国主导阿富汗事务，加剧水权分歧

1996 年，在阿富汗内战中异军突起的塔利班入主喀布尔，此时的塔利班奉行极端的德奥班德主义路线，反对宗教少数派。塔利班掌控了对赫尔曼德河流管理，伊朗锡斯坦地区因此遭遇数年的缺水，干旱问题越来越严重。1999 年，赫尔曼德河甚至遭遇断流，哈蒙湖的生态环境遭到极大破坏。持续的缺水迫使伊朗采取国际和地区层面的措施，旨在弄清缺水的原因并将其解决。在征得阿富汗塔利班政权同意后，双方组成调查团前往赫尔曼德河流域调查。最后查明是阿富汗卡加奇水坝阻碍了赫尔曼德河流向伊朗，伊朗常驻联合国代表立即写信告知联合国秘书长调查内容并寻求施加国际压力。

塔利班倒台后，伊朗时任总统哈塔米同卡尔扎伊政府于 2002 年在喀布尔签署协议，强调两国承认 1973 年协议。2004 年，严重大旱再次降临，阿富汗政府再次关闭上游水坝的闸口，并对老旧运河进行改造清淤工作，另外，美国参与了阿富汗重建的农业发展计划，计划将河水引向尼姆鲁兹省的扎兰季平原，此举引起伊朗政府的强烈关切，2004 年 9 月，两国官员于德黑兰在 1973 年赫尔曼德河协议框架内

举行共同会议。伊朗能源部时任副部长雷萨·阿尔达坎尼扬在接受伊通社采访时表示，双方正准备实施 1973 年协议，在正常情形下，伊朗能够分得的水为 8.2 亿立方米。[①] 然而 2005 年初，双方的分歧再次扩大，协商无果而终。在卡尔扎伊时期，两国尽管未能解决赫尔曼德河分歧，但双方均把 1973 年协议作为两国解决分歧的框架文件，并在 1973 年《赫尔曼德河条约》及其议定书框架内，成立赫尔曼德河专员代表团，每季度举行一次会议，以促进双边合作，并就赫尔曼德河问题成立河道疏浚等工作小组。

阿什拉夫·加尼上台后，伊朗的水权被阿富汗逐渐政治化。加尼政府总是在国内营造一种“我们的水，我们的尊严”“水换石油”的民族主义氛围，导致一些阿富汗人认为赫尔曼德河的水完全属于阿富汗。2021 年 8 月 15 日，塔利班再次掌权。2022 年初，在伊朗的一再敦促下，塔利班打开卡玛勒汗大坝的闸口，伊朗官员对此表示欢迎。但塔利班遭到国内外媒体声讨，称塔利班是在“卖水”“利用水来换得伊朗的正式承认”“向伊朗低头”或是“伊朗在支持塔利班政府”。但塔利班对媒体的说法予以否认，声称“此举是满足阿富汗农民而非伊朗”。实际上，下游的伊朗农民并未见到水的踪迹。

二、赫尔曼德河水权分歧的原因

（一）自然地理因素

赫尔曼德河流经的锡斯坦平原位于伊朗东部，平均海拔 480 米，所占面积约为 8117 平方千米。锡斯坦平原以北和以东区域深入阿富汗腹地，以南延伸至巴基斯坦俾路支斯坦省，以西直达伊朗克尔曼省的卡维尔戈壁。虽然锡斯坦平原位于伊朗高原向中亚的延伸地带，但从政治版图来看，它的大部分地区位于阿富汗尼姆鲁兹省，其次位于伊朗，再次属于巴基斯坦。因此，跨界属性某种程度推动了赫尔曼德河分歧。此外，锡斯坦地区的气候属于沙漠与半干旱气候，年平均降水仅有 55 毫米，远不及伊朗和阿富汗的年平均降水量。由于印度洋季风影响，此地数年来的平均最高温度为 39.1 摄氏度，平均最低温度为 2.8 摄氏度。另外，锡斯坦地区恶劣干燥气候的一大表征便是“120 天”狂风，每当春夏交替之际，“120 天”狂风会以每小时 110—170 千米的时速从阿富汗山区刮向锡斯坦平原，狂风夹带干燥的沙石与尘土，持续 110—120 天。赫尔曼德河因狂风的席卷和入夏的高温而大量蒸发。因此，恶劣的自然条件也促使当地人视水为黄金，甚至不惜流血斗殴，进而加剧伊朗和阿富汗在赫尔曼德河分水问题上的分歧。

---

① Islam, Thowhidul. *Impact of Helmand Water Dispute on the Bilateral Relations between Iran and Afghanistan; an Evaluation* [J]. *International Journal of Central Asian Studies*, 2011, 15: 129.

（二）国内外政治因素

回顾伊朗和阿富汗赫尔曼德河分歧的争议过程，不得不承认国际政治环境和国内政局演变对赫尔曼德河分歧的解决产生了不同程度的影响。

英俄大博弈时代，阿富汗、锡斯坦和俾路支斯坦等地区成为海权与陆权对抗的节点地区，在英俄的唆使下，两国爆发激烈冲突，而英俄又以调停身份趁机干预，通过拟制条约、派专员仲裁、成立委员会等手段有意无意制造两国之间的嫌隙，本质是拉拢一方、打压一方，进而实现己方战略利益。1905 年麦克马洪提议将赫尔曼德三角洲地区三分之二的水都分给阿富汗，此举意在回应阿富汗国王的善意，因为这一时期哈比布拉曾屡向英印总督寇松示好。麦克马洪方案在伊朗舆论界引起轩然大波，不少伊朗报纸揭露英国人的阴谋，俄国人也乘机向波斯王储写信表示对英国裁决的失望，借机拉拢波斯人。①

1921—1941 年间情况发生明显变化，英国在第三次英阿战争失利后于 1921 年正式承认阿富汗独立，同一时期礼萨·汗入主德黑兰。阿曼努拉、礼萨·汗和凯末尔三人均是强调世俗化改革的民族威权主义者。阿曼努拉与礼萨·汗在国际问题上基本保持中立，注重国家内部的改革和发展外交关系。民族自主政策所营造的氛围促使这一时期的赫尔曼德河分歧朝着改善的方向前进，尽管二战期间德国意图拉拢中东国家，多次向伊朗、阿富汗伸出经济援手，两国也谨慎地延续中立友好的基调，避免节外生枝，此间还同土耳其、伊拉克签署《萨阿德阿巴德条约》，强调这一互不干涉、保持中立的友好立场。

美苏冷战时期，赫尔曼德中立委员会在美国推动下正式成立。由于战后民族主义浪潮高涨，赫尔曼德河分歧一度因伊朗国内的民族主义情绪陷入僵局，但在伊朗摩萨台政府倒台，亲美的巴列维上台后，赫尔曼德河裁决事项逐步向阿富汗倾斜。美国一面打着中立调停的旗号，一面在阿富汗大搞农业灌溉投资，比如卡马尔·汗大坝等水利项目就是在美国的援助下落地阿富汗。出于防范苏联维护美伊共同利益的需要，巴列维政府在赫尔曼德河问题上保持一定隐忍，以免伊阿爆发战争导致苏联乘机渗透，进而威胁美国阵营的安全。在 1973 年赫尔曼德河分水协议签署后，巴列维政府于 1976 年前后于喀布尔同达乌德政府会面，双方在商榷履行协议的同时，伊朗还承诺向阿富汗贷款 20 亿美元。在 1974 年到 1977 年间，西方通过伊朗总计为阿富汗提供超过 8500 万美元的经济援助，这一系列举措都促使阿富汗政府向美国和伊朗靠拢。②

---

① Islam, Thowhidul. *Impact of Helmand Water Dispute on the Bilateral Relations between Iran and Afghanistan; an Evaluation* [J]. *International Journal of Central Asian Studies*, 2011, 15: 124.

② جلال ستاره، حمید پناهی، علی شیخ کوهسار. بررسی اختلافات مرزی ایران و افغانستان (مورد مطالعه: رودخانه هیرمند) [J]. *فصلنامه علمی-ترویجی دانشکده علوم و فنون مرز*، 1393، 5(3): 38.

伊斯兰革命后，伊朗奉行不要东方、不要西方的独立外交政策，在赫尔曼德河问题上维权呼声高涨，阿富汗则是内战不断、国内时局不稳，双方的接触也并未解决任何实际问题。多年来，伊朗一直主动推动赫尔曼德河分歧的解决，而无论是后来的卡尔扎伊政府还是加尼政府，都试图将伊朗人对水的渴求转化为对阿富汗的物质支持。2021 年重新上台的塔利班政府似乎也在酝酿通过打开卡马尔·汗大坝水闸换取伊朗对其政权的正式承认。

三、赫尔曼德河水权分歧对当代伊阿双边关系的影响

塔利班倒台后，深受缺水之苦的伊朗积极参与阿富汗重建，发挥伊朗在抗苏什叶派联盟和北方联盟中的影响力以推动阿富汗重建，希望迎来一个对伊友好的阿富汗。2002 年伊朗总统哈塔米访问阿富汗，这是 40 年来两国间最高规格的访问。访问期间，哈塔米同过渡时期总统卡尔扎伊商议赫尔曼德河问题，并承诺一系列对阿援助。同时，棘手的分歧也间接促使双边关系出现多边倾向。赫尔曼德河分水会谈并非双边的闭门会谈，而是在相当长一段时间内，双方开展同联合国环境规划署（UNEP）和联合国开发计划署（UNDP）等三方机构的密切合作，此外还与联合国环境规划署举行关于解决赫尔曼德河水资源问题、发展赫尔曼德河锡斯坦盆地流域的三边会谈。为使阿富汗在各类问题上更加倾向伊朗，伊朗对阿富汗进行一系列经济援助，借此增强阿富汗对伊朗的经济依附性。2003 年 1 月双方签署贸易条约，双方试图用伊朗的恰巴哈尔港代替巴基斯坦卡拉奇港作为阿富汗货物最主要的出口港，伊朗则通过恰巴哈尔自由贸易区为阿富汗商品提供 90%的关税减免。伊朗与阿富汗的贸易额从 2001 年的不到 1000 万美元增长到 2006 年的 5 亿美元。截至 2007 年，伊朗向阿富汗提供了 5 亿多美元的信贷，其中至少一半是赠款。2006 年 6 月，德黑兰承诺建造 2 座 50 兆瓦的发电站，以补充喀布尔的电力供应，费用约为 8000 万美元。伊朗一直努力使阿富汗西部与伊朗电网相连，全面提升阿富汗西部城市电力容量，以此增强阿富汗对伊朗的能源依附性。伊朗除在物质和政治上为阿富汗提供支持外，还在阿富汗战乱期间接收数以百万计的阿富汗难民，给予难民在伊的基本生活保障。赫尔曼德河分歧在一定程度上促使两国关系相向而行，深化了两国社会各领域的接触与合作。

美国对阿富汗事务的主导和数量可观的驻阿西方联军，对伊朗的生存安全构成极大威胁。在伊美长期敌对的背景下，赫尔曼德河分歧也成为伊阿关系停滞不前的重要影响因素。美国介入阿富汗事务以来，对阿富汗重建投入良多。尤其是奥巴马上台后“持久自由行动”到“自由哨兵行动”过渡时期，美国年均援助额超过 100 亿美元。[①] 尽管其中很大一部分是军事援助，但也包括农业和水利设施援助。在此

① USAFACTS. *How much did the US spend in aid to Afghanistan?* [EB/OL]. (2021-09-07) [2022-03-14]. https://usafacts.org/articles/how-much-did-the-us-spend-in-aid-to-afghanistan/.

期间，阿富汗政府在美国及其盟友的支持下，从 2012 年开始进行大规模兴建水利设施。日本、印度、土耳其纷纷对阿富汗进行水利投资或援建，其中土耳其参与建设赫尔曼德河上游卡加奇水坝的升级工程。美国国际开发署于 2018 年出资修缮阿富汗国内 177 千米的水利灌溉设施。2021 年 3 月，阿富汗总统加尼出席赫尔曼德河卡马尔·汗大坝的建成仪式，并见证大坝开闸放水。该大坝于 1974 年由美国参与修建，经历数年停工后，终于完成三期工程。当地官员表示，卡马尔·汗大坝的设计容量为 5200 万立方米，将灌溉 17.4 万公顷的土地。[①] 阿富汗修建水利设施的举措无疑是在勒紧下游伊朗人紧巴的水袋。

在美国及其盟友支持下，阿富汗在水资源管控上的一意孤行致使伊阿关系逐步恶化。美阿步步紧逼下，伊朗开始采取双重手段，不再一味支持阿富汗政府，开始同时展示威慑姿态。赫拉特省公众人物赛义德·阿什拉夫·萨达特在接受关于伊阿水分歧的采访时表示："自（美国）加强制裁以来，伊朗已经改变了对阿富汗的态度。"[②] 在公开场合，伊朗开始警告阿富汗政府不要在用水问题上得寸进尺。2017 年 7 月 3 日，伊朗总统鲁哈尼在德黑兰举办的国际防治沙尘暴会议上强调，阿富汗在南北各地修建卡加奇、卡马尔·汗、萨尔玛等大坝，已对伊朗霍拉桑地区和锡斯坦-俾路支斯坦省造成严重影响。时隔一年，伊朗外长扎里夫警告称，伊朗将运用一切可行的手段，保障伊朗获取从阿富汗流出的河水，尤其是赫尔曼德河。扎里夫还在 2018 年 8 月 14 日的采访中谈及阿富汗问题表示，伊朗可运用边境关系、难民、打击毒品犯罪、贸易等问题采取反制阿富汗的控水措施。另外，不少阿富汗官员指责伊朗通过支持塔利班，来获取水资源。2017 年，阿富汗西部省份赫拉特、尼姆罗兹和法拉的水坝不断遭到塔利班袭击，而赫尔曼德河与这些省的河流都有联通。2017 年 7 月 16 日，塔利班袭击萨尔玛水坝，杀死 10 名守卫，8 月 4 日塔利班又企图袭击卡马尔·汗大坝，但并未得手。2018 年 2 月 21 日赫拉特省长阿西夫·拉希米视察投诚的塔利班成员时，前塔利班成员承认伊朗为其提供援助，他们在伊朗指示下袭击包括水坝在内的基础设施。面对阿富汗各界指控，伊朗驻喀布尔大使馆并未回应。[③]

事实上，阿富汗政府很可能高估了自己在伊朗安全战略中的定位或夸大了伊朗

---

① Pajhwok. *Ghani inaugurates major dam in Nimroz* [EB/OL]. (2021-03-24) [2022-03-14]. https://pajhwok.com/2021/03/24/ghani-inaugurates-major-dam-in-nimroz/.

② Salehi, Nasir. *Iran's foreign minister issues veiled threats over Afghan water supply* [EB/OL]. Salaam Times, (2018-09-10) [2022-03-14]. https://afghanistan.asia-news.com/en_GB/articles/cnmi_st/features/2018/09/10/feature-01.

③ Sulaiman. *Tehran uses Taliban to target Afghan infrastructure projects, weaken Kabul* [EB/OL]. Salaam Times, (2018-03-27) [2022-03-14]. https://afghanistan.asia-news.com/en_GB/articles/cnmi_st/features/2018/03/27/feature-01.

左右阿富汗事务的能力。伊朗真正担忧的是美国为首的北约联军和海湾国家支持的极端萨拉菲主义者，以及为伤及伊朗利益背后支持阿富汗水利工程的地区大国。赫尔曼德河的水权分歧只能说是导致伊阿出现离心趋势的直接诱因，并非根本原因。纵然伊朗可能支持塔利班，但塔利班也绝非伊朗能够操控的傀儡，塔利班在占领区表现出一定理性。例如，在赫尔曼德河上游的卡加奇水电站附近，尽管水电站在政府军的管控下，但穆萨卡拉、桑金、卡加奇的居民却向塔利班交纳电费，同时负责水电站升级的土耳其 77 建筑公司告诉法新社，运输建材的卡车需要同时知会塔利班和政府官员，塔利班对工程本身并无恶意，毕竟这将使所有人获益，他们袭击的对象仅是政府军或形迹可疑的人。①

美国撤离阿富汗后，伊朗消除了来自阿富汗的战略威胁。塔利班的再次掌权使地区权力结构发生变化。由于塔利班的普什图民族属性及其逊尼派宗教属性，伊朗不得不审视同塔利班政权的关系。自塔利班重新上台以来，由于在包容性政府组建、妇女权益、反恐等问题没有得到国际社会的认可，至今未获得国际社会正式承认。一心想被他国承认的塔利班或许能借赫尔曼德河分水问题撬动对伊外交，争取伊朗的承认。仅塔利班夺取首都后的第 6 天，就有媒体披露塔利班打开卡马尔・汗大坝水闸。但塔利班予以驳斥，称是敌人的宣传。② 显然，国际上孤立无援的塔利班在与地区大国伊朗协商水源分配时并不占优，塔利班的驳斥似乎是避免显露自身的被动。一个月后，塔利班和伊朗武装力量在赫尔曼德河下游的锡斯坦边境因领土争议爆发武装冲突，但好战的塔利班保持了克制。

2022 年 1 月 17 日，伊朗锡斯坦–俾路支斯坦省省长称，坚持争取伊朗的水权是国家和该省最重要的计划，两国正举行多轮磋商。③ 塔利班似乎一直在调整姿态，希望以赫尔曼德河问题为契机转化更多外交成果。由于伊朗春耕邻近，对水的关切程度日益提高。2 月 20 日，伊朗能源部长阿里・阿克巴尔・穆赫拉比扬强调，截至目前，在放水问题上并未出现特殊转机，伊朗已提醒阿富汗务必尽快落实。次日，伊朗武装力量总参谋长巴盖里前往边境省份，以军队陆军承担锡斯坦以北输水任务为题发表演讲，暗示武装力量保障用水的决心。同时，伊朗政府还派出总统阿富汗问题特别代表率领的访阿团，代表顾问表示，赫尔曼德河分水问题就是

① France 24. *Power struggle on Afghanistan's frontline over key dam* [EB/OL]. (2021-05-19) [2022-03-14]. https://www.france24.com/en/live-news/20210519-power-struggle-on-afghanistan-s-frontline-over-key-dam.

② Askari, Naheed. *No water released on Iran's order, Taliban spurns allegations* [EB/OL]. Pajhwok, (2021-08-22) [2022-03-14]. https://pajhwok.com/2021/08/22/no-water-released-on-irans-order-taliban-spurns-allegations/.

③ 伊朗国家通讯社. 争取赫尔曼德河水权是国家和本省领导人最重要的计划 [EB/OL].（ 2022-01-17 ）[2022-03-14]. https://www.irna.ir/news/84615904/پیگیری-حق-آبه-هیرمند-مهمترین-برنامه-مسوولان-استانی-و-کشوری-است.

此行的首要目的之一。伊朗官方的举动不断向塔利班传递强烈的催促信号，这些信号也得到塔利班及时回应。据特使顾问穆罕默迪称，访阿团同阿富汗代理外长穆塔基、代理能源和水资源部长阿卜杜拉提夫·曼苏尔进行了良好会谈。塔利班承认执行 1973 年协议，为此他们还发表声明，并且卡马尔·汗大坝的水闸已经打开。但水能否如期流入伊朗还面临许多现实障碍，塔利班也在声明中称，打开水闸后，输水还存在技术障碍。[①] 因此，可以保守地讲赫尔曼德河分歧在伊阿关系调整阶段，为两国提供了外交互动的绝佳窗口，这一重大分歧也将影响伊朗对新塔利班的战略定位。

四、结语

回顾历史，伊阿两国的赫尔曼德河水权之争体现了典型的地缘政治。地缘，也就是因居住在同一地区而发生的社会关系。[②] 所谓地缘政治，即指以全球战略的观点，分析地理现实与人类事务间的联系，探究某种能表明世界历史中某些地理因素的规律，[③] 本质上是人、自然、社会三者间的互动。显然，阿富汗西高东低的地势、炎热干燥的气候、水量不定的高山雪水是区域内赫尔曼德河存在水权分歧的客观因素。在人际层面，伊朗人与阿富汗人、什叶派与逊尼派、农民与政客的身份差异造就了不同阶层关于水的处事方式；在国家层面，强有力的官僚政府与松散的部落联盟的制度文化差异、敌对或友好的互动模式直接影响了两国在赫尔曼德河分水问题上的立场；在国际战略层面，大博弈时期海权扩张同陆路推进的矛盾、冷战时期美苏阵营争夺边缘地带枢纽国家的竞争、后冷战时代反对霸权与接受霸权的选择则塑造了分水分歧如何发展的外部态势，三个层面的国内外政治因素与自然环境因素一同推动着赫尔曼德河问题的历史发展。

悬而未决的赫尔曼德河分歧就像一根弹簧，在伊朗极度缺水，阿富汗重建迫在眉睫的时候，将矛盾双方拉向彼此；而在外部势力主导阿富汗事务，伊朗面临安全威胁的时候，分歧的反作用力又将双方弹开。未来的两国关系该如何发展，或许正如塔利班在 2 月的声明中所言，拦水的闸口已经打开，而输水还面临许多困难。赫尔曼德河的水权分歧作为双方互动的外交契机，对调整两国关系、给予阿富汗在伊朗外交政策的重新定位具有深远的特殊意义，但双方要取得突破性进展，仍需克服许多障碍，其中就触及阿富汗人观念中对绝对主权的重新定义。若塔利班仍在各类问题上采取保守的极端做法抑或言行不一，可能就会面临伊朗的严厉施压，甚至不

---

① 伊斯兰声像组织新闻社．赫尔曼德河的水已被释放，但仍存在障碍［EB/OL］．（2022-02-24）［2022-03-14］．https://www.iribnews.ir/fa/news/3370523/آب-هیرمند-رها-شده-اما-موانع-همچنان-باقی-است.

② 程广中．地缘战略论［M］．北京：国防大学出版社，1999：13．

③ 刘从德．地缘政治学导论［M］．北京：中国人民大学出版社，2010：6．

排除动用武力。新塔利班较以往在外交上更加成熟，他们清楚该如何掂量更大的政治利益，明白盲动只能导致其陷入安全困境。在这种局面下，塔利班必须通过外交合作实现共赢，将分歧转化为对阿投资、援阿重建乃至承认其政权。在未来一段时间，解决赫尔曼德河的水权之争将考验伊阿在外交协商方面的智慧。

参考文献

[1]〔美〕阿克斯沃西，迈克尔．波斯之剑：纳迪尔沙与现代伊朗的崛起[M]．周思，译．北京：民主与建设出版社，2021．

[2]〔美〕安萨利，塔米姆．无规则游戏：阿富汗屡被中断的历史[M]．钟鹰翔，译．杭州：浙江人民出版社，2018．

[3]刘从德．地缘政治学导论[M]．北京：中国人民大学出版社，2010．

[4]缪敏，王静，何杰．阿富汗概论[M]．广州：世界图书出版广东有限公司，2016．

[5] Islam, Thowhidul. *Impact of Helmand Water Dispute on the Bilateral Relations between Iran and Afghanistan; an Evaluation* [J]. *International Journal of Central Asian Studies*, 2011, 15: 113–141.

[6] Safi, Maryam. *"We Are Fighting a Water War" The Character of the Upstream States and Post–Treaty Transboundary Water Conflict* [D]. Uppsala: Uppsala University, 2021.

[7] جلال ستاره، حمید پناهی، علی شیخ کوهسار. بررسی اختلافات مرزی ایران و افغانستان (مورد مطالعه: رودخانه هیرمند) [J]. *فصلنامه علمی-ترویجی دانشکده علوم و فنون مرز*، 1393، 5(3): 27–52.

[8] سیامک کرم زاده، بهرام مرادیان. حقوق ایران در بهره برداری از رودخانه هیرمند از منظر حقوق بین الملل [J]. *مطالعات حقوق انرژی*، 1397، 2(3): 339–370.

[9] محمد خسروی، کوهزاد رئیس پور. هیرمند مهمترین عامل زمینه ساز اختلاف میان ایران و افغانستان [C]// دانشگاه سیستان و بلوچستان. همایش ملی شهرهای مرزی و امنیت: چالش ها و رهیافت ها، زاهدان، ایران، 30 تا 31 فروردین، 1391. زاهدان: دانشگاه سیستان و بلوچستان. صفحات.897–886.

以色列建国前犹太民族身份重构中的希伯来语因素

信息工程大学　王　戎

【摘　要】 19 世纪末出现的希伯来语复兴运动和犹太复国主义运动是对犹太民族身份认同危机的回应方式，是犹太人在现代化进程中对传统犹太民族身份的改造工程。本文着重分析从 19 世纪末犹太复国主义运动兴起到 1948 年以色列建国这一时间段犹太民族身份重构中的语言因素，梳理希伯来语参与重构犹太民族身份认同的理据和方式。在这一时期，犹太复国主义运动与希伯来语复兴运动形成合力：犹太复国主义者充分肯定了希伯来语的地位，通过希伯来语的复兴来塑造民族主流叙事体系和利用宗教力量，加强自身的动员力和合法性；希伯来语则在犹太复国主义力量的支持下进化为犹太民族身份的重要标记和象征。希伯来语与其他语言在这一区域的冲突进一步强化了这一民族身份。

【关键词】 以色列；希伯来语；语言复兴；犹太复国主义；民族身份

在 19 世纪末兴起的犹太复国主义运动中，希伯来语以新变体的形式参与到新的犹太民族身份的建构当中。如果没有犹太复国主义运动，很难想象这门古老语言能够得到复兴。希伯来语的复兴不仅是一个语言现象，一个文化现象，还是一个政治现象。因此，对语言的研究有必要置于更广泛的语境下。博纳德·斯波斯基（Bernard Spolsky）指出了语言单一视角的局限性；[①] 以苏·赖特（Sue Wright）认为“语言在社会权力与资源的分配中长期发挥着重要作用”[②]；国内学者钟志清关于希伯来语复兴与以色列建国关系的探讨也属于对这个方向的有益尝试[③]。

“身份”是理解个人、群体以及个人与群体关系的重要概念。对民族身份的认同包含文化和政治两个层面[④]，前者涉及民族建构，后者涉及国家建构。本文主体部分的犹太民族身份指犹太复国主义者主导下在巴勒斯坦建构的文化层面的民族身份，是政治层面的以色列国家身份的基础与核心，同时区别于全球语境和美国语境

① Spolsky B. *Language policy* [M]. Cambridge: Cambridge University Press, 2004: ix-x

② Wright S. *Language policy and language planning: From nationalism to globalisation* [M]. Berlin: Springer, 2016: 1.

③ 钟志清．希伯来语复兴与犹太民族国家建立［J］. 历史研究，2010（2）：116—126，191—192.

④ 张寅．多元文化背景下的民族国家建构［M］. 昆明：云南人民出版社，2015：47.

下的犹太民族身份。此外，参与犹太民族身份重构的因素很多，包括语言因素、宗教因素、文化因素、大屠杀记忆等。本文关注其中的语言因素，综合运用语言学和政治学的相关理论和方法，从身份认同的概念出发，分析以色列建国前希伯来语在新的犹太民族身份重构中发挥作用的原因、理据及方式。

一、犹太民族身份认同危机——犹太民族身份重构的历史背景与动力来源

进入现代以来，许多传统社会都出现不同程度的认同危机，犹太民族也不例外。19 世纪末以来的两百年中，犹太社会经历了剧烈的变化，从一个基于律法的宗教身份占主导地位的社会发展为一个同时存在宗教、文化和政治等多元身份的社会；从一个主体在欧洲的社会发展为跨越美洲、欧洲和亚洲的社会；从一个缺少独立性政治主权的社会发展为一个拥有独立政治实体（以色列国）的社会[①]。

（一）犹太解放运动引发身份认同危机

社会形势的剧烈变化常常带来身份认同危机。犹太民族身份危机最初的源头是犹太解放运动。在 19 世纪以前，犹太人生活在社会意义和地理意义上的边缘地带。犹太解放运动后，经历过自由主义精神洗礼的犹太人获得了巨大的社会流动性，犹太人加速推进世俗化和同化进程，从欧洲舞台的边缘来到中央。在地理意义上，柏林、维也纳、布达佩斯、华沙等欧洲大城市都聚集有大量犹太人；在社会意义上，犹太人在新闻、文学、音乐、科学、绘画、哲学、心理学等领域均占据重要地位，出现了许多犹太富商，几乎所有的革命运动中都有犹太人的身影。

长期以来，由于信仰上的分歧，主体生活在欧洲的犹太人主动以自我封闭的方式生活在基督教社会的边缘。犹太教与传统犹太社团构成一套管理社会边缘社群的机制，塑造着犹太人的宗教性群体身份，维持着近两千年来犹太人与主流社会之间的脆弱的力量平衡。历史上不时会出现强迫性改宗、集体迫害等反犹主义事件打破这种平衡，但基督教由于与犹太教具有同源性而产生的对犹太人相对包容态度和犹太人对这种不平等地位的接受最终会恢复这种平衡。然而，犹太解放运动以及与之紧密关联的启蒙运动、世俗化运动和法国大革命彻底打破了这种平衡状态，世俗主义和自由主义在原则上将犹太人作为平等成员接纳到欧洲社会中，犹太人进入大学甚至登上政治舞台，获得了前所未有的自由，也取得了前所未有的成就。由于犹太社会的封闭性被打破，旧的基于犹太教的身份在新的形势下变得不再适用。一个非

① Gorny Y. *Klal Yisrael: From Halakha to History* [G]// *Contemporary Jewries: Convergence and Divergence*. Brill, 2003: 11–22.

常直观的例子是，当在耶希瓦[①]之外还可以选择基督教徒的学校，犹太人可以在安息日上学吗？这些问题看似琐碎，但它会以不同形式反复出现在犹太人的生活中。当社会地位问题得到解决后，作为个体和群体存在的犹太人，需要不断面对现代与传统之间的碰撞带来的身份认同问题。

（二）欧洲民族主义运动和反犹主义浪潮加剧犹太民族身份认同危机

在启蒙思想的影响下，犹太人积极使用希伯来语来宣传犹太人应当积极融入当地社会的理念。然而，民族主义运动的出现和扩散让接受过现代教育的世俗犹太人面临如何看待自己与非犹太社会之间关系的难题。如理查德·詹金斯所言，群体认同不仅是群体自我认同的结果，也是外部群体对本群体认知的产物[②]。当一名欧洲基督徒不再视自己为基督徒，那么取而代之的自然是法国人、德国人、俄国人等新的身份，但犹太人无法嵌入到这些身份中，因为欧洲人不但不认同犹太人是“本国人”，还基于种族主义理论将犹太人视为外人和仇视的对象。在语言上，犹太人的民族语言无法归入到欧洲方言和语言构成的连续体当中的任意一段。当欧洲民族主义对各自民族语言和文化进行浪漫主义解读时，犹太人从之前的政治边缘进一步走向了文化边缘。在中世纪犹太人可以通过改宗获得相对自由，到了现代，犹太人的问题变成一个改宗也无法解决的难题。当犹太教的力量被世俗主义力量严重削弱，而世俗意义上的家园又无处可寻，犹太人就彻底“无家可归”了，这种困境在犹太人集中分布的东欧表现得尤其明显。在这一区域，不同民族主义运动相继展开，形成竞争关系，犹太人被暴露在交叉火力之下，成为其他民族主义者眼中的“他者”。在欧洲民族主义思想的催化下，反犹主义浪潮此起彼伏，烈度不断加强。

（三）通过重构民族身份认同解决危机

个人与群体时刻生活在认同之中，但只有在出现认同危机时，才会格外关注认同问题。犹太身份认同危机为民族身份重构提供了充足的动力来源。希伯来语复兴运动和犹太复国主义运动是犹太民族结合自身特点和参考欧洲民族主义运动而在巴勒斯坦地区进行的民族身份重构工程，也是犹太人尝试解决自身身份认同危机的方案。重构的要义在于先“破”后“立”，犹太人“破”的是以宗教为中心的朴素的身份认同，“立”的是以民族主义思想为中心的现代性身份认同。但实际上，新旧两种身份之间又存在千丝万缕的联系。

19 世纪以前的犹太人基于《托拉》等宗教文本形成了稳定的具有民族特征的群体意识，但这个群体不满足大多数学者对民族的定义：首先，犹太人长期没有自己的领土，而是以犹太社团的形式分布在世界各地。对传统犹太人而言，他们拥有

---

① 犹太宗教学校。

② Jenkins R. *Social identity* [M]. London: Routledge, 2014: 176.

的是对“共同领土”即以色列地的集体记忆。其次，流散在世界不同地区的犹太社团在经济和文化上的异质化程度极高。在近两千年的大流散中犹太人不可避免与外族通婚，文化与语言的广泛接触也必然导致文化的变迁和语言的变异。犹太教是将全世界犹太人联系在一起的唯一纽带。最后，在语言方面，希伯来语逐渐退出口语使用领域，成为宗教语言，缺少用作口语的民族共同语言。从共时角度看，犹太人长期处于多语状态中，既说当地语言，也说以混合语形式存在的犹太语言，还使用希伯来语，形成丰富的语库；从历时角度看，犹太人在语言上体现出较强的适应力和多变性，阿瑟·库斯勒指出：“犹太人首先说希伯来语；在巴比伦之囚期间使用迦勒底语；在耶稣时代使用阿拉米语；在亚历山大大帝统治时代使用希腊语；在西班牙期间使用阿拉伯语和拉迪诺语；在欧洲使用意第绪语。在漫长的历史当中，犹太人的交际用语在不断发生变化。”① 交际语言的演变并没有冲击到宗教意义上的犹太传统身份认同。

随着民族主义时代的到来，民族语言对于现代民族的形成至关重要。对犹太人而言，相对于领土、血缘等民族标记，语言最具改造潜力和建构能力。韩礼德认为，“语言不仅能够被动反映现实，也可以主动创造现实”②，希伯来语需要创造的“现实”就包括犹太民族身份和犹太国。19 世纪末以来的犹太历史充分证明，希伯来语在民族身份重建中是犹太人进行“民族想象”的重要基础。

二、希伯来语参与重构犹太民族身份的理据

语言与文化、政治有着千丝万缕的联系，是重要且相对稳定的身份标记。希伯来语能够得以复兴，成为新的犹太民族身份的象征，离不开多种因素的作用，包括政治因素、外部因素、族群因素、文化因素和语言因素等。

（一）希伯来语参与重构犹太民族身份的政治因素

从政治角度看，希伯来语能够参与重构犹太民族身份的首要原因是犹太复国主义运动的语言选择。犹太复国主义运动不同派别的共同目标在于：第一，重建犹太民族身份；第二，散居世界的犹太人归回巴勒斯坦地，重建犹太民族家园。犹太复国主义运动兴起之初就希伯来语的地位有过争议，但犹太复国主义者最终发现，希伯来语具有强烈的犹太属性，能够将分布在全世界的犹太人联系在一起，为国家的建立提供潜在人口基础；以希伯来语为载体的《圣经》叙事提供了一个完整的民族叙事体系，该叙事与软弱的欧洲犹太人形象保持有合理的距离，能为犹太人移民巴

---

① Koestle A. *The thirteenth tribe* [M]. New York: Random House, 1976: 223.

② Halliday M. *New ways of meaning: the challenge to applied linguistics* [G]// A. Fill, P. Mühlhäusler. *The Ecolinguistics Reader: Language, Ecology and Environment*. London: Continuum, 2001: 179.

勒斯坦并在巴勒斯坦建国提供合法性支撑。总之，希伯来语的这些特点与犹太复国主义意识形态具有较高的契合度。19 世纪末，犹太人正是用“新希伯来人”来命名这一新的身份和形象。“新希伯来人”的本质特点是生活在巴勒斯坦，说希伯来语，过着与流散地犹太人不同的犹太生活。亚伊尔·汉福尔认为，犹太民族主义运动的特殊之处表现为：在犹太民族意识觉醒的过程中，语言取代了领土，发挥了更为关键的作用，犹太复国主义很大程度上是在语言复兴过程中实现的[①]。

（二）希伯来语参与重构犹太民族身份的外部因素

从外部影响看，欧洲族群民族主义思想，尤其是赫尔德的语言民族主义思想，对犹太复国主义运动起到了示范作用。遵循欧洲民族主义的逻辑，当建立起希伯来语和犹太群体归属之间的联系后，犹太复国主义进一步将希伯来语视为具有排外性的民族传统和需要保卫的文化领土。这种影响不仅来自远距离观察，还包括近距离体验：犹太复国主义者大多来自东欧，目睹或亲历了俄国剧烈的社会运动，比如彼得大帝的宗教改革和 1917 年俄国革命。这些社会运动都包含明显的语言因素，牵涉对民族语言的改造和复兴。因此，犹太复国主义者深受革命运动中激进现代化思想的影响。在对传统犹太社会进行改造的过程中，犹太复国主义者进行了极端的自我否定，对欧洲传统犹太生活进行了深刻的批判，尤其是对流散地犹太人和他们使用的意第绪语。但这种“打破”的目的是为了“重建”，尤其是希伯来语和新希伯来人的重建。古老的希伯来语被赋予“新的”和“先驱”的内涵，使用希伯来语被视为认同新的犹太民族身份的表现；在以色列建国后，说希伯来语更被视为一种爱国行为。

（三）希伯来语参与重构犹太民族身份的文化因素

从文化的角度看，犹太民族身份首先表现为一种文化认同，犹太民族身份的重构离不开对犹太文化的传承与改造。希伯来语既是犹太文化的载体，也是犹太文化的组成部分，两者之间的紧密联系决定了希伯来语天然是改造犹太文化和塑造犹太民族身份的关键入手点和重要工具。长期以来，希伯来语、犹太文化与犹太教具有相互融合的特点。对犹太人而言，希伯来语从未真正意义上“死亡”，一直是通向传统犹太文化的重要通道，是犹太人学习《托拉》的基础。第二圣殿的毁灭进一步强化了以希伯来语为载体的宗教经典在犹太信仰体系中的地位和希伯来语对于传统犹太民族身份认同的意义。相对于其他拥有领土的群体，犹太人长期将自己定义为“有经者”，希伯来语就是“经书”的主要语言，以希伯来语为载体的犹太教奠定了传统犹太人身份的基础。犹太教卡巴拉主义（犹太神秘主义）中包含很多对希伯来

---

① Chaver Y. *What Must be Forgotten: The Survival of Yiddish in Zionist Palestine* [M]. New York: Syracuse University Press, 2004: 2.

语所蕴含的神秘意义的关注。世俗犹太人也很看重希伯来语，即使他们已经不再遵守犹太教传统，在流散地发展起来的犹太语言均保持了同希伯来语之间的内在联系。此外，以希伯来语为载体的宗教和文学作品在传统犹太民族身份认同中也占据重要位置，在漫长的犹太历史中，希伯来语在同希腊语、阿拉伯语和欧洲方言的对抗中成功维持了犹太文化的独立性，这种传统在 19 世纪转化为语言复兴的强大动力。在这一背景下，世俗化的现代希伯来语成为改变犹太传统文化中宗教底色的重要工具。当然，犹太人在现代化进程中并没有照搬其他民族的模式，以犹太教为核心的传统文化既是世俗民族主义的批判对象，也以隐性的方式参与了新的犹太民族身份认同的建构，特殊文化传统与普世价值在不断碰撞中使新的犹太民族身份认同体现出强烈的“多元现代性”特点。

（四）希伯来语参与重构犹太民族身份的族群因素

从族群的角度看，在来自欧洲的犹太主导性族群阿什肯纳兹犹太人看来，希伯来语属于东方语言，巴勒斯坦属于东方的土地。在建构新的民族身份的过程中，阿什肯纳兹犹太人为主体的犹太复国主义者进行了艰难的语言转换，一方面放弃了自己熟悉的意第绪语，另一方面，在希伯来语复兴过程中，也放弃了欧洲拉比希伯来语的许多特征，将圣经希伯来语作为原型语言，强化了现代希伯来语的闪米特语倾向，减弱了原有身份中的“西方属性”，植入更多的东方元素。反观历史，这一身份重置行为蕴含一定的战略考量：东方色彩的存在一定程度上是为了减少犹太复国主义运动在当地阿拉伯人眼中的入侵性，同时迎合了欧洲犹太人对东方的好奇心和殖民欲望，增强了犹太复国主义运动对阿什肯纳兹犹太人的吸引力；以语言为工具的身份重置为未来犹太复国主义运动中的塞法拉迪犹太人、东方犹太人等其他犹太族群的加入和整合奠定了基础。

（五）希伯来语参与重构犹太民族身份的语言因素

从语言的角度看，希伯来语存在一些既有的复兴优势，为希伯来语参与民族身份重构奠定了基础。第一，这门语言在历史上保持了在宗教领域的活力，犹太男性普遍对希伯来语有一定的掌握，尤其是生活在中东欧、也门和马格里布地区的犹太人。第二，希伯来语拥有厚重的文学传统，在基督教在世界范围内传播的过程中，《圣经·旧约》也极大提高了希伯来语的语言声望。第三，在哈斯卡拉运动[①]期间犹太知识分子对希伯来语书面语进行了复兴，其目的虽然是加速犹太人主动同化到欧洲文明中的进程，但这场运动客观上改变了传统希伯来语书面语的行文风格，为

① 也称为犹太启蒙运动。

其注入了新的活力[①]。第四，奥斯曼土耳其帝国通过米列特制度[②]承认了犹太人的宗教地位，这意味着犹太人可以使用自己的语言，这为希伯来语复兴提供了制度空间。事实上，“在奥斯曼土耳其帝国统治时期，生活在巴勒斯坦的犹太人已经尝试使用希伯来语作为犹太社团内部的通用语”。[③]第五，在语言本体上，希伯来语通过词型和词根组合的传统构词模式具有较强的词汇生成能力，既可以利用已有的词型和词根来造词，也可以根据外来词的发音特点来创造新的词根。第六，前三次阿利亚[④]当中移民巴勒斯坦的犹太人为希伯来语复兴提供了语言使用者基础，尤其是具有较强的意识形态色彩的第二次和第三次阿利亚移民，大多在民族主义思想的驱使下放弃美国等更富足的地方来到巴勒斯坦，象征新的犹太民族身份的希伯来语成为他们的第一语言选择。在这些移民当中，以本·耶胡达为代表的希伯来语复兴主义者也发挥了重要作用。

三、希伯来语参与重构犹太民族身份认同的方式

从语言政策与语言规划的角度看，19 世纪末开始的希伯来语口语复兴既体现为学者和普通大众自下而上的微观语言规划，也体现为国家和语言机构自上而下的宏观语言规划，其目的是通过显性和隐形的方式实现希伯来语交际功能和认同功能的统一，通过语言融合和语言同化来管理内部群体和外部群体之间的边界和渗透性[⑤]，从而强化犹太民族身份认同。具体包括以下实现方式：

（一）自下而上塑造大众语言

希伯来语重构犹太民族身份认同的第一步是使希伯来语成为普通大众的母语和日常用语。这是希伯来语复兴的特殊性决定的：当奥匈帝国和俄国尝试复兴民族语言时，社会精英需要从底层农民那里学习方言，是从口语向书面语的复兴；但希伯来语不是被广大犹太民众日常使用的方言，而是牵涉到从书面语向口语的复兴。由于移民的有限性和巴勒斯坦地区经济的落后，希伯来语缺少大规模使用希伯来语的社会和工业环境，塑造大众语言成为希伯来语复兴的首要任务和严峻挑战。

语言规划常常被视为一个自上而下的规定过程，但自下而上的支持至关重要，尤其是在缺少国家形态的情况下。希伯来语在成为大众语言的过程中，个人和家庭

① 钟志清．希伯来语复兴与犹太民族国家建立［J］．历史研究，2010（2）：116—126，191—192．

② 奥斯曼土耳其帝国的宗教自治制度。

③ Kuzar R. *Hebrew and Zionism* [M]. Berlin: De Gruyter Mouton, 2012: 7.

④ 犹太人向圣地的移民活动，这里指以色列建国前的几次大规模移民潮。

⑤ Wright S. *Language policy and language planning: From nationalism to globalization* [M]. New York: Palgrave Macmillan, 2004: 13.

层面的语言规划行为发挥了重要作用。在本-耶胡达的语言“七步”复兴计划中，第一步就是培养使用希伯来语的家庭，作为其他犹太家庭模仿的对象[①]。斯波斯基也认为，保持语言活力的核心在于语言的自然代际传播，即家庭长辈让孩子从小使用特定语言[②]。深受犹太复国主义思想影响的早期犹太移民做到了这一点，当来自世界各地的移民来到以色列后，他们都主动放弃之前的母语，在家庭中使用希伯来语。由于孩子的语言习得速度更快，很多犹太父母不但要求孩子学习希伯来语，还向孩子学习希伯来语。

（二）自上而下塑造官方语言

语言规划是一个多元体系，其中自上而下的规定行为具有强烈的权力属性，其主要目的是塑造和维护身份认同。如果说家庭是希伯来语成为大众语言的核心，那么自上而下的规定行为就是塑造官方语言的关键，从而不断从家庭向外扩展希伯来语的语言域。

为了确立希伯来语的地位，巴勒斯坦地区成立了一些传播希伯来语的组织机构；在巴勒斯坦和欧洲成立一些使用希伯来语为教学语言的学校和幼儿园；在公共领域推广单语意识形态，比如在路牌上使用希伯来语；1936 年后，希伯来语委员会与英国巴勒斯坦广播公司合作，推出了希伯来语广播节目。语言本体规划主要体现为语言的标准化和细化，语言规划者对语言本体的规定主要体现在希伯来语委员会会议记录、报纸中的希伯来语专栏、语言手册、语法书、字典以及学校课程大纲中。对语言的细化主要体现在专业性和技术词典、新的语体规范和希伯来语文化活动中。在 20 世纪 20 年代，希伯来语复兴取得了实质性进展，一个标志性事件是英国委任统治政府承认希伯来语为委任统治地的官方语言。几乎在同一时期，希伯来语还成为当地许多学校和刊物所使用的语言。1948 年以色列建国后，现代希伯来语成为以色列的官方语言，其地位得到进一步巩固。

在伊休夫和后来的以色列，以希伯来语科学院、教育系统、广播机构、文学界、语言学界和出版界为主体的语言规定行为，一方面塑造了官方属性的现代希伯来语，加速了语言复兴的进程，另一方面也导致官方性语言与大众性语言的分化。其中很重要一个原因是，希伯来语科学院的语言规定行为虽然具有法律地位，但常常不被大众所接受。[③]

---

① Fellman J. *The Revival of Classical Tongue: Eliezer Ben Yehuda and the Modern Hebrew Language* [M]. Berlin: De Gruyter Mouton, 1973: 36.

② Spolsky B. *Language policy* [M]. Cambridge: Cambridge University Press, 2004: ix–x.

③ 相对而言，大众的希伯来语更为简洁、直白和非正式，官方的希伯来语更加复杂、华丽和正式。官方希伯来语常被大众称为“安息日希伯来语”或“犹太复国主义希伯来语”。

（三）语言本体的“再造”

当 19 世纪末语言复兴者尝试以圣经希伯来语为蓝本开始语言复兴运动，他们首先面对的困难是词项空缺（lexical gap）:《希伯来语圣经》中只有 8198 个词汇和大约 2000 个词根①，远远无法满足现代社会的需要。不同社团在长期使用希伯来语的过程中还形成了诸多不同的传统、风格和规范。因此，希伯来语的复兴必然存在一个旨在实现语言内部稳定和适应现代化的复杂的选择和创制过程，体现出较强的“再造性”，而非对历史语言的全盘继承。具体而言，希伯来语复兴者采用在“塞法拉迪方言和阿什肯纳兹方言中寻找最大公约数”②的方法，在字母书写体上采用阿什肯纳兹犹太人使用的圆体，但在发音体系上，现代希伯来语却抛弃了阿什肯纳兹人的传统发音方式，采用了受阿拉伯语等同谱系语言影响更大的塞法拉迪犹太人的发音方式；现代希伯来语与印欧语在句法上存在较大相似性，以至于诸葛曼认为希伯来语是闪含语和印欧语共同形成的混合语③；在词汇层面，现代希伯来语中将近一半的词汇出现于 20 世纪，许多用于表达宗教概念的词汇被转用于表达世俗概念的语言域。比如，“בטחון”一词的本义是人对上帝的信仰，但现代希伯来语将其语义转变为“信心”和“安全”。这一系列的“再造”行为引起以拉比为代表的犹太宗教人士对希伯来语复兴运动的反对，也造成了现代希伯来语同古典希伯来语之间出现差异。

（四）建构基于希伯来语的叙事体系

犹太复国主义运动非常倚重希伯来语的身份建构作用，希伯来语的复兴过程深深内嵌有犹太复国主义思想。犹太复国主义者用现代希伯来语作为文本的解释框架替代了之前的犹太教解释框架，建构起一套符合国家意识形态的主流叙事体系。这套体系随着以色列的建国和发展而变得愈加坚固，得到以色列的精心维护，以至于在以色列一些大学中，圣经希伯来语、犹太历史、犹太哲学、犹太文学等方面的研究合并在一起进行，而不是分别设置在语言学系、历史学系、哲学系或文学系之下。对希伯来语本体的研究和希伯来语复兴史的研究具有高度一致性，都能反映犹太复国主义意识形态。在世界范围内，与以色列主流叙事体系相背离的言论和观点经常被贴上“反犹主义”的标签。欧内斯特·勒南曾说：“一个民族的要义在于所

---

① Zuckermann G. *Language contact and lexical enrichment in Israeli Hebrew* [M]. New York: Palgrave Macmillan, 2003: 64.

② Harshav B. *Language in time of revolution* [M]. Los Angeles: University of California Press, 1993: 164.

③ Zuckermann G. *Language contact and lexical enrichment in Israeli Hebrew* [M]. New York: Palgrave Macmillan, 2003: 94.

有个人拥有许多相似之处，同时也共同遗忘了一些东西。”[①] 在犹太复国主义主流叙事体系中，符合犹太复国主义理念的历史事件被充分挖掘，比如马卡比起义、马萨达事件、华沙隔都起义等，而许多流散地的文化却被“选择性遗忘”。

犹太复国主义者还通过希伯来语命名来实现语言景观的改变：19 世纪和 20 世纪的犹太移民出现了大规模改名现象，许多犹太人将自己的欧洲名改为希伯来语名[②]；在特拉维夫和西耶路撒冷，几乎所有街道都是以犹太复国主义运动重要人物的名字命名，比如本-古里安大街、本-耶胡达大街等；以色列的军事行动的名称大多出自《圣经》，比如所罗门行动、铸铅行动等。这些行为看似零散，但合在一起，就成功建构了一个以希伯来语为载体、具有强烈犹太复国主义意识形态的语言景观和思想场域，加速对犹太民族身份的重构。

（五）犹太复国主义运动通过语言实现对宗教力量的利用

世俗化的犹太复国主义者在形式上体现为对宗教力量的全盘否定，在本质上却包含对宗教力量的利用，在这个过程中，希伯来语是重要的中介和工具。希伯来语的复兴一定程度上保留了以色列人与犹太传统文化之间的链路，在具有世俗化倾向的犹太民族身份认同中嵌入了宗教内容。以色列社会学家耶胡达・申哈夫认为，世俗的民族主义运动一方面运用纯洁化话语来拉开自身与前现代宗教的距离，另一方面运用混合化的话语利用宗教的符号[③]。犹太复国主义者正是通过混合化话语，将无法被完全考证的犹太宗教史转变为犹太民族史，并将犹太教中的宗教概念转变为政治概念。比如，“阿利亚”在希伯来语中是“上升”的意思，最初指犹太人到耶路撒冷朝圣，因为耶路撒冷相对于周边地区的海拔更高，后来，这种“上升”越来越具有精神性意味，以凸显以色列地的神圣性，犹太复国主义运动兴起后，阿利亚的语义进一步引申为海外犹太人向巴勒斯坦的移民活动或移民潮；犹太复国主义者将回归地点称为“以色列地”而不是巴勒斯坦，“以色列地”本身就来自《希伯来语圣经》，能够唤起犹太人的宗教热情；“救赎”也是一个宗教概念，以本-古里安为代表的犹太复国主义者在此基础上提出“土地救赎”的思想，这种思想为犹太人购买当地土地提供依据。在 1967 年第三次中东战争之后，这种思想进一步为犹太右翼人士在约旦河西岸修建定居点提供了理论依据。

---

① Renan E. *What is a nation? And other political writings* [M]. New York: Columbia University Press, 2018: 251.

② 这种例子很多见，比如果尔达・马波维奇（Golda Mabovitch）改名为果尔达・梅厄（Golda Meir），西蒙・佩尔斯基（Szymon Perski）改名为西蒙・佩雷斯（Shimon Perez）。

③ Shenhav Y A. *The Arab Jews: A postcolonial reading of nationalism, religion, and ethnicity* [M]. Redwood City: Stanford University Press, 2006.

（六）语言冲突强化犹太民族身份认同

同犹太复国主义运动一样，希伯来语复兴运动也面临层层阻碍，这直接体现为来自其他语言的挑战。犹太复国主义运动和希伯来语复兴运动面临的挑战和困难具有同构性，本质上都是对新的民族身份认同的冲击。希伯来语面临的竞争性语言主要包括以德语为代表的欧洲帝国语言、以意第绪语为代表的流散地犹太语言、以阿拉伯语为代表的“政治敌对语言”、以俄语为代表的新移民语言和以英语为代表的世界语。与这些语言的互动与冲突在不同时期有不同的体现。在希伯来语复兴的初始阶段，意第绪语构成最大挑战，同时得到宗教人士、同化主义者和流散地民族主义者的支持，但希伯来语最终由于犹太复国主义力量的支持以及各种历史因素[①]在竞争中胜出；在当下，英语构成希伯来语最大的挑战，但希伯来语维持了民族身份认同语言的地位。

语言冲突的存在让犹太民族身份认同与其他语言所代表的认同之间的边界变得更为清晰。人类学家弗雷德里克·巴斯认为，相对于不断变化的认同内容，认同的边界更为重要[②]。由于不同犹太族群和以色列阿拉伯人的存在，以色列的国家身份认同在内部具有矛盾和混乱的一面，谋求单一犹太属性的理想和多元族群并存的现实之间存在难以调和的矛盾[③]。所以，希伯来语被用作纳己和排他的重要工具，通过对认同边界的强调能够强化民族身份认同，弱化和掩盖内部矛盾，但这也给以色列朝正常国家的方向发展设置了阻碍，其他民族对犹太人、以色列的敌对情绪以及由此带来的“生存性威胁”成为以色列合法性的重要来源。

四、结语

由于拥有共同的背景和目的，犹太复国主义运动与希伯来语复兴运动在建国前的几十年形成合力，希伯来语既为犹太人进行“民族想象”提供依据，还为犹太人移民巴勒斯坦以及以色列建国提供合法性；犹太复国主义运动则为希伯来语复兴提供了强大的意识形态动力和充足的语言使用者。在犹太民族身份重构过程中，宗教既是犹太复国主义者尝试远离的对象，也是一个始终无法逃避的变量。希伯来语本身就是这种内在矛盾的产物：希伯来语包含世俗主义的“再造”，体现了实用主义取向，又保留了犹太人通往宗教和传统的“链路”，体现了神秘主义的取向。希伯来语的复兴既是一个自上而下的规定行为，也是一个自下而上的支持行为。竞争性

---

① 这里的历史因素主要指纳粹德国针对犹太人的大屠杀。

② Barth F. *Ethnic groups and boundaries: The social organization of culture difference* [M]. Long Grove: Waveland Press, 1998: 9–10.

③ 艾仁贵. 一个还是多个：认同极化与当代以色列的身份政治困境［J］. 西亚非洲，2020（4）：51—80.

语言带来的语言冲突强化了犹太民族身份的边界。对于一个民族国家而言，强大而清晰的身份认同能够为国家的发展提供有力保障①。对于犹太复国主义语境下的犹太民族身份的重构，希伯来语的参与符合当时的历史大背景，拥有充足的理据和丰富的手段，有效支持了以色列国家的建立、巩固和发展。

参考文献

［1］艾仁贵．一个还是多个：认同极化与当代以色列的身份政治困境［J］．西亚非洲，2020（4）：51—80．

［2］佛朗西斯·福山．身份政治：对尊严与认同的渴求［M］．刘芳，译．北京：中译出版社，2021．

［3］张寅．多元文化背景下的民族国家建构［M］．昆明：云南人民出版社，2015．

［4］钟志清．希伯来语复兴与犹太民族国家建立［J］．历史研究，2010（2）：116—126，191—192．

［5］Barth F. *Ethnic groups and boundaries: The social organization of culture difference* [M]. Long Grove: Waveland Press, 1998.

［6］Chaver Y. *What Must be Forgotten: The Survival of Yiddish in Zionist Palestine* [M]. New York: Syracuse University Press, 2004.

［7］Fellman J. *The Revival of Classical Tongue: Eliezer Ben Yehuda and the Modern Hebrew Language* [M]. Berlin: De Gruyter Mouton, 1973.

［8］Gorny Y. Klal *Yisrael: From Halakha to History* [G]// Contemporary Jewries: Convergence and Divergence. Brill, 2003.

［9］Harari Y N. *Sapiens: A brief history of humankind* [M]. London: Vintage Books, 2014.

［10］Harshav B. *Language in time of revolution* [M]. Los Angeles: University of California Press, 1993.

［11］Jenkins R. *Social identity* [M]. London: Routledge, 2014.

［12］Koestle A. *The thirteenth tribe* [M]. New York: Random House, 1976.

［13］Kuzar R. *Hebrew and Zionism* [M]. Berlin: De Gruyter Mouton, 2012.

［14］Ravitzky A. *Religious and secular Jews in Israel: A kulturkampf?* [M]. Jerusalem: Israel Democracy Institute, 2000.

［15］Renan E. *What is a nation? And other political writings* [M]. New York:

---

① 弗朗西斯·福山．身份政治：对尊严与认同的渴求［M］．刘芳，译．北京：中译出版社，2021：11．

Columbia University Press, 2018.

［16］Saposnik A B. *Becoming Hebrew: The Creation of Jewish National Culture in the Ottoman Palestine* [M]. Oxford: Oxford University Press, 2008.

［17］Shenhav Y A. *The Arab Jews: A postcolonial reading of nationalism, religion, and ethnicity* [M]. Redwood City: Stanford University Press, 2006.

［18］Spolsky B. *Language policy* [M]. Cambridge: Cambridge University Press, 2004.

［19］Wright S. *Language policy and language planning: From nationalism to globalization* [M]. New York: Palgrave Macmillan, 2004.

［20］Zuckermann G. *Language contact and lexical enrichment in Israeli Hebrew* [M]. New York: Palgrave Macmillan, 2003.